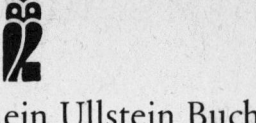

ein Ullstein Buch

W0065264

Ullstein Buch Nr. 2949
im Verlag Ullstein GmbH,
Frankfurt/M – Berlin – Wien
In der gebundenen Ausgabe
unter dem Titel
»Geschichte und Geschichtswissenschaft
im 20. Jahrhundert« erschienen.
Übersetzung aus dem Englischen
– wenn nicht besonders vermerkt –
von Anneliese und Gerhard Hufnagel

Ungekürzte Ausgabe

Umschlagentwurf: Kurt Weidemann
Alle Rechte vorbehalten
© 1972 by Verlag Ullstein GmbH,
Frankfurt/M – Berlin – Wien
Printed in Germany 1973
Satz: Druckhaus Darmstadt
Druck: Augsburger Druck- und
Verlagshaus GmbH
ISBN 3 548 02949 3

Klaus Epstein

Vom Kaiserreich zum Dritten Reich

Geschichte und
Geschichtswissenschaft
im 20. Jahrhundert

Ein Leitfaden

Herausgegeben von
Eberhard Pikart,
Detlef Junker und
Gerhard Hufnagel

Mit einem Vorwort von
Karl Dietrich Bracher

ein Ullstein Buch

INHALT

NATIONALSOZIALISMUS UND ZWEITER
WELTKRIEG

DIE DEUTSCHE FRAGE 1945–1949

VORBEMERKUNG DER HERAUSGEBER

In einem Nachruf auf Klaus Epstein schrieb Gordon A. Craig, daß »ohne Übertreibung gesagt werden könne, Epstein sei in seiner Generation der einflußreichste und meistbeachtete Rezensent von Werken zur deutschen Geschichte gewesen«; deshalb sei es wichtig, seine in den Jahren von 1955 bis 1967 verfaßten »kritischen und interpretierenden Schriften« zu sammeln und herauszugeben. Gut zwei Drittel seiner Buchbesprechungen schrieb Epstein als Mittler zwischen der deutschen Geschichtswissenschaft und einem interessierten amerikanischen Publikum in englischer Sprache. Sie werden hier erstmals in deutscher Übersetzung veröffentlicht. Daß Epstein durch seine Rezensionstätigkeit wohl zum kenntnisreichsten Chronisten der neuen Ansätze in der deutschen Geschichtsschreibung nach Nationalsozialismus und Zweitem Weltkrieg wurde, rechtfertigt die deutsche Ausgabe.

Die in deutschen Zeitschriften veröffentlichten Buchbesprechungen schrieb Epstein bis auf zwei (S. 176 ff, S. 188 ff.), in deutscher Sprache. Die von ihm in Texten und Fußnoten benutzten Seitenhinweise auf die besprochenen Werke beziehen sich jeweils auf die Ausgaben, die Epstein vorgelegen haben. Auf spätere neu bearbeitete beziehungsweise erweiterte Ausgaben wurde von den Herausgebern besonders hingewiesen.

VORWORT

Der plötzliche Tod von Klaus Epstein, der am 26. Juni 1967 im Alter von vierzig Jahren den Folgen eines drei Tage zuvor erlittenen Verkehrsunfalls in Bonn erlag, hat eine unausfüllbare Lücke aufgerissen. Der Verstorbene, aus Hamburg gebürtig, Sohn des bekannten Osteuropahistorikers Fritz T. Epstein, war, nachdem er ab 1934 in den Niederlanden gelebt hatte, zehnjährig nach den USA gekommen. In Harvard erzogen, mit einer preisgekrönten Arbeit über das englische Oberhaus promoviert, lehrte er dort und seit acht Jahren als Professor und Chairman des History Department an der Brown University in Providence. Nun hielt er sich für ein Jahr der unermüdlichen Forschung und des intensiven Gedankenaustausches mit den vielen Kollegen und Freunden in Deutschland auf, wie er es schon 1955/56 (Hamburg), 1959/60 (Köln) und 1961/62 (Bonn) getan hatte. Seine Arbeit galt der Fortsetzung des großen Werkes über den deutschen Konservatismus, dessen erster Band unter dem Titel *The Genesis of German Conservatism* (Princeton 1966) erschienen ist.

Damit hatte Klaus Epstein von einer neuen Seite mit der ihm eigenen Gründlichkeit und Klarheit des Denkens die Aufgabe angefaßt, die seine Forschungen und Veröffentlichungen wesentlich bestimmt hat: die deutsche Geschichte aus der übergreifenden Sicht des europäisch-amerikanischen Historikers, zugleich aus der genauen Kenntnis der jüngsten Politik und Zeitgeschichte zu erfassen und verständlich zu machen. An zwei Weichenstellungen der deutschen Entwicklung hat er diese Bemühung dargestellt: an der besonderen Gestalt des deutschen Konservatismus um die Wende vom 18. zum 19. Jahrhundert, mit der sich die Prägung des deutschen Staatsdenkens gegenüber der westlichen Entfaltung des Liberalismus und der Demokratie entschied; und an der konkreten Behandlung des »Dilemmas der deutschen Demokratie« in der glänzend geschriebenen Biographie des viel umstrittenen, viel verleumdeten Matthias Erzberger (1959), die in einer erheblich erweiterten deutschen Ausgabe 1962 erschien.

Doch ist damit nur ein grober Rahmen abgesteckt. Die Fülle der

Arbeiten, die Klaus Epstein in den letzten Jahren vorgelegt hat, reicht von der Behandlung der deutsch-österreichischen Kriegsziele (Journal of Central European Affairs 1957) über die deutsche Sozialdemokratie (World Politics 1958/59), die Parlamentarisierung 1917 bis 1918 (Historische Zeitschrift 1960), die Regierung Max von Badens (Review of Politics 1964), das Ende der deutschen Parteien (Journal of Central European Affairs 1963) zu verschiedenen Problemen des Nationalsozialismus (Journal of Modern History 1962, Vierteljahrshefte für Zeitgeschichte 1962, Beilage zu » Das Parlament« 1962 und World Politics 1964) und der Widerstandsbewegung (Modern Age 1962/63) bis zum Deutschlandbild der Amerikaner, zu den letzten amerikanischen Präsidentschaftswahlen, zum Kennedy-Bild (Beilage zu »Das Parlament« 1962, 1964 und 1966) und zum Rückblick auf die Ära Adenauer (Europa Archiv 1964 und A new Europe 1964). In vielen Fällen aus der gründlich-einfühlsamen Behandlung wichtiger Neuerscheinungen entstanden, zeichnen sich diese großen Aufsätze durch weitausgreifende Darstellung der Probleme und ebenso umsichtiges wie klares Urteil aus.

Klaus Epstein ist nie der schwierigen Aufgabe verantwortungsbewußter Wertung ausgewichen. Er hat mit dem umfassenden historischen Wissen stets die Einsicht in die politische Bedeutung zeitgeschichtlicher Forschung und den Mut zur unabhängigen Stellungnahme in umstrittenen Fragen verbunden.

Verständnis für konservatives Denken, liberale Offenheit des Fragens, Bekenntnis zur Demokratie und rastloses Bemühen um das wissenschaftliche und politische Gespräch in Deutschland wie zwischen Deutschland und Amerika waren die festen Grundlagen seines Forschens, Schreibens, Lehrens, das ihm eine ungewöhnliche Zahl von Freunden gewonnen hat. So hat er sich auch mit abwägender Betrachtung in die erregende Kriegszieldiskussion 1914 bis 1918 eingeschaltet (zuletzt im Journal of Contemporary History 1966: *Gerhard Ritter and the First War*), zugleich aber hat er sich entschieden für die freie Äußerung umstrittener Thesen und für die Amerikareise des Hamburger Historikers Fritz Fischer eingesetzt (1964), die aus kleingeistiger Furcht vor deutscher Selbstkritik zu einem Politicum geworden war. An der Universität Bonn haben wir ihn zuletzt in einem fesselnden Vortrag über Kennedy in historischer Perspektive und in einem lebhaft bewegten politischen Kolloquium erlebt, das die Brücke vom frühen deutschen Konservatismus zu den Problemen der Widerstandsbewegung gegen Hitler schlug. So hat Klaus Epstein Geschichte stets politisch, Politik wesentlich geschichtlich verstanden.

Im Mittelpunkt seines Wirkens stand das Bemühen, die neuen Ansätze der deutschen Geschichtsschreibung, die vor allem auf dem Gebiet der Zeitgeschichtsforschung hervortraten, in einer Reihe von großen, sachlich wie methodisch gleichermaßen bedeutsamen Aufsätzen
und Rezensionen der amerikanischen und internationalen Diskussion
zugänglich zu machen. Damit hat er nicht nur zahllose wissenschaftliche Verbindungen neu geknüpft, sondern uns allen reiche kritische
Anregungen vermittelt, die weit über den unmittelbaren Anlaß hinaus wirksam bleiben. Die vorliegende Zusammenfassung dieser Arbeiten gibt einen tiefen Eindruck von der Intensität und dem Reichtum dieser kritischen Vermittlung, der unsere Wissenschaft zu blei-
bendem Dank verpflichtet ist. Klaus Epstein hat sich wie keiner unserer Generation so gleichzeitig um die Wissenschaft, um Studenten
und Kollegen, um die amerikanisch-deutschen Beziehungen verdient
gemacht.

Karl Dietrich Bracher

KAISERREICH UND ERSTER WELTKRIEG

ZUR SOZIAL- UND WIRTSCHAFTSGESCHICHTE DES KAISERREICHES

I. Eckart Kehr: *Der Primat der Innenpolitik. Gesammelte Aufsätze zur preußisch-deutschen Sozialgeschichte im 19. und 20. Jahrhundert,* hrsg. und eingel. von Hans-Ulrich Wehler, Veröffentlichungen der Historischen Kommission zu Berlin beim Friedrich-Meinecke-Institut der Freien Universität Berlin, Bd. 19; 292 S., Berlin 1965

II. Helmut Böhme: *Deutschlands Weg zur Großmacht. Studien zum Verhältnis von Wirtschaft und Staat während der Reichsgründungszeit. 1848–1881;* 723 S., Köln 1966

in: The Review of Politics, 29/1967, S. 100–112

Verglichen mit anderen Bereichen deutscher Geschichte ist das Studium der sozio-ökonomischen Entwicklung des modernen Deutschland traditionsgemäß vernachlässigt worden. In der von Ranke geprägten Tradition des »Primats der Außenpolitik« erfreute sich die diplomatische Geschichte lange Zeit eines besonderen Prestiges. Zusätzliche Bedeutung erhielt sie durch den Kampf gegen die »Kriegsschuldlüge« des Artikels 231 des Versailler Vertrages. Der politischen Geschichte wurde durch die verhängnisvolle Verquickung von Hegelscher Staatsverehrung, der Hohenzollern- und Borussen-Legende und der brillanten Arbeit Treitschkes Vorrang eingeräumt. Die Anziehungskraft der Geistesgeschichte stammte aus der Überbetonung des Einflusses der Ideen auf den Lauf menschlichen Geschehens, wie sie der deutsche Idealismus propagierte; sie wurde noch verstärkt durch die wissenschaftlichen Leistungen solcher Männer wie Dilthey und Meinecke. In der deutschen Historiographie gab es natürlich auch einen großen Teil naiver Heldenverehrung, wobei Bismarck als beliebtes Beispiel für die »Theorie des großen Mannes« in der Geschichte diente. Es ist daher nicht weiter verwunderlich, daß den prosaischen Fakten der deutschen Sozial- und Wirtschaftsgeschichte verhältnismäßig wenig Aufmerksamkeit gewidmet wurde – die »merkantilistische« Schule Gustav von Schmollers ausgenommen –, besonders da sich das Land seiner kulturellen und politischen Überlegenheit gegenüber dem spießbürgerlich-materiellen Westen rühmte. Darüber hinaus war das Studium der sozio-ökonomischen Geschichte das Steckenpferd der Marxisten, die von allen aufrechten deutschen Historikern verabscheut wurden. Dieser Abscheu verschärfte sich nach 1945 noch durch die Schaffung der Deutschen Demokratischen Republik und die aus ihren prostituierten historischen Seminaren hervorgegangenen Pamphlete, die vom Geiste Lenins und Ulbrichts nur so trieften.

Vordringlichste Aufgabe westdeutscher Historiographie ist die Entwicklung von Studiengängen in Sozial- und Wirtschaftsgeschichte

– eine Notwendigkeit, der man in jüngster Zeit unter dem Einfluß Otto Brunners in Hamburg und Werner Conzes in Heidelberg gerecht zu werden beginnt. Allerdings fehlen sowohl die Tradition, furchtlos marxistische Kategorien ohne dogmatische Strenge anzuwenden, als auch die Einsicht und der Mut, solche Themen anzugehen, die den üblichen Rahmen wissenschaftlicher Monographie sprengen. Unter diesen Umständen ist es begrüßenswert, daß ein junger Kölner Historiker, Hans-Ulrich Wehler, die Aufsätze Eckart Kehrs – des herausfordernsten Sozialhistorikers aus der Zeit der Weimarer Republik – in einer neuen Veröffentlichung zusammengestellt hat und daß Helmut Böhme, ein junger Hamburger Historiker aus der Schule Fritz Fischers, in einer Dissertation *Das Verhältnis von Wirtschaft und Staat während der Reichsgründungszeit* untersucht.

I.

Der Ruhm Eckart Kehrs, dessen vielversprechende Entwicklung im Alter von einunddreißig Jahren durch einen Herzschlag beendet wurde, beruhte bisher auf seiner hervorragenden Dissertation *Schlachtflottenbau und Parteipolitik,* die 1930 veröffentlicht wurde. Dieses Buch ist auch heute noch der wichtigste Beitrag zu unserem Verständnis der politischen Struktur des Wilhelminischen Deutschland in ihrer Bedingtheit durch materielle Interessen, obwohl Kehr in seinem messianischen Wunsch, Deutschlands traditionelle Herrschaftsklasse durch die Anklage ihrer Korruption »bloßzustellen«, des öfteren zu weit ging. Die jetzt so handlich unter dem absichtlich herausfordernden Titel *Der Primat der Innenpolitik* wiederveröffentlichten Aufsätze zeigen, daß Kehr in gleichem Maße bestrebt war, seine unbarmherzige soziologische Analyse auf andere Gebiete der deutschen Geschichte des 19. Jahrhunderts anzuwenden. Alle seine Aufsätze sind bemerkenswert gehaltvoll und anregend; sie wecken beim Leser das echte Bedauern, daß der frühe Tod Kehrs im Jahre 1933 eine Vollendung seiner Arbeit verhinderte. Die Machtergreifung der Nationalsozialisten im selben Jahr blockierte seinen intellektuellen Einfluß, bevor er durch seine Person oder seine Arbeit Anhänger finden konnte. Für die deutsche Historiographie ist es tragisch und zugleich aufschlußreich, daß seine Wirkung erst in letzter Zeit wieder auflebt – mehr als dreißig Jahre nach seinem Tod.

Der hier besprochene Band enthält sechzehn Aufsätze, von denen die meisten zuerst in der sozialistischen Zeitschrift »Die Gesellschaft«

erschienen sind. Sie können zu fünf Gruppen geordnet werden. Die erste befaßt sich mit Problemen, die entweder mit dem Thema seiner Dissertation über den Aufbau der Deutschen Flotte eng verbunden sind oder aber in einigen Fällen eine Vorarbeit dazu darstellen. In einem Versuch, die deutsche Außen- und Militärpolitik zu erklären, betont Kehr die Wichtigkeit innenpolitischer Überlegungen am hervorstehendsten in seinem Aufsatz *Englandhaß und Weltpolitik*. Um nur zwei Beispiele zu nennen: Er führt den Glauben, daß zukünftige Kriege nur kurz sein werden, auf (angebliche) Erfordernisse der kapitalistischen Gesellschaft zurück, und den verwirrenden Wunsch der Konservativen, die Größe der deutschen Armee zu begrenzen, begründet er mit der Furcht, daß »verläßliches Offiziersmaterial« knapp werden würde – wobei »verläßlich« im Sinne der feudalen Werte der Wilhelminischen Gesellschaft gemeint ist. Eine zweite Gruppe von Aufsätzen analysiert die »Feudalisierung« des deutschen Bürgertums nach 1886. Zwei besonders brillante Arbeiten befassen sich mit der Rolle des Reserveoffiziers: sowohl bei dem Versuch, die deutsche Gesellschaft zu militarisieren, als auch bei den vom preußischen Minister Puttkamer angewandten Methoden, die Richter- und Beamtenschaft von liberalen Elementen zu säubern. Eine dritte Gruppe untersucht Probleme der Bürokratie sowohl während der preußischen Reformperiode als auch in der Weimarer Republik. Eine vierte Gruppe analysiert die Rolle der Rüstungsindustrie in der modernen Politik, in der Diplomatie und im Kriege. Der Autor liefert dabei eine Sammlung erhellender Informationen, obwohl seine Interpretationen teilweise zu weit gehen.

Die fünfte und letzte Gruppe befaßt sich mit der modernen deutschen Historiographie. Kehr verurteilt die traditionelle Vernachlässigung der Sozialgeschichte und tadelt den törichten Glauben, daß dort dem Sozialismus das Wort geredet werde. Als hervorstechendes Beispiel dafür nennt er die Weigerung Wilhelms II., den erzkonservativen Gustav von Schmoller zum Direktor des Preußischen Staatsarchivs zu ernennen, da dieser ein »Katheder-Sozialist« und ein Großteil seiner Arbeit der Sozialgeschichte gewidmet sei (in der Schmoller übrigens die »Fortschrittlichkeit« der Hohenzollernschen Monarchie glorifizierte – eine Tatsache, die wahrlich einen besseren Lohn verdient hätte). Von besonderer Bedeutung ist Kehrs Angriff auf die »volkstümliche Geschichte« solcher Schriftsteller wie Emil Ludwig, die ihm nicht gelehrt genug und gegenüber dem Einfluß »degenerierter« bürgerlicher Psychoanalyse zu nachgiebig sind. Man sollte hinzufügen, daß Kehr, obwohl den Vorurteilen anderer gegenüber intolerant, selbst auch von Vorurteilen befangen sein kann. Seine Anklage der populärwissenschaftlichen Geschichte ist verbunden mit einer Kritik der akademischen Entfremdung und konservativen Tendenz der an Universitäten getriebenen Geschichtswissenschaft. Er bestätigte und betonte sogar, daß, trotz aller seiner Fehler, Ludwig eine echte demokratische Funktion erfüllte, indem er den politischen Horizont der deutschen Massen erweiterte.

Der Herausgeber Hans-Ulrich Wehler gibt eine wertvolle Einführung, die sowohl biographische Angaben als auch eine Bewertung der Kehrschen Position in der deutschen Historiographie enthält; beide sind weiterer Betrachtung wert. Der biographische Teil, obwohl hagiographisch im Ton und etwas kurz, was Persönlichkeit und Entwicklung Kehrs anbelangt, vermittelt einen ausgezeichneten Eindruck von seiner fieberhaften wissenschaftlichen Produktivität. Zum Zeitpunkt seines Todes hatte er das Manuskript zu *Wirtschaft und Politik in der Preußischen Reformzeit* vollendet, das letztlich für seine Habilitation bestimmt war. Darüber hinaus hatte er eine vierbändige Dokumentation über dasselbe Thema zur Veröffentlichung in den *Publikationen aus den preußischen Staatsarchiven* vorbereitet. Ziel beider Studien sollte der Nachweis sein, daß der so vielgepriesene Idealismus und Patriotismus der Reformer nicht unbeeinflußt war von niederen materiellen Beweggründen. Das Manuskript, dem die öffentliche Anerkennung in einem Wettbewerb um den Freiherr-von-Stein-Preis wegen seiner bilderstürmerischen Haltung versagt blieb, ging unglücklicherweise verloren. Die Veröffentlichung der Dokumentation wurde durch die Ereignisse des Jahres 1933 verhindert.

Wehler hat aufschlußreiches Material darüber gesammelt, wie konventionelle deutsche Historiker auf die Arbeiten des entfant terrible ihrer Profession reagierten. Friedrich Meinecke, Kehrs Doktorvater, kommt dabei noch vergleichsweise ungeschoren davon – er erkannte den Genius seines Schülers, obwohl er dessen maßlosen Drang zur Korrektur anderer bedauerte und sich um Kehrs Karriere Sorgen machte. Der liberale Grandseigneur, Herman Oncken, schneidet dagegen schlecht ab – es wird berichtet, daß er es 1932 aus prinzipiellen Gründen ablehnte, einen Mann mit solch ideologischen Ansichten, wie Kehr sie habe, für ein Stipendium der Rockefeller-Stiftung vorzuschlagen (ironischerweise wurde Oncken drei Jahre später ein Opfer nationalsozialistischer Unterdrückung). Glücklicherweise wurde Onckens Feindseligkeit sogar schon im deutschen Auswahlkomitee überstimmt, nachdem Kehr dem Staatsminister Schmidt-Ott, als dem Präsidenten des Komitees »politische Vorsicht« – eine erniedrigende Bedingung! – versprochen hatte. Offensichtlich war auch ein energisches Telegramm von Kehrs Onkel, Paul Kehr, dem früheren Direktor des Preußischen Staatsarchivs, eine Hilfe – schändlich, daß eine solche Vetternwirtschaft notwendig war! Letztlich trugen auch Kehrs amerikanische Bewunderer, besonders Charles Beard und Walter Dorn, ihren Teil dazu bei, den Vorurteilen seiner deutschen Gegner entgegenzuwirken. Die Beschreibung von Kehrs Rockefeller-Kandidatur wirft ein scharfes Licht auf gewisse Praktiken deutscher Hochschulen und beweist die chronische Gefahr, daß völlig irrelevante Faktoren die Auswahl der Stipendiaten beeinflussen.

Damit kein falscher Eindruck entsteht, sollte betont werden, daß Kehr niemals der materiellen Basis für seine Gelehrtenkarriere entbehrte und daß seiner Arbeit nicht nur mit Kritik begegnet wurde, sondern daß sie auch Lob und sogar noch mehr mißgünstige Bewunderung erhielt. Darüber hinaus hätten Kehrs schwierige Persönlichkeit, sein Hang zur Polemik und seine scharfe Feder selbst dann Hindernisse für seine Karriere bedeutet, wenn seine Ansichten völlig orthodox gewesen wären. Er entwickelte einen fanatischen Eifer, wenn es galt, die von den Älteren verehrten, angeblich falschen Götter zu zerstören. Seine häufigen Übertreibungen und ungerechten Urteile gegenüber Männern mit anderen Ansichten sind charakteristisch für den kämpferischen Bilderstürmer. (Ein gutes Beispiel ist seine Attacke gegen Hans Rothfels als angeblichem Verfechter einer faschistischen Geschichtsbetrachtung.)

Wehlers Beschreibung der akademischen Position Kehrs (S. 21 bis 28) ist zwar im Detail akkurat, leidet aber unter der völligen Identifikation mit seinem Helden und einer Tendenz zu allgemeinen dogmatischen Formulierungen. Wehler zeigt, daß Kehr, der sich auf Karl Marx und Max Weber stützte, den Industrialismus als die entscheidende Entwicklung der modernen Welt ansieht. Er prangerte die traditionelle deutsche Historiographie an, daß sie sich in ihrer Voreingenommenheit für diplomatische, politische und intellektuelle Geschichte weigere, sich mit diesem Phänomen auseinanderzusetzen. Kehr betrachtete diese Weigerung als Fall einer trahison des clercs; durch Umgehung niedriger, aber wichtiger Realitäten trüge sie dazu bei, die politische Blindheit, die das kaiserliche Deutschland in die Katastrophe von 1918 getrieben hätte, zu erhalten. Er beklagte die bekannte Tatsache, daß nicht einmal diese Katastrophe vermocht hätte, deutsche Historiker von ihren grundsätzlichen Ansichten abzubringen; von unbedeutenden Ausnahmen abgesehen, versagten die meisten vor der Aufgabe, die Gründe der deutschen Katastrophe produktiv zu verarbeiten.

Aber gerade das wollte Kehr. Sein Zorn wurde besonders durch solche Historiker – seinen Lehrer Friedrich Meinecke eingeschlossen – angestachelt, die aus den niederen Zonen der Wirklichkeit in die höheren Gefilde der Geistesgeschichte zu entfliehen versuchten. Wehler, der Kehrs Standpunkt teilt (und ihn vielleicht auch dogmatisiert), behauptet kategorisch, daß die Ideengeschichte Meineckes und seiner Schüler im wesentlichen »nicht aus einer geistigen Entwicklung seit der Revolution des historischen Denkens, sondern aus der Sozialgeschichte des deutschen Bürgertums« verstanden werden müsse (S. 22). Er behauptet, daß die wachsende Betonung der entscheidenden Rolle des »Geistes« in der Geschichte eine Kompensation für die politische Ohnmacht der gebildeten Bourgeoisie gewesen sei – sie pflegte und nährte nämlich die tröstliche Illusion, daß ihre politische Bedeutungslosigkeit angesichts ihrer intellektuellen Leistung unwichtig sei. Wehler behauptet ziemlich entschieden: »Es ließe sich vermutlich anhand von Wegmarkierungen wie 1878/79 (Bismarcks Wendung zum Protektionismus), 1898 (Tirpitz' Flottengesetz), 1908 (die Daily Telegraph-Affaire), 1913 (der Zabern-Zwischenfall) der Nachweis führen, wie als Reflex auf die stabilisierte politische Ohnmacht des Bürgertums in seiner Geschichtsschreibung trotz allem realpolitischen Einschlag die Reduktion des politischen Entscheidungshandelns auf geistige Antriebe laufend Fortschritte machte. Je mehr die Aussicht auf ausschlaggebenden politischen Einfluß auf die Staatspolitik entschwand, um so eher fielen die eigentlichen Entscheidungen in dem ihm vertrauten ›Reich des Geistes‹« (S. 22).

Es bleibt zu hoffen, daß der Beweis für diese umfassende und gleichzeitig herausfordernde Verallgemeinerung demnächst von Wehler erbracht wird. Durchaus richtig sind seine weiteren Ausführungen über die »abgeschirmte« Welt eines Großteils der deutschen Geschichtswissenschaftler – nämlich ihre Abstammung vom protestantischen Bildungsbürgertum, ihre Stellung als besoldete Staatsbeamte, ihre Abgeschiedenheit von den Gegebenheiten moderner Industrialisierung – dabei übersieht Wehler allerdings die Möglichkeit, daß intelligente Männer aufgrund ihres wissenschaftlichen Ethos über ihr Milieu hinauswachsen können. Kehr selbst ist dafür ein ausgezeichnetes Beispiel. Um so bedauerlicher ist es, daß Wehler nicht den Versuch unternimmt, in einer detaillierten Analyse nachzuweisen, welche Faktoren in Kehrs Persönlichkeit und Erziehung es ihm ermöglichten, trotz seiner Abstammung aus einer protestantisch-bürgerlichen Beamtenfamilie ein so ideen- und wirkungsreicher Radikaler zu werden.

Obwohl Kehr in seinen historischen Studien das Handwerkszeug traditioneller Wissenschaft gebrauchte, war die Zielsetzung seiner Arbeit eindeutig politisch. Genau wie Marx gab er sich nicht damit zufrieden, die Welt zu verstehen – er wollte sie verändern. Es war ihm besonders daran gelegen, die Junkeraristokratie und die kapitalistische Plutokratie, die Deutschland nicht nur in der Vergangenheit, sondern auch noch in der Gegenwart beherrschten, zu diskreditieren. In seinen Augen bestand kein Konflikt zwischen wissenschaftlicher Analyse dessen, was »wirklich« geschehen war, und der »Demaskierung« jener Kräfte, die ihm zuwider waren. Seine Methode der Analyse brachte wichtige neue Erkenntnisse, obwohl diese nicht global als neues historisches Evangelium akzeptiert werden können. Sie bedürfen jetzt vielmehr einer Eingliederung in ein Weltbild, das von anderen Historikern mit unterschiedlichen ideologischen Positionen erarbeitet wurde. In Anbetracht seines marxistischen Standpunkts überrascht es, daß Kehr moralisch entrüstet war, wenn seine Ansichten nicht sofort eine allgemeine positive Aufnahme fanden. Eigentlich sollte ihn das kaum gewundert haben. Seine Einseitigkeit und seine offensichtlich polemische Zielsetzung machten ihn gegenüber all den Angriffen leicht verwundbar, die behaupteten, daß er sein Material im Hinblick auf einen von vornherein feststehenden Zweck auswählte. Dieser Vorwurf, der regelmäßig jenen Historikern gemacht wird, die provozierend einen revisionistisch-kritischen Standpunkt vertreten, ist leicht zu belegen; er ändert aber nichts an der Tatsache, daß Kehr als *der* unabhängige und herausfordernde junge Historiker der Weimarer Zeit anzusehen ist.

Man kann nur hoffen, daß Kehr viele Nachahmer finden wird, die wie er mittels hochentwickelter marxistischer Methoden alle Facetten deutscher Sozialgeschichte erforschen. Da die gesamte (oder fast die gesamte) Geschichtsforschung bis zu einem gewissen Grade durch andere Beweggründe ausgelöst wird als die abstrakte Liebe zum echten Verstehen, würde es wenig ausmachen, wenn eine solche Arbeit von einem politischen Zweck getragen würde. Natürlich müßte dabei sichergestellt sein, daß es sich um eine autonome Zielsetzung handelt (die zum Beispiel nicht vom Zentralkomitee der SED vorgeschlagen wird) und daß dem üblichen Kodex wissenschaftlicher Ehrlichkeit Rechnung getragen wird. Eckart Kehr ist das Beispiel eines durch und durch furchtlosen, ehrlichen und scharfsinnigen Historikers, der Forschung »konventioneller Weisheit« zum Trotz betreibt und alte Phänomene aus neuen Perspektiven betrachtet.

II

Böhmes Studie über das *Verhältnis von Wirtschaft und Staat während der Reichsgründungszeit. 1848–1881* ist eines jener seltenen »ersten Bücher«, durch die ihr Autor unmittelbar zur ersten Garnitur der Historiker gerechnet wird. Die Bedeutung dieser Studie liegt zum Teil in der unglaublichen Quantität und Vielseitigkeit der vom Autor untersuchten Quellen, zum Teil aber auch in der Unvoreingenommenheit seines Standpunkts bei der Behandlung einer bereits oft erforschten Periode. Das Ergebnis sind erstaunlich viele neue Erkenntnisse und Perspektiven zu den Schlüsselproblemen Deutschlands im 19. Jahrhundert.

Eine kurze Aufzählung der von Böhme in erster Linie benutzten Quellen vermittelt einen Eindruck von der Reichhaltigkeit des Buches. Der Autor hat die Archive der wichtigsten Reichsbehörden und preußischen Ministerien durchgearbeitet, die sich jetzt in der DDR befinden: die Akten der Reichskanzlei, der Reichsministerien des Inneren, der Finanzen und der Wirtschaft und der Handelsabteilung des Auswärtigen Amtes im Deutschen Zentralarchiv in Potsdam; die Akten der Preußischen Ministerien für Handel, Inneres, Landwirtschaft und Finanzen im Deutschen Zentralarchiv in Merseburg. Weitere wertvolle Unterlagen, insbesondere die diplomatischen Berichte ihrer Berliner Vertreter, fanden sich in den Archiven von sechs (hauptsächlich westdeutschen) Ländern: Baden, Bayern, Hamburg, Hessen, Sachsen und Württemberg. Diese Unterlagen erlaubten es Böhme, mit traditionellen, an Preußen orientierten Vorstellungen zu brechen. Dies gilt gleichermaßen für wichtige österreichische Quellen im Wiener Haus-, Hof- und Staatsarchiv (besonders die Korrespondenz von Schwarzenberg, Rechberg, Buol und Prokesch-Osten). Der Autor ergänzte diese »offiziellen Quellen« durch eine Untersuchung der privaten Nachlässe einflußreicher Beamter (zum Beispiel Delbrück und Manteuffel) und Politiker (wie Bennigsen und Lasker). Darüber hinaus war Böhme durch seine Ausbildung in den Wirtschaftswissenschaften in der Lage, einschlägige Daten aus den Akten der Preußischen Seehandlung, der Berliner Handelsgesellschaft, des Vereins Deutscher Eisen- und Stahlindustrieller, den veröffentlichten Jahresberichten verschiedener deutscher Banken und Handelskammern und den Festschriften einzelner Firmen zusammenzutragen. Das Buch stützt sich außerdem auf statistische Veröffentlichungen, Zeitungen, Zeitschriften, Flugschriften, Memoiren und Biographien; und der Autor hat eine endlose, auf 41 Seiten aufgeführte Sekundärliteratur bewältigt.

Diese Flut von Material (von dem vieles vorher noch nie benutzt worden ist) wird von einem in scharfem Gegensatz zur traditionellen deutschen Historiographie stehenden Standpunkt aus erforscht. Durch eine Erklärung der Ereignisse verteidigt Böhme den Primat sozialer und wirtschaftlicher Kräfte – und nicht den der Ideen, der politischen Struktur oder des Genius' Bismarcks. Er besteht darauf, daß die Entwicklung von Industrie und Bankgewerbe in Norddeutschland eine große Bedeutung für Preußen hatte, die es zu der vorherrschenden Macht Mitteleuropas machte, lange bevor Bismarck Deutschland durch Blut und Eisen vereinte. Er argumentiert, daß die etwas vernachlässigte Wiederbelebung des Zollvereins zu preußischen Bedingungen im Jahre 1865 von größerer Bedeutung war als der berühmte militärische Sieg von Königgrätz im Jahre 1866. Letztlich ist für ihn der Wechsel in der deutschen Wirtschaftpolitik vom Freihandel zum Protektionismus in den Jahren 1876 bis 1879 entscheidender für die deutsche Entwicklung als der Deutsch-Französische Krieg von 1870. Diese und andere ungewohnte Anschauungen verteidigt Böhme in flüssigem Stil und frei von jeglichem Dogmatismus oder kreuzfahrerischem Eifer, wobei er im allgemeinen der Arbeit seiner Vorgänger zur Geschichte der Bismarckzeit gerecht wird. Eine Ausnahme bildet sein Angriff auf den Historiker Wilhelm Schüßler, der Varnbülers Haltung – des anti-preußischen Premiers Württembergs (der später übrigens einer jener Protagonisten der Freihandelskampagne wurde, dem Bismarck am meisten vertraute) – »fast böswillig von seinem stupid-nationalistischen Standpunkt aus verurteilt« (S. 266, Anm. 319).

Böhme führt sehr genau aus, inwieweit und warum seine eigenen Ansichten von den Auffassungen dieser Männer abweichen. Für ihn bewirkte das Debakel von 1945 eine Veränderung des deutschen »historischen Selbstverständnisses« bei der jungen Generation. Die Hohenzollern-Legende ist tot; in der heutigen Bundesrepublik wird der Staat als Kampfplatz pluralistischer Interessengruppen angesehen und nicht als die Verkörperung objektiver Weisheit und Gerechtigkeit; das von Bismarck geschaffene »preußisch-kleindeutsche« Reich wird heute als das Produkt spezifischer geschichtlicher Umstände verstanden und nicht als die vorherbestimmte »natürliche« Lösung des deutschen Problems. Der »Primat der Außenpolitik« verlangt nicht länger eine automatische Unterwerfung; die Bismarcksche Verachtung der Innenpolitik ist in einem Land veraltet, in dem die Machtergreifung der Nationalsozialisten durch Mißwirtschaft in der Innenpolitik ermöglicht wurde. Für Böhme ist es charakteristisch, daß er die übliche scharfe Trennung anderer deutscher Historiker zwischen

Innen- und Außenpolitik und Politik und Wirtschaft bestreitet. In seinen Reden und Schriften verwarf Bismarck gelegentlich die Wirtschaft als einen unbedeutenden Teil der ebenso unbedeutenden Innenpolitik. Böhme stellt jedoch eine der herausfordernden Thesen dieses Buches mit der Behauptung auf, daß Bismarcks Handlungsweise klüger war als seine Proklamationen. Böhme glaubt, daß der Kanzler die Bedeutung der Wirtschaft sehr deutlich sah, sie aber absichtlich als ein taktisches Werkzeug abwertete, um seine Verhandlungspartner glauben zu machen, daß er an ihrer politischen Freundschaft äußerst interessiert sei, obwohl er gleichzeitig ihre wirtschaftlichen Interessen verletzte.

Bevor die wichtigsten Thesen dieses Buches untersucht werden, sollten einige seiner Schwächen erwähnt werden. Trotz eines gelegentlich durchbrechenden Witzes ist der Stil trocken – eine löbliche Ausnahme stellt die ätzende Studie über Louis Schwartzkopff (1825 bis 1892) dar (S. 392–393). Nur zu einem Teil gelingt es dem Autor, die große Materialfülle in eine lesbare Form zu bringen. Wirtschaftliche Informationen, besonders auffallend wenn es sich um Banken handelt, werden häufig in großen Brocken, vollgestopft mit unverdauten Einzelheiten, präsentiert. Manchmal liefert Böhme zuviel allgemeinen Hintergrund, um an anderer Stelle wiederum zu wenig zu bieten. Die häufig ungenaue Differenzierung des Neuentdeckten vom schon lange Bekannten ist geeignet, die Geduld des informierten Lesers zu strapazieren. Die langen Abschnitte über die diplomatischen Ereignisse der Jahre 1876 bis 1879 bringen kaum neue Ansatzpunkte. Manchmal werden Verallgemeinerungen von großer Bedeutung unauffällig in detaillierten Untersuchungen über ein Spezialproblem erwähnt. »Der Kern der Bismarckschen Schutzzollpolitik« und »Kolonialpolitik und Schutzzoll« werden zum Beispiel auf den Seiten 537 bis 540 analysiert, anschließend an eine genaue Untersuchung des Verhaltens des preußischen Finanzministers Hobrecht und gefolgt von der Debatte über Agrarzölle in der Bundesratskommission. Das abschließende Urteil über die politische Wirksamkeit der neuen Zölle ist angehängt an einen Abschnitt über die zunehmende Aufmerksamkeit deutscher Diplomaten gegenüber wirtschaftlichen Fragen (S. 574). Die Charakterisierung führender Persönlichkeiten beschränkt sich fast durchgehend auf eine hölzerne Aufzählung bekleideter Positionen und verliehener Auszeichnungen. Bedauerlicherweise fehlt der Studie Böhmes sowohl ein klar umrissener Ausgangspunkt als auch ein Abschluß. Obwohl das Buch recht lang ist, hätte der Rezensent es begrüßt, wenn zusätzlich eine systematische Darstellung über das Verhältnis zwischen Staat und wirtschaftlichen Kräften im

Jahre 1850 beziehungsweise 1880 zusammen mit einer abschließenden Erklärung über die Veränderungen der dazwischenliegenden dreißig Jahre gegeben worden wäre. Der Leser wird mit Details derartig überschwemmt, daß es schwer wird, der großen Linie zu folgen. Das Buch ist jederzeit eine Fundgrube wertvoller Informationen, aber zu häufig eine nur mühsam zu nutzende Fundgrube.

Obwohl es nicht die Absicht des Autors war, eine umfassende polit-ökonomische Geschichte der ganzen Ära Bismarck zu schreiben, ist es dennoch verwunderlich, daß in einem Buch über das Verhältnis zwischen Politik und Wirtschaft zu der oft zitierten Rolle der Eisen- und Stahlindustrie bei der Annexion Elsaß-Lothringens im Jahre 1871 ebenso wenig zu finden ist, wie zu den Enthüllungen Laskers über den Eisenbahn-Betrug im Jahre 1873, und daß die berühmten Angriffe Perrots in der »Kreuzzeitung« auf den jüdischen Einfluß in Delbrücks Wirtschaftspolitik im Jahre 1875 unerwähnt bleiben. Das vieldiskutierte Problem, warum Delbrück 1876 zurücktrat (oder entlassen wurde), obwohl er lange Zeit einer der wichtigsten Mitarbeiter Bismarcks in wirtschaftlichen Fragen war, wird recht oberflächlich behandelt. Unerklärlich ist auch, weshalb eine soziologische Analyse der Parteien – sogar auch der so entscheidenden Nationalliberalen – fehlt, obwohl eine solche Analyse zum Verständnis der Tatsache unerläßlich ist, wie es Bismarck gelingen konnte, die Aktivität von Interessengruppen in Bewegung zu setzen, was nach 1876 zu einem neuen Verhältnis von Politik und Wirtschaft führte. Darüber hinaus erwähnt Böhme erstaunlich wenige Fälle, in denen durch wirtschaftlichen Druck eine direkte Einflußnahme auf Partei- oder Regierungspolitik ausgeübt wurde.

Er stellt zum Beispiel fest, daß man nur sehr bedingt von einer »direkt-kausalen Verbindung zwischen Rüstungsindustrie, Krisen und deutsch-russischer Außenpolitik in den Jahren 1870 bis 1879« (S. 444) sprechen könne. Eine derartig vorsichtige Aussage ist durchaus lobenswert im Vergleich zu G. F. Hallgartens anmaßender Feststellung über den von Waffenfabrikanten ausgeübten Einfluß auf außenpolitische Entscheidungen. Diese Vorsicht der Aussage führt bei Böhme jedoch häufig zu einer schlechten Integration seiner politischen und wirtschaftlichen Analysen. Aber gerade diese Integration sollte das wichtigste Ziel des Buches sein.

Eine weitere Schwäche der Studie ist Böhmes Hang zur Überbewertung der Handelspolitik in seinen allgemeinen Schlußfolgerungen. Böhme behauptet beispielsweise, daß Bismarcks Machtübernahme im Jahre 1862 keinen Bruch in der Kontinuität preußischer Geschichte darstellte, da Bismarck sich voll zu der Schutzzollpolitik seines Vorgängers Bernstorff bekannte. Diese Politik sah ein Niedrigzoll-Handelsabkommen mit Frankreich vor, wodurch Österreich auch weiterhin vom Zollverein ausgeschlossen blieb (S. 123, 126). Dieser Tatsache kommt selbstverständlich einige Bedeutung zu – aber nur ein Fachmann in Wirtschaftsgeschichte würde ihr entscheidende Bedeutung beimessen. Es steht eindeutig fest, daß Bismarcks Machtübernahme einen Wendepunkt in Deutschlands Verfassungsgeschichte darstellte, da sie aller Wahrscheinlichkeit nach den Sieg der Liberalen im preußischen Verfassungsstreit verhinderte. Darüber hinaus zeigte die gesamte Politik der preußischen Regierung nach der Machtübernahme eine neue Zielstrebigkeit und Entschlossenheit. Böhme kann und will diese Tatsachen nicht leugnen – aber seine Abwertung der von Bismarck als Person gespielten Rolle wird bei vielen Lesern einen falschen Eindruck hervorrufen, obwohl durch diese Abwertung lediglich die Aufmerksamkeit auf die unpersönlichen sozio-ökonomischen Kräfte gelenkt werden soll. Böhme ist sich allerdings bei anderer Gelegenheit des persönlichen Einflusses des Kanzlers voll bewußt; er behauptet zum Beispiel, daß die politische Vereinigung Süd- und Norddeutschlands im Jahre 1870 über die sachliche Notwendigkeit hinausging, da die wirtschaftlichen Bedürfnisse durch eine Neuorganisation des Zollvereins bereits im Jahre 1867 befriedigt worden seien (S. 292 ff.). Weiter behauptet er, daß die erfolgreiche Zusammenarbeit der landwirtschaftlichen und industriellen Protektionisten im Jahre 1878 – der Schlüssel zu der entscheidenden Umkehrung der deutschen Steuerpolitik – zu einem großen Teil der Tatsache zu verdanken sei, daß Bismarck sich mit seinem persönlichen Prestige für diese Sache verwandte (S. 410 ff.). Kurz gesagt: der Autor vermeidet jegliche dogmatische Verneinung der Rolle des »großen Mannes« und ist sich darüber hinaus der Tatsache voll bewußt, daß Geschichte generell aus einer Kombination der allgemein-sachlichen und individuell-persönlichen Kräfte besteht. Unterschiedliche Auffassungen über die Wertigkeit spezifischer Mischungen zu einem bestimmten Zeitpunkt wird es immer geben, aber allein die Tatsache, daß Böhme die Bismarcks persönlicher Rolle oft beigemessene übersteigerte Bedeutung ablehnt, kann als willkommene und fruchtbare Korrektur herkömmlicher Ansichten nur begrüßt werden.

Böhmes Buch befaßt sich mit zwei Hauptthemen: Preußens Politik im Zollverein in den Jahren 1848 bis 1866 (Teil I) und Preußens Wechsel vom Freihandel zum Protektionismus in den Jahren 1867 bis 1881 (Teil II und III). Das erste Thema wurde vorher schon von Eugen Franz in seinem wichtigen Buch *Der Entscheidungskampf um die wirtschaftliche Führung Deutschlands. 1856–1867* (München

1933) untersucht. Diesem Buch ist Böhmes Arbeit sowohl in der Analyse des wirtschaftlichen Hintergrunds als auch durch einen Kommentar, der nicht in diplomatischen Details untergeht, weit überlegen. Böhme weist nach, daß der vom österreichischen Handelsminister Bruck im Jahre 1849 vorgelegte Plan einer Mitteleuropäischen Zollunion darauf berechnet war, die hegemoniale Stellung Preußens zu brechen, die sich aus der Führung innerhalb des Zollvereins ergab. In den entscheidenden Jahren von 1850 bis 1853 zerbrach der Plan an einem Zusammenspiel wirtschaftlicher Gegebenheiten und politischer Klugheit Preußens: preußische Staatsmänner waren sich – im Hinblick auf die preußische Großmacht-Stellung – der außerordentlichen Bedeutung einer notwendigen Niederlage des österreichischen Projektes bewußt, erkannten aber gleichzeitig, daß eine solche Niederlage nur durch indirekte Mittel erreicht werden durfte, um Preußen nicht in den Ruf eines Störenfriedes in der deutschen nationalen Sache kommen zu lassen. Die einfachste Methode, Österreich aus dem Zollverein herauszuhalten und gleichzeitig die Gründung einer Mitteleuropäischen Zollunion zu vermeiden, die den Zollverein abgelöst hätte, war praktisch ein Bestehen auf der Freihandelspolitik. Österreichs leistungsschwache, noch in der Entwicklung befindliche Industrie wäre so von einer Abschaffung der Protektion bedroht gewesen. Als Konsequenz verbanden sich österreichische Industrielle mit preußischen Bürokraten in der Opposition gegen Brucks Plan (bedauerlicherweise nennt Böhme keine genauen Zahlen über österreichische und preußische Produktionskosten, um die Gründe österreichischer Angst zu erklären). Die ausschlaggebenden wirtschaftlichen Interessen Preußens und Norddeutschlands waren andererseits am Freihandel orientiert: Die Handelsstädte an Nord- und Ostsee waren gegen jegliche Art von Protektionismus, während die Grundbesitzerschicht der Junker in Ostdeutschland am Getreide-Export und den billigen Importen von Industrieprodukten (wie zum Beispiel englischen Landwirtschaftsmaschinen) interessiert war. Jene Industrien in Norddeutschland (wie beispielsweise Eisen- und Textilindustrie), die eine Protektion wünschten, konnten zu dem Zeitpunkt noch nicht mit den anderen Interessengruppen in der Beeinflussung der Regierung konkurrieren.

In den süddeutschen Staaten (Bayern, Württemberg und anderen) war der Protektionismus für landwirtschaftliche und kommerzielle Interessen nicht so dringlich, so daß sowohl wirtschaftliche Faktoren als auch politische Sympathien die Staaten mehr zu Österreich tendieren ließen. Als eine Entscheidung jedoch unvermeidbar wurde, erwies sich die wirtschaftliche Anziehungskraft Preußens letztlich doch als stärker: Die Mitgliedschaft im Zollverein seit 1834 hatte unangefochtene Ansprüche auf den norddeutschen Markt geschaffen; die vom süddeutschen Handel benutzten Flußmündungen wurden vom Zollverein kontrolliert, und darüber hinaus waren die süddeutschen Staaten unfähig, in Verhandlungen eine einheitliche politische oder wirtschaftliche Front zu bilden. Eine Schwäche des Buches liegt darin, daß das Parallelogramm süddeutscher Wirtschaftsinteressen, mit seiner Tendenz sowohl nach Norden als auch nach Süden, nicht analysiert wird.

Meisterhaft legt Böhme dar, wie die süddeutschen Staaten durch Preußens wirtschaftliche Vorrangstellung zur Annahme neuer Zollverein-Konditionen in den Jahren 1853 und 1864 gezwungen wurden. Beide Male war die Erneuerung des Zollvereins von Handelsabkommen zwischen Österreich und dem Zollverein begleitet. Die jeweiligen Bedingungen der beiden Abkommen (vom 19. Februar 1853 und vom 11. April 1865) sind ein Anzeichen für die immer schlechter werdende Position Österreichs: 1853 erlangte es einen »Waffenstillstand«, bei dem ihm Vorzugszölle gewährt wurden, zusammen mit einem Versprechen Preußens, die Verhandlungen über eine Mitteleuropäische Zollunion im Jahre 1860 wieder aufzunehmen; im Jahre 1865 waren die Vorzugszölle abgeschafft und das Versprechen zukünftiger Verhandlungen hatte sich als nutzlos erwiesen. Preußens wirtschaftliche Dominanz im außer-österreichischen Deutschland hatte sich nun unanfechtbar durchgesetzt; diese Vorherrschaft sollte militärisch bei Königgrätz und politisch durch die Gründung des Norddeutschen Bundes in den Jahren 1866/67 gesichert werden.

Von gleich großem Interesse ist Böhmes Analyse der inneren Konstellation Preußens, die diesen Triumph ermöglichen half. Selbst während es nach 1862 den Verfassungskonflikt mit Bismarck austrug, war sich Preußens »liberales« Bürgertum zu jeder Zeit der Tatsache bewußt, daß Bismarcks Handelspolitik seinen wirtschaftlichen Interessen voll Rechnung trug. Man gewöhnte sich an die Situation, daß Preußens traditionell autoritäre Regierung die Interessen des Bürgertums wahrnahm, ihm aber gleichzeitig politische Macht versagte. Beide Gruppen waren für Bismarcks erfolgreiche Außenpolitik und begrüßten seine entschiedene Absicht, trotz der Agitation der unteren Schichten, Ruhe und Ordnung aufrechtzuerhalten. Kurz gesagt: Das Bürgertum war bereit, die Fortsetzung einer anachronistischen Regierungsform hinzunehmen, die von »Feudalelementen« beherrscht wurde, weil diese Regierungsform seine materiellen Interessen vollständig wahrte und gleichzeitig seinen Appetit auf Ersatzruhm befriedigte (siehe auch S. 116 und S. 119–120).

Die »Feudalisierung« Deutschlands, wie sie die Regelung von 1866/67 beinhaltete, erhielt in den späten siebziger Jahren durch Bismarcks Änderung seiner Handelspolitik vom Freihandel zum Protektionismus zusätzlichen Auftrieb. Dieser Wechsel wird in Teil III von Böhmes Buch analysiert. Der II. Teil: »Das Delbrücksche Deutschland 1867 bis 1876« ist hauptsächlich durch seine Einführung in diese spätere Periode beachtenswert. Dies ist der schwächste Abschnitt des Buches: Zuviele verwaltungsgeschichtliche Details von geringem allgemeinen Interesse werden angeführt, und Bismarcks falsche Einschätzung Süddeutschlands in den Jahren 1867 bis 1870 wird in ermüdender Länge dargestellt. Es ist verwunderlich, daß im Gegensatz dazu die großen legislativen Errungenschaften der »liberalen Ära« nur kurz erwähnt werden. Der Abschnitt enthält aber doch auch wertvolles Material im Hinblick auf allgemeine wirtschaftliche Entwicklungen: die Diskreditierung des Laissez-faire-Systems durch die »Gründerkrise« des Jahres 1873; und die Organisation von Interessengruppen, durch die Deutschland eine aktive protektionistische Bewegung erhielt, die Bismarck nur zu gern zur Kenntnis nahm.

In seiner Analyse des Wechsels zum Protektionismus geht der III. Teil über die kürzlich erschienene Studie von Ivo Lambi *Free Trade and Protection in Germany. 1868–1879* (Wiesbaden 1963) [1] hinaus. Böhmes Beschreibung der propagandistischen Auseinandersetzung und der parlamentarischen Fehden ist der Lambis bei weitem nicht gewachsen, dafür ist aber seine scharfsinnige Analyse der Hindernisse, die sich Bismarck in den Weg stellten, und der Verflechtung von Außen-, Innen- und Handelspolitik der Darstellung Lambis weit überlegen. Sein Bericht über Bismarcks Beziehungen zum Preußischen Ministerium, wo sich eine Gruppe von Freihändlern unter der Führung von Otto von Camphausen verschanzt hatte und versuchte, Bismarcks Politik zu sabotieren, ist außerordentlich wertvoll. Die Analyse der fragwürdigen Methode, in der Bismarck Camphausen erst diskreditierte und dann entließ, ist ein Meisterstück, aber es ist verwunderlich, daß Böhme den Bismarckschen coup de grâce, der sich in einer Reichstagssitzung vollzog, ausgelassen hat – obwohl er häufig als Beispiel der grausamen politischen Methoden des Kanzlers angeführt wird. Anfänglich bewegte sich Bismarck noch sehr vorsichtig auf den Protektionismus zu, indem er Abgaben zum Ausgleich der französischen Exportprämie für Eisen empfahl; diese wurden jedoch

1. in: Vierteljahresschrift für Sozial- und Wirtschaftsgeschichte, Beiheft 44, 1963 Bd. 50 (in engl. Sprache); zuerst erschienen als Diss., Minneapolis, Univ. of Minnesota 1957/58 (Anm. d. Hrsg.).

durch einen letzten eindeutigen Sieg der Freihändler im Jahre 1877 im Reichstag abgelehnt. Als nächsten Schritt bestand der Kanzler auf einer Regierungsumfrage über den Zustand der deutschen Industrie, die eindeutig dazu gedacht war, faktische Munition für den Protektionismus zu liefern. Er ermutigte die Landwirte, vom Freihandel zum Protektionismus überzuwechseln und eine Allianz mit der Eisen- und Textilindustrie zu bilden, die sich schon lange um Schutzzölle bemüht hatten. Er ließ sich kaum von der scheinbaren Unmöglichkeit beeindrucken, eine parlamentarische Mehrheit für seine neue Handelspolitik zu bekommen. Man sprach viel davon, daß der Kanzler zu einem Staatsstreich bereit wäre, sollte sich dies zur Durchsetzung seines Willens als notwendig erweisen. Dieser coup d'état wurde jedoch überflüssig, als sich die parlamentarische Konstellation durch die beiden Mordanschläge auf den Kaiser im Frühjahr 1878 änderte. Bismarck zeigte seine ganze Geschicklichkeit und Skrupellosigkeit, als er die Nationalliberalen in der darauffolgenden Auseinandersetzung über die Sozialisten-Gesetze an die Wand drängte. Bedauerlicherweise bringt Böhme wenig Informationen über die internen Spaltungen der Nationalliberalen, die deren Fähigkeit, Bismarck eine wirksame Opposition entgegenzusetzen, beeinträchtigten. Böhme zeigt jedoch sehr eingehend, wie Bismarck die Zusammensetzung derjenigen Ausschüsse manipulierte, die detaillierte Vorarbeiten zum Zollgesetz von 1879 leisteten.

In der Außenpolitik zielte Bismarck, wenn auch nur versuchsweise und zögernd, auf eine Wiederbelebung des Bruck-Projektes einer Mitteleuropäischen Zollunion, die Preußen 1853 und 1864 abgelehnt hatte. Unter den Gegebenheiten des Jahres 1870 hätte dieses Projekt genau das Gegenteil von dem bedeutet, was Bruck früher damit beabsichtigt hatte: die Institutionalisierung der preußischen Hegemonie. Es ist nicht weiter verwunderlich, daß die Österreicher geringes Interesse an diesem Projekt zeigten, vor allem, weil es ihnen gelungen war, ein deutsch-österreichisches Bündnis gegen Rußland abzuschließen, ohne auf wirtschaftlichem Gebiet Opfer hinnehmen zu müssen. Aus unserer heutigen Perspektive ist es interessant zu vermerken, daß Bismarck einiges Interesse an dem Projekt einer Westeuropäischen Zollunion zeigte, wie sie von dem französischen Nationalökonomen Molinari im Jahre 1878 mit dem Argument befürwortet wurde, daß allein eine solche Union Europas Zukunft im Angesicht der amerikanischen, britischen und russischen Konkurrenz sichern könne. Bismarcks Interesse ist ein Beweis für seine Fähigkeit, ständig in einer Terminologie zu denken, die über den »kleindeutschen Nationalstaat« hinausging, mit dem sein Name so unauflöslich von Historikern verbunden wird, wie die Fruchtbarkeit und Anpassungsfähigkeit seiner politischen Konzepte nicht verstehen.

Verschiedene Bemerkungen in Böhmes Buch belegen, daß er den Wechsel zum Protektionismus im Jahre 1879 als einen schicksalhaften Wendepunkt in der deutschen Geschichte betrachtet. Aus »historischer Gerechtigkeit« sollte jedoch daran erinnert werden, daß zu ihrer Zeit viel für die im Jahre 1879 getroffenen Maßnahmen sprach. Das Reich sicherte sich ein verbessertes Finanzsystem, in dem es durch Zölle unabhängiger von »Matrikularbeiträgen« der einzelnen Staaten wurde. Die neuen Zölle verhinderten auf keinen Fall den wirtschaftlichen Fortschritt, obwohl natürlich behauptet werden kann, daß der Fortschritt unter Umständen hätte größer sein können, wenn es keine Schutzzölle gegeben hätte. Der Schutz der Landwirtschaft, obwohl er in erster Linie den Junkern zugute kam, verhinderte, daß Deutschland ein einseitig industrialisiertes Land wie das England Cobdens wurde. Die neue politische Konstellation des Jahres 1879 veranlaßte – oder zwang – Bismarck, nach und nach seinen Kulturkampf gegen die katholische Kirche aufzugeben, weil er nun die Stimmen der Zentrumspartei brauchte: eine willkommene Entwicklung, da der Kulturkampf eindeutig eine der irregeleitetsten und am wenigsten erfolgreichen Unternehmungen Bismarcks war.

Selbst wenn alle diese Faktoren angemessen gewürdigt werden, erscheint es dem Rezensenten nichtsdestoweniger als sicher – gestützt auf Böhmes Material, aber über sein ausdrückliches Urteil hinausgehend –, daß der »Wechsel des Systems« des Jahres 1879 ein großer Nachteil war, da er alle anachronistischen Elemente der Bismarckschen Regierungsform konsolidierte. Der Kernpunkt des in jenem Jahr eingeführten politisch-ökonomischen Systems war ein Kompromiß zwischen den beiden führenden sozialen Schichten des Reiches, den Junkern und den Großindustriellen, die nun ihre seit langem schwelende Fehde beendeten. Das Ergebnis war »die Feudalisierung der Industrie« und die »Kapitalisierung der Landwirtschaft« – wie man es genannt hat. Ein Großteil des industriellen Bürgertums gab viel von seinem Liberalismus auf und akzeptierte die »feudalen« Werte – ein Vorgang, den Kehr ausgezeichnet analysiert hat; als Bismarck im Jahre 1866 eine enge Zusammenarbeit mit den Liberalen begann, akzeptierten die meisten Junker ein Reich, das sie bisher als ein »Aufgeben Preußens« abgelehnt hatten.

Der hohe deutsche Agrarzoll bildet ein klassisches Beispiel dafür, wie eine wirtschaftlich und sozial überlebte Klasse – die Junker – ihre politische Macht benutzte, um ihre verfallende wirtschaftliche Position zu sichern. Auf der anderen Seite waren die Industriellen von einem politischen System begeistert, das unerbittlich sowohl die Linksliberalen wie auch die Sozialisten von der Macht ausschloß, und von einem Steuersystem, das in seiner Belastung stark regressiv war.

Diese Fehler – zu denen man leicht die Polarisierung der deutschen Gesellschaft und die Entfremdung der Arbeiterklasse hinzuzählen könnte – waren natürlich von Anfang an in der Struktur des Bismarckschen Reiches verankert; sie wurden aber durch die Entwicklungen des Jahres 1879 noch betont. Der Wechsel zum Protektionismus unterstützte und symbolisierte die Konsolidierung eines anachronistischen politischen Systems, das auf einer anachronistischen Konstellation basierte; es brachte aber gleichzeitig der herrschenden Schicht genügend politische und parlamentarische Stärke, um Deutschland für die nächsten 39 Jahre sicher zu regieren. In Friedenszeiten bestand keine Gefahr eines inneren Umsturzes – tatsächlich konnte die imperialistische Struktur erst im Jahre 1918 zerstört werden und auch dann nur unter solch bitteren Umständen (Niederlage im Krieg, Dolchstoß-Legende, Kapitulation vor dem Liberalismus à la Wilson und so weiter), daß das nachfolgende fortschrittliche demokratisch-parlamentarische Regime Weimars stark kompromittiert wurde. Man sollte niemals vergessen, daß zahlreiche und auffällige Fehler der Republik zum größten Teil das Ergebnis des zu langen Überlebens des anachronistischen politischen und sozialen Systems Bismarcks waren. Zu dem Verständnis dieser fundamentalen Tatsache liefert Böhmes Buch einen gut dokumentierten Beitrag; in der Tat ist sein Buch eine Pionierleistung auf dem allzu lange vernachlässigten Gebiet deutscher Sozialgeschichte.

DEUTSCHER LIBERALISMUS UND PREUSSISCHER STAAT IN AMERIKANISCHER SICHT

I. Leonard Krieger: *The German Idea of Freedom. History of a Political Tradition;* 540 S., Boston 1957

II. Hans Rosenberg: *Bureaucracy, Aristocracy, and Autocracy. The Prussian Experience. 1660–1815;* 247 S., Cambridge (Mass.) 1958

III. Walter M. Simon: *The Failure of the Prussian Reform Movement. 1807–1819;* 272 S., Ithaca N. Y. 1955

in: Neue Politische Literatur, 8/1963, Sp. 177–200

Die Fruchtbarkeit der amerikanischen historischen Forschung auf dem Gebiet der jüngsten deutschen Geschichte findet heute in der Bundesrepublik allgemeine Anerkennung. Weniger bekannt ist die Tatsache, daß das Interesse amerikanischer Historiker sich keineswegs auf das 20. Jahrhundert beschränkt. Ein bevorzugter Gegenstand war die tragische Geschichte des deutschen Liberalismus – ein Thema, das Amerikanern, für die das Muster eines modernen Gemeinwesens durch den Liberalismus bestimmt ist und die versuchen, ursächliche Zusammenhänge zwischen den Schwächen der liberalen Tradition in Deutschland und dem Aufkommen des Nationalsozialismus herauszustellen, naheliegen mußte. Im folgenden sollen drei wichtige amerikanische Beiträge besprochen werden, die, wie der Rezensent aus persönlicher Erfahrung bezeugen kann, in der Bundesrepublik praktisch unbekannt geblieben sind.

Keines dieser Bücher kann klassischen Rang beanspruchen, und die vorliegende Besprechung wird daher auf ihre Schwächen nachdrücklich hinweisen müssen. Es soll aber schon hier hervorgehoben werden, daß es sich um bemerkenswerte wissenschaftliche Leistungen hervorragender Historiker handelt, die den Mut besaßen, ein großes Thema von fundamentaler Bedeutung anzupacken.

I.

Dem Werk von Leonard Krieger, Professor an der Yale-Universität, muß in Würdigung seiner Wichtigkeit und der Reichweite seines Gegenstandes besondere Bedeutung zugebilligt werden. Es ist zweifellos einer der wichtigsten Beiträge zur deutschen Geschichte, die bisher in Amerika erschienen sind. Freilich: eine Reihe äußerlicher Mängel lassen die Lektüre manchmal zu einer Qual werden. Der Stil ist oft schwerfällig und verschachtelt, der Stoff stellenweise zu wenig, mitunter zu pedantisch geordnet. Der Verfasser hat eine Kombination historischer Beschreibung mit systematischer Analyse von Ideen versucht. Solchem wahrhaft schwierigen Unternehmen konnte in Anbetracht des sehr komplexen Gegenstandes naturgemäß kein voller Erfolg beschieden sein.

Krieger geht, wie auch die beiden anderen Autoren, von der fundamentalen Frage aus, warum der Liberalismus in der deutschen Geschichte eine so wenig erfolgreiche Rolle gespielt hat. Er begnügt sich nicht damit, die Schwäche des deutschen Liberalismus einfach aus der Stärke seiner politischen Rivalen – Konservatismus, politischer Katholizismus, Sozialismus – zu erklären, sondern hebt im Gegenteil seine *innere* Schwäche hervor, die er als Folge einer »spezifisch deutschen Haltung der Freiheit gegenüber« (»peculiar German attitude towards liberty«) interpretiert. Diese Haltung hat zur Scheidung zwischen deutschem und westeuropäischem Liberalismus geführt, einer Trennung, welcher Krieger bis zur vorrevolutionären Epoche des *Ancien Régime* nachspürt. Diese besondere deutsche Haltung bestand, kurz gesagt, in dem Glauben, daß die Freiheit eine Ergänzung des *Obrigkeitsstaats* sei, nicht aber dessen Antithese. Die Deutschen erblickten die Bedeutung des »aufgeklärten Absolutismus« darin, daß durch ihn die *geistigen Freiheiten* (Religionsfreiheit, Redefreiheit und so weiter), die *materiellen* (Laissez Faire und so weiter) und die *bürgerlichen* Freiheiten des Rechtsstaats gefördert wurden. Jedoch wurde keine dieser Freiheiten in einem wesentlichen Zusammenhang mit der *politischen* Freiheit, das heißt der Volkssouveränität, gesehen. Diese letztere hat aber der westeuropäische Liberalismus gewöhnlich mit den Errungenschaften der geistigen, wirtschaftlichen und bürgerlichen Freiheit in untrennbare Verbindung gebracht. Der westeuropäische Liberalismus zielte darauf ab, den überkommenen autoritären Staat durch eine mehr und mehr demokratische Staatsform zu ersetzen, er glaubte, eine gänzlich neue Gesellschaftsform im Einklang mit den eigenen Grundsätzen aufbauen zu können. Das Ziel des deutschen Liberalismus hingegen war lediglich ein größeres Maß an Freiheit innerhalb des Rahmens des weiter bestehenden Obrigkeitsstaates. Die praktische Möglichkeit einer grundsätzlichen Umwandlung von Regierungsform und Gesellschaft lag jenseits der Vorstellungen der meisten deutschen Liberalen. Das mußte nach Krieger zu einer Verstümmelung des Freiheitsbegriffs führen und außerdem zu ständigen Konzessionen an die bestehende Staatsautorität. Es ergab sich daraus schließlich ganz allgemein die strukturelle und ideologische Schwäche des deutschen Liberalismus.

Krieger hebt die Tatsache hervor, daß der Liberalismus während des 19. Jahrhunderts lange Zeit von einflußreichen »unliberalen«

Gruppen keineswegs in Bausch und Bogen verworfen wurde. Im Gegenteil gingen diese nach dem Prinzip der Verabreichung von Gegengift in kleinen Dosen vor, indem sie in die bestehende staatliche Struktur da und dort »liberale Elemente« einbauten. Sie verkündeten eine »deutsche Auffassung von der Freiheit«, die nach ihrer Meinung »westliche Übelstände« wie etwa den Konflikt zwischen dem Einzelnen und dem Staat oder den Bruch der geschichtlichen Kontinuität vermied; sie betonten die Überlegenheit der dem Obrigkeitsstaat eng verbundenen »wahren Freiheit« über die »Zügellosigkeit«, welche in ihren Augen der Volkssouveränität des westlichen Europa eigentümlich war.

Kriegers Darstellung der deutschen Freiheitsidee ist in eindrucksvoller Breite angelegt. Buch I umfaßt Untersuchungen zur Entwicklung von Freiheit und Souveränität in Deutschland zwischen der Reformation und 1789. Gegenstand von Buch II sind Reformer, Nationalisten und Radikale der revolutionären Ära 1789 bis 1830. Im dritten Buch wird der Kampf für den liberalen Staat in den Jahren 1830 bis 1870 sehr ausführlich dargestellt. In einem kurzen Nachwort werden die großen historischen Linien der Zeitspanne 1870 bis 1933 aufgezeigt. Ferner finden sich hier einige Betrachtungen über die Aussichten der Freiheit im gegenwärtigen Deutschland. Dieser Breite entspricht die Vielschichtigkeit der Behandlung aller Aspekte von geschichtlichem Belang. Krieger ist primär Geistesgeschichtler, und sein besonderes Interesse gilt der Analyse komplizierter philosophischer Systeme (Kant, Hegel, Fichte). Dabei behält er aber immer den Zusammenhang mit den gesellschaftlichen Kräften und der politischen Entwicklung im Griff. Die geschichtliche Wirklichkeit wird als ein unteilbares Ganzes aller Elemente analysiert. Im Buch I werden die in Deutschland maßgeblichen verfassungsrechtlichen und politischen Theorien vor dem Hintergrund der gesellschaftlichen und politischen Verhältnisse des Ancien Régime vor 1789 durchleuchtet. Die spezifisch deutsche Freiheitsidee entstand nach Krieger aus der besonderen Lage der Landesfürsten im Raum des Heiligen Römischen Reiches Deutscher Nation. Da diese für sich selbst praktische Unabhängigkeit vom Kaiser, ihrem formalen Oberherrn, forderten (Ständische Libertät), konnten sie ihren eigenen adligen Untertanen ähnliche Freiheiten nicht rundweg abschlagen; in Preußen zum Beispiel hörte der Staat praktisch beim Landrat auf. Die Verquickung von landesfürstlicher Gewalt und Freiheitsgedanken erfuhr durch den »aufgeklärten Absolutismus« des 18. Jahrhunderts eine Steigerung und Modernisierung. Die Fürsten führten den Grundsatz religiöser Duldsamkeit ein und sicherten auch ein hohes Maß an »wirtschaftlicher Freiheit«, die den

Forderungen des aufgeklärten Merkantilismus und dem Klasseninteresse gewisser agrarischer Gruppen (zum Beispiel der ostpreußischen junkerlichen Getreideexporteure) entsprach. Diese Praxis des aufgeklärten Absolutismus erfuhr durch Gelehrte wie Pufendorf, Thomasius und Wolff machtvolle Unterstützung. Ihre Lehre vom monarchischen Absolutismus stand in enger Verbindung mit ihrer Konzeption des Naturrechts, während die Gültigkeit der gegebenen hierachischen Gesellschaftsstruktur für sie außer Zweifel stand.

So gewöhnten sich die Deutschen daran, »liberale Reformen« von der Initiative aufgeklärter Fürsten zu erwarten, welche selbstverständlich nur im Rahmen der vorhandenen politischen und sozialen Verhältnisse handelten – in einem Rahmen also, der viele liberale Elemente zu absorbieren vermochte, ohne dadurch seinen grundsätzlich-autoritären Charakter einzubüßen. Das deutsche Bürgertum nahm die Lehre vom »aufgeklärten Absolutismus« in einer Zeit hin, in der die englische und niederländische Bourgeoisie bereits im Besitz von erheblicher politischer Macht war und die französische Bourgeoisie im Prinzip die unumschränkte Volkssouveränität forderte. Das gleiche gilt für die deutschen Intellektuellen, denen es nicht gelang, ein klar umrissenes Reformprogramm herauszustellen, welches die »vielgestaltigen Kräfte des menschlichen Freiheitsstrebens in einem gegen die bestehende Ordnung gerichteten Brennpunkt zu vereinigen vermocht hätte« (S. 80). Aus allen diesen Gründen unterblieb zu Kriegers großem Bedauern der Durchbruch vom Obrigkeitsstaat zur demokratischen Volkssouveränität.

Gegenstand von Buch II sind die schicksalhaften Jahre 1789 bis 1830; zunächst werden die politischen Ideen Kants und Hegels behandelt. Der Verfasser kommt zu dem Schluß, daß beide als Vorkämpfer der spezifisch deutschen Freiheitsidee den Freiheitsbegriff an das Gegebensein eines starken Staates knüpften. Die innenpolitische Entwicklung der Rheinbundstaaten wird merkwürdigerweise auf nur drei Seiten abgetan (S. 143–45), obgleich es sich dabei um das klassische Beispiele für die Kriegersche Konzeption der deutschen Freiheitsidee (liberale Politik ohne Volkssouveränität) handelt. Freiherr vom Stein kommt bei Krieger nicht gut weg: Der Verfasser bedauert, daß der Freiheitsgedanke Steins wesentlich mit dem Ziel hochgespielt worden sei, die äußere Macht des Staates zu steigern; ferner sei es ihm nicht gelungen, Preußen als Staat auf den Weg der Selbstverwaltung zu führen. Hinsichtlich Hardenbergs zerbricht sich Krieger in nutzloser Weise den Kopf, warum jener durch den Wunsch nach Einführung einer »repräsentativen Verfassung« tatsächlich große Konzessionen in Richtung der Selbstverwaltung angestrebt hat.

Derartige Bestrebungen passen allerdings nicht in das Krieger vorschwebende Bild eines aufgeklärten Bürokraten, welcher ausschließlich im Rahmen einer dem Obrigkeitsstaat verbundenen deutschen Freiheitsidee Politik gemacht hat. Hier wird der problematische Charakter der Kriegerschen Konzeptionen deutlich: An die Gestalt eines pragmatischen Opportunisten wie Hardenberg lassen sich diese schlechterdings nicht anpassen.

Buch II schließt mit einem Kapitel über die Politik nach den Freiheitskriegen. Die hier vorgenommene Klassifizierung der »Typen« des deutschen Liberalismus bleibt für die gesamte weitere Darstellung maßgebend: 1. Ein gemäßigter bürokratischer Liberalismus war das Resultat des preußischen Verfassungskampfes der Jahre 1815 bis 1823. Seine Verdienste bestehen in bedeutenden liberalen Errungenschaften auf finanz- und wirtschaftspolitischem Gebiet und einer »Liberalisierung« der preußischen Bürokratie. 2. Ein »dualistischer« Liberalismus, der freiwilliges Zusammengehen von Fürst und Parlament anstrebte, entstand in den süddeutschen Staaten. Er verwarf die eigentliche Volkssouveränität und betrachtete als seine Hauptaufgabe die Errichtung des Rechtsstaats. Einem solchen Liberalismus, der sich der Demokratie widersetzt und sich in der Praxis auf Kompromisse mit den regierenden Fürsten einläßt, begegnet Krieger mit unverhohlener Verachtung. 3. Ein »radikaler Liberalismus« entstand im Schoß der studentischen Verbindungen nach 1815. Meisterhaft charakterisiert der Verfasser deren Fanatismus und Mystizismus sowie die »realpolitische« Unbrauchbarkeit der Bestrebungen dieser studentischen Gruppen.

Eine wertvolle Analyse des erfolglosen Kampfes für einen liberalen Staat (1830 bis 1870) bietet Buch III. Die historische Würdigung der geistigen Strömungen ist ausgezeichnet, wenn Krieger auch bei der monographischen Behandlung einiger weniger bedeutender Gestalten zu sehr ins Detail eintritt. Eine Schwäche der Darstellung resultiert aber aus der Vorliebe des Verfassers für Einstufungen in das erwähnte, vorgegebene Dreier-Schema: gemäßigt – dualistisch – radikal. Dahlmann und Hansemann werden als »gemäßigte«, Rotteck und Pfizer als »dualistische«, Struve und die Hambacher Redner als »radikale« Erscheinungen der Epoche vor 1850 rubriziert. Für die Zeit zwischen 1850 und 1870 nimmt der Verfasser eine Unterteilung in Gemäßigte und Radikale vor, während er die Dualisten vorübergehend ganz fortläßt. Twesten, Rochau und Gneist werden als »Neu-Gemäßigte«, Droysen, Haym und Treitschke (!) als »Alt-Gemäßigte« klassifiziert. Mohl und Lassalle sind »Neu-Radikale«. Die

Kategorie der »Alt-Radikalen« wird unterteilt in die zum Konservatismus Bekehrten (Rodbertus, Bucher), Doktrinäre (Vischer, Waldeck, Jacoby) und Mittelstands-Radikale (Schulze-Delitzsch, Eugen Richter). Das überspitzte Schema erscheint ein wenig willkürlich, und dem Leser drängt sich der Verdacht auf, daß Krieger zuweilen seine Gestalten eher diesem Schema anzupassen versucht als umgekehrt zu verfahren.

Ein abschließendes Kapitel befaßt sich mit den liberalen Parteien und Machtgruppen während der entscheidenden sechziger Jahre. Als Folge der wirtschaftlichen Expansion dieser Jahre gewann der Liberalismus endlich, was ihm zuvor gefehlt hatte: eine ihm gemäße wirtschaftlich-soziale Grundlage. Das geschah aber gerade zu der Zeit, da der liberale Idealismus durch die Ereignisse von 1848 erschüttert worden war. Die Kleinbürger – und Bauern – stießen sich am Tempo der wirtschaftlichen Entwicklung, der das kapitalistische Bürgertum hingegen natürlich wohlwollend gegenüberstand. Beide jedoch zitterten vor dem aufkommenden Sozialismus und ließen sich in eine nationalistische Haltung treiben. Krieger zeigt, wie diese Tendenzen die politische Arbeit lähmten, sei es im Bund Deutscher Volkswirte, sei es im Nationalverein oder in den verschiedenen sogenannten liberalen Parteien. Die Darstellung der Geschichte dieser Parteien in den sechziger Jahren erscheint besonders gelungen, wenn sich der Verfasser auch auf die ideologischen Aspekte beschränkt, Fragen der Parteiorganisation ganz außer Betracht läßt und über die im Hinter- und Untergrund wirkenden gesellschaftlichen und wirtschaftlichen Kräfte zu wenig bringt.

Das brillante Nachwort bietet einen Überblick über den deutschen Liberalismus nach 1870 gewissermaßen aus der Vogelschau. Es fällt auf, mit welcher Konsequenz das Dreier-Schema durchgehalten wird. Die »Gemäßigten«, die sich in der nationalliberalen Partei organisierten, verfolgten ihre Taktik der Kompromisse mit dem autoritären Staat weiter und wurden zu einer Interessengruppe der Großwirtschaft. Die »Radikalen«, die sich in der Fortschritts-Partei sammelten, wurden immer mehr zu einer isolierten Sekte. Die »Dualisten« stellten den linken Flügel der National-Liberalen bis zur Trennung im Jahre 1881 und danach den rechten Flügel der Freisinnigen. Diese Gruppe zog Männer wie Friedrich Naumann und Max Weber an, hatte aber wenig spürbaren Einfluß auf die Gestaltung des öffentlichen Lebens. Naumann und Weber sollten später Begründer und Väter der Deutschen Demokratischen Partei in der Weimarer Republik werden, einer Partei, deren Schicksal das entkräftete Wesen des deutschen Liberalismus eindrucksvoll deutlich machte. Krieger ist am Ende seiner Analyse der Meinung, daß dem Nationalsozialismus ein – allerdings unbeabsichtigtes – Verdienst zugeschrieben werden muß: Er habe den sichtbaren Beweis dafür geliefert, daß Freiheit und autoritärer Staat sich nicht natürlich ergänzen, sondern ihrem Wesen nach Antipoden sind; dadurch sei endlich der Boden für die unheilvolle spezifisch deutsche Freiheitsidee zerstört worden. Der Verfasser läßt das düstere Buch in einen optimistischen Akkord ausklingen: »Der Leitfaden politischer Tradition in Deutschland ist zerschnitten, und die Zukunft hält alle Möglichkeiten offen« (»the central strand in the German political tradition has been cut and all possibilities lie open for the future«).

Kriegers Hauptthese: Scheidung des deutschen Liberalismus vom demokratischen Ideal der Volkssouveränität als Ursache seiner Schwäche, ist gut untermauert. Dieser These sind jedoch auch Argumente entgegenzusetzen, in deren Licht die Kritik des Verfassers an den deutschen Liberalen ungebührlich scharf erscheint. Wie eng hängen tatsächlich Freiheit (vor allem geistige und wirtschaftliche Freiheit) und Volkssouveränität zusammen? Ist für die breiten Massen der nach den Grundsätzen der Volkssouveränität regierten Staaten nicht oft ihre Gleichgültigkeit gegenüber der Freiheit kennzeichnend gewesen? Haben die Deutschen ihre geistige Freiheit 1933 nicht in einem Maße verloren, wie es im Obrigkeitsstaat des Bismarck-Reichs völlig undenkbar gewesen wäre? Sollte die von Historikern wie Hans Rothfels und Gerhard Ritter vertretene Auffassung von der deutschen Geschichte ganz ohne Gültigkeit sein, mit der die totalitären Möglichkeiten der Volkssouveränität aufgezeigt und der abwehrenden Haltung, die sich die deutsche autoritäre Tradition der Volkssouveränität gegenüber lange bewahrt hat, ein relativ hoher Wert beigemessen wird? Ich möchte alle diese Fragen nicht einfach dogmatisch bejahen, glaube aber doch, daß, wer so fragt, zu einer etwas günstigeren Beurteilung der deutschen Freiheitsidee und ihrer Repräsentanten gelangen wird.

Für den Verfasser sind Freiheit und Volkssouveränität Grundwerte; er übersieht zuweilen die Bedeutung anderer Werte – etwa geschichtliche Kontinuität, ein den Umständen angemessener starker Staat, äußere Sicherheit und so weiter. Die Erkenntnis aber, daß eine lebenskräftige Gesellschaft aus einer Vielzahl teilweise miteinander unvereinbarer Werte besteht, ist seit Burke zum Gemeinplatz geworden. In einem Land wie Deutschland mit seiner »Mittellage«, seiner tiefgehenden inneren Zwiespältigkeit hat sich die Entwicklung einer liberal-demokratischen Gesellschaft aus den verschiedensten objektiven Gründen als besonders schwierig erwiesen; es ließ sich *prima facie* sehr viel für einen autoritären Staat und die Begrenzung der politischen Freiheit sagen. Für solche Erwägungen hat Krieger wenig Verständnis: Für ihn ist es axiomatisch, daß der Durchbruch zum liberalen Volksstaat bei gutem Willen sehr wohl möglich und wünschenswert gewesen wäre.

Kriegers ganze Darstellung ist auf den Tiefpunkt der deutschen Geschichte – den Nationalsozialismus – ausgerichtet. Wenn auch unausgesprochen, ist alles der These untergeordnet, daß die Dinge einen besseren Verlauf genommen hätten, wenn sich in Deutschland die ungeteilte Volkssouveränität durchgesetzt hätte. Ist dies aber wirklich so sicher? Immerhin gibt doch die Tatsache zu denken, daß einige von Bismarcks schlimmsten Fehlern, zum Beispiel die Annexion von Elsaß-Lothringen und der Kulturkampf, von den Liberalen nicht nur unterstützt, sondern ihm geradezu aufgenötigt worden sind. Wenig Grund ist für die Annahme vorhanden, daß ein liberales, demokratisches Deutschland weiser regiert worden wäre, als es zur Zeit des konstitutionellen Obrigkeitsstaats tatsächlich regiert worden ist. Bedauerlich ist auch, daß der Verfasser mehr die Unzulänglichkeiten der deutschen Liberalen rügt als die tragischen Alternativen schildert, mit denen sich diese konfrontiert sahen. Hierzu ein Beispiel: Krieger hat für die Entwicklung sowohl der National-Liberalen wie auch der Fortschrittler nach 1866 nichts als Verachtung übrig. Jene wurden zu »Opportunisten«, diese wurden zum Inbegriff doktrinärer Sterilität. Es ist schwer zu entscheiden, welcher von beiden Wegen für den deutschen Liberalismus unheilvoller wurde. Die Liberalen waren jedoch durch ein objektives Faktum – die lange Dauer der Bismarckschen Ära – dazu gezwungen, zwischen diesen beiden Möglichkeiten zu wählen. Es war eine Lage, in der kluge und ehrenwerte Männer sehr wohl den einen wie den anderen Weg gehen konnten. Krieger teilt den optimistischen Glauben der Liberalen, daß die Menschen bei gutem Willen in der Lage sind, ihre Probleme zu lösen: Wahrscheinlich schließt er a priori den Gedanken aus, daß die deutschen Liberalen vor einer objektiv »unmöglichen« Situation standen, in der alles, was sie taten, »falsch« sein mußte.

Bei allen Mängeln – komplizierter Stil, fragwürdige Urteile und eine einseitige Grundthese – ist das Werk Kriegers fraglos eine großartige Leistung. Die Bedeutung des Themas, die Schärfe der Analyse und die herausgearbeiteten Bezüge zwischen Geistes- und Sozialgeschichte machen es zu einem Buch, mit welchem sich alle an der deutschen Geschichte Interessierten auseinandersetzen müssen.

Das Werk von Hans Rosenberg, Professor an der Berkeley-Universität (Kalifornien), ist in erster Linie ein Beitrag zur preußischen Sozialgeschichte (einem Gebiet, auf welchem marxistische Pamphletisten allzu lang eine Monopolstellung eingenommen haben). Rosenberg analysiert die Entwicklung der preußischen Bürokratie während der anderthalb Jahrhunderte zwischen der Einführung des monarchistischen Absolutismus durch den Großen Kurfürsten und dessen Ablösung durch den »bürokratischen Absolutismus«, wie der Verfasser es nennt, zur Zeit der Stein-Hardenbergschen Reformen. Dabei interessieren den Verfasser die Beamten dieser Bürokratie vornehmlich als gesellschaftliche Gruppe. »Ihre Leistungen und hervorragenden Eigenschaften als technisches Instrument der öffentlichen Verwaltung« (S. VIII) hat er absichtlich außer Betracht gelassen. Dadurch hinterläßt das Buch ein einseitig unerfreuliches Bild von Korruption, Vetternwirtschaft, Arroganz und Kastengeist; gleichzeitig gibt die Tatsache, daß eine so verachtungswürdige Gruppe Weltruf wegen ihrer Ehrbarkeit und Tüchtigkeit genoß, einige Rätsel auf. Rosenberg bezichtigt sie unter anderem der Selbsttäuschung und Scheinheiligkeit: Sie habe sich als »Verkörperung der sozialen und politischen Lehren des deutschen Idealismus aufgespielt, indem sie hinter einer metaphysischen Nebelwand operierte, indem sie vielen weiszumachen verstand, die Behörden seien ›die‹ Regierung, Autorität sei Freiheit, Privilegien bedeuteten Gleichheit der Chancen« (S. 24).

Rosenberg hat sich gründlich – wohl zu gründlich! – von der »preußischen Legende« emanzipiert. In einem kernigen Postskriptum kritisiert er scharf die neueren Exponenten dieser Legende und stellt klipp und klar fest, daß die preußische Bürokratie – in der schlechten Gesellschaft von Junkern, Konservativen, Nationalisten und Romantikern – mitschuldig am Sieg des Nationalsozialismus gewesen sei. Er beklagt, daß diese Tatsache im restaurativen Klima der Bundesrepublik zu wenig beachtet werde. Statt der erforderlichen Revision traditioneller preußisch-nationalistischer Betrachtungsweisen finde man ein gefährliches Fortleben »romantischer Begriffe, zweideutiger Ideale, sonderbarer politischer Abstraktionen, nationalistischer Exzesse und den Appell an irrationale und emotionale Kräfte« (S. 235). Solchen Tendenzen entgegen zu wirken, ist die klar erkennbare Absicht des Buches.

Mit großer Sorgfalt arbeitet Rosenberg die verschiedenen Stadien der Geschichte der preußischen Bürokratie heraus. Eine »neue Bürokratie besoldeter königlicher Beamter« entstand im 17. Jahrhundert als Instrument des Absolutismus (Kap. I). Diese neuen Beamten entwickelten eine Lehre vom »öffentlichen Recht«, mit Hilfe dessen die Feudalprivilegien und gewohnheitsrechtlichen Verfahren unterdrückt werden sollten, welche von der alten »Hierarchie«, in der die Junker den Ton angaben, im Namen des überkommenen »privaten Rechts« verteidigt wurden (Kap. II). Die soziale Herkunft der neuen Beamtenschaft war höchst heterogen. Die Gelegenheit, Karriere zu machen, war dabei günstiger als im 19. Jahrhundert (Kap. III). Theoretisch gründeten sich Ernennungen und Beförderungen auf das Verdienst, in der Praxis spielten aber Vettern- und Günstlingswirtschaft und auch Bestechung eine große Rolle (Kap. IV). Disziplin und Loyalität wurden zum Teil durch detaillierte Dienstanweisungen aufrecht erhalten, im allgemeinen jedoch durch ein organisiertes Spitzelsystem, durch die dem verdienten Bürgerlichen sich bietende Aussicht der Nobilitierung und durch die Duldung althergebrachter Formen der Erpressung zum Nachteil der Allgemeinheit (Kap. V).

Die ursprünglich bürgerliche »neue Bürokratie« stand anfänglich in starkem Gegensatz zur aristokratischen »alten Hierarchie« der örtlichen Beamten, besonders der Gerichtsbeamten. Rosenberg legt überzeugend dar, wie im Verlauf des 18. Jahrhunderts diese beiden Gruppen allmählich durch einen doppelten Prozeß miteinander verschmolzen wurden: Die zentrale Bürokratie wurde immer aristokratischer, der Adel seinerseits bürokratischer. Die Coccejische Reform machte die Gerichtsbeamten zu königlichen Beamten, beseitigte aber kaum die enge Verflechtung zwischen Junkertum und Gerichtsbarkeit (Kap. VI). Friedrich der Große war für seine Bevorzugung des Adels in Heer und Beamtenschaft bekannt und mit Adelsverleihungen erheblich zurückhaltender als sein Vater. Die preußische Verwaltung hatte sich bis zum Jahre 1740 so stark ausgeweitet, daß Friedrich fürchten mußte, die Kontrolle über den Apparat zu verlieren. Deshalb erdachte er eine Fülle von Kunstgriffen: unmittelbare Eingriffe in örtliche Belange auf Inspektionsreisen, Zersplitterung der Zentralverwaltung in viele neue, willkürliche Einheiten, Berufung von französischen Steuereinnehmern für die neue Regie, endlich sogar Ermutigung zu bescheidenen Selbstverwaltungsbestrebungen adliger Körperschaften (Kap. VII). Friedrich konnte die allmähliche Verdrängung des monarchischen durch den bürokratischen Absolutismus hinauszögern, aber nicht verhindern. Die immer aristokratischer werdende Beamtenschaft wurde zu einer sich weitgehend selbst verwaltenden, privilegierten Körperschaft, die ihren Nachwuchs aus den eigenen Reihen ergänzte. Das neue Bildungsideal steigerte die Homogenität und den Korpsgeist dieser Schicht und schuf ein idealistisches Dienst-Ethos, das sich mehr am Staat als an der Person des Monarchen orientierte. Der Status der Beamten wurde dann durch das Landrecht von 1794 vollends gesichert. An der schleppenden Art der Durchführung der Reformen vor 1807 (besonders jener, welche das Los der Bauern erleichtern sollten) wurde bald erkennbar, welch außerordentliche Fähigkeit diese Bürokratie besaß, den königlichen Willen zu sabotieren (Kap. VIII).

Das Schlußkapitel enthält eine Deutung der preußischen Reform-Periode als einer Zeit, in welcher sich der »bürokratische Absolutismus« eindeutig durchsetzt. Die oft übertrieben gepriesene Stein'sche »Revolution von oben« schildert Rosenberg als einen »Parteikampf innerhalb der herrschenden Klasse« (S. 204), wobei unter Gleichsetzung von Allgemeinwohl und persönlichen Interessen eine Bürokraten-Gruppe versucht habe, eine andere zu verdrängen. Beide forderten die Unabhängigkeit politischer Entscheidungen vom persönlichen Willen des Monarchen. Die Reformer beurteilt Rosenberg folgendermaßen: »Was immer auch die ursprünglichen Hoffnungen, öffentlich erklärten Absichten oder letzten Ziele der Reformer gewesen sein mögen, gewirkt haben sie als Erbauer und Lenker eines liberalisierten Polizeistaats, in welchem die Bürokratie das Kernstück der herrschenden Klasse war« (S. 208). Dieser Stand der Dinge entsprach zweifellos Hardenbergs politischen Idealen, während Stein vom Verfasser als »hochmütig und willenstark, aber in unklare politische Ideen versponnen« abgetan wird (S. 208). Die Beschneidung des königlichen Willens bei gleichzeitigem Fehlen irgendeiner Beteiligung des Volkes an der Regierung räumten der Bürokratie die oberste Macht ein, welche nur durch das Fortbestehen des politischen Einflusses der junkerlichen Grundherren in gewissem Maße begrenzt wurde, die sich weiter gegen den Absolutismus königlicher oder bürokratischer Art wehrten. Es gelang ihnen, die Bürokratie zu einem *modus vivendi* zu zwingen, der auch in Zukunft den Junkern die Kontrolle der kommunalen Verwaltung und die Herrschaft über die Bauern überließ. Dieses gemeinsame Regiment der Junker und Bürokraten hat nach Rosenberg die Entfaltung demokratischer Zustände in Preußen während des ganzen 19. Jahrhunderts verhindert (Kap. IX).

Ein solches Verdikt über die Stein-Hardenbergsche Reformzeit geht nun zweifellos erheblich zu weit. Die Förderung der städtischen Selbstverwaltung durch Stein zum Beispiel paßt kaum in die gebotene Analyse: Hier war die Schaffung einer politisch aktiven bürgerlichen Schicht geplant, die die Rolle der Bürokratie einschränken sollte, und diesen Bestrebungen ist auch ein Teilerfolg beschieden gewesen. Was den Anteil des Monarchen an den Regierungsgeschäften betrifft, übertreibt Rosenberg insofern, als er nicht exakt zwischen routinemäßigen Verwaltungsakten und bedeutenderen politischen Entscheidungen unterscheidet: Alle preußischen Monarchen seit 1807 bis hin zu Kaiser Wilhelm II. haben (in manchen Fällen muß man sagen: leider!) weiter einen erheblichen Einfluß auf die Gestaltung der politischen Dinge genommen, häufig zur Verzweiflung ihrer Beamten. Auch hinsichtlich der Homogenität des Beamtentums (besonders was die negativen Eigenschaften angeht) macht sich der Verfasser einiger Übertreibungen schuldig. Eindrucksvoll ist im allgemeinen die Dokumentation, wenn auch hier und da zum Beweis von Behauptungen, die generelle Bedeutung haben, nur ein einzelnes, nicht notwendigerweise repräsentatives Beispiel herangezogen wird. Statistische Methoden werden nicht angewendet. Über Einzelfragen wie Einkommen, soziale Schichtung, Lebensstil oder Bildungsideal der Bürokratie enthält das Buch leider wenig konkretes Material.

Einleitend sucht Rosenberg die preußische Entwicklung von 1660 bis 1815 in gesamteuropäische Zusammenhänge einzuordnen und kann dabei auf seine eindrucksvolle Kenntnis der Verwaltungsgeschichte aller europäischer Länder zurückgreifen. Die vergleichende Methode führt aber zu keinen befriedigenden Schlußfolgerungen über die Beziehungen zwischen Bürokratie, Aristokratie und Absolutismus. Schließlich war die Problematik Preußens eine wesentlich andere als die Westeuropas, was übrigens auch von Rosenberg selbst an einer sehr bemerkenswerten Stelle (S. 22 f.) anerkannt wird. Zusammenfassend ist zu sagen, daß Rosenbergs Buch zum Verständnis der Schattenseiten der preußischen Verwaltung im 18. Jahrhundert unentbehrlich ist. Das Werk ist ein beachtenswertes Beispiel dafür, daß die amerikanische Sozialwissenschaft, vertreten durch einen Autor, bei dem sich historische Fachkundigkeit mit politikwissenschaftlicher Systematik glücklich verbinden, wesentliche Einblicke in Fragenkomplexe zu vermitteln vermag, die von der deutschen Fachwissenschaft bisher allzusehr vernachlässigt worden sind.

III.

Walter M. Simon, Professor an der Cornell-Universität, bringt in seinem Buch eine wichtige Gesamtdarstellung der Probleme der preußischen Reformzeit. Der Verfasser stützt sich zwar ausschließlich auf gedruckte Quellen und bringt auch keine grundlegend neuen Deutungen. Jedoch ist die Darstellung der agrarischen, politischen und militarischen Reformprobleme der Jahre 1807 bis 1819 besonders gut. Die durchdringende Analyse technischer Einzelheiten der Agrarreformen im 6. Kapitel verdient besondere Bewunderung. Ebenso beachtlich ist die Darstellung der Militärreform. Die Behandlung der verfassungsrechtlichen Probleme befriedigt dagegen weniger: Farbigkeit, welche für Simons Vorläufer Treitschke und Haake kennzeichnend war, läßt seine Schilderung vermissen; zugleich geht sie aber zu sehr ins Detail, um für den Laien noch genießbar zu sein. Die gut kommentierte, sehr vollständige Bibliographie ist ein hervorragender Literatur-Führer durch die Probleme der preußischen Reformzeit.

Im letzten Kapitel wirft Simon explicite die Frage auf, warum weder der »Obrigkeitsstaat« noch »der agrarische Feudalismus«, die beiden Kräfte also, durch deren Fortbestand die Entwicklung Deutschlands von derjenigen Westeuropas sich so verschieden gestaltet, von den Reformern überwunden worden sind. Simon bedauert ausdrücklich das Mißlingen der Reform-Bewegung und führt die Katastrophen von 1848 und 1866 letztlich darauf zurück. Simons Hauptthese ist, daß die Fehlschläge von 1807 bis 1819 keineswegs unvermeidlich waren; im Gegenteil: diese Jahre boten eine Chance für den Ansatz einer gesunden liberalen Entwicklung; diese Chance wurde jedoch verspielt. Diese These erscheint um so einleuchtender, als ihr Verfechter jeden Glauben an eine allgemeingültige liberale Norm verwirft. Er verkennt die Problematik einer »Whig history« keineswegs (S. IX), und – in teilweisem Gegensatz zu Krieger – erkennt er die Tatsache an, daß ein Liberalismus nach westeuropäischem Muster nicht einfach nach Preußen verpflanzt werden konnte: »Es konnte nicht Aufgabe Hardenbergs sein, die Volkssouveränität zu verwirklichen, aber er hätte ihr Möglichkeiten schaffen sollen, Tendenzen wachzurufen, welche auf sie gerichtet waren; und das hat er unterlassen« (S. 239 f.). Es gelang auch nicht, einem demokratischen, freien Bauernstand, der die überkommene Vormachtstellung der Junker in Ostdeutschland abgelöst hätte, den Boden zu bereiten.

Es entspricht dem Bemühen Simons um historische Wahrhaftigkeit, daß er auf viele Tatbestände hinweist, die am Vorhandensein einer wirklichen Chance zur Zerschlagung des Obrigkeitssystems und »junkerlichen Feudalismus« während der Jahre 1807 bis 1819 zweifeln lassen: Einen starken Mittelstand oder eine öffentliche Meinung, welche Reformen begünstigt hätten, gab es nicht; für den an sich nachgiebigen König konnte der Gedanke an die Volkssouveränität nichts Begeisterndes haben; die Gegner der Reform konnten die Reformer immer als Jakobiner anprangern, die ausländische Ideen nach Preußen hereinschmuggeln wollten. Auch sprachen die Erfordernisse der Außenpolitik gegen eine Reform. Napoleon behinderte die Reform, indem er auf Steins Entlassung bestand, und die drückenden Reparationen, welche Preußen auferlegt wurden, zwangen Hardenberg zu Steuermaßnahmen, die die feindselige Einstellung gegen seinen umfassenden Reform-Plan noch vertiefen mußten. Später benutzte Metternich seinen starken Einfluß auf Friedrich Wilhelm III. dazu, jede Reform zu sabotieren. Die Einverleibung neuer Gebiete warf für Preußen Probleme auf, die die Gewährung einer Verfassung für einige Jahre nach 1815 völlig unmöglich machten.

Bei Würdigung aller dieser Faktoren drängt sich weniger die Frage auf, warum es der Reformbewegung nicht gelungen ist, ihr Programm ganz zu verwirklichen, als vielmehr die entgegengesetzte Frage, wie ein Teilerfolg in dem tatsächlich erreichten Umfang überhaupt möglich war. Stein, Hardenberg und Scharnhorst ist immerhin gelungen: Abschaffung des Kabinett-Systems, Auflockerung der Agrarstruktur, Armee-Reform, Schaffung einer städtischen Selbstverwaltung, Einführung der Freiheit der Berufswahl, Juden-Emanzipation, Schulreform, Neuordnung des Steuerwesens. Simon ist sich dieser Fakten natürlich bewußt, aber dadurch, daß er sich mehr mit den verpaßten Gelegenheiten als mit den tatsächlichen Errungenschaften befaßt, entsteht ein im Ganzen etwas irreführendes Bild. Zu einer verpaßten Gelegenheit gehört ein Schuldiger, und Simon schiebt Hardenberg diese Rolle zu. Mit Recht bemängelt er des Kanzlers verhältnismäßig geringes Interesse an der Innenpolitik, sein ehrgeiziges Bemühen, im Amt zu bleiben, auch, als dieses nur noch den Schatten der Macht bedeutete, seine Neigung zu Hintertreppenmethoden. Im ganzen jedoch ist die Kritik viel zu scharf. Der Verfasser meint, in dem berühmten Streit mit Humboldt sei dieser von grundsätzlichen Überzeugungen, Hardenberg hingegen nur von persönlichem Ehrgeiz geleitet worden. Das ist zweifellos eine Vereinfachung. Simon versteigt sich sogar zu der allgemeinen Behauptung, diplomatische Finesse sei in der Außenpolitik zwar unvermeidlich, in der Innenpolitik dagegen unverzeihlich und nutzlos (S. 226). Betrachtet man die Dinge von diesem Blickpunkt aus, kommt Hardenberg im Vergleich mit Stein natürlich schlecht weg. Wir haben jedoch guten Grund zu der Annahme, daß Stein auf die Dauer nicht in der Lage gewesen wäre, mit dem König zusammenzuarbeiten, selbst wenn Napoleon nicht auf seiner Entlassung bestanden hätte. Einem Mann, welchem die diplomatischen Gaben Hardenbergs abgingen, wäre sicher noch weniger Erfolg beschieden gewesen, und die Reaktion hätte dann noch früher und noch vollkommener triumphiert.

Neben dieser anfechtbaren These von der durch die Schuld Hardenbergs »verpaßten Gelegenheit« dürfte die dem Gegenstand nicht gerecht werdende Analyse der Kräfte, die sich den Stein-Hardenbergschen Reformen widersetzten, den größten Mangel des Buches ausmachen. Es fehlt eine befriedigende Würdigung reaktionärer Theoretiker wie Müller, Kleist, Schmalz, Ancillon. Die von den Gegnern der Reform angewandten politischen Methoden werden so gut wie gar nicht untersucht. So möchte der Leser gern genauer informiert werden über die Zusammensetzung der Stände, welche der Frondeur Marwitz zu mobilisieren versuchte, die verfassungsrechtlichen Präzedenzfälle, welche ihm dabei vorschwebten; die Zusammensetzung von Arnims Christlich-Deutscher Tischgesellschaft, wo sich die Intellektuellen der Opposition trafen; die politischen Grundsätze, Eigentumsverhältnisse und Verbreitung der Kleistschen Berliner Abendblätter; allgemein auch die Intrigen, welche in der Umgebung des Königs gegen Hardenberg gesponnen wurden. Übrigens bringt Simon klar zum Ausdruck, daß es keine »Partei« im modernen Sinne gab, die klar Front für oder gegen die Reformen bezogen hätte. Individuelle Neigungen spielten für den Standpunkt bestimmter Männer in bestimmten Streitfragen eine erhebliche Rolle (S. 232–234); es gab aber trotzdem identifizierbare Gruppen, welche sich sowohl theoretisch als auch praktisch gegen die Reformpläne gewandt haben.

Endlich besteht die Schwäche des Buches auch darin, daß der eigene liberale Standpunkt des Verfassers ihm jede Möglichkeit des Verständnisses für die Einstellung der »Reaktionäre« nimmt. Freilich: Ihre »Romantisierung« des mittelalterlichen Ständestaats muß schlechterdings als töricht bezeichnet werden. Viel ernster zu nehmen war dagegen ihre Kritik der liberalen Grundsätze und bürokratischen Machenschaften Hardenbergs. Ein Mann wie Marwitz sah voraus, daß das menschlich-patriarchalische Verhältnis zwischen Junker und Bauern zu einer unpersönlichen, nur durch finanzielle Momente bestimmten Bindung werden würde, wodurch der Bauer leicht zum schutzlosen Tagelöhner herabsinken konnte. Diese Voraussagen beweisen, daß Marwitz die Folgen der Reform besser übersah als die Reformer selbst, wobei natürlich nicht übersehen werden darf, daß der Egoismus der Junker viel dazu beitrug, die Dinge einen solchen Lauf nehmen zu lassen. Für die eigenartige Verbindung von krassem Egoismus und tiefen Einsichten, die für die junkerlichen Frondeure charakteristisch war, hat Simon wenig Sinn.

Diese Schwächen des Buches können den Wert des Werks aber keineswegs verdecken. Wir verdanken dem Verfasser vielmehr eine gut geschriebene und klar aufgebaute Schilderung schicksalhafter Jahre preußischer Geschichte während der beiden ersten Jahrzehnte des neunzehnten Jahrhunderts.

IV.

Alle drei hier vorgestellten Autoren bemühen sich um eine zureichende Erklärung für die Schwächen der deutschen liberalen Tradition. Krieger unterstreicht den besonderen Charakter der deutschen Freiheitsidee, Rosenberg die anti-liberale Mentalität der preußischen Beamtenschaft, Simon hebt den Mangel an Straffheit und Konsequenz der Führung hervor, welcher unter Hardenberg der liberalen Sache abträglich war. Krieger ist ein Geistesgeschichtler von außergewöhnlich umfangreichem Wissen und verfügt über einen Schwung, der ihn nicht zögern läßt, Jahrhunderte zu umspannen. Bei dem Sozialgeschichtler Rosenberg begegnet uns die seltene Mischung von gründlicher Kenntnis der preußischen Geschichte und dem Wunsch, ihre Schattenseiten bloßzustellen. Simon ist eine besonders ausgewogene und lesbare Übersicht über einen Zeitabschnitt gelungen, dessen negative Aspekte von der vorherrschend nationalliberalen deutschen Geschichtswissenschaft oft ungenügend berücksichtigt worden sind.

War dem deutschen Liberalismus der Mißerfolg vorausbestimmt? Eine eindeutige Antwort wird von unseren amerikanischen Historikern nicht gegeben, aber sie sind sich darin einig, daß die Schwäche des deutschen Liberalismus als Schlüssel zum Verständnis der unglücklichen Geschichte des modernen Deutschland anzusehen ist. Es hat für den Leser etwas Bedrückendes, wenn ihm die gewaltigen Hindernisse vor Augen geführt werden, die in Deutschland einer Entwicklung im westeuropäischen Sinne entgegenstanden. Die spezifisch deutsche Freiheits-Idee erwies sich schon bei ihrer Geburt als erblich belastet. Der überkommene preußische Obrigkeitsstaat hatte eine unheimliche Fähigkeit, liberale Elemente so weit zu assimilieren, daß sie seine geschichtlich feudal-bürokratische und absolutistische Struktur zwar belebten, diese aber niemals grundlegend zu wandeln vermochten Der durch die napoleonische Unterdrückung wachgerufene Nationalismus gebärdete sich zwangsläufig unliberal, und die Anschauung, daß der Liberalismus ein nach Deutschland hereingetragenes ausländisches Erzeugnis sei, wurde in konservativen und nationalistischen Kreisen bald zu einem Gemeinplatz. Nach 1848 war dann bei großen Teilen des Bürgertums die Furcht vor dem Proletariat größer als die vor der Aristokratie. Das Fehlschlagen der nationalen Einigungsbestrebungen von 1848 hatte einen Verlust an Selbstvertrauen und Prestige bei den Liberalen zur Folge. Den Gnadenstoß empfing der Liberalismus schließlich 1866, als Bismarck ihn vor die Alternative stellte: entweder opportunistische Zusammenarbeit, die zur Aufgabe liberaler Grundsätze führen mußte, oder grundsätzliche Opposition, die steriles Sektierertum bedeutete. Eine vielversprechende Zukunft bot sich keiner der beiden Optionen; noch schlimmer aber war die Tatsache, daß diese Alternative die Liberalen in zwei Lager aufspalten mußte. Der deutsche Liberalismus mußte diesem Schisma, welches viele seiner besten Männer verfeindete, zum Opfer fallen. Die drei amerikanischen Historiker haben zur Erklärung dieser tragischen Geschichte Beachtliches beigetragen.

DREI AMERIKANISCHE STUDIEN ZUM
DEUTSCHEN SOZIALISMUS

I. Peter Gay: *The Dilemma of Democratic Socialism: Eduard Bernstein's Challenge to Marx;* 334 S., New York 1952 (deutsch: *Das Dilemma des demokratischen Sozialismus. Eduard Bernsteins Auseinandersetzung mit Marx;* 383 S., Nürnberg 1954)

II. Carl Schorske: *German Social Democracy. 1905–1917. The Development of the Great Schism;* 358 S., Cambridge/Mass. 1955

III. A. Joseph Berlau: *The German Social Democratic Party. 1914–1921;* 374 S., New York 1949

in: World Politics, 11/1958–59, S. 629–651

Amerikanische Historiker, die sich mit dem modernen Deutschland beschäftigen, haben sich vor allem mit dem Problem auseinandergesetzt, weshalb es in diesem Lande nicht gelang, eine funktions- und leistungsfähige demokratische Struktur zu entwickeln, die dem Angriff des Nationalsozialismus hätte widerstehen können. Gordon Craig hat in seinem Buch *The Politics of the Prussian Army* (Princeton, N. J. 1955) die Erklärung dafür in der unkontrollierten Macht und der anti-demokratischen Einstellung des von Junkern beherrschten Generalstabes gesucht. Die Studie von Leonard Krieger über *The German Idea of Freedom* (Boston 1957) untersuchte den im deutschen Liberalismus zu findenden Widerspruch zwischen den Idealen allgemeiner politischer Freiheitsrechte und dem Beharren auf kleinstaatlicher Souveränität, der zum lähmenden Kompromiß mit dem Staate Bismarcks führte. In seiner Arbeit über *Germany's New Conservatism* (Princeton, N. J. 1957) schrieb Klemens von Klemperer die Chronik der konservativen Feindschaft gegenüber der demokratischen Republik, die, wenn auch unbeabsichtigt, so doch zu einem großen Teil dem Nationalsozialismus zugute kam. Das Verhalten der katholischen Zentrumspartei – ein der amerikanischen politischen Tradition fremdes Phänomen – hat verhältnismäßig wenig Aufmerksamkeit gefunden; aber das Zentrum wird allgemein für seine autoritäre und opportunistische Politik verurteilt, die in der Zustimmung zum Ermächtigungsgesetz 1933 ihren Höhepunkt fand. So werden also der Generalstab, der Liberalismus, der Konservativismus und der politische Katholizismus wegen ihrer anti-demokratischen Einstellung und Praxis kritisiert, und nach der Meinung amerikanischer Gelehrter lagen die größten Chancen für die Schaffung der deutschen Demokratie bei der Sozialdemokratischen Partei Deutschlands (SPD).

Die Intentionen der deutschen Sozialisten werden allgemein gelobt, während ihr Scheitern in der Praxis beklagt wird. Die amerikanischen Historiker haben ihren Darstellungen ein waches Gespür der Enttäuschung unterlegt. Sie erwarten kaum etwas Gutes von solch unverbesserlichen Sündern wie Junkern und Generalstabsoffizieren oder von Parteien, die von Großgrundbesitzern (Konservative), der Schwerindustrie (Nationalliberale) oder Priestern (Zentrum) beherrscht werden; dagegen erwarten sie bei Männern, deren Einstellung von demokratischen und sozialistischen Überzeugungen geprägt wurde, wirkungsvolles und tatkräftiges Handeln. Das Versagen der Sozialisten, die Weimarer Republik demokratisch und sozialistisch zu gestalten, wird in drei ausgezeichneten wissenschaftlichen Studien erklärt, die sich mit der SPD in der Zeit vor und während des Ersten Weltkrieges beschäftigen. Peter Gays *The Dilemma of Democratic Socialism* untersucht Bernstein und die revisionistische Bewegung. In seiner Arbeit *German Social Democracy. 1905–1917* verfolgt Carl Schorske das im Kriege aufgebrochene Schisma zurück bis in die Zeit des Vorkriegsjahrzehnts. A. Joseph Berlau untersucht in seiner Studie *The German Social Democratic Party* das Verhalten der SPD während des Krieges. Der folgende Artikel versucht, den Inhalt dieser drei Arbeiten zusammenzufassen und ihre Perspektiven genauer zu bestimmen.

I.

Das Buch von Peter Gay *The Dilemma of Democratic Socialism: Eduard Bernstein's Challenge to Marx* füllt eine spürbare Lücke in der Literatur über den Sozialismus. In Umrissen versucht Gay sowohl eine Biographie Bernsteins als dem Kopf des Revisionismus (1850 bis 1932) wie auch eine systematische Analyse der von ihm geleiteten Bewegung zu liefern. Diese allzu anspruchsvolle zweifache Zielsetzung bedeutet, daß einige entscheidende Probleme in einer ziemlich oberflächlichen Art und Weise behandelt werden.

Die biographischen Abschnitte des Buches (Teil I und III) basieren auf dem Bernstein-Nachlaß, der sich im Internationalen Institut für Sozialgeschichte (Internationaal Instituut voor Sociale Geschiedenis) in Amsterdam befindet. Sie geben eine lebendige Skizze der gelehrtenhaften Persönlichkeit Bernsteins mit ihrer fanatischen Wahrheitsliebe. Bemerkenswert wenig wird aus seinem Privatleben berichtet, vielleicht auch deshalb, weil er kaum eines führte. Da Gay sich zum Ziel gesetzt hat, die intellektuelle Genese des Bernsteinschen Revisionismus genau nachzuzeichnen, gelingt ihm der Bericht über die allmähliche Abkehr vom orthodoxen Marxismus während der Londoner Exiljahre am besten (S. 54 ff.). Gay betont, daß die Befreiung von der Last der Herausgeberschaft des »Sozialdemokrat«, nachdem dieser 1890 das Erscheinen eingestellt hatte, Bernstein die Gelegenheit gab, alle Probleme eingehend zu durchdenken. Zwei Bücher des Freiburger Nationalökonomen Schulze-Gaevernitz und die Arbeit von Julius Wolf über »Sozialismus und kapitalistische Gesellschaft« (1892) beeinflußten ihn durch ihre Analyse der marxistischen Irrtümer. Von der sozialdemokratischen Zeitschrift »Neue Zeit«, die vor allem theoretische Probleme erörterte, hatte er den Auftrag erhalten, die erwähnten Untersuchungen zu widerlegen, aber er selbst war von seiner Kritik nicht völlig überzeugt. Der Tod Friedrich Engels im Jahre 1895 zerstörte einen starken persönlichen Einfluß, der Bernstein an das marxistische System gebunden hatte. Seine Beobachtungen in seiner englischen Umwelt machten einen größeren Eindruck auf ihn, als Bernstein später den Vorwürfen gegenüber, er habe den Kontakt mit den deutschen Zuständen verloren, zuzugestehen bereit war. Als er einmal an einer abendlichen Wohltätigkeitsgesellschaft zugunsten der Witwe eines Kommunarden teilnahm, entdeckte er zu seinem Erstaunen, daß die Liste der Spender von Königin Victoria angeführt wurde. Als englische Streikende ihn dazu gewonnen hatten, eine Rede an deutsche Streikbrecher zu halten, die man eigens aus Deutschland geholt hatte, war er von der Fairness der Polizei beeindruckt, die diese Vorgänge beobachtete. Bernstein fand viele Freunde unter den Fabiern, und er war von ihrem Erfolg fasziniert, die oberen Gesellschaftsschichten zu durchdringen. Die Freiheit der politischen Agitation, die die englische Verfassungswirklichkeit erlaubte, erweckte seinen Neid; das mußte seinen Glauben an die marxistische Lehre erschüttern, in der behauptet wurde, daß der Staat im Kapitalismus nur das »Ausführungsorgan der Bourgeoisie« sei.

Was Bernstein jedoch vor allem zum Revisionismus trieb, war sein Wahrheitseifer, seine eigenwillige Skepsis dem Marxismus und jedem anderen Dogma gegenüber und seine Bereitschaft, alte Vorstellungen im Lichte neuer Tatsachen zu prüfen. Über viele Jahre hinweg behauptete er mit Nachdruck, daß seine Ansichten nur ein neuen Erkenntnissen angepaßter Marxismus seien und daß er nur diejenigen Aspekte des Marxismus habe fallen lassen (wie zum Beispiel die Dialektik), die keine wesentlichen Bestandteile der systematischen Lehre bildeten. Gay gelingt der überzeugende Nachweis, daß Bernstein im wesentlichen ein Häretiker innerhalb der marxistischen Gemeinde war und daß er, wie so viele Häretiker, nicht zu erkennen imstande war, wie weit er sich vom rechten Glauben entfernt hatte. Bernstein ließ nie die Tatsache gelten, daß er aufgehört hatte, ein Marxist zu sein; immer wieder ließ er sich in Auseinandersetzungen ein, in denen es um spezifisch marxistische Positionen ging; stets spielte er den Einfluß der Fabier auf sein Denken herunter; und er war entsetzt über viele in seiner Gefolgschaft (reformistische Demokraten, Chauvinisten und Opportunisten), die sich unter seinem Banner des Revisionismus sammelten. Alle diese Eigenschaften sind Merkmale des Häretikers.

Teil II des Buches gibt eine systematische Erörterung des ideengeschichtlichen Stammbaums, des sozialen Hintergrunds, der Philosophie und der wirtschaftlichen und politischen Theorien des Revisionismus. Die Darstellung der intellektuellen Genealogie (Marx, Lassalle, Dühring, die Fabier) ist dürftig und oberflächlich, aber die Analyse der politischen und wirtschaftlichen Bedingungen, die teilweise den Revisionismus hervorriefen und die größtenteils für seine Verbreitung bestimmend waren, ist hervorragend gelungen. Gay stellt deutlich heraus, daß die Entwicklung einer Massenpartei, die von einer Bürokratie von Funktionären geführt wurde und die vielen nichtsozialistischen Wählern attraktiv erschien, unweigerlich den revolutionären Elan dämpfen mußte. In derselben Richtung wirkte sich die beachtliche Prosperität aus, die 1895 einsetzte und die Marxens Vorhersage von der zunehmenden Verelendung des Proletariats unter dem Kapitalismus widerlegte. Die Entstehung einer mächtigen Gewerkschaftsbewegung, deren Führer – wenn auch theoretischen Fragen gegenüber gleichgültig – de facto Revisionisten waren, ließ einen gemäßigten reformistischen Kurs für die SPD unvermeidlich werden. Gay stellt überzeugend fest, daß, wenn Bernstein nicht existiert hätte, man ihn hätte erfinden müssen. Bernstein war nicht verantwortlich für den evolutionären Wandel der Partei vom Revolutionismus zum Reformismus: er verlieh dieser Transformation nur die intellektuelle Respektabilität. Der Revisionismus war eigentlich nicht mehr als der theoretische Teil der größeren reformistischen Bewegung, keineswegs deren Ursache. Er kann deshalb auch nicht für alle Folgen des Reformismus verantwortlich gemacht werden.

In drei Kapiteln wird eine systematische Darstellung des revisionistischen Glaubensbekenntnisses gegeben, die zwar brillant, aber nicht so gründlich wie die schwunglose Arbeit von Erika Rikli ist. Besonders gelungen ist der Nachweis der immanenten Bezogenheit der Bernsteinschen Gedanken zu Philosophie, Wirtschaft und Politik – eine besonders schwierige Aufgabe angesichts des improvisierten Charakters dieser Gelegenheitsarbeiten. Bernsteins Philosophie lehnte die Dialektik ab, ohne ihre zentrale Stellung im Marxismus zu verstehen: er kritisierte sie als doktrinär und abstrakt; er glaubte, daß der Gebrauch des dialektischen Prinzips zu vielen falschen Vorhersagen geführt hatte und untrennbar mit der Lehre vom Fortschritt durch Klassenkampf verbunden sei, die aber seiner Lieblingsvorstellung einer gewaltlosen, allmählichen Entwicklung zuwiderlief. Er verwarf den historischen Determinismus, der beanspruchte, die Unaufhaltsamkeit des Sozialismus beweisen zu können, zugunsten einer voluntaristischen Ethik, die darauf bestand, daß der Sozialismus mehr ein wünschenswertes als ein notwendiges Ziel sei. Bernstein bestritt immer wieder, daß die Zurückweisung des Determinismus die sozialistische Bewegung in irgendeiner Weise schwäche. Seine eigene Gläubigkeit an die sozialistischen Ziele wurde (im Gegensatz zu anderen Revisionisten) durch kaum etwas anderes als gerade seinen Voluntarismus gestärkt. Unter Ablehnung Hegels versuchte er, zu Kant zurückzukehren, wobei er dessen kritischen und antidogmatischen Geist lobte. Aber er hat niemals die wesentlichen Erkenntnisse der Kantischen Philosophie verstanden, geschweige denn angenommen. Seine pragmatische Einstellung und sein optimistisches Temperament prädestinierten ihn geradezu zum unphilosophischen Empiristen statt zum Kantianischen Rationalisten. Ein Empirismus des gesunden Menschenverstandes wurde zum philosophischen Erkennungszeichen der revisionistischen Bewegung.

Bernsteins stärkstes Argument lag in seinem gezielten Angriff auf die wirtschaftswissenschaftlichen Irrtümer des Marxismus. So bestritt er, daß die Konzentration der Industrie die kleinen Produzenten vernichtete oder daß die Armen immer ärmer und zahlreicher würden. Er hielt die Arbeitswerttheorie in ihrer praktischen Anwendung für zu abstrakt und auch für völlig unnötig, um die konkrete Ausbeutung der Arbeiter nachzuweisen. Er zeigte, daß der Kapitalismus noch weit davon entfernt war, auf seinen unvermeidlichen Zusammenbruch zuzusteuern, und daß die beiden gekoppelten Faktoren, die angeblich zu diesem Kollaps führen sollten, nämlich zunehmende Verschärfung der Krise bei gleichzeitiger Senkung des Lebensstandards der Massen, in großem Maße durch statistische Beweise widerlegt wurden. Besonders scharfsinnig war Bernstein in seiner Kritik der beiden folgenden marxistischen Schlüsselkonzeptionen: der Homogenität der Klassen und der zunehmenden Polarisierung zwischen nur zwei Klassen innerhalb der kapitalistischen Gesellschaft, zwischen Bourgeoisie und Proletariat. Er entwickelte ein feines Gespür für soziale Differenzierung und wies auf die Bedeutung einer neu entstehenden »unteren Mittelklasse« der Angestellten hin .Seine wirtschaftlichen Ansichten wurden stets durch gründliches empirisches Beweismaterial abgesichert, und in ihren kritisch negierenden Ergebnissen erwiesen sie sich als unwiderlegbar. Dagegen blieben seine positiven Konstruktionsversuche einer Synthese zwischen der »objektiven« Arbeitswerttheorie und der »subjektiven« Grenznutzenlehre eindeutig ohne denselben Erfolg; sie waren aber auch für seine Absichten weniger wichtig. Er wollte das marxistische nicht durch ein Bernsteinsches System ersetzen; er wollte nur den Marxismus durch eine kräftige Dosis common sense mildern.

Bernsteins politische Theorie verlangte die Erreichung demokratischer Ziele mit demokratischen Mitteln. Er glaubte an die allgemeine Ausbreitung der parlamentarischen Demokratie und dachte, daß so die Anwendung von Gewalt, die ihm in jedem Falle abscheulich erschien, unnötig werde. Er nahm an, daß der Sozialismus innerhalb des kapitalistischen Rahmensystems durch gewerkschaftliche Aktivität, Genossenschaften und Sozialgesetzgebung fortschreiten und sich entwickeln würde. Sein Rezept zur Verwirklichung des Sozialismus in Deutschland bestand aus der Zusammenarbeit zwischen einer revisionistischen SPD, dem linksliberalen Bürgertum, den Gewerkschaften und der Genossenschaftsbewegung, um im Reichtstag eine Mehrheit zu erlangen. Solch eine Koalition würde soziale Reformen auf dem Wege der Gesetzgebung zustandebringen; sie könnte die Industrien sozialisieren, wenn ein klar erkennbarer wirtschaftlicher Vorteil dadurch gegeben würde; sie würde die soziale Gleichheit fördern, indem sie die Verfügungsgewalt über das private Eigentum einschränkte, und sie würde schließlich ganz allgemein die vorhandenen staatlichen Einrichtungen zur Verwirklichung sozialistischer Ziele einsetzen. Bernstein machte sich über das marxistische Dogma vom absterbenden Staat lustig und bedauerte den Gedanken einer Diktatur der proletarischen Minderheit. Gay wirft Bernstein ohne Zweifel zu Recht vor, daß er die zähe Widerstandskraft der deutschen Rechten unterschätzt habe, die aus ihrer Machtstellung nicht so leicht zugunsten einer bloß parlamentarischen Mehrheit abdanken würde. Aber er zeigt auch, daß Bernstein sich nicht ausschließlich auf parlamentarische Methoden verließ. Bernstein ignorierte das Schaudern der Gewerkschaften, wenn er den Gedanken eines Generalstreiks unter bestimmten Umständen vertrat: wenn zum Beispiel die herrschenden Klassen versuchen sollten, das bestehende demokratische Wahlrecht durch einen Staatsstreich zu beseitigen. Dies war für Bernstein eine logische Folgerung: Gerade weil sein politisches Programm von der Ausübung des demokratischen Wahlrechts abhing, mußte er alle Maßnahmen, sogar die außerparlamentarische Gewaltanwendung, unterstützen, die für dessen Weiterbestehen notwendig waren.

Gays Einstellung gegenüber den revisionistischen Auffassungen ist seltsam gemischt. Er bewundert Bernsteins furchtlose Wahrheitssuche und gibt zu, daß dieser in vielen seiner wesentlichen Ansichten recht hatte, besonders auf wirtschaftlichem Gebiet. Im Gegensatz dazu findet er jedoch auch, daß Bernstein viele logische Probleme ungelöst ließ, und offensichtlich glaubt er, daß Rosa Luxemburg, der brillanteste und radikalste Kopf im Lager der Anti-Revisionisten, über weitaus überlegenere intellektuelle Fähigkeiten verfügte. Er hält Bernstein letztlich für einen redlichen, aber wirren Denker, dem eine gründliche philosophische Schulung fehlte. Dieses schulterklopfende Urteil wäre gerechtfertigt, wenn Bernstein versucht hätte, sich selbst als einen großen systematischen Theoretiker auszuweisen. Aber das Kernargument seines ganzen Revisionismus lautete ja, daß Logik und Dogma den Marxismus in eine Sackgasse geführt hätten: Was der Bewegung als notwendige Leitlinie dienen sollte, sei dagegen empirischer common sense, der durch keine durchaus möglichen logischen Bedenken gestört werden dürfte. Bernstein leistete genau das. Er sollte nicht nach Maßstäben beurteilt werden, die seiner Zielsetzung unangemessen sind.

Gays zweiter Haupteinwand lautet, daß der Revisionismus zwar nützlich in einem Land wie England mit tief eingewurzelten demokratisch-parlamentarischen Traditionen, jedoch unbrauchbar für ein von intransigenten konservativen Kräften beherrschtes Deutschland war. Er glaubt, daß Bernstein sich täuschte, wenn er annahm, daß die mächtige Allianz der Junker und Industriellen einfach durch parlamentarischen Druck aus dem Sattel der Macht gehoben werden könnte. Er glaubt deshalb letztlich, obwohl er das mehr durch Implikation als durch unmittelbare Aussage andeutet, daß die Radikalen vom Schlage Luxemburgs recht hatten, die Reformisten à la Bernstein dagegen nicht. Gay trifft eine klare Feststellung, was grundsätzlich das »Dilemma des demokratischen Sozialismus« in einer nichtdemokratischen Gesellschaft ausmacht: Den Sozialismus mit demokratischen Mitteln zu erreichen, ist angesichts der zähen Reaktion unmöglich; zu versuchen, die Macht durch undemokratische Mittel, das heißt: durch revolutionäre Gewalt zu erlangen, schließt das Risiko ein, daß sich im Falle des Erfolges ein totalitärer Sozialismus einrichtet. Obwohl er so nie explizit argumentiert, glaubt Gay doch, daß der zweite Weg, trotz aller seiner Gefahren, in der besonderen Situation Deutschlands vorzuziehen gewesen sei. Er verkennt dabei jedoch die Tatsache, daß revolutionäre Gewaltanwendung in Deutschland wahrscheinlich nicht hätte erfolgreich sein können, und wenn sie auch zeitweise Erfolg gebracht hätte, zum Beispiel durch die Ausnutzung einer militärischen Katastrophe wie die von 1918, so hätte das einen blutigen Bürgerkrieg heraufbeschworen, den die sozialistischen Radikalen am Ende kaum hätten gewinnen können. Gay übersieht die Stärke der anti-sozialistischen Kräfte in Deutschland, seien sie nun konservativ, liberal oder katholisch, und er ignoriert die wahrscheinliche Reaktion der anderen europäischen Mächte. Der radikale Flügel der SPD hat diesen Tatsachen nie Rechnung getragen – auch Gay tut es nicht. Es ist vollkommen richtig, daß die Aussichten für eine von einer revisionistischen SPD bestimmte Politik auch recht düster waren, aber die konkret vorhandene schmale Hoffnung, den Sozialismus in absehbarer Zukunft zu verwirklichen, hing von einem Sieg des Revisionismus ab. Nur ein Bündnis mit den linken Flügeln des deutschen Liberalismus und des Katholizismus bot die einzige konkrete Chance, die politische Demokratie in Deutschland zu stärken – die unabdingbare Voraussetzung für die soziale Demokratie. Solch eine Allianz setzte jedoch den Sieg des Revisionismus innerhalb der SPD voraus. Darüber hinaus war ein praktischer Revisionismus angesichts der bereits erwähnten politischen, wirtschaftlichen und institutionellen Faktoren auf jeden Fall unvermeidlich. Nur eine dazu parallele Anerkennung der revisionistischen Theorie hätte die absurde Vorkriegssituation einer SPD beenden können, die sich einerseits revisionistisch verhielt, die jedoch andererseits fortfuhr, einen radikalen, blutrünstigen, atheistischen und republikanischen Jargon zu gebrauchen. Der Dualismus zwischen Worten und Taten wurde von dem Bemühen um die Einheit der Partei diktiert, ein Thema, das glänzend in dem später noch zu untersuchenden Buch von Schorske behandelt wird. Hier genügt festzuhalten, daß dieser Dualismus die SPD daran hinderte, die Vorteile sowohl einer Mäßigung (mögliches Bündnis mit anderen Kräften) als auch einer Radikalisierung (Ausbildung einer revolutionären Kerntruppe für zukünftige Möglichkeiten) zu nutzen.

Gay gibt einen nur oberflächlichen Bericht über Bernsteins weiteres Leben nach der Rückkehr nach Deutschland und über die Wirkung des Revisionismus auf die Partei. Die Untersuchung über die innerparteiliche Auseinandersetzung, die Bernstein provozierte, fällt sehr kurz aus. Obwohl er den schöpferischen Radikalismus Rosa Luxemburgs und die orthodoxe Pedanterie Kautskys schildert, gelingt es Gay jedoch nicht, Hilferdings intelligente Kritik an Bernstein zu berücksichtigen oder die Motive Bebels und der anderen Parteiführer, den Revisionismus niederzustimmen, angemessen zu analysieren. Es wird nicht der Versuch unternommen, die sich befehdenden Gruppen der Partei zu beschreiben oder den Grund dafür zu nennen, weshalb die Gewerkschaften in ihrer entscheidenden Position es zuließen, daß die Bernsteinianer auf jedem Parteitag unterlagen, obwohl diese doch gerade zum größten Teil die Ansichten der Gewerkschaften vertraten. Gay interessiert sich offensichtlich mehr für die Theorien des Revisionismus als für die politischen Kontroversen innerhalb der SPD. Er treibt Ideen- statt Organisationsgeschichte.

Gay richtet seine Aufmerksamkeit bei der Beschreibung der späteren Jahre Bernsteins in erster Linie auf dessen bemerkenswert starre Linksorientierung in der Außenpolitik. Er übernimmt unkritisch die Auffassung, daß vor allem Deutschland verantwortlich sowohl für den Ausbruch als auch für die spätere unnötige Verlängerung des Ersten Weltkrieges gewesen sei. Er beklagt, daß Bernstein im August 1914 den Kriegskrediten zustimmte, und er bewundert dann das Überschwenken zu den oppositionellen Unabhängigen nach 1915. Gay stimmt Bernsteins Doktrin von der deutschen Schuld am Kriegsausbruch zu, die dieser nach 1918 hartnäckig verfocht und in der er soweit ging, den amerikanischen Historiker H. E. Barnes, der von der Kriegsschuld Rußlands und Frankreichs überzeugt war, als ein Opfer der deutschen reaktionären Propaganda zu verleumden (1926).

Gay folgt auch Bernsteins apologetischer Behauptung, daß der Vorkriegsrevisionismus nicht für die entscheidende Befürwortung der Kriegskredite durch die SPD im Jahre 1914 und für die dann folgende Zusammenarbeit mit der deutschen Regierung verantwortlich gemacht werden könne. Als Beweis nennt er Bernsteins führende Stellung bei den Unabhängigen (S. 299). Diese Auffassung ist augenscheinlich falsch. Der Revisionismus war in erster Linie eine Einstellung oder Methode, die den Tatsachen Rechnung trug, sogar wenn diese der eigenen Lehre widersprachen. Der deutsche Nationalstaat war eine Tatsache, die russische Gefahr eine andere, die katastrophalen Folgen einer Niederlage für das deutsche Proletariat eine dritte. Diesen Tatsachen Rechnung zu tragen bedeutete zumindest eine eingeschränkte Unterstützung der deutschen Kriegsanstrengung. Weil er jegliche Affinität zwischen Revisionismus und Kriegsunterstützung leugnet, ist Gay nicht in der Lage, das faszinierende Problem zu erörtern, weshalb Bernstein gleichzeitig innenpolitisch so flexibel und außenpolitisch so doktrinär sein konnte.

Gays abschließende Würdigung Bernsteins hebt hervor, daß dieser mehr ein Gelehrter und Journalist als ein praktischer Politiker und einfallsreicher Führer gewesen sei. Er beharrt darauf, daß Bernstein ein unbedeutender Theoretiker gewesen sei, dessen Ansichten mehr das Ergebnis eines optimistischen Temperamentes und empirischer praktischer Vernunft als großer intellektueller Fähigkeiten gewesen seien. Er bewundert Bernsteins Streben, Demokratie, Freiheit und Sozialismus zu einer Synthese zu bringen, während er gleichzeitig die Zustände in Deutschland, die diese Hoffnungen zu pathetischen Illusionen verkümmern ließen, verurteilt. Die Bedeutung der Befreiung vom marxistischen Dogma, die der Revisionismus brachte, wird von Gay nur ungenügend gewürdigt. Zwar scheiterte das revisionistische Programm in Deutschland, aber es muß hervorgehoben werden, daß es von Seiten der Partei auch nie eine echte Chance der Bewährung erhielt. Die revisionistischen Pläne wurden vor dem Kriege durch die Radikalen, während des Krieges durch die Unabhängigen und nach dem Kriege durch die Kommunisten vereitelt. Wenn jedoch die soziale Demokratie jemals in Deutschland Fuß fassen will, so muß sie fest in einer liberalen, humanen und undoktrinären Einstellung verankert werden, wie Bernstein sie praktizierte. Trotz verschiedener fragwürdiger Urteile bildet Gays Buch einen unerläßlichen Beitrag zum Verständnis dieses zu wenig beachteten Mannes.

II.

Die Studie Carl Schorskes mit dem Titel *German Social Democracy, 1905–1917. The Development of the Great Schism* ist eine brillante und ausgezeichnete Untersuchung der SPD in der Zeit unmittelbar nach der offiziellen Zurückweisung des Revisionismus. Zwei Themen sind Gegenstand des Buches: daß erstens die Spaltung der Partei während des Krieges eigentlich nur eine Fortsetzung und Vertiefung früherer Kontroversen im Hinblick auf Ideen, Taktiken und Personen bedeutete; daß zweitens der Charakter dieser Auseinandersetzung im Vorkriegsjahrzehnt in gleichem Maße durch die Entwicklung einer neuen radikalen Linken wie durch das Weiterbestehen einer reformistischen rechten Fraktion auch nach der formellen Verurteilung des Revisionismus bestimmt wurde. Schorskes Buch ist eine außergewöhnliche Synthese von ideographischer, politischer und soziologischer Geschichtsschreibung, und dem Autor gelingt es, die Geschichte der SPD in den allgemeinen Rahmen der deutschen inneren und äußeren Politik zu stellen. Er verfügt über die besondere Gabe, schwierige Gedanken durchsichtig und klar zu formulieren, und verbindet das mit einer großen Geduld, die ihn bei der Bearbeitung eines schier unbeschränkten Materials über lokale und nationale Organisationsstrukturen der Partei wie auch der Gewerkschaften geleitet hat.

Die erzählende Beschreibung ist in fünf chronologische Teile gegliedert. Nur eine etwas ausführlichere Zusammenfassung kann dem reichen Gehalt des Buches gerecht werden. Teil I »Die Reformtaktik in der Krise?« (The Reform Tactic Challenged? 1905–1907) zeigt, wie die faktische Machtübernahme der Reformisten in der Partei, die auf dem dreiseitigen Bündnis von Gewerkschaftsführern, konservativen Bürokraten und revisionistischen Intellektuellen basierte, durch einen neuen Radikalismus herausgefordert wurde, der durch das Beispiel der ersten russischen Revolution, die Aufgeregtheit von Intellektuellen, Wahlrechtskämpfe in verschiedenen deutschen Staaten und durch eine bedrohliche Welle von Streiks und Aussperrungen angetrieben wurde. Der neue Radikalismus verlangte die Vorbereitung eines politischen Streiks nach russischem Muster, um eine Wahlrechtsreform zu erreichen und um eine deutsche Teilnahme an jedem zukünftigen Krieg zu verhindern. Die Parteileitung unter Bebel und die Gewerkschaftsführung unter Bömelburg waren über beide Vorschläge entsetzt. Der Mannheimer Parteitag (September 1906) beschloß, in allen Fragen, die die Tätigkeit der Gewerkschaften berührten (zum Beispiel dem politischen Streik), den Partei- und Gewerkschaftsführern gleiches Stimmrecht zu geben, wodurch den Gewerkschaftsbürokraten, die bekanntlich jede radikale Aktion ablehnten, ein eindeutiges Vetorecht zugestanden wurde. Auf dem Stuttgarter Kongreß der Internationale (August 1907) wurde ein äußerst antimilitaristisches Programm abgelehnt, und die zu ergreifenden Maßnahmen gegen einen Krieg wurden der selbständigen Beurteilung durch die einzelnen nationalen Parteien überlassen. Im selben Jahre hatte Bebel bereits im Reichstag deutlich zu erkennen gegeben, daß er das Vaterland im Falle einer russischen Aggression nicht im Stich lassen würde. Bebel verbrämte seinen Standpunkt nach beiden Seiten, indem er einerseits den Gedanken eines defensiven Generalstreiks unterstützte, wenn das demokratische Wahlrecht gefährdet sein sollte, und indem er andererseits ein scharfer Kritiker des deutschen Militarismus und Imperialismus blieb. Aber das konnte nicht die Tatsache verbergen, daß die neuen Radikalen klar unterlegen waren.

Im Teil II »Die Konsolidierung des rechten Flügels« (The Consolidation of the Right. 1906–1909) wird untersucht, wie die Ausdehnung des gewerkschaftlichen Einflusses und der immer stärker werdende Würgegriff konservativer Bürokraten auf den Parteiapparat die Verfestigung der Machtposition des rechten Flügels brachte. Die Macht der Gewerkschaften wurde in der Verwässerung des traditionellen Streiks am 1. Mai offenbar, der bisher als Symbol der Opferbereitschaft für die gemeinsame Sache gegolten hatte. Die Gewerkschaftsführer bestanden auch darauf, die radikalen Elemente der sozialistischen Jugendbewegung an die Kandare zu nehmen. Schorske beklagt diese Schlüsselstellung in den Entscheidungen der Partei, er muß aber zugeben, daß die Auffassungen der Gewerkschaftsführung sich weitaus mehr in Übereinstimmung mit denen der Arbeiterschaft befanden, als die der Intellektuellen in der Partei. »Die Eroberung durch die Gewerkschaften erhöhte die Repräsentativität der Partei gegenüber der deutschen Arbeiterschaft im Vergleich zur Zeit vor 1906. Hierin lag jedoch auch eine fatale Schwierigkeit: Die Gewerkschaftsbürokratie war durchgehend anti-revolutionär, einfach schon durch ihr Interesse am Bestand der gegebenen Ordnung, wie es jede Institution hat. Die Arbeiterklasse war nicht in gleichem Maße festgelegt – und die Partei hatte bis jetzt sowohl das revolutionäre Potential des Proletariats als auch ihre reformistische Gegenwartsbezogenheit verkörpert. Indem sie in dieser Zeit vor den Gewerkschaften kapitulierte, gab die Partei ihre Beweglichkeit auf und bereitete so ihre spätere Auflösung vor.« (S. 110) Der Verlust der Flexibilität wurde durch die weitere Bürokratisierung des Parteiapparates verstärkt, nachdem 1906 Friedrich Ebert zum Parteisekretär eingesetzt worden war. Schorske zeigt, wie der Einfluß bezahlter Parteifunktionäre sich ausdehnte; die regionalen Organisationen wurden in zunehmendem Maße durch Bürokraten des rechten Flügels kontrolliert; durch die Überrepräsentation von ländlichen und kleinstädtischen Gebieten (die in der Regel konservative Tendenzen zeigten) und durch die Unterrepräsentation der großstädtischen Gebiete (in denen aber auch die Parteifunktionäre erheblich gemäßigter waren als die einfachen Mitglieder) wurden die jährlichen Parteitage manipulativ zusammengesetzt. Schorske verbirgt keineswegs seine starke Abneigung gegen Ebert: »Farblos, kühl, entschlossen, fleißig und ungemein praktisch, Ebert besaß alle diese Eigenschaften, die ihn, mutatis mutandis, zum Stalin der Sozialdemokratie werden ließen.« (S. 124)

Teil III gibt eine Beschreibung der »Zwei Taktiken zur Verfassungsreform« (Two Tactics for Constitutional Reform. 1909–1910) in der Zeit der Auflösung des Bülow-Blocks und der Belebung der Wahlrechtsdiskussion in Preußen. Die Reformisten in der SPD strebten eine parlamentarische Koalition mit den Liberalen an. Sie wollten Bülows direkte Steuern unterstützen, da diese in erster Linie die kapitalistischen Schichten belasteten, andererseits aber auch zur Rüstungsfinanzierung dienten; sie betrieben die Abschaffung der marxistischen anti-nationalen Parolen; sie versuchten, einen gemäßigten Standpunkt in der Wahlrechtsreform einzunehmen, um sich die preußischen Nationalliberalen nicht zum Gegner zu machen; und sie propagierten schließlich im Widerspruch zur Parteitradition die Zustimmung der Sozialisten zum Staatshaushalt in den Parlamenten einzelner süddeutscher Länder (besonders in Baden mit seinem »Großblock«). Im Gegensatz dazu lehnten die Radikalen jede Koalition mit anderen Parteien als nutzlos ab; sie wollten gegen Bülows Steuergesetze stimmen; sie verlangten eine harte anti-imperialistische Kampagne gegen jeglichen patriotischen Aberglauben; sie belebten die Agitation des Jahres 1905 für einen politischen Massenstreik, um die preußische Wahlrechtsreform voranzutreiben; und darüber hinaus forderten sie den Parteiausschluß der süddeutschen Befürworter einer Zustimmung zum Budget. Bebel und die Parteileitung versuchten mit Erfolg, einen offenen Bruch zu vermeiden, indem sie einen verwaschenen Mittelkurs steuerten. Es wurde der Versuch unternommen, ein Bündnis mit den Liberalen zu schließen, aber der fortgesetzte Gebrauch extremer marxistischer Parolen verurteilte dieses Unternehmen zum Scheitern. Bülows Steuergesetze wurden in der zweiten Lesung unterstützt, und die Niederlage der Radikalen zu dieser Zeit befreite die Partei von der Notwendigkeit einer endgültigen Entscheidung. Die Erklärungen zur nationalen Frage blieben doppeldeutig. Die Partei organisierte zwar Straßendemonstrationen zur Unterstützung der Wahlrechtsreform, aber gleichzeitig weigerte sie sich, einen Massenstreik zu organisieren. Die Befürworter des Budgets in Baden wurden vom Parteitag zwar verwarnt, aber nicht aus der Partei ausgeschlossen. Der professorale Kautsky, der das breite, aber amorphe »Zentrum« vertrat, das weder eindeutig radikal noch eindeutig reformistisch orientiert war, warnte sowohl vor der »Ungeduld des Rebellen«, die voreilig nach revolutionärer Aktion rufe, als auch vor der »Ungeduld des Staatsmannes«, die sich nach einer nicht zu verwirklichenden liberalen Allianz sehne. Sein Standpunkt vereinte theoretischen Purismus mit praktischer Untätigkeit, und in Wirklichkeit unterstützte er die reformistische Position, indem er die bevorstehenden Reichstagswahlen als die beste Chance eines weiteren sozialistischen Machtzuwachses ansah. Kautsky nahm auch die spätere Praxis der Parteibürokraten vorweg, die nämlich ihre Kontrolle über die Publikationsorgane der Partei dazu benutzten, ihre radikalen Opponenten mundtot zu machen: er weigerte sich, in seiner Zeitschrift »Die neue Zeit« einen Artikel Rosa Luxemburgs zu drucken, in dem ein Massenstreik propagiert wurde. In seinem Urteil über diese Zeit von 1909 und 1910 bemerkt Schorske, daß die Einheit der Partei von dem »Zentrum« erhalten wurde, das einerseits reformistische Maßnahmen unterstützte, während es andererseits gelegentlich auch radikale Resolutionen guthieß. Schorske beklagt, daß der Preis für diese Einheit die Verflüchtigung des in der Partei sowieso nur spärlich vorhandenen revolutionären Elans gewesen sei und daß es als Ersatz für diesen Verlust aber auch keine praktischen Erfolge gegeben habe.

Teil IV beschreibt »Die Verschärfung der Krise und das Wiedererstarken der Radikalen«. (The Deepening Crisis and the Reconsolidation of the Radicals. 1911–1914) Die Reformisten behielten die völlige Kontrolle über den Parteiapparat, und sie gebrauchten ihre Macht, um 1911 der Opposition gegen Deutschlands imperialistische Marokko-Politik einen Dämpfer aufzusetzen; um den Kontrollausschuß der Partei zu entmachten, der es gewagt hatte, ihre außenpolitische Untätigkeit zu kritisieren; um die in einem Rundschreiben an die Parteipresse enthaltene Kritik an der konservativen Gewerkschaftspolitik zu verhindern; um solche Radikale wie Mehring und Radek von einflußreichen Positionen zu verdrängen; um 1912 mit dem Fortschritt ein Wahlbündnis mit Bedingungen zu schließen, die eindeutig zu dessen Gunsten lauteten; und um schließlich die Vermögensabgabe zu unterstützen, mit der die große Aufrüstung des Jahres 1913 finanziert wurde. Durch Frustration zu immer größerem Extremismus getrieben, zwangen die Radikalen die Partei schließlich doch zu einer entschiedeneren Haltung gegen die Marokko-Politik der Regierung, indem sie eine geheime Diskussion innerhalb der Partei als Indiskretion in die Zeitungen lancierten; auf Parteitagen begannen sie, offene Opposition gegenüber dem Parteivorstand zu üben; sie protestierten gegen die Zensur der Partei und gegen die gegen sie gerichtete Benachteiligung; sie machten sich über die Nutzlosigkeit des Wahlbündnisses von 1912 lustig und verurteilten die Unterstützung der Militärsteuern von 1913 als einen gefährlichen Kompromiß mit dem Militarismus. Bebel versuchte, die Radikalen zu besänftigen, indem er die Wahl von drei bekannten Linken, nämlich Haase, Scheidemann und Braun, in hohe Parteiämter sicherstellte, die aber alle drei weitaus radikaler erschienen, als sie in Wirklichkeit waren.

Schorske zeigt, wie die Stellung der Radikalen durch die Krise, von der die Partei 1913/14 befallen wurde, psychologisch, wenn auch nicht organisatorisch, gestärkt wurde. Die Gewerkschaften befanden sich nach dem mißlungenen Bergarbeiter-Streik vom März 1912 auf dem Rückzug; der Wahlerfolg im selben Jahr hatte keine politischen Konsequenzen gebracht; die Zahlen der Mitglieder und der Abonnenten der Parteizeitungen stagnierten; die sozialistische Jugendbewegung zerfiel; die Wahlergebnisse in Preußen und Baden waren unbefriedigend, und es breitete sich allgemein das Gefühl aus, daß die großen Tage der Partei in ihrer heroischen Vergangenheit lagen. Der Konflikt zwischen der voreingenommenen, reformistischen Parteibürokratie und der wachsenden und zunehmend aggressiver werdenden Gruppe der Radikalen war unlösbar geworden: Die zukünftige Spaltung war deutlich vorbereitet, und es bedurfte nur des Schocks der schwierigen Entscheidungen während des Krieges, um all das offen ans Tageslicht treten zu lassen, was an Konfliktstoff hinter der hohlen Fassade der Parteieinheit schwelte.

Teil V über den »Zusammenbruch« (The Breakdown. 1914–1917) hat den Charakter eines kurzen Epilogs, in dem ein Bericht über die Dinge gegeben wird, die Berlau in seinem sechs Jahre vorher veröffentlichten Buch eingehend geschildert hat. Schorske hält die Billigung der Kriegskredite vom 4. August 1914 im Lichte des reformistischen Verhaltens seit 1905 für unvermeidbar. Die Kristallisation der Opposition in der Vorkriegspolitik war gleichermaßen unvermeidlich, wie auch der Ausschluß der Oppositionellen aus der Partei, wenn sie weiterhin darauf bestanden, die politische Generallinie abzulehnen. Die Vorkämpfer des Vorkriegsradikalismus übernahmen selbstverständlich die Führung der Opposition der Kriegszeit sowohl im Spartakus-Bund als auch in der Unabhängigen Sozialistischen Partei (USPD). Die Tatsache, daß einige Reformisten – zum Beispiel Bernstein – sich entgegen allen Erwartungen verhielten und daß einige Radikale sich weigerten, den Bruch der alten Partei mitzumachen, kann dieses Grundmuster nicht verwischen. Der Spartakus-Bund und die USPD waren je nachdem die Schöpfung der Vorkriegsradikalen (Rosa Luxemburg) oder der nur ungenau bezeichneten linken Gruppierung innerhalb des »Zentrums« der Partei (Haase). Die frühere Einigkeit dieser beiden Elemente im Hinblick auf ihre Ziele, aber auch ihre Meinungsverschiedenheit über die Taktiken trat nun wieder deutlich zutage; beide lehnten sie den Krieg entschieden ab, aber nur die Spartakisten waren bereit, offen für unmittelbare Massenaktionen gegen den Krieg zu plädieren. Die Gruppe um Haase blieb bei ihrer zentristischen Gewohnheit, starke Worte zu gebrauchen, denen keine starken Taten entsprachen. Die Befürworter des Krieges in der SPD, die sich jetzt aus den Reformisten der Vorkriegszeit und der nur ungenau bestimmten rechten Gruppierung innerhalb des Parteizentrums zusammensetzten, nutzten geschickt die Meinungsverschiedenheit zwischen den Spartakisten und den Unabhängigen aus, indem sie zuerst nur die Spartakisten aus der Partei ausstießen. Sie gebrauchten dann jedoch auch rücksichtslos ihre Kontrolle des Parteiapparates und der Parteipresse, um den Einfluß der

Unabhängigen zu unterminieren, sobald diese an der Befürwortung des Krieges auch nur zu zweifeln begannen.

Schließlich wurde die USPD im April 1917 gegründet. Von Anfang an erwies sie sich als besonders schwach. Sie teilte sich in einen rechten Flügel (Bernstein), der Unbehagen wegen der Spaltung verspürte und der die Opposition gegen den Krieg auf parlamentarische Agitation beschränkt wissen wollte; einen linken Flügel (Haase), der zwar eine enge Zusammenarbeit mit den Spartakisten wünschte, der aber nicht wußte, wie weit er in seiner Opposition zum Krieg gehen sollte; und schließlich ein undurchsichtiges »Zentrum«, das zwischen den beiden Flügeln hin und her pendelte und nur noch zusätzliche Verwirrung zur bereits vorhandenen Ohnmacht stiftete. Das Wiedererscheinen der Spaltungen der Gesamtpartei der Vorkriegszeit innerhalb des engeren Spektrums der USPD zeigt eine bemerkenswerte Kontinuität des Grundmusters. Den Unabhängigen fehlte sowohl ein klares politisches Programm als auch eine wirksame Organisation. Die schlechten Erfahrungen der Radikalen mit dem konservativen, zentralistischen Parteiapparat und ihr utopischer Glaube an den spontanen und revolutionären Elan der Massen diktierte eine extreme Form der Dezentralisierung. Die Kombination von wirkungsloser Organisation und unklarem Programm verurteilte alle Anstrengungen der USPD in der revolutionären Krise von 1918/19 zum Scheitern. 1920 schlossen sich ihre meisten Mitglieder der aus dem Spartakus-Bund hervorgegangenen Kommunistischen Partei (KPD) an, einer Partei, deren Organisation keineswegs ineffektiv war und die über ein klares Programm verfügte. Von nun an polarisierte sich die Politik der Linken in Deutschland in der Feindschaft zwischen einer SPD auf der einen Seite, die nun ausgesprochen reformistisch, rigoros bürokratisch und vollkommen von den Gewerkschaften beherrscht war und die offen die Demokratie über den Sozialismus stellte, und der Kommunistischen Partei auf der anderen Seite, die ausgesprochen revolutionär, aber genauso bürokratisch wie die SPD war, wozu noch das Übel Moskauer Gängelung trat, und die gewerkschaftliche Tätigkeit und Demokratie gleichermaßen ablehnte. Die KPD zog aus dem Erfolg Lenins und dem Versagen Haases die Lehre, bürokratische Zentralisierung als eine Notwendigkeit und das Vertrauen auf die Spontaneität der Massen als eine Narrheit anzusehen. Der Hauptverlierer bei dieser letzten Ausformung der Spaltung war die deutsche Demokratie, die nun rücksichtslos von der KPD angegriffen und von der SPD nur schwach verteidigt wurde; als Hauptgewinner sollte sich letztlich der Faschismus erweisen.

Es ist schwierig, ein Buch zu kritisieren, das eine große Geschichte mit einer einzigartigen Mischung von geduldiger Detailbeschreibung und geistreicher Verallgemeinerung zu erzählen weiß. Schorskes Sympathie gilt offensichtlich den Radikalen, und das beeinflußt manchmal die Porträtskizzen der Personen, die dem Buch die Farbe verleihen. Das Bild Eberts als eines Partei-Despoten mit stalinistischen Zügen (S. 123–124) ist bereits erwähnt worden. Scheidemann wird als Opportunist und Karrierist abgewertet, der von einem »ziemlich primitiven Streben nach einflußreichen Stellungen und einem kaum verhüllten Drang« besessen gewesen sei, »in der Partei wie auch später in den herrschenden Kreisen des Kaiserreiches etwas zu gelten« (S. 209). Das ist eine vorurteilsbefangene Charakteristik eines Mannes, der 1919 die Kanzlerschaft niederlegte, um nicht den Versailler Vertrag zu akzeptieren, und der Attentate und gesellschaftlichen Boykott riskierte, als er 1926 mutig die Machenschaften zwischen Reichswehr und Roter Armee bloßstellte. Scheidemann war sicherlich eitel und indiskret, um nur zwei seiner vielen schlechten Eigenschaften zu nennen, aber ihn des Mangels an politischer Überzeugung zu bezichtigen, ist nicht fair. Obwohl er Haases mittelmäßige Fähigkeiten zum politischen Früher erkennt, lobt Schorske den Vorsitzenden der USPD wegen seiner politischen Vision und wegen der humanen Quellen seines Sozialismus, die ihn von einem »tiefen Sinn für Gerechtigkeit und Recht leiten ließen« (S. 209). Dies scheint übermäßiges Lob für einen Mann zu sein, der sich als beständiger Verteidiger des Bolschewismus erwies (im Gegensatz zum Beispiel zu Rosa Luxemburg) und der unter seinen USPD-Genossen Männer duldete, die Gelder von der sowjetischen Botschaft erhielten.

Schorskes Verurteilung der Parteibürokratie ist nicht frei von Don Quichotterie. Bürokratisierung ist eine unvermeidliche Entwicklung in jeder modernen Großorganisation. Das Vertrauen auf Spontaneität kommt dabei dann einer Vorschrift zur Ohnmacht gleich, wie Schorske das auch selbst in seiner Erörterung der USPD bemerkt. Seine moralische Entrüstung richtet sich gegen die Reformisten, die ihre Stellung innerhalb der Partei dazu benutzten, revolutionäre Ansichten zu zensieren. Dagegen wollten jedoch auch die Radikalen, als sie zeitweise die Partei kontrollierten, 1903 die Revisionisten und 1910 die Befürworter des Budgets in Baden aus der Partei ausstoßen. Der Einsatz institutionell verfügbarer Macht zur Steuerung ideologischer Kontroversen ist in jeder Partei unvermeidbar. Dagegen sollte vielmehr herausgestellt werden, daß der Vorstand der SPD gewöhnlich eine bemerkenswerte Bandbreite der Meinungsverschiedenheit zuließ. Auf den jährlichen Parteitagen herrschte Freiheit der Diskussion, und 1913 verlor ein gegen die Parteileitung aufgestellter Kandidat die Wahl in den Vorstand mit der knappen Marge von 269 zu 211 Stimmen (S. 280). Unermüdlich versuchten die Parteiführer, die Einheit der Partei durch wiederholte verbale Zugeständnisse den Radikalen gegenüber zu wahren, zu einem Zeitpunkt, als die radikale Politik des aktiven Revolutionismus reiner Unsinn war. Es trifft zu, daß die Einheit der Partei durch den unglücklichen Preis eines Dualismus zwischen rabiatem Gerede und lammfrommem Verhalten erkauft wurde. Aber selbst eine Einheit unter solch ungünstigen Bedingungen war der völligen Ohnmacht vorzuziehen, die der offene und formelle Bruch für Radikale und Reformisten gleichermaßen gebracht hätte. Ohne Zweifel verlor die Partei die Fähigkeit zu revolutionärer Aktion in der Zukunft, weil sie bürokratisiert wurde, weil sie sich dem Einfluß der Gewerkschaften unterwarf und weil sie nur gebannt auf den Erfolg bei den Wahlen schaute. Aber alle diese Entwicklungen waren in den friedlichen Zeiten des Wilhelminischen Deutschland, das einen beachtlichen Grad individueller Freiheiten erlaubte, letztlich unvermeidlich. Eine wirklich revolutionäre Partei, wie die der Bolschewiki, konnte sich nur unter den Bedingungen des Zarismus entwickeln, den es glücklicherweise in Deutschland nicht gab. Der SPD-Vorstand nahm den vernünftigen Standpunkt ein, daß eine Revolution in Deutschland im Frieden undenkbar und im Kriege unerwünscht sei. Die einzige Chance für eine erfolgreiche Revolution lag in der Ausnutzung einer militärischen Niederlage, wie sie dann auch 1918 wirklich eintrat. Schorskes kritische Klage über den Verlust des revolutionären Potentials der Partei impliziert, daß die SPD in erster Linie ihre Aufmerksamkeit auf die Möglichkeit eines Zusammenbruchs des Kaiserreiches durch den Krieg hätte lenken sollen. Aber heißt es nicht zuviel von ihr verlangen, die erfolgreichen Wahlkampagnen aufzugeben, das Bündnis mit den Gewerkschaften zu kündigen und eine konsequente reformistische Gesinnung abzulegen, um eine rein revolutionäre Partei zu werden, die auf nur eine Möglichkeit vorbereitet gewesen wäre? Darüber hinaus konnte der demokratische Sozialismus – das eigentliche Ziel der SPD – in Deutschland kaum durch revolutionäre Mittel verwirklicht werden, da diese, selbst im unwahrscheinlichen Falle eines vorübergehenden Erfolges, notwendigerweise zu einer totalitären Tyrannei geführt hätten.

Schorske betont in nur unzureichendem Maße die eigentlich tragische Stellung der SPD in der deutschen Gesellschaft, die es äußerst unwahrscheinlich machte, den Sozialismus zu verwirklichen, auch wenn die Parteileitung statt aus Bürokraten aus Engeln bestanden hätte. Eine Politik des radikalen Revolutionismus hätte nur die gnadenlose Unterdrückung durch die Polizei hervorgerufen. Ein reformistisches Bündnis mit anderen parlamentarischen Kräften war kaum geeignet, die überlegene Macht der Junker und Kapitalisten zu zerstören. Unter diesen Umständen war die Existenz sich gegenseitig bekämpfender radikaler und reformistischer Flügel innerhalb der Partei unvermeidlich. Die beiden Alternativen, mit denen die SPD sich konfrontiert sah, waren gleichermaßen wenig wünschenswert: sich für eine entweder ausschließlich reformistische oder ausschließlich radikale Politik zu entscheiden, bedeutete den Bruch der Partei; die Weigerung, eine Wahl zu treffen, bedeutete eine unklare und widersinnige Mittellinie, die den revolutionären Elan töten und keine praktischen Ergebnisse bringen würde und die gleichzeitig aber auch mögliche liberale Bündnispartner durch eine doktrinäre Theorie abschrecken würde, während die Radikalen von solch furchtsamer Untätigkeit angewidert wären.

So lagen die schwachen Aussichten für die SPD in den deutschen Gegebenheiten begründet, die diese unglücklichen Alternativen entstehen ließen, und nicht in den spezifischen Fehlern der Parteileitung. Bebel, der trotz zunehmender Krankheit fast bis zu seinem Tode im Jahre 1913 die Angelegenheiten der Partei fest im Griff behielt, war sicherlich ein eindrucksvoller politischer Führer. Einer der Fehler von Schorskes Buch liegt darin, daß er an keiner Stelle die Doppelrolle Bebels als Motor und Bremse der Partei erklärt oder daß er nicht dessen Persönlichkeit in ihrer seltsamen Mischung von Enthusiasmus und Idealismus einerseits und Vorsicht und opportunistischer Klugheit andererseits erkundet. Bebel wollte sowohl das Abenteurertum der Radikalen als auch den Verlust des kämpferischen Schwungs bei den Reformisten vermeiden; es waren mehr die Umstände als freie Entscheidung, die ihn das eine erfolgreicher als das andere tun ließen. Er für seine Person identifizierte sich keineswegs mit einer der Fraktionen, und er war in seiner vordringlichen Zielsetzung, die Partei zusammenzuhalten, erfolgreich. Als junger Mann hatte Bebel an der Auseinandersetzung zwischen Lassallianern und Marxisten teilgenommen, in der in mancher Hinsicht der Konflikt der Jahre nach 1905 zwischen den Reformisten und den Radikalen vorgezeichnet wurde, obwohl Schorske in sorgfältiger Untersuchung herausfindet, daß es dabei kaum die von Berlau behauptete Kontinuität gegeben hat. In jener Zeit hatte Bebel den Wert der Einheit erkannt, auch wenn sie mit einigen Kompromissen und großer Verwirrung erkauft werden mußte. Die entscheidende Schwäche seines Standpunktes war das Fehlen eines klaren Konzeptes, wie die SPD die Macht erringen sollte. Mit diesem Problem beschäftigte er sich deshalb weniger, als er eigentlich hätte tun sollen, weil er die nur von Bernsteins Revisionisten bestrittene marxistische Formel anerkannte, daß sich die kapitalistische Welt unaufhaltsam zum Sozialismus hinbewege. Man solle die Partei zusammenhalten, bis zu dem Zeitpunkt, wenn allgemeine gesellschaftliche Kräfte Deutschland reif für den Sozialismus gemacht hätten – dann müßte der Sozialismus kommen, und niemand könnte genau vorhersehen, ob reformistische oder revolutionäre Maßnahmen im entsprechenden Augenblick die geeigneten seien. Es wäre töricht, eine der beiden Möglichkeiten völlig auszuschließen. Aber in der Zwischenzeit müßte die SPD die im kaiserlichen Deutschland gebotenen Gelegenheiten der verfassungsmäßigen Agitation und des Machtzuwachses der Gewerkschaften nutzen. Ohne Zweifel schloß das auch die Gefahr des Opportunismus und einer übermäßigen Bürokratisierung ein – Probleme, die Bebel sicherlich bemerkte; aus diesem Grunde mag er nämlich im Jahre 1911 bereit gewesen sein, lieber mit Haase, dem Mann der linken Mitte, als mit Ebert den Parteivorsitz zu teilen. Wahrscheinlich hat er den Radikalen größere Zugeständnisse gemacht als je ein anderer Parteiführer es getan hätte. Die Radikalen wurden nicht durch menschliche Verschwörungen, sondern durch widrige Umstände um ihre politische Wirkung gebracht.

III.

Joseph Berlaus Buch *The German Social Democratic Party. 1914–1921* liest sich in mancher Hinsicht wie ein parteiischer USPD-Traktat, wenn man es mit der meisterhaften Kühle der Wissenschaftlichkeit Schorskes vergleicht. Es bildet dennoch eine wertvolle Ergänzung, die den Faden der Geschichte der Sozialisten im Jahre 1914 aufgreift, also an jenem Punkt, wo Schorskes eingehende Erzählung endet. Die Spannweite der Chronologie, die der Titel anzeigt, wird nicht ganz genau gehalten, da für die Zeit nach 1919 der Bericht allmählich versickert. Der Kapp-Putsch und die entschlossenen Gegenmaßnahmen der SPD werden nicht einmal erwähnt, und das Schlußkapitel über das Görlitzer Programm (1921) steht isoliert außerhalb der sonstigen Darstellung. Das Schicksal der Unabhängigen Sozialistischen Partei (USPD) nach 1919 mit ihrer unvermeidlichen Spaltung in jene, die zu den Mehrheitssozialisten zurückkehrten, und jene, die weiter zur Kommunistischen Partei gingen, wird ignoriert, obwohl das den natürlichen Endpunkt der Darstellung Berlaus bilden müßte. Das Buch konzentriert sich auf den Krieg, die Revolution und den Friedensvertrag. Berlaus Hauptthese lautet, daß die SPD ihre Prinzipien verraten und zu opportunistischen Taktiken ihre Zuflucht genommen habe, um jeder dieser drei Krisen zu begegnen. Er beklagt, daß sich die revolutionäre, klassenbewußte und internationalistische Partei des Erfurter Programms (1891) zur reformistischen, demokratischen und nationalistischen Partei des Jahres 1919 veränderte. Berlau ist der Meinung, daß die deutsche Demokratie der Verlierer in diesem evolutionären Wandel vom strengen Marxismus zu einer Politik »des Kompromisses, des Opportunismus und der Umsicht« (S. 330) gewesen sei. Das bedeutete, daß die sogenannte Revolution von 1919 »keinen klaren Bruch mit den wirtschaftlichen, sozialen und außenpolitischen Bestrebungen des Deutschen Kaiserreiches und seiner bürgerlichen Befürworter« (S. 339) gebracht habe. Während Deutschland sich kaum veränderte, habe sich die SPD sehr gewandelt, und so versucht er, das beklagenswerte erste Phänomen durch Verweise auf das zweite zu erklären. Das Buch ist als eine Fallstudie über die Folgen des Verrats der SPD an den Grundsätzen des Marxismus angelegt.

Berlau hält den Prozeß dieses Verrats 1914 bereits für weit fortgeschritten. Zwei ziemlich oberflächliche Kapitel, die natürlich lange vor Schorskes endgültig klärender Arbeit geschrieben worden sind, verfolgen die Wandlung der SPD von ihren Anfängen in den sechziger Jahren des 19. Jahrhunderts bis zum Vorabend des Weltkrieges in den Begriffen eines andauernden Konfliktes zwischen jenen Kräften, die recht allgemein als die Erbschaft Lassalles beziehungsweise Marxens bezeichnet werden. Die zuletzt genannte triumphierte vorübergehend 1891 in Erfurt, die andere wurde nach Meinung Berlaus durch die Revisionisten wiederbelebt. Der Autor glaubt, daß die Führung der SPD den Revisionismus 1913 nicht aus prinzipiellen, sondern aus taktischen Erwägungen ablehnte. Die Sozialdemokraten hätten sich zu diesem Zeitpunkt bereits auf den Fang von Wahlstimmen eingestellt, und die eingängigen Formulierungen des Erfurter Programms schienen bessere Wahlparolen abzugeben als die vorsichtigen, empirisch abgesicherten Erkenntnisse Bernsteins. Berlau impliziert dabei, die Partei hätte bereits so stark ihre Prinzipien der Taktik geopfert – er trifft eine viel zu schroffe Unterscheidung zwischen diesen beiden –, daß ihre Führer den Revisionismus bevorzugt hätten, wenn sie geglaubt hätten, daß dadurch mehr Stimmen eingeheimst werden könnten.

Die Entscheidung der SPD am 4. August 1914, die Kriegskredite zu unterstützen, war für eine Partei, die mehr auf die öffentliche Meinung als auf die marxistischen Grundsätze achtete, mehr als nur selbstverständlich. Berlau nennt in angemessener Weise die Überlegungen, die die Parteispitze leiteten: die traditionelle Auffassung innerhalb der Partei, den Verteidigungskrieg zu billigen; der Glaube, daß Deutschland tatsächlich in einem Verteidigungskrieg gegen Rußland kämpfte; die Furcht vor einer weitgehenden Ablehnung durch die Bevölkerung in jener allgemeinen Atmosphäre eines heftigen Patriotismus; die Wahrscheinlichkeit von Repressalien durch die Regierung; und das pragmatische Argument, daß eine Entscheidung gegen die Kriegskredite die Partei zugrunde richten würde, wie immer der Krieg auch ausgehen würde. Wenn Deutschland den Krieg gewinnen sollte, so hätte eine Partei, die gegen ihn gestimmt hätte, keine Gnade zu erwarten; wenn Deutschland dagegen verlieren sollte, würde die Partei das Opfer der Suche nach dem nationalen Sündenbock abgeben. Aus Gründen, die er nie offen erklärt und die wahrscheinlich a priori in seiner marxistischen Einstellung wurzeln, wird Berlau von der Überzeugungskraft dieser Überlegungen nicht getroffen.

Berlaus Bericht über die Politik der Partei während des Krieges ist äußerst seltsam. Er muß einräumen, daß die Mehrheitssozialdemokratie die Maßnahmen der Regierung zur Behebung der Ernährungsnot heftig kritisierte, wie sie auch Schikanen von Offizieren gegenüber Soldaten, ungerechte Maßnahmen gegenüber ethnischen Minderheiten (Polen, Elsässern und so weiter), die mißbräuchliche Ausnutzung des Belagerungszustandes und das Versagen, demokratische Reformen zu gewähren, scharf angegriffen habe. Er muß auch einräumen, daß während des ganzen Krieges die SPD bei der Formulierung ihrer Kriegsziele gegen Annexionen eingestellt war, mit nur vorübergehenden und unbedeutenden Verfehlungen im Sinne von »Grenzberichtigungen«. Trotzdem wirft Berlau der SPD vor, daß sie ihre politischen Ansichten der Regierung mit der Begründung angedient habe, deren Anerkennung würde zur Wirksamkeit der deutschen Kriegsanstrengungen beitragen. Die Verbesserung der Beziehungen zwischen Offizieren und Mannschaften würde zum Beispiel die Moral der Truppe stärken, und die Zurückweisung annexionistischer Pläne würde den Siegeswillen der Entente-Staaten schwächen. Berlau macht viel Aufhebens von der Tatsache, daß die SPD für eine wirkungsvolle Kriegsführung eintrat; aber er übersieht den entscheidenden Punkt, daß hier einmal die Gebote des sozialistischen Prinzips und des nationalen Interesses zusammenfielen. Für die SPD war es zum Beispiel besser, demokratische Reformen mit der Begründung zu verlangen, sie würden die Kriegsanstrengungen verstärken, statt daß sie vom Erfurter Programm gefordert würden. Es ist höchst unfair, wie Berlau es tut, die SPD anzuklagen, sie hätte ihre Grundsätze dem Opportunismus und ihren Sozialismus dem Nationalismus geopfert (S. 137): Es gibt keinen Grund zu bezweifeln, daß sich alle vier genannten Überlegungen im Verhalten der SPD niedergeschlagen haben. Berlau enthüllt sein Vorurteil, wenn er versucht, eine Erklärung zu geben, die nur unehrenhafte Motive zuläßt, während doch glaubwürdige Erwägungen eine zumindest gleichwertige Rolle gespielt haben.

Berlau bewundert die USPD, wie sie sich allmählich zwischen 1915 und 1917 entwickelte, weil sie auf dem scharfen Bruch mit der Regierung beharrte. Seine Chronik der Spaltung ist leider nicht mehr als eine Sammlung von USPD-Reden; ihm fehlt Schorskes Fähigkeit, soziale Bedingungen, die politischen Entwicklungen zugrunde liegen, zu durchleuchten, und er vermittelt nicht die wesentliche Erkenntnis der Kontinuität vom Radikalismus der Vorkriegszeit zur Opposition im Kriege. Die Kritik der Unabhängigen an der Regierung unterschied sich von der der SPD mehr in der Heftigkeit als im Gehalt, obwohl sie in einigen wenigen Punkten weiterging, wenn sie Deutschland einen größeren Teil der Verantwortung am Ausbruch des Krieges zuschrieb und wenn sie bereit war, den Grundsatz des Selbstbestimmungsrechtes auch dort anzuerkennen, wo dessen Ergebnisse sich für Deutschland ungünstig erweisen würden (im Elsaß und in der Habsburger Monarchie). Das Verhalten der USPD unterschied sich von dem der SPD wesentlich dadurch, daß sie in der Propaganda gegen den Krieg mit den Spartakisten zusammenarbeitete (während sie die Berechtigung nationaler Verteidigung jedoch nicht absolut verneinte); daß sie Streiks mit offen politischer Zielsetzung unterstützte; daß sie mit den Marine-Meuterern des Jahres 1917 Kontakt aufnahm (obwohl das Beweismaterial keine strafrechtliche Verfolgung der USPD-Führer erlaubte); und daß sie 1918 mit dem Gedanken einer aktiven Revolution spielte. Berlau bringt es paradoxerweise fertig, einerseits die Agitation der USPD gegen den Krieg positiv zu würdigen und andererseits jegliche Gültigkeit der Dolchstoß-These zu leugnen. Er hat vollkommen recht, wenn er behauptet, daß die Kriegsmüdigkeit mehr ein Ergebnis jener Zustände war, die von der herrschenden Klasse nicht behoben werden konnten, als daß sie auf das Konto der Agitation der USPD ging, aber es ist töricht zu leugnen, daß die Propaganda der Unabhängigen gegen den Krieg überhaupt keine Wirkung gehabt habe. Berlau ignoriert den engen Kontakt, der zwischen dem linken Flügel der Unabhängigen und den Spartakisten bestand (in der Tat enthält sein Buch eine spürbare Lücke, weil es ihm nicht gelungen ist, die gesamte Entwicklung der Spartakus-Bewegung zu erörtern). Er verniedlicht die Tatsache, daß die USPD Geld und Waffen von der russischen Botschaft erhielt. Er kritisiert in keiner Weise die unterschiedslose Verteidigung des Bolschewismus durch die Partei. Wenn er ihren Angriff auf den deutschen Annexionismus, daß dieser den Krieg verlängere, lobend würdigt, dann verkennt er aber, wie sie es auch taten, daß der Annexionismus der Entente dieselbe Wirkung hatte. Haase, der Führer der USPD, überschätzte durchgehend die Stärke der sozialistischen Strömungen in den Ländern der Entente und somit auch die Chancen für einen Verhandlungsfrieden, wenn Deutschland nur allen Annexionen abschwören würde. Die Unabhängigen fuhren fort, von dem Gespenst des deutschen Annexionismus bis zum Oktober 1918 besessen zu sein, also bis zu einem Zeitpunkt, als Deutschland bereits verzweifelt versuchte, einen Frieden gemäß den Bedingungen Wilsons zu erlangen, der die einzige Alternative zur völligen Niederlage bot.

Berlau begegnet der Politik der SPD während des Revolutionswinters 1918/19 mit feindlicher Kritik. Eberts beharrliche Auffassung, daß die Partei in das Kabinett Prinz Max von Baden eintreten solle, wird als »Millerandismus« verurteilt. Berlau beklagt die Bereitschaft der SPD, mit dem Zentrum und den Linksliberalen zusammenzuarbeiten, als symptomatisch dafür, wie weit die Partei sich bereits zur Rechten hinbewegt habe. Er vergißt aber zu erwähnen, daß die beiden Koalitionspartner in der Zwischenzeit sich weit links von ihrer Vorkriegsposition bewegten. Berlau verurteilt die Feindschaft der SPD gegenüber der Novemberrevolution, wobei er aber übersieht, daß diese Revolution vor allem eine Marine-Meuterei war, die zum denkbar schlechtesten Zeitpunkt ausbrach, als Deutschland sich mitten in heiklen internationalen Verhandlungen befand. Er bespöttelt das Versagen der SPD, nicht offen auf die Abdankung des Kaisers zu drängen. Er vergißt (wenn er es nicht beklagt), daß die Teilnahme an einer Koalitionsregierung immer einen gewissen Grad von Zurückhaltung der eigenen Forderungen verlangt und daß der Republikanismus keinen ausreichenden Grund bildete, eine Regierung zu zerbrechen, die die einzige Alternative zum Chaos darstellte.

Berlaus schärfste Attacke richtet sich aber gegen das Verhalten der SPD, nachdem sie im November 1918 den größten Teil der Regierungsgewalt übernommen hatte. »Die in Erfurt verkündeten Ideale und die an die Revolution geknüpften Erwartungen hätten nicht entschiedener verleugnet werden können als durch den Eifer, mit dem sich die erfolgreichen Revolutionäre der Verwirklichung ihres eigenen traditionellen Programms widersetzten.« (S. 338) Berlau beschuldigt die Parteileitung (1) des Versagens, ihr sozialistisches Programm nicht vor dem Zusammentritt der Weimarer Nationalversammlung auf dem Verordnungswege verwirklicht zu haben, (2) der Abkehr von sozialistischen Zielen sowohl zu dieser Zeit als auch später und (3) der Unterwerfung ihrer Außenpolitik unter nationalistische Gesichtspunkte. Darüber hinaus ist er der Meinung, das Aufgeben des eigenen Programms habe nicht nur die deutsche Demokratie geschädigt, sondern ebenso das Ansehen der SPD bei der Wählerschaft beeinträchtigt. Berlau behauptet, durch ihr Arrangement mit den bürgerlichen Parteien sei die SPD »nicht imstande gewesen, mehr Überzeugungskraft und Einfluß zu entwickeln als der Liberalismus jener anderen Parteien, die schon durch ihre ohnmächtige Wirkungslosigkeit unter dem Kaiserreich abgewirtschaftet hatten«. (S. 12)

Diese kritischen Einwände müssen der Reihe nach erörtert werden. Es ist richtig, daß Ebert sich weigerte, vor den Wahlen zur Nationalversammlung ein sozialistisches fait accompli zu schaffen. Dies versucht zu haben, wäre nicht nur grundsätzlich anti-demokratisch gewesen (ob man das nun als Einwand gelten läßt oder nicht), sondern dies hätte auch einen Bürgerkrieg heraufbeschworen und bolschewistische Methoden verlangt, um irgendeinen spürbaren Grad von Erfolg zu erreichen. Blutvergießen, Chaos und Hungersnot, die aus solch einer Politik entstanden wären (ob nun erfolgreich oder nicht), hätten eine sogar noch schlechtere Grundlage für die Schaffung einer deutschen Demokratie abgegeben als jene, auf der die Weimarer Konstruktion dann errichtet wurde.

Die Kritik, daß die SPD im Hinblick auf bestimmte sozialistische Ziele lau geworden sei, trifft genauer und ist von einem strikt sozialistischen Standpunkt aus unwiderlegbar. Viele sozialdemokratische Politiker erklärten die Sozialisierung auch noch für undurchführbar, als die Einsetzung der neuen demokratischen Regierung die Gefahr des Chaos und des Bürgerkriegs gemindert hatte. Sie betonten, daß der Sozialismus nicht in einem Lande aufgebaut werden könne, das vom internationalen Handel abhängt, da dies angeblich die Produktionskosten erhöhe; am allerwenigsten könne der Sozialismus in einem Lande verwirklicht werden, in dem vier Jahre Krieg jeglichen Idealismus zerstört hätten, der die kapitalistischen Beweggründe ersetzen müsse. Theoretiker in der SPD sahen auch die Schwierigkeiten, die die beiden möglichen Formen sozialistischer Wirtschaftsorganisation boten. Die erste, das Unternehmen als Eigentum der in ihm beschäftigten Arbeiter, würde nur eine neue Art eines selbstsüchtigen und leistungsschwachen Arbeiter-Kapitalismus schaffen; die zweite, unmittelbare Kontrolle durch den Staat, brächte die ganze Starrheit bürokratischer Verwaltung mit sich. Der zuletzt genannte Einwand traf auch das Konzept einer Planwirtschaft, wie es 1919 von Wissell, dem sozialdemokratischen Wirtschaftsminister, und seinem Unterstaatssekretär Moellendorff entwickelt worden war, das aber bemerkenswert wenig Unterstützung innerhalb der SPD fand. Die Partei mißtraute den Arbeiterräten, die natürliche Heimat linksorientierter Störer, obwohl sie die Räte dann widerwillig anerkennen mußte, um mit einer Serie von Streiks fertig zu werden, von der Deutschland 1919 beunruhigt wurde. Alle diese Verhaltensweisen der SPD-Führung waren vielleicht vernünftig, und man könnte sogar die Partei dazu beglückwünschen, daß sie die demagogischen Torheiten der Opposition aufgab, sobald sie selbst Macht und Verantwortung erlangt hatte, aber Berlau hat vollkommen recht, daß die Partei einen wesentlichen Teil ihres Programms ohne eine absolut zwingende Entschuldigung aufgab, es sei denn, man ließe gesunden Menschenverstand als eine Entschuldigung gelten.

Die Kritik an der Außenpolitik der SPD ist keineswegs so überzeugend. Berlau geißelt die schroffe Ablehnung des Versailler Vertrages durch die SPD und ihre Weigerung, den Vertrag loyal zu erfüllen oder die Agitation für seine Revision zu unterlassen. Er glaubt, daß sich die SPD »zu einer Partei mit ausgesprochen nationalistischen Tendenzen gewandelt hatte. In den letzten Zielen hatte sich die Kluft zwischen der SPD und den Parteien zu ihrer Rechten, die 1870 so weit gewesen war, schließlich geschlossen.« (S. 318) Die Sprache, in der er die SPD wegen ihrer Forderung nach einer Revision des Versailler Vertrages kritisiert, ist bemerkenswert hart: »Es kann keineswegs entschieden werden, ob in dieser Kampagne die Heftigkeit der SPD oder ihre Unehrlichkeit, ob ihre Intransigenz oder ihr Opportunismus, ob ihre Scheingründe oder ihr demagogisch-chauvinistischer Charakter mehr Aufmerksamkeit verdienen.« (S. 339) Berlau vergißt die Tatsache, daß der Vertrag von Versailles in mancher Hinsicht ein schlechter Vertrag und eine Verletzung des »Vor-Waffenstillstandsabkommens« war und daß dessen Bedingungen völlig unvereinbar mit jenen sozialistischen Grundsätzen sind, die er selbst bei anderer Gelegenheit so überzeugt vertritt. Aus diesem Grunde wurde der Vertrag von der sozialistischen und liberalen öffentlichen Meinung in allen zivilisierten Ländern abgelehnt, und die deutschen Argumente für die Revision erschienen vielen überzeugend, die keineswegs deutsche Chauvinisten waren. So waren zumindest in der frühen Phase der revisionistischen Kampagne die Forderungen des deutschen Nationalbewußtseins und des sozialistischen Gedankens wesentlich identisch. Warum soll man dann annehmen, daß nationalistische statt sozialistische Gefühle die entscheidende Motivation für die sozialistische Forderung nach Revision abgaben? Berlau gebraucht den Begriff »Nationalismus« allgemein in einem vagen und stets in einem abwertenden Sinne. Aber verträgt sich die Loyalität zur eigenen Nation (im Gegensatz zu einem kriegslüsternen Chauvinismus) und die Formulierung gerechtfertigter Beschwerden nicht vollkommen mit einer sozialistischen Überzeugung?

Berlaus Meinung, daß sich der gemäßigte Kurs der SPD bei den Wahlen nachteilig auswirkte, muß ebenfalls bezweifelt werden. Diese Behauptung liefert ihm einen deus ex machina, der Deutschland 1919 trotz schwieriger Umstände ohnegleichen eine demokratische und sozialistische Republik hätte bescheren können. Er glaubt, daß ein Sozialisierungsprogramm, das vor den Wahlen im Januar 1919 die SPD als Minderheit auf dem Verordnungswege als fait accompli geschaffen hätte, Teile der trägen, aber anti-sozialistischen Mehrheit der deutschen Bevölkerung zum Sozialismus bekehrt, die Abspaltung der radikalen Arbeiter in der KPD verhindert und der Partei in den nachfolgenden Wahlen eine Mehrheit gebracht hätte. Berlau verachtet den »führungs- und deshalb bewegungslosen Willen der Öffentlichkeit« (S. 260) und beschuldigt die SPD, »das Konzept der Demokratie abgewertet zu haben« (ibid.). Besonders wirft er der demokratischen Führungsgruppe vor, sie habe aus Achtung vor der angeblichen Meinung der anti-sozialistischen Mehrheit Abstand von energischen sozialistischen Maßnahmen genommen. Seine Auffassung, daß die SPD die Wahlen vom Januar 1919 mit einem stärker sozialistisch orientierten Programm gewonnen hätte, ist mit Sicherheit falsch: Die Partei zog Millionen gewöhnlich nichtsozialistischer Wähler an, gerade wegen ihrer Gemäßigtheit, wegen ihrer demokratischen Einstellung und wegen ihrer eindeutigen Ablehnung sozialistischer Experimente und spartakistischer Erhebungen. Es bleibt eine tragische Tatsache, daß 1919 der Sozialismus mit demokratischen Mitteln nicht verwirklicht werden konnte, und es mit bolschewistischen Methoden zu versuchen, hätte einen Bürgerkrieg bedeutet, den die Sozialisten entweder nicht oder nur dadurch gewinnen konnten, daß sie Deutschland unter kommunistischen Despotismus zwangen.

Statt diese Tragödie, so wie sie war, zu erkennen, sucht Berlau nach einem Sündenfall und findet ihn in dem Aufgeben der Erfurter Grundsätze durch die SPD. Er weist überzeugend nach, daß die SPD die Demokratie der Klassenherrschaft vorzog, daß sie in der Frage der Sozialisierung lau wurde und daß sie mit anderen Parteien eine Außenpolitik trieb, die das nationale Interesse zu fördern suchte. Berlau räumt zwar die Möglichkeit unvorhergesehener Umstände und taktischer Notwendigkeiten ein, aber er argumentiert doch, daß »es eine Anzahl grundlegender Glaubenssätze gibt, deren Aufgeben durch eine doktrinäre Partei nicht entschuldigt werden kann« (S. 14). Berlau kennt nicht den üblichen abwertenden Beigeschmack des Adjektives »doktrinär« – wie in der gerade zitierten Stelle gebraucht er es oft als einen Ehrentitel. Obwohl er keinerlei Beweise dafür liefern kann, was in der Natur der Sache liegt, behauptet er doch immer wieder, daß die spätere Geschichte Deutschlands glücklicher verlaufen wäre, wenn nur die SPD das strenge Erfurter Programm des Klassenkampfes, der Sozialisierung und des Internationalismus weiterhin verfolgt und wenn sie den ansteckenden Kontakt mit den »bürgerlichen Parteien« gemieden hätte. Seine These ist an keiner Stelle überzeugend bewiesen, und häufig mißversteht er die Beweggründe der sozialdemokratischen Führer und die aussichtslosen Alternativen, mit denen sie konfrontiert wurden. Die Stärke des Buches liegt in seiner detaillierten Dokumentation und in seiner erschöpfenden Prüfung des umfangreichen gedruckten Quellenmaterials, das für diesen Gegenstand von Bedeutung ist. Die Schwäche der Studie liegt in ihren anfechtbaren Urteilen über Handlungen und Motive und in dem Versagen, die sozio-ökonomischen Grundlagen jener Erscheinungen tiefer zu untersuchen, die nur in ihrer politischen Ausformung beschrieben werden.

Für die amerikanische Wissenschaft ist es bezeichnend, daß alle drei der hier untersuchten Autoren mit dem linken Flügel der SPD sympathisieren und daß alle drei glauben, daß das Versagen der Partei in erster Linie der übertriebenen Gemäßigtheit der Führung zuzuschreiben sei, die durch Bürokratisierung, gewerkschaftliche Praxis und revisionistische Theorie geprägt worden war. Sie alle – obwohl Schorske weniger als Gay und Berlau – erheben zwar der SPD-Spitze gegenüber moralische Vorwürfe, der ungeheuer schwierigen Situation, mit der die deutschen Sozialisten fertig werden mußten, werden sie aber weniger gerecht. Die Wahrnehmungsfähigkeit amerikanischer Historiker, die sich mit tragischen Elementen der deutschen Entwicklung beschäftigen, wird durch den tiefeingewurzelten amerikanischen Glauben eingeschränkt, daß alle Probleme mit Intelligenz und gutem Willen gelöst werden könnten. Sie weigern sich, die These anzuerkennen, daß die Probleme, denen die deutschen Sozialisten gegenüberstanden, in der Tat unlösbar waren. Welche Verhaltensweise die Führer auch immer wählen mochten, so war es dennoch höchst unwahrscheinlich, daß sie ihr Ziel erreichten. Amerikanische Historiker haben die unpersönlichen Kräfte und sachlichen Bedingungen unterschätzt, die die deutschen Sozialisten so handeln ließen, wie sie es taten, und sie haben sich auf die eigentlich vergebliche Suche nach Schuldigen begeben. Aber diese grundlegende Schwäche beeinträchtigt nicht die hervorragende wissenschaftliche Bedeutung der hier untersuchten Bücher. Peter Gay hat eine deutlich klaffende Lücke in der spärlichen Liste der wissenschaftlichen Biographien sozialistischer Führer geschlossen; Joseph Berlau hat in einer sorgfältigen Chronik das Verhalten der SPD in ihrer Krisenzeit beschrieben; und Carl Schorske hat – soweit der Rezensent es beurteilen kann – die beste Analyse der inneren Entwicklung einer Partei in einem Land geschrieben, die jemals geliefert wurde.

DEUTSCHE KRIEGSZIELE IM ERSTEN WELTKRIEG

Fritz Fischer: *Griff nach der Weltmacht. Die Kriegszielpolitik des kaiserlichen Deutschland.* 1914–1918; 896 S., Düsseldorf 1961 (5. Aufl. 1963)

in: World Politics, 15/1962–63, S. 163–185

Griff nach der Weltmacht, das neue Buch von Fritz Fischer, Professor an der Universität Hamburg, ist ein beachtenswerter Beitrag zum Verständnis der deutschen Politik während des Ersten Weltkrieges. Die Fülle der von ihm entdeckten bisher unveröffentlichten und unbekannten Dokumente (wie auch seine verblüffenden Interpretationen) lassen einen großen Teil der Literatur zu diesem Thema – wie das Standardwerk von Otto Volkmann: *Die Annexionsfrage des Weltkrieges* (Berlin 1929) – überholt werden. Fischer ist der erste Historiker dieser Periode, der seine Ergebnisse auf eine sorgfältige Prüfung der offiziellen deutschen Dokumente stützen kann, die der Forschung erst 1955 zugänglich wurden. Sein Werk bestätigt eindeutig die Binsenwahrheit, daß eine gültig klärende diplomatische Geschichtsschreibung erst dann geleistet werden kann, wenn sich die Archive geöffnet haben. Eine kurze Erwähnung der Quellenbestände, die für das vorliegende Buch bearbeitet wurden, soll einen Eindruck von dessen umfassender Spannweite vermitteln. Fischer hat Bestände des alten Reichsarchivs durchgearbeitet, die sich heute in Potsdam befinden; dabei erwiesen sich die Akten der Reichskanzlei, des Reichsministeriums des Inneren und der Handelsabteilung des Auswärtigen Amtes als besonders wichtig. Er hat die Bestände des alten Preußischen Geheimen Staatsarchivs, heute in Merseburg, ausgewertet, die die Akten der Preußischen Regierung enthalten, deren großer Einfluß auf die Formulierung der Kriegsziele zum ersten Mal enthüllt wird. Das Politische Archiv des Auswärtigen Amtes wurde benutzt, in dem die meisten Akten des alten deutschen Außenministeriums aufbewahrt werden (sie wurden kürzlich von Großbritannien zurückgegeben, wohin sie 1946 gebracht worden waren). Außerdem wurden das Österreichische Staatsarchiv in Wien wegen seiner Akten des Österreichischen Außenministeriums wie auch einige wichtige Sammlungen des Bundesarchivs in Koblenz und die Staatsarchive in München und Stuttgart benutzt. Fischers quellenmäßige Grundlage ist so breit und sicher, daß eine verblüffende Erweiterung der Kenntnis der relevanten Fakten in der Zukunft unwahrscheinlich ist. Endlich haben die Archive ihre Schätze freigegeben. Die Aufgabe zukünftiger Historiker wird nicht darin bestehen, neue Entdeckungen zu machen, sondern einen gesicherten Bestand von Fakten neu zu interpretieren.

Fischer selbst liefert eine Menge neuer und höchst kontroverser Interpretationen, die noch später erörtert werden müssen. Zunächst soll jedoch etwas über den allgemeinen Charakter der Studie und über die Bedeutung des nun entdeckten Materials gesagt werden. Schon allein die Länge des Buches (856 Textseiten) wird manchem Leser Mühe machen, aber sie ist durch die Bedeutsamkeit des Themas und durch die Tragweite der neuen Informationen vollkommmen gerechtfertigt. Fischers klarer Stil und seine außergewöhnliche Fähigkeit, trockene und heterogene Materialien zu lesbaren Einheiten zu ordnen, verdienen höchstes Lob. Er bringt chronologische und thematische Kapitel zum Gleichgewicht, und obwohl er eine große Menge Details ausbreitet, behält er doch die souveräne Übersicht über das Ganze. Die Attraktivität des Bandes wird durch 24 Photographien (eine authentische Galerie von Porträts der deutschen Führung) und vier Karten erhöht. Man muß dem Verlag gratulieren, daß er ein Buch mit solch »altmodischen« Vorzügen zu einem erschwinglichen Preis herausgebracht hat, und man wünscht sich nur, daß amerikanische Verleger häufig diesem Beispiel folgen mögen.

Beiläufig muß erwähnt werden, daß das Buch unter einigen offensichtlichen Mängeln leidet. Es gibt Anzeichen hastiger Komposition und mehr als die normale Quote von kleineren Irrtümern. Fischers Quellengrundlage ist umfassend, aber es erheben sich doch einige grundsätzliche Fragen über den Wert verschiedener Quellenarten für die diplomatische Geschichtsschreibung. Er verläßt sich zu ausschließlich auf offizielle Dokumente und vergißt dabei, daß andere Quellen – zum Beispiel Memoiren – auch wichtig und sogar häufig auch wesentlich für die Erklärung der Entstehungsgeschichte und die Interpretation der Bedeutung der in den offiziellen Archiven gefundenen Materialien sind. Einige Kollegen aus der Wissenschaft werden verärgert sein, da Fischers einseitige Konzentration auf die Primärquellen ihn manchmal dazu verleitet hat, wichtige Sekundärliteratur zu vernachlässigen. Er gibt keinen aktuellen Kommentar zu den vielen neueren Studien, die sich mit der Zeit des Ersten Weltkrieges beschäftigen – eine bedauerliche Auslassung, da heute eine ungewöhnliche Fülle fruchtbarer historischer Arbeit auf diesem Spezialgebiet geleistet wird. Fischer kennt selbstverständlich die beiden großen amerikanischen Arbeiten von Ernest May (*The World War and*

American Isolation. 1914–1917, Cambridge/Mass. 1959) und von Arnold Mayer (*Political Origins of the New Diplomacy. 1917–1918*, New Haven 1959), die beide bahnbrechend in ihrer vergleichenden Untersuchung der Probleme verschiedener Nationen gewirkt haben. Fischers eigene Studie bleibt jedoch in dem traditionellen Rahmen einer isolierten nationalen Geschichtsschreibung, die sich kaum gleichender Methoden bedient. Diese »Beschränktheit« ist bloß ein Makel an Fischers größter Tugend: dem Durchpflügen eines gewaltigen Haufens deutscher Primärquellen. Die noch andauernde Unzugänglichkeit offizieller britischer und französischer Akten macht eine parallele Auswertung der Dokumente der Alliierten immer noch unmöglich; das braucht jedoch nicht einen ausgedehnteren Gebrauch der vergleichenden Methode auszuschließen, als Fischer anzuwenden sich imstande sah. Nichtsdestoweniger zögert man, das Buch wegen seiner zu engen Perspektive zu kritisieren, da es den besonderen Vorzug besitzt, die deutsche Politik in ihrer umfassenden Konfiguration zu sehen, während die früheren Historiker sich auf bestimmte Aspekte wie »Mitteleuropa«[1] oder Deutschlands »Drang nach Westen«[2] konzentrierten. Fischer behandelt die ganze Kriegszeit in ausgewogenem Verhältnis, während seine Vorgänger (zum Beispiel Volkmann) sich zu sehr auf die Jahre von 1916 bis 1918 konzentrierten. Fischers großer geographischer und chronologischer Rahmen ist wirklich in bewundernswerter Weise geeignet, die weitreichende Bedeutung dieses neuen Materials zur Darstellung zu bringen. Sie be-

1. Henry Cord Meyer: *Mitteleuropa in German Thought and Action. 1815–1945*, Den Haag 1955. Im Lichte der Funde Fischers muß dieses Standardwerk einer Revision unterzogen werden. Fischer zeigt, daß die Vorstellung von »Mitteleuropa« auf der offiziellen Ebene wichtiger war, als Meyer, der keinen Zugang zu den Akten des Auswärtigen Amtes hatte, sich dessen bewußt war. Es ist nun klar, daß Meyer einer von jenen seltenen Autoren gewesen ist, der die Bedeutung seines Themas unterschätzte.

2. Hans Gatzke: *Germany's Drive to the West*, Baltimore 1955. Dieses ausgezeichnete Werk kann sich bemerkenswert gut im Lichte des von Fischer entdeckten neuen Materials behaupten, obwohl es in einigen Punkten ergänzt werden muß. Um nur ein Beispiel zu nennen: Gatzke war erstaunt über den Gegensatz zwischen Bethmanns gemäßigter Haltung gegenüber Belgien im August 1914 und seiner Billigung der annexionistischen Denkschrift von Delbrück und Zimmermann im Dezember 1914 (Kap. I). Das fehlende Verbindungsstück wird durch Bethmanns »September-Programm 1914« geliefert, das Gatzke nicht kennen konnte, da er keinen Zugang zu den Reichskanzlei-Akten in Potsdam hatte.

steht in erster Linie darin, daß die interne Korrespondenz zwischen einzelnen Regierungsstellen ein neues Licht auf die Einstellung solcher Persönlichkeiten wie Reichskanzler Bethmann Hollweg, Außenminister Jagow und Unterstaatssekretär Zimmermann wirft. Der Tenor der meisten dieser Dokumente und besonders jener, die entworfen wurden, als Deutschland sich 1915, 1916 und 1917 auf die jeweiligen Friedensverhandlungen vorbereitete, ist äußerst annexionistisch. Sie liefern Fischer das Beweismaterial für seine Hauptthese (die später noch diskutiert werden muß), daß die offizielle deutsche Politik von 1914 bis 1918 einen durchgängig imperialistischen Charakter hatte. In diesem Zusammenhang ist die Dokumentation von Bethmanns rabiaten annexionistischen Auffassungen im September 1914 (S. 107–114) von größter Wichtigkeit, die Fischer auch zur Grundlage einer völligen Neubewertung von Bethmann Hollweg heranzieht.[1] Das Buch bringt auch neues Material, um zu zeigen, daß

1. Bethmanns wichtige Denkschrift vom 9. September 1914 ist von keinem der früheren Autoren erwähnt worden, auch von E. O. Volkmann nicht, der als beratender Experte des Untersuchungsausschusses des Reichstages in den zwanziger Jahren Zugang zu vielen Akten des Auswärtigen Amtes hatte. Kannte Volkmann dieses Memorandum, und verheimlichte er dessen Vorhandensein aus patriotischen Gründen? Die Frage, die wichtig ist, um ein Urteil sowohl über Volkmann als auch über die Arbeit des Untersuchungsausschusses zu gewinnen, kann nicht schlüssig beantwortet werden. Fischer fand die Denkschrift in den Reichskanzlei-Akten, nicht in den Akten des Auswärtigen Amtes, und es ist unwahrscheinlich, daß Volkmann zu ersteren Zugang hatte. Es kann jedoch nachgewiesen werden, daß das Auswärtige Amt eine »patriotische« Zensur über die Dokumente ausübte, die dem Untersuchungsausschuß des Reichstages zur Verfügung standen. Hingewiesen sei in diesem Zusammenhang auf den wichtigen unveröffentlichten Brief von Konsul Max Müller, dem Verbindungsmann des Auswärtigen Amtes zum Untersuchungsausschuß, an Senator Petersen, den Vorsitzenden des Ausschusses, vom 11. Dezember 1919 und die Forderung Müllers (18. Dezember 1919) nach weiteren Mitarbeitern, da er nicht alleine mit der Arbeitsbelastung fertig werden könne (Akten des Auswärtigen Amtes, Serial 2787: D 540925–927 und D 540922). Der Gebrauch exekutiver Privilegien, um die Arbeit parlamentarischer Ausschüsse zu lähmen, ist natürlich eine Praxis, die man in vielen Ländern beobachten kann und die nicht besonders entehrend weder für das Auswärtige Amt noch für den Reichstagsausschuß ist. Hier zeigt sich jedoch, daß solch eine archivalische Arbeit, wie Fischer sie geleistet hat, sogar über Themen, die ausgiebig vom Untersuchungsausschuß behandelt wurden, unerläßlich ist.

der deutsche Annexionismus das Haupthindernis für den Abschluß mehrerer Verhandlungen mit dem Ziel eines Separatfriedens zwischen Deutschland und einem seiner zahlreichen Gegner war. So scheiterten, um nur zwei Beispiele zu nennen, die offiziellen deutsch-belgischen Verhandlungen, die von Graf Törring und Professor Waxweiler zwischen November 1915 und Februar 1916 in Zürich geführt wurden (jetzt erstmals von Fischer ausführlich auf S. 262–274 beschrieben), an Deutschlands starrer Entschlossenheit, Belgien auch noch nach dem Kriege zu kontrollieren; die halb-offiziellen deutsch-russisch-japanischen Verhandlungen im Mai 1916 in Stockholm waren in ähnlicher Weise durch den deutschen Annexionismus zum Scheitern verurteilt (auch zum erstenmal auf der Grundlage von Entwürfen des Auswärtigen Amtes, S. 278–288). Fischer zeigt, daß die deutsche Regierung nicht willens war, von weitreichenden Forderungen abzulassen, auch wenn sie dadurch den unermeßlichen Vorteil einer Aufsplitterung der gegen die Mittelmächte formierten feindlichen Allianz gewonnen hätte.[1]

Der zweite Typ neuen Materials, der sich in Fischers Buch findet, besteht aus Akten des Auswärtigen Amtes, die die deutschen Anstrengungen belegen, in den Feindstaaten nationale und soziale Revolutionen zu fördern. Die bekannte Tatsache, daß Deutschland Lenin nach Rußland zurückzukehren erlaubte, um im Rücken der russischen Armee Chaos zu schaffen (der »plombierte Zug« vom

1. Hier ist die kritische Anmerkung angebracht, daß Fischer einen irreführenden Eindruck vermittelt, wenn er gelegentlich andeutet, Deutschland hätte jederzeit einen befriedigenden Verhandlungsfrieden bekommen können, *wenn* man *nur* den Annexionen abgeschworen hätte. Er übersieht die Tatsache, daß der Annexionismus der Alliierten *in gleichem Maße* eine Barriere zu einem Verständigungsfrieden bildete. Nebenbei bemerkt differenziert Fischer nicht immer deutlich genug zwischen einem Verhandlungsfrieden auf dem status quo ante (den eine starke deutsche Führung *vielleicht* hätte akzeptieren können) und einem »Wilson-Frieden« – mit dem Verlust des Elsaß und Polens –, den ein nicht besiegtes Deutschland unmöglich in Erwägung ziehen konnte. Das Argument in Kapitel 23, daß Deutschland im Januar 1918 Wilsons Vierzehn Punkte einfach hätte akzeptieren sollen, ist »unhistorisch«. Fischer hat natürlich recht, wenn er auf seiner Meinung beharrt (siehe besonders Kapitel 9), daß Deutschland zu jeder Zeit einen Frieden ohne Annexionen hätte anbieten sollen, wenn auch nur um einen Propaganda-Sieg zu erringen und die alliierten Kriegsanstrengungen zu verwirren – aber die Aussichten, daß die Alliierten solch einen Frieden akzeptiert hätten, müssen als schlecht beurteilt werden.

April 1917), wird als ein Mosaikstein innerhalb einer allgemeinen politischen Strategie behandelt, die von Deutschland zu Kriegsbeginn in Bewegung gesetzt wurde. Die deutsche Regierung förderte alle separatistischen Bewegungen innerhalb der unterdrückten Rand-Nationalitäten Rußlands: Finnen, Esten, Letten, Litauer, Polen, Juden, Ukrainer und Georgier. Deutschland startete ähnliche Bewegungen gegen die britischen und französischen Kolonialreiche in Persien, Indien, Ägypten und Französisch-Nordafrika. Es wertete nationale und soziale Revolution als Zwillingsgespann für die Zerstörung der bewaffneten Macht seiner Feinde. Fischer zeigt, daß die deutsche Regierung – im eigenen Lande eine konservative Autokratie – in ihren Kriegsmethoden weder ideologische noch moralische Skrupel kannte. Sie spielte um den höchsten Einsatz – nach Fischers Meinung auch völlig logisch, da er überzeugt ist, daß Deutschland die Hegemonie in Europa als Basis für die Rolle einer Weltmacht anstrebte.[1]

Fischers neue Enthüllungen machen seine Studie zu einem wichtigen Buch; zu einem großen Buch wird es jedoch dadurch, wie er sein neues Material benutzt, um in wissenschaftlicher Art und Weise seine Hauptthese zu entwickeln, die ursprünglich von den Publizisten der Koalition gegen Deutschland vorgebracht worden war. Kurz gefaßt lautet diese These: Die spezifischen annexionistischen Operationsziele Deutschlands passen alle in das Muster des einen Hauptziels, die Hegemonie in Europa zu erlangen, die wiederum als Ausgangsbasis für einen weltweiten wirtschaftlichen Wettbewerb und politischen Machtkampf mit solchen Giganten wie dem Britischen Empire, den Vereinigten Staaten und Rußland gesucht wurde. Diese Politik verlangte einen entscheidenden militärischen Sieg über sämtliche Feinde Deutschlands, dem Strafmaßnahmen folgen sollten. Die dabei in Erwägung gezogenen Bedingungen waren: (1) im Westen – dauernde Kontrolle Belgiens und die offene Annexion der Eisenerzgebiete von Briey und Longwy; (2) im Osten – dauernde Kontrolle (durch politische, militärische und wirtschaftliche Bande) des gesamten Gebietes

1. Deutschlands Unterstützung der revolutionären Bewegungen wird Gegenstand eines wichtigen neuen Buches von Egmont Zechlin (*Friedensbestrebungen und Revolutionierungsversuche*) sein, von dem einige Kapitel bereits in der Wochenzeitung »Das Parlament« erschienen sind (Beilage 20, 24, 25/1961; 20, 22/1963). Besonders eindrucksvoll gelingt Zechlin der Vergleich zwischen den deutschen Anstrengungen der Jahre 1914 bis 1918 und dem wichtigen, aber wenig bekannten »Liebäugeln« Bismarcks mit ungarischen, serbischen und tschechischen revolutionären Zirkeln im Jahre 1866.

zwischen Deutschland und Rußland, das auf die Grenzen der Zeit von Peter dem Großen reduziert werden sollte, nach dem Muster indirekter deutscher Beherrschung von Finnland bis zum Kaukasus, die durch einige direkte Annexionen in Polen und den Baltischen Staaten ergänzt werden sollte; (3) in Mitteleuropa – die Schaffung einer zentraleuropäischen Zollunion, die eindeutig von Deutschland beherrscht wurde und die nicht nur die Partner in der Viererallianz sondern auch neutrale Staaten (wie Holland und die skandinavischen Länder) und sogar unterlegene Feinde wie Frankreich umfassen sollte. Dieses europäische Programm wurde (4) durch die Forderung nach einem ausgedehnten und gesicherten deutschen Weltreich in Zentralafrika ergänzt, das sich aus den wiederhergestellten deutschen Kolonien, dem belgischen Kongo, dem größten Teil der portugiesischen Kolonien Angola und Mozambique und ausgewählten Teilen von Französisch- und Britisch-Westafrika zusammensetzen sollte. Deutschlands Stellung in Übersee sollte darüber hinaus (5) durch die Aneignung einer großen Anzahl von Flottenstützpunkten wie Gibraltar, den Azoren, Dakar, Valona und Timor gestärkt werden.

Fischer belegt das Vorhandensein solch grandioser Pläne für jeden Abschnitt des Krieges, von Bethmanns extremem Annexionismus im September 1914, als Deutschland an der Schwelle zu einem entscheidenden Sieg zu stehen schien, bis zu dem Kronrat in Spa am 13. August 1918, als sowohl die militärischen wie die zivilen Führer Deutschlands sich immer noch weigerten, die drohende und unabwendbare Niederlage wahrzunehmen. Er weist die enge Verbindung nach, die zwischen der bereits erwähnten Politik der Revolutionierung des russischen, britischen und französischen Reiches als einem *Mittel* des Krieges einerseits und andererseits der Vorstellung, nach dem Kriege viele der betroffenen Gebiete zu beherrschen, als einem *Ziel* des Krieges bestand. Er geht über viele seiner Vorgänger hinaus, wenn er in einer feinmaschigen Untersuchung zeigt, welche Vielgestaltigkeit der deutsche Annexionismus annahm, bei der eine unmittelbare territoriale Einverleibung nur für gewisse Grenzgebiete Frankreichs, Belgiens, Polens und der Baltischen Staaten wichtig war. Von weitaus größerer Bedeutung waren die sehr detailliert ausgearbeiteten Pläne zur wirtschaftlichen Beherrschung ausgedehnter Gebiete (zum Beispiel der Ukraine) durch einseitig aufgezwungene Handelsabkommen, die dem deutschen Kapital eine privilegierte Stellung sichern, die direkte Kontrolle des Eisenbahnsystems garantieren und die Zusammenlegung von Zoll-, Währungs- und Bankensystem und Ähnliches gewährleisten sollten. Mit beeindruckender Genauigkeit zeigt Fischer die enge Zusammenarbeit (und gelegentlichen

Reibungen), die zwischen den Beamten des Reiches und führenden Industriekonzernen bei der Planung der wirtschaftlichen Beherrschung eines großen Teils des Globus durch Deutschland nach dem Kriege bestand. Die wirtschaftliche Vormachtstellung sollte in jeder Hinsicht durch politische und militärische Arrangements verstärkt werden, die einem breiten Gürtel deutscher Satellitenstaaten auferlegt würden.[1]

Historiker wußten schon lange, daß *einige* einflußreiche Leute in Deutschland, wie der Kaiser, die Oberste Heeresleitung, der Admiralsstab, die Alldeutschen Politiker der Rechten und viele Industrielle ein Programm solch phantastischen Charakters unterstützten. Das wesentlich Neue in Fischers Buch ist seine These, daß das zivile Programm der deutschen Regierung dem vollkommen entsprach, daß es von September 1914 bis September 1918 unter drei Reichskanzlern (Bethmann, Michaelis und Hertling) und unter drei Oberbefehlshabern (Moltke, Falkenhayn und Ludendorff) seine volle Gültigkeit behielt und daß es nahezu einstimmig von allen, die zählten, akzeptiert wurde. Die Historiker haben bisher geglaubt, daß zumindest Bethmann Hollweg, der melancholische »Philosoph von Hohen-

---

1. Fischers Darstellung der deutschen Kriegsziele überbetont deren »agressiven« Charakter und verkleinert das »defensive« Element, das in ihnen auch eine Rolle spielte. Zum Beispiel wurde der Gedanke einer mitteleuropäischen Zollunion teilweise durch die Erfahrung der englischen Blockade während des Krieges und durch die echte Furcht vor wirtschaftlicher Diskriminierung Deutschlands durch die Alliierten nach dem Kriege gefördert. Die Betonung militärischer Sicherheiten, Garantien und so weiter, ist bei Menschen ganz natürlich, die von der Vision gejagt wurden, daß, noch ehe der erste beendet sei, schon ein zweiter Weltkrieg unvermeidbar wäre. Darüber hinaus lag auch etwas Wahres in der Behauptung, daß Deutschland nur die Wahl hätte, entweder eine wirkliche Weltmacht zu werden oder bald auf die Rolle eines Kleinstaates in Mitteleuropa mit geringem Einfluß auf den zukünftigen Lauf des Weltgeschehens herabgedrückt zu werden. Fischer schenkt diesen wesentlich tragischen Elementen in der Situation Deutschlands zu wenig Aufmerksamkeit. Der deutsche Größenwahn wurde ohne Zweifel durch ein echtes Gefühl der Unsicherheit gefördert. Weiter muß man fragen, ob angesichts seiner beachtlichen Stärke es absolut illegitim für Deutschland war zu versuchen, eine Weltmacht zu werden. Auch wenn man zugibt, daß dieses Ziel jenseits ihrer Möglichkeiten lag, ist es dann vernünftig zu erwarten, daß die Deutschen von 1914 diese Tatsache wahrnehmen und alle ihre Konsequenzen anerkannten? Diese Fragen zu stellen, ist einfacher, als sie zu beantworten.

finow«, in seinem Innern ein Gemäßigter gewesen sei, der auf einen Verständigungsfrieden ausgewesen und nur widerwillig vom Geschrei der öffentlichen Meinung und von der Obersten Heeresleitung in den Annexionismus getrieben worden sei. Fischer versucht zu zeigen, daß diese Interpretation, die sich größtenteils auf Bethmanns eigene apologetischen »Betrachtungen zum Weltkriege« (1921) und die bekannte Tatsache, daß er von extremen Annexionisten als »Flaumacher« gehaßt wurde, stützt, völlig unhaltbar geworden ist. Bethmann akzeptierte im wesentlichen das bereits beschriebene Programm der Weltherrschaft in seiner von Fischer entdeckten Denkschrift vom 9. September 1914 – das heißt: zu einem Zeitpunkt, in dem der Kanzler weder von der öffentlichen Meinung noch von der Obersten Heeresleitung hätte nachhaltig beeinflußt sein können. Fischer argumentiert, daß diese Denkschrift Bethmanns »wahre Absichten« für die gesamte Zeit des Krieges enthülle. Tatsächlich liefert das Buch eine beeindruckende Fülle von Beweismaterial, um die Kontinuität der Kriegsziele Bethmanns zu zeigen: zahlreiche regierungsinterne Memoranden, Unterhaltungen mit Politikern der Rechten und Weisungen an die deutschen Vertreter in den Verhandlungen über Separatfriedensverträge (zum Beispiel mit Rußland oder Belgien). Verglichen mit seinem September-Programm blieben die öffentlichen Äußerungen des Kanzlers sehr gemäßigt, aber Fischer glaubt, daß taktische Erwägungen für diese Mäßigung verantwortlich waren. Bethmann wünschte selbstverständlich nicht, die Gegner Deutschlands zu alarmieren und neutrale Staaten oder die sozialistischen Befürworter eines reinen Verteidigungskrieges im eigenen Lande schwankend zu machen. Beiläufig zeigt Fischer jedoch auf, daß sogar Bethmanns öffentliche Äußerungen häufig nicht so gemäßigt waren, wie sie auf den ersten Blick erscheinen mögen. Um nur ein Beispiel zu nennen: Fischer interpretiert die vagen Formulierungen der bekannten Reichstagsrede vom 5. April 1916, in der erklärt wurde, daß Belgien niemals wieder ein »Einfallstor« nach Deutschland werden dürfe und daß Deutschland »Sicherheiten« gegen einen zukünftigen Angriff und »Garantien« für seine zukünftige Entwicklung erhalten müsse, im Lichte regierungsinterner Denkschriften, die zu genau derselben Zeit die vollständige Beherrschung Belgiens, eine sichere Eisenerzversorgung für den nächsten Weltkrieg (!) und die Schaffung einer von Deutschland beherrschten Europäischen Zollunion als eine Garantie gegen wirtschaftliche Diskriminierung nach dem Kriege verlangten. Bethmann zeigte seine wahren annexionistischen Absichten sogar dann noch, als es im offensichtlichen Interesse Deutschlands gelegen hätte, sie zu verbergen – zum Beispiel in seiner Antwort auf Wilsons vertrauliche Anfrage nach den Friedensbedingungen Deutschlands (30. Januar 1917): Die Formulierungen in Bethmanns Note beschreiben einfach nur die spezifischen annexionistischen Ambitionen, die von Deutschland noch zu dieser Zeit gehegt wurden.

Fischer behauptet, daß es kaum einen wesentlichen Unterschied zwischen den Kriegszielen der deutschen zivilen Regierung und der Obersten Heeresleitung gegeben habe und daß der Versuch, nach 1919 die Militärs zum Sündenbock für alle die Narrheiten Deutschlands zu stempeln, völlig ungerecht gewesen sei. Fischer zeigt sogar, daß während des Oberkommandos Falkenhayns (September 1914 bis August 1916) die Zivilisten manchmal in ihren Kriegszielen extremer waren als die Generäle. Ein berüchtigtes engeres Kriegsziel, die Annexion eines polnischen Grenzstreifens, aus dem die dort lebende polnische und jüdische Bevölkerung vertrieben werden sollte, wurde am 13. Juli 1915 auf einer Konferenz von Beamten auf Initiative der folgenden zivilen Persönlichkeiten beraten: Arnold Wahnschaffe, Unterstaatssekretär in der Reichskanzlei; Friedrich von Schwerin, Regierungspräsident in Frankfurt/Oder; und Freiherr von Rechenberg, ehemaliger Generalkonsul in Warschau. Es gibt keinen Bericht darüber, ob Bethmann dieses entsetzliche Projekt unterstützte, obwohl sicher ist, daß es einige seiner engsten Mitarbeiter taten.[1]

Fischer liegt nichts daran, Bethmann Hollweg besonders zu verurteilen; seine Absicht besteht vielmehr darin zu zeigen, daß *alle* einflußreichen Persönlichkeiten in Deutschland, was notwendigerweise den Kanzler einschließt, ein Programm befürworteten, das auf einen Weltmachtstatus zielte. Selbst wenn Bethmann jener innerlich Gemäßigte, als den ihn die herkömmliche Geschichtsschreibung dargestellt hat, gewesen wäre, hätte das nicht den politischen Kurs Deutschlands angesichts der allgemeinen Konstellation der politischen Kräfte berührt. Fischer betont, daß die anti-annexionistischen Kräfte in Deutschland kläglich schwach waren. Nur die Unabhängigen Sozialisten waren unerbittliche Gegner von Annexionen; Fischer betont (vielleicht zu stark), daß die Mehrheitssozialisten nur zu eifrig zur Zusammenarbeit mit der Regierung bereit waren, und er argumentiert, daß ihre Parole vom Selbstbestimmungsrecht sich eng mit dem Annexionismus der Regierung in der Maskerade »nationaler Autonomie« verzahnen ließ.[2] Fischer bemerkt, daß die »gemäßigten

1. Siehe zu dieser Frage die wichtige Studie von Immanuel Geiss: *Der polnische Grenzstreifen. 1914–1918,* Hamburg 1960, ursprünglich eine unter Fischers Leitung entstandene Dissertation.
2. Es soll angemerkt werden, daß Fischers ungünstiges Bild vom An-

Annexionisten« um Hans Delbrück sich von ihren extremistischen Gegnern mehr in der Taktik als in der Zielsetzung unterschieden und daß die berühmte Friedensresolution von 1917 weit davon entfernt war, entschieden anti-annexionistisch sowohl in der Formulierung als auch in der Absicht ihrer Befürworter zu sein. Viele von diesen – Erzberger eingeschlossen – unterstützten Deutschlands wilde Abenteuer im Osten nach dem Frieden von Brest-Litowsk, und Fischer argumentiert, daß ihre Hoffnung, das deutsche Vorrücken würde zu einer echten Selbstbestimmung führen, im besten Falle eine fromme Selbsttäuschung bildete. Ich glaube, daß Fischers Beweisführung eine wesentliche Revision des herkömmlichen Bildes von Bethmann Hollweg verlangt. Er hat das für frühere Historiker so rätselhafte Problem gelöst, weshalb der »gemäßigte« Bethmann so häufige und anscheinend unverantwortliche Konzessionen gegenüber den »Extremisten« machte, indem er einfach zeigt, wie Bethmann selbst etwas von einem Extremisten an sich hatte. Bethmanns wiederholte »Abweichungen« von kühler Gemäßigtheit werden nicht länger als Abirrungen sondern als Ausdruck seiner wahren Absichten gesehen. Es läßt sich viel für Fischers Perspektive sagen, obwohl er dem chronischen Laster aller Revisionisten verfällt, seine Neu-Interpretation zu weit vorzutreiben. Anstatt nur zu zeigen, daß Bethmann dem Annexionismus weitaus wohlwollender gegenüberstand, als man bisher dachte, zeichnet er ihn als einen überlegten und rechnenden Staatsmann, der mit systematischer Beharrlichkeit das genau definierte Programm der Hegemonie in Europa und des Aufstiegs zur Weltmacht verfolgt habe. Bethmann habe sich nur gelegentlich, und dann auch nur aus taktischen Gründen, einem extremen Annexionismus widersetzt. Er habe mehrere aussichtsreiche Friedensmöglichkeiten verpfuscht, da er im Netz seiner eigenen annexionistischen Gefühle und seiner früheren Äußerungen gefangen geblieben sei. Er unterscheide sich – und das bildet den Kern in Fischers Argumentation – von Ludendorff und den Alldeutschen nicht im Ziel, sondern »nur im

nexionisten Bethmann als Entsprechung ein vorteilhaftes Urteil über die Unabhängigen Sozialisten verlangt, die behaupteten, daß die Mehrheitssozialisten sich selbst täuschten – um nicht stärkere Ausdrücke zu gebrauchen –, wenn sie angaben, sie müßten den gemäßigten Bethmann gegen die Annexionisten unterstützen. Wenn Fischer recht hat, dann hatten auch die Unabhängigen recht, und die Mehrheitssozialisten waren entweder dumm (weil sie verkannten, daß Bethmann viel mehr als nur einen Verteidigungskrieg kämpfte) oder bösartig (weil sie bewußt und im Gegensatz zu ihren eigenen Prinzipien einen annexionistischen Kanzler unterstützten).

Ausmaß, in Formen und Methoden« seiner annexionistischen Forderungen.[1]

Mehrere Einwände müssen zu Fischers neuer Sicht von Bethmann Hollweg erhoben werden. Es scheint mir, daß er ein großes Zugeständnis macht, wenn er zugibt, daß Bethmann sich von Ludendorff in »Ausmaß, Formen und Methoden« seines Annexionismus unterschied. Politische Kontroversen drehen sich viel häufiger um Fragen des Ausmaßes, der Form und der Methode als um grundlegende Zielsetzungen. Bethmann wollte (zumindest für die meiste Zeit) *nicht so große Gebiete* annektieren wie Ludendorff; er erwog indirekte *Formen* der Annexion, wo Ludendorff sich auf die nackte Gewalt verlassen wollte; und seine flexiblen *Methoden* ließen ihn (öffentlich wie privat) vom extremistischen Annexionismus in einer Art und Weise abrücken, die Ludendorff erboste. Um genau zu sein: bei mehreren Gelegenheiten distanzierte sich Bethmann von den extremen Kriegszielen der Obersten Heeresleitung – zum Beispiel in seiner Aktennotiz vom 1. Mai 1917, die festhielt, daß er sich an das extremistische Kreuznacher Programm nicht gebunden fühle (das Ludendorff am 23. April 1917 diktiert hatte). Tatsächlich hatte Bethmann nur einige Tage zuvor die von Erzberger in Unterredungen mit einem informellen russischen Emissär ausgehandelten weitaus gemäßigteren Bedingungen zustimmend aufgenommen (siehe Kapitel 12). Bethmann erkannte, besonders nach dem Ausbruch der russischen Revolution, daß dauerhafte Annexionen in der *Form* nationaler Selbstbestimmung verbrämt werden müßten, und er war eher als Ludendorff zur Zusammenarbeit Deutschlands mit den neu emanzipierten Völkern des Ostens bereit (ein Kontrast in der *Methode,* den Ludendorff und Kühlmann zur Zeit von Brest-Litowsk wiederholen und somit bestätigen sollten). Fischers These erfordert letztlich die Annahme, daß Ludendorff sich täuschte als er von tiefgreifenden Differenzen zwischen sich und dem Kanzler überzeugt war, Differenzen, die zu einer scharfen Feindschaft (die Fischer wiederum von seinem Standpunkt aus rätselhaft findet; zum Beispiel S. 487) und schließlich zu Ludendorffs erfolgreichem Beharren auf der Entlassung Bethmanns im Juli 1917 führten.

1. F. Fischer: *Kontinuität des Irrtums* (in: Historische Zeitschrift, Bd. 191/ 1960, S. 95). Dieser Artikel ist eine Antwort auf einen Aufsatz von Hans Herzfeld: *Zur deutschen Politik im Ersten Weltkrieg* (ibid, S. 67–82), der einen früheren Artikel Fischers kritisierte, in dem er das Hauptthema seines Buches vorweggenommen hatte: *Deutsche Kriegsziele, Revolutionierung und Separatfrieden im Osten* (ibid, Bd. 188/1950, 249–310).

Fischer leugnet die Bedeutung dieser offenkundigen Unterschiede, weil er a priori davon überzeugt ist, daß das extrem annexionistische Programm Bethmanns vom 9. September 1914 nicht bloß eine ad hoc gegebene Antwort auf die ansteckenden ersten deutschen Siege, sondern eine Formulierung der wahren und dauernden Absichten Bethmanns während des ganzen Krieges darstellt. Dem Rezensenten erscheint es zweifelhaft, einer so schwachen und schwankenden Persönlichkeit wie Bethmann gleichbleibende Absichten irgendwelcher Art zuzuschreiben. Fischers These verlangt, alle annexionistischen Äußerungen des Kanzlers für bare Münze zu nehmen, während alle gemäßigten Verlautbarungen als taktischer Notbehelf beiseite geschoben werden müssen. Tatsache ist jedoch, daß Bethmann bewußt versuchte, es jedermann recht zu machen: Die annexionistischen Versicherungen, die er Politikern der Rechten gab (denen Fischer eine zu große Bedeutung beimißt), wurden oft durch gemäßigte Äußerungen ausgeglichen, die er an genau demselben Tage sozialdemokratischen Parteiführern gegenüber machte (die Fischer sich weigert, ernst zu nehmen). Unter dem Druck der Obersten Heeresleitung akzeptierte Bethmann extreme Kriegsziele; unter dem Druck seiner defaitistischen österreichischen Verbündeten setzte er mit derselben Leichtigkeit seine Unterschrift unter gemäßigte Kriegsziele. Die Erklärung für diese Divergenz ist meiner Meinung nach nicht in einem arglistigen Machiavellismus zu suchen, sondern in der Tatsache, daß Bethmann stets weniger ein Meister als vielmehr ein Opfer der Umstände war.

Fischer erkennt das auch in einer merkwürdig anklagenden Passage an, die aber nicht in seine Grundthese passen will: »Es ist eine auffällige Erscheinung, daß die deutsche Führung sich bei allem Festhalten an ihrem grundsätzlichen Ziel mit ihren Planungen von der jeweiligen Beurteilung der eigenen Aussichten im Kriege abhängig machte.« (S. 461) Es ist möglich, Bethmann anzugreifen, *entweder* weil er durchgängig unrealisierbare annexionistische Pläne verfolgte, *oder* weil er ein reiner Taktiker war, der sich veränderten Umständen ad hoc anpaßte – aber es ist unlogisch, ihn gleichzeitig in *beiden* Fällen anzugreifen.

In dem gerade zitierten Satz äußert Fischer sein Erstaunen über die Flexibilität der deutschen Kriegsziele; er wählt dabei einen Zugang, der einen großen Teil der historischen (und politischen) Diskussion zu dieser Frage durcheinandergebracht hat. Es wird nämlich dabei angenommen, daß Bethmann oder Ludendorff oder der Kaiser einen spezifischen Katalog von Kriegszielen unabhängig von Zeit und Umständen besessen haben müßten und daß alle Abweichungen von solch einer Norm nur »taktische Behelfsmaßnahmen« darstellten. Es besteht jedoch kein Grund zu der Annahme, daß Bethmann solche festgelegten Ziele besaß. Was ist, so muß gefragt werden, in einem allseitigen Krieg mit ungewissem Ausgang natürlicher als Flexibilität im Hinblick auf annehmbare Friedensbedingungen? Sicherlich, einige Kriege werden mit einer ganz bestimmten Zielsetzung von der politischen Führung begonnen: wenn zum Beispiel Friedrich der Große sich 1740 anschickte, Schlesien zu erobern, oder wenn Bismarck 1866 Österreich angriff, um es aus dem Deutschen Bund auszuschließen. Als diese festgelegten Ziele einmal erreicht waren, hatten beide Kriege ihre raison d'être verloren, und die siegreichen Staatsmänner wußten genau, welche Friedensbedingungen sie den besiegten Gegnern auferlegen wollten. Der Krieg von 1914 war kein Krieg dieser Art, denn Deutschland – ob nun Aggressor oder nicht – hatte diesen Krieg nicht mit einem spezifischen Kriegsziel als Absicht begonnen. Es gab, nachdem der Krieg ausgebrochen war, ein weit verbreitetes Gefühl der Einkreisung; es herrschte die Überzeugung, daß Deutschland einige Entschädigungen für die Opfer des Krieges erhalten müsse und daß ein Friede auf dem status quo ante ein nationales Unglück darstelle. So herrschte allgemeine Übereinstimmung (zumindest in den maßgebenden Kreisen), daß doch einige Annexionen, Reparationen, Garantien und Sicherheiten notwendig seien. Diese Übereinstimmung reichte vom Führer der Alldeutschen, Claß, bis zu dem verhältnismäßig gemäßigten Professor Hans Delbrück (dem Hauptbefürworter der »gemäßigten Petition«, die gegen die berühmte annexionistische »Intellektuelleneingabe« vom 8. Juli 1915 gerichtet war) und dem schwankenden Reichskanzler Bethmann. Ernsthafte Meinungsverschiedenheiten bestanden jedoch darüber, welche Annexionen, welche Reparationen und so weiter für das von einer Schar von Feinden umgebene Deutschland objektiv erreichbar wären. Man änderte natürlich seine Vorstellungen von dem, was erreichbar sei, mit der jeweils sich ändernden militärischen Lage Deutschlands. Als Bethmann im September 1914, bevor er die Bedeutung der Niederlage an der Marne begriff, seine Denkschrift verfaßte, wollte er einen großen Teil annektieren oder kontrollieren; später wurde er gemäßigter, und im Frühjahr 1917 wurde er weithin beschuldigt (wahrscheinlich zu Unrecht), er sei bereit, sich mit einem Frieden ohne Annexionen und Entschädigungen zufrieden zu geben. Seine Ansichten paßten sich den Umständen an. Sein Versagen, sich noch stärker anzupassen (das heißt bis zu dem Punkt, wo er die Notwendigkeit eines Friedens auf dem status quo ante eingesehen hätte), scheint aus der mangelhaften Wahrnehmung der Umstände, so wie sie wirklich waren, zu resultieren – das heißt, daß Deutschland glücklich sein könnte, wenn es aus dem Kriege mit einer im Vergleich zu 1914 unveränderten Stellung hervorgehen würde.

Da Deutschland zwar über keine *spezifischen* Kriegsziele verfügte, da es aber an die allgemeine Notwendigkeit seiner territorialen Vergrößerung glaubte, wurde die Parole »Nehmen wir, was wir bekommen können!« zum Leitprinzip. Meinungsverschiedenheiten über die Kriegsziele stützten sich in erster Linie auf die unterschiedliche Beurteilung dessen, was in Wirklichkeit erreicht werden könnte, welche Prioritäten zwischen verschiedenen möglichen Zielen gesetzt werden sollten, falls eine Wahl getroffen werden müßte, und wieviel Flexibilität wünschenswert wäre, wenn immer sich die Chance bieten würde, einen separaten Friedensvertrag mit einem der Gegner Deutschlands auszuhandeln (beispielsweise mit Rußland in den Jahren 1915, 1916 oder 1917). Die bemerkenswerte Tatsache bleibt aber, daß es außerhalb der Reihen der Sozialisten kaum beachtenswerte moralische Bedenken gegenüber dem Annexionismus an sich gab. Es ist einfach, in dieser Hinsicht ein hartes Urteil über das kaiserliche Deutschland zu fällen, aber in Wirklichkeit waren in dieser Frage die Deutschen nicht so verschieden von den Franzosen, Russen oder Italienern oder bedeutenden Gruppen in England und den Vereinigten Staaten in den Jahren von 1914 bis 1918. (Natürlich *bekannten* die liberalen *Regierungen* in den beiden zuletzt genannten Ländern und die Teile der Wählerschaft, die sie unterstützten, zumindest offen ihre Feindschaft gegenüber gewaltsamen Annexionen, obwohl ihr Verhalten häufig hinter ihren Bekenntnissen zurückblieb.) Die Staatsmänner, die den Ersten Weltkrieg führten, waren alle, bis auf die gerade erwähnten Ausnahmen, Produkte des imperialistischen Zeitalters, das die gewaltsame Aneignung von Territorien als durchaus anständig gelten ließ und das den Anti-Annexionismus als einen Spleen Gladstones oder als eine sozialistische Marotte verspottete. Es wäre unhistorisch, sie nach den moralischen Maßstäben unseres antiimperialistischen Zeitalters zu beurteilen.

Man sollte deshalb nicht darüber erstaunt sein, daß die herrschende Schicht in Deutschland ihren annexionistischen Appetit nicht mit moralischen Überlegungen zügelte. Was jedoch bemerkenswert bleibt, ist der Umstand, daß es so wenig intelligente Opposition gegen den Annexionismus aus Gründen wohlverstandener Staatsräson gab. Die Herrscher Deutschlands hätten doch sicherlich erkennen müssen, daß Europa und die Welt niemals solch ein phantastisches Programm akzeptieren würden. Das weit verbreitete deutsche Gefühl der Einkreisung war angesichts der Stellung Deutschlands im Jahre 1914 kaum objektiv gerechtfertigt. Das Staatsgebiet erstreckte sich weit über jene Grenzen hinaus, die von dem zunehmend modisch werdenden Prinzip der Nationalität bestätigt wurden, und der Mißbrauch der Regierungsgewalt gegenüber den elsässischen, dänischen und polnischen Minderheiten wurde seit langem in der gesamten zivilisierten Welt als ein Skandal betrachtet. Deutschlands militärische und wirtschaftliche Macht – besonders da sie von einer engstirnig chauvinistischen Herrschaftsklasse mit ausgeprägter Tendenz zum Größenwahn ausgeübt wurde – verursachte berechtigte Besorgnis in ganz Europa. Es war ein unerträglicher Gedanke, daß solch ein Volk – mit solch einer herrschenden Kaste – eine hegemoniale Stellung über den ganzen Kontinent gewinnen, geschweige denn weitere Ambitionen auf eine Rolle als Weltmacht hegen sollte. Zwar überrascht es nicht – aber dennoch ist es bedauerlich –, daß Deutschlands Machthaber, der Kanzler Bethmann eingeschlossen, die Welt – und sich selbst – nicht in diesem Lichte sahen. Das Wesen krankhaften Größenwahns besteht eigentlich genau in diesem Versagen, nicht die Hindernisse zu sehen, die auf dem Weg zur Verwirklichung der eigenen Ambitionen liegen. Wen die Götter verderben wollen, den schlagen sie zuerst mit Blindheit.

Europa hätte niemals die deutsche Hegemonie, wie sie von Deutschlands Annexionisten propagiert wurde, geduldet; diese einfache Tatsache reicht aus, jede Spielart eines deutschen Annexionismus, sei er nun extremistisch, gemäßigt oder schwankend, zu verurteilen. Deshalb ist es auch notwendig, zwischen dem Annexionismus Deutschlands und dem der Entente im Ersten Weltkrieg eine Unterscheidung zu treffen. In rein moralischen Begriffen gibt es kaum eine Wahl zwischen Deutschlands Wunsch, Belgien zu beherrschen, Frankreichs Absicht, das Rheinland zu kontrollieren, und Rußlands Ehrgeiz, seine westliche Grenze bis an die Oder vorzuverlegen. Das alles waren Verletzungen des Prinzips der Nationalität. Die deutschen Ambitionen gefährdeten jedoch das Gleichgewicht in Europa, da sie die Vorherrschaft einer einzigen Macht einzurichten versuchten, was in den Absichten der Alliierten jedoch nicht geschah. Auch sollte vermerkt werden, daß die gemäßigteren alliierten Kriegsziele (zum Beispiel Frankreichs Streben nach Elsaß-Lothringen, Italiens Ansprüche auf Triest und die Serbiens auf Bosnien) sich im wesentlichen in Einklang mit den Wünschen der betroffenen Bevölkerung befanden, während *alle* deutschen territorialen Ansprüche eine Verletzung des Rechts auf Selbstbestimmung darstellten. Das soll heißen, daß die deutschen Grenzen von 1914 bereits durch die Ergebnisse der polnischen Teilungen im 18. Jahrhundert, die Verletzung des Prager

Vertrages (1866) im Hinblick auf Schleswig-Holstein und der Annexion von Elsaß-Lothringen im Jahre 1871 übermäßig aufgebläht waren.[1]

Für Europa war es unmöglich, irgendwelche deutsche Annexionen hinzunehmen, aber Europa wäre vielleicht bereit gewesen, sich mit dem status quo von 1914 einverstanden zu erklären, wenn das freiwillig von einem unbesiegten Deutschland angeboten worden wäre. Solch eine Regelung (die von wenigen klugen Deutschen als »Friede von Hubertusburg« bezeichnet wurde, in Analogie zu jenem Vertrag, der auf der Basis des status quo ante 1763 den Siebenjährigen Krieg beendete) hätte de facto einen deutschen Sieg bedeutet, denn ein Deutschland, das der Koalition von drei Großmächten widerstanden hätte, hätte sein Prestige ungeheuer erhöht und hätte in Wirklichkeit eine hegemoniale Stellung auf dem Kontinent besessen. Für den Mangel an echtem staatsmännischen Potential in Deutschland ist es bezeichnend, daß damals sehr wenige diese elementare Tatsache begriffen. Ein Friede auf der Grundlage des status quo ante

1. Viele deutsche Rezensenten haben die Tatsache beklagt, daß Fischer sich »einseitig« auf die deutschen annexionistischen Kriegsziele konzentriert und so ein falsches »Gesamtbild« gezeichnet habe, da er den Kriegszielen der Alliierten nicht dieselbe Bedeutung zumesse. Dieser Vorwurf wäre gerechtfertigt, wenn Fischer beabsichtigt hätte, eine *Gesamtdarstellung* der Kriegsziele im Ersten Weltkrieg zu schreiben, oder wenn er den deutschen Annexionismus wegen dessen Anspruch auf moralische Eigenwertigkeit verurteilt hätte. Er hatte jedoch die Absicht, das Streben Deutschlands nach der europäischen Hegemonie zu untersuchen, und für dieses Problem sind die Kriegsziele der Alliierten völlig irrelevant. Fischer hat außerdem in seiner Behauptung recht, daß Deutschland – und Deutschland alleine – durch seinen Annexionismus das europäische Gleichgewicht bedrohte, wodurch der deutsche Annexionismus sich *qualitativ* von dem der anderen Mächte unterschied. Auch sollte vermerkt werden, daß Fischer sich die wissenschaftliche Aufgabe gestellt hat, die deutschen Archive zu erkunden; andere werden ohne Zweifel dieselbe Aufgabe für die Archive der alliierten Mächte erfüllen, wenn diese den Historikern geöffnet werden. Selbstverständlich legt Fischer nur ausführlich dar, was er bei *seinen* eigenen Forschungen herausgefunden hat, ohne dabei vorwegzunehmen, was andere Forscher zukünftig in Paris und London entdecken werden. Darüber hinaus kann er mit Recht annehmen, daß die alliierten Kriegsziele dem Leser gut bekannt sind. Sie wurden ja schon 1917 von den Bolschewiki in den »Geheimverträgen« veröffentlicht und haben zu einem großen Teil 1919 ihren Niederschlag im Vertrag von Versailles gefunden.

war in Wirklichkeit so überaus günstig für Deutschland, daß ihn die alliierten Mächte nur mit größtem Widerwillen hätten akzeptieren können. Das wäre um so mehr ein Grund für Deutschland gewesen, diesen Frieden anzubieten: Deutschland hätte leicht die Attitüde moralischer Überlegenheit gegenüber jenen unverbesserlichen alliierten Mächten einnehmen können, die ohne nötigen Grund wegen rein annexionistischer Ziele den Weltenbrand nur noch weiter schürten. Was konnte Deutschland bei solch einem Angebot verlieren? Im besten Falle hätte es einen Frieden erhalten, der ihm de facto die Hegemonie zusicherte; im schlimmsten Falle eine Verbesserung seiner moralischen Position und ein nachfolgendes Anwachsen der Kriegsmüdigkeit in allen alliierten Nationen. Diese aussichtsreichen Möglichkeiten wurden im kollektiven Größenwahn der Machthaber Deutschlands ungenutzt gelassen, wobei besonders auch der Reichskanzler Bethmann Hollweg eingeschlossen ist. Obwohl er zwar nicht der starre Annexionist gewesen ist, als den ihn Fischer porträtiert, so versagte er doch völlig vor der Aufgabe, seine Landsleute zu den Realitäten des internationalen Lebens zu erziehen – und die geboten Mäßigung.

Fischer hat nachgewiesen, daß das Versagen Bethmanns darin lag, dem Annexionismus keinen angemessenen Widerstand entgegengesetzt zu haben, weil er selbst – zumindest in einem gewissen Ausmaß und zu bestimmten Zeiten – die grundsätzliche Auffassung jener Gruppen teilte, denen er aus staatsmännischer Pflicht hätte entgegentreten müssen. Man kann eine erhellende Parallele zwischen seiner Stellung gegenüber den Annexionisten und der Position ziehen, die Brüning fünfzehn Jahre später gegenüber den Nationalsozialisten einnehmen sollte. Beide waren ausgeprägte Persönlichkeiten mit einem Sinn für ethische Verantwortlichkeit; keiner von ihnen bot jenen gefährlichen Männern erfolgreichen Widerstand, deren Triumph Unglück für Deutschland und die Welt bedeutete. Beide waren durch gelehrtenhafte Züge ihrer Persönlichkeit im unerbittlichen Kampf der politischen Auseinandersetzung benachteiligt, wie ihn solche Demagogen wie Tirpitz und Hitler führten. Keiner von ihnen besaß die Gabe der Popularität bei den Massen oder konnte sich auf eine starke Stellung im Parlament verlassen. Diese äußeren Umstände reichen zur Erklärung ihres Versagens jedoch nicht aus; beide wurden auch innerlich durch die Tatsache paralysiert, daß sie mehr die *Mittel* als die offen verkündeten Ziele ihrer Gegenspieler ablehnten. Brüning glaubte, die Weimarer Republik in einem autoritär-nationalistischen Sinne reformieren zu müssen; er stand der Sozialdemokratie zutiefst feindlich gegenüber (obwohl –

oder weil – sie der einzige entschiedene Verteidiger der Republik war). Bethmann teilte (wenn auch in einer flexiblen Form) die Vorstellungen und Werte der Annexionisten und fühlte sich angesichts der Notwendigkeit, mit den Sozialisten ad hoc eine Vernunftehe schließen zu müssen, nie ganz behaglich. Die Tatsache, daß beide eine *relative* Mäßigung vertraten und daß ihnen Männer folgten, die viel schlimmer als sie selbst waren, hat ihnen zu Unrecht eine günstige Reputation verschafft.

Das von Fischer vorgelegte Material stößt Bethmann von seinem Piedestal herunter, auf dem er so lange gestanden hat – was in sich selbst schon eine große kritische Leistung darstellt, die auch nicht durch die Tatsache geschmälert wird, daß Fischer viel zu weit geht, wenn er Bethmann als einen kühlen, berechnenden und zähen annexionistischen Politiker porträtiert. Ich glaube, daß dessen wahre historische Stellung die eines hilflosen und schwankenden Nichtskönners ist, der bei allem, was er in die Hand nahm, versagte. Er versagte in der Außenpolitik vor 1914: Deutschland stolperte unter sehr ungünstigen diplomatischen Bedingungen in den Ersten Weltkrieg. Er versagte auch in der Innenpolitik vor 1914: Deutschland trat mit einer nicht reformierten und völlig anachronistischen Verfassung in den Krieg, die die Schaffung der moralischen Einheit der Nation, die für den modernen Krieg so notwendig ist, ausschloß. Nach 1914 redete er drei Jahre lang von einer innenpolitischen »Neuorientierung«, aber er war unfähig, den Worten die Taten folgen zu lassen, obwohl die demokratischen Massen wegen seines Versagens zunehmend verbitterter wurden. Er versagte völlig vor der Aufgabe, Deutschland eine starke Führung im Kriege zu geben, die realisierbare – das heißt: gemäßigte – Kriegsziele angesteuert hätte. Stattdessen gab er zum großen Teil einem phantastischen Programm seine Zustimmung, daß die Hegemonie in Europa und die Stellung als Weltmacht zum Ziele hatte. Seine Zugeständnisse an den Annexionismus gingen viel zu weit und stammten ebenso aus dem Mangel an Urteilsfähigkeit wie aus seiner Schwäche. Es stimmt natürlich – worauf Fischer häufig hinweist –, daß das Versagen dieses Mannes das Versagen seiner Zeit und seines Landes war. Unglücklicherweise teilte Bethmann die weitverbreitete deutsche Illusion, daß eine Nation von 60 Millionen in ihrer prekären Lage im Zentrum Europas den Kontinent beherrschen und diesen dann als Hebelpunkt zur Erlangung der Weltmacht gebrauchen könnte.

Fischer bewegt sich auf sicherem Boden, wenn er das Verhalten der herrschenden Schicht in Deutschland während des Ersten Weltkrieges verurteilt. Schlüssig weist er die bemerkenswert breite Unterstützung für die Verfolgung utopischer Ziele und den hohen Grad an Kontinuität spezifischer Kriegsziele von 1914 bis 1918 nach, obwohl es ihm nicht gelingt, seine Argumentation im Hinblick auf Bethmann überzeugend zu entwickeln. Er betritt jedoch recht schwankenden Boden, wenn er seine Verurteilung ausdehnt, um diese Kontinuität rückwärts (bis zum Imperialismus vor 1914 und bis zur »Kriegsschuld« von 1914) und vorwärts (bis nach 1918 zur Außenpolitik Stresemanns und Hitlers) zu verfolgen. Fischers erstes Kapitel liefert unter dem Titel »Deutscher Imperialismus« ein lebendiges Gemälde all jener dynamischen Kräfte, die von der Unangemessenheit der Stellung Deutschlands vor 1914 überzeugt waren. Er untersucht solche ideologischen Faktoren wie den Wilhelminischen konservativen, militaristischen und völkischen Nationalismus; die Theorien über den zukünftigen Kampf um die Vorherrschaft in der Welt; sowohl die Neo-Merkantilisten (beispielsweise Schmoller) als auch die Neo-Rankeaner (mehrere führende Historiker – wie Erich Marcks und Max Lenz) und die Vertreter der Ideen eines »Mitteleuropa« vor Naumann. Alle diese Ideologien standen in enger Beziehung zu expansionistischen wirtschaftlichen Kräften (in Kartellen, Großbanken und Interessengruppen organisiert), die das politische Leben durch ihren Einfluß auf Parteien, die Bürokratie, die Presse und manipulierte Massenorganisationen (wie die Kriegervereine und den Flottenverein) beherrschten. Die deutschen Wirtschaftsführer waren fest davon überzeugt, daß Deutschland eine Weltmacht werden müsse und daß das die Ausschaltung von Konkurrenten bedeute, notfalls auch mit den Mitteln des Krieges. Fischers Untersuchung dieses Hintergrundes ist eine brillante tour de force; sie leidet jedoch unter der Einseitigkeit des offensichtlichen Versuches, den allgemeineren Rahmen für den Annexionismus der Kriegszeit abzustecken, mit dem sich der größte Teil des Buches beschäftigt. Er vernachlässigt dabei alle die Gegenkräfte, die in der komplexen und spannungsreichen politischen Konstellation des kaiserlichen Deutschland zu finden waren. Der übersteigerte Militarismus, wie Fischer ihn feststellt, wurde im Zusammenhang der Zabern-Debatte im Dezember 1913 von einer überwältigenden Mehrheit im Reichstag abgelehnt. Der übersteigerte Nationalismus wurde von einer Sozialdemokratischen Partei bekämpft, die bei den Wahlen im Januar 1912 ein Drittel aller Stimmen erhielt. Den Theoretikern des zukünftigen Weltkampfes traten liberale Publizisten entgegen, wie zum Beispiel Bethmanns enger Vertrauter Kurt Riezler, der die Zukunft der internationalen Beziehungen in einer friedlichen wirtschaftlichen Zusammenarbeit sah. Man kann natürlich argumentieren, daß Mehrheiten im Reichstag, sozialistische

Wähler und liberale Publizisten im wirklichen politischen Leben des Deutschland vor 1914 nicht zählten. Sie können jedoch nicht bei einem umfassenden und ausgewogenen Bild alle zusammen ausgelassen werden, denn ihre Einstellung – um das Wenigste zu behaupten – konnte von der »herrschenden Schicht« nicht völlig ignoriert werden. Es ist bedauerlich, daß Fischer nie genau definiert, was er unter dieser »herrschenden Schicht« versteht, und so verwendet er unweigerlich konventionelle Stereotype (Junker, Bankiers und so weiter), denen er eine übertriebene Gleichartigkeit der Meinungen unterstellt. (Es wäre natürlich widersinnig, eine ausgefeilte Soziologie der deutschen Gesellschaft in einem Buch zu erwarten, das sich in erster Linie mit den Kriegszielen beschäftigt. Das Fehlen solch einer Soziologie verweist jedoch auf ein Gebiet, auf dem die wissenschaftliche Forschung immer noch in ihren Anfängen steckt.)

Fischer argumentiert, daß zumindest nach 1911 die herrschenden Kräfte in Deutschland bewußt auf einen Krieg zielten. Sein Argument ist jedoch im wesentlichen eine a priori Konstruktion ohne Stützung durch schlüssige Beweise. Er bemerkt die weitverbreitete Verärgerung, die durch die Demütigung Deutschlands in der zweiten Marokko-Krise des Jahres 1911 hervorgerufen worden war, aber er vergißt, Bethmanns Angriff auf Heydebrand, den Führer der Konservativen, zu erwähnen, als dieser im Reichstag diesem Ärger Luft machte. Er ist überzeugt, daß die deutsche Regierung 1912 in den Verhandlungen mit Haldane eine englische Neutralitätsgarantie wünschte, um vor allem eine bessere Ausgangsposition für einen angeblich drohenden Krieg auf dem Kontinent zu gewinnen (eine zwar gewagte, aber nicht unhaltbare Hypothese). Fischer behauptet, daß man sich in Deutschland viel mit dem Gedanken eines Präventivkrieges beschäftigt habe, aber er liefert für diese zweifelhafte Behauptung keinen Beweis. Er glaubt, daß Bernhardis Buch *Deutschland und der nächste Krieg* (Stuttgart/Berlin 1912) dem offiziellen Programm Deutschlands Ausdruck verlieh (eine Interpretation, die Bernhardi selbst überrascht hätte, da er sich mehr als Cassandra verstand). Dem Rezensenten scheint Fischer im Deutschland vor 1914 – wie auch in seiner Interpretation Bethmanns – viel zu sehr ein zielstrebiges Muster zu entdecken, wo in Wirklichkeit nur Verwirrung herrschte und wo man sich letztlich treiben ließ.

Diese Beobachtung gilt auch für Fischers zweites Kapitel über »Deutschland und der Ausbruch des Weltkrieges«. Hier formuliert Fischer mit starken Akzenten die primäre »Kriegsschuld« Deutschlands, eine These, die früher von nichtdeutschen Historikern wie Pierre Renouvin und Bernadotte Schmitt bereits entwickelt worden ist. Dieses Urteil wird zweifellos vielen deutschen Lesern, die ausschließlich mit den Auffassungen Alfred von Wegerers und Sidney Fays groß geworden sind, neuartig erscheinen, aber amerikanischen Kennern der Materie ist es nicht unbekannt. Es steht außer Frage, daß Deutschland nicht nur darin versagte, Österreich in seiner Politik Serbien gegenüber zurückzuhalten, sondern daß Deutschland vom 5. Juli (der bekannte »Blankoscheck«) bis zum 30. Juli (als einige schwache und verspätete Mäßigungsversuche unternommen wurden auf Österreich deutlich Druck ausübte, eine äußerst intransigente Haltung einzunehmen. Der deutsche Druck trug wahrscheinlich entscheidend zur Überwindung der Anti-Kriegs-Partei innerhalb der Habsburger Monarchie bei, die von dem ungarischen Ministerpräsidenten Tisza angeführt wurde. In ihm weckte man den Glauben, Berlin würde die »Bündniswürdigkeit« Wiens in Frage stellen, wenn es nicht die Anmaßungen Serbiens vergelten würde. Fischer argumentiert, daß diese Tatsache die von Bethmann nach 1918 vorgebrachte Entschuldigung widerlegt, er sei aus Furcht, den letzten Verbündeten Deutschlands zu verlieren, zur Unterstützung Österreichs gezwungen gewesen (S. 62), obwohl die beiden Überlegungen keineswegs unvereinbar sind. (Ich glaube, daß beide im Juli 1914 tatsächlich eine Rolle spielten.) Bei mehreren Gelegenheiten verzögerte Bethmann die Absendung britischer Vermittlungsvorschläge nach Wien und verringerte durch negative Kommentare deren Wirkung: Fischer argumentiert, daß die Umkehrung seiner Politik am 30. Juli eine vereinzelte Aktion gewesen sei (völlig abweichend von der Generallinie seines sonstigen Verhaltens), die mit seiner verspäteten Erkenntnis erklärt werden müsse, daß England in einem allgemeinen Krieg nicht neutral bleiben würde, und auch mit seinem Wunsch, die Verantwortung für den Ausbruch des Krieges Rußland zuzuschieben. Fischer glaubt, daß Bethmann, obwohl er nicht bewußt einen Krieg wollte, dennoch bestrebt war, einen großen diplomatischen Triumph für die Mittelmächte zu sichern, indem er Österreich erlaubte, Serbien zu einem Zeitpunkt zu zerstören, in dem Rußland wahrscheinlich nicht zu intervenieren wagen würde. Er unternahm bewußt das Risiko, daß Rußland und danach auch Frankreich sich einschalten könnten, weil er dachte, daß (1) weder Rußland noch Frankreich schon für einen größeren Krieg gerüstet seien und daß (2) England neutral bleiben würde. Vorstellungen und Verhalten Bethmanns kennzeichnen seine krasse Unfähigkeit. Aber es sollte auch gesagt werden, daß es für ihn einige gute Gründe gab, so zu handeln wie er es tat. Es gab die echte Gefahr eines Zusammenbruchs Habsburgs, falls Serbien nicht streng gemaßregelt würde: die Ermordung eines Erzherzogs war wahrlich keine läßliche Sünde. Nach dem Attentat von Sarajewo lief durch ganz Europa ein Schauder des Entsetzens (das Fischer nicht erwähnt), und es gab einigen Grund anzunehmen, daß eine konservative Autokratie wie Rußland nicht gemeinsame Sache mit den Attentätern machen würde. Verglichen mit Deutschland war die Schwäche Rußlands und Frankreichs 1914 eine Tatsache, obwohl möglicherweise deren relative Stärke in den nächsten Jahren bald zunehmen würde. Diese Überlegungen erklären, weshalb Bethmann einen lokalen österreichisch-serbischen Krieg wünschte und weshalb er glaubte, daß dieser Krieg lokalisiert bleiben würde.

Nebenbei bemerkt, es gelingt Fischer hervorragend zu zeigen, daß Deutschlands Politik nicht vom Generalstab, sondern von der zivilen Regierung gemacht wurde, und zwar bis zum 30. Juli – das heißt: bis zu einem Zeitpunkt also, nach dem es kein Zurück mehr gab. Die Intervention Moltkes am selben Tage war angesichts seines Interesses an der militärischen Zeitplanung völlig verständlich und hatte keinen entscheidenden Einfluß auf die Ereignisse. Fischer widerspricht der Theorie, die von einigen amerikanischen Historikern verfochten wird (zum Beispiel Gordon Craig), daß die Militärs einen sich widersetzenden Bethmann in den Krieg gezwungen hätten. Er besteht darauf, daß es keine Reibung zwischen den zivilen und militärischen Stellen in den oberen Rängen der deutschen politischen Führung gegeben habe und daß die zivilen Machthaber völlig bereitwillig (vielleicht sogar eifrig bemüht) gewesen seien, eine »starke« Politik zu treiben, die natürlicherweise auch von den Militärs gewünscht wurde. Wir haben schon gesehen, daß Fischer der Meinung ist, dies sei während des gesamten Weltkrieges der Fall gewesen, und daß er diese gemeinsame Politik als den bewußten Drang nach europäischer Hegemonie und nach Weltmacht interpretiert.

Fischer insistiert, daß die Zielsetzung und die Denkform, die mit dieser Politik gekoppelt waren, keineswegs nach dem Zusammenbruch von 1918 überholt waren. In einer ziemlich abrupten Schlußfolgerung, die an das letzte Kapitel geklebt ist, zeigt er, daß der annexionistische Staatsmann Stresemann als Außenminister der Weimarer Republik die Politik der Kriegszeit fortsetzt, weiterhin nach der Hegemonie in Europa zu streben. Während er vorübergehend von den Zielen im Westen abließ, weigerte er sich, ein »östliches Locarno« zu unterzeichnen und hoffte, zur Politik von Brest-Litowsk, die die deutsche Herrschaft im Osten zum Ziel hatte, zurückzukehren (mit der wirtschaftlichen Durchdringung Polens sollte sie beginnen). Im Jahre 1922 schlug General von Seeckt, der 1916 große Annexionen in Polen befürwortet hatte, eine russisch-deutsche Teilung Polens vor und erschien völlig selbstverständlich 1931 mit Hitler beim Treffen der Harzburger Front.

Viel wichtiger als solche individuellen Beispiele der Kontinuität (deren Bedeutung leicht übertrieben werden kann) ist die fundamentale Kontinuität, die in Deutschlands Versuch zu finden ist, eine hegemoniale Stellung auf dem europäischen Kontinent (und damit eine Basis für die Weltmacht) im Ersten und Zweiten Weltkrieg zu gewinnen. Dieses Problem wird selten von Fischer explizit erörtert, aber sein Buch liefert das gesamte notwendige Material dazu. In beiden Fällen provozierte der deutsche Dynamismus eine feindliche Koalition, die die Deutschen zur unabwendbaren Niederlage verurteilte; Deutschlands Herrscher überschätzten die Ressourcen ihrer eigenen Nation und unterschätzten die Stärke der Gegner. Es lassen sich viele Parallelen in spezifischen politischen Strategien und Denkformen finden. Der Machtkampf nahm in beiden Kriegen ideologische Obertöne an, in denen die Deutschen sich stolz mit der Verteidigung ihrer einzigartig wertvollen Zivilisation brüsteten, die sie durch den plutokratisch-demokratischen Westen gefährdet sahen. Deutschlands Machthaber im Ersten Weltkrieg dachten weitaus häufiger in rassischen Begriffen, als gewöhnlich wahrgenommen wird. Um nur ein Beispiel zu geben: Außenminister Jagow behauptete, daß die russische Gefahr aus der »slawisch-mongolischen Rasse« des russischen Volkes stamme (S. 234). Einige der Mächtigen in Deutschland dachten, dieser Gefahr mit dem berüchtigten Vorschlag begegnen zu müssen, einen breiten Streifen polnischen Gebietes zu annektieren, aus dem die polnische und jüdische Bevölkerung vertrieben und der mit Deutschen besiedelt werden sollte, um einen »Germanischen Schutzwall« gegen Slawen und Mongolen zu bilden. Es gab den Gedanken, die Wolga- und Balkan-Deutschen »heimzurufen«, um die nötigen Menschen für diese Siedlungen zur Verfügung zu haben, genau wie Hitler 1939 die Deutschen im Baltikum zurückrief. Die besetzten Länder wurden in beiden Kriegen rücksichtslos zugunsten der deutschen Kriegsanstrengung ausgebeutet. Ein schlechtes Beispiel für die späteren Maßnahmen der Nationalsozialisten wurde 1914 durch die Erschießung belgischer Geiseln und 1916 durch die Deportation von 120 000 belgischen Zwangsarbeitern gegeben. Deutschlands rücksichtsloses Verhalten gegenüber seinen Alliierten im Zweiten Weltkrieg (Italien, Ungarn, Rumänien) wurde durch die Härte gegenüber Österreich-Ungarn, Bulgarien und der Türkei im Ersten Weltkrieg vorgezeichnet. Die Liste der Parallelen könnte leicht fortgesetzt werden – für ein angemessenes Urteil müssen jedoch auch die fundamentalen Unterschiede zwischen dem Wilhelminischen Reich und dem nationalsozialistischen Deutschland gesehen werden.

Bethmann stolperte (trotz Fischers These) in den Ersten Weltkrieg; Hitler brach den zweiten bewußt vom Zaune (die Meinung A. J. P. Taylors in allen Ehren). Hitler freute sich hämisch über die Invasion Polens; Bethmann entschuldigte sich für die bedauerliche Notwendigkeit, nach Belgien einmarschieren zu müssen. Die Verteidigung einer besonders ausgezeichneten deutschen Zivilisation klang bei Ernst Troeltsch doch erheblich anders als bei Joseph Goebbels. Jagow redete von der fremden russischen Rasse; Himmler handelte zielstrebig, um große Teile von ihr zu vernichten. Bethmann willigte in Pläne ein, die Juden aus dem polnischen Grenzstreifen zu vertreiben; Hitler mordete Millionen von Juden in den Gaskammern von Auschwitz. Ludendorff bestand auf der Deportation der belgischen Arbeiter, um die Arbeitslosigkeit hinter den deutschen Linien und einen akuten Arbeitskräftemangel im Ruhrgebiet zu beheben; Sauckel deportierte Millionen von Sklavenarbeitern, was eindeutig als Dauermaßnahme gedacht war.

Das Wort Hegels, daß Unterschiede in der Quantität zu Unterschieden in der Qualität umschlagen, gilt sicherlich für 1914 und 1939. Es bleibt jedoch ein hinreichender Rest verwirrender Kontinuität, der uns daran erinnert, wie tief die Wurzeln des Nationalisozialismus in der deutschen Geschichte stecken.

Dies sind nur einige historische Perspektiven, die durch Fischers *Griff nach der Weltmacht* angeregt wurden. Die Bedeutung des Buches liegt teilweise in seiner neuen Information, teilweise in seiner herausfordernden Interpretation der allgemeinen Ambitionen Deutschlands im Ersten Weltkrieg. Beides zusammen läßt es seit Arthur Rosenbergs *Entstehung der Deutschen Republik 1871–1918* (Berlin 1928; Neudruck: Frankfurt/M. 1961) zum wichtigsten Buch über das Deutschland der Kriegszeit werden. Die Bedeutung des von Fischer vorgelegten neuen Materials kann nicht in Frage gestellt werden, selbst von jenen nicht, die seiner Interpretation widersprechen. Der Rezensent glaubt, daß Fischers Grundthese eines deutschen Drangs nach europäischer Hegemonie und Weltmacht im wesentlichen überzeugend ist, obwohl Fischer den deutschen Politikern ein zu ausgeprägtes rationales Zweckbewußtsein unterstellt. Seine Auffassung von der Zielstrebigkeit der deutschen Politik vor 1914 und im Juli 1914 ist zweifelhaft. Seine Auffassung von der Homogenität der deutschen Führungsgruppe und die dann folgerichtige Leugnung fundamentaler Konflikte zwischen Deutschlands zivilen und militärischen Machthabern kann nicht aufrechterhalten werden. Seine Revision des herkömmlichen Bethmann-Bildes geht zu weit. Die Frage der Kontinuität zwischen den beiden Polen von 1914 und 1939 ist zu komplex, um in einem kurzen Epilog (oder in einer Rezension) geklärt werden zu können. Diese Einschränkungen und kritischen Einwände beeinträchtigen jedoch nicht die Gültigkeit der These Fischers, daß die deutsche Politik während des Ersten Weltkrieges den Fall eines hegemonialen Strebens im Rahmen des traditionellen europäischen Staatensystems darstellte, das auf dem Gleichgewicht durch Wettbewerb beruhte, und daß die Entstehung eines neuen »weltpolitischen Systems« die Hegemonie in Europa unweigerlich zur Basis einer Weltmacht werden ließ. Deutschland bildete in seiner politischen, militärischen und wirtschaftlichen Stärke eine objektive Bedrohung des europäischen Gleichgewichtes, und sein Verhalten paßte in die Befürchtungen, die man einer hegemonialen Macht gegenüber hegte. Die Tatsache, daß viele der Machthaber Deutschlands nicht bewußt und zielstrebig diese Hegemonie anstrebten, war für die Entfaltung der historischen Ereignisse irrelevant. Aber Fischer kann nachweisen, daß die meisten Gruppierungen innerhalb der einflußreichen Schichten Deutschlands auch wirklich ein Programm unterstützten, dessen unvermeidliches Ziel die Erreichung der Weltmacht war, ob sie das nun merkten oder nicht.

Fischer beabsichtigt selbstverständlich nicht, moralische Urteile über das deutsche Volk als Ganzes zu fällen – obwohl man fürchten muß, daß einige seiner Leser sich bereitwillig auf sein Material stürzen werden, um ein a priori gefaßtes Vorurteil gegen den »ewig verderbten Deutschen« zu erhärten. Fischer ist sich deutlich bewußt, daß seine Analyse des deutschen »hegemonialen Imperialismus« sich mit einem strikt *historischen* Phänomen beschäftigt, daß jede Relevanz für ein Verständnis des Deutschland der Gegenwart verloren hat. In der Tat verblüfft den Leser dieses Buches der ungeheure Unterschied in der äußeren Stellung und der inneren Struktur zwischen dem Ersten Weltkrieg und heute. In den Jahren von 1914 bis 1918 war Deutschland ein unabhängiger militärischer Koloß, der auf die Hegemonie in Europa von der Flämischen Küste bis zum Kaukasus abzielte; heute ist Deutschland ein geteiltes Land mit scharf gezogenen Grenzen, und die Existenz eines jeden dieser Teile ist untrennbar an internationale Allianzen geklammert (NATO und Warschauer Pakt). Das Deutschland des Ersten Weltkrieges war berüchtigt für seine monarchische Autokratie, seinen extremen Militarismus und nationalistischen Imperialismus. Die Monarchie der Hohenzollern ist durch eine lebensfähige Demokratie im Westen und durch ein kommunistisches Satellitenregime im Osten ersetzt worden. Der Militarismus hat seine innenpolitische Anziehungskraft verloren, wobei die Wiederbewaffnung nach 1949 eine widerwillige Anpassung an internationalen Druck darstellte und starken Widerstand bei der Bevölkerung (offen im Westen, verdeckt im Osten) hervorrief. Der nationalistische Imperialismus ist ein verloschenes Feuer; er ist nicht nur zu einem bloßen Anachronismus, sondern auch in Gestalt seiner wenigen überlebenden Vertreter eindeutig lächerlich geworden. Die Zurückweisung des Nationalismus ist tatsächlich bereits so weit gegangen, daß sogar der einfache Patriotismus – der gesunde Kern der nationalistischen Krankheit – stark abgewertet worden ist; zu viele Deutsche werden mehr von dem persönlichen wirtschaftlichen Erfolg als von der politisch engagierten Sorge um das Schicksal der im Osten Deutschlands leidenden Landsleute in Anspruch genommen.

Die Aufnahme, die Fischers Buch in Westdeutschland gefunden hat, ist in sich selbst schon ein bezeichnendes Symptom für den tiefgreifenden Wandel in der letzten Generation. Kein Professor hätte in der Weimarer Republik solch ein Buch veröffentlichen können, ohne einstimmig zum Verräter gebrandmarkt zu werden, der Deutschlands gerechten Kampf gegen die »Kriegsschuldlüge« sabotiere. Im Gegenteil: Fischers Buch wurde in vielen führenden Zeitungen und Zeitschriften, wie »Die Zeit«, »Der Spiegel« und »Der Monat«, anerkennend besprochen.[1] Männer wie Ludwig Dehio[2] hatten den Weg für diese Aufnahme von Fischers Hauptthema vorbereitet: Deutschlands Streben nach einer hegemonialen Stellung – zuerst in Europa, dann in der Welt – im 20. Jahrhundert stelle eine wesentlich utopische Politik dar, die (jede Moral einmal beiseite gelassen) zu verurteilen sei, und zwar aus dem »klugen« Grund, weil sie die

1. Natürlich gab es auch Aufschreie von »unverbesserlichen« Elementen der deutschen Historikerzunft, von der einige ältere Mitglieder auf Lebenszeit durch ihr leidenschaftliches Engagement in der Kampagne der Zwischenkriegszeit gegen die »Kriegsschuldlüge« gezeichnet sind. Anrüchiges Beispiel dafür ist die Rezension von Erwin Hölzle (in: Das Historisch-politische Buch, 10/1962, S. 65–69), die zwar einige zutreffende wissenschaftliche Einwände geltend machen kann, deren Grundtenor jedoch bedauert werden muß: Fischers »einseitige« Betonung des deutschen Annexionismus komme dem »Monolog eines Irrsinnigen« nahe. Hölzle wirft ihm nationalen Masochismus vor, da er vergesse, »daß man sich selbst wie den anderen in der Welt Gerechtigkeit schuldig ist«!

2. Ludwig Dehio: *Deutschland und die Weltpolitik im 20. Jahrhundert*, München 1955.

Kräfte Deutschlands offensichtlich überstieg. Es ist in Westdeutschland tatsächlich schon so etwas wie ein Gemeinplatz, daß die politische Rolle, die Deutschlands Leistungskraft, seinem Selbstverständnis und seinen wertvollen Traditionen angemessen ist, eine loyale Partnerschaft in einem Europa ist, das sich stärker einer gemeinsamen kulturellen Erbschaft als eines trennenden Nationalismus bewußt ist. Auch hier beginnt die Eule der Minerva erst in der Dämmerung ihren Flug.

Fischer selbst hat einen wertvollen geistigen Beitrag zur vollen Integration Deutschlands in Westeuropa geleistet, indem er mehrere Vorstellungen, die immer noch allzu lebendig im deutschen historischen Bewußtsein herrschen, kritisch widerlegt hat: wie zum Beispiel die Behauptung vom harmlosen Charakter der deutschen Politik im Jahre 1914 und die Interpretation des Ersten Weltkrieges als eines primär defensiven Kampfes gegen einen eifersüchtigen Ring von Feinden. Sein Buch bildet eine seltene Mischung von arbeitsreicher Forschung, provozierender These und durchdringender politischer Einsicht. Ich glaube, daß sogar die Übertreibungen in die Kategorie des »anregenden Irrtums« fallen, da sie zu einer systematischen Neubewertung herkömmlicher Ansichten zur deutschen Politik im Ersten Weltkrieg zwingen.

DER INTERFRAKTIONELLE AUSSCHUSS UND DAS PROBLEM DER PARLAMENTARISIERUNG 1917–1918

Der Interfraktionelle Ausschuß 1917/1918, bearbeitet von Erich Matthias unter Mitwirkung von Rudolf Morsey, Quellen zur Geschichte des Parlamentarismus und der politischen Parteien, Erste Reihe, Bd. 1; 2 Bde., 642 und 893 S., Düsseldorf 1959.

in: Historische Zeitschrift, Bd. 191/1960, S. 562–584

Die Geschichte Deutschlands im Ersten Weltkrieg ist noch immer – oder vielleicht wieder – einer der Brennpunkte des Interesses deutscher und ausländischer Historiker. Unsere Kenntnis der deutschen Kriegsziele im Westen, in Mitteleuropa und in Polen ist zum Beispiel in den letzten Jahren durch die grundlegenden Werke von Hans Gatzke, Henry Cord Meyer und Werner Conze bedeutend erweitert worden. Es ist bedauernswert, daß die Erforschung der deutschen Innenpolitik der Jahre 1914 bis 1918 im Gegensatz zu den außenpolitischen Themen bis jetzt zu sehr vernachlässigt worden ist. Schlüsselfiguren wie Bethmann Hollweg, Graf Hertling und Friedrich Ebert haben noch immer keine Biographen gefunden. Die verschiedenen Studien über Stresemann beschäftigen sich hauptsächlich mit seiner Tätigkeit als Weimarer Außenminister, lassen aber die Zeit seines Aufstiegs zum Parteiführer während des Weltkrieges fast unberücksichtigt. Die noch heute grundlegenden Bücher über die innenpolitische Entwicklung im Weltkrieg sind alle vor mehr als dreißig Jahren geschrieben worden: Viktor Bredt, *Der deutsche Reichstag im Weltkrieg* (1926), Hans Herzfeld, *Die deutsche Sozialdemokratie und die Auflösung der nationalen Einheitsfront im Weltkriege* (1928), und Arthur Rosenberg, *Entstehung der deutschen Republik* (1928). Sie leiden alle an einer Überdosis von Polemik, die nur aus der politischen Atmosphäre der Weimarer Zeit zu erklären ist. Ihre Quellenbasis muß außerdem als ungenügend bezeichnet werden. An eine Erschließung so wichtiger Quellen wie der Protokolle des Hauptausschusses des Reichstags oder des Interfraktionellen Ausschusses wurde in den zwanziger Jahren kaum gedacht, von einer großangelegten innenpolitischen Quellenpublikation im Stile der »Großen Politik« ganz zu schweigen. Die »Amtlichen Urkunden zur Vorgeschichte des Waffenstillstandes 1918«, publiziert als Verteidigung gegen die Dolchstoßlegende, blieben wissenschaftlich (wie politisch) ohne fruchtbare Folgen; der Präzedenzfall des Drucks von Protokollen der Kabinettsitzungen machte keine Schule. Das Interesse einer ganzen Historikergeneration konzentrierte sich auf die Abwehr der »Kriegsschuldlüge«; die Erforschung der Genesis der Weimarer Demokratie schien eine weniger dankbare Aufgabe.

Es gehört zu den großen Verdiensten der 1951 gegründeten Kommission für Geschichte des Parlamentarismus und der politischen Parteien, daß sie dem weitgehenden Tabu über innenpolitische Quellenpublikationen ein Ende gesetzt hat. Eine solche unabhängig arbeitende, jedoch mit öffentlichen Mitteln geförderte Kommission, die sich auf Zeitgeschichte konzentriert, hat der historischen Zunft in der Weimarer Republik gefehlt. Die Forschungsstelle der Kommission unter der Leitung von Dr. Erich Matthias plant die Herausgabe verschiedener Quellenwerke, von denen die erste Reihe die Zeitspanne von etwa 1908 (Daily-Telegraph-Krise) bis 1919 (Weimarer Verfassung) unter dem Titel »Von der konstitutionellen Monarchie zur parlamentarischen Republik« umfassen soll. Die ersten beiden Bände dieser Reihe, deren Erscheinen den Anlaß dieser Miszelle geben, behandeln den *Interfraktionellen Ausschuß 1917 bis 1918.* Als Herausgeber zeichnet Erich Matthias unter der Mitwirkung von Rudolf Morsey. Ein dritter Band, die Regierungszeit Max von Badens betreffend, soll noch im Laufe des Jahres 1961 erscheinen. Als nächste Publikation sind die SPD-Parteivorstandsprotokolle von 1898 bis 1919, bearbeitet von Eberhard Pikart, und die Sitzungsprotokolle des Reichstagshauptausschusses der Jahre 1916 bis 1918 vorgesehen.

Die beiden Bände über den Interfraktionellen Ausschuß 1917 bis 1918 (abgekürzt IFA) sind eine monumentale Leistung in der Sammlung, Ordnung und Kommentierung einer ungeheuren Stoffmasse. Der Leser ohne vorherige Kenntnis der Bedeutung des IFA wird sich darüber wundern, daß die informellen Berichte über die unregelmäßigen Sitzungen eines inoffiziellen Ausschusses in der Zeitspanne von nur fünfzehn Monaten (vom 5. Juli 1917 bis 30. September 1918) 1500 Druckseiten füllen. Der Rezensent möchte später selbst gewisse Bedenken wegen des Umfanges der Publikation anmelden, aber die Wichtigkeit des IFA in dem historisch bedeutsamen Prozeß der Parlamentarisierung Deutschlands im Krisenjahr 1917 bis 1918 kann als Rechtfertigung gelten. Der IFA war kein gewöhnlicher Reichstagsausschuß mit Sitzverteilung im Proporz nach Fraktionsstärke. Er wurde während der Julikrise 1917 als Koordinierungsorgan der Mehrheitsparteien – SPD, Fortschritt und Zentrum, mit zeitweiliger Teilnahme der Nationalliberalen – improvisiert und blieb im Grunde eine Improvisation bis zum Ende des Kaiserreiches. Seine Struktur und Funktion war sui generis, weil sie der historischen

Zwitterstellung des Halbparlamentarismus auf dem Wege von der konstitutionellen Monarchie zum vollen parlamentarischen System angemessen war. Der Hintergrund dieses Halbparlamentarismus war der schwelende Dauerkonflikt zwischen den Mehrheitsparteien, die (trotz manchem Opportunismus und innerer Uneinigkeit) einen Verständigungsfrieden und eine innere Neuorientierung forderten, der Obersten Heeresleitung (unterstützt von der Konservativen Partei), die auf einem Siegfrieden und der Erhaltung des inneren Status quo bestand, und der Reichsleitung, die innerlich gespalten war, sich meist dem Joch der Obersten Heeresleitung beugte, aber zeitweise auch dem Druck der Mehrheitsparteien nachgab. Vor 1917 hätte die Reichsleitung den organisierten Druck einer ihr unsympathischen Reichstagsmehrheit mit einem offenen Verfassungskonflikt beantwortet; nach der Einführung des parlamentarischen Systems 1918 konnte es (bis zur Staatskrise 1930, die die Abkehr vom Parlamentarismus bedeutete) keinen Konflikt zwischen Reichsregierung und Reichstagsmehrheit mehr geben; der Halbparlamentarismus war also ein historisches Spezifikum des Krisenjahres 1917 bis 1918.

Der IFA war das Produkt der einmaligen politischen Situation dieser kurzfristigen Übergangszeit. Er wurde nie eine gefestigte Institution, besaß weder offizielle Kompetenz noch Geschäftsordnung, hielt keine regelmäßigen Sitzungen und kannte keine festgesetzte Mitgliederschaft. Die Grenze zwischen einer Sitzung des IFA und Stegreif-Konferenzen der Führer der Mehrheitsparteien ist nicht immer klar zu ziehen. Der informelle Charakter der Diskussion im IFA erhöht ihren Quellenwert. Sie fand statt in einem kleinen Kreis (nur selten waren mehr als dreizehn Parlamentarier anwesend), zu Hause ausgefeilte Reden waren unbekannt, und die Überzeugung der politischen Partner, nicht die Bezeugung verhärteter Parteidoktrinen war der Zweck der Aussprache. Von den Erbsünden der parlamentarischen Debatte – das Reden für die Zeitung des nächsten Tages und der Wunsch, Gesinnungstreue vor jubelnden Parteigenossen zu bezeugen, statt auf die Argumente des politischen Gegners sachlich einzugehen – ist hier nichts zu spüren. Die Teilnehmer waren in jedem Falle die Spitzenkräfte ihrer Partei: die Sozialdemokraten Ebert, Scheidemann, David und Südekum; die Fortschrittler Payer (bis zu seiner Ernennung zum Vizekanzler im November 1917), Haußmann, Fischbeck und Gothein; für das Zentrum Fehrenbach (bis zu seiner Wahl zum Reichstagspräsidenten im Mai 1918), Gröber, Erzberger und Müller (Fulda). Bei der zeitweiligen Beteiligung der Nationalliberalen spielte Stresemann eine bedeutende Rolle. Die Sitzungsprotokolle bereichern unser Wissen über die Tätigkeit aller dieser Persönlichkeiten, und jede zukünftige biographische Darstellung wird ihnen Dankbarkeit schulden. Ein vorzügliches, detailliertes Register von neunzig Seiten, bearbeitet von Eberhard Pikart, erleichtert die Benutzung für die Forschung.

Der Schwerpunkt der beiden umfangreichen Bände liegt in Berichten über etwa hundert Sitzungen der IFA. Dem Charakter des Ausschusses entsprechend fehlt eine offizielle Berichterstattung, und wir sind deswegen auf die privaten Berichte einzelner Mitglieder angewiesen. Der unermüdliche Spürsinn von Erich Matthias und Rudolf Morsey hat neben vielem anderen Material vier Hauptquellen zu Tage gebracht, die sich oft glücklich ergänzen und zusammen ein Bild von erstaunlicher Vollständigkeit bieten. Es handelt sich um die Nachlässe der Sozialdemokraten Albert Südekum und Eduard David, des württembergischen Demokraten Conrad Haußmann und des Zentrumsabgeordneten Matthias Erzberger.

Die wichtigste Quelle besteht aus den stenographischen Sitzungsnotizen des späteren preußischen Finanzministers Albert Südekum. Sie sind für diese Quellenpublikation in sorgfältiger Arbeit übertragen worden. »Seine Niederschriften haben zwar nicht den Rang von wörtlichen Protokollen, sind jedoch weit ausführlicher als die überlieferten Notizen und Aufzeichnungen anderer Teilnehmer« (S. XLI). Sie werden im Wortlaut abgedruckt und gewinnen an Quellenwert durch die etwas farblose Persönlichkeit Südekums, der offensichtlich persönliche Erfüllung mehr im Schreiben als im politischen Handeln fand: Der Historiker wird ihm gerade deswegen dankbar sein. Der Nachlaß Haußmann bringt eine wertvolle Ergänzung aus Tagebuchnotizen. Diese waren teilweise schon früher von Ulrich Zeller in seiner Ausgabe von Haußmanns *Reichstagsbriefen und Aufzeichnungen* (Stuttgart 1924) publiziert worden, wurden aber für diese Edition sorgfältig mit den Originalen im Stuttgarter Hauptstaatsarchiv verglichen. Matthias und Morsey veröffentlichen in vielen Fällen nicht nur die Originalnotizen (die Haußmann selber während der Sitzungen in Stichwörtern niederschrieb), sondern auch die längeren Tagebuchaufzeichnungen, die er gewöhnlich später ausarbeitete, und geben dadurch ein interessantes Bild der Entstehungsgeschichte des Tagebuches. Der Nachlaß Erzberger enthält eine Reihe Berichte über IFA-Sitzungen, die Erzberger gewöhnlich am selben Tage auf der Grundlage von eigenen stenographischen Notizen diktierte. Sie bezeugen sein Geltungsbedürfnis, das oft zu einer Überschätzung des eigenen Einflusses in seinen Aufzeichnungen führte, sind aber trotzdem eine besonders wertvolle Quelle. Erzberger hat diese Berichte schon für sein apologetisches Memoirenbuch *Erlebnisse im Weltkrieg* (Stuttgart 1920) benutzt, und die von Matthias und Morsey gedruckten Stücke geben wertvolle Aufschlüsse über die Entstehungsgeschichte dieses Buches. Die Tagebuchnotizen des Sozialdemokraten Eduard David sind weniger bedeutend, da sie gewöhnlich nur ein Résumé der Hauptdiskussionsthemen bringen. Diese vier Originalquellen werden durch die gedruckten Erinnerungen des Sozialdemokraten Philipp Scheidemann (*Der Zusammenbruch 1920*, Berlin 1921) ergänzt, aus dem alle wichtigen Stellen im Wortlaut in den Fußnoten der Publikation abgedruckt worden sind.

Die Ausgabe erhält einen besonderen Wert dadurch, daß die verschiedenen Berichte über die IFA-Sitzungen in manchmal bis zu vier Parallelspalten gedruckt werden – eine Erleichterung des vergleichenden Studiums, die an den synoptischen Evangeliendruck der Bibelforschung erinnert. Man muß der Kommission dankbar sein, daß sie die Kosten dieses Druckverfahrens (manchmal stehen halbe Seiten leer) nicht gescheut hat. Die Druckweise gibt der Publikation einen besonderen pädagogischen Wert. Junge Historiker (hoffentlich werden es manchmal ganze Seminare sein) sind in die Lage gebracht, das Verhältnis zwischen Quellen und historischem Stoff in einer besonders anziehenden Form zu studieren. Von diesem Standpunkt aus ist auch die Vollständigkeit des Quellenabdruckes, die an sich das Notwendige manchmal erheblich überschreitet, begrüßenswert. Der Abdruck zum Beispiel von zwei Versionen über IFA-Sitzungen aus dem Südekum-Nachlaß für die Zeit vom 22. Oktober bis 9. November 1917 (Ablösung Michaelis' durch Hertling), einmal in der Form der gewöhnlichen stenographischen Notizen, außerdem in der Form einer von Südekum besonders ausgearbeiteten maschinenschriftlichen Darstellung, ist sonst kaum zu rechtfertigen. Dasselbe gilt für die oben beschriebenen zwei Versionen Haußmanns. Bei späteren Bänden der Reihe wird ein solches Maß von Vollständigkeit weder möglich noch wünschenswert sein. Eine große Quellenpublikation ist ohne Regesten ausgelassener und ohne Kürzung abgedruckter Dokumente einfach nicht denkbar.

Der Umfang der vorliegenden Bände beruht nicht nur auf der Vollständigkeit der Sitzungsberichte, sondern auch auf der wertvollen Ergänzung durch verschiedene Dokumente, die die politische Wirksamkeit der Parteien des IFA erläutern. Hierzu gehören in erster Linie Aufzeichnungen über Besprechungen zwischen Vertretern der Mehrheitsparteien und dem jeweiligen Reichskanzler sowie anderen Stellen der Reichsleitung, die zum großen Teil dem Nachlaß Erzberger entstammen. Sie dokumentieren den Versuch der Parteien des IFA, die Reichsleitung im Sinne ihrer gemeinsamen Bestrebungen zu beeinflussen. Aufzeichnungen über allgemeine Konferenzen der Parteiführer (also solche, in denen auch die Minderheitsparteien vertreten waren) beim Reichskanzler oder im Auswärtigen Amt sind oft aufschlußreich, und die Anhäufung solcher Konferenzen, zum Beispiel zur Zeit des Brester Friedens im Spätwinter 1917/18, sind ein Zeichen der fortschreitenden Parlamentarisierung. (Bismarck hat während der Frankfurter Friedensverhandlungen 1871 keine Konferenzen mit Bennigsen, Lasker, Windthorst und Bebel abgehalten.) Die Aufzeichnungen über den Siebenerausschuß zur Beantwortung der Papstnote im September 1917 sind besonders wertvoll und werden durch die Berichte des hansischen Bundesratsgesandten Sieveking in vorbildlicher Weise ergänzt. Die Absicht der Bearbeiter, die Aufzeichnungen der teilnehmenden Parteiführer mit den Akten der Reichskanzlei usw. über dieselben Besprechungen zu vergleichen, war leider nur in Ausnahmefällen möglich, da die betreffenden Akten im DZA Potsdam liegen. Die Benutzung wurde nach einem erfolgversprechenden Anfang im Herbst 1957 nicht weiter gestattet.[1] Der Ausfall der Potsdamer Bestände konnte aber glücklicherweise bei einigen Konferenzen durch Stücke aus dem Politischen Archiv des Bonner Auswärtigen Amts ersetzt werden.

Der Umfang der hier besprochenen Bände, bedingt durch die Fülle des Materials und die außerordentlich sorgfältige Kommentierung, wirft die Frage auf, für welches Publikum eine Quellenpublikation dieser Art gedacht ist. Die Quellenlage des zukünftigen Historikers des IFA ist beneidenswert, denn die IFA-Ausgabe ist auf seine besonderen Bedürfnisse abgestellt. Nach Lage der Dinge kann dieser Historiker aber nur entweder Matthias oder Morsey heißen (ein anderer könnte sich bei ihrer Sachkenntnis kaum an die Stoffmasse heranwagen). Dies macht es meines Erachtens bedauernswert, daß die Bearbeiter sich bewußt versagt haben, »einer Auswertung der dargebotenen Quellen vorzugreifen« (S. XXXV). Sie fürchteten vermutlich, daß der »objektive« Wert der Dokumentation durch eine beigefügte »subjektive« Geschichtsschreibung beeinträchtigt werden

1. Diese – in den Augen eines amerikanischen Historikers – unerhörte Tatsache beleuchtet die Schwierigkeiten, vor denen die Geschichtsforschung im geteilten Deutschland steht. Vom Standpunkt des Historikers ist die Stärke der föderalistischen Kräfte der deutschen Geschichte ein Gottesgeschenk, wie die hier besprochene Quellenpublikation beweist. Gesetzt den Fall, Frankreich wäre an der Loire politisch geteilt: es wäre kaum möglich, für Historiker in Grenoble eine wertvolle Publikation ohne die volle Benutzung Pariser Archivalien zusammenzustellen.

könnte. Dies wäre aber kaum der Fall. Es gibt viele wertvolle Quellensammlungen (zum Beispiel in der Geistesgeschichte), deren Brauchbarkeit durch umstrittene »subjektive« Einleitungen keineswegs vermindert wird. Bei zukünftigen Bänden der Parlamentarismus-Reihe ist zu wünschen, daß Darstellung und Quellenpublikation sich mehr die Waage halten: Im vorliegenden Falle wären meines Erachtens etwa 400 Seiten weniger Dokumentation, kompensiert durch 200 Seiten monographischer Darstellung aus den berufenen Händen von Matthias und Morsey, wünschenswert gewesen. Die fast 400 Seiten Dokumentation über die kurze Herbstkrise 1917 könnte zum Beispiel erheblich gekürzt werden. Ein großer Kunstkritiker sagte einmal: Zeichnen heißt Weglassen. Der vielzitierte Mut zur Lücke darf dem Herausgeber ebensowenig wie dem Geschichtslehrer fehlen.

Die Benutzung der Bände durch Nichtspezialisten muß in jedem Falle bei zukünftigen Bänden erleichtert werden, wenn notwendig auf Kosten der Vollständigkeit der Dokumentation. Die Reden im IFA sind voll von Anspielungen auf die jeweilige Lage, Anspielungen, die selbst dem Weltkriegsspezialisten nicht immer geläufig sein werden. Der Fußnotenapparat leidet manchmal daran, daß er bibliographische Hinweise statt einfacher Erklärungen des Tatbestandes bringt. Nur ein Beispiel: David sagte am 11. Juli 1917 (Bd. I, S. 38): »Bethmann ist nach außen ungemein stark diskreditiert. Die norwegische Sache ist gerade furchtbar.«[18] Der Leser erwartet in Fußnote 18 Aufklärung über die mysteriöse »norwegische Sache«, findet statt dessen aber »Vgl. Schulthess 1917/I S. 637 f. und 1917/II S. 659, 665, 680 ff.; ferner HA 163. Sitzung, 3. 7. 1917«. Die meisten Leser werden kaum einen Schulthess dauernd zur Hand haben; die Protokolle des Haushaltsausschusses (HA) werden noch für mehrere Jahre ungedruckt bleiben. Eine kurze Erklärung der »norwegischen Sache« hätte die Benutzung offensichtlich erleichtert. Weit wichtiger als die Erklärung von Einzelheiten ist aber die allgemeine Orientierung des Lesers. Er verliert manchmal den Pfad zu den wesentlichen Problemen im üppigen Gestrüpp des hier gebotenen Details. Dem Übel wäre auf zweierlei Wegen abzuhelfen: erstens durch Kürzung des Materials mittels der oben angeregten Regesten; zweitens durch Beifügung erklärender Einleitungen am Anfang jeden Abschnittes, die für den Leser den chronologischen Ablauf der Geschehnisse festhalten, die bedeutenden bzw. umstrittenen Tatsachen erläutern und auf Schlüsseldokumente hinweisen. (Im Falle der oben angeregten Verbindung von Darstellung und Quellenpublikation müßten die Abschnittseinleitungen natürlich anders ausfallen als bei der Beibehaltung der jetzigen Trennung.) Nur wenige Leser werden die

vielen Ereignisse, die unter den Abschnittstiteln: Die Friedensresolution, Der Siebenerausschuß, Von Michaelis zu Hertling, Nach der
Herbstkrise, Brest-Litovsk, Kühlmann-Krise und Das Ende der
Kanzlerschaft Hertlings gegliedert sind, genügend kennen, um sich
ohne Hilfe der Bearbeiter in der sehr ins einzelne gehenden Publikation zurechtzufinden. Nur ein Beispiel: Die Sitzung des IFA vom
22. August 1917 ist eine der aufschlußreichsten der beiden Bände und
wird unten eingehend besprochen werden. Ihr Thema ist die Reaktion
der Parteien auf eine als provokatorisch empfundene Rede des
Reichskanzlers Michaelis. Der Text der beanstandeten Bemerkungen,
die Vorgeschichte der Rede und die allgemeine politische Lage im
August 1917 wird dem Leser nirgends eingehend erklärt. Nur ein
langes Stöbern durch einen Fußnotenschwulst bringt mit Mühe die
notwendige Orientierung.

Zusammenfassend kann gesagt werden: Die hier besprochenen
Bände sind eine hervorragende Leistung der Editionstechnik, die dem
Fleiß, der wissenschaftlichen Hingabe und der Gelehrsamkeit der
Bearbeiter Ehre machen. Der praktisch vollständige Abdruck des
Quellenmaterials, einschließlich verschiedener Versionen und
Parallelstellen in schon gedruckten Büchern, läßt sich in diesem
Einzelfalle rechtfertigen wegen der Bedeutung des IFA in dem Pro-
zeß der Parlamentarisierung Deutschlands. Der historiographische
Wert und die pädagogische Brauchbarkeit der Parallelpublikation
sind oben schon hervorgehoben worden. Die Organisation der hier
besprochenen Bände kann aber kaum richtunggebend für eine große
Reihe von Nachfolgebänden werden. Das Prinzip der Trennung von
Darstellung und Quellenpublikation oder, besser gesagt, der Verzicht
auf Darstellung ist meines Erachtens unerwünscht. Kürzungen und
Regesten ausgelassener Dokumente sind kaum zu vermeiden, und
die Kommentierung sollte sich mehr nach den Bedürfnissen des gebildeten Laien als des Weltkriegsspezialisten richten. Trotz dieser
Bedenken kann man jedoch nicht genug betonen, wie dankbar die
wissenschaftliche Forschung den Bearbeitern dieser monumentalen
Publikation, Erich Matthias und Rudolf Morsey, sein wird. Ihre
Quellensammlung eröffnet eine neue Ära in der Erschließung der
innenpolitischen Probleme Deutschlands im Ersten Weltkrieg.

Es kann nicht die Aufgabe des Rezensenten sein, die wissenschaftliche
Auswertung einer Publikation von 1500 Textseiten in einer kurzen
Miszelle zu versuchen. Meine Absicht ist nur, einen Eindruck von dem
Wert des hier gebotenen Materials zu geben und gleichzeitig zwei der
vielen aufzuwerfenden Fragen zu erörtern. Was waren die ent-

scheidenden Faktoren, die zur Gründung des IFA und zur Annahme der Friedensresolution im Juli 1917 führten? Und welches Licht wirft das neue Material auf die Problematik der nicht erreichten Parlamentarisierung im Sommer 1917? Der Hauptbearbeiter Erich Matthias liefert in der Einleitung eine wertvolle Monographie über »Die Entstehung des IFA« (S. XI–XXXV), die das Verständnis der folgenden Diskussionsprotokolle bedeutend erleichtert. (Ein gutes Beispiel übrigens, wie Darstellung und Quellenabdruck sich gegenseitig ergänzen können.) Diese Einleitung erweckt im Leser den schon oben angedeuteten Wunsch nach weiteren Einführungen für andere Abschnitte. Matthias analysiert die Position der verschiedenen Parteien vor der Julikrise mit großer Sachkenntnis. Die Nationalliberalen tendierten zu den Konservativen in der Frage der Kriegsziele, zu den Linksparteien in der Frage der Parlamentarisierung; teilweise aus prinzipiellen, hauptsächlich aber aus taktischen Gründen: Wunsch nach Beseitigung Bethmanns und nach Verfassungsreformen als Blitzableiter für die Kriegsmüdigkeit. Die Fortschrittler wünschten die Bildung einer linken Mehrheit im Reichstag einschließlich der Nationalliberalen, aber ohne Zentrum – eine wirklichkeitsfremde politische Konzeption, die die Schwerkraft des rechten Flügels der Nationalliberalen unterschätzte und die Möglichkeit einer Linksschwenkung des Zentrums verkannte. Die SPD stand unter dem immer unerträglicher werdenden Druck der USPD, die die tiefe Unzufriedenheit der Massen bedenkenlos schürte – eine Unzufriedenheit, bedingt durch den Kohlrübenwinter, die erste russische Revolution, die Verzögerung der Neuorientierung und die weitverbreitete USPD-These, daß der deutsche Annexionismus der Hauptschuldige an der Verlängerung des Krieges sei. Die Führer der SPD sahen, daß die Arbeitermassen nicht bei der Stange zu halten waren, wenn es nicht bald zu Fortschritten in der Demokratisierung und der Proklamierung von rein defensiven Kriegszielen kam. Sie fanden volles Verständnis für ihre verzweifelte Lage bei den Fortschrittlern und einiges bei den Nationalliberalen. Aber die Entscheidung darüber, ob es zu einer klaren Reichstagsmehrheit für eine Politik, die die Massen befriedigte – das heißt Neuorientierung und Proklamierung von anti-annexionistischen Kriegszielen –, kommen würde, lag beim Zentrum und innerhalb des Zentrums im Moment der Krisis in den Händen des Abgeordneten Erzberger.

Matthias zeigt eine gewisse Zwiespältigkeit in seinem Urteil über Erzberger während der Julikrise, unterschätzt aber sicher seine historische Bedeutung. Die Darstellung weist nach, daß der Gedanke einer Kundgebung gegen Annexionen durch eine neuzuschaffende Reichstagsmehrheit bei verschiedenen Abgeordneten zur gleichen Zeit auftauchte, unterbewertet dabei aber die entscheidende *Tat* Erzbergers in seiner Hauptausschußrede vom 6. Juli 1917. Der bis dahin dominierende rechte Flügel des Zentrums wurde einfach überrannt. Erst dadurch wurde die neue politische Lage geschaffen, die in der Gründung des IFA als Koordinationsinstrument einer neuen Mehrheit von SPD, Zentrum und Fortschritt ihren Ausdruck fand. Erzbergers Rede überwand – wie auch Matthias feststellt – »das sozialdemokratische Mißtrauen gegen das Zentrum und nicht zuletzt gegen ihn selbst«, so daß »ein ehrliches Bündnis als möglich und greifbar nahe empfunden wurde« (S. XXXIV). Das Mißtrauen der SPD gegen das Zentrum war sicher ein Block im Wege einer neuen Mehrheitsbildung, weit wichtiger aber war das Mißtrauen der bisher vorherrschenden Kreise des Zentrums gegen die SPD. Die Hemmungen, die bei christlichen und bürgerlichen Politikern noch im Jahre 1917 gegen eine Koalition mit »gottlosen, klassenkämpferischen und vaterlandslosen Marxisten« bestanden, dürfen nicht unterschätzt werden. (Die Befürwortung der Kriegskredite 1914 wurde z. B. von vielen als eine rein taktische Anpassung an die patriotische Hochstimmung ausgelegt.) Man kennt heute die biedere, staatsbejahende, sozialreformatorische und patriotische Haltung der deutschen SPD in allen Krisen des 20. Jahrhunderts zu gut, so daß es schwerfällt, den Bürgerschreck des Wilhelminischen Deutschland vor dem roten Gespenst als historisches Faktum richtig einzuschätzen. Die Hindernisse auf Erzbergers Wege waren turmhoch – nur ein selbstbewußter Mann mit ungewöhnlichem Elan konnte sich zutrauen, sie zu überwinden.

Die Darstellung geht davon aus, daß Erzbergers Triumph innerhalb der Partei durch die Tatsache entschieden wurde, daß der Friedenswille bei der Zentrumswählerschaft im Laufe des Frühjahrs 1917 übermächtig geworden war (S. XXIX), eine Feststellung, die sich kaum beweisen läßt, schon gar nicht, wenn man »Friedenswillen« mit »Wunsch nach Koalition mit der SPD zur Unterstützung eines annexionslosen Friedens« gleichsetzt. Die Entscheidung lag in jedem Fall nicht bei den Wählern, sondern bei der Zentrumsfraktion des Reichstages. Die Fraktion hat Erzberger andauernde Schwierigkeiten gemacht – ohne seinen Überraschungsvorstoß vom 6. Juli hätte sie kaum die Linksschwenkung zu einem annexionslosen Frieden vorgenommen. Die Stärke der Opposition gegen den von Erzberger eingeleiteten Linkskurs zeigte sich noch auf der besonders einberufenen Frankfurter Tagung des Reichsausschusses der Partei am 23. Juli 1917. Erzberger sah sich gezwungen, den Geheimbericht des habsburgischen Außenministers Czernin vom 12. April 1917 über die verzweifelte Lage der Doppelmonarchie vorzulesen, um die Delegierten von der Notwendigkeit der Politik der Friedensresolution zu überzeugen – ein starkes Mittel, welches Erzberger benutzte, weil er sich in einer Zwangslage fühlte.

Zusammenfassend kann gesagt werden: Die Kooperation der drei Parteien SPD, Zentrum und Fortschritt ab Juli 1917 in einer neuen Mehrheitsbildung, für die der IFA das Koordinationsorgan wurde, war hauptsächlich die Leistung des Abgeordneten Erzberger. Ohne das Zentrum wären die Befürworter einer anti-annexionistischen Friedensresolution eine Minderheit geblieben; ohne Erzberger wären die Widerstände im Zentrum gegen eine Koalition mit der SPD für die Friedensresolution unüberwindlich gewesen. Erzberger hat während der Julikrise sicher große Fehler gemacht, zum Beispiel in seiner Mitarbeit am Sturze Bethmanns. Seine entscheidende und im wesentlichen fruchtbare Rolle ist trotzdem unverkennbar. Die Rede vom 6. Juli brachte den politischen Stein ins Rollen, und die von Matthias zitierte Tatsache, daß Erzberger nicht im Redaktionsausschuß für die Friedensresolution saß, ist belanglos. Es ist charakteristisch für Erzberger, daß er wegen wichtiger politischer Besprechungen auf die redaktionelle Mitarbeit an den fünf verschiedenen Versionen der Resolution verzichtete. Er wußte genau, daß die Wirksamkeit der Resolution nicht auf dem Wortlaut, sondern nur auf der hinter ihr stehenden politischen Konstellation beruhen konnte.

Welches Licht werfen die IFA-Sitzungsprotokolle auf das Problem der Parlamentarisierung während des Weltkrieges? Das Interesse politischer Kreise konzentrierte sich im Frühjahr 1917 mehr auf eine innenpolitische Neuorientierung als auf die Kriegszielfrage. Die Parlamentarisierung (das heißt eine Vergrößerung des Einflusses der jeweiligen Reichstagsmehrheit auf die Regierung) wurde im besonders eingesetzten Verfassungsausschuß im Mai 1917 diskutiert, aber die Hindernisse schienen vielen Abgeordneten unüberwindbar. Sie lagen in der monarchisch-obrigkeitsstaatlichen Tradition, der Stärke der föderalistischen Kräfte und dem ungelösten Problem des Verhältnisses zwischen Preußen und dem Reich. (Die traditionelle und notwendige Personalunion von Kanzler und preußischem Ministerpräsidenten machte einen linksstehenden Kanzler unmöglich, so lange die Vorherrschaft der Konservativen in Preußen ungebrochen war.) Die SPD legte das Schwergewicht ihrer Forderungen auf die Demokratisierung Preußens, die tatsächlich eine Voraussetzung eines funktionsfähigen Reichsparlamentarismus war – obwohl die SPD sicher die Demokratisierung mehr als Endzweck denn als Mittel zur Parlamentarisierung empfand. Bethmann kam der SPD durch die Osterbotschaft weitgehend entgegen, obwohl er es sorgfältig vermied, die Einführung des Reichstagswahlrechtes für Preußen zu versprechen. Die Erwartung politischer Kreise – zum Beispiel der von Matthias zitierten »Frankfurter Zeitung« – ging Anfang Juli 1917 dahin, daß sich die Reichsregierung die notwendigen neuen Kriegskredite durch weitere innenpolitische Konzessionen – wie zum Beispiel das Versprechen des gleichen Wahlrechtes für Preußen – erkaufen würde (Bethmann versuchte diesen Schritt ja tatsächlich vor seinem Sturz).

Die Frage der Friedensziele bekam ihre Bedeutung, die hinter der Neuorientierung nicht zurückstand, erst durch Erzbergers Vorstoß im Hauptausschuß. In der Gründungssitzung des IFA am Nachmittag des 6. Juli – also unter dem unmittelbaren Eindruck von Erzbergers sensationeller Rede – standen Neuorientierung und Friedensresolution im Mittelpunkt der Diskussion: das erste, weil es seit den Vorbesprechungen der letzten Tage auf dem Programm stand, das zweite, weil die Friedensfrage durch Erzbergers Vorstoß in den Brennpunkt des politischen Interesses gerückt worden war. Eine Verbindung beider Themen war dadurch gegeben, daß die Friedensresolution ohne gleichzeitige Parlamentarisierung dem Ausland gegenüber kaum glaubwürdig war. Erzberger verlangte deshalb einen Personenwechsel in der Reichsleitung und proklamierte die These: »Ohne Änderung des Systems in Deutschland kommen wir nicht durch« (S. 6), das heißt, bekommen wir keine Regierung, die den nötigen Kredit für erfolgreiche Verhandlungen mit dem Ausland besitzt. (Er bezog sich auf Bülow und Wolff-Metternich als Kronzeugen.) Andere Mitglieder des IFA stellten sich auf denselben Standpunkt. Capelle (als Leiter des Reichsmarineamtes verantwortlich für den U-Boot-Krieg) und Zimmermann (als Autor der berüchtigten Zimmermann-Note) waren Amerika gegenüber vollständig unmöglich; dasselbe galt nach der Meinung vieler IFA-Mitglieder aber auch für Bethmann, da die formale Verantwortung für die Verletzung der belgischen Neutralität und den uneingeschränkten U-Boot-Krieg auf seinen Schultern lastete.

Das verstärkte Interesse an der Parlamentarisierung im Juli 1917 hatte also einen ganz konkreten Anlaß. Es ging um die Frage: Was muß der Reichstag tun, damit seine Resolution im Ausland eine Wirkung ausüben kann? (Diese Fragestellung war natürlich nicht für alle Parlamentarier die wesentliche. Im Gegenteil: Stresemann und andere Nationalliberale, die an den ersten Sitzungen des IFA teilnahmen, wollten eine bedingte Parlamentarisierung, hauptsächlich um den ihnen verhaßten Bethmann, der auf keine parlamentarische

Mehrheit rechnen konnte, zu stürzen. Sie wollten den Kanzler natürlich nicht durch einen starken »Friedensresolutionskanzler« ersetzt sehen, sondern durch einen Annexionisten.) Die Verhandlungen zur Parlamentarisierung während der Julikrise sind vielleicht die interessantesten Stücke der hier besprochenen Bände. Sie machen auf den heutigen Leser aus zwei Gründen einen peinlichen Eindruck: erstens, weil die Parteiführer mehrere Tage durch fruchtlose politische Diskussionen verloren, während Ludendorff mittlerweile Bethmann stürzte und Michaelis' Ernennung durchsetzte. Der Schritt einer rechtzeitigen, ultimativen Forderung an den Kaiser nach einem Mitspracherecht bei der Ernennung eines neuen Kanzlers unterblieb. Die politische Instinktlosigkeit der Männer des IFA zeigt sich am besten in der Bemerkung ihres Vorsitzenden, des Fortschrittlers Friedrich von Payer, am 12. Juli 1917: »Ich habe nicht den Eindruck, daß eine Reichskanzlerkrise besteht« (S. 53). So gesprochen am Tage vor Bethmanns Sturz.

Zweitens gewinnt der Leser den Eindruck, daß die Parlamentarier dem Problem der Parlamentarisierung ziemlich hilflos gegenüberstanden. Viele kamen nicht aus dem Staunen heraus, daß diese Frage überhaupt spruchreif geworden war. Payer am 11. Juli 1917: »Wer hätte noch vor 14 Tagen geglaubt, daß wir so weit kommen würden?« (S. 40). An Stelle der einfachen Forderung nach der Verantwortlichkeit des Kanzlers gegenüber dem Reichstag diskutierte man verschiedene künstliche Pläne einer Halbparlamentarisierung. Payer forderte einen Generalkriegsrat, auch Reichsrat oder Kronrat genannt: »In diese Behörde würde ich hineinsetzen als gleichberechtigte Mitglieder: Staatssekretäre, einige Vertreter des Bundesrates, noch einige Mitglieder des Hauptquartiers und einige Parlamentarier« (S. 40) Er verteidigte seinen Vorschlag mit einem Argument, das eine politische Institution mit einem Seminar für politische Wissenschaft verwechselte: »Den Gedanken des Kronrates sollte man nicht von vornherein abweisen, weil die Mitglieder dort viel lernen« [würden] (S. 61). Südekum dachte zeitweilig an die Einsetzung eines ständigen parlamentarischen Kontrollrats zur Überwachung der Reichsregierung durch wöchentliche Sitzungen. Fehrenbach wünschte die Berufung einiger Parlamentarier auf Staatssekretärsposten, aber dies warf die Frage auf, ob eine solche Ernennung den Verzicht auf ihr Reichtagsmandat bedeuten mußte (nach Art. 9 der RV: »Niemand kann gleichzeitig Mitglied des Bundesrates und des Reichstages sein«). Im Verzichtfalle bedeutete die Annahme eines Reichsamtes die politische Köpfung (nach einem Wort Max Webers); im Falle der Beibehaltung des Mandats mußte ein nichtparlamentarischer

Reichskanzler durch Untergebene, die zugleich eine Hausmacht im Reichstag besaßen, in eine schwierige Lage versetzt werden. Südekum versuchte am 12. Juli 1917, die verschiedenen Auffassungen in einem Kompromißantrag zu formulieren, dessen Zahmheit man unter anderem im 4. Punkt erkennen kann: »In den Parteien überwiegt die Ansicht, daß die zurücktretenden Staatssekretäre des Auswärtigen (Zimmermann) und der Marine (Capelle) durch Fachmänner zu ersetzen seien« (S. 49). Der Gedanke, daß ein Parlamentarierverstand für Diplomatie oder Marineverwaltung ausreichen konnte, schien den deutschen Parlamentariern offensichtlich gewagt. Die föderalistischen Kräfte im Zentrum hatten außerdem ein Grauen vor den unitarischen Folgen jeder Form von Parlamentarisierung. Der Sozialdemokrat Friedrich Ebert vertrat einen alten Parteistandpunkt in der charakteristischen Bemerkung: »Personen wollen wir nicht nennen und auch nicht diskutieren. Das Programm ist das Entscheidende« (S. 68). Philipp Scheidemann glaubte an die Illusion eines Paktes der weltgeschichtlichen Vorsehung mit dem sozialdemokratischen Programm: »Wir versäumen mit einigen Wochen nichts, wir nützen sie zu gründlicher Vorbereitung. Unsere Macht wird immer größer, nicht etwa geringer. Je größer die Not wird, um so höher steigt die Macht des Reichstags gegenüber der Regierung« (S. 43). Der Vorsitzende Payer wehrte sich gegen den Wunsch einiger Zentrumsleute und Sozialdemokraten, nur Vertreter der Mehrheitsparteien in die Regierung (oder einen neuen Kronrat) zu schicken: »Die Herren reden von einer Vertretung der Mehrheit. Das heißt Ausscheiden der Konservativen und aller Gegner unserer Erklärung (der Friedensresolution). Das halte ich für unmöglich. Was sind denn wir für eine Mehrheit? Wir finden uns ja nur in der einen Frage zusammen« (S. 59). Payer zeigte mehr Resignation als politische Tatkraft.

Von *dieser* Mehrheit konnte man die Erzwingung einer weiteren Parlamentarisierung tatsächlich kaum erwarten. Der Sozialdemokrat David beurteilte die Lage nach dem Sturze Bethmanns vollständig richtig, aber seine Einsicht blieb ohne Folgen: »In dieser Lage haben wir (das heißt die Mehrheitsparteien) alle das gleiche Interesse, unsererseits bei dieser Aktion (das heißt der Entwicklung der Krise) mit dabei zu sein und nicht alles geschehen zu lassen in den Kreisen der Militär- und Zivilbürokratie ... Wir haben nicht Kanzlersturz im Auge gehabt, sondern dem Kanzler ein innerpolitisches und außenpolitisches Programm zu geben. Wir haben dafür zu sorgen, daß der neue Mann von vornherein von uns aus die gleiche Situation vorfindet, daß er von uns nicht akzeptiert werden kann, wenn er nicht unser Programm annimmt. Das müssen wir die andere Seite wissen lassen. Wir müssen zum mindesten mitsprechen bei der Ernennung des neuen Kanzlers. Wir dürfen darüber die entscheidende Instanz nicht im unklaren lassen. Wenn jetzt ein Mann käme, der nach der alldeutschen Seite willkommen ist, dann wäre die Krise ein Sieg jener Richtung. Unsere Schwäche ist das, daß die Mehrheit des Reichstags keinen Kandidaten hat. Gegen uns, solange wir geschlossen sind, kann kein neuer Mann arbeiten« (13. Juli 1917, S. 68). Erzberger, immer Optimist, meinte: »Ich halte es für undenkbar, daß ein Mann gegen uns kommt« (S. 68). Der Fortschrittler Gothein war derselben Ansicht: »Wenn jetzt ein Mann der anderen Richtung herankommt, dann haben wir den Konflikt. Das ist gegenwärtig eine Unmöglichkeit« (S. 68). Das Unmögliche geschah aber tatsächlich noch am selben Tage. Der neue Kanzler Michaelis war innerlich ein Gegner der Politik der Friedensresolution; der von Gothein prophezeite Konflikt unterblieb, da Michaelis die Resolution, »wie ich sie auffasse«, in öffentlicher Reichstagssitzung heuchlerisch akzeptierte. Die These Eberts über die Priorität des Programms vor der Person erwies sich als politisch fatal. Die Parlamentarisierung unterblieb mit Ausnahme der politisch unerheblichen Aufnahme von zwei oder drei Parlamentariern in die preußische und die Reichsregierung, natürlich unter der Bedingung des Verlustes ihres parlamentarischen Mandats. Die Politik der Friedensresolution war unter einem Kanzler Michaelis tot geboren.

Die außenpolitische Konzeption der Friedensresolution entsprach sicher dem Gebot der deutschen Staatsräson im Jahre 1917. Ob die Resolution – gesetzt den Fall, sie wäre dem Ausland gegenüber glaubwürdig vertreten worden – den Frieden gebracht hätte, ist allerdings zweifelhaft. Die Lieblingsthese des Abgeordneten Haase von der USPD, daß die deutschen Annexionisten die Hauptverantwortung für eine unnötige Verlängerung des Krieges trugen, entsprach kaum den Tatsachen. Die Ententemächte waren ebensowenig wie das offizielle Deutschland bereit, sich nach Jahren verzweifelter Kriegsanstrengungen mit einem *Status-quo-ante*-Frieden zu begnügen. Rußland – auch das Kerenski-Rußland – kämpfte für die türkischen Meerengen; Italien für die Brennergrenze und Triest; Frankreich für Elsaß-Lothringen, und England für die Vernichtung der deutschen See- und Kolonialmacht. Der Glaube, daß allein der deutsche Wunsch nach einem Verständigungsfrieden genüge, einen solchen Frieden zu erreichen, war sicher eine Illusion. Trotz dieser Tatsache lag die Befürwortung eines solchen Friedens aber im deutschen Interesse, und zwar aus folgenden Gründen: Die Kriegsziele der »Siegfriedler« zeigten eine vollständige Verkennung der deutschen Lage unter den Weltmächten: Europa war auf keinen Fall bereit, eine deutsche Hegemonie zu dulden. Jede deutsche Annexion – ob als Annexion, Grenzberichtigung oder militärische Sicherung bezeichnet – mußte das bestehende europäische Staatensystem erschüttern. Tatsächlich wäre ja selbst ein Status-quo-ante-Frieden (der sogenannte Hubertusburger Frieden, den ein relativ nüchterner Mann wie Friedrich Meinecke befürwortete) von einer deutschen De-facto-Hegemonie kaum zu unterscheiden gewesen, nachdem Deutschland dem Vernichtungswillen einer ganzen Welt erfolgreich getrotzt hätte. Eine solche De-facto-Hegemonie, verbunden mit einer besonnenen und bescheidenen Politik nach Innen (anständige Behandlung der Polen, Elsässer und so weiter) und Außen (keine kaiserlichen Parvenüallüren und so weiter), hätte Europa vielleicht akzeptieren können, jede Form eines Siegfriedens aber unter keinen Umständen.

Die Politik der Friedensresolution war aber nicht nur richtig aus diesem prinzipiellen Gesichtspunkt, auch taktisch-propagandistische Gründe, innen- sowie außenpolitische, sprachen für einen »Verzichtfrieden«. Nur ein reiner Verteidigungskrieg konnte die moralische Einmütigkeit des deutschen Volkes erhalten und der USPD den Wind aus den Segeln nehmen. Eine solche Politik konnte vielleicht selbst den Vernichtungswillen der Entente ein wenig dämpfen. Die führenden Politiker der Entente (Lloyd George, Ribot, der bald von Clemenceau abgelöst wurde, Sonnino und Kerenskij) waren sich einig in der Ablehnung eines Status-quo-ante-Friedens, aber sie mußten sich alle gegen Oppositionskräfte halten, die einen Verständigungsfrieden anstrebten – Oppositionskräfte, deren Stoßkraft geschwächt wurde durch die weit verbreitete und berechtigte Angst vor den Annexionsgelüsten Deutschlands. Lansdowne und MacDonald in England, Caillaux in Frankreich, Giolitti in Italien und gewissermaßen auch Lenin in Rußland waren bereit, einen Verständigungsfrieden ohne Annexionen zu schließen. Eine glaubwürdige deutsche Friedensresolution hätte ihre Agitation gegen die annexionistischen »Kriegsverlängerer« im eigenen Lande gestärkt und dadurch mindestens die moralische Kraft der Entente-Mächte bedeutend geschwächt.

Die Kernfrage der deutschen Außenpolitik war also, die Friedensresolution glaubhaft zu machen. Wie die Dinge lagen, wußte die Entente genau, daß die führenden Kräfte in Deutschland (OHL, Reichskanzler, Konservative Partei) sich weder eindeutig zur Friedensresolution bekannten, noch sich an sie gebunden fühlten. Die Resolution hat unter diesen Umständen der deutschen Diplomatie im Ausland keinen Schritt weiter geholfen; sie hat ihr vielleicht sogar geschadet, weil sie – nicht mit Unrecht – als Zeichen der Schwäche ausgelegt werden konnte. Nur eine wirksame Parlamentarisierung, die die Führer der Resolutionsmehrheit in die Regierung brachte, den politischen Einfluß der OHL ausschaltete und die Vormacht der unbelehrbar annexionistischen Kreise im Reiche brach, konnte Deutschland außenpolitisch weiterhelfen.

Bethmann hatte den Kaiser noch während der Julikrise bewogen, die Abschaffung des Dreiklassenwahlrechts in Preußen zu versprechen, und damit – wenigstens in der Theorie – das Todesurteil über die konservative Herrschaft im Reiche gesprochen. Der Weg vom Versprechen zur erfolgreichen Gesetzesvorlage aber war lang und steinig, und das auf dem alten Wahlrecht fundierte preußische Abgeordnetenhaus hat sich der Demokratisierung noch im Herbst 1918 erfolgreich widersetzt. Der Einfluß der OHL auf die Regierung war durch die Juli-Ereignisse keineswegs geschwächt. Im Gegenteil: die Abschießung Bethmanns durch das Ultimatum Ludendorffs war ein gefährlicher Präzedenzfall für zukünftige politische Interventionen. Der – nicht besonders energisch vorgetragene – Wunsch der Mehrheitsparteien nach Einfluß auf die Regierungsbildung erlitt ein vollständiges Fiasko. Die Reichstagsmehrheit tröstete sich mit dem Scheinerfolg, daß der neue Reichskanzler sich in seiner Rede vom 19. Juli zur Friedensresolution bekannte, und nahm den Zusatz »wie ich sie auffasse« nicht allzu tragisch. Die von Hilflosigkeit und Kriegsmüdigkeit gespeiste Selbsttäuschung über eine Übereinstimmung zwischen Kanzler und Mehrheit führte zu einem herben Erwachen, als Michaelis im Hauptausschuß am 21. August 1917 aus Anlaß der päpstlichen Friedensnote erklärte, er stünde nicht unbedingt auf dem Boden der Resolution, und außerdem die Unverfrorenheit besaß, auf Meinungsverschiedenheiten innerhalb der Mehrheitsparteien anzuspielen. Er sah sich bald gezwungen, beide Bemerkungen zurückzunehmen.

Die Protokolle des IFA erlauben zum ersten Male das eingehende Studium der Reaktion der Parteiführer auf die provozierenden Worte des Kanzlers. Südekum verlangte einen sofortigen Vorstoß gegen Michaelis: »Er muß weg« (Band I, S. 139). Haußmann war derselben Meinung und drückte das ein paar Tage später in den folgenden Worten aus: »Die Hauptsache ist, Michaelis hat kein Vertrauen bei keinem Abgeordneten der Mehrheitsparteien und im Herzen auch nicht mehr bei den konservativen Abgeordneten, die das Versagen der letzten Tage miterlebt haben. Er ist kein Staatsmann, er ist kein führender Geist, er ist ohne Geschick und voll Ungeschick. Das allein genügt, um ihn unhaltbar zu machen. Aber schlimmer ist die unheilvolle Zweideutigkeit, deren Zeugen wir geworden sind und die sich fortwährend häuft« (S. 150). »Es ist eine Unklarheit und Verschwommenheit hergestellt, die ein Unglück für Deutschland ist. Kein Mensch kann diese Zusammenhänge auch nur dem eigenen Volk verständlich machen. Die Ehrlichkeit des deutschen Wortes kann jetzt bequem in Zweifel gezogen werden, nachdem wir selbst an dem Wort des Reichskanzlers zweifeln müssen« (S. 154). Haußmann forderte den Sturz von Michaelis und hoffte auf die Nachfolge von Max von Baden.

Haußmanns Vorschlag, einen Konflikt mit Michaelis durch eine scharfe Anfrage zu provozieren, fand wenig Unterstützung im IFA. Fehrenbach wollte »keinen persönlichen Kampf gegen den Reichskanzler. Ich halte ihn für einen ehrlichen Mann, mit dem wir noch arbeiten können. Wir sollten die Lage nicht erschweren« (S. 149). Ebert beschwerte sich zwar, daß Michaelis' Haltung ihn seiner Fraktion gegenüber in eine schwierige Lage brachte: »Trotzdem soll man jetzt nicht mit dem Mann abrechnen. Es steht mir das Interesse des Landes an erster Stelle« (S. 140) – als ob das Interesse Deutschlands die Stützung eines unfähigen und unglaubwürdigen Kanzlers verlangte, in einem Augenblick, wo alles auf staatsmännische Kunst und Vertrauen ankam! Das Unglaublichste aber leistete sich Payer: »Auf Vorschlag Haußmanns kann ich nicht treten. Jetzt können wir nicht Kanzlersturz betreiben. Das hat eine ungeheure Verantwortlichkeit, namentlich für die, die den Frieden betreiben. Was wir von ihm (Michaelis) verlangen müssen, ist, daß er auf dem Boden des Verständigungsfriedens steht. Das hat er nicht bestritten (!). Sein Streben ist nur immer dieses Zusammenarbeiten mit der Reichsregierung, das er in Aussicht gestellt hat (!), in die Luft sprengen? Zweifellos war er nicht korrekt, aber er ist auch in einer schweren Lage. Er ist kein Politiker. Wenn er es uns ermöglicht, mit ihm zusammenzuarbeiten, dann sollten wir das nicht unmöglich machen« (S. 139). Payer wurde vom IFA beauftragt, zum Kanzler zu gehen und ihn auf die Friedensresolution festzunageln. Er erhielt von Michaelis eine Antwort, die ihn befriedigte. Während Payers Abwesenheit verfaßten Ebert und Erzberger eine Deklaration, die zwei Feststellungen traf: »I. In den Vorverhandlungen, die über die Resolution zwischen den Vertretern der beteiligten Parteien und dem Herrn Reichskanzler seinerzeit stattgefunden haben, konnte nach den ausgetauschten Erklärungen keiner derselben annehmen, daß der Kanzler sich nicht auf den Boden der Reichstagsentschließung stellen werde. 2. Die Bemerkung des Herrn Reichskanzlers, daß innerhalb der Mehrheitsvertreter sachliche Differenzen über die Auffassung der Resolution zutage getreten seien, ist unzutreffend« (S. 141 Anm. 2). Payer konnte das Verlesen dieser Deklaration durch Ebert in der nächsten Hauptausschußsitzung nicht verhindern, obwohl Michaelis die privaten Zusagen, die er Payer gegeben hatte, am Anfang der Sitzung öffentlich wiederholt hatte – allerdings mit so leiser Stimme, daß Ebert ihn unter den schlechten akustischen Bedingungen nicht deutlich verstand. Michaelis fand es ungehörig, daß man ihn öffentlich als Lügner abstempelte; Payer fühlte sich desavouiert, weil er dem Kanzler den Eindruck gegeben hatte, der Konflikt würde durch Michaelis' Erklärung beendet werden. Payers übertriebene Ehrenhaftigkeit führte in der Abendsitzung des IFA zu einer lächerlichen Vorsitzkrisis. Payer: »Der Kanzler fühlt sich verletzt, und ich ziehe die Konsequenzen, indem ich den Vorsitz in dieser Kommission (das heißt des IFA) niederlege. Denn man kann nicht verlangen, daß jemand erleben muß, daß er so desavouiert wird. Die Erklärung (Eberts gegen Michaelis) trug einen feindseligen Charakter. Ich habe mir überlegt, ob wir nicht dem Reichskanzler eine Aufklärung darüber schuldig sind, wieso es möglich war, daß wir ein so widerspruchsvolles Benehmen an den Tag legten«. Payer stellte deshalb zur Diskussion, »ob man nicht dem Reichskanzler eine Erklärung und Genugtuung schuldig ist« (S. 142). Der IFA entschloß nach längerer Diskussion, daß der erste Sprecher der Mehrheitsparteien im Hauptausschuß am nächsten Tage, Haußmann, einige Entschuldigungsfloskeln in seine Rede einflechten sollte, um – in seinen Worten – »das Zwischenspiel einer Mehrheitsvorsitzkrisis zu vermeiden« (S. 163).

Als Haußmann diesen Auftrag übernahm, hatte er den »unbedingten Entschluß, Michaelis materiell den Vorwurf der Schädigung unserer Politik zu machen und das Vertrauen als verloren zu bezeichnen«. Er arbeitete den Abend an einer Kanzlersturzrede, wollte sie aber nicht ohne eine vorherige Aussprache mit Payer halten. Es kam aber nicht zu der erwünschten Aussprache am Spätabend, da Payer »zum Kanzler geladen und zum Bier dabehalten wurde. Andern Morgens vor der Sitzung treffe ich endlich Payer, teile ihm meine Absicht mit, er erhebt Protest, da ich nicht ohne Parteiberatung (dem Kanzler) das Vertrauen aufsagen dürfe. Ich werde unmittelbar darauf aufgerufen und muß eine um die Hauptpunkte geköpfte Rede halten« (Brief Haußmanns an Dr. Guido Leser, 28. August 1917, S. 163). Haußmann war überzeugt, daß ein energischer Vorstoß Michaelis gestürzt hätte: »Die anderen Mehrheitsparteien wären mitgegangen, sie wollten nur nicht allein vorangehen. Erzberger nicht, weil er nicht gewohnheitsmäßiger Kanzlerstürzer werden will und weil er von Michaelis jetzt eine prompte und entgegenkommende

Haltung gegen die Papstnote erwartet. Die Sozialdemokraten nicht, weil sie von dem geschwächten Michaelis politische Zugeständnisse sicherer erwarten als von dem ihnen unbekannten Nachfolger, der, wie sie meinten, vom Hauptquartier in einem dem Parlament abgeneigten Sinn gewählt und beeinflußt werde« (S. 155). Haußmann glaubte im Gegensatz zu dieser Auffassung, daß Kaiser und Hauptquartier diesmal einen besseren Kanzler ernennen würden, in der Einsicht, »daß statt einer latenten Krisis eine rasche Wiedergutmachung (des von Michaelis angerichteten Schadens) durch einen ehrlichen und fähigen Mann, der sich offen auf die Mehrheit stützt, von der Stunde und vom Reichsinteresse gefordert wird« (S. 155). Dieser Optimismus wurde nicht auf die Probe gestellt, denn Michaelis blieb noch zwei weitere Monate Kanzler, sicher mit tragischen Konsequenzen für Deutschland. Die Chance, durch die päpstliche Vermittlung zu Verhandlungen mit den Feindmächten auf der Basis der Friedensresolution zu kommen – sicher die beste Chance während des Krieges, zu einem Verständigungsfrieden zu kommen, obwohl man sie nicht zu hoch einschätzen darf –, wurde im September 1917 von Michaelis verpaßt.

Man sieht also: die Publikation von Matthias und Morsey dient dem Verständnis der Genesis des deutschen Parlamentarismus, nicht der Rechtfertigung der deutschen Parlamentarier. Ihre ganze Hilflosigkeit, Selbsttäuschung und politische Instinktlosigkeit wird rücksichtslos enthüllt. Das beste Argument gegen die Parlamentarisierung 1917 – trotz des Versagens des alten Systems unter Michaelis und der außenpolitischen Notwendigkeit einer »Friedensresolutionsregierung« – lag in der Unfähigkeit der Mehrheitspolitiker. Sie besaßen keinen Kanzlerkandidaten. Payer hat in der Krise seine Unzulänglichkeit bewiesen. Erzberger galt zu sehr als das forsche, unzuverlässige enfant terrible der Zentrumspartei. Fehrenbach war schwunglose Mittelmäßigkeit. Die bürgerlichen Vorurteile des Wilhelminischen Deutschland machten einen SPD-Kanzler vollständig undenkbar, aber selbst ohne dieses Vorurteil hätte die Partei keinen geeigneten Mann präsentieren können: Ebert war bei allen späteren Verdiensten seiner Reichspräsidentenschaft ein Funktionärstyp, kein Volksführer; Scheidemann ein schillernder Rhetor, kein Staatsmann; Otto Braun war außerhalb der Partei noch kaum bekannt. Wahrhaftig ein trauriges Bild! Der nationalliberale Führer Stresemann hatte Format und wünschte selber eine weitgehende Parlamentarisierung; er war aber ein erklärter Gegner der Friedensresolution und benutzte seine zeitweilige Teilnahme am IFA, um die Politik der Mehrheitsparteien von innen her zu sabotieren. Er schrieb am

26. August 1917 selbstgefällig an ein Mitglied des rechten Flügels seiner Partei: »Auf dem Gebiete der inneren Politik haben wir schon manches Unheil durch unsere Teilnahme verhütet ... Infolge unserer Teilnahme gewannen die gemäßigten Elemente im Zentrum und in der Fortschrittspartei an Boden, ohne unsere Teilnahme würden die radikalen Elemente Erzberger, Scheidemann, Haußmann und Gothein die Lage beherrschen« (S. 156/157). Ein solcher Mann war in dieser Lage als Kanzler unbrauchbar. Verschiedene Mehrheitsführer dachten an Außenseiter als Kanzler-Kandidaten: Erzberger wollte Bülow aus der Mottenkiste holen, aber Bülow war nicht nur beim Kaiser wegen seiner früheren Kanzlerschaft untragbar. Haußmann dachte an Prinz Max von Baden, aber Max war ein sanfter, unpolitischer Mensch, der sich unter keinen Umständen vordrängen wollte und dann im Oktober 1918 als zu spät Gerufener seine Unfähigkeit im Kanzleramt zeigte. Als Michaelis tatsächlich im November 1917 stürzte, kam es – wie man bei Matthias und Morsey in dem umfangreichen dritten Abschnitt (Bd. I, S. 213–599) nachlesen kann – im Einvernehmen zwischen Kaiser, OHL und Reichstagsmehrheit zu der Verlegenheitslösung Graf Georg von Hertling. Hertling – von Hause aus Philosophieprofessor – war schon immer ein etwas blutleerer Politiker gewesen, ein Mann, dessen Stärke im Verhandeln, nicht im Handeln lag. Jetzt war er ein Greis von vierundsiebzig Jahren, der bei Abendsitzungen manchmal einschlief und wegen einsetzender Blindheit beim Aktenlesen die Unterstützung eines Vorlesers benötigte. Ein solcher Kanzler konnte Ludendorff unmöglich zügeln, er konnte und wollte die Politik der Friedensresolution nicht energisch durchführen, und er war als Verhandlungspartner neben Kraftfiguren wie Clemenceau und Lloyd George kaum denkbar.

Die Ernennung von Hertling nach vorhergehender Vereinbarung eines Programmes mit den Mehrheitsparteien bedeutete den Höhepunkt des Einflusses des IFA. Hertling war alter Zentrumsführer. Der Vorsitzende des IFA, Payer, wurde auf Wunsch der Fortschrittspartei und der SPD Vizekanzler. Oberflächliche Beobachter sprachen von der De-facto-Einführung des parlamentarischen Systems, aber der scheinbare Triumph der Mehrheitsparteien war in Wirklichkeit ein Pyrrhus-Sieg. Weder Hertling noch Payer fühlten sich in ihrer politischen Haltung der Reichstagsmehrheit verpflichtet. Beiden lag vor allem an einem guten Verhältnis zur OHL, und sie sahen es als ihre Hauptaufgabe an, offenen Konflikt zwischen Ludendorff und dem IFA zu verhindern. Die Mehrheitsparteien hatten verständliche Hemmungen, den eigenen Parteifreunden und früheren Führern das Leben schwer zu machen. Das zwischen Hertling und den Mehrheitsparteien vereinbarte Programm blieb ein toter Buchstabe.

Es ist besonders interessant, im zweiten Bande der Publikation von Matthias und Morsey zu verfolgen, wie die OHL sich – gewöhnlich mit Hilfe von Hertling und Payer – in allen wichtigen Fragen bis zum Herbst 1918 durchsetzen konnte. Im Abschnitt über den Brester Frieden (Bd. II, S. 3–370) erfährt der Leser, daß die Reichsleitung den Parlamentariern die Ausübung politischen Einflusses unter anderem dadurch unmöglich machte, daß sie ihnen wichtige Tatsachen über den Gang der Verhandlungen mit Rußland verschwieg. Kühlmanns Aussprache mit den Fraktionsführern vom 18. Februar 1918 ist in diesem Zusammenhang als Schlüsseldokument besonders hervorzuheben (Bd. II, S. 248–75). Der Abschnitt über die Kühlmann-Krise (S. 373–465) zeigt die Schwäche der Reichstagsmehrheit gegenüber der OHL in einer deutlichen Weise, da sie den Staatssekretär des Auswärtigen trotz Unterstützung von Hertling und Payer nicht gegen Ludendorff halten konnte. Der letzte Abschnitt über »Das Ende der Kanzlerschaft Hertlings« (S. 496–798) dokumentiert das unglückliche Zögern der Mehrheitsparteien, klare Verhältnisse zu erzwingen. Der Wunsch, dem früher verdienten Hertling einen ehrenvollen Abgang zu ermöglichen, paralysierte die politische Stoßkraft des Zentrums; Payers Solidarität mit Hertling war ein weiteres Beispiel seiner menschlichen Anständigkeit, die sich leider mit politischer Instinktlosigkeit verband; das Warten der Mehrheitsparteien auf Max von Baden zeigte noch einmal ihre permanente Führungskrise. Haußmann hatte wie gewöhnlich die richtige Einsicht, als er am 12. September 1918 im IFA sagte: »Das letzte Jahr ist politisch nicht ausgenutzt, sondern politisch vertrödelt (worden). Wir müssen handeln. Wir müssen einen Willen mit einer Regierung bilden« (Bd. II, S. 533). Der Sturz Hertlings ließ aber noch drei Wochen auf sich warten. Die Parlamentarisierung der Reichsregierung wurde nicht durch das energische Handeln der Mehrheitsparteien erkämpft: sie erfolgte auf Befehl des Generals Ludendorff, als er die Hoffnungslosigkeit der militärischen Lage erkannte. Die verspätete Parlamentarisierung wurde eine Begleiterscheinung der außenpolitischen Katastrophe, die eine rechtzeitige Parlamentarisierung als innenpolitische Grundlage eines Verständigungsfriedens *vielleicht* verhindert hätte.

Der Ex-post-facto-Kritiker der Haltung der Mehrheitsparteien im Jahre 1917/18 muß sich natürlich immer wieder in ihre schwierige Lage versetzen. Die Parlamentarisierung bedeutete nichts weniger als eine Revolution mitten im Kriege. Der gegebene Hebel einer Revolutionierung wäre die »unpatriotische« Verweigerung der Kriegskredite gewesen. Hätte die führende Schicht des Wilhelminischen Deutschland – Kaiser, Bürokratie, preußische Konservative und OHL – aber vor dem Herbst 1918 tatsächlich vor der Drohung der Kreditverweigerung kapituliert? Wäre es nicht wahrscheinlich statt der Parlamentarisierung zu einer Militärdiktatur unter dem populären Aushängeschild Hindenburg gekommen, mit fatalen Auswirkungen auf die innere und äußere Lage? Konnte die Reichstagsmehrheit die Schädigung der deutschen Verteidigungskraft – moralisch und materiell – verantworten, die ein Verfassungskonflikt notwendigerweise heraufbeschwor? Waren die Zweideutigkeiten eines Halbparlamentarismus den Torheiten einer Militärdiktatur nicht vorzuziehen? Alle diese Rücksichten spielten in dem kraftlosen Verhalten der Mehrheitsparteien eine wesentliche Rolle. Entscheidend war aber die Tatsache, daß die Mehrheitsparteien weder in ihrer Zielsetzung noch in ihrer Führung für den Übergang zum Vollparlamentarismus reif waren. Der sterile Negativismus der SPD-Tradition bereitete Hemmungen für eine verantwortliche Regierungstätigkeit; im Zentrum gab es starke konservative und föderalistische Elemente, die die Parlamentarisierung fürchteten; den Fortschrittlern fehlten das Selbstbewußtsein und der Elan des deutschen Frühliberalismus. Sie erwiesen sich als epigonenhafte Erben einer Bewegung, deren Rückgrat Bismarck gebrochen hatte. Zu den vielen Vorzügen der wertvollen Publikation von Matthias und Morsey gehört, daß sie eine Fülle von Belegen für diese traurige Bilanz der Parteien in der Geburtsstunde des deutschen parlamentarischen Systems liefert.

DER UNGEEIGNETE MANN: DIE REGIERUNG
DES PRINZEN MAX VON BADEN

Die Regierung des Prinzen Max von Baden, bearbeitet von Erich
Matthias und Rudolf Morsey, Quellen zur Geschichte des Parlamen-
tarismus und der politischen Parteien, Erste Reihe, Bd. 2; 699 S.,
Düsseldorf 1962

in: The Review of Politics, 26/1964, S. 215–243

Die neue Edition

Die nur fünf Wochen dauernde Regierung des Prinzen Max von Baden (3. Oktober bis 9. November 1918) ist für die deutsche Geschichte von entscheidender Bedeutung, denn sie signalisiert das Ende des Ersten Weltkrieges und die formelle Einführung des Parlamentarismus in Deutschland. Eine große Menge Material wurde bereits kurz danach veröffentlicht, in der Regel mit einem höchst polemischen Zweck. So wurden die *Amtlichen Urkunden zur Vorgeschichte des Waffenstillstandes 1918,* die das Auswärtige Amt und das Innenministerium 1919 (2. Auflage Berlin 1924) veröffentlichten, von dem Wunsch motiviert, die Verantwortung für Deutschlands Forderung nach einem Waffenstillstand der Obersten Heeresleitung zuzuschreiben.[1] Dieser Veröffentlichung gelang es zwar, die Dolchstoß-Legende im Bewußtsein informierter Bürger zu zerstören, aber diese erwiesen sich in der Weimarer Republik nur als eine einflußlose Minderheit. Die umfangreichen *Erinnerungen* des Prinzen Max (Berlin 1927), die er mit einem großen Stab von Mitarbeitern verfaßt hatte, lieferten einen außerordentlich umfassenden Bericht der ganzen Periode, der zwangsläufig jedoch apologetisch im Ton und zurück-

1. Die Entstehungsgeschichte dieser wichtigen Publikation wird von Matthias und Morsey auf den Seiten XLIII–LIII ihrer Einleitung untersucht. Am 6. Juni 1919 beschloß die deutsche Regierung eine frühzeitige Veröffentlichung, die vor allem durch die ersten Pamphletisten der Dolchstoß-Legende provoziert wurde (zum Beispiel Oberst Max Bauer: »Der Irrwahn des Verständigungsfriedens«). Matthias Erzberger und Hermann Müller wurden vom Kabinett am 18. Juli beauftragt, die Schlußfassung durchzusehen. Eine stark erweiterte Ausgabe erschien 1924 unter der editorischen Leitung von Veit Valentin. Dieser hatte, nebenbei bemerkt, den Verdacht, daß die Oberste Heeresleitung Dokumente zerstört hatte, die ihre Verantwortung für das Waffenstillstandsgesuch von Anfang Oktober 1918 betrafen (S. 1).

haltend gegenüber eigenen Schwächen gehalten war.[1] Das Plädoyer für die konservative Opposition wurde geschickt von Graf Kuno Westarp, dem Führer der Konservativen, in seinem Buch *Die Regierung des Prinzen Max von Baden und die Konservative Partei 1918* (Berlin 1928) gehalten. Alle diese wichtigen Bücher enthielten auch Veröffentlichungen von Originaldokumenten, obwohl diese zwangsläufig recht einseitig ausgewählt waren.

Es ist das große Verdienst der von Erich Matthias und Rudolf Morsey herausgegebenen neuen Quellenpublikation *Die Regierung des Prinzen Max von Baden,* daß sie zum ersten Mal eine umfassende Sammlung von Dokumenten bringt, die ohne Furcht und ohne positives oder negatives Vorurteil ausgewählt und gegliedert worden ist. Dieser Band erscheint in einer sehr nützlichen Reihe, die den Titel »Quellen zur Geschichte des Parlamentarismus und der politischen Parteien« trägt, und er folgt unmittelbar auf zwei früher veröffentlichte Bände über den *Interfraktionellen Ausschuß* 1917 bis 1918, den dieselben Herausgeber 1959 edierten.[2] Die gesamte Reihe ist in ihrer Art bahnbrechend, weil sie das Prinzip der Veröffentlichung von Primärquellen, das früher zu oft nur auf diplomatische Dokumente beschränkt blieb, nun auch auf die innenpolitische Geschichte Deutschlands anwendet. Der hier zu besprechende Band ist deshalb besonders bemerkenswert, weil in ihm der vollständige Bestand der Sitzungsprotokolle des Reichskabinetts veröffentlicht wird. Wie

1. Matthias und Morsey untersuchen die Genese dieser Veröffentlichung auf den Seiten LIII–LVII ihrer Einleitung. Das Buch wurde in einem Zeitraum von acht Jahren zusammengestellt, in dem Max von Baden die Abschriften vieler offizieller Dokumente erhielt, einzelne Persönlichkeiten bat, ihre Erinnerungen an besondere Ereignisse niederzuschreiben, und sorgfältig das gesamte gedruckte Material zusammentrug. Prinz Max wurde dabei von einem fast masochistischen Drang zur Selbstrechtfertigung getrieben, aber er empfand auch die strenge Verpflichtung, nichts zu veröffentlichen, was den deutschen Interessen in der Außenpolitik der zwanziger Jahre zuwiderlaufen könnte. Sein bemerkenswerter Wunsch, die Oberste Heeresleitung in seiner Schilderung zu schonen, sogar wenn das die Verheimlichung wichtiger Fakten bedeutete, wird in einem Brief an Kurt Hahn vom 22. September 1921 auffallend deutlich (S. LXII–LXIII). Kurt Hahn war der eigentliche Verfasser der Erinnerungen des Prinzen.

2. Erich Matthias und Rudolf Morsey (Hrsg): *Der interfraktionelle Ausschuß 1917/18,* Quellen zur Geschichte des Parlamentarismus und der politischen Parteien, Erste Reihe, Bd. 1; 2 Bde., Düsseldorf 1959.

anders würde der Befund über die britische Geschichte im 20. Jahrhundert lauten, wenn die Historiker freien Zugang zu den Protokollen der Downing Street 10 hätten! Es ist einer der sehr wenigen Vorteile der wechselvollen jüngsten deutschen Geschichte, daß sie die freie Zugänglichkeit vertraulicher Schriftstücke erlaubt (und vielleicht sogar verlangt), die eine auf verfassungsmäßiger Kontinuität beruhende Regierung zu Recht unter Verschluß hält.

Eine kurze Übersicht über die von Matthias und Morsey verwendeten Quellen wird einen Eindruck von dem unglaublichen Materialreichtum dieses Bandes vermitteln. Der Grundstock der Sammlung besteht aus (offiziellen und nichtoffiziellen) Schriftstücken zu den Kabinettssitzungen. Einige dieser Dokumente wurden bereits früher in den *Amtlichen Urkunden,* in den *Erinnerungen* Max von Badens und an anderer Stelle veröffentlicht (obwohl manchmal mit bezeichnenden Auslassungen), so daß verschiedene Rosinen schon aus dem Kuchen der beiden gepickt worden sind. Den ganzen vorhandenen Quellenbestand zum ersten Mal ohne jede Auslassung und ohne den Verdacht eines parteiischen Motivs gedruckt zu haben ist vollkommen gerechtfertigt. Der Wert der Dokumente wird noch durch einen außerordentlich sorgfältigen Apparat von Anmerkungen erhöht, der bezeichnende Lesarten, parallele Passagen aus der Memoiren-Literatur und sogar zeitgenössische Zeitungsberichte, besonders jene der gut informierten »Frankfurter Zeitung«, einschließt.

Der zweitgrößte Bestand an Dokumenten setzt sich aus Protokollen des »Interfraktionellen Ausschusses« zusammen, einem informellen Steuerungsorgan der an der Regierungskoalition beteiligten Parteien. Diese Protokolle bilden eine Fortsetzung der früheren Veröffentlichung derselben Herausgeber, die den Interfraktionellen Ausschuß für die Zeit vom 6. Juli 1917 bis zum 20. September 1918 erfaßt; in dem vorliegenden Band wird ebenfalls das nützliche Verfahren praktiziert, in Parallelspalten unterschiedliche Berichte über dieselbe Sitzung (in der Regel aus den Aufzeichnungen des Zentrum-Abgeordneten Erzberger und des Sozialdemokraten Südekum) zu drucken. Die Sitzungen des Interfraktionellen Ausschusses nahmen verständlicherweise in ihrer Häufigkeit und ihrer Bedeutung ab, als seine Hauptsprecher durch ihre Verantwortung im Kabinett zunehmend mehr in Anspruch genommen wurden; die Sitzungen blieben jedoch für die Beilegung von Konflikten innerhalb der Regierungskoalition wichtig. Einige sehr bedeutende Männer – zum Beispiel der Sozialist Ebert und der Nationalliberale Stresemann – spielten im Interfraktionellen Ausschuß eine herausragende Rolle, während sie jedoch (im Falle Eberts freiwillig) von der Regierung ausgeschlossen blieben.

Die Schriftstücke des Kabinetts und des Interfraktionellen Ausschusses werden durch eine große Fülle verschiedenartigster Dokumente aus zahlreichen Quellen ergänzt. Die Auszüge aus Memoiren-Nachlässen sind äußerst wichtig, besonders die Erinnerungen des Obersten Hans von Haeften (Verbindungsoffizier der Obersten Heeresleitung zum Auswärtigen Amt), des Grafen Friedrich von Galen (ein ebenso amüsanter wie freimütiger Vertreter des reaktionären Flügels im Zentrum) und des Generals von Linsingen (dem Oberbefehlshaber in den Marken). Von gleichem Wert sind die glänzenden diplomatischen Berichte des bayerischen Gesandten in Berlin, Hugo von Lerchenfeld, an seine Regierung in München. Viele Briefe aus dem Stresemann-Nachlaß werfen ein scharfes Licht auf die politischen Zustände, wie das auch in den gelegentlichen Berichten über vertrauliche Sitzungen der Führer der Sozialdemokraten, der Nationalliberalen und des Zentrums geschieht. Mehrere Denkschriften hoher Regierungsbeamter enthüllen die Vorstellungen der Bürokratie angesichts völlig unerwarteter Zustände. Von besonderer Bedeutung ist schließlich der Bericht des Zentrums-Abgeordneten Müller-Fulda über die revolutionären Ereignisse am 9. November 1918 in Berlin, der ein für allemal Scheidemanns Neigung zu unwahrhaftiger Selbstreklame bloßstellt. (Es ist einer der großen Verdienste einer solchen Publikation, daß die Primärdokumente eine objektive Kontrolle der subjektiven Memoiren ermöglichen. Das bemerkenswerteste Ergebnis ist dabei der Nachweis, daß viele Memoirenschreiber – zum Beispiel Erzberger und Scheidemann – oft in gutem Glauben dazu neigen, ihren eigenen Beitrag zur Geschichte zu übertreiben.) Die Sorgfalt der Herausgeber und ihr Eifer, einen »vollständigen Bericht« zu liefern, lassen sie gelegentlich auch überflüssige Zeugnisse aufnehmen, wie zum Beispiel die äußerst skizzenhaften Tagebuchnotizen Conrad Haußmanns, des Führers der Württemberger Demokraten, die fast unverständlich sind (siehe zum Beispiel die Eintragung auf S. 303). Wer sich mit diesem Zeitabschnitt befaßt, wird Matthias und Morsey jedoch sehr dankbar sein, daß sie kostenbewußten Verlegern offenbar getrotzt und eher des Guten zuviel als zuwenig getan haben.

So bildet *Die Regierung des Prinzen Max* ein einzigartiges Zeugnis für das Studium des deutschen politischen Lebens in der entscheidenden Phase von Oktober-November 1918. Als solches wird die Arbeit nicht nur das Interesse der Historiker finden, sondern auch für Politologen von Bedeutung sein, die dabei Deutschlands Übergang von einem pseudo-konstitutionellen zu einem parlamentarischen System studieren können.[1] Der Band ist auch eine unersetzbare Fundgrube für die zukünftigen Biographen aller herausragenden politischen Gestalten der damaligen Zeit. Um nur ein paar Beispiele zu nennen: Oberst Max Bauer, Ludendorffs »treuergebene« rechte Hand, wird dabei ertappt, wie er für die Entlassung seines Chefs intrigiert (S. 111, Anm. 5); Konrad Adenauer, der Oberbürgermeister von Köln, drängt am 8. November 1918 auf eine allgemeine politische Amnestie, da »sonst Unruhe nicht unterdrückt werden (könne)« (S. 585); Eduard David, der sozialdemokratische Abgeordnete, ist entrüstet darüber, daß sein Parteichef Friedrich Ebert seine Ernennung zum Unterstaatssekretär im Auswärtigen Amt ablehnt, und notiert: »Ebert bei seinen großen Vorzügen, Klarheit und Festigkeit in dem Gewollten, doch geistig zu eng und persönlich zu eitel und autokratisch veranlagt« (S. 93, Anm. 1). Viele neue Informationen werden auch über Max von Baden, Friedrich von Payer, Gustav Stresemann, Matthias Erzberger und Philipp Scheidemann geliefert, von einer großen Schar zweitrangiger Figuren ganz zu schweigen.

Das Buch beginnt mit einer langen Einleitung der Herausgeber, in der ein autoritativer Leitfaden zu dem dargebotenen Material gegeben wird; dazu kommen zwei Studien, in denen die Entstehungsgeschichte der beiden wichtigsten Quellenpublikationen für diese Zeit (siehe auf S. 135 u. 136, Anm. 1) und fünf Monographien über die folgenden vieldiskutierten Fragen enthalten sind: die Rolle der Reichstagsmehrheit, die im Gegensatz zur Obersten Heeresleitung

1. Die »Oktober-Verfassung«, die bisher von politischen Wissenschaftlern nur unzureichend studiert worden ist, und zwar wegen ihres episodischen Charakters und der (falschen) Auffassung, daß sie die Weimarer Verfassung vorweggenommen habe, verdient eine eigene Monographie. Sie unterschied sich von der Weimarer Verfassung in ihrem reinen parlamentarischen Charakter (der Kaiser zählte weiterhin nicht mehr), während Weimar viele Züge einer »präsidentiellen Demokratie« besaß. Der Bundesrat war etwas schwächer als der Reichsrat in der Weimarer Konstruktion, während das Problem des Dualismus Reich – Preußen, der Schlüssel zur Verfassungsentwicklung Deutschlands, nicht ausdrücklich in Angriff genommen wurde. In bezug auf diesen Punkt ist es aufschlußreich zu sehen, wie die Preußischen Minister häufig an den Sitzungen des Reichskabinetts teilnahmen, während Prinz Max sich weigerte, die Funktionen eines Preußischen Ministerpräsidenten wahrzunehmen. Es ist eine interessante Frage, ob die Personalunion von Reichskanzler und Preußischem Ministerpräsidenten (die Männer aus der Umgebung des Reichskanzlers Brüning und des Ministerpräsidenten Braun noch im Jahre 1931 wieder schaffen wollten) hätte erhalten werden können, wenn nicht die Revolution ausgebrochen wäre.

auf die Einführung der parlamentarischen Verfassung im September 1918 drängte; die Vorgeschichte der Kanzlerschaft des Prinzen Max; das Verhältnis zwischen Reichskanzler und Kabinett; die Rolle, die der Interfraktionelle Ausschuß während dieser Zeit spielte; die Ernennung Erzbergers zum Delegierten für die Waffenstillstandsverhandlungen. Da der Hauptzweck der Gesamtreihe (von der dieser einzelne Band nur ein Teil ist) in der Veröffentlichung von Quellen besteht, sahen sich die Herausgeber nicht in der Lage, ihr Material so eingehend auszuwerten, daß sie zu einer neuerlichen Prüfung der kontroversen Grundprobleme des Herbstes 1918 vorstoßen konnten. Diese Rezension will gerade das leisten, indem nacheinander die folgenden Fragen untersucht werden: das Format der parlamentarischen Führungselite, wie sie sich in der Rolle des Reichstages beim Sturz des Reichskanzlers Hertling zeigt; die Verbindung zwischen Deutschlands innerer Entwicklung zu einer parlamentarischen Demokratie und dem diplomatischen Notenwechsel zwischen Präsident Wilson und der deutschen Regierung; der »Vor-Waffenstillstandsvertrag« und die militärische Widerstandskraft Deutschlands im November 1918; und die Ursachen der deutschen Revolution. Dies ist nur eine Auswahl wichtiger Probleme, auf die der hier zu besprechende Band neues Licht wirft – eine Auswahl, die jedoch ausreicht, um den großen Wert dieser monumentalen editorischen Leistung anzuzeigen.

Der Zusamenbruch der Regierung Hertling

Die Regierung des Prinzen Max beginnt etwas unvermittelt mit dem Protokoll einer Sitzung des Interfraktionellen Ausschusses am 1. Oktober 1918. Der Leser wird in medias res gestoßen, wenn die Führer des Reichstages die personelle Zusammensetzung einer neuen Regierung unter einem bisher noch unbekannten Reichskanzler erörtern. Um den allgemeinen Kontext zu verstehen, erscheint es wesentlich, auf den abschließenden Teil der früheren Veröffentlichung von Matthias und Morsey (siehe S. 136, Anm. 2) zurückzuverweisen. Die allgemeine politische Situation Mitte September 1918 wird dort durch ungewöhnlich ausführliche Berichte von den wichtigen Sitzungen des Interfraktionellen Ausschusses vom 12. und 13. September beleuchtet (II, S. 494–584).

Die Einstellung der Führer der »Mehrheitsparteien« Hertling gegenüber war schizophren. Zwar herrschte allgemeine Übereinstimmung, daß seine Handhabung der Regierungsgewalt seit seiner Ernennung im Oktober 1917 unerträglich schlecht gewesen sei – jedoch machte sich gleichzeitig ein starker Widerwillen bemerkbar (die Sozialdemokraten ausgenommen), eine »Kanzlerkrise« heraufzubeschwören. Man erkannte deutlich, daß Hertling ein ernsthaftes Hindernis für einen Verständigungsfrieden mit Deutschlands Gegnern bildete: Er weigerte sich, unmißverständlich auf Belgien zu verzichten; er erlaubte der Obersten Heeresleitung, im Osten die Politik der »Selbstbestimmung« zu einem unverhüllten deutschen Imperialismus zu pervertieren; und er gab zu den Idealen des Völkerbundes nur ein Lippenbekenntnis ab, als solch eine Liga das eindeutige Gebot der Stunde war. Seine innenpolitische Erfolgsliste war gleichermaßen schlecht: Die Reform des preußischen Wahlrechts war immer noch nicht vollzogen; Elsaß-Lothringen wartete noch immer auf die Selbstverwaltung; reaktionäre Befehlshaber der Armee mißbrauchten weiterhin ihre Zensurgewalt für nichtmilitärische Zwecke, um politische Tätigkeiten zu unterdrücken. Alles in allem mangelte es der Regierung Hertling an Glaubwürdigkeit; dies galt sowohl für die außenpolitischen Verhandlungen, weil der Kanzler selbst ein Annexionist war und auch der Obersten Heeresleitung seinen Willen überhaupt nicht aufzwingen konnte, wie auch für die innenpolitische Führung, weil die sozialistischen Massen ihn mit Recht als bloße Fassade der weiterbestehenden Vorherrschaft aller reaktionären Kräfte Deutschlands durchschauten. Die Parteiführer hatten Grund zu der Befürchtung, daß unter Hertling der Krieg unbegrenzt verlängert würde – noch rechnete niemand mit der unmittelbar drohenden militärischen Katastrophe Deutschlands; sie wehrten sich aber auch gegen die zunehmende Radikalisierung der deutschen Arbeiterschaft im Sinne Haases und Liebknechts – obwohl noch niemand ernsthaft mit einem inneren Zusammenbruch rechnete.

Es lag auf der Hand, daß alle diese Übel nur behoben werden konnten, wenn Hertling durch einen Reichskanzler ersetzt wurde, der ernsthaft das politische Programm der Mehrheitsparteien akzeptierte. Wie es dann gegen Ende des Monats ausdrücklich formuliert wurde, bedeutete das für die Außenpolitik: einen Verständigungsfrieden, der auf den Bedingungen der Friedensresolution vom Juli 1917 beruhte; einen Völkerbund; ein klares Versprechen der Wiederherstellung Belgiens mit vollständigen Reparationen; die Entwicklung einer echten Selbstbestimmung in Osteuropa. Für die Innenpolitik hieß das: dem Elsaß sollte volle Autonomie gewährt werden; die sofortige Einführung des demokratischen Wahlrechts in Preußen; den Eintritt von Abgeordneten in die Regierung; die strikte Unterordnung der militärischen Führung unter die zivile Regierung; und die Lockerung des Belagerungszustandes, um Presse- und Versammlungsfreiheit zu garantieren. (Siehe die aufeinanderfolgenden Entwürfe dieses Programms: II, 783–788). Besonderes Gewicht legten die Mehrheitsparteien auf den Eintritt der Sozialdemokraten in die Reichsleitung, um deren innenpolitische Grundlage zu erweitern und um Vertrauen im Ausland zu erwecken.

Zahlreiche Führer des Zentrums und der demokratischen Parteien hofften, eine offene politische Krise dadurch abzuwenden, daß sie Hertling bewogen, das so umrissene Programm zu akzeptieren, was vor allem den Zugang der Parteiführer zu Ministerämtern einschloß. So hofften sie, die Quadratur des Kreises zu leisten, indem sie zwar einerseits die Regierungspolitik ändern, aber auch andererseits denselben Mann als Kanzler behalten wollten, obwohl dessen bisheriges Verhalten seine ernsthafte Akzeptierung der neuen Politik offensichtlich ausschloß. Warum herrschte, die Sozialdemokraten ausgenommen, solch ein Widerwillen, den Kopf Hertlings zu verlangen? Die Antwort darauf muß in der inneren Zerstrittenheit, der traditionalistischen Einstellung und der schwach entwickelten politischen Urteilsfähigkeit vieler führender Politiker der Reichstagsmehrheit gesucht werden. Die Zentrumspartei und ganz besonders ihr ehrwürdiger Führer Adolf Gröber zögerten, etwas gegen Hertling zu unternehmen, weil man Loyalität einem Manne gegenüber empfand, der aus den eigenen Reihen stammte. Das Zentrum klammerte sich an die Illusion, Hertling könnte und würde das Programm der Mehrheitsparteien ehrlich anerkennen, wobei man aber die Tatsache vergaß, daß er zwar bereits im Oktober 1917 die meisten der Programmpunkte nominell akzeptiert hatte, aber dennoch in Wirklichkeit während seiner ganzen Amtszeit die Diktatur des Generals Ludendorff duldete. Nebenbei bemerkt lehnten viele Führer des Zentrums aus föderalistischen Gründen ein parlamentarisches System ab, und prominente Bischöfe – besonders der einflußreiche Kardinal Hartmann von Köln – verweigerten ihre Zustimmung zu dem demokratischen Wahlrecht für Preußen, wenn es nicht durch feste »Verfassungsgarantien« für die Konfessionsschule begleitet würde (II, 560–562), eine Forderung, die Liberale und Sozialisten nicht leicht akzeptieren konnten. Der linke Flügel des Zentrums unter Erzberger hatte es schwer, sich gegen diese Überlegungen durchzusetzen. Die Demokratische Partei war ein wenig durch ihre Loyalität gegenüber ihrem eigenen Vizekanzler Friedrich von Payer gelähmt, der widerspenstig loyal zu Hertling stand und der sich weigerte, selbst für die Kanzlerschaft in Betracht gezogen zu werden. Die Mehrheitsparteien wurden darüber hinaus, genau wie auch schon während der früheren Krisen im Juli und Oktober 1917, durch das Fehlen eines eindeutigen Kandidaten für die Kanzlerschaft aus ihren eigenen Reihen geschwächt: Sie verfügten über keine politische Persönlichkeit mit allgemein anerkannten Qualitäten für eine nationale Führungsrolle. Ein zusätzlicher Faktor, der das Verhalten der Parlamentarier erklärt, war die Tatsache, daß sie die Lage Deutschlands Mitte September 1918 zwar als schwierig, aber nicht als hoffnungslos ansahen: Die Sitzungen des Interfraktionellen Ausschusses wurden keineswegs von einem Gefühl der Dringlichkeit beherrscht. So sagte Gröber: »Dazu gehört eine Reihe von Vorarbeiten. Das eilt auch so gar nicht. Wenn noch einige Wochen darüber vergehen, bis sich im Westen einiges beruhigt hat, dann ist das auch für uns besser« (II, 539). Oder an anderer Stelle: ». . . halten die Herren wirklich die Lage für so, daß wir mit einem solchen Kampfprogramm zum Reichskanzler gehen können?« (II, 544). Resultat dieser Art von Lässigkeit war am 13. September – also dreizehn Wochen vor dem völligen Zusammenbruch Deutschlands – die Einsetzung zweier Unterausschüsse, von denen der eine ein Programm für den Völkerbund entwerfen und der andere eine Liste der Gravamina zusammenstellen sollte, die als Grundlage bei späteren Verhandlungen mit Hertling und dem Kaiser dienen sollte. Beide Kommissionen erhielten den Auftrag, in drei Wochen auf der nächsten Sitzung des Interfraktionellen Ausschusses zu berichten – eine Zeitplanung, die fast unmittelbar danach durch den Lauf der Ereignisse durcheinandergebracht wurde.

Die aktiver gesonnenen Mitglieder des Ausschusses, vor allem Scheidemann und Erzberger, waren über die kraftlose Haltung der Mehrheitsparteien verbittert. Sie hatten nach dem Sturze Bethmann Hollwegs im Juli 1917 gehofft, von nun an die deutsche Politik bestimmen zu können, nur um zwei ihnen feindliche Kanzler, Michaelis und Hertling, präsentiert zu bekommen, die mehr auf die Oberste Heeresleitung als auf die Reichstagsmehrheit achteten. Sie hatten die deutsche Politik von der Friedensresolution abweichen und dadurch einen Verständigungsfrieden völlig unmöglich machen sehen. Sie waren bedrückt, daß in der Mehrheitsgruppe weder über die innenpolitische Notwendigkeit einer vollentwickelten parlamentarischen Regierung noch über die außenpolitische Gefährlichkeit jeglicher Annexionen Einheit herrschte. Ihre Nervosität wurde noch dadurch gesteigert, daß sie kein sicheres Mittel gegen ihre Ohnmacht kannten. Das Budgetrecht des Reichstages zu gebrauchen, um einen Verfassungskonflikt herbeizuzwingen, schien mitten im Kriege undenkbar; darüber hinaus war die nächste Sitzung des Reichstages erst auf den 5. November angesetzt. Wirksame politische Agitation wurde durch die militärische Kontrolle der Pressezensur unmöglich gemacht:

Nahezu alle Militärzensoren begünstigten in einer höchst parteiischen Weise politische Äußerungen der Rechten. Deutschlands herrschende Kaste (der Kaiser, der Kanzler, die Oberste Heeresleitung, die Bürokratie, der Adel und die Schwerindustrie) hatten gegenüber jeder vernünftigen Argumentation nur völlig taube Ohren. Nur ein militärisches Desaster konnte die Unbeweglichkeit der deutschen Politik zerbrechen, und solch eine Katastrophe würde den Mehrheitsparteien eine Last aufbürden, für die sie nicht verantwortlich waren.

Die Gefahr eines frühzeitigen militärischen Desasters wurde schon am nächsten Tag, dem 14. September 1918, offenbar, als die Nachricht eintraf, daß Österreich von sich aus eine Friedensnote versandt hatte, was den Zusammenbruch der österreichisch-deutschen Allianz ankündigte. Nun war es klar, daß politische Veränderungen in Deutschland notwendig wurden, um die Bevölkerung angesichts dieser noch nie dagewesenen Schwierigkeiten zu sammeln. Daraus entsprang ein unmittelbarer Kampf zwischen Hertling und den radikaleren Führern des Interfraktionellen Ausschusses, deren Anstrengungen dauernd durch ihre mehr konservativen Kollegen erschwert wurden. Alle Klarblickenden erkannten, daß Hertlings Rücktritt unvermeidbar geworden war. Sein fortgeschrittenes Alter und seine sichtlich eingeschränkte Arbeitsfähigkeit brachten sogar seine Befürworter in Verlegenheit und waren in Deutschlands kritischer Situation untragbar. Seine frühere Schwäche gegenüber eigenmächtigen Entscheidungen der Militärs hatten seine politische Glaubwürdigkeit zerstört, obwohl er sich offensichtlich dieser Tatsache nicht bewußt war: er wies die Beschuldigung, daß es unabhängige Aktionen der militärischen Führung gegeben habe, als »geradezu eine Beleidigung« zurück (auf einer Sitzung des Preußischen Staatsministeriums am 27. September 1918; II, 705). Entscheidend war aber sein zäher Widerstand gegen mehrere Punkte im Programm der Mehrheitsparteien. Während der letzten zehn Monate hatte er immer wieder die Reformen des preußischen Wahlrechts und der Verwaltung des Elsaß hinausgezögert und würde das offensichtlich auch weiterhin tun. Leidenschaftlich widersetzte er sich der Einführung einer parlamentarisch verantwortlichen Regierung und lehnte es sogar ab, die Aufhebung des Art. 9 der Reichsverfassung zu erwägen, der verlangte, daß die Abgeordneten des Reichstags ihr Mandat niederzulegen hätten, sobald sie Minister würden (Aufzeichnung des Unterstaatssekretärs Heinrichs über eine Konferenz am 26. September; II, 695, Anm. 10). Nur unter starkem Murren gab Hertling zu, daß es wünschenswert sei, auch die Sozialdemokraten in die Regierung aufzunehmen, was für ihn bedeutete, »den Abgeordneten Ebert in irgendeinem Reichsamt unterzubringen« (18. September; II, 614). Vor dem achtungsvollen Preußischen Staatsministerium erklärte er am 27. September, »daß er sich nicht entschließen könne, einen tüchtigen Staatssekretär nur deshalb zu entfernen, um ihn durch einen Sozialdemokraten zu ersetzen« (II, 706).

Hertling war entschlossen, im Amt zu bleiben, und am 26. September sagte er zu Lerchenfeld: »Die Krisis bleibt latent. Ich trete nicht freiwillig zurück, weil sonst der Ruck nach links eintritt.« (II, 703, Anm. 10) Er war überzeugt, daß die Zentrumspartei ihn nicht im Stich lassen werde: »Gröber ... sei ein vortrefflicher Mann, und durch ihn habe er den nötigen Einfluß auf das Zentrum« (II, 604/605). Lerchenfeld klagte darüber, daß der alte Mann immer mehr in seiner eigenen Traumwelt lebte, da seine Freunde ihm unangenehme Wahrheiten ersparten (29. September; II, 736).

Eine dieser unangenehmen Wahrheiten war, daß nur der Eintritt der Sozialdemokraten in die Regierung Deutschlands innen- und außenpolitische Position stärken konnte. Dieser Eintritt mußte darüber hinaus bald geschehen. Lerchenfeld berichtete am 29. September:

»Auch muß nach allgemein geteilter Ansicht die Bildung der neuen Regierung rasch erfolgen, solange noch die Sozialdemokraten unter den bürgerlichen Parteien erträglichen Bedingungen zum Eintritt bereit sind« (II, 736). Hertling war nur sehr widerwillig bereit, einige Sozialdemokraten auf untergeordneten Posten zu akzeptieren; im Gegensatz dazu weigerten sich die Sozialdemokraten entschieden, in eine Regierung unter Hertling einzutreten. Ebert legte wiederholt dar, daß die Partei überhaupt ein großes patriotisches Opfer bringe, wenn sie in die Regierung eintrete, und sie könne diesen Schritt nur unter der Garantie der vollen Annahme des Programms der Mehrheitsparteien tun: »Wir haben für das Land die Einheit (der Partei) aufs Spiel gesetzt, jetzt die ganze Partei. Aber das können wir nicht vergeblich tun« (23. September; II, 687). Letztlich konnte man auf den Eintritt der Sozialdemokraten in die Regierung nicht verzichten, wohl aber auf Hertling. Die Zentrumspartei, intern von Erzberger dazu gedrängt, erkannte allmählich diese Tatsache. Selbst Gröber gab zu, daß Hertlings Regierung in vielen Punkten versagt habe (23. September; II, 689–690) und daß die Teilnahme der SPD entscheidend sei (21. September; II, 641). Zutreffend berichtete Lerchenfeld am 30. September: »... das Zentrum wollte den Grafen nicht stürzen, wollte aber nicht, daß er Reichskanzler bliebe« (II; 750). Die Demokraten, die an Payer weniger als das Zentrum an Hertling gebunden waren und die außerdem erwarteten, daß Payer auch weiterhin in jeder neuen Regierung eine wichtige Rolle spielen würde, verlangten nun offen Hertlings Rücktritt. Die Koalition von Sozialdemokraten (SPD), Demokraten (FVP) und dem Zentrum war nun vollständig, und sie wurde am 30. September durch den Zuzug von Stresemanns Nationalliberalen vergrößert. Viele Politiker der Mehrheitsgruppe waren über ihren neuen nationalliberalen Verbündeten nicht sehr glücklich, da er mit dem Makel einer allzu heftigen annexionistischen Vergangenheit behaftet war. Erzberger faßte eine lange Debatte im Interfraktionellen Ausschuß in die Formel zusammen: der Zuzug der Nationalliberalen bringe »international ... eine schwere Belastung, innenpolitisch ... eine gewisse Entlastung« (II; 765). Die Nationalliberalen wurden erst in die neue Koalition aufgenommen, nachdem sie formell das Programm der Mehrheitsparteien akzeptiert hatten, an dessen Formulierung sie selbst nicht mitgearbeitet hatten. Der Wunsch einiger Politiker der Mehrheitsgruppe (zum Beispiel Gröbers), die Konservativen in die Koalition einzubeziehen, wurde von der SPD entrüstet zurückgewiesen. Der Hauptzweck der Koalition bestand ja vor allem darin, Deutschlands außenpolitisches Ansehen zu verbessern und den Massen im eigenen Lande die Gewißheit zu geben, daß die »alte Clique« nicht mehr länger an der Macht saß. Die Einbeziehung der Konservativen, so wünschenswert sie auch für die »nationale Einheit« gewesen wäre, hätte beide Zielsetzungen verfälscht.

Zwar war gegen Ende September eine neue Regierungskoalition *bereit,* die Reichsleitung zu übernehmen, aber ihr fehlte die Macht, sich gegenüber dem Kaiser und der bisher herrschenden Schicht durchzusetzen. Der entscheidende Anstoß zur Übernahme der Regierungsgewalt wurde in einem der sublimsten Beispiele geschichtlicher Ironie durch niemand anderen als den General Ludendorff gegeben, der bisher der erbittertste Feind einer innenpolitischen demokratischen Reform und eines außenpolitischen Verständigungsfriedens gewesen war.[1] Am 29. September erlitt er seinen bekannten Nervenzusam-

---

1. Die Herausgeber argumentieren in ihrer Einleitung, daß für die Einführung des parlamentarischen Verfassungssystems die Initiative der Mehrheitsparteien mindestens so wichtig war wie das Diktat des Generals Ludendorff. Mit Erfolg polemisieren sie gegen solche überspitzten Formulierungen, daß die parlamentarischen Parteien *nur* nach dem Befehl der Militärs handelten, als sie im Oktober 1918 die Verfassungsänderungen durchsetzten (zum Beispiel Arthur Rosenberg: *Entstehung der Deutschen Republik 1871–1918;* Neudruck: *Die Entstehung der Weimarer Republik,* Frankfurt/M. 1961, S. 211–212). Sie unterschätzen jedoch die entscheidende

menbruch, und weil er einen unmittelbar bevorstehenden Durchbruch der Alliierten an der Westfront befürchtete, verlangte er gebieterisch ein sofortiges Waffenstillstandsgesuch durch eine neu zu bildende Regierung, die auf den Mehrheitsparteien basieren sollte. Hertling trat sofort zurück. So gab er einer panischen Laune Ludendorffs nach, während er andererseits fest entschlossen gewesen war, einer großen Gruppe von Reichstagsabgeordneten zu trotzen. Der Kaiser zeigte seine ganze Unfähigkeit, indem er nicht imstande war, selbst einen Kanzler zu ernennen, sondern statt dessen Payer beauftragte, mit den Mehrheitsparteien über ein Programm und einen Kandidaten zu verhandeln. Die Entrüstung der Konservativen über Wilhelms Absicht, eine nur passive Rolle zu spielen, wird in dem Ausruf Haeftens erhellt: ». . . Exzellenz, durch den Kaisererlaß ist dem alten Preußentum für alle Zukunft das Rückgrat gebrochen« (II, 772).

Payer war entschlossen, nicht selbst Kanzler zu werden – zu Recht mißtraute er seinen eigenen Fähigkeiten. Bis zum Ende hatte er loyal zu Hertling gestanden, und er wollte nicht vom Sturz seines Chefs profitieren. Auch stimmte er mit dem vom Interfraktionellen Ausschuß ausgearbeiteten politischen Programm nicht vollkommen überein; Haeften gegenüber bemerkte er am 30. September: »Das ist ja ein ganz unmögliches Programm. Es ist ein kleinliches Parteiprogramm, aber kein großzügiges Regierungsprogramm« (II, 771). Die demokratische Grundeinstellung des geborenen Württembergers ließ ihm jedoch die nun unausweichlich gewordenen Verfassungsänderungen mit Sympathie betrachten. Als Adolf Heinrichs, der reaktionäre Unterstaatssekretär im Preußischen Staatsministerium, sich bei ihm beklagte, daß die Mehrheitsparteien das Unglück des Vaterlandes ausnutzten, um die Verwirklichung des parlamentarischen Systems zu erpressen, erwiderte ihm Payer: »Ja, wann sollten sie es denn sonst tun?« (II, 797) Selbst Heinrichs sah keine andere Alternative zur engen Zusammenarbeit der Reichsleitung mit den Mehrheitsparteien. Am 30. September verfaßte er ein bemerkenswertes Memorandum (II, 773–778), in dem er in Einzelheiten darlegte, wie Deutschland regiert werden könnte, wenn ein vom Kaiser ernannter neuer Kanzler nicht die Zustimmung der Mehrheit des Reichstages gewinne: Er argumentierte, daß das schlichte Übergehen des Reichstages an sich

Rolle Ludendorffs. Die neue Regierungskoalition war zwar im September *bereit und willig,* die Regierungsgewalt zu übernehmen, aber sie *konnte* das erst, nachdem der General Ludendorff die Erlaubnis dazu gegeben hatte. Es ist bezeichnend, daß er aufgefordert wurde, sein Imprimatur zur Kanzlerschaft Max von Badens zu geben, und es auch gab.

nicht zwangsläufig verfassungswidrig sei, wobei er offensichtlich an Bismarcks Herausforderung des Preußischen Landtages von 1862 bis 1866 als Präzedenzfall dachte. Obwohl er solche Überlegungen anstellte, vertrat jedoch auch Heinrichs eine solche Politik am Ende nicht: Der Vorteil der vorübergehenden Ausschaltung des Reichstages(!) würde durch den Nachteil von Massenstreiks, sinkender Produktion und so weiter mehr als aufgewogen. Die Dinge lägen einfacher, wenn es in Deutschland einen großen Führer wie Clemenceau oder Lloyd George gebe: »Erstände Deutschland heute ein solcher Mann, so würde das Volk sich von den sieben Schiebern aus Reichstagskreisen nicht am Gängelbande führen lassen, sondern dem großen Führer folgen und der weiteren Entwicklung der Dinge entgegensehen.« (II, 778)

Da aber diese Art von Führer fehlte, sahen Konservative keine andere Alternative, als den Mund zu halten, während die Politiker des Reichstages die Macht unter der keineswegs führerhaften Leitung des Prinzen Max von Baden übernahmen.[1] Die Kandidatur Max von Badens war ein deus ex machina, der die aus der komplizierten

1. Die Einleitung (S. XIV–XXIX) enthält eine wertvolle Diskussion der Genese der Kanzlerschaft Max von Badens. Sie zeigt, größtenteils auf der Basis der Niederschriften Haußmanns, wie Kurt Hahn schon Anfang Juli 1917 (als Bethmann gestürzt wurde) für Max intrigierte. Siehe dazu besonders Hahns Brief an Haußmann vom 22. Juli 1917, in dem er seine Bemühungen aufzählt, um führende Persönlichkeiten davon abzuhalten, in die neue Regierung Michaelis einzutreten; er befürchtete nämlich, ein Erfolg von Michaelis würde einem späteren Aufstieg Max von Badens im Wege stehen (S. XX–XXI). Ein erhellender Brief des Prinzen Max an Haußmann (17. Dezember 1917; S. XXVI–XXVII), den er als sein »politisches Glaubensbekenntnis« bezeichnete, zeigt beiläufig, daß Max von Baden weit davon entfernt war, die politischen Ansichten der Reichstagsmehrheit zu teilen. Eindeutig lehnte er das rein parlamentarische Regierungssystem ab und plädierte für einen Kanzler, der gleichermaßen vom Kaiser wie vom Reichstag unabhängig sein sollte; in der Außenpolitik befürwortete er ein imperialistisches Programm im Osten, das die deutsche Kontrolle der Ukraine und der Baltischen Staaten sicherte, während er sich einem eindeutigen Verzicht auf Belgien im Westen widersetzte. Diejenigen, die seine Kanzlerschaft unterstützten, stimmten entweder mit diesen Auffassungen überein oder sie glaubten, daß deren Nachteile durch den Status als Prinz aufgewogen würden, was angeblich den Umgang mit dem Kaiser und der OHL erleichtere. Das Fehlen eines Alternativ-Kandidaten hat diesen falschen Auffassungen zusätzliche Plausibilität verliehen.

Konstellation der politischen Kräfte in Deutschland im Oktober 1918 entstandene Krise lösen sollte. Als badischer Thronfolger war er gleichsam persona grata für die Kräfte des alten Regimes, die immer noch der Meinung waren, daß die Kanzlerschaft eines Politikers des Reichstages wie Ebert oder Erzberger undenkbar sei; seine früheren öffentlichen Äußerungen im Sinne gemäßigter Kriegsziele, seine Bereitschaft, mit Reichstagspolitikern in einer Regierung zusammenzuarbeiten, ließ ihn für die Mehrheitsparteien annehmbar werden. Seine »Verfügbarkeit« und das Fehlen eines Alternativ-Kandidaten zwangen sie, von seiner Unerfahrenheit und seinem Mangel an Führungsqualitäten (über den später noch einiges zu sagen sein wird) abzusehen.

Die Verhandlungen mit Wilson und die Reform der deutschen Verfassung

Die Regierung Max von Badens sah sich mit zwei fundamentalen Problemen konfrontiert: angesichts der militärischen Niederlage einen annehmbaren Frieden auszuhandeln und angesichts zunehmender revolutionärer Unruhe die politische Umformung Deutschlands zu leisten. Man muß vorweg festhalten, daß sie in der Verwirklichung beider Ziele bemerkenswert erfolgreich war: Ihr Verhandlungsführer Erzberger unterzeichnete genau zwei Tage nach dem Rücktritt des Prinzen Max einen Waffenstillstand, der auf einem annehmbaren »Vor-Waffenstillstandsabkommen« beruhte; das ausgebildete parlamentarische Verfassungssystem ersetzte gegen Ende Oktober die »pseudo-konstitutionelle« Konstruktion Bismarcks. Beide Leistungen wurden jedoch durch den Ausbruch der Revolution Anfang November 1918 in ihrem Wert geschmälert. Der durch die Revolution verursachte innere Zusammenbruch machte den deutschen Widerstand gegen alliierte Forderungen unmöglich, die über das Waffenstillstandsabkommen hinausgingen. Die innenpolitischen Konsequenzen waren in gleichem Maße zu bedauern: Die Revolution zerriß den Strang der verfassungsmäßigen Kontinuität, sie trieb die Sozialdemokraten in ein »unnatürliches Bündnis« mit der militärischen Gewalt, das auf die Dauer die deutsche Linke demoralisierte, und sie ließ den Beginn der parlamentarischen Demokratie in Deutschland von einer schicksalhaften Bürgerkriegssituation überschattet werden. Das größte Versagen der neuen Regierung lag in ihrer Unfähigkeit, diese – wahrscheinlich nicht unvermeidliche – Revolution zu verhindern, die solche katastrophalen Konsequenzen ohne ausgleichende Gewinne für Deutschland brachte. *Die Regierung des Prinzen Max* wirft scharfes Licht auf alle diese Probleme, die nun der Reihe nach erörtert werden sollen.

Der größte Erfolg der Regierung des Prinzen Max war der Abschluß des Waffenstillstandes auf der Basis eines »Vor-Waffenstillstandsabkommens«, der die gegenseitige Anerkennung der Vierzehn Punkte Wilsons (mit einer Einschränkung und einer Verdeutlichung) beinhaltete. Es stimmt, daß die Alliierten dieses Abkommen im Vertrag von Versailles verletzen sollten, zu einer Zeit, als Deutschland keineswegs in der Lage war, irgendwelchen weiteren Widerstand zu leisten – die wirklichen Bedingungen des Versailler Vertrages waren jedoch nicht viel besser als sie gewesen wären, wenn es kein vorhergehendes Übereinkommen gegeben hätte: So erhielt Deutschland aber zumindest eine rechtliche und moralische Grundlage für die spätere revisionistische Propaganda. Der Abschluß des »Vor-Waffenstillstandsabkommens« verlangte zumindest vier Vorbedingungen: 1. Präsident Wilsons Bevorzugung eines Verhandlungsfriedens gegenüber einem Diktatfrieden, einer Regelung aus Gerechtigkeit und nicht aus Rachsucht. Er mußte einer beträchtlichen innenpolitischen Opposition die Stirn bieten, als er Anfang Oktober Verhandlungen mit der deutschen Regierung zustimmte. 2. Wilsons Fähigkeit, die alliierte Billigung eines »Friedens der Gerechtigkeit« zu erhalten, der auf den Vierzehn Punkten beruhte und der mit mehreren weiterreichenden Kriegszielen der Alliierten unvereinbar war. Er erreichte diesen Frieden der Gerechtigkeit (mit dem Vorbehalt einer Einschränkung und einer Präzisierung) letztlich nur durch die implizite Drohung eines amerikanischen Separatfriedens, die Oberst House am 3. November im Alliierten Kriegsrat machte. 3. Die Umformung der deutschen Verfassung in demokratischer Richtung, so daß Wilson bereit und fähig sein würde, mit der deutschen Regierung zu verhandeln. Die liberale öffentliche Meinung in den alliierten Ländern (auf deren Unterstützung seine Stärke beruhte) lehnte es erbittert ab, mit »den militärischen Beherrschern und monarchischen Autokraten Deutschlands« zu verhandeln. 4. Deutschlands noch anhaltende Fähigkeit, ob nun real oder angeblich, weiter einen Verteidigungskrieg zu führen, wenn es mit unannehmbaren Bedingungen konfrontiert würde, die wesentlich über die Vierzehn Punkte hinausgingen. Wilsons Drohung, einen Separatfrieden abzuschließen, hatte nur Gewicht, wenn Deutschlands anhaltende Widerstandsfähigkeit den amerikanischen Streitkräften die Schlüsselstellung für das militärische Gleichgewicht an der Westfront gab; die alliierten Staatsmänner konnten jedoch die Annahme eines

Friedens, der auf den (ihrer Meinung nach »unangemessenen«) Vierzehn Punkten beruhte, nur durch die Tatsache rechtfertigen, daß die Verwirklichung viel weitergehender Kriegsziele weiterhin untragbare militärische Opfer verlangte.

Die Regierung des Prinzen Max liefert eine umfassende Dokumentation für die beiden letzten Prämissen. Die beiden anderen, bei denen es sich um außerdeutsche Phänomene handelt, können natürlicherweise nicht aus deutschen Quellen geklärt werden. Ludendorffs beharrliche Forderung, eine Regierung zu bilden, die auf den Mehrheitsparteien basierte, wurde ausschließlich von außenpolitischen Überlegungen bestimmt, nämlich von der Notwendigkeit eines sofortigen Waffenstillstandes, den die alliierten Mächte voraussichtlich nicht der alten autokratischen Regierung gewähren würden. Wilsons aufeinanderfolgende Noten erklärten äußerst deutlich, daß er nur mit einem vollkommen demokratisierten Deutschland verhandeln könne. Wenn die Regierung der Vereinigten Staaten mit »den militärischen Beherrschern und monarchischen Autokraten Deutschlands« verhandeln sollte, dann »muß sie nicht Friedensverhandlungen fordern, sondern Übergabe«. Wilsons Forderung wurde so verstanden, daß sie die Einrichtung eines voll entwickelten parlamentarischen Verfassungssystems und das demokratische Wahlrecht, die strikte Unterordnung der militärischen Führung unter die zivile Regierung und die Abschaffung der unumschränkten Macht des Kaisers bedeutete.

Die rechten Kritiker der Weimarer Republik haben in den zwanziger Jahren gewöhnlich die Anklage erhoben, daß das westliche parlamentarische Verfassungs- und Regierungssystem eine künstliche Blume sei, die man nur auf das Diktat Wilsons hin in den ihr fremden Boden Deutschlands eingepflanzt habe. Diese Ansicht trifft nur zum Teil zu. Wir haben bereits gesehen, daß das Programm der Mehrheitsparteien, das in seiner endgültigen Form am 30. September formuliert wurde, also mehr als eine Woche vor dem Eintreffen der ersten Note Wilsons am 8. Oktober 1918, im besonderen die parlamentarische Verfassung, die Unterordnung der Militärs und die Einschränkung der Befugnisse des Kaisers auf die eines bloßen Staatsoberhauptes verlangte. Genauer ist deshalb die Feststellung, daß Wilsons Verfassungsforderungen als Parallele und Verstärkung zu einer früheren innenpolitischen Forderung in Deutschland verliefen, obwohl diese durch das, was die Mehrheitsparteien für die Wünsche Wilsons hielten, beeinflußt worden war. Es steht außer Frage, daß die unmittelbare Ursache für die Einführung des Parlamentarismus Ludendorffs Wunsch gewesen ist, Verhandlungen mit Wilson aufzunehmen; Hertling, ein erbitterter Feind des parlamentarischen Systems, wäre sicherlich einige Zeit länger Kanzler geblieben, wenn Ludendorff nicht seinen Nervenzusammenbruch bekommen hätte.

Die Regierung des Prinzen Max liefert reichhaltiges Beweismaterial, daß die Verfassungsänderungen, die im Oktober 1918 vorgenommen wurden, zu einem Teil von dem Wunsche geleitet wurden, Wilson zufriedenzustellen und ihm jede Entschuldigung zu nehmen, den diplomatischen Meinungsaustausch zwischen Washington und Berlin abzubrechen. Dem Eintreffen einer jeden Wilson-Note folgte ein verstärktes Gefühl der Dringlichkeit, die Demokratisierung Deutschlands zu vollenden. Scharf kritisierte Erzberger auf der Kabinettssitzung vom 24. Oktober dieses unwürdige Vorgehen: »Wir müssen gleich mehr geben und können nicht nach jeder neuen Wilsonnote neue Verfassungsänderungen vornehmen« (S. 334). Die Reichsleitung hatte kaum Schwierigkeiten, die Verfassungsänderungen auf Reichsebene im Gesetzgebungsverfahren durchzusetzen. Der Reichstag gab, ohne viel zu überlegen, seine Zustimmung, denn die parlamentarische Verfassung – bei der eine Regierung mit einer sicheren Mehrheit die Unterstützung der Legislative als selbstverständlich annehmen kann – war schon de facto verwirklicht, bevor sie de jure festgelegt wurde. Der Bundesrat zeigte nur eine oberflächliche Opposition, obwohl jeder merkte, daß die parlamentarische Ordnung mit seiner traditionellen Vorherrschaft unvereinbar war. Die Reichsleitung räumte der Empfindsamkeit des Bundesrates jedes nur mögliche Zugeständnis in unwesentlichen Dingen ein. Mehrere Kabinettsmitglieder beklagten die unitarischen Konsequenzen des parlamentarischen Systems – Prinz Max eingeschlossen, der Kronprinz von Baden war, von einem Staat also, der einen Teil der ihm noch verbliebenen »Souveränität« einbüßen würde, wenn der Bundesrat zu einer bloßen Null reduziert würde, und auch Gröber, der lange eine Art württembergischer Partikularist gewesen war. Als schwieriger erwies sich die Einführung des demokratischen Wahlrechts in Preußen, wo die von den Konservativen beherrschten Kammern des Abgeordnetenhauses und des Herrenhauses gegen die vollständige Abschaffung des plutokratischen Wahlrechts mit einer Reihe von verfälschenden Zusatzanträgen kämpften. Die Unfähigkeit der Regierung des Prinzen Max, diese Obstruktion zu durchbrechen, trug dazu bei, ihren innenpolitischen Kredit schrumpfen zu lassen. Die Massen in Deutschland hatten lange Zeit die Reform des preußischen Wahlrechts (mehr als die Einführung einer parlamentarischen Regierung) als den Prüfstein angesehen, ob die anachronistische Verfassung Bismarcks nun endlich überholt war. Auf seiner letzten Sitzung unmittelbar vor der Revolution (am 8. November) zeigte der Interfraktionelle Ausschuß seine Besorgnis über die Verzögerung der preußischen Wahlrechtsfrage, indem er nämlich erwog, ob sie nicht am besten durch die Pauschalmethode der Reichsgesetzgebung gelöst werden könne, wenn ein demokratisches Wahlrecht für jeden Bundesstaat vorgeschrieben würde (S. 606–610). (Vergleiche die Klausel der amerikanischen Verfassung, daß jeder Staat der Union eine »republikanische Regierungsform« haben muß.) Es kann kein Zweifel darüber bestehen, daß das demokratische Wahlrecht für Preußen, das tatsächlich erst nach der Revolution verwirklicht wurde, auch ohne diese Revolution gekommen wäre. Die Verzögerung der Reform muß jedoch als einer von mehreren Faktoren angesehen werden, die die Revolution unmittelbar verursachten.

Die Unterordnung der militärischen Gewalt unter die zivile Regierung – um zur zweiten Forderung Wilsons überzugehen – traf anfänglich auf einige Hindernisse, wurde dann aber schließlich von der Reichsleitung durchgesetzt. Das Waffenstillstandsgesuch am 5. Oktober, auf dem Ludendorff beharrte und das der Reichskanzler ablehnte, war der deutlichste – aber auch der letzte – Beweis der Diktatur des Generals Ludendorff. Prinz Max, der von Ludendorffs nervlichem Versagen nicht berührt wurde, wollte lieber um Friedensverhandlungen als um einen sofortigen Waffenstillstand nachsuchen, und er wollte vor allem einen vernünftigen Aufschub erreichen, um jeden Anschein von Panik mit ihrer unheilvollen Wirkung im eigenen Land und im Ausland zu vermeiden.

Von nun an unterlag Ludendorff in allen strittigen Fragen zwischen der Reichsleitung und der Obersten Heeresleitung. Seine Weigerung, der politischen Linie der Regierung in den Verhandlungen mit den USA zu folgen, führte zu seiner Entlassung am 26. Oktober. Der General lehnte eine Politik ab, die Wilsons immer höher geschraubten Forderungen (Räumung der besetzten Gebiete, Einstellung des U-Boot-Krieges und ähnlichem) immer wieder nachgab, was die Regierung aber für unerläßlich hielt, um dem amerikanischen Präsidenten keinen Vorwand zu liefern, die Verhandlungen abzubrechen. Ludendorff argumentierte, daß, wenn Wilson die Verhandlungen beenden wollte, er in jedem Falle einen Vorwand finden würde; wenn er jedoch in gutem Glauben verhandeln würde, könnte es sich Deutschland leisten, demütigende oder »unehrenhafte« Zugeständnisse zurückzuweisen. Mitte Oktober hatte Ludendorff seine Nerven wieder unter Kontrolle und befürwortete nun eine Politik, die Wilson herausfordern und die deutsche öffentliche Meinung für eine letzte militärische Sammlung vorbereiten sollte, um sich »unehrenhaften Forderungen« zu widersetzen. Sein berühmter Befehl vom 24. Oktober 1918, in dem er Wilsons dritte Note ablehnte, ist oft als der bewußte Versuch angesehen worden, die Reichsleitung zur Beendigung der Verhandlungen mit Wilson zu zwingen. Nach einem bemerkenswerten Auszug aus Haeftens Memoiren scheint es jedoch so zu sein, daß Ludendorff seinen Befehl unter dem ehrlichen Eindruck ausgab, daß die Regierung seine eigene Entrüstung über die immer höheren Forderungen Wilsons teilte. Haeften rehabilitiert zwar Ludendorffs »Loyalität«, aber er zeigt um so deutlicher, daß der politische Konflikt zwischen dem General und der Regierung nicht mehr zu umgehen war.

Der wirkliche Vollzug der Verfassungsänderungen in Deutschland wurde durch die Tatsache bewiesen, daß der Kaiser Ludendorff statt Max von Baden entließ, während der General früher stark genug gewesen war, Wilhelm II. so unter Druck zu setzen, daß dieser den Reichskanzler Bethmann (Juli 1917), den Chef des Zivilkabinetts Valentini (Januar 1918) und Außenminister Kühlmann (Juli 1918) entließ. Der Text des Schreibens Max von Badens an den Kaiser (25. Oktober), in dem er die Entlassung Ludendorffs fordert, wird hier nun zum ersten Mal veröffentlicht (S. 359/60), während Haeften einen dramatischen Bericht über Ludendorffs echte Überraschung angesichts seiner eigenen Entlassung liefert – zu genau dem Zeitpunkt, an dem dieser selbst erwog, den Bruch mit Wilson durch die Androhung seines Rücktritts zu erzwingen! – und über dessen leidenschaftliche Wut über Hindenburg, weil der »ihn in dieser entscheidenden Stunde im Stich gelassen« habe, da er nicht auch zurückgetreten sei (S. 360–365). Ludendorffs Entlassung war ein großer Triumph für die vorrangige Entscheidungsgewalt der zivilen Führung, und auf Erzbergers Betreiben hin folgte die Ausschaltung »der politischen Abteilung der OHL, da sich ein militärisches Auswärtiges Amt neben dem Auswärtigen Amt herausgebildet hat« (S. 344/345). Deutschland konnte von nun an seine diplomatischen Verhandlungen ohne die dauernde Drohung militärischer Einmischung führen.

Die Beseitigung der autokratischen Vollmachten des Kaisers, Wilsons vierte Forderung, stieß auf keine Hindernisse, obwohl sich eine aufschlußreiche Kontroverse über die Frage entwickelte, wie groß diese autokratischen Vollmachten in der Vergangenheit wirklich gewesen seien. Gröber, ein beharrlicher Verteidiger der Monarchie, behauptete zum Beispiel, daß die Macht des Kaisers über Krieg und Frieden eng begrenzt gewesen sei, da ja die Zustimmung des Reichstags notwendig gewesen wäre, um die Kriegskredite bewilligt zu bekommen (1914!) und um die Friedensverträge zu billigen (Brest-

Litowsk 1917!). Scheidemann entrüstete sich über diese Argumentationsweise: »Solche Behauptungen dürfe man schon deshalb nicht aufstellen, weil sie die Sozialdemokratische Partei gegenüber den Unabhängigen wegen der Bewilligung der Kriegskredite in eine ganz schiefe Lage bringen würden.« (16. Oktober 1918; S. 212) Diese Meinungsverschiedenheit ist ein bezeichnendes Beispiel für die Gespaltenheit und die gegenseitigen Beschuldigungen in der Beurteilung der Vergangenheit durch die Mehrheitsparteien, auch wenn es ihnen gelang, Fragen, über die vollkommene Einigkeit jetzt und in der Zukunft bestand, zu klären – wie die vollständige Beseitigung jeglicher Spur autokratischer Macht.

Die Frage, die Ende Oktober zur Debatte stand, war nicht mehr die Einschränkung der kaiserlichen Prärogative, sondern ob Wilhelm überhaupt noch Kaiser bleiben konnte oder sollte. Keine andere Kontroverse (noch nicht einmal die, ob man den immer härter werdenden Forderungen Wilsons nachgeben solle) erweckte solch emotionale Auseinandersetzungen. Das Kabinett billigte den Versuch der Zensurbehörde, die Erörterung der Abdankungsfrage in den Zeitungen zu unterbinden, obwohl Erzberger und Scheidemann solch eine Zensur als undurchführbar ablehnten (S. 416/417). Die Wirklichkeit sollte ihnen recht geben. Der Beobachter von heute kann die Intensität monarchischer Gesinnung bei fast allen nichtsozialistischen Parteien und die Unfähigkeit sonst rational denkender Männer, die schlichte Notwendigkeit der Abdankung Wilhelms einzusehen, nur mit Verblüffung registrieren. Sie hätten zwei offenbare Tatsachen begreifen müssen: 1. Wilhelm II. war eine ungeheure internationale Belastung, und man hielt ihn in Amerika (wie irrational das auch immer gewesen sein mag) für den Kriegsverbrecher Nr. 1. Es war unvorstellbar, daß die Beziehungen zwischen Deutschland und den Vereinigten Staaten (von anderen Mächten ganz zu schweigen) jemals normalisiert werden könnten, solange Wilhelm auf dem Thron blieb. 2. In Deutschland herrschte die weitverbreitete Auffassung (ob nun zu Recht, ist irrelevant), daß man bessere Friedensbedingungen aushandeln würde (oder zumindest könnte), wenn Wilhelm abgedankt hätte. Der Gedanke, daß der Kaiser der Grund für schlechtere Friedensbedingungen (oder überhaupt keine Bedingungen) sein könnte, war für eine emanzipierte und in vier Kriegsjahren ausgeblutete Nation unerträglich. Diese Überlegungen verlangten die Abdankung des Kaisers, ob nun freiwillig oder erzwungen, spätestens bis Mitte Oktober. Die Gegenargumente – daß Wilson nicht ausdrücklich die Abdankung verlangt habe, daß Wilhelms Rücktritt das Heer dem Chaos überlassen würde, daß die Thronfolge auf einen erst elf Jahre alten Enkel übergehen würde (da der Kronprinz mindestens genauso »unmöglich« wie sein Vater war) und daß es unehrenhaft sei, einen früher verehrten Kaiser einfach beiseitezuschieben, sobald düstere Zeiten über Deutschland hereinbrächen – alle diese Einwände besaßen vergleichsweise wenig Überzeugungskraft.

Es ist eine bemerkenswerte Tatsache, daß gerissene und erfahrene Politiker, wie zum Beispiel Erzberger, sich entschieden dem bloßen Gedanken der Abdankung widersetzten und ihren ganzen beträchtlichen Einfluß gebrauchten, um jeglichen Druck des Kabinetts oder der Öffentlichkeit auf Wilhelm zu verhindern. Als Prinz war der Reichskanzler nicht sonderlich geneigt, selbst diese Frage anzuschneiden, und er verließ sich auf eine Anzahl erfolgloser Mittelsmänner, um Wilhelm dazu zu bringen, die rauhe Wirklichkeit zu erkennen. Der Bericht, den der preußische Innenminister Arnold Drews über seine Reise nach Spa am 1. November gegeben hat, ist eines der enthüllendsten Dokumente des ganzen Bandes (S. 460–463). Drews argumentierte pflichtgemäß für die Abdankung, obwohl ihn Wilhelm scharf kritisierte, daß er den Auftrag Max von Badens, diese Frage zur Sprache zu bringen, überhaupt angenommen habe. Daß Drews mit seinem Herzen nicht hinter seiner Mission stand, wird durch die Tatsache belegt, daß er einen Weinkrampf bekam, unmittelbar nachdem ihn Max von Baden um seine Dienste gebeten hatte. Haeften schreibt: ». . . es kämpfte in seinem Innern der seinem Könige treu ergebene Beamte gegen den von politischen Notwendigkeiten geleiteten Staatsmann.« (S. 460, Anm. 2) Es ist deshalb kaum verwunderlich, daß der Kaiser, besonders nachdem er von Berlin (wo die Abdankung zumindest diskutiert wurde) nach Spa abgereist war (wo sein militärisches Gefolge das Thema als Tabu betrachtete), sich rigoros weigerte, den Rücktritt zu erwägen. Dadurch ließ er den Sturz der Dynastie unausweichlich werden, die eine zeitige Abdankung vielleicht gerettet hätte. Er trug so zum Ausbruch der Revolution bei, den eine dramatische Abdankung, die auch den Mann auf der Straße überzeugt hätte, daß sich nun die Dinge in Deutschland wirklich geändert hätten, vielleicht verhindert hätte. Für diese bedauerlichen Ereignisse ist der Kaiser ebenso wie diejenigen seiner Ratgeber (Max von Baden und die meisten Kabinettsmitglieder dabei eingeschlossen) verantwortlich, die sich weigerten, notfalls mit ihrer Rücktrittsdrohung darauf zu bestehen, daß die Abdankung das zwingende Gebot der Stunde sei.

Die Abdankung des Kaisers bildete auch überhaupt erst die Voraussetzung einer nationalen Sammlung für den Notfall, daß die Alliierten das Land mit »unehrenhaften Bedingungen« konfrontierten. Das deutsche Volk mußte ohne auch nur einen Schatten von Zweifel wissen, daß es für Deutschland und nicht für den Hohenzollernsproß Wilhelm kämpfte. Natürlich bleibt die ernste Frage, ob solch eine Sammlung in der Not für Deutschland im Oktober 1918 unter allen denkbaren Umständen überhaupt möglich war. Die psychologische Wirkung von Ludendorffs panischer Forderung nach einem Waffenstillstand am 5. Oktober 1918 war katastrophal gewesen. Das deutsche System euphorischer militärischer Meldungen erfuhr nun seine Nemesis. Sehr viele Deutsche, prominente Politiker eingeschlossen, hatten niemals auch nur entfernt an die Möglichkeit einer militärischen Niederlage gedacht. Das Waffenstillstandsgesuch schlug wie eine Bombe ein, weil man sich noch immer in den größenwahnsinnigen Illusionen deutscher Erfolgsaussichten wiegte. Gerade weil dieses Gesuch so unerwartet kam, führte es zu einem weitverbreiteten Gefühl vollkommener Hilflosigkeit. Dadurch wurde es für Deutschland äußerst schwierig, die im Herbst 1918 noch einzig vernünftige Politik zu betreiben, nämlich die noch bestehende Verteidigungskraft als Hebel einzusetzen, um sich so relativ annehmbare Bedingungen wie die Vierzehn Punkte Wilsons zu sichern. Die Alliierten würden wahrscheinlich Wilsons Linie nur folgen und solche Bedingungen anbieten, wenn sie davon überzeugt wären, daß die Alternative dazu die unbegrenzte Verlängerung eines kostspieligen militärischen Kampfes sein würde. Sie mußten spüren, daß die Opfer, die das bedeutet hätte, gegenüber den Vorteilen, die ein Diktatfrieden im Gegensatz zu einem Verhandlungsfrieden bringen könnte, überwiegen würden. Deutschlands größte Hoffnung lag darin, daß Präsident Wilson einen Verhandlungsfrieden einer bedingungslosen Kapitulation vorzog und daß er vermutete, sein im wesentlichen großzügiges Friedensprogramm würde über die alliierte Rachsucht siegen, wenn Deutschland nicht vollständig besiegt wäre.

Deutschlands Waffenstillstandsgesuch vom 5. Oktober war ursprünglich das Ergebnis einfacher Panik; aber in dem Maße, in dem die Panik nachließ, kehrte auch ein Teil jener alten Überlegungen wieder, die in der *Regierung des Prinzen Max von Baden* ausführlich belegt sind. Jetzt werteten Ludendorff und zahlreiche Mitglieder der Regierung das Waffenstillstandsgesuch als einen taktischen Trick, um die allgemeine militärische Situation Deutschlands zu stabilisieren. Sie hofften, daß so der Rückzug auf vorbereitete Verteidigungslinien ermöglicht würde. Sie erwarteten, daß das Gesuch zu Meinungsverschiedenheiten zwischen dem gemäßigten Wilson und den härteren Alliierten führen würde. Sie sahen eine Schwächung der alliierten Kampfmoral voraus, sobald die Soldaten der Alliierten erkennen würden, daß Deutschland allen Annexionen abgeschworen hätte und zum Abschluß eines Wilson-Friedens bereit wäre, nur um dann herauszufinden, daß ihre Regierungen den Kampf für rein annexionistische Ziele fortsetzen wollten. Solch eine Entwicklung müßte darüber hinaus zu einer Verstärkung der deutschen Kampfmoral führen, da die deutschen Massen nun erkennen würden, daß Deutschland nicht um Annexionen, sondern ausschließlich für die Integrität des Vaterlandes gegenüber unehrenhaften Forderungen rachsüchtiger Feinde kämpfte. (Siehe zu all diesen Überlegungen die Diskussion im Kabinett am 16. Oktober; S. 205–215.)

Nach diesen Berechnungen konnte Deutschland nichts durch das Gesuch um einen Waffenstillstand gemäß der Vierzehn Punkte verlieren. Wenn dieses Gesuch zu einem Wilson-Frieden führen sollte, dann würde man aus der gegenwärtigen verzweifelten militärischen Lage relativ intakt hervorgehen; wenn die Alliierten jedoch auf Bedingungen bestünden, die über Wilson hinausgingen, und so die Verhandlungen scheiterten, dann wäre Deutschlands Verteidigungsposition verbessert. Der Haken bei dieser ausgeklügelten Überlegung lag jedoch in zwei Punkten: 1. Sehr geschickt weigerte sich Wilson, das deutsche Gesuch eindeutig anzunehmen oder abzuweisen. Statt dessen erhob er eine Reihe spezifischer Forderungen, die in erster Linie darauf abzielten, die bestehende militärische Überlegenheit der Alliierten vor und während der Waffenstillstandsperiode zu erhalten (zum Beispiel die Räumung besetzter Gebiete, die Einstellung des U-Boot-Krieges und ähnliche Forderungen). Keine der spezifischen Forderungen Wilsons war in sich selbst unvernünftig, aber ihre kumulative Wirkung für die Schwächung Deutschlands war beträchtlich. 2. Deutschlands psychologische Fähigkeit zu weiterem Widerstand, die schon durch das übereilte Waffenstillstandsgesuch erschüttert war, wurde durch die zahlreichen Zugeständnisse der Regierung an die Forderungen Wilsons noch weiter beeinträchtigt. Keines dieser Zugeständnisse war in sich so weitreichend, daß seine Verweigerung der deutschen öffentlichen Meinung eine klare Grundlage für eine Politik der aus Not geborenen nationalen Sammlung geliefert hätte. Zusammengenommen bereiteten sie aber jene Stimmung vor, die in der ersten Novemberhälfte vorherrschte: Der Krieg mußte unter jeglichen Bedingungen, die man irgendwie noch erreichen konnte, beendet werden.

Die Diskussionen im Kabinett um die deutschen Antworten auf Wilsons Noten gehören zu den fesselndsten Dokumenten des Buches. Der Leser gewinnt beiläufig ein sehr ungünstiges Bild von der Arbeitsweise des ersten parlamentarischen Kabinetts in Deutschland. Der Reichskanzler spielte sogar bei jenen seltenen Gelegenheiten, an denen er nicht durch Krankheit oder andere Verpflichtungen am Vorsitz verhindert war, niemals auch nur die Rolle des primus inter pares. Gewöhnlich schweifte die Diskussion ab oder blieb in Details stecken. In der Regel waren mehrere subalterne Bürokraten anwesend und verhandelten mit erfahrenen Ministern, als wären sie ihresgleichen. Das Dienstgeheimnis war praktisch unbekannt, da bemerkenswert zuverlässige Berichte über Kabinettssitzungen der »Frankfurter Zeitung« oder der »Vossischen Zeitung« zugespielt wurden. Die Häufigkeit der Sitzungen (manchmal zwei an einem Tag) beeinträchtigte erheblich den regelmäßigen Gang der administrativen Arbeit. Am allerschlimmsten war jedoch die Angewohnheit, übermäßig lange über die genaue Formulierung diplomatischer Noten zu debattieren (vergleiche zum Beispiel die völlig gerechtfertigte Beschwerde von Außenminister Solf an Max von Baden am 5. November 1918; S. 545–546).[1]

Die ausführliche Beratung im Kabinett über die deutsche Außenpolitik, wie sehr sie auch Solf verärgert haben mag, ist für den Historiker jedoch ein Gottesgeschenk. Den Leser überrascht der völlige Mangel an Realismus bei vielen Kabinettsmitgliedern. Es gab zum Beispiel endlose Diskussionen über die Gewährung der Autonomie an das Elsaß, obwohl nach der deutschen Anerkennung der Vierzehn Punkte es klar war, daß das Elsaß an Frankreich zurückkehren würde. In ähnlicher Weise weigerte man sich, die in Wilsons 13. Punkt vorgesehene Form des polnischen Staates zu akzeptieren (siehe zum Beispiel die lange Beratung vom 14. Oktober; S. 184 bis 188). Am aufschlußreichsten sind die Debatten über den genauen Wortlaut der deutschen Antwortnoten an Wilson. Der Kanzler, Solf

1. Die Herausgeber liefern in der Einleitung (S. XXIX–XXXVIII) wertvolle Beobachtungen über die Arbeitsweise des Kabinetts und des Kanzlers. Die Anfangsphase der Kabinettsregierung als einer deutschen Institution wird durch die Tatsache erhellt, daß sie sich oft wie eine Britische Royal Commission verhielt. Sie verlangte Gutachten von »außenstehenden Fachleuten«, meistens erfahrene Diplomaten oder Generäle, bevor sie mehrere wichtige Entscheidungen traf. Jenes Selbstvertrauen intelligenter Amateure, das so charakteristisch für eine erfolgreiche Kabinettsregierung ist, war kaum anzutreffen.

und Scheüch (der Kriegsminister) waren gewöhnlich die entschiedensten Befürworter einer »harten Politik« gegenüber Wilson (das bedeutet: einer Politik, die die »entehrenden Bedingungen« zurückwies), während Erzberger und Scheidemann verzweifelt bemüht waren, jede Formulierung zu vermeiden, die Wilson als provokativ ansehen könnte. Der Gegensatz zwischen diesen beiden Standpunkten wurde in der Kabinettssitzung am 26. Oktober außergewöhnlich deutlich, in der es um die Antwort auf Wilsons dritte Note ging. Scheidemann zeigte finsteren Realismus angesichts der wirklichen Situation Deutschlands: »Sind wir im übrigen nicht in der Lage, daß wir uns alles gefallen lassen müssen?« (S. 373) Scheüch war weitaus optimistischer: »Wir können nicht wissen, was in vierzehn Tagen sein wird. Die Gegner können so große Niederlagen erleiden, daß wir einem Waffenstillstand nähergerückt seien. Unsere Lage ist im Innern und nach außen hin nicht verzweifelt.« (ibid.)

Scheüch war offensichtlich nicht übermäßig über die Gefahr besorgt, daß die Verhandlungen abgebrochen werden könnten, sogar noch nachdem sich der Kanzler angestrengt hatte, gerade wegen dieser Frage Ludendorffs Entlassung durchzusetzen. Das Kabinett überstimmte Erzberger und Scheidemann und nahm in seine vierte Note an Wilson die Formulierung auf, daß Deutschland zwar einen Waffenstillstand akzeptieren würde, sich einer Waffenstreckung aber entschieden widersetzen müsse. Es wirft ein groteskes Licht auf das Verhalten der deutschen Regierung, daß diese Entscheidung widerrufen wurde, nachdem Solf den Wortlaut der Note in einer *privaten* Besprechung im Hause von Holtzendorffs, des Direktors der Hapag, mit dem ehemaligen Reichskanzler Bethmann Hollweg und anderen diskutiert hatte (S. 385, Anm. 9). Der endgültige Wortlaut der deutschen Note kam dem ursprünglichen Vorschlag von Erzberger und Scheidemann sehr nahe: jede Warnung, daß Deutschland Bedingungen zurückweisen müsse, die eine Kapitulation bedeuteten, wurde nun herausgenommen (S. 386).

Verständlicherweise wurden die deutschen Machthaber nervös und ungeduldig, als die diplomatischen Verhandlungen mit Wilson in die fünfte Woche gingen. Das Gerede, die Verhandlungen zu beenden und eine nationale Sammlung aus der Not zu beginnen, war nach dem Ausbruch der Kieler Marine-Meuterei am 3. November offenbarer Unsinn. Die internationale Lage war am 6. November so hoffnungslos geworden, daß das Kabinett beschloß, Deutschland müsse seine auf Wilson gesetzten Hoffnungen aufgeben und die weiße Flagge hissen, indem man das Waffenstillstandsgesuch unmittelbar an Foch richtete. Wilsons vierte Note (in der er die Bedingungen des

Vor-Waffenstillstandsabkommens stellte) traf erst ein, *nachdem* das Kabinett entschieden hatte, Deutschland müsse kapitulieren – eine Tatsache, die die einst in Deutschland so populäre Legende zerstört, das Land sei durch Wilson in die Kapitulation gelockt worden, als seine Widerstandskraft noch nicht geschwächt gewesen sei. *Die Regierung des Prinzen Max* illustriert plastisch das ungeheure Gefühl der Erleichterung, das die deutschen Politiker ergriff, als Wilsons letzte Note erkennen ließ, daß die Kapitulation trotz allem vermieden werden konnte (S. 558, Anm. 15; siehe auch den Bericht Lerchenfelds an König Ludwig von Bayern vom 6. November; S. 565–568). Der Waffenstillstand, den Erzberger fünf Tage später in Compiègne unterzeichnete, war zwar hart, aber er beruhte zumindest auf einem Vor-Waffenstillstandsabkommen, das die Vierzehn Punkte gleichermaßen für Sieger und Besiegte moralisch verbindlich machte.

Dies war, um es noch einmal zusammenzufassen, das Ergebnis der Absicht Wilsons, einen Verhandlungsfrieden aus Gerechtigkeit statt aus Rache zu schließen. Der amerikanische Präsident bewies großen Mut, als er sich dem Ruf nach bedingungsloser Kapitulation, der durch ganz Amerika ging, widersetzte. Wilson zeigte höchste diplomatische Geschicklichkeit, indem er sowohl die deutschen wie die alliierten Extremisten ausspielte. Seine rasch aufeinanderfolgenden Noten unterhöhlten die Position jener Deutschen, die gehofft hatten, einen Waffenstillstand nur zur Verbesserung der militärischen Lage Deutschlands zu gebrauchen, während die Androhung eines amerikanischen Separatfriedens durch Oberst House die britisch-französische Billigung der Vierzehn Punkte (mit einer Einschränkung und einer Präzisierung) erzwang.

Die demokratischen Verfassungsänderungen in Deutschland, die unter dem parallelen Druck Wilsons und der Reichstagsparteien durchgesetzt wurden, gaben dem Land eine Regierung, die die Alliierten als Verhandlungspartner zu akzeptieren bereit war. Die Unterordnung der militärischen Führung unter die zivile Regierung war durch Ludendorffs Entlassung gewährleistet, und die kaiserliche Macht wurde, trotz der bedauerlichen Weigerung Wilhelms abzudanken, ausgeschaltet. Deutschlands militärische Lage war völlig hoffnungslos, aber die Westfront war zur Zeit des Waffenstillstands noch intakt: die Alliierten waren nicht geneigt, unnötige militärische Opfer zu bringen, wenn sie die meisten ihrer Ziele durch Verhandlungen erreichen konnten. Sie glaubten (fälschlicherweise, wie wir heute wissen), daß beträchtliche Opfer noch notwendig seien, um Deutschland in die vollständige Kapitulation zu zwingen. Die volle Bedeutung des deutschen inneren Zusammenbruchs durch

Marine-Meuterei und Revolution wurde am 11. November von den Führern der Alliierten nicht erkannt. Deshalb akzeptierten sie auch ein Vor-Waffenstillstandsabkommen, das Deutschland tatsächlich erheblich bessere Bedingungen gewährte, als aufgrund der allgemeinen Situation gerechtfertigt war. Der Abschluß des Waffenstillstandsabkommens unter diesen komplizierten Umständen muß als die größte Leistung der Regierung Max von Baden angesehen werden.

Die Revolution

Das größte Versagen dieser Regierung lag in ihrer Unfähigkeit, die Revolution zu verhindern. Wie Arthur Rosenberg bereits 1928 herausstellte,[1] war diese Revolution wahrscheinlich unnötig. Die Massen, die Anfang November revoltierten, wollten zwei Dinge: einen sofortigen Friedensschluß und die volle Demokratisierung Deutschlands; abgesehen von einem schmalen linken Flügel, wollten sie *keine* drastische soziale Revolution, wie überdeutlich im Winter 1918/19 bewiesen wurde. Die Ironie der Situation lag darin, daß sowohl der Friede als auch die Demokratisierung unmittelbar vor ihrer Verwirklichung standen, als die Meuterei bei der Marine und die nachfolgende Revolution ausbrachen. Keines der beiden Ziele wurde durch die Revolution gefördert, sondern vielmehr nur gefährdet. Glücklicherweise wurde das Waffenstillstandsabkommen unterzeichnet, bevor die Alliierten den inneren Zusammenbruch Deutschlands begriffen. Die Demokratisierung Deutschlands überstand die revolutionäre Unruhe, behielt aber durch sie einen dauernden Schaden.

Warum erhoben sich die Massen, um etwas zu erreichen, das bereits erreicht war oder unmittelbar erreicht werden würde? Weil sie die wirkliche Situation Deutschlands nicht begriffen. Einfach ausgedrückt: die deutsche Revolution vom November 1918 entsprang einem der größten historischen Versagen in der politischen Aufklärung der Öffentlichkeit. Die meuternden Matrosen glaubten (völlig zu Unrecht), sie würden von ihren Offizieren dazu mißbraucht, durch eine nutzlose Seeschlacht die Sabotage der Friedensverhandlungen zu erzwingen. Die sozialistischen Massen, die die Regierung am 9. November stürzten, waren der Meinung, daß das alte Regime noch immer intakt sei und daß seine Machthaber sich

1. Arthur Rosenberg: *Entstehung der Deutschen Republik. 1871–1918,* Berlin 1928 (Neudruck: *Die Entstehung der Weimarer Republik,* Frankfurt/M. 1961), Kap. VII.

weigerten, Frieden zu schließen, da sie von phantastischen Vorstellungen über militärische Ehre besessen seien. Der Mann auf der Straße verstand nicht die Bedeutung der Verfassungsänderungen in Deutschland und die verzweifelten Anstrengungen der leitenden Politiker, einen sofortigen Waffenstillstand auszuhandeln.

Offensichtlich konnte die Regierung ihre Bemühungen um einen Frieden nicht öffentlich plakatieren, solange die Verhandlungen mit Wilson noch andauerten: hätte sie das getan, so hätte sie ihre eigene Verhandlungsposition geschwächt. Die Regierung mußte im Gegenteil ihre Bereitschaft beteuern, bis zum äußersten zu kämpfen, falls Wilson ehrenhafte Bedingungen verweigern sollte. Hier lag der Ansatz zur Propaganda für die internationale Öffentlichkeit, für die Erzberger in erster Linie verantwortlich war. Daß dieses Vorgehen sehr viele Deutsche, die einen »Frieden um jeden Preis« verlangten, erbittern mußte, war zwar bedauerlich, aber unvermeidbar. Hier war der klare Fall gegeben, daß ein Gebot der auswärtigen Politik ernste innenpolitische Risiken barg.

Unentschuldbar war jedoch das Versagen der Regierung, die Massen davon zu überzeugen, daß die Verfassungsstruktur Deutschlands grundlegend verändert worden war. Dies geschah nicht aus Mangel an Energie oder Einsicht. Scheidemann forderte am 18. Oktober die Regierung auf, sie »müsse im besten Sinne Demagogie treiben« (S. 258). Erzberger gab am 26. Oktober in seinen Richtlinien an die Presse eine bewundernswert klare Zusammenfassung der Verfassungsänderung (S. 378–382). Unglücklicherweise konnten Verfassungsänderungen, die das parlamentarische System betrafen, nach dem niemals ein überwältigendes öffentliches Verlangen bestanden hatte, die deutsche öffentliche Meinung nicht beeindrucken: nur die Abdankung des Kaisers und (in geringerem Grade) der Abschluß der preußischen Wahlrechtsreform konnten die nötige Wirkung haben.

Für die Regierung Max von Baden war es fatal, daß sie keines dieser beiden Ziele erreichte. Dem Mann auf der Straße kann man nachsehen, daß er glaubte, es hätte sich nur wenig in Deutschland geändert, ein Eindruck, der durch die Tatsache erhärtet wurde, daß die Absichten der Regierung häufig von subalternen Bürokraten (militärischen wie zivilen) sabotiert wurden. So klagte Haußmann: »Dreiviertel unserer Zeit wird damit verbracht, daß wir die Gegenwirkung gegen unsere Politik zu besprechen haben.« (S. 345). Um nur ein Beispiel zu geben: Anfang Oktober beschloß das Kabinett, daß Karl Liebknecht, der seit 1916 im Gefängnis sitzende Führer der Spartakisten, auch unter die Amnestie fallen sollte. Lewald, Unterstaatssekretär im Reichsamt des Inneren, dachte anders und zögerte die Freilassung hinaus. Empörte sich Scheidemann: »Es gehe nicht mehr länger, daß das Kabinett beschließt und die Geheimräte machen, was sie wollen.« (Kabinettssitzung vom 16. Oktober 1918; S. 207) Er sprach von der Verzweiflung der Massen, da es der Regierung nicht gelänge, einen vollständigen und sichtbaren Bruch mit der Vergangenheit zu vollziehen, und er endete mit einer scharfsinnigen Prophezeiung: »Die Folge würde sein, daß man schließlich vor der Straße ebenso kapitulieren würde wie vor dem Ausland« (S. 213) – weil in beiden Fällen die deutsche Regierung nicht das Rechte und Notwendige zur richtigen Zeit täte.

Das Scheitern der internationalen Propaganda war mehr als nur ein technisches Versagen: Es signalisierte das Zögern der Regierung, ein gewisses Maß an Rücksichtslosigkeit gegenüber ihren inneren Feinden zu zeigen – eine Weigerung, die bereits ein ähnliches Versagen der Weimarer Republik ahnen ließ. In diesem Fall muß Max von Baden ein hohes Maß der Verantwortung zugeschrieben werden. Die politische Biographie des Prinzen liefert ein klassisches Beispiel dafür, daß gute Absichten nicht ausreichen, um politische Leistungen zu garantieren, besonders in einer so kritischen Situation wie der Deutschlands im Oktober 1918. Seine Ernennung geschah mangels eines besseren Kandidaten. Die Parteien wußten keinen geeigneten Anwärter aus ihren eigenen Reihen vorzuschlagen, während der Kaiser und die Kräfte des alten Regimes ihn nicht völlig unannehmbar fanden. Max galt für die Mehrheitsparteien nur mit großen Bedenken als persona grata. Ernsthaft wurde er nur von seinen süddeutschen Freunden in der Demokratischen Partei gewünscht (zum Beispiel von Haußmann), und das Zentrum willigte nur ein, während die Sozialdemokraten seiner Ernennung mit schlecht verhohlenem Mißtrauen begegneten.

Max konnte den mangelnden Rückhalt in einer starken Partei nicht durch persönliche Popularität ausgleichen, da sein Name den Massen außerhalb Süddeutschlands praktisch unbekannt war. Sein hochadeliger Status verstärkte eindeutig den allgemeinen Eindruck, daß sich nichts Entscheidendes in Deutschland geändert habe. Die Ernennung eines prominenten Parteipolitikers zum Reichskanzler hätte zumindest ein sichtbares Zeichen der Verwirklichung einer demokratischen Verfassungsordnung gesetzt. Max fehlten jegliche Führungsqualitäten, und er hatte nie die Gelegenheit gehabt, politischen Instinkt zu entwickeln. Er war zu sehr Gentleman, um jemals die Macht für sich allein an sich zu reißen; er konnte die Kabinettssitzungen nicht beherrschen. Sein schlechter Gesundheitszustand in den entscheidenden Tagen seiner Kanzlerschaft ließen ihn beinahe vorübergehend von den Regierungsgeschäften offiziell Abstand nehmen, wie Haeften in einem fesselnden Abschnitt seiner »Memoiren« berichtet (S. 474–476).

Die psychischen Leiden des Prinzen überstiegen noch seine körperliche Gebrechlichkeit. Entschieden lehnte er Ludendorffs panische Waffenstillstandsforderung zu Beginn seiner Kanzlerschaft ab, mußte aber mit ihren katastrophalen Konsequenzen leben. Er gab keineswegs vor, das parlamentarische System zu lieben, dessen Einführung die raison d'être seiner Kanzlerschaft bildete, und er fand den Kontakt mit »parlamentarischen Typen« wie Erzberger und Scheidemann ganz unerträglich. Seine dynastischen Skrupel hinderten ihn, die Einsicht in die Notwendigkeit von der Abdankung Wilhelms in die Tat umzusetzen (siehe seine bemerkenswerten Erklärungen vor dem Bundesrat am 1. November; S. 458). Mehrere Kabinettskollegen konnten ihn sehr gut leiden, aber sie beklagten sich über seine Abhängigkeit von anderen, wenn es zu politischen Entscheidungen kam. Man klagte allgemein über den großen Einfluß, den Kurt Hahn, ein ehemaliger Rhodes-Stipendiat, auf den Prinzen ausübte. Scheidemann urteilte: »Der jetzige Reichskanzler ist ein verhältnismäßig unselbständiger Mann. Um ihn schnurren jetzt schon verschiedene Männer herum, die kein Amt haben und doch alles Mögliche mitmachen« (S. 570). Bei einer Diskussion um den Entwurf einer Rede des Kanzlers brachte Haeften Hahn mit den Worten zum Schweigen: »Schweigen Sie – Sie sind der Landsturmmann Hahn, der in diesen ernsten staatspolitischen Angelegenheiten nicht mitzureden hat.« (4. Oktober 1918; S. 78)

Max von Baden war nicht der geeignete Mann zur Führerschaft in kritischer Zeit, wenn der äußere *Schein* eines neuen Regimes viel wichtiger ist als sein wirklicher Charakter. Sein völlig fehlender Einfluß auf die Massen zusammen mit seinem Versagen, die Abdankung des Kaisers zu erreichen, führte unmittelbar zur Meuterei bei der Marine und zur Revolution. Diese Katastrophen wurden noch durch die Blindheit der Militärs verschärft. Ludendorff hatte nie ein Verständnis für innenpolitische Dinge besessen; unglücklicherweise war sein Nachfolger Groener in dieser Hinsicht nicht besser. In dem bereits erwähnten Bericht über seine Mission nach Spa hält Drews die ignoranten Tiraden Groeners gegen die Politik der Regierung Max von Baden fest (1. November; S. 462–463), während Haeften Groeners hölzerne Weigerung schildert, in einer Unterredung mit führenden sozialdemokratischen Politikern am 6. November die Abdankung des Kaisers auch nur zu erörtern (S. 559–562). Kriegsminister

Scheüch hatte keine Ahnung von dem Ausmaß, in dem Kriegsmüdigkeit und subversive Propaganda die Loyalität und Disziplin des Landsturms unterhöhlt hatten, dessen Oberbefehlshaber er selbst war. Nebenbei bemerkt, beschäftigte er sich hauptsächlich damit, seinen gleichrangigen Status Hindenburg gegenüber zu einem Zeitpunkt herauszustreichen (4. November), als seine Gedanken sich mit dringlicheren Problemen als Kompetenz- und Prestigefragen hätten beschäftigen müssen (Haeftens »Bericht«; S. 495–496, Anm. 35). Sein wichtigster Untergebener, Generaloberst von Linsingen, der Oberbefehlshaber in den Marken, hielt ihn für einen hoffnungslosen Schwächling. Linsingen war ein ungebrochener Reaktionär, der stolz mit seinen sorgfältigen Vorbereitungen gegen die revolutionäre Gewalt prahlte. Doch am 9. November, dem entscheidenden Tage der Niederlage, offenbarte er seine ganze Unfähigkeit: er war nämlich nicht imstande, den Ungehorsam seiner eigenen Truppen vorherzusehen; angesichts dieser Tatsache gab er, ohne einen ausgesprochenen Befehl von Scheüch abzuwarten, sein berühmtes Schießverbot, das den unblutigen Sieg der Revolution sicherte (siehe Linsingens apologetischen Bericht vom 16. November 1918; S. 620–628).

So liefert *Die Regierung des Prinzen Max von Baden* viel Material zur »überflüssigen Revolution« vom November 1918. Was für ein Zeugnis der Verwirrung und Ohnmacht! Die Massen revoltierten, um zwei Ziele, Frieden und Demokratisierung, zu erreichen, die ohne Revolution erheblich besser verwirklicht worden wären. Die Regierung setzte grundlegende Verfassungsreformen durch, aber deren undramatischer Charakter schenkte ihr keinerlei Wirkung auf die Meinung der Massen. Der Reichskanzler verfügte über richtige Einsichten, aber er war durch physische Krankheit und psychische Belastungen außerordentlich geschwächt. Die Militärs wußten nicht, daß sie auf einem kochenden Vulkan saßen. Die Handvoll verläßlicher Truppen, die man brauchte, um die meuternden Matrosen und die Aufrührer in den Städten auseinanderzujagen, war nicht zu finden, so daß die Revolution »einfach geschah«, denn sie war sicherlich von niemandem geplant. So hatte die Revolution katastrophale Konsequenzen, die die meisten Leistungen der Regierung des Prinzen Max verdarben.

WEIMARER REPUBLIK

DIE DEUTSCHE ZENTRUMSPARTEI 1917–1923

Rudolf Morsey: *Die Deutsche Zentrumspartei. 1917–1923,* Beiträge
zur Geschichte des Parlamentarismus und der politischen Parteien,
Bd. 32; 651 S., Düsseldorf 1966

in: The Journal of Modern History, 39/1967, S. 160–163

Morseys Geschichte der Zentrumspartei ist nach Meinung des Rezensenten seit Brachers klassischer Arbeit über *Die Auflösung der Weimarer Republik* der wichtigste Beitrag zum Verständnis der Weimarer Republik. Hier wird zum erstenmal eine wirklich zufriedenstellende Studie über eine Weimarer Partei geliefert, die außerdem noch helles Licht auf die Funktionsweise des parlamentarischen Systems und Probleme der Koalitionspolitik wirft. Die Erforschung des Zentrums ist besonders lohnend, da diese Partei buchstäblich im Zentrum der deutschen Politik stand: Sie war an jeder Regierung beteiligt, und es ist für sie charakteristisch, daß sie die Regierungschefs sowohl von »rechten« (Fehrenbach, 1920–1921) wie auch von »linken« (Wirth, 1921–1922) Koalitionen stellte. Sie war geradezu wie geschaffen dafür, Konflikte in der deutschen Politik zu vermitteln, weil im großen und ganzen diese Konflikte sich innerhalb des Zentrums selbst niederschlugen (es kannte in seinen Reihen sowohl deutsch-nationalistische Legitimisten wie auch katholische Sozialisten). Mit Matthias Erzberger stellte die Partei den eindrucksvollsten Staatsmann jener Jahre, was sowohl für seine gesetzgeberische Leistung (Reichsfinanzreform von 1919) wie auch für seinen realistischen außenpolitischen Kurs (Annahme des Versailler Vertrages) gilt. Es muß jedoch auch gesagt werden, daß die Schwächen des Zentrums symptomatisch für die Schwächen der Weimarer Republik im ganzen waren.

Morsey beherrscht die verfügbaren Quellen, ob nun offizielle oder private, geschriebene oder mündliche, in recht eindrucksvoller Weise. Als Katholik, den überlebende Zentrumsmitglieder als persona grata akzeptieren, erhielt er zu einer Fülle von Informationen Zugang, die anderen verschlossen blieben. Dies ist um so wichtiger, weil die Quellensituation wahrlich recht unbefriedigend ist. Das »zentrale Archiv« der Partei wurde 1933 von der Gestapo beschlagnahmt und muß als verloren angesehen werden; nur wenige Zentrumsabgeordnete hinterließen Memoiren (trocken bemerkt Morsey, daß die meisten von ihnen die schlechte Angewohnheit gehabt hätten, bis zum Augenblick ihres Todes an ihrer parlamentarischen Tätigkeit zu kleben). Um diesen Mangel auszugleichen, hat Morsey unermüdlich die folgenden bisher unausgewerteten Nachlässe herangezogen: von Wilhelm Marx, Parteivorsitzenden von 1921 bis 1928; von Mayer-Kaufbeuren, einem einflußreichen bayerischen Abgeordneten, der deutscher Botschafter in Paris wurde und den man häufig als »Kanzlerkandidaten« nannte; von Rudolf ten Hompel, einem Industriellen aus Münster, dessen Nachlaß ausführliche Notizen über wichtige Sitzungen des Parteiausschusses enthält; und von Carl Bachem, dem großen Historiker des Zentrums vor 1914, der auch Material für die Weimarer Zeit sammelte, möglicherweise mit der Absicht, seine Schilderung für die Zeit nach 1914 weiterzuführen. Zusätzlich zu diesen »privaten« Zeugnissen hat Morsey noch eine Menge »offizieller« Dokumente aus verschiedenen Archiven benutzt, wie Kabinettsprotokolle, Berichte über Konferenzen der jeweils aufeinanderfolgenden Reichskanzler und der Parteiführer und die diplomatischen Berichte, die der sehr gut informierte bayerische Gesandte Preger von Berlin nach München sandte. Man braucht wohl kaum hinzuzufügen, daß Morsey Überlebende befragt und zeitgenössische Zeitungen und Zeitschriften ausgiebig verwandt hat.

Wenn der Autor auch nicht gezögert hat, eine Menge dessen, was man seit langem vom Zentrum wußte, noch einmal zu erzählen, so ist man doch wirklich verblüfft, wieviel genuin neue Information er zusammengetragen hat. Die folgenden Punkte sind von besonderer Bedeutung. Morsey zeigt, wie das Zentrum, das durch die Revolution von 1918 demoralisiert war, praktisch durch die anti-klerikalen Possen des Unabhängigen Sozialisten Adolf Hoffmann in dessen kurzer Amtszeit als Preußischer Kultusminister »gerettet« wurde. Der Preis für dieses Überleben bestand aber in der Erhaltung des Zentrums als einer de facto katholischen Partei. Die hervorragende Darstellung der rheinischen Separatistenbewegung von 1918/19 gibt ein fesselndes Bild von den Anstrengungen des Kölner Oberbürgermeisters Konrad Adenauer, die vorhandenen anti-preußischen Ressentiments in eine »verantwortungsbewußte« Richtung zu lenken, sich selbst aber eine Anzahl politischer Strategien offenzuhalten. Die Studie liefert eine Menge neuer Informationen über die prekäre Stellung Erzbergers innerhalb der Partei, die zeigen, daß nicht die Kugeln der Attentäter 1921 eine erfolgreiche Rückkehr in das politische Leben verhinderten (wie viele, auch der Rezensent, bisher angenommen hatten). Ausführlich wird das im Winter 1920/21 von Adam Stegerwald, dem Führer der christlichen Gewerkschaften und zeitweiligem Preußischen Ministerpräsidenten, entwickelte Projekt dargestellt, eine neue christliche, nationale, soziale und demokratische Partei zu gründen, die in mancher Hinsicht die heutige CDU vorweggenommen hätte. Morsey zeigt, daß dieses Unternehmen ebenfalls von Heinrich Brauns, der als Geistlicher von 1920 bis 1928 Reichsarbeitsminister war, befürwortet wurde, während die Rolle Heinrich Brünings, des Sekretärs Stegerwalds, gewöhnlich übertrieben worden ist (vor allem von ihm selbst). Das Projekt scheiterte, weil die konfessionellen Trennungslinien noch zu stark waren, weil Stegerwald sich durch seinen erbitterten Kampf gegen Erzberger den »linken Flügel« des Zentrums zum Feind gemacht hatte und vor allem weil er sich nicht entscheiden konnte, ob nun das Zentrum Kern der neuen Partei oder nur eines von mehreren gleichberechtigten Teilelementen sein sollte.

Die Koalitionspolitik der Jahre 1920 bis 1922 wird in diesem Buch zum erstenmal umfassend erklärt. Der Verfasser bespöttelt die von Arthur Rosenberg 1935 vorgebrachte Meinung, daß diese Jahre die Blüte einer eigenartigen Form von »katholischer Demokratie« gesehen hätten. Er belegt jedoch die wichtige Rolle, die der Zentrumsführer Carl Trimborn bei der Bildung der Kabinette Fehrenbach und Wirth spielte, und es findet sich auch ein fesselnder Bericht über die fehlgeschlagene »Kanzlerkandidatur« Konrad Adenauers im Mai 1921. Die interne Geschichte der beiden Kabinette Wirth (Mai 1921 bis Oktober 1922) ist bisher niemals in ähnlicher Ausführlichkeit dargestellt worden. Besonders erhellendes Licht wird auf die sonst so bewunderungswürdige Persönlichkeit Wirths geworfen, der aus nationalistischen Gründen sich weigerte, 1933 offen mit den Nationalsozialisten zu brechen, nachdem er ins Schweizer Exil geflohen war und man ihm seine Ministerpension gestrichen hatte. (Morsey bringt wichtiges Material aus Wirths Personalakte im Bundesarchiv.) Die Rolle, die der Zentrumsabgeordnete und Industrielle ten Hompel 1923 bei der Stabilisierung der Mark spielte, liefert neue Informationen zu einem vieldiskutierten Problem. Morsey gibt schließlich auch die umfassende erste Darstellung der Rheinland-Krise von 1923 und der entscheidenden Rolle, die Zentrumspolitiker in ihr spielten, vor allem Adenauer, der Berlin davon abhielt, das Rheinland »abzuschreiben«, um so die neue Währung zu sichern.

Obwohl er seine grundsätzliche Sympathie für den Standpunkt des Zentrums nie verbirgt, kritisiert der Verfasser doch sehr offen viele politische Maßnahmen und viele führende Mitglieder der Partei. Er sympathisiert eindeutig mit der »Linken« in der Partei: Zeugnis dafür ist seine Kritik, daß das Zentrum nicht bereit gewesen sei, uneingeschränkt das Prinzip der Demokratie, die republikanische Struktur des Staates und das parlamentarische System zu akzeptieren. Häufig äußert er sich verächtlich über eine Parteiführung, die in den Händen ebenso solider wie farbloser Parteihierarchen aus der Vorkriegszeit blieb. Er zeichnet hervorragende Porträtstudien von Peter Spahn, Adolf Gröber, Carl Trimborn und Wilhelm Marx. Für die politische Blutlosigkeit des Zentrums war es höchst charakteristisch, daß ein Kampf um die Führung innerhalb der Partei völlig undenkbar war. Männer mit prononciert republikanischen Ansichten wie Erzberger oder Wirth konnten niemals hoffen, die Führung zu erlangen, da das die Einheit der Partei bis zur Zerreißprobe belastet hätte. Morsey bedauert, daß das Zentrum zu viel Zeit damit vergeudete, über seine Regierungsverantwortung in schwierigen Zeiten zu stöhnen, und daß es zu wenig Zeit darauf verwandte, die Gelegenheiten freudig wahrzunehmen, die ihm durch seine »Unersetzlichkeit« für jede Regierung gegeben waren. Die »altmodischen« Führer des Zentrums suchten nie ein Verhältnis zu der im Kriege geprägten jüngeren Generation zu finden; die verhältnismäßig wenigen jungen Katholiken, die dem Windthorstbund (Jugendorganisation der Partei) beitraten, pflegten dagegen in ihren politischen Ansichten sehr verschwommen zu sein, obwohl sie von bewundernswerten republikanischen Absichten geleitet wurden. Die Partei entwickelte niemals eine zusammenhängende Wirtschaftspolitik. Sie verließ sich statt dessen auf Kompromisse, die in ziemlich passiver Weise das Parallelogramm von Interessengruppen widerspiegelten. Die Einstellung des Zentrums gegenüber der SPD blieb immer doppeldeutig: In den Wahlkämpfen verleumdete man in demagogischen Parolen den »gottlosen Marxismus« der SPD; sobald die Wahl vorbei war, verbündete man sich aber aus vernünftigen politischen Gründen mit eben diesen »gottlosen Marxisten«. So war es verständlich, daß ein großer Teil der Wählerschaft des Zentrums verärgert war und die Partei auf jenen nach 1924 eingeschlagenen Kurs drängte, die Deutschnationalen (DNVP) der SPD als Koalitionspartner vorzuziehen. Morsey beklagt schließlich auch, daß die Partei in allem, was zu einem modernen Parteiapparat gehört, kläglich »unterentwickelt« blieb: ihre Finanzierung, ihre lokalen Organisationen und ihre Öffentlichkeitsarbeit waren in unverbesserlicher Weise antiquiert; der Durchbruch zur demokratischen Massenpartei wurde nicht geschafft.

Trotz dieser weitreichenden kritischen Einwände werden viele Leser meinen, daß Morsey der Partei immer noch zu wohlwollend gesonnen sei. Dies ist deshalb der Fall, weil es für ihn ein Axiom ist, daß die Existenz einer im wesentlichen katholischen Partei wie das

Zentrum sogar nach 1918 noch eine gute Sache gewesen sei. Morsey setzt sich nicht mit dem Argument von R. T. Clark in *The Fall of the German Republic* (London 1935) auseinander, daß das Zentrum im wesentlichen ein Anachronismus gewesen sei, weil trotz des Verhaltens von Hoffmann im Winter 1918/19 die wirkliche Gefahr eines neuen Kulturkampfes nicht bestanden habe; mehr noch: daß das Zentrum einen geradezu schädlichen Anachronismus darstellte, da so eine große Anzahl von »Linkskatholiken« davon abgehalten worden sei, unverwechselbar pro-republikanischen Parteien wie der SPD beizutreten. Viel zu häufig war das Zentrum mit Problemen beschäftigt, die nur als zweitrangige oder zumindest als rein katholische Fragen gekennzeichnet werden können. Zum Beispiel: in der Zeit der Weimarer Nationalversammlung richteten die Zentrumspolitiker ihre größte Aufmerksamkeit darauf, die Stellung der katholischen Schulen zu sichern, die »Legitimität« der demokratischen Souveränität zu verteidigen (die von konservativen katholischen Theologen geleugnet wurde), sich andauernd mit den neuen Farben schwarz-rot-gold zu beschäftigen (bedeuteten sie nicht die Anerkennung einer verhaßten Revolution?) und – eine ewige Sorge – so viele Katholiken wie möglich in Beamtenstellungen zu schleusen. Viel weniger besorgt zeigte man sich über das Problem, wie wichtig es war, Bürokratie, Justiz und Armee mit verläßlichen Republikanern (ob nun katholisch oder nicht) zu besetzen, die Macht der Junker durch eine Bodenreform zu brechen und einige Forderungen der Arbeiterschaft zu erfüllen, um die Attraktivität der Kommunisten zu mindern. Das Zentrum zeigte seine laue republikanische Gesinnung, als es fast hysterisch auf die Versuche der Gewerkschaften reagierte, bei zwei Anlässen die Regierung unter Druck zu setzen, energische Schritte gegen die Rechte zu unternehmen: nämlich nach dem Kapp-Putsch von 1920 und nach der Ermordung Rathenaus im Jahre 1922.

Ein weiteres Beispiel für die Befangenheit des Zentrums in zweitrangigen Fragen kann im Frühjahr 1923 gefunden werden, als das Ruhrgebiet von den Franzosen besetzt war, die Inflation auf Hochtouren lief, München dem Hitler-Putsch entgegenfieberte und in Sachsen die Gefahr einer kommunistischen Machtergreifung drohte. Worüber zeigten sich prominente Zentrumsführer in dieser kritischen Phase besorgt? Über die Gefahr eines neuen Kulturkampfes, das heißt die Möglichkeit, daß Liberale und Sozialisten durch ihre Gesetzgebung die Ehescheidung erleichtern, die rechtliche Stellung von unehelichen und ehelichen Kindern angleichen, Abtreibung in bestimmten Fällen erlauben und die Gemeinschaftsschulen begünstigen könnten. (Morsey erwähnt diese Tatsache ohne Kommentar und scheint nichts Überraschendes in ihr zu finden.) Selbstverständlich ist es ungerecht, eine katholische Partei wegen ihrer Sorge um katholische Belange zu kritisieren, aber man kann auch argumentieren, daß es ein Unglück für die deutsche Republik war, eine politische Partei zu haben, die solchen Fragen Vorrang einräumte. Unglücklicherweise hatte darüber hinaus das Zentrum nichts weniger als ein echtes Interesse daran, alle Symptome eines möglichen Kulturkampfes wahrzunehmen und aufzubauschen: weil die Partei über politische und wirtschaftliche Fragen tiefgehend gespalten war, brauchte sie als Bedingung ihres Überlebens die einigende Kraft des Schlachtrufs »Religion und Kirche sind in Gefahr!« Ein Großteil Energie wurde durch die chronische Sorge verzehrt, die heterogene Partei vor der Zersplitterung zu bewahren; diese Energie stand dann nicht mehr für die größere Aufgabe zur Verfügung, die Weimarer Demokratie zu festigen.

Obwohl Morseys Buch sehr umfangreich ist, sollten doch einige Lücken kurz erwähnt werden. Der Verfasser ist so sehr mit den Problemen der »Koalitionspolitik« und der Erhaltung der Einheit der Partei beschäftigt, daß er manchmal zu Unrecht die inhaltliche Orientierung der Zentrumspolitik vernachlässigt. Der Leser wird kaum angemessen über die Einstellung der Partei zu solchen Fragen wie der Außenpolitik, der Inflation, den Betriebsräten, der Durchsetzung der Abrüstungsklauseln des Versailler Vertrages, dem chronischen Konflikt zwischen dem Reich und Bayern und der Kontroverse über den Kriegsverbrecherprozeß informiert. Der Fehler liegt jedoch nur zum Teil beim Autor: hier findet die Tatsache ihren Niederschlag, daß dem Zentrum zu häufig spezifisch definierte politische Ziele fehlten. Die Partei fühlte sich nie ganz wohl, wenn sie sich nicht gerade an den alten Kulturkampf erinnerte oder sich auf einen neuen Kulturkampf vorbereitete. Das Zentrum verlor niemals seine im wesentlichen defensive Mentalität, die es in der Kaiserzeit entwickelt hatte. Andauernd befürchtete man, sich auf irgendeine Position festlegen zu müssen, die das herkömmliche Vorrecht gefährden könnte, als die Partei des Ausgleichs par excellence zu handeln. Als unvermeidliche Folge brachte diese verwaschene Einstellung die Partei in den nicht unverdienten Geruch des Opportunismus. Eine Schwäche des Buches von Morsey liegt darin, daß er dem Bild, das sich andere vom Zentrum machten, zu wenig Aufmerksamkeit schenkt, denn zur Charakterisierung einer Partei ist ihr Ruf ebenso wichtig wie ihr Selbstverständnis. In diesem Zusammenhang ist es bedauerlich, daß Morsey nur wenig über die Beziehungen zwischen dem Vatikan und dem Zentrum zu sagen hat. Der häufig erhobene Vorwurf, das Zentrum habe Befehle von Rom empfangen, ist eindeutig falsch, wie sich aus der Tatsache belegen läßt, daß der Vatikan die Koalition des Zentrums mit der SPD im Reich und in Preußen zwar nicht billigte, daß er aber auch nicht in der Lage (und vielleicht auch nicht willens) war, aktive Schritte zu unternehmen, um einen mehr »rechtsorientierten« Kurs durchzusetzen. Obwohl niemals Anweisungen erlassen wurden, beanspruchte der Vatikan, wie die Königin von England, jedoch das Recht, informiert zu werden. Der päpstliche Nuntius Pacelli (der spätere Papst Pius XII.) zögerte nicht, eine Liste sehr eingehender Fragen an prominente Zentrumspolitiker wie Erzberger zu schicken; sie wurden prompt und vollständig beantwortet. Bei Morsey gibt es über all das zu wenig Information; das gilt auch für die schwierig zu belegende Rolle des katholischen Episkopats in den Angelegenheiten des Zentrums.

Diese Unterlassungen sind jedoch nur kleinere Schönheitsfehler in einem Buch, das von grundlegender Bedeutung für das Verständnis der Weimarer Republik, dem Verhalten katholischer Parteien in modernen Demokratien und der Funktionsweise parlamentarischer Systeme in schwierigen Zeiten ist. Man sollte hoffen, daß Morsey bald einen zweiten Band vorlegen kann, der die Geschichte der Partei bis 1928 weiterführt; solch eine Fortsetzung wäre besonders wertvoll, da die »Mitteljahre« der Weimarer Republik verhältnismäßig wenig erforscht worden sind, vielleicht weil der gesunde Zustand im allgemeinen weniger Interesse findet als die pathologische Krise. Für die tragischen Jahre von 1928 bis 1933 kann sich der Leser an den ebenso brillanten wie gnadenlosen Bericht Morseys über »Das Ende der Zentrumspartei« in dem 1961 veröffentlichten Sammelband *Das Ende der Parteien* wenden. Man muß hoffen, darf es aber wohl kaum erwarten, daß die anderen Parteien der Weimarer Zeit bald eine ähnlich gründliche, gehaltvolle und ausführlich belegte Behandlung erfahren werden.

ADENAUER IN DER RHEINLANDPOLITIK

Karl Dietrich Erdmann: *Adenauer in der Rheinlandpolitik nach dem Ersten Weltkrieg;* 386 S., Stuttgart 1966

in: The Review of Politics, 29/1967, S. 536–545; deutsch: Geschichte in Wissenschaft und Unterricht, 19/1968, S. 553–561

Übersetzung: Redaktion der Zeitschrift »Geschichte in Wissenschaft und Unterricht«

Die Rolle Adenauers während der Besetzung des Rheinlandes nach dem Ersten Weltkrieg ist Gegenstand schärfster Auseinandersetzungen gewesen. Seine Kritiker, ob Kommunisten, Sozialisten oder Nationalsozialisten schilderten ihn als einen »rheinischen Separatisten« ohne deutschen Patriotismus und gewillt – vielleicht sogar eifrig bemüht –, mit Frankreich auf Kosten der nationalen Einheit zusammenzuarbeiten. Es wurden häufig Parallelen gezogen zwischen seinem angeblichen Eifern, eine unabhängige westdeutsche Republik vereint mit Frankreich in den Jahren 1919 und 1923 zu schaffen und seiner angeblichen Gleichgültigkeit gegenüber der Sache der deutschen Wiedervereinigung nach 1949.

Seine Gegner bezeichneten ihn in den fünfziger Jahren unentwegt als einen preußenfeindlichen rheinischen Provinzialisten, der eine Allianz mit den Westmächten jeder Vereinigung Deutschlands vorgezogen habe, die eine Lockerung des NATO-Bündnisses hätte nach sich ziehen können. Auf der anderen Seite argumentierten Adenauers Verteidiger, daß seine zögernden und genau abgemessenen Zugeständnisse an den Separatismus in den Jahren 1919 und 1923 kalkuliert gewesen seien, um diese kräftige und gefährliche Strömung in die verantwortliche und patriotische Richtung einer westdeutschen Republik innerhalb des Reiches zu lenken, daß er sein Ziel vollständig erreicht habe und von den Franzosen als ihr gewandtester Gegner betrachtet worden sei und daß einzig seine flexible Politik das Rheinland unter den ungewöhnlich schwierigen Umständen für Deutschland gerettet habe, während eine Politik der nationalistischen Unnachgiebigkeit mit Sicherheit ins Unglück geführt hätte.

Was die Parallelsituation nach 1949 anbetrifft, so argumentieren Adenauers Verteidiger, daß er folgerichtig Deutschlands Wiedervereinigung erstrebt (obwohl er wohlweislich jede nationalistische Rhetorik vermieden) und sich niemals mit dem westdeutschen Status quo zufriedengegeben habe. Sein Festhalten am Aufbau der westlichen Allianz sei nicht in dem Sinne zu verstehen, daß er seine deutschen Landsleute in der Ostzone »abgeschrieben« oder ihrem Schicksal gleichgültig gegenübergestanden habe, weil sie das Pech gehabt hätten, ostdeutsche statt rheinische Mitbürger zu sein. Es sei einfach das Resultat der Ansicht gewesen, daß die Wiedervereinigung nur durch den Druck der Westmächte auf Rußland und nicht durch freundschaftliche Verhandlungen mit Rußland, geschweige denn mit seinem verächtlichen Satelliten in Ostberlin erreicht werden könne.

Es ist zu begrüßen, daß der Kieler Historiker Erdmann ein Gewebe von Legenden, Anklagen und Entschuldigungen über die Ereignisse von 1919 und 1923 durch eine entscheidende Monographie zerstört hat, die, auf einer breiten Vielfalt von Primärquellen fußend, Streitfragen im Hinblick auf die Zeit nach 1949 weise vermeidet. Erdmann hat die Kabinettsprotokolle und die Akten der Reichskanzlei, die Dokumente des Auswärtigen Amtes, Adenauers Privatakten aus dem Kölner Stadtarchiv, die Papiere führender Politiker (besonders Stresemann, Marx und Jarres) und – zur Dokumentierung der französischen Politik – die Akten Paul Tirards, der seinerzeit Präsident der Alliierten Rheinlandkommission war, herangezogen. Diese Akten sind trotz der Unzugänglichkeit des Archivs des französischen Auswärtigen Amtes für die Forschung zugänglich, da sie von deutscher Seite während des Zweiten Weltkrieges in Paris kopiert worden sind. Erdmann ergänzt seine Darstellung in einem ausgedehnten Anhang mit dem Abdruck von 38 Dokumenten (175 Seiten der insgesamt 381), welche den Hauch einer Periode mit sich bringen, deren Gedanken und Empfindungen schon so weit hinter uns liegen. Die Kabinettsprotokolle, die wichtigste Einzelquelle neben Adenauers Akten, sind in diesem Dokumententeil leider nicht mit veröffentlicht worden, weil sie einer geschlossenen, gesonderten Ausgabe vorbehalten bleiben, die in nächster Zeit unter Erdmanns Leitung herausgebracht werden soll.[1] Obwohl es verständ-

1. Hierbei handelt es sich um die für die Historische Kommission bei der Bayerischen Akademie der Wissenschaften von Karl Dietrich Erdmann und für das Bundesarchiv von Wolfgang Mommsen unter Mitwirkung von Walter Vogel herausgegebene Reihe »Akten der Reichskanzlei. Weimarer Republik«, Boppard 1968 ff. Aus dem hier relevanten Zeitraum liegen bisher vor: *Das Kabinett Scheidemann.* 13. Februar bis 20. Juni 1919, bearb. v. Hagen Schulze (1971); *Das Kabinett Müller I.* 27. März bis 21. Juno 1920, bearb. von Martin Vogt (1971); *Das Kabinett Cuno.* 22. November 1922 bis 12. August 1923, bearb. v. Karl-Heinz Harbeck (1968). *Das Kabinett Marx I.* 30. November 1923 bis 2. Juni 1924, bearb. v. Günter Abramowski; erscheint im 1. Halbjahr 1972. (Anm. d. Hrg.)

lich ist, daß Erdmann aus seiner zukünftigen Publikation nicht die Rosinen herauspicken wollte, so ist es dennoch bedauerlich, daß Schlüsseldokumente aus einem Buche fortgelassen wurden, das mit Sicherheit das Standardwerk über diesen Gegenstand werden wird.

Die Protokolle dreier Kabinettssitzungen, die am 13. November 1923 abgehalten wurden – ein entscheidendes Datum in der Darstellung Erdmanns –, sind inzwischen von Rudolf Morsey in einem wichtigen Beitrag *Die Rheinlande, Preußen und das Reich* in den Rheinischen Vierteljahresblättern, Bd. 30 (1965, S. 176–200), veröffentlicht worden. Das umfassende Werk *Die Deutsche Zentrumspartei* (1966) desselben Autors berührt das Problem Erdmanns in den Abschnitten, die der »Rheinlandbewegung der Jahre 1918 bis 1919« (S. 117–128), der »Entwicklung der Rheinlandfrage« (S. 530–545) gewidmet sind. Die Arbeiten Morseys und Erdmanns ergänzen sich vorzüglich; beide Autoren gelangen zu ähnlichen Schlußfolgerungen, obwohl sie von ganz verschiedenen Ausgangspunkten ausgehen.

Morsey setzt die rheinischen Ereignisse in den weiteren Zusammenhang der Probleme der Zentrumspartei; er ist lediglich am Rande an dem biographischen Aspekt der Geschichte interessiert. Erdmann andererseits befaßt sich viel mehr mit Adenauer als Persönlichkeit; er geht weit über den Bericht Morseys hinaus in der Analyse der internationalen Aspekte der Rheinlandkrise von 1923, und er erschließt ein ergiebiges neues Feld der Forschung mit der Behandlung der engen Verbindung zwischen dem Staatsmann Adenauer und dem Industriellen Stinnes, die im Winter 1923/24 eine verfrühte Annäherung zwischen Frankreich und Deutschland erstrebten. Während Morsey eine sehr wertvolle Parteimonographie schrieb, die beiläufig viele Informationen über rheinische Fragen enthält, lieferte Erdmann ein ausgezeichnetes Beispiel für die vielbesprochene, aber selten verwirklichte Synthese von innenpolitischer, wirtschaftspolitischer und diplomatischer Geschichte.

Einige geringfügige Vorbehalte zu dem Buch Erdmanns sollen angemeldet werden, bevor wir uns der Betrachtung seiner Schlußfolgerungen zuwenden. Das Buch ist gewiß nicht für Anfänger oder Laien der deutschen Geschichte geschrieben worden; der Autor setzt bei seinem Leser beträchtliche Kenntnisse voraus über Gegenstände, wie die rheinische Separatistenbewegung, das Reparationsproblem, die Ruhrbesetzung, die deutsche Bündnispolitik und die allgemeine europäische Situation, da er eine dicht argumentierende Analyse der verwickelten Ereignisse von 1923 liefert. Man hätte sich gewünscht, daß der Autor etwas mehr auf den allgemeinen historischen Hintergrund eingegangen wäre, statt die Darstellung so eng an die Dokumente zu binden. Das Fehlen einer Bibliographie erschwert es, Erdmanns Arbeit in die Perspektive früherer Studien einzuordnen. In Fragen der Akzentuierung ist der Rezensent der Meinung, daß Erdmanns Hochschätzung für die von Adenauer nach 1949 bewirkte deutsch-französische Versöhnung ihn gelegentlich die Gegenwartsbedeutung dieser Seite der frühen Adenauerpolitik überbewerten läßt. Auch neigt der Autor dazu, in Fragen, bei denen gültige Schlußfolgerungen unmöglich sind, die Dinge eher zugunsten Adenauers zu sehen.

Es muß jedoch betont werden, daß Erdmann keineswegs ein voreingenommener Apologet für die Politik und Einstellung Adenauers ist. Er kritisiert Adenauer häufig, weil er bestimmte Situationen nicht richtig verstanden habe, weil er unter Mißachtung der wirklichen Machtkonstellationen gehandelt habe und für seine bequeme Vergeßlichkeit früherer Taten, nachdem sich die politischen Verhältnisse geändert hatten. In der Tat ist das Buch ein Musterbeispiel für historisches Verstehen und unabhängiges, abwägendes Urteilen.

Erdmanns Arbeit konzentriert sich auf drei spezifische Episoden: Erstens auf das Verhalten Adenauers im Winter des Jahres 1918/19, als Deutschland einem völligen Chaos gegenüberstand und der rheinische Separatismus seinen Höhepunkt erreicht hatte.

Zweitens auf sein Verhalten in den Monaten Mai bis Juni 1919, als viele deutsche Politiker verzweifelt nach einer Alternative zur Annahme des drückenden Versailler Vertrages suchten.

Drittens auf seine Haltung im Herbst des Jahres 1923, als Deutschland sich aufzulösen drohte inmitten von Ruhrinvasion, Inflation, nationalsozialistischer und kommunistischer Putschversuche und des rheinischen Separatismus. Erdmann hat zu jedem dieser Themenkreise viel Neues und Wichtiges zu sagen.

Wenn man die Autonomiebestrebungen des Rheinlandes nach dem Ersten Weltkrieg betrachtet, so ist es von Bedeutung, zwischen denjenigen Vertretern zu unterscheiden, die eine westdeutsche Republik innerhalb des Reiches mit Zustimmung der Reichsregierung wollten, und denjenigen, die eine derartige Republik um jeden Preis wünschten, die sogar eine westdeutsche Republik mit Unterstützung französischer Bajonette gegen den Willen der Reichsregierung durchzusetzen beabsichtigten. Nur die erste Gruppe fand die Unterstützung der Massen und erlangte geschichtliche Bedeutung. Adenauer wurde ihr hervorragender Wortführer.

Erdmann weist überzeugend nach, daß Adenauers Einstellung, ungeachtet seines großen Rufes als Realpolitiker, weitgehend auf einer Kette irriger Annahmen gegründet war und daß er diese Einstellung änderte, sobald er erkannte, daß sie auf falschen Voraussetzungen beruhte.

Seine irrigen Ansichten, die sich sämtlich in seiner bemerkenswerten Rede vom 1. Februar 1919 vor einer auserwählten Versammlung rheinischer Abgeordneter finden, die Erdmann vollständig im Dokumentaranhang aufführt, waren folgende:

1. Eine Reorganisation Preußens unter Auflösung in seine Einzelprovinzen, um eine Basis für einen gesunden deutschen Föderalismus zu schaffen, sei unvermeidlich. Hier unterschätzte Adenauer Preußens zähe Fähigkeit der Selbsterhaltung.

2. Die Reichsregierung würde keinen Einwand erheben gegen eine westdeutsche Republik und sie vielleicht sogar begrüßen, sowohl um die Franzosen zu besänftigen, als auch um die Macht des preußischen Übergewichts zu brechen. Hier überschätzte Adenauer die Flexibilität der Regierung Ebert/Scheidemann.

3. Die Schaffung einer westdeutschen Republik sei der *einzige* Weg, die direkte Annexion des Rheinlandes oder zumindest die Schaffung eines abhängigen »Pufferstaates« durch Frankreich zu verhindern. Hier unterschätzte Adenauer Englands und Amerikas Fähigkeit, den französischen Chauvinismus zurückhalten zu können.

4. Frankreich werde den Zusammenbruch Preußens und die Schaffung einer westdeutschen Republik innerhalb des Reiches als einen echten Beitrag zu seiner Sicherheit betrachten, weil die westdeutschen Industriellen, die eine solche Republik beherrschen würden, nicht so kriegslustig wie die langgefürchteten ostpreußischen Junker sein würden. Hier überschätzte Adenauer Frankreichs Bereitwilligkeit, zwischen harmlosen und gefährlichen Deutschen zu unterscheiden.

Erdmann leistet hervorragende Arbeit in der Analyse der Grundlagen Adenauerscher Politik. Nach Meinung des Rezensenten bringt er aber zu wenig heraus, was an Opportunismus in Adenauers Verhalten steckte und bis zu welchem Grade er in fragwürdige Unternehmungen fragwürdiger Charaktere einwilligte oder in sie verwickelt war. Es ist eigentlich ganz unwahrscheinlich und, wenn es wahr ist, gewiß kein Ruhmesblatt für Adenauer, daß er von einer separatistischen Resolution seiner Freunde in der Zentrumspartei anläßlich eines großen öffentlichen Treffens in Köln am 4. Dezember 1918 so »vollständig überrascht« worden sei (S. 33–35).

Die Anwesenheit des Oberbürgermeisters »als normaler Zuhörer« auf einer Konferenz von separatistischen Politikern und Industriellen, wie sie am 10. März 1919 im Kölner Zivilkasino stattfand, um einen Volksentscheid zugunsten eines unabhängigen rheinischen

Staates vorzubereiten, mußte mißverstanden werden (S. 51–53). Es ist übrigens erstaunlich, daß Erdmann, obwohl seine These, daß Adenauer ein guter, wenn auch flexibler Patriot war, dadurch gestärkt wurde, wenig Nachdruck darauf legt, daß die tatsächliche Auswirkung der Adenauerschen Politik darin bestand, den »Separatismus« zu schwächen, indem er ihn in Vielparteiengremien, die er selber kontrollierte, kanalisierte, und daß die wahren Separatisten ihn als Verräter betrachteten, der sie erst getäuscht und später ihre Sache ruiniert habe.

Adenauer vermied ein zu offenes Eintreten für eine westdeutsche Republik, nachdem die Weimarer Versammlung, die Mitte Februar 1919 tagte, sich gegen jede direkte territoriale Neuordnung Preußens ausgesprochen hatte. Es empörte ihn jedoch, daß die Reichsregierung sich weigerte, den Plan einer westdeutschen Republik als Position in den Verhandlungen über die Friedensbestimmungen von Versailles im Mai des Jahres 1919 zu benutzen. Wäre es nicht denkbar, daß die Franzosen die drückenden Friedensbestimmungen erleichterten, wenn eine westdeutsche Republik gegründet würde?

Als die beiden Zentrums-Landtagsabgeordneten Kastert und Kuckhoff am 17. Mai 1919 mit dem französischen General Mangin eine strittige Unterredung über diese Frage hatten, war Adenauer der Ansicht, daß die richtigen Dinge von unrichtigen Leuten getan worden seien. Er bedauerte, daß die beiden Abgeordneten den Franzosen detaillierte Vorschläge ohne Ermächtigung der Regierung unterbreitet und daß sie in der Gesellschaft des bekannten Separatisten-»Verräters« Dorten verhandelt hatten. Adenauer glaubte jedoch, daß die Substanz ihrer Politik von der Regierung selbst hätte betrieben werden sollen. Er tadelte die Berliner Regierung damals wie auch später, eine erschreckende Gleichgültigkeit gegenüber der verzweifelten Lage des Rheinlandes an den Tag gelegt zu haben. Seine Haltung basierte nicht nur auf dem Wunsch nach einer westdeutschen Republik an sich, sondern auch auf der allzu pessimistischen Annahme, daß eine fünfzehnjährige französische Besetzung, wie sie im Versailler Vertrag geplant war, eine dauernde Entfremdung des Rheinlandes von Deutschland mit sich bringen würde. Hier zeigte Adenauer erstaunlich wenig Vertrauen in das »Deutschtum« seiner rheinischen Mitbürger.

Von 1919 bis 1923 widmete sich Adenauer ziemlich ausschließlich seinen Aufgaben als Kölner Bürgermeister, während die große Rheinlandfrage ruhte (obwohl er im Jahre 1921 ernsthaft für die Kanzlerkandidatur in Frage kam). Eine führende Rolle erlangte er auf der nationalen Bühne nur während der kritischen Situation des

Herbstes 1923. Die Franzosen hatten das Ruhrgebiet besetzt mit den unheilvollen Folgen einer Verschärfung der französisch-deutschen Feindschaft und des Ruins der deutschen Währung. Als Deutschland im September 1923 die Politik des passiven Widerstandes aufgab, blieb das Problem der Normalisierung des Verhältnisses zwischen Frankreich, der rheinischen Bevölkerung und der Regierung in Berlin ungelöst.

Adenauer wurde in diesem Dreiecksverhältnis unvermeidlich zur Schlüsselfigur. Als Präsident des Preußischen Staatsrates und Bürgermeister von Köln war er der prominenteste gewählte rheinische Politiker, ganz abgesehen von der Tatsache, daß er eine große Anzahl anderer Ämter inne hatte: er war Leiter der Verhandlungsgruppe des Wirtschaftsausschusses für die besetzten Gebiete, der im Jahr 1921 gegründet worden war, Vorsitzender des rheinischen Provinzialausschusses, Präsident des rheinischen Städtetages und Vorsitzender des Direktorenausschusses der rheinischen Landesbank. Ein Mann in diesen Positionen, auch wenn er eine weniger überragende Persönlichkeit als Adenauer gewesen wäre, mußte notwendigerweise Wortführer für rheinische Belange in Berlin und wichtigster Verhandlungspartner für die Franzosen werden (ungeachtet ihrer anfänglichen Vorbehalte ihm gegenüber wegen seines anti-separatistischen Verhaltens im Jahre 1919). Es lag in der Luft, daß er der erste Präsident einer westdeutschen Republik werden würde, wenn ein derartiges neues Gebilde entstehen sollte.

Die Krise spitzte sich im späten Oktober zu, als die Berliner Regierung erwog, alle Zahlungen an die besetzten Gebiete einzustellen aus Furcht, daß diese die neue Währung zugrunde richten könnten, die am 15. November eingeführt werden sollte. Dieser Beschluß hätte mit Sicherheit die De-facto-Trennung des Rheinlandes bewirkt, da die Rheinländer dann das Gefühl gehabt hätten, verraten zu sein, und die rheinische Regierung gezwungen gewesen wäre, in Verhandlungen mit den Franzosen über finanzielle, wirtschaftliche und wahrscheinlich auch politische Fragen einzutreten. Auf einem Treffen rheinischer Politiker in Barmen am 24. Oktober und auf einer weiteren Zusammenkunft am nächsten Tag in Hagen zwischen rheinischen Politikern und einer Reichsdelegation, geführt von Reichskanzler Stresemann, zeigte Adenauer tiefen Pessimismus im Hinblick auf die zukünftige Verbindung des Rheinlandes mit Deutschland, und er erhielt eine sehr unbestimmt formulierte Ermächtigung, mit den Franzosen durch einen 15-Männer-Allparteien-Ausschuß in Verhandlungen einzutreten. Der Ausschuß sollte auf einer umfassenden Grundlage ausgewählt werden, um »die Verantwortung zu verteilen«.

Adenauers Überzeugung, daß Verhandlungen notwendig waren, und seine Besorgnis (nicht sein Wunsch), daß sie in der Schaffung einer westdeutschen Republik mit einem verfassungsrechtlichen Sonderstatus enden könnten, wurde von seinen Gegnern in aktive Förderung des Separatismus verdreht. Andererseits ließ Adenauers spätere Empfindlichkeit gegen den Vorwurf des Separatismus ihn vergessen, wie bereit er gewesen war, angesichts der verzweifelten Lage des Rheinlandes und des scheinbaren Verzichts auf jede Verantwortung seitens der Berliner Regierung mit den Franzosen über den Plan einer westdeutschen Republik innerhalb des Reiches zu verhandeln, den er schon 1919 befürwortet hatte. In einer faszinierenden, ins einzelne gehenden Schilderung zeigt Erdmann, wie Verhandlungen Adenauers mit dem französischen Hochkommissar Paul Tirard zuerst dadurch verhindert wurden, daß Tirard ihn zur persona non grata erklärte und sich weigerte, seine Hand von den ausgesprochenen Separatisten zu ziehen. So war unter anderem das persönliche Einschreiten des Kölner Kardinals Schulte notwendig, bevor dieses Hindernis überwunden werden konnte.

Auch war Adenauer dadurch behindert, daß sich die Berliner Regierung weigerte, ihm klare Verhandlungsvollmachten zu erteilen. Die Regierung schwankte zwischen der Furcht, den Anschein zu erwecken, daß sie den Separatismus in irgendeiner Form offen billige, und dem Gefühl der Verantwortung gegenüber den leidenden Deutschen am Rhein, deren bitteres Los nur durch Verhandlungen verbessert werden konnte. Die Überlegung, daß Verhandlungen auf jeden Fall notwendig waren und daß nicht autorisierte Verhandlungen ihrer Natur nach separatistischer waren als autorisierte, trug den Sieg nicht davon. Auf einem entscheidenden Treffen zwischen rheinischen Politikern und dem Kabinett in Berlin am 13. November 1923 verurteilte Adenauer den Beschluß der Regierung, die Zahlungen an das Rheinland einzustellen, mit den denkwürdigen Worten: »Das Rheinland ist mehr wert als ein oder zwei oder sogar drei neue Währungen.« Er erreichte eine zeitweilige Verlängerung der Zahlungen und den Verzicht auf eine beabsichtigte Regierungserklärung, die sich gegen Frankreich richten und dieses darauf festnageln sollte, daß es verantwortlich sei für die Leiden und Nöte der Bevölkerung im besetzten Gebiet – Schritte, die für die rheinische Bevölkerung katastrophale Folgen gehabt hätten.

Erdmann zeigt mit einer Fülle neuen Materials, wie Adenauer die Verhandlungen mit den Franzosen durchführte, auch ohne klare Ermächtigung der Berliner Regierung. Es ist interessant zu sehen, wie er versuchte, sie auf eine höhere Ebene zu bringen durch den geschichtlichen Vorschlag, die Lösung der unmittelbaren Rheinlandkrise zum Bestandteil des größeren Plans einer deutsch-französischen Aussöhnung zu machen. Er war der einzige in seiner Generation von deutschen Staatsmännern, der die französische Furcht um ihre Sicherheit ernst nahm, was ihm unter anderem den Spott Stresemanns einbrachte. Er versuchte, die Franzosen zu überzeugen, daß es nicht in ihrem Interesse lag, einen rheinischen Satellitenstaat zu schaffen: Ein derartiger Staat könne nur Rachegefühle in Deutschland nähren und die Spannungen verewigen, was gefährliche politische und wirtschaftliche Folgen für beide Länder haben würde. Er glaubte, daß die französische Sicherheit viel wirksamer verstärkt werden könnte durch Gründung einer von Preußen, aber nicht vom Reich losgelösten westdeutschen Republik, die innerhalb Deutschlands ihren Einfluß zugunsten einer friedlichen Außenpolitik geltend machen würde. Diese politische Lösung des lange schwelenden französisch-deutschen Gegensatzes sollte durch eine wirtschaftliche ergänzt werden: die enge Zusammenarbeit deutscher und französischer Eisen- und Stahlindustrien, verkittet durch einen Austausch von Aktien.

Diese Lösung wurde damals in enger Zusammenarbeit mit Adenauer durch so prominente Industrielle wie Stinnes und Voegler gefördert, die eifrig bestrebt waren, Verhandlungen mit den Führern des französischen Comité des Forges aufzunehmen. Adenauer war der Meinung, daß eine Regelung des Reparationsproblems, ein Abbau der Rheinlandkommission und die Ablösung französischer Truppen durch eine internationale Polizeitruppe Teil einer allgemeinen französisch-deutschen Verständigung sein könne.

Dieser »große Plan«, der erstmalig von Erdmann in allen seinen Aspekten erörtert wird, stieß unverzüglich sowohl in Paris als auch in Berlin auf Widerstand. Die Franzosen waren nicht bereit, ihren gegenwärtigen Würgegriff auf das Rheinland aufzugeben, und wollten ihre zukünftige Sicherheit nicht auf das Vertrauen in die guten Absichten eines neugestalteten Deutschland gründen. Manche ihrer Industriellen waren offensichtlich an der wirtschaftlichen Seite des Vorschlags interessiert, doch standen im Denken Poincarés politische Überlegungen höher.

Auf der deutschen Seite gab es viele unterschiedliche Meinungen. Auf einer geheimen Zusammenkunft zwischen leitenden Kabinettsmitgliedern, Industriellen und Adenauer am 9. Januar 1924 in Berlin – das Protokoll (Dokument 29) enthält vielleicht die wichtigsten Enthüllungen, die Erdmann bringt – zeigte sich viel Interesse. Die Industriemagnaten Stinnes und Vögler wurden bevollmächtigt, in halbamtliche Verhandlungen mit den Franzosen einzutreten. Diese

Verhandlungen sollten parallel zu den offiziellen Verhandlungen zwischen den Auswärtigen Ämtern beider Länder laufen. Es sollten wechselseitige Konsultationen zwischen den industriellen und diplomatischen Unterhändlern geführt werden. Der Plan wurde jedoch von Außenminister Stresemann, der der Besprechung vom 9. Januar 1924 nicht bis zum Schluß hatte beiwohnen können, in einem energischen Brief an Reichskanzler Marx vom 16. Januar 1924 (Dokument 32) durchkreuzt. Stresemann befürchtete, daß die industriellen Unterhändler seine alleinige Führung der Außenpolitik untergraben würden, und er weigerte sich rundweg, die deutschen Industriellen über den Gang der offiziellen Verhandlungen zwischen Deutschen und Franzosen zu unterrichten. Er befürchtete, daß es völlig ungewiß sei, wo schließlich Verhandlungen enden würden, die mit dem Angebot einer Teilung Preußens begännen.

Auch hatte er persönliche Einwände gegenüber einem der Unterhändler: Stinnes war lange Zeit ein Unruhestifter und sein persönlicher Gegner in der Volkspartei gewesen, und zweifellos hätte sein schlechter Ruf bewirkt, daß jedes Abkommen, an dem er beteiligt gewesen wäre, schlechte Aufnahme in der Öffentlichkeit gefunden hätte. Adenauer, der sich der kategorischen Feindseligkeit Stresemanns und der lauen Aufnahme seiner Pläne in Paris gegenübersah, erkannte seine Niederlage und nahm sogleich seinen Plan zurück.

Der Plan behält trotzdem sein geschichtliches Interesse, weil er zeigt, wie breit die politische Konzeption Adenauers schon im Jahre 1923 war, welche Fähigkeit er hatte, den traditionellen Nationalismus zu überwinden, indem er selbst in Zeiten emotionaler Erregung für rationale Lösungen eintrat, welche Bedeutung er einer weitreichenden französisch-deutschen Versöhnung beimaß und welche Geschicklichkeit er hatte, sich mit mächtigen wirtschaftlichen Interessen zu verbünden, um sein Ziel zu verwirklichen.

Auch ergibt sich aus der Darstellung Erdmanns manch bezeichnender Aufschluß über Adenauers politischen Handlungsstil in den frühen zwanziger Jahren, einer Periode, die heute als seine Lehrzeit (im Alter von 43 bis 47 Jahren) auf der internationalen Bühne betrachtet werden kann, auf der er ein Vierteljahrhundert später im Alter von 72 bis 86 Jahren so vieles vollbringen sollte. Das Buch bietet viele Zeugnisse für die Kontinuität in Adenauers politischen Anschauungen über die Jahre hinweg; zum Beispiel besteht eine bemerkenswerte Parallele zwischen seinem Eintreten für eine westdeutsche Republik im Jahre 1923 und seiner Freude über die Schaffung des Landes Nordrhein-Westfalen durch die britische Militärregierung im Jahre 1946. Die Basis seiner Außenpolitik nach 1949 – Vertrauen auf die

Westmächte und Loslösung vom überkommenen Nationalismus – war im Jahre 1923 vorweggenommen worden. Sein Mißerfolg in der ersten und sein Erfolg in der zweiten Republik beweisen, daß sogar Männer vom Format Adenauers in ihrer politischen Wirksamkeit von Umständen abhängen, die ihrer persönlichen Kontrolle weit entrückt sind. Die beherrschenden Mächte in Frankreich wie in Deutschland waren 1923 noch nicht bereit, das Kriegsbeil zu begraben. Überdies paßte ein Mann von der Persönlichkeit Adenauers nicht in die vorherrschende Stimmung von Weimar. Sein nüchterner Rationalismus, seine Zähigkeit und Kühle entsprachen eher der abgekämpften und illusionslosen Atmosphäre der Deutschen in der Bonner Republik. Die gleichen Eigenschaften kamen ihm in dem unglücklichen besetzten Rheinland zustatten; aber ihm fehlte die Ausstrahlung, die ihn in der Weimarer Zeit in der allgemeinen deutschen Politik zum Erfolg hätte führen können.

ÜBER STRESEMANN

I. Henry L. Bretton: *Stresemann and the Revision of Versailles. A Fight for Reason;* 199 S., Stanford 1953

II. Hans W. Gatzke: *Stresemann and the Rearmament of Germany;* 132 S., Baltimore 1954

in: Die Welt als Geschichte, 20/1960, S. 63–69

Übersetzung: Joachim Freiherr von Adelsheim-von Ernest

I.

Gustav Stresemann war während des Krieges einer der lautesten Annexionisten; seine Reden starrten von Feindseligkeit gegen die westlichen Demokratien. Trotzdem ist er in den zwanziger Jahren ein
wirkungsvoller Außenminister geworden, der um die Versöhnung
mit diesen Demokratien rang. Die Frage nach dem Wesen, dem Ursprung und den Triebfedern dieser seiner Wandlung macht das
eigentliche Interesse aus, welches seine Karriere bietet. Die Studie
von Henry Bretton zu Stresemanns Außenpolitik hat die Diskussion
angeregt, steht aber selber unter einem etwas unglücklichen Stern.
Sie will nicht als Gesamtwürdigung der Amtszeit Stresemanns im
Auswärtigen Amt gewertet werden, beansprucht aber »die erste erschöpfende Dokumentenanalyse eines bestimmten Aspekts von Stresemanns Außenpolitik zu sein« (S. X). Als Quellen dienen dem Verfasser das autorisierte »Vermächtnis« Stresemanns, welches 1932
sehr lückenhaft und teilweise entstellt veröffentlicht worden ist.
Außerdem wird, aber leider in weit geringerem Umfang, der wertvolle Stresemann-Nachlaß herangezogen, welcher 1945 den Amerikanern in die Hände gefallen ist. (Man vergleiche den ausgezeichneten
Aufsatz von Hans W. Gatzke: *The Stresemann-Papers*, in: Journal of Modern History, 26/1954, S. 49–59). Jedoch benutzte Bretton
den Nachlaß erst zu einem Zeitpunkt, da die Arbeit sich schon in
einem vorgeschrittenen Stadium befand und er sich in Voraussetzungen und Folgerungen schon vollkommen festgelegt hatte.

Eine besondere Schwäche des Buchs ist in dem unglücklichen Versuch zu erblicken, einen bestimmten Aspekt, die Vertragsrevision, aus
dem Gesamtbild der Stresemannschen Politik herauszulösen – so
wesentlich dieser Aspekt auch ist. Der Frage der engen Beziehungen
Deutschlands zu Rußland, welche Stresemann als Gegengewicht
gegen eine rein »westliche Orientierung« pflegte, wird im Grunde
keine Beachtung geschenkt. Auch noch im Rahmen seines Gegenstands
bringt Bretton eine Reihe von Monographien ziemlich technischen
Gehalts zu den mannigfachen Aspekten des Revisionismus und stellt

nicht etwa den Kampf gegen Versailles als ein integriertes Ganzes dar. Es wurden vom Verfasser zwar gewisse Anstrengungen unternommen, eine Beziehung des Stresemann der zwanziger Jahre zum jüngeren Stresemann aufzuzeigen, aber das entscheidende Problem der Entwicklung dieses Mannes von der nationalistischen Opposition gegen die Weimarer Außenpolitik von 1919 bis zu dem Augenblick, da er die Verantwortung für die Ruhrkapitulation im Jahre 1923 auf sich nahm, wird überhaupt nicht angerührt. Es bleibt dem Leser das Staunen darüber überlassen, wie der Mann, der 1915 Gebiete von St. Petersburg bis Calais annektieren wollte, der die Dolchstoßlegende predigte und sich der Annahme des Versailler Vertrags von 1919 widersetzt hat und der nicht selten die Grundidee des Völkerbunds lächerlich machte, wie dieser Mann – verdientermaßen oder nicht – in den Geruch kam, ein guter Europäer zu sein, dem es um internationale Versöhnung ging und der sich um eine Vertragsrevision mit ausschließlich friedlichen Mitteln mühte.

Bretton ist davon überzeugt, daß Stresemann zumindest nach 1925 ein so friedliebender Europäer geworden ist. Hierzu einige Zitate: »Er ging nach Locarno als ein Deutscher, der eine deutsche Lösung des Friedensproblems anbot. Als Europäer kehrte er zurück. Ermutigt worden ist er dazu durch die verständnisvolle Haltung der anderen Konferenzteilnehmer, durch die Bereitschaft zum Kompromiß, welche diese bezeugten; ... seine Anschauungen erhoben sich über einen verhältnismäßig engen Revisionismus zu einer weiteren und dauerhafteren Perspektive der europäischen Einheit« (S. 13). »Er stand gegen den Versailler Vertrag und alle seine unerfreulichen Verzweigungen. Als friedliebender Revisionist jedoch, der mehr zu friedlichen Veränderungen neigte als zu gewaltsamen, gab er einer Lösung den Vorzug, welche den durch Versailles erzwungenen Zustand mit neuen, billigeren und würdigeren Instrumenten des Friedens zu wandeln vermochte« (ibid.). Trotz seines schlechten Gesundheitszustands hat Stresemann darauf bestanden, persönlich zur Unterzeichnung des Kellogg-Briand-Pakts nach Paris zu gehen, obgleich »er auch hätte sitzen bleiben und zusehen können, wie die Flammen des Hasses und der Rache die Überreste des geschwächten Europa verzehrten. Die Tatsache, daß er für den Versuch, den Frieden zu retten, buchstäblich sein Leben riskiert hat, ist ein stärkeres Zeugnis für seine friedlichen Absichten, als alles dokumentarische Beweismaterial es sein könnte« (S. 15). »Während er dem Auswärtigen Amt vorstand, ist er immer vor der Möglichkeit einer Umarmung des russischen Bären zurückgewichen, von welcher er Unheil befürchtete. Deshalb ist die Stärkung der uralten Bindungen, welche zwischen Deutschland und dem

Westen bestanden, der Leitfaden für Stresemanns Außenpolitik geworden« (S. 11). Der Verfasser ist so überzeugt von der Gültigkeit dieser These, daß er einen originalen Beitrag seines Buches in der »Herausarbeitung der Struktur des *friedlichen* Revisionismus« erblickt. »Ein bestimmter Vertrag sollte revidiert werden, und es stand eine bestimmte Schlüsselfigur der internationalen europäischen Politik dahinter«, im Gegensatz zum militanten Revisionismus (S. X, kursiv vom Verf.). Die Absicht (mit der Analyse eines Falls von »friedlichem Revisionismus«), »zur Pflege der internationalen Beziehungen beizutragen«, läßt erkennen, daß die Arbeit nicht als historische Studie des Stresemannproblems gedacht ist.

Bevor Brettons Gesamtwürdigung der Persönlichkeit Stresemanns besprochen wird, sei darauf hingewiesen, daß der Stoff in gut geordneter, durchsichtiger und aktueller Form dargeboten wird und daß die eigentliche Darstellung keineswegs völlig von dem Glauben an das gute Europäertum Stresemanns beherrscht ist. Im Gegenteil muß der vorgelegte Stoff zuweilen fast als im Widerspruch zur leitenden These des Buches stehend gewertet werden. Besonders gut ist die Untersuchung der von Stresemann in der Diplomatie angewandten Methode. Die ständige Argumentation des Außenministers konzentrierte sich auf folgende Thesen: 1. Die rechtliche und moralische Unbilligkeit des Versailler Vertrags als Verletzung der Abmachungen vor dem Waffenstillstand; 2. die Gefahr einer bolschewistischen oder auch radikal-nationalistischen Machtergreifung in Deutschland, wenn es der Weimarer Republik nicht gelänge, Vertragsrevisionen zu erlangen; 3. die wechselseitigen wirtschaftlichen Abhängigkeiten in Europa, welche bewirkten, daß politische Revanchemaßnahmen den Alliierten fast ebenso weh taten wie den Deutschen selbst. In der praktischen Politik sah Stresemann die Notwendigkeit immer dann, wenn ein entsprechender Druck ausgeübt wurde, die Forderungen der Alliierten zu erfüllen, um zu der politischen Entspannung zu gelangen, durch welche allein das internationale Klima für eine spätere Vertragsrevision geschaffen werden konnte. Häufig versuchte er, einen Keil zwischen England und Frankreich zu treiben, wobei er davon ausging, daß der Konflikt mit England in erster Linie wirtschaftlicher Natur sei, der französisch-deutsche dagegen einen wesentlich politischen Charakter habe. England wollte er deshalb gegen das politisch übermächtige Frankreich auf den Plan rufen, und umgekehrt strebte er eine Annäherung der deutsch-französischen wirtschaftlichen Interessen mit dem Ziel an, die beherrschende wirtschaftliche Position Englands einzudämmen.

Bretton ist der Ansicht, daß Stresemann klare Dringlichkeitsstufen für die vielfältigen Probleme vor Augen hatte. So oft er es wagen konnte, proklamierte er eine Zurückweisung der im Artikel 231 enthaltenen »Kriegsschuldlüge« mit dem doppelten Ziel, Deutschlands nationale Ehre zu verteidigen und das moralische Fundament der Reparations- und Entwaffnungsklauseln des Vertrages zu untergraben. Stresemanns Hauptanliegen war aber, die Strafandrohungsklauseln zu neutralisieren, nach denen Deutschland bei jeder Nichterfüllung seiner Verpflichtungen mit Sanktionen belegt werden konnte, wenn er diese Klauseln auch nicht einfach streichen lassen konnte. Er erreichte es, daß das Ruhrgebiet 1924 geräumt wurde, und schätzte den Vertrag von Locarno von 1925 vor allem deshalb, weil dieser Deutschland gegen neue Sanktionen im Westen sicherte. Auch seine Bemühungen um eine frühe Räumung des Rheinlands bezweckten die Ausschaltung der Möglichkeit irgendwelcher Zwangsmaßnahmen gegen Deutschland in zukünftigen Krisen. Die Rückkehr einmal abgezogener französischer Truppen schien fast undenkbar.

Bei Stresemanns »sekundären Zielen« handelte es sich um nichts Geringeres als territoriale Revisionen des Vertrages. In bezug auf eine mögliche Rückübereignung von Elsaß-Lothringen gab er sich keinen Illusionen hin, aber er hoffte, durch zweiseitige Verhandlungen mit Belgien die Rückgabe von Eupen-Malmedy zu erwirken und sich mit Frankreich über die Vorverlegung des Termins zur Volksabstimmung an der Saar zu einigen. Was einen möglichen »Anschluß« oder den Erwerb der sudetendeutschen Gebiete anbelangt, trat Stresemann klugerweise sehr kurz. Jedoch irrt Bretton, wenn er behauptet, daß Stresemann an einer Vereinigung mit Österreich wenig interessiert gewesen sei. Das Nahziel des Außenministers war aber die Rückkehr Danzigs, des Korridors und Oberschlesiens in den Verband des Deutschen Reichs (vgl. die eingehenden Untersuchungen von Z. J. Gasiorowski: *Stresemann and Poland before Locarno* und *Stresemann and Poland after Locarno*, in: Journal of Central European Affairs, 18/1958, S. 25–47, 292–317). Darum lehnte Stresemann ein »östliches Locarno« ab, mühte sich darum, Frankreich und Polen zu entzweien, und fachte vor allem die Unzufriedenheit der in Polen verbliebenen deutschen Minderheit an.

Die Mitgliedschaft Deutschlands im Völkerbund bejahte Stresemann unter anderem deshalb, weil er in ihr die Möglichkeit erkannte, den Irredentismus zu ermutigen. Er bekannte sich offen zur Rolle Deutschlands als Vorkämpferin aller in den benachbarten Gebieten lebenden Deutschen, wies die polnische These zurück, derzufolge Beschwerden einer Minderheit eine interne Angelegenheit seien und nicht eine internationale, und brachte die Probleme der Minderheiten sogar mit dem Artikel 19 der Bundessatzungen in Verbindung, welcher zur Verwirklichung politischer Veränderungen friedliche Maßnahmen als Alternative zum Krieg empfahl. Es entgeht Bretton dabei vollkommen, daß dieses ständige »troublemaking« mit einer echten europäischen Haltung unvereinbar ist und daß Stresemanns territoriale Ziele im Osten unmöglich mit friedlichen Mitteln hätten verwirklicht werden können.

Damit soll nicht gesagt sein, daß Stresemann mit der Möglichkeit eines Krieges in der nahen oder ferneren Zukunft gespielt hätte. An einer möglichsten Erhöhung der militärischen Schlagkraft Deutschlands war ihm aber auf jeden Fall gelegen. Daß es ihm um eine starke deutsche Armee ging, wird durch die Tatsache bezeugt, daß ihm so viel am Abbau des alliierten militärischen Kontrollsystems lag, welches im Rahmen des Versailler Vertrags errichtet worden war. Sein Schlagwort hieß »Gleichberechtigung«, die entweder durch Abrüstung bei den Alliierten hergestellt werden konnte (jedoch lag eine solche Möglichkeit nicht im Bereich des Wahrscheinlichen), oder durch eine deutsche Wiederbewaffnung (die zumindest die Aufhebung der alliierten Kontrollen voraussetzte). Stresemann setzte sich für beides ein und propagierte den »Geist von Locarno« unter anderem aus dem Grund, weil dieser die Westmächte dazu brachte, eine wirksame Abrüstungskontrolle aufzugeben, obgleich es jedermann klar war, daß Deutschland den Versailler Vorschriften nicht entsprochen hatte und dies auch nie in seiner Absicht gelegen war. Bretton sieht fast völlig darüber hinweg, daß Stresemann die geheime deutsche Aufrüstung und auch die engen militärischen Kontakte zwischen Rußland und Deutschland unterstützt hat. (Diese Tatsache wird von Gatzke, dessen Arbeit weiter unten behandelt werden soll, nachgewiesen.)

Bretton schenkt der entscheidenden Frage der Reparationen zu wenig Beachtung. Stresemann mag mit den technischen Einzelheiten nicht vertraut gewesen sein – und damit begründet es Bretton, daß er von der Behandlung dieser Frage ganz absieht –, jedenfalls waren die Reparationsforderungen mit Sicherheit der Bestandteil des Versailler Vertrages, welcher am meisten einer Revision bedurfte. Die Ruhrsanktionen, vor deren Wiederholung sich Stresemann besonders fürchtete, waren ursprünglich deshalb erfolgt, weil Deutschland mit seinen Zahlungen in Rückstand geraten war. Das vollkommen opportunistische Verhalten Stresemanns gegenüber dem Dawes-Plan wird von Bretton überhaupt nicht beachtet. Dabei treten gerade hier wesentliche Züge der politischen Grundauffassung dieses Mannes zutage. Er begrüßte den Plan, weil dieser die Räumung des Ruhrgebiets ermöglichte und Deutschland eine Atempause gönnte, in der die Abwehr gegen zukünftige Sanktionen aufgebaut werden konnte. Außerdem kamen nun die amerikanischen Darlehen ins Land, und amerikanische Bankgruppen begannen, sich für das wirtschaftliche Wohlergehen Deutschlands zu interessieren. Dabei täuschte sich Stresemann nicht darüber, daß die Vertragsverpflichtungen nicht über einen längeren Zeitraum hinweg eingehalten werden konnten, und er hatte nicht die Absicht, auf weite Sicht zu dem Dawes-Abkommen zu stehen.

Die größte Schwäche des Buches besteht aber darin, daß der Verfasser über diesen Opportunismus hinweggeht. Natürlich gelang es der Eloquenz Stresemanns immer, den Anschein der Aufrichtigkeit zu erwecken. Bretton ist – lediglich auf Grund der Reden Stresemanns und der Zeugnisse seiner Freunde – zu der Überzeugung gelangt, daß der Außenminister einem vernünftigen Ziel (Revision von Versailles) mit vernünftigen Mitteln gedient hat (die auf eine echte europäische Einigung ausgerichtet waren). Es entgeht ihm die Tatsache, daß manche dieser Ziele prima facie nicht vernünftig waren (zum Beispiel die Rückgliederung des Polnischen Korridors) und daß viele unmöglich auf friedliche Weise erreicht werden konnten. Der Tatsache, daß die Aufreizung zum Irredentismus und die Begünstigung der geheimen Wiederaufrüstung der Verwirklichung des Stresemann angeblich so kostbaren Gedankens einer europäischen Einigung nicht gerade förderlich sein konnten, schenkt Bretton ebenfalls keine Beachtung. Vor allem geht Bretton aber über das massive Beweismaterial hinweg, das sich besonders im Stresemann-Nachlaß befindet; aus diesem erhellt eindeutig die Tatsache, daß dem Außenminister als letztes Ziel die Vorherrschaft Deutschlands in Europa vorschwebte und daß er sich deshalb und nicht um ihrer selbst willen für die Grundsätze des Völkerbunds, für die französisch-deutsche Versöhnung und so weiter einsetzte. Möglich ist es, daß Stresemann nach Locarno der Europa-Idee als solcher etwas Gewicht beimaß (davon wird weiter unten noch die Rede sein), aber wenn dem so war, so ist er dazu auf dem Umweg über eine aufgeklärte »Machtpolitik« gekommen und nicht etwa aus irgendeinem europäischen Idealismus heraus. Stresemann wußte, daß die Gleichberechtigung für Deutschland bei seiner hohen Bevölkerungszahl und seiner wirtschaftlichen Tüchtigkeit in einem befriedeten Europa notwendig zur faktischen Hegemonie führen mußte. Gewaltanwendung mit dem Ziel einer solchen Hegemonie wäre ungeschickt und unnötig gewesen, vor allem aber aussichtslos, solange das Land praktisch waffenlos war. Das Loblied Brettons auf Stresemanns rein friedlichen Revisionismus ist von solchen Erwägungen vollkommen unbelastet. Bretton ist in reinem Dogmatismus befangen, wenn er behauptet, daß Stresemann für alle Zukunft nicht an Gewaltanwendung gedacht habe. Stresemann hat mit Sicherheit den Augenblick herbeigesehnt, wo ein deutscher Außenminister sich bei seinen Verhandlungen wieder auf eine starke Armee stützen konnte. Die Begünstigung der geheimen Aufrüstung, eine schwere Belastung für seine Beziehungen zu den Westmächten, ist nur im Licht dieser Hypothese befriedigend zu erklären.

II.

Hans Gatzke muß das Verdienst zuerkannt werden, daß er in seiner knappen Schrift *Stresemann and the Rearmament of Germany* den Primat der nationalistischen Beweggründe bei Stresemann in einer jedem Zweifel begegnenden Weise herausgearbeitet hat. Diese Arbeit ist ein Musterbeispiel dessen, was eine Monographie sein sollte: Die überzeugende Lösung eines besonderen Problems beleuchtet gleichzeitig eine weiterreichende Frage, nämlich die nach dem Grundsätzlichen von Stresemanns politischen Anschauungen. Bis ins einzelne wird dargestellt, wie Stresemann, trotz seines schlechten Verhältnisses zu Seeckt, welcher ihm unentwegt seine Außenpolitik störte, verbissen und erfolgreich auf den schließlich im Januar 1927 erfolgten Abzug der alliierten Kontrollkommission hingearbeitet hat. Stresemann machte sich die Spannungen zunutze, welche zwischen England und Frankreich herrschten, forderte die Gleichberechtigung, in dem er sich immer wieder auf den Geist von Locarno berief, und bemühte sich ganz allgemein, »die deutschen Verletzungen der Abrüstungsverpflichtungen zu bestreiten, wegzudisputieren oder zu verschleiern« (S. 61). In Sachen der militärischen Beziehungen zu Rußland »legte der Außenminister niemals Steine in den Weg, sondern stand zeitweise der russisch-deutschen Zusammenarbeit sogar durchaus hilfreich zur Seite« (S. 79). Er blieb bei dieser Haltung trotz der Tatsache, daß solche Politik im Westen Mißtrauen verursachte und dadurch die guten Beziehungen zu Frankreich und England belastet wurden. Diese Tatsache ist vor allem deshalb so bemerkenswert, weil das Vertrauen der Westmächte so wesentlich war, sowohl für die Herbeiführung der politischen Entspannung, als auch für die davon zu erhoffende Chance eines wirtschaftlichen Aufschwungs in Deutschland, beides Ziele, welche Stresemann sehr am Herzen lagen.

Warum hat Stresemann das Risiko einer Gefährdung des guten Verhältnisses zu den westlichen Demokratien auf sich genommen? Teilweise – und damit hat er recht behalten – deshalb, weil er dieses Risiko nicht sehr hoch einschätzte. Es zeigt sich, daß die West-mächte willens waren, Deutschland seine flagranten Vertragsverlet-zungen nachzusehen, indem sie diese als »technische Fragen« ansahen, welche auf dem Weg einer grundsätzlichen Annäherung mit Deutsch-land nicht hemmend wirken sollten. Gatzke legt aber auf weitere Gründe Wert, welche teilweise in der leicht verwundbaren innen-politischen Stellung Stresemanns zu suchen sind, in erster Linie aber in seiner politischen Grundauffassung. Zum ersten Punkt ist zu sagen, daß sich Stresemann ununterbrochen in der Defensive gegen die Rechtsparteien befand, welche dem Nationalisten von einst Renega-tentum vorwarfen. Da er sich der Unterstützung seiner Außenpolitik von links sicher glaubte, wollte Stresemann der Rechten, zu welcher ein großer Teil seiner eigenen Volkspartei (DVP) zählte, in verhält-nismäßig geringfügigen Fragen wie etwa der schwarzen Wiederauf-rüstung soweit als möglich entgegenkommen. Gatzke hätte hinzufü-gen können, daß ein wirklicher »Krach« wegen der illegalen Handlungen auf dem militärischen Sektor während der gesamten Weimarer Zeit politisch ganz unmöglich gewesen wäre. Die Armee war ein Staat im Staate, und die Notwendigkeit zur schwarzen Wie-deraufrüstung wurde angesichts der Möglichkeit einer polnischen In-vasion oder eines kommunistischen Aufstands weitgehend nicht nur von der Rechten, sondern auch von der Linken anerkannt. Es ist zu-dem ganz sicher, daß Stresemann dieses Entgegenkommen der Rech-ten gegenüber persönlich durchaus lag, im Herzen teilte er viele ihrer Vorstellungen und Ziele. Er bewahrte fast immer eine sehnsüchtige Zuneigung zum vorrevolutionären Deutschland und verherrlichte die Traditionen der alten kaiserlichen Armee. Ausschlaggebender war aber noch: Er betrachtete sich selbst als Schüler Bismarcks. Bismarcks Ziel ist die Steigerung der Rolle gewesen, welche Preußen-Deutsch-land in dem auf dem Gleichgewichtskonzept basierenden europäi-schen Staatensystem spielte. Die bemerkenswert gemäßigte Haltung des Kanzlers nach 1871, obwohl teilweise das Ergebnis rein traditio-nalistischer Einflüsse, entsprang wesentlich dem Gebot der Staats-räson. Für Bismarck stand fest, daß Europa sich einer deutschen Vor-herrschaft nicht unterordnen würde. Er hatte sich offen zur »Macht-politik« bekannt und sich über die moralistisch-legalistischen Grund-sätze der Außenpolitik Gladstones bei vielen Gelegenheiten lustig ge-macht. Stresemann, welcher sich diese Prämissen zu eigen gemacht hatte, sah sich einer Situation gegenüber, die unvergleichlich schwie-riger als diejenigen waren, vor welche sein Lehrmeister je gestellt wurde. Der Versailler Vertrag hatte Deutschland politisch, militärisch und wirtschaftlich verkrüppelt. Für Stresemann lag deshalb die Aufgabe auf der Hand, eine Revision des Vertrages und damit eine Wiederherstellung der alten Stellung Deutschlands im europäischen Staatensystem herbeizuführen. Gatzke drückt das so aus: »Stresemann tat einfach nichts anderes, als was jeder vaterländisch gesinnte Staatsmann in jedem anderen Land auch getan hätte« (S. 109). Nachdem Deutschland entwaffnet war, konnten die traditionellen diplomatischen Methoden zur Wiedererlangung der früheren internationalen Bedeutung nicht angewandt werden. Hier besteht ein Unterschied in der Art Stresemanns und derjenigen der Nationalisten, unangenehmen Tatsachen zu begegnen. Anders als diese erkannte Stresemann, daß die wesentlich von Gladstone stammenden Ideale, welche die Sieger proklamiert hatten: Völkerbund, Gleichberechtigung, Abrüstung, Schiedsrecht, von den Deutschen als wertvolles Werkzeug im Kampf um die Revision gebraucht werden konnten, ohne daß man sich innerlich mit ihnen zu identifizieren brauchte. Sein Lippenbekenntnis zur Völkerbundspolitik vermochte Deutschland aus seiner Erniedrigung zur Gleichberechtigung emporzuziehen. Das bedeutete, Deutschland – im Wiederbesitz seiner natürlichen Stärke – würde bald de facto in eine Europa beherrschende Position aufrücken.

Es ist also nicht erforderlich, das Ereignis einer echten Bekehrung vom Nationalismus zum Europäertum vorauszusetzen, wenn man Stresemanns politisches Wirken erklären will. Auch aus seinem guten Leumund muß eine bona-fide-Bekehrung nicht notwendig abgeleitet werden: »Wahrhaft gute Europäer sind äußerst selten, und man sollte sie am wenigsten bei den Politikern eines geschlagenen Landes suchen zu einer Zeit, in welcher der Nationalismus noch eine starke Kraft bedeutet« (S. 115). Der rein opportunistische Umgang mit den neuen Idealen und die damit verbundene Scheinheiligkeit sind einem Staatsmann in einer Situation von außergewöhnlicher Schwierigkeit vernünftigerweise nicht zur Last zu legen. Seine »europäischen« Bewunderer tun ihm eine große Ungerechtigkeit an, wenn sie seinen Anspruch auf Größe von der Aufrichtigkeit seines »Europäertums« abhängig machen wollen. Am Maßstab traditioneller europäischer Diplomatie gemessen – welche Stresemann wahrscheinlich lieber auf sich angewandt gesehen hätte –, war er erstaunlich erfolgreich in den sechs Jahren seiner Amtszeit. Er übernahm seinen Posten, als auf dem Land astronomische Reparationsschulden lasteten; Ruhrgebiet und Rheinland waren besetzt; die alliierte Kontrollkommission überwachte die Armee, und Deutschland hatte keinen einzigen mächtigen Freund, außer möglicherweise Rußland. Als er starb, ersetzte man gerade den schon verhältnismäßig vernünftigen Dawes-Plan durch den noch milderen Young-Plan, Ruhrgebiet und Teile des Rheinlands waren geräumt, die alliierte Militärkontrolle hatte man zurückgezogen, und Deutschland erfreute sich guter Beziehungen zu allen westlichen Demokratien und spielte eine maßgebliche Rolle im Völkerbund. Auf dem von Stresemann gewiesenen Wege winkten weitere Erfolge: die endgültige Räumung des Rheinlands fünf Jahre vor dem festgesetzten Termin, die Streichung der Reparationen und die tatsächliche Anerkennung der deutschen »Gleichberechtigung« auf dem militärischen Sektor. Es war nicht Stresemanns Schuld, daß Hitler dann diese Errungenschaften als Sprungbrett für eine wahnwitzige Politik der Welteroberung mißbraucht hat.

Wie Stresemann die Möglichkeiten benutzt hätte, welche sich Deutschland in den dreißiger Jahren anboten, werden wir nie erfahren. Manche seiner Lieblingsziele, etwa die Revision der Ostgrenze, konnten mit friedlichen Mitteln nicht verwirklicht werden. Hätte er darum den Krieg in den Bereich seiner Erwägungen gezogen oder zumindest erpresserische diplomatische Schachzüge, die leicht hätten zum Krieg führen können? »Ob im Zuge der Verwirklichung des Stresemannschen Programms auf weite Sicht tatsächliche Gewaltanwendung vorgesehen war, kann unmöglich gesagt werden« (S. 115). Stresemanns Abscheu vor dem Pazifismus läßt soviel erkennen, daß rein humanitäre Erwägungen ihn nicht zurückgehalten hätten. Aber zwischen Hitler und Stresemann besteht dennoch ein weltweiter Unterschied, was die außenpolitischen Anschauungen anbelangt. Unbeschadet seiner annexionistischen Verirrungen während des Kriegs war Stresemann doch ein Mann mit Sinn für Grenzen. Er wußte, daß Kriege in Europa nicht mehr lokalisiert werden konnten und daß jede Angriffshandlung von deutscher Seite unvermeidlicherweise die große Koalition zusammenbringen mußte, welche 1918 Deutschland besiegt hatte. Was Deutschland auf politischem und wirtschaftlichem Gebiet mit friedlichen Mitteln gewinnen konnte – bis zu einem möglichen Anschluß Österreichs hin –, mußte Deutschland in jedem Falle eine Vormachtstellung im Rahmen des europäischen Gleichgewichts verleihen. Warum sollte man den Verlust so verheißungsvoller Aussichten für ein militärisches Abenteuer riskieren?

Es liegt im Bereich des Möglichen – dies sei hier nur kurz angemerkt –, daß für Stresemanns Politik Elemente einer echten europäischen Betrachtungsweise eine Rolle gespielt haben, nur aus ganz anderen Gründen als denjenigen, welche Bretton vorbringt. Eine brilliante, bilderstürmerische Kritikerin Stresemanns, Annelise Thimme, verdankt Gatzke viel, geht aber auf ihrer Suche nach dem »wahren Stresemann« über Gatzke hinaus. (A. Thimme: *Stresemann. Legende und Wirklichkeit*, in: Historische Zeitschrift, Bd. 181/1956, S. 287 bis 338). Stresemann wird hier als ein Mann gezeigt, der im Grunde seines Herzens Monarchist und Nationalist war und welcher dem Republikanertum und dem Gedanken der europäischen Einigung gegenüber nur aus taktisch-opportunistischen Gründen Konzessionen machte. Diese Analyse leidet darunter, daß sie zu betont zwischen dem Taktischen und der eigentlichen Überzeugung unterscheidet. Eine taktische Erkenntnis zum Beispiel, daß eine Wiederherstellung der Monarchie nicht möglich ist, kann nicht ohne Einfluß auf die monarchistische Gesinnung eines Mannes als solche sein. Eine taktische Bejahung von Europa-Schlagworten kann durchaus ihre Wirkung auf eine an sich nationalistische Grundeinstellung ausüben. Viele Straßen führen nach Europa, angefangen beim Idealismus Gladstones über wirtschaftlich-rationell bestimmte Ideen bis zu einer rein machiavellistischen Erkenntnis der Überlebtheit des traditionellen europäischen Staatensystems. Ein Mann von der Tradition Stresemanns mußte für Idealismen weithin blind sein, aber er war durchaus in der Lage, die wirtschaftlichen Tatsachen Europas zu erkennen. Seine Pläne für eine französisch-deutsche wirtschaftliche Zusammenarbeit, vor und nach Thoiry, waren vermutlich nicht ausschließlich von dem Wunsch nach einer möglichst frühzeitigen Räumung des Rheinlands bestimmt. Aber die rein machiavellistische Erkenntnis des Anachronismus des europäischen Staatensystems übte wahrscheinlich auf Stresemann einen noch stärkeren Reiz aus, wenn wir dafür auch keine Belege besitzen. Dieses System hatte ohne katastrophale Resultate vom 16. bis zum 19. Jahrhundert funktioniert, wobei verhältnismäßig begrenzte Kriege jeweils mit ganz vernünftigen Friedensabmachungen ihr Ende fanden. Um dieses System in Gang zu halten, bedurfte es überlegener Staatsmänner, welche allgemein-gültigen Werten dienen wollten (zu denen nicht zuletzt das europäische Gleichgewicht zählte) und die daran gewöhnt waren, die Dinge objektiv und auf weite Sicht zu sehen. Dieses System wurde im späten 19. Jahrhundert in seiner Existenz bedroht, als mit dem Aufkommen der wissenschaftlichen Technik und des demokratischen Nationalismus neuer Wein in die alten Schläuche geschüttet wurde. Durch die neue Technik wurde der Krieg zum unberechenbaren Glücksspiel und zur wirklichen Katastrophe, während der demokratische Nationalismus bewirken mußte, daß, nachdem einmal die Volksstimmung entsprechend aufgereizt war, es zu keinem vernünftigen Friedensschluß mehr kommen konnte. Kurz, beide zusammen bewirkten, daß der Krieg in seiner bisherigen Funktion als Schiedsrichter im Wettspiel um das europäische Gleichgewicht zu einer veralteten Sache wurde. Nur Wahnsinnige konnten von nun an noch zu diesem Mittel greifen. Die Ergebnisse des Weltkrieges dienten dafür als empirischer Beweis. Ist es nicht wahrscheinlich, daß das Europäertum Stresemanns bis zu einem gewissen Grade die Frucht solcher Erwägungen war? Selbst A. Thimme läßt das als Möglichkeit zu, obgleich sie selbst offenbar nicht daran glaubt (S. 335). An Gatzkes Arbeit ist als ein gewisser Mangel festzustellen, daß er einer derartigen Betrachtungsweise nicht genügend Raum läßt. Aber recht hat er zweifellos damit, daß er im Gegensatz zu Bretton und einer großen Zahl von anderen Bewunderern Stresemanns den traditionalistischen und nationalistischen Kern der Stresemannschen Politik hervorhebt, und seine kleine Monographie zeigt in mancher Hinsicht der Stresemannforschung neue Wege. Es ist zu hoffen, daß daraus bald eine abgerundete Biographie wird, die sich nicht ausschließlich auf die so umstrittene Außenpolitik der Jahre 1923 bis 1929 konzentriert, sondern auch die Probleme anpackt, welche Stresemanns meteorischer politischer Aufstieg vor 1917 aufwirft, seine Rolle bei der inneren Führung der stets im Bruderzwist befindlichen DVP und sein Einfluß auf die Innenpolitik der Weimarer Republik.

LINKE LEUTE VON RECHTS

Otto-Ernst Schüddekopf: *Linke Leute von Rechts. Die national-revolutionären Minderheiten und der Kommunismus in der Weimarer Republik;* 547 S., Stuttgart 1960

in: Historische Zeitschrift, Bd. 193/1961, S. 676–681

Das vorliegende Buch bietet eine bedeutsame Erschließung von wissenschaftlichem Neuland. Der Verfasser erklärt als den Zweck der Untersuchung »zu klären, was es mit dem so gern benutzten, aber schillernden Begriff ›Nationalbolschewismus‹ tatsächlich auf sich hatte, das heißt, was er bedeutete, welche Kräfte hinter ihm standen, welche Vorstellungen diese mit ihm verbanden und schließlich, was praktisch dabei in den Jahren von 1918 bis 1933 herausgekommen ist« (S. 392). Dieses ambitiöse Programm »einer soziologischen und ideengeschichtlichen Strukturanalyse einer politischen Gruppe« (S. 10) ist zwar nicht lückenlos, aber doch zu einem erstaunlichen Grade erfolgreich durchgeführt worden. Schüddekopf hat mit bewundernswertem Fleiß die folgenden primären Quellen benutzt: 1. die literarischen Erzeugnisse des Nationalbolschewismus, die in einer großen Anzahl von schwer zugänglichen, ephemeren Zeitschriften verstreut sind (Schüddekopf gibt eine wertvolle alphabetische Zusammenstellung von dreißig Periodica mit Herausgebern, Auflagenzahl wenn feststellbar und so weiter S. 528–31); 2. die Akten des Reichskommissars für Überwachung der öffentlichen Ordnung im Reichsministerium des Inneren (heute im Potsdamer Zentralarchiv), ergänzt durch weitere Polizeiakten aus Merseburger, Münchener und Hamburgischen Archiven (Schüddekopfs Arbeit ist auch methodologisch interessant wegen des Versuches, Geistesgeschichte aus Polizeiakten zu schreiben); 3. die Befragung noch lebender Akteure, unter anderen der Nationalbolschewisten Ernst Niekisch, K. O. Paetel und Otto Strasser und der Kommunisten Ruth Fischer und Heinrich Brandler.

Eine kurze Inhaltsangabe möge einen Eindruck des stoffreichen Werkes vermitteln. Schüddekopf konzentriert seine Darstellung ausschließlich auf den Nationalbolschewismus der Weimarer Zeit, den seine Vorgänger Arnim Mohler (1950) und Klemens von Klemperer (1958) nur flüchtig als Teilaspekt der »Konservativen Revolution« behandelt haben. Er versteht unter Nationalbolschewismus die folgenden Phänomena: nationalistische Tendenzen im Kommunismus, sozialistische Bestrebungen im rechtsradikalen Lager und das zeitweilige Bündnis beider Strömungen im innenpolitischen Kampf gegen Weimar und im außenpolitischen Wunsch nach deutsch-russischer Kooperation. Das Buch ist in zwei Teile gegliedert. Der 1. Teil, »Das Vorspiel«, analysiert die geistesgeschichtlichen und die politischen Grundlagen des Nationalbolschewismus. Schüddekopf findet die geistigen Grundlagen in der allgemeinen europäischen Kulturkrise vor 1914, in der »das Menschenbild des klassischen und klassizistischen Humanismus verblaßt« (S. 401). Schüddekopf zieht bestechende Parallelen zwischen der geistigen Situation der Kampfjahre der 3. französischen Republik und Weimar, und er analysiert die westlichen und östlichen Wurzeln des radikalen Nationalismus mit Hauptakzent auf Sorel und Dostojevskij. Die Analyse leidet meines Erachtens an der mangelnden Unterscheidung zwischen Parallelität der Gedanken und direktem Einfluß. Meines Erachtens kann zum Beispiel von einem entscheidenden Einfluß Sorels nicht die Rede sein – Schüddekopf sagt selber, die Weimarer Nationalbolschewisten seien sich des Einflusses »merkwürdigerweise damals nur wenig bewußt« gewesen (S. 27). Es ist eine bedauernswerte Lücke des Buches, daß es nur wenig über die deutschen Vorläufer und Vorbereiter des Nationalbolschewismus bringt – zum Beispiel die Sozialkonservativen und die völkische Opposition des Bismarck-Reichs, oder die sozialistischen Nationalisten von Lassalle bis zu den Sozialimperialisten des Weltkrieges. Schüddekopf macht kaum den Versuch (trotz der kurzen Bemerkungen S. 247), den Stammbaum des Nationalbolschewismus im Rahmen der deutschen Geistesgeschichte klarzustellen, und er versucht auch keine Erklärung der Tatsache, warum diese Bewegung trotz ihrer universalgeschichtlichen Wurzeln nur in Deutschland wirkliche historische Bedeutung gewann. Die Erklärung liegt vermutlich teilweise in der Stärke der romantisch-nationalen antiwestlichen »deutschen Bewegung« des 19. Jahrhunderts – auf die die Nationalbolschewisten besonders stolz waren –, teilweise in der besonderen Tragik der deutschen politischen Entwicklung seit 1914. Schüddekopf gibt übrigens eine ausgezeichnete Analyse der politischen Voraussetzungen des Nationalbolschewismus, die im Gegensatz zu der geistesgeschichtlichen Darstellung voll befriedigt. Er beschreibt die »Ideen von 1914« als »das Urerlebnis des nationalen Sozialismus« (S. 42); die unvollendete Revolution 1918 als »das Trauma der nationalen Revolutionäre« (S. 43); die radikale Ablehnung der Weimarer Republik, weil sie ein »Notbau« ohne »tragende Staatsidee« (S. 48) war; die rechtsradikale Bewunderung für die KPD als eine straff organisierte revolutionäre Massenpartei; die geistige Auseinandersetzung mit der Sowjetregierung, deren Rücksichtslosigkeit faszinierend wirkte; und die entschiedene Absage an Versailles, die die Kommunisten und Rechtsradikalen in gemeinsame Opposition gegen alle Mittelparteien brachte.

Der 2. Teil des Buches, »Der Ablauf«, gibt eine monumentale, detaillierte und wohl abschließende Analyse sämtlicher nationalbolschewistischer Versuche von 1918 bis 1933. Die Darstellung ist chronologisch in drei Hauptabschnitte gegliedert: Nachkrieg 1918 bis 1924, Epoche der Stabilisierung 1924 bis 1929, und Auf dem Wege zur zweiten Revolution 1929 bis 1933. Ein kurzer Epilog führt leider nicht über den 30. Januar 1933 hinaus, so daß Schüddekopf nichts über nationalbolschewistische Strömungen im deutschen Widerstand (Stauffenberg!) bringt. Die Fülle des gebotenen Materials ist verblüffend und sprengt manchmal den Rahmen des Lesbaren. Die Darstellung leidet an vermeidbaren Wiederholungen, die endlose Paraphrase unbedeutender Schriftsteller wirkt manchmal ermüdend, und der Leser spürt den Mangel an Übersichtlichkeit und Konzentration auf das Wesentliche. Die Schuld dieser literarischen Schwächen liegt teilweise beim Verfasser, aber hauptsächlich am Wesen der Materie. Es gab keine nationalbolschewistische Partei, nur eine Unzahl von Bünden, Gruppen und Zeitschriften. Schüddekopf versucht, sie alle und vollständig nach ihrer Führung, Ideen, Mitgliedschaft (auf der Basis von Polizeiberichten) und Breitenwirkung zu erfassen. Es gab keinen wirklich repräsentativen nationalbolschewistischen Denker, deswegen bringt Schüddekopf das Gedankengut von Moeller van den Bruck, Strasser, Paetel, Niekisch und unzähliger anderer in getrennten Darstellungen. Ferner liegt es im gedanklichen Wirrwarr der nationalbolschewistischen Weltanschauung, daß man sie weder klar noch systematisch darlegen kann. Der Stoff zwingt deshalb den Autor zu einer manchmal chaotischen Materialanhäufung, obwohl er vieles – einschließlich zum Beispiel die unentbehrlichen Kurzbiographien sämtlicher Führer – in seinen äußerst sorgfältig gearbeiteten Fußnotenapparat am Ende des Bandes vergraben hat (S. 401–525). Trotz dieser Vorbehalte kann man dem Leser eine sorgfältige Durcharbeitung dringend raten, denn Schüddekopf bringt viel Neues und Wichtiges zum Verständnis der Weimarer Zeit.

Es ist eine liebenswürdige Schwäche des Buches, daß der Verfasser sich in seinen Gegenstand verliebt hat und dessen Bedeutung für die politische und geistige Struktur der Weimarer Republik wohl etwas überschätzt. Das rein Sektiererische der nationalbolschewistischen Bewegung wird zwar erwähnt, aber nicht genügend betont. Es fehlt die Einordnung in die allgemeine Strömung der »Konservativen Revolution«, wie sie Mohler in seiner knappen Studie schon vor einem Jahrzehnt versuchte. Man vermißt außerdem eine Darstellung des Verhältnisses zwischen Nationalbolschewismus und DNVP (in der rechtsradikale und restaurative Tendenzen sich die Waage hielten), die Schüddekopf manchmal in fragwürdiger Weise unter der gemeinsamen Rubrik »Potsdam« zusammenwürfelt. Eine weitere Lücke ist der Mangel an einer ausdrücklichen Behandlung des Verhältnisses zwischen Nationalbolschewismus und NSDAP, obwohl Schüddekopf natürlich beträchtliches Material über die interne NSDAP-Krise 1925/26 und die Abspaltung der Strasser-Gruppe bringt. Schüddekopf wehrt sich mit Recht gegen »die weitverbreitete (?) monokausale Betrachtungsweise, der sogenannte Rechtsradikalismus – von dem der Nationalbolschewismus doch nur ein kleiner Teil ist – sei der unmittelbare Vorläufer und Wegbereiter des nationalsozialistischen Reiches gewesen« (S. 10). Er betont dagegen die Tatsache, daß die Nationalbolschewisten schon lange vor 1933 zu den erbittertsten Hitlergegnern zählten. Dies ändert aber meines Erachtens nichts an der Tatsache, daß sie trotzdem zu den Totengräbern der Republik zu rechnen sind. Die demokratischen Gegner der Nazis im liberalen, katholischen und sozialdemokratischen Lager waren auch ihre Gegner. Die Nationalbolschewisten haben ihre Gegner nach Möglichkeit geschwächt und diskreditiert, und sie haben geholfen, die an sich schon brüchige deutsche Demokratie weiter auszuhöhlen. Da ihnen selbst die Kraft zur Durchsetzung ihrer Ziele und zur Nachfolge fehlte, sind sie tatsächlich zu Wegbereitern des Hitler-Reiches geworden. Daß dies ihrer subjektiven Absicht widersprach, konnte leider an den objektiven Konsequenzen ihres Handelns nichts ändern. Von diesem verhängnisvollen Schuldkonto ist bei Schüddekopf wenig zu finden.

Schüddekopf findet statt dessen bei den Nationalbolschewisten »bestimmte eigene Aussagen zur Situation der Zeit . . . die historisch positiv zu deuten und zu verstehen sind« (S. 10). Er lobt ihre »Aufgeschlossenheit gegenüber dem Osten, mit dem das Geschick des deutschen Volkes nun einmal untrennbar verknüpft ist« (S. 399) und sagt weiter: »Sie waren nicht Anti-Westler aus Prinzip. Mit einem Westeuropa, das sich auf seine besten abendländischen Überlieferungen besonnen hatte, hätten sie wohl zusammengehen wollen« (S. 400). Tatsächlich strotzten sie aber von rabiater Feindschaft gegen Humanität, Geistesfreiheit und Demokratie: sind dies etwa nicht Bestandteile der »besten abendländischen Überlieferungen«? Schüddekopf überschätzt sicher das Gedankengut des »Neinsagens der Nichtskönner« (Jaspers) und unterschätzt die Gefahrenmomente ihrer »Welt als

Wille und Vorstellung«. Er glaubt, ihre Zerstörungswut gegen die westliche Kultur wäre nur Vorbereitung für einen konstruktiv-revolutionär-konservativen Neubau gewesen, zu dem es leider wegen der NS-Machtergreifung nicht mehr kommen konnte. Seine sorgfältige Rekonstruktion der nationalbolschewistischen Gedankengänge zeigt aber nirgendwo konstruktive Neuordnungspläne. Die konkreten Vorstellungen einiger ihrer Führer waren naiv. Nur ein Beispiel: Ernst Niekisch hatte eine Zukunftsvorstellung von Deutschland, die man wohl als Verbindung von Henry Morgenthau und Walter Ulbricht bezeichnen kann. Sein wirtschaftliches Programm war »Rückzug aus der Weltwirtschaft, Zwang zur Stadtflucht, Siedlung, Willen zur Armut« und so weiter (S. 368). Sein außenpolitisches Programm war »die Verslawisierung des deutschen Volkes, um es gegen die Einflüsse von Westen und Süden immun zu machen« In Ostelbien sollte dann ein starkes Sowjetdeutschland aufgebaut und gegen Westen die Elbe-Main-Linie [sic] gehalten werden« (S. 363).

Es wäre natürlich falsch, den Verfasser mit solchen Gedankengängen spezifisch zu identifizieren. Seine sympathisierende Haltung gegenüber dem Nationalbolschewismus hindert ihn keineswegs an freimütiger Kritik. So erkennt er zum Beispiel klar die Gefahr, die die Nationalbolschewisten beim Paktieren mit der KPD liefen, denn letztere benutzte nationalistische Parolen nur als opportunistisches Zweckmittel. Die KPD wollte nie ein Bündnis *inter pares,* sie wollte im Gegenteil die Desertion einzelner Nationalisten unter ihre eigene Führung. Ihre Kraft beruhte auf den Stimmen von Millionen, die Nationalbolschewisten waren im Gegensatz dazu ein innerlich gespaltenes Häuflein. Im Falle der Erreichung ihres Wunschtraumes – ein deutsch-russisches Weltreich von Vlissingen bis Wladiwostok – wäre Deutschland sicher kein gleichberechtigter Partner geworden. Schüddekopf kritisiert auch die provinzielle Dummheit von Niekisch, der »das Reich noch einmal zum Zentrum einer erdumspannenden imperialen Idee« machen wollte (S. 359). Schüddekopfs Kommentar: »Weltmachtstreben und romantische Deutschtümelei waren nun einmal unvereinbar. An diesem Widerspruch mußte Niekisch, wie alle Nationalrevolutionäre, scheitern« (S. 360). Es war nicht der einzige Widerspruch und nicht der einzige Grund ihres Scheiterns.

Zusammenfassend kann man sagen, daß Schüddekopfs Interpretationen und Werturteile – die übrigens meist knapp und zurückhaltend sind – nicht überall Zustimmung verdienen oder finden werden. Sie sollten aber keineswegs die Anerkennung der monumentalen Forschungsarbeit, die Schüddekopf in diesem Band geleistet hat, vermindern.

ANTIDEMOKRATISCHES DENKEN IN DER WEIMARER REPUBLIK

Kurt Sontheimer: *Antidemokratisches Denken in der Weimarer Republik. Die politischen Ideen des deutschen Nationalismus zwischen 1928 und 1931*, 414 S., München 1962 (Studienausgabe mit Ergänzungsteil *Antidemokratisches Denken in der Bundesrepublik*, München 1968)

in: Historische Zeitschrift, Bd. 197/1963, S. 657–666

Sontheimers Studie ist ein hervorragender Beitrag zu unserem Verständnis der Leidensgeschichte der Weimarer Republik. Sie bringt eine flüssig geschriebene, vorbildlich geordnete Analyse des Denkens der Gegner des liberal-demokratischen Weimarer Staates. Der Verfasser befaßt sich bewußt nur mit der »Rechtsopposition«, das heißt, die Kommunisten bleiben von der Analyse ausgeschlossen; und unter der »Rechtsopposition« konzentriert er sich auf die sogenannte »Konservative Revolution«, da »die geistige Dynamik dieser Gruppe am stärksten war« (S. 15). Diese Konzentration ist durch das geistesgeschichtliche Interesse Sontheimers bedingt; vom Standpunkt der politischen Geschichte kommt dabei das reaktionär-obrigkeitsstaatlich-monarchistische Denken der Deutschnationalen zu kurz. Dasselbe läßt sich übrigens von dem ausgezeichneten Parallelwerk von Klemens von Klemperer (*Konservative Bewegungen zwischen Kaiserreich und Nationalsozialismus*, München 1961) sagen, von dem sich Sontheimer in zweifacher Weise abhebt. Erstens in der Anlage: Seine Darstellung analysiert das Typisch-Allgemeine im antidemokratischen Denken, während Klemperer vorwiegend am Gedankengut von Einzelpersönlichkeiten (Moeller van den Bruck, Spengler, Jünger) interessiert ist. Zweitens in der weltanschaulichen Grundlage: Klemperer ist seinem Wesen nach durchaus konservativ, er bedauert mit einem Zug Melancholie die Entstellung von ihm geschätzter Ideen durch Unbefugte; Sontheimer steht offensichtlich links, für ihn wirkt die verhängnisvolle Rolle des Vulgärkonservativismus kaum als Überraschung. Übrigens verhindert die Verschiedenheit des Blickpunktes keineswegs die Übereinstimmung im sachlichen Resultat. Beide Verfasser betonen die Mitverantwortung der »Konservativen Revolution« für die Machtübernahme der Nationalsozialisten; bei der Nuancierung des Urteils betont Klemperer schärfer den subjektiv guten Willen der Jungkonservativen, Sontheimer ihre objektiv verhängnisvolle Rolle.

Eine kurze Inhaltsangabe möge der Besprechung strittiger Punkte der Sontheimerschen Studie vorausgehen. Der I. Teil mit dem Titel »Politischer Irrationalismus« analysiert eindrucksvoll den Hintergrund des antidemokratischen Denkens in der breiten Geistesströmung des europäischen Irrationalismus seit der Jahrhundertwende, der unter anderem den Bruch mit dem Empirizismus und Positivismus brachte (Kap. 2 und 3). Das 4. Kapitel behandelt in bahnbrechender Weise ein Stück deutscher Wissenschaftsgeschichte im Zeitalter des Irrationalismus, nämlich die deutsche Staatsrechtslehre der Weimarer Republik: viele ihrer geistreichsten Vertreter, wie zum Beispiel Carl Schmitt, gehören zu den entschiedensten Gegnern der Republik. (Leser dieser Zeitschrift werden bedauern, daß Sontheimer die Haltung der Geschichtswissenschaft derselben Zeit nicht einer ähnlich aufschlußreichen Untersuchung unterzogen hat.) Das 5. Kapitel behandelt den Einfluß des Kriegserlebnisses auf die geistige Lage der Republik; der Gegensatz zwischen der heroischen Welt des Krieges und dem nüchternen Leben in der Weimarer Republik wurde zur polemischen Waffe im Kampfe gegen die Republik, eine Tatsache, die ein bezeichnendes Licht auf die geistige Situation im damaligen Deutschland wirft. Der II. Teil über »Die anti-demokratischen Ideen« ist das Kernstück des Buches. Das 6. Kapitel differenziert in subtiler Weise zwischen Deutschnationalen, Jungkonservativen, revolutionären Nationalisten, Nationalbolschewisten, Deutschvölkischen und Nationalsozialisten, von denen der Verfasser nur die Jungkonservativen geistesgeschichtlich »interessant« findet; die Gedanken der anderen Gruppen waren meistens demagogische Vulgarisierungen aus dem Ideenschatz der »Konservativen Revolution«. Sontheimer betont als entscheidend für den historischen Ablauf, daß alle sechs Richtungen in der antidemokratischen Kritik vollständig übereinstimmten: Sie verschmähten gleichmäßig den Liberalismus, den Parlamentarismus, den Parteienstaat, den liberal-demokratischen Gedanken und die Weimarer Verfassung (Kap. 7). Sie benutzten ein ähnliches Vokabular, bestehend aus Grundbegriffen wie Volk, Gemeinschaft, Nation, Organismus, »neue Politik«, »neue Freiheit«, nationaler Sozialismus und so weiter, wobei diese biegsamen Begriffe natürlich heterogene Substanzinhalte haben konnten (Kap. 9). In der positiven Zielsetzung bestand eine gewisse Spannung, die zu viel Zänkerei zwischen »feindlichen Brüdern« führte; trotzdem bestand eine historisch wirksame Gemeinsamkeit in dem Wunsch nach dem »antiliberalen Staat« (ob Stände-, autoritärer oder totalitärer Staat war von sekundärer Bedeutung), dem Ruf nach dem Führer, der Vision des Reiches und dem Ideal der nationalen Macht und der Volksgemeinschaft (Kap. 8). Der III. Teil »Die Verstrickung in die Poli-

tik«, entwickelt kurz und bündig die im Vorhergehenden schon ange-
deutete Hauptthese des Buches: Die Konservative Revolution war
der Steigbügelhalter des Nationalsozialismus, manchmal sicher wider Willen, aber doch mit einer objektiven Notwendigkeit, über die
sich nur naiv-unpolitische Menschen – das heißt allerdings das Gros
der jungkonservativen Autoren – täuschen konnten.

Diese These kann meines Erachtens für vollständig bewiesen gelten,
eine bittere Tatsache für viele heute noch Lebende, die sich damals
mit jugendlichem Idealismus, persönlicher Aufopferung und scharfem Intellekt an der Konservativen Revolution beteiligten, ohne zu
ahnen, daß sie dabei zu von ihnen sicher unbeabsichtigten Endresul-
taten, wie zum Beispiel Hitlers Entfesselung des Zweiten Weltkrieges und der Ermordung von fünf Millionen Juden, einen wichtigen
Beitrag leisteten. Ihre zerstörende Kritik an der Weimarer Republik
führte zu deren Aushöhlung und wurde einer von verschiedenen Faktoren, warum diese Republik so sang- und klanglos dem Ansturm
der Nationalsozialisten erlag. Die Jungkonservativen, als Intellek-
tuellengruppe ohne organisierten Massenanhang, bildeten keine praktische Alternative zu Weimar; deswegen konnte das von ihnen mit-
geschaffene republikanische Trümmerfeld *nur* von den Nationalsozialisten übernommen werden. »So wurden sie, ob sie's wollten
oder nicht, zu Helfershelfern und Mitträgern einer Bewegung [der
Nationalsozialisten], von der sie entweder in aller Naivität annahmen, daß sie im Besitz der vollen Macht schon das Rechte tun würde,
oder von der sie ebenso naiv glaubten, daß sie, war die Republik
erst einmal zerstört, ihnen das Feld zum geistigen und politischen
Neuaufbau weitgehend überlassen würde« (S. 380). Viele von ihnen
waren entsetzt, als der Führerstaat das »Falsche« tat und sie selber
rücksichtslos auf ein Abstellgleis stellte; einige wurden aktive Widerstandskämpfer, was ihren »guten Willen« bezeugt, den Ablauf des
Geschehens aber kaum beeinflußte (S. 369–370). Für Sontheimer
gilt der verspätete Widerstand, dessen Motive übrigens oft weiter
antidemokratisch blieben, kaum als Entlastung ihrer schwerwiegenden Verantwortung für das Verhängnis von 1933. »Es ist jedenfalls
nicht damit getan, daß man von sich sagen kann, man habe etwas
Anderes und Besseres gewollt« (S. 371), als der Nationalsozialismus
brachte. Publizistik unterliegt dem Gesetz der »Verantwortungsethik« (Max Weber) und muß deswegen nach ihren Konsequenzen
beurteilt werden; außerdem muß man von Autoren und Redakteuren
erwarten, daß sie die geistige Reife besitzen, die Konsequenzen des
eigenen Tuns beurteilen zu können.

Die Entwicklung einer klaren These zu einem wichtigen, noch

heute umstrittenen Fragenkreis ist das Hauptverdienst Sontheimers; ferner die glänzend gelungene Darstellung des antidemokratischen Gedankengutes, welches auch durch die große Anzahl gut ausgewählter Zitate verdeutlicht wird. Man bewundert die beneidenswerte Gabe des Autors, die konfusen Ideen der Konservativen Revolution klar zu gliedern und einprägsam darzustellen.

Neben diesen großen Vorzügen hat das Buch gewisse Schwächen, die darauf hinweisen, daß die Zeit für eine endgültige Darstellung des antidemokratischen Denkens in der Weimarer Republik noch nicht gekommen ist. Es ist der Zweck des Restes dieser Rezension, auf diese Schwächen zur Anregung zukünftiger Forschung mit einiger Ausführlichkeit hinzuweisen.

1. Der Darstellung der antidemokratischen Ideen fehlt weitgehend der soziologische Hintergrund. Sontheimer macht nur einen schwachen Versuch, »die Breitenwirkung der antidemokratischen Publizistik zu ermitteln«, und begnügt sich mit der Feststellung: »Es handelt sich jedenfalls nicht um einen esoterischen Klüngel von Ideologen, die von ihren Zeitgenossen weitgehend unbeachtet geblieben waren« (S. 35). Sicher läßt sich auf der politisch-soziologischen Ebene noch vieles ermitteln, wie es Hans-Joachim Schwierskott zum Beispiel über die Organisation und Finanzierung der »Ring-Bewegung« im 2. Kapitel seines Buches *Moeller van den Bruck und der revolutionäre Nationalismus in der Weimarer Republik* (Göttingen 1962) kürzlich getan hat. Der Leser vermißt die Analyse der Zusammensetzung und Motive der rechtsradikalen Autoren und Leser nach Generation, sozialer Herkunft und geographischer Differenzierung. Die benutzten soziologischen Begriffe sind unscharf, zum Beispiel der abgenutzte Terminus »Bürgertum«; Ähnliches wäre über das anachronistische Links-Rechts-Schema zu sagen. Die an sich ausgezeichnete Darstellung der Staatsrechtskontroversen der Weimarer Zeit sollte durch universitätsgeschichtliche Studien erweitert werden. Wie waren Exponenten der verschiedenen staatsrechtlichen Richtungen auf Berufungslisten vertreten? Welche Rolle haben die Kultusminister gespielt? Was war überhaupt die Rolle der Universitäten in der Verbreitung des antidemokratischen Denkens? Dieselbe Frage sollte für verschiedene andere Institutionen – Kirchen, Soldatenverbände, Wirtschaftsverbände und so weiter – aufgeworfen und beantwortet werden.

2. Die geistesgeschichtliche Einordnung in die allgemeine europäische Entwicklung läßt trotz der eindrucksvollen Darstellung des Irrationalismus in Kapitel 3 und 4 einiges zu wünschen übrig, und zwar »vertikal« wie »horizontal«. Der Autor hat sich bewußt

auf den Zeitraum der Weimarer Republik beschränkt: »Antidemokratische Schriften, die vor 1919 erschienen, habe ich nicht herangezogen, noch den Versuch gemacht, die Geschichte bestimmter Ideen bis an ihren Ursprung zurückzuverfolgen« (S. 15). Er hat sich ferner versagt, die analysierten Ideen auch nur andeutungsweise nach 1933 weiterzuverfolgen, wo sie zum Beispiel im Kreisauer Kreis der Widerstandsbewegung eine Spätblüte erlebt haben. Die Erklärung dieser bedauerlichen Begrenzung liegt vermutlich im vorwiegend politisch-historischen Blickpunkt des Autors; trotz der im ganzen geistesgeschichtlich angelegten Arbeit interessiert ihn die Zersetzung der Weimarer Republik durch die antidemokratischen Ideen mehr als diese Ideen selbst. Dies sowie die mangelnde Anwendung der vergleichenden Methode führt zu einer gewissen Isolierung des bearbeiteten Stoffes. Zum Beispiel wirkt der Abschnitt über das Kriegserlebnis als europäisches Phänomen (S. 116 ff.) enttäuschend. Ein deutscher pazifistischer Autor wie Remarque hatte sein Gegenstück in England in Robert Graves, in Amerika in Ernest Hemingway; ein Verherrlicher des »Stahlgewitters« mit der Breitenwirkung eines Ernst Jünger ist England und Amerika aber erspart geblieben. Woran liegt dieser Unterschied? Die Frage wird von Sontheimer nicht aufgeworfen. Ferner fehlt praktisch jeder Hinweis auf das antidemokratische Denken in anderen Ländern in derselben Zeitspanne (Maurras, Mussolini, Ortega y Gasset und so weiter); deswegen kann zum Beispiel die Diskussion des Ständestaatsgedankens ohne genügende Hinweise auf Österreich und Portugal, von päpstlichen Enzykliken ganz abgesehen, dem Gegenstand kaum gerecht werden (S. 249 ff.). Die vergleichende Erforschung des Antidemokratismus steckt heute noch in den Anfängen; sie wird sicher noch einiges zum Verständnis der besonderen Virulenz und historischen Bedeutung des deutschen Phänomens beitragen.

3. Sontheimer versteht unter Feinden der Demokratie alle Gegner der »Idee der Demokratie nach den Normen der Weimarer Reichsverfassung« (S. 15), das heißt, der liberalen Demokratie; er bedauert, daß deutsche Historiker und Staatsrechtslehrer in der Vergangenheit großen Wert darauf gelegt haben, die Demokratie vom Liberalismus zu scheiden und eine möglichst aliberale Demokratie zu definieren. Sontheimer versteht unter Demokratie freiheitliche Demokratie, charakterisiert durch Grundrechte für den Einzelbürger und freie Konkurrenzmöglichkeit für verschiedene Parteien; deswegen gehören zu den Antidemokraten auch die Denker, die zwar ein auf die Massen gestütztes, aber im Wesen autoritäres Regierungssystem einführen wollten (zum Beispiel Carl Schmitt). Da Sontheimer das Recht auf

eigene Definitionen, die er konsequent durchhält, zusteht, kann man diese an sich kaum kritisieren; man muß aber hinzufügen, daß sie die Gefahr in sich bergen, gewisse unangenehme Tatsachen zu verkennen. Die Verbindung von Freiheit und Demokratie (letztere definiert als Mitwirkung des Volkes an der Politik durch allgemeines Stimmrecht), die natürlich als Desideratum zu bezeichnen ist, hat sich öfter in der Geschichte als locker bewiesen. Die »demokratischen Massen«, ob in Frankreich zur Zeit Louis Napoleons, in Amerika zur Zeit McCarthys oder Deutschland zur Zeit Weimars, haben nicht allzuviel auf die Freiheit gegeben. Sontheimer hat kaum Verständnis für die »demokratischen Wurzeln des Totalitarismus« (Talmon, Ritter, Rothfels) und die »demokratischen Züge« im Nationalsozialismus. Matthew Arnold sagte einmal: »Ich bin ein Anti-Demokrat, *weil* ich ein Liberaler bin.«

4. Sontheimers Begriff der Feinde der Demokratie wirkt durch seine Definitionen der »Liberaldemokratie« manchmal zu weitläufig; auf der anderen Seite scheint er meines Erachtens in der Behandlung beziehungsweise Nichtbehandlung der Parteien der Weimarer Koalition manchmal zu eng. Die demokratische Haltung selbst vieler Führer der »Parteien von Weimar« ließ viel zu wünschen übrig: der ganze rechte Flügel des Zentrums konnte vor 1930 kaum seine Sehnsucht nach einem autoritären Obrigkeitsstaat verbergen, nach 1930 nahm er sich nicht einmal mehr die Mühe dazu. Geistige Führer der Demokratischen Partei – zum Beispiel Friedrich Meinecke – hatten wenig Sympathie für den Parlamentarismus und sehnten sich nach einem Ersatzkaiser; sie hatten wenig Schwierigkeit, sich innerlich auf den Kurs der antiparlamentarischen Brüning-Regierung einzustellen; die DDP verschmolz sich 1931 mit dem nicht gerade demokratischen Jungdeutschen Orden; und in vielen Bestrebungen der sogenannten »Reichsreform« sind unschwer antidemokratische Züge zu entdecken. Die SPD war sicher ein treuer Verteidiger des demokratischen Gedankens; leider fürchteten ihre Führer aber einen wirklichen Einsatz der Partei aus Sorge für den Bestand der Organisation und stellten damit letzten Endes die Partei über den Staat (was leider keineswegs verhinderte, daß sie bald beides verloren). Sontheimers Analyse der Stärke des antidemokratischen Denkens bei den *Gegnern* der Weimarer Republik erfaßt nur einen Teil der Problematik; das Buch über das demokratische Denken (und die demokratische Haltung) der *Freunde* der Weimarer Republik muß noch geschrieben werden, wobei zu fürchten ist, daß ein kleiner Aufsatz genügen würde!

5. Es ist ferner eine Schwäche des Sontheimerschen Buches, daß

kein wirklicher Versuch gemacht wird, die verschiedenen Phasen des antidemokratischen Denkens chronologisch zu differenzieren. Es bestanden aber wesentliche Unterschiede im Ton und der Konsequenz des antidemokratischen Denkens im Laufe der vierzehn Jahre der Weimarer Republik; Sontheimer erkennt die bedeutende Tatsache, daß die Benutzung des Kriegserlebnisses als eine polemische Waffe erst etwa 1928 einsetzte. Meines Erachtens führt eine chronologisch differenzierte Beurteilung der Tätigkeit der »Konservativen Revolution« zu einem etwas milderen Urteil gegenüber ihren Vertretern. Vor 1930, das heißt zur Zeit des relativ guten Funktionierens der freiheitlich-parlamentarischen Demokratie, muß Kritik am Weimarer Staat im Namen einer autoritären Präsidialdemokratie als destruktiv verurteilt werden; für die Zeit nach 1930, das heißt, nach der Inaugurierung der Präsidialregierung und Selbstauflösung des »Parteienstaates« (Conze), ist dies kaum mehr der Fall. Es läßt sich vielmehr sagen, daß ein autoritäres Regime unter Beteiligung der Reichswehrführung wahrscheinlich zur einzigen realistischen Alternative gegenüber der Hitlerschen Machtergreifung geworden war. Sontheimer sagt selbst: »Wenn man das Präsidialsystem in der zwischen 1931 und 1932 gehandhabten Spielart vor der Herrschaft des ›böhmischen Gefreiten‹ bewahren wollte, so lautete die Alternative eben nicht mehr: parlamentarische Demokratie gegen faschistische Diktatur, sondern national-autoritäres Regime gegen nationalsozialistische Herrschaft« (S. 383). Unter diesen Umständen scheint mir die Unterstützung eines national-autoritären Kurses, zum Beispiel durch Hans Zehrers Tatkreis 1930 bis 1933, nicht unbedingt verantwortungslos. Dabei darf natürlich nicht vergessen werden, daß er und seine Gesinnungsgenossen durch ihre republikfeindliche Publizistik vor 1930 mitverantwortlich für die Schaffung der unglücklichen Alternative Nationalsozialismus oder national-autoritäres Regime waren.

6. Überhaupt läßt sich – trotz der Steigbügelhalterrolle der Konservativen Revolution für die Nazis – noch einiges mehr zur Entlastung der Konservativen Revolution sagen. Die Gebrechen der Weimarer Republik – die Sontheimer natürlich keineswegs verkennt – waren derart, daß scharfe Opposition als ein natürliches, das heißt, kaum Verwunderung erregendes Phänomen bezeichnet werden muß. Die inneren Schwächen der »staatstragenden Parteien«, das kleinliche Parteigezänk, die Paralyse der Gesetzgebung nach 1925 (Reichsreform, Konkordat, Schulreform und so weiter), der Mangel an bedeutenden politischen Persönlichkeiten – alle diese Tatsachen rechtfertigen weitgehend die konservative Kritik, von der kläglichen

Rolle der Parteien beim Zusammenbruch der Müllerschen Regierung im März 1930 (Conze) und in den Jahren 1930 bis 1933 (Matthias-Morsey) ganz zu schweigen. Ferner muß auf die provozierende Haltung gewisser Linkskreise hingewiesen werden. Die »Verächtlichmachung« der »heiligsten Güter der Nation« durch einen begabten Satiristen wie Kurt Tucholsky geschah sicher aus ehrenwerten Motiven, sie muß aber – genau wie die subjektiv ehrenwerte Kritik der Konservativen Revolution – nicht nach der Gesinnung, sondern nach den Konsequenzen beurteilt werden. (Hierzu finden sich Ansätze bei Sontheimer S. 387 ff.) Wegen dieser Tatsachen ist es wohl angebracht, bei der »Konservativen Revolution« mehr von einer historischen »Notwendigkeit« als von persönlicher Schuld der Beteiligten zu sprechen. Es lag einfach in der Tragik der Weimarer Entwicklung, daß die Entstehung der Republik von vielen Schichten aus vielen Gründen – einschließlich des Schwergewichts der traditionell vorherrschenden deutschen obrigkeitsstaatlich-antidemokratischen Staatstradition – abgelehnt wurde und daß diese Ablehnung durch die Gebrechen der Republik sozusagen bestätigt wurde. Ein Teufelskreis bestand dadurch, daß die weitverbreitete Ablehnung der Republik ihre Schwächen verstärkte, denn eine leistungsfähige Demokratie bedarf der einmütigen Bejahung ihrer Grundlagen durch das ganze Volk. Die Konservativen haben diese allgemeine Bejahung verhindert und trugen damit zu Zuständen bei, an denen Kritik sicher berechtigt war – in diesem Sinne hatte die Kritik an der Lebensfähigkeit der Demokratie das Zeichen einer »self fullfilling prophecy«. Bei Sontheimer alterniert die Erkenntnis tragischer Verstrickungen mit der Anklage im Tone des Staatsanwalts; zwar warnt er öfter (zum Beispiel S. 386, Fußnote 44) vor einer unhistorischen Verdammung der Konservativen Revolution, vergißt aber manchmal seine eigene Warnung. Diese Tatsache ist übrigens symptomatisch für den besonderen Reiz seines Buches: Es behandelt eben nicht einen rein historischen, sondern gewissermaßen noch heute politisch-aktuellen Gegenstand, obwohl sich Sontheimer der weitgehenden Verschiedenheit der Bonner und Weimarer Demokratie voll bewußt ist (S. 399–400).

Seine Darstellung wird keiner politischen Gruppe der Gegenwart viel Freude machen: Einflußreiche publizistische Kreise der Bundesrepublik, zum Beispiel Hans Zehrer und seine Tatkreis-Kameraden Giselher Wirsing und Ferdinand Fried, werden sicher nicht gern an ihre eigene Vergangenheit erinnert. Gewissen »Linkskreisen« sagt Sontheimer deutlich, sie möchten das Jammern über den sogenannten Konformismus der Bonner Republik doch auf ein vernünftiges Maß zurückschrauben. Sicher fehlt der Bundesrepublik die geistig anregende Weimarer Konfrontierung politischer Meinungen, die auf grundverschiedenen Weltanschauungen basieren; dafür ist sie aber im Gegensatz zu Weimar eine relativ funktionsfähige Demokratie geworden, in der weitgehende Einmütigkeit aller einflußreicher Kreise über die Grundlagen der Innen- und Außenpolitik besteht. Sicher ist ein gewisser Konformismus der Haltung und Langweiligkeit der politischen Kontroverse kein zu hoher Preis für ein geordnetes, doch freiheitliches Staatswesen.

7. Abschließend wäre noch etwas zu Sontheimers Auffassung der Demokratie zu sagen, das über die oben besprochene Verbindung von Demokratie und Liberalismus hinausgeht. Sontheimer glaubt offensichtlich, daß die freiheitliche Demokratie die rationale Staatsform par excellence ist und daß irrationale Strömungen die Wurzeln antidemokratischer Haltungen darstellen (Sontheimer Kap. 3 passim). Dazu wäre zu bemerken, daß die wenigen gut funktionierenden großstaatlichen Demokratien (man denke an England oder Amerika) keineswegs auf rationalen Voraussetzungen beruhen und es kaum ein Zufall ist, daß Frankreich, das klassische Land des Rationalismus, es bis jetzt nicht zu einer funktionsfähigen Demokratie gebracht hat. Die englische und amerikanische Demokratie beruht vorwiegend auf irrationalen Faktoren wie puritanischer Glaubenstradition, Pragmatismus (allen geschulten Philosophen höchst verdächtig!), einer Tradition des Fortwurstelns (»muddling through«), dem Mythos der politischen Urteilskraft des »common man« und einem wichtigen Schuß von ausgesprochenem Anti-Intellektualismus – einem Anti-Intellektualismus übrigens, unter dessen Zeichen jungkonservative Schwätzer – die es zum Beispiel in Amerika auch gibt – der Gefahr entgehen, ernst genommen zu werden! Ich möchte natürlich nicht bestreiten, daß der scharfe und einseitige Anti-Rationalismus politisch zu verheerenden Folgen führen kann und in der Weimarer Republik tatsächlich geführt hat; man soll deswegen aber nicht vergessen, daß ein Gleichgewicht rationaler und irrationaler Elemente, vielleicht mit einem leichten Vorwiegen der irrationalen, für das Funktionieren eines demokratischen Regierungssystems als nötig zu bezeichnen ist.

8. Vom Standpunkt des Gleichgewichtes ist auch Sontheimers Absolutierung der Freiheit in seiner Polemik gegen den Wertrelativismus als demokratische Grundhaltung (S. 228 f.) fragwürdig; übrigens schränkt er diese Absolutierung vernünftigerweise selbst ein durch seine Bejahung des Verbots antidemokratischer Parteien. Seine ausgezeichnete Diskussion »Vom Geist [in] der Weimarer Repu-

blik« (Kap. 12) bedauert die Tatsache, daß es zu einer Synthese zwischen den entgegengesetzten Tendenzen des »Rechts«-Antirationalismus und »Links«-Progressivismus trotz der Bemühungen Thomas Manns nicht gekommen ist und die Republik deswegen der staatstragenden geistigen Mitte entbehrte. Sontheimer betont, daß beide Extreme sich in der Ablehnung von Wilhelminismus und Bürgertum und der existierenden Republik vereinten; die Geister schieden sich aber in ihren Werten und Zielen. Sontheimer identifiziert sich mit den Idealen der Linken: Menschheit, Freiheit, Güte, Glück und so weiter, und wehrt sich mit Recht gegen die Verpönung dieser Ideale durch den Rechtsradikalismus (S. 392). Er vergißt dabei aber, daß die »Rechte« auch wertvolle Ideale besaß, die von den Linksextremisten verpönt wurden: Nation, soziale Gliederung, Autorität, Strenge, Pflichterfüllung usw. Eine gesunde Gesellschaftsform verlangt ein Gleichgewicht von heterogenen und teilweise antagonistischen Elementen in einer immer historisch bedingten Synthese.

9. Dieser Blickpunkt kann meines Erachtens wieder zu einer relativ positiven Beurteilung der Männer der Konservativen Revolution, selbst bei Akzeptierung der Sontheimerschen These ihrer Steigbügelhalterrolle für Hitler, führen. Ihr einseitiges Denken war im Grunde eine »natürliche« Reaktion auf die ebenso einseitigen Übertreibungen der Gegenseite; es entzündete sich ferner an den tatsächlichen Schwächen der Republik und lag außerdem in der Linie der tief verwurzelten deutschen antidemokratischen Tradition. Ferner muß gerechterweise zur Mitverantwortung für die Machtübernahme der Nationalsozialisten gefragt werden: Wer konnte vor 1933 wirklich voraussehen, was unter Hitler geschehen würde? Ist es nicht eine Überforderung der »Konservativen Revolution«, von ihr Voraussicht zu erwarten über Dinge, die in einem zivilisierten Lande einfach für unmöglich gehalten wurden? Fest steht nur, daß praktisch niemand – auch innerhalb der Weimarer Koalition – die Nazis wirklich ernst nahm. Die vorherrschende Haltung war: »Laßt sie ruhig an die Macht kommen – auch sie werden lernen, daß man nur mit Wasser kochen kann.« Die Männer der »Konservativen Revolution« waren allgemein weder dümmer noch boshafter als andere nicht-nationalsozialistische Deutsche. Man kann bei ihnen dieselbe Verquickung von Schuld und Schicksal erkennen, die als allgemeine Signatur des Jahres 1933 gelten muß. Es ist außerdem zu hoffen, daß die westdeutsche Demokratie heute so gefestigt ist, daß sie sich eine aus dem Abstand der Jahre geborene versöhnliche Haltung selbst gegenüber der »Konservativen Revolution« politisch leisten kann.

Es bleibt nur noch zu wiederholen, daß trotz aller kritischen Betrachtungen Sontheimers Buch eine große Bereicherung unseres Wissens über das antidemokratische Denken in der Weimarer Republik bietet und daß seine Gliederung des schwierigen Stoffes als vorbildlich bezeichnet werden kann. Über die »subjektiv« bedingte Wertung der »Konservativen Revolution« wird es nie Einmütigkeit geben; über ihre »objektiv« verheerende politische Wirkung während der Weimarer Republik kann aber nach Sontheimers Studie kein Zweifel mehr bestehen.

DAS ENDE DER PARTEIEN

Das Ende der Parteien 1933, hrsg. von Erich Matthias und Rudolf Morsey, Veröffentlichung der Kommission für Geschichte des Parlamentarismus und der politischen Parteien; 816 S., Düsseldorf 1960

in: Journal of Central European Affairs, 23/1963, S. 52–76

I.

Wenige historische Probleme sind so häufig untersucht worden wie die Machtergreifung der Nationalsozialisten in Deutschland. Die klassische Studie von Karl Dietrich Bracher, um nur ein Beispiel zu nennen, läßt nur sehr wenige wichtige Fragen unbeantwortet.[1] Eine Menge Detailforschung wird jedoch noch zu leisten sein, wenn allmählich wichtige archivalische und persönliche Quellen zugänglich werden. Vielleicht haben bisher die Historiker ihre Untersuchungen zu sehr auf diejenigen Eigenschaften der NSDAP konzentriert, die diese zur Machtergreifung befähigten: eine zwar zentralisierte, aber doch flexible Organisation, die Kombination von Terror und strikter Legalität, die charismatische Führerrolle Hitlers und seine rücksichtslose Ausnutzung der mannigfaltigen Schwierigkeiten Deutschlands (Versailler Vertrag, Inflation, Reparationen und Weltwirtschaftskrise). Andererseits herrschte ein verständlicher Widerwille, allzu tief in das Versagen der nichtnationalsozialistischen Parteien einzudringen, in Fehler, die dazu beitrugen, Hitler eine Chance zu geben; denn das zuletzt genannte Problem zwingt den heutigen Historiker zu einer bedauerlichen Übereinstimmung mit der stereotypen Behauptung Hitlers, daß nämlich die Weimarer Parteien und das von ihnen so ineffektiv getragene parlamentarische Regierungssystem gänzlich verrottet seien. Zum größten Teil kommt der Kommission für Geschichte des Parlamentarismus und der politischen Parteien, einer zwar öffentlich finanzierten, aber privat geleiteten Institution, die seit 1951 ihren Sitz in Bonn hat, das Verdienst zu, daß man der wichtigen Aufgabe nicht ausgewichen ist, ohne Hemmungen die Leidensgeschichte des Weimarer Parteienlebens in dem hier zu besprechenden Buch zu erforschen.

Das Ende der Parteien 1933 ist eine bemerkenswert erfolgreiche

1. K. D. Bracher: *Die Auflösung der Weimarer Republik. Eine Studie zum Problem des Machtverfalls in der Demokratie*, 2. Aufl., Stuttgart 1957 (5. Aufl. Villingen 1971).

Gemeinschaftsarbeit, die von den beiden Direktoren der Kommission, Erich Matthias und Rudolf Morsey, herausgegeben wurde. Der Heidelberger Professor Werner Conze gibt eine erhellende historische Einführung, die die Probleme des Jahres 1933 in die allgemeine Entwicklung des Parteiensystems in Deutschland stellt. Der Hauptteil des Buches besteht aus sieben Kapiteln, in denen der Verfall jeweils einer größeren Partei untersucht wird. Fast jedem Kapitel folgt ein dokumentarischer Anhang, in dem wichtige Primärquellen veröffentlicht werden. Die wichtigsten dieser Studien wurden von den Herausgebern selbst verfaßt. Erich Matthias, Deutschlands führende Autorität für die Geschichte der Sozialdemokraten (SPD), beschreibt den Niedergang dieser einst so mächtigen Partei. Rudolf Morsey, ein brillanter junger katholischer Historiker, der für seine Sorgfalt, Fachkenntnis und Unabhängigkeit des Urteils bekannt ist, behandelt den Zusammenbruch der Zentrumspartei. Die Herausgeber haben das Kapitel über die Staatspartei (die frühere Demokratische Partei) gemeinsam verfaßt. Karl Schwend, ein prominenter bayerischer Publizist der älteren Generation, gibt eine Darstellung der Bayerischen Volkspartei (BVP), mit der er im behandelten Zeitraum eng verbunden war. Die Deutsche Volkspartei (DVP) wird von Hans Booms, einem jungen Archivar am Bundesarchiv in Koblenz untersucht. Friedrich Freiherr Hiller von Gaertringen, ein Tübinger Historiker, beschreibt die konservative Deutschnationale Volkspartei (DNVP), in der sein Großvater Graf Kuno Westarp früher einmal Vorsitzender war. Das Kapitel über die Kommunistische Partei (KPD) wurde von Siegfried Bahne verfaßt. Das Buch enthält außerdem eine wertvolle Übersicht über die Wahlstatistiken der Jahre 1930 bis 1933, die von Alfred Milatz, dem Generalsekretär der Kommission, die die ganze Publikation trägt, sorgfältig zusammengestellt und interpretiert worden ist. Auch sollte vermerkt werden, daß bis auf Conze und Schwend alle Mitautoren des Bandes zur Nachkriegsgeneration der Historiker gehören, der man so häufig und ohne Recht vorwirft, sie vermeide die Erörterung peinlicher Probleme aus Deutschlands jüngster Vergangenheit.

Ein Wort sollte auch über die attraktive äußere Ausstattung des Bandes gesagt werden. Das Buch ist schön gedruckt und mit einem hervorragenden Register versehen. Die Analyse der Wahlergebnisse durch Milatz wird von anschaulichen Karten und Tabellen begleitet, die für jeden, der sich mit dieser Zeit befaßt, unerläßlich sind. Der Band enthält auch 46 Illustrationen, die führende Politiker, Wahlplakate und Straßendemonstrationen wiedergeben. Die Zeitungsfaksimiles auf den beiden letzten Innenseiten fördern den unmittelbaren

Kontakt des Lesers mit einer Welt, die unendlich weit entfernt zu sein scheint, obwohl sie erst vor dreißig Jahren zu Ende ging. Die folgende Erörterung will versuchen, einen Eindruck von der Reichhaltigkeit des in diesem Band behandelten Stoffes zu vermitteln und die Probleme zu diskutieren, die durch seine Themenstellung aufgeworfen werden.

II.

Werner Conzes einleitender Überblick über »Die deutschen Parteien in der Staatsverfassung vor 1933« ist eine eindrucksvolle Analyse der historischen Gründe, weshalb die parlamentarische Demokratie sich in den kritischen Jahren 1930 bis 1933 so ohnmächtig erwies. Conze liefert eine ausgezeichnete Beschreibung der Faktoren, die die Weiterentwicklung des Parlamentarismus im Zweiten Reich hemmten: die Stärke der autoritär-bürokratischen Monarchie, die Polarisierung des deutschen politischen Lebens zwischen den gleichermaßen intransigenten Konservativen und den Sozialdemokraten, die Schwäche des Liberalismus seit Bismarck, der Opportunismus des politischen Katholizismus und die durch abstrakte Ideologien wie auch durch konkrete wirtschaftliche Interessen vertieften Gräben zwischen den Parteien. Alle diese Faktoren wirkten der Schaffung einer parlamentarischen Regierungsform entgegen, während sie auch gleichzeitig das praktische Bedürfnis nach ihr verringerten. 1918/19 schien diese Situation sich gewandelt zu haben, als die Monarchie in sich zusammenfiel, der Konservativismus vorübergehend ernüchtert war, die SPD heroische Mäßigung zeigte, der Liberalismus zeitweise sich wiederbelebte, das Zentrum sich mit der Republik verbündete und als die ideologischen und ökonomischen Spannungen zwar nicht beseitigt waren, aber doch nicht mehr die Bildung einer großen demokratischen Mehrheit verhindern konnten. Aber die Hoffnungen auf ein erfolgreiches Funktionieren der neu eingeführten parlamentarischen Demokratie erwiesen sich als nur von kurzer Dauer. Eine Reihe widriger ökonomischer Umstände und kumulativer außenpolitischer Demütigungen brachten die Republik in Verruf und lieferten drei zwar verschiedenen, aber auch gleichermaßen unversöhnlichen Feinden die Waffen in die Hand: den in der DNVP organisierten Monarchisten, die eine Rückkehr zu den Zuständen der Vorkriegszeit verlangten; den Kommunisten, die nach der sozialen Revolution riefen; und den Nationalisten der extremen Rechten, die hauptsächlich in der NSDAP organisiert waren und die eine »Nationale Revolution« forderten. Diese drei Gruppierungen erhielten bei den Wahlen

1920 zusammen 34 Prozent der Stimmen, 39 Prozent im Jahre 1924, 58 Prozent im Jahre 1932, und 1933 waren es 64 Prozent – diese Zahlen beweisen den prekären Zustand der Weimarer Republik seit 1920. Diese Schlußfolgerung kann noch durch einen Blick auf die von den republiktreuen Parteien – SPD, Zentrum und Demokraten – erreichten Prozentzahlen erhärtet werden: 76 Prozent im Jahre 1919, 44 Prozent im Jahre 1920, 40 Prozent im Jahre 1924, 35 Prozent im Jahre 1932, und im Jahre 1933 erhielten sie zusammen 30 Prozent. Die einzige Hoffnung, die Republik zu festigen, lag in zwei möglichen Entwicklungen, die sich zwar zeitweise abzeichneten, sich dann aber doch nicht vollzogen: daß die konservativen Nationalisten ihren sterilen Wunsch nach der Restauration der Vorkriegszustände aufgeben und eine verantwortungsbewußte Partei im Stile des Tory-Konservativismus würde, die gleichzeitig die Nationalsozialisten zu einer Kraft am Rande reduzieren könnte; oder daß die Sozialdemokraten sich zu einer breiten Volkspartei mit linker Orientierung entwickeln würden, die die Kommunisten auf kontrollierbare Maße reduzieren könnte. Die Schwierigkeit lag natürlich in der Tatsache, daß eine »verantwortungsbewußte« Politik für die Sozialdemokraten wie für die Nationalisten mit Sicherheit die Chancen ihrer Rivalen, der Kommunisten und Nationalsozialisten, erhöht und nicht verringert hätte. Die Furcht vor den Konkurrenten setzte eine Prämie für politische Unverantwortlichkeit. Tatsächlich waren die Parteien der »Weimarer Koalition« dazu verdammt, eine schmale, innerlich gespaltene Gruppe zu bleiben, die andauernd mit starken unversöhnlichen Oppositionsparteien auf der Rechten wie auf der Linken konfrontiert wurde. Diese Koalition brauchte – und bekam sie auch – schon 1920 die Unterstützung durch Stresemanns Deutsche Volkspartei, obwohl deren Loyalität gegenüber der Republik keineswegs absolut war. Die Einfügung dieser Partei von Besitz und Bildung in die »Große Koalition« rettete zwar die Republik für die zwanziger Jahre, aber nur auf Kosten einer zunehmenden Divergenz in der Wirtschaftspolitik innerhalb der Regierungskoalition – eine Entwicklung, die sich 1930 als unheilvoll erweisen sollte.

Conze vertritt die ursprünglich bereits 1954 in einem vieldiskutierten Artikel[1] entwickelte Behauptung, daß die parlamentarische Demokratie von Weimar wegen ihrer inneren Schwäche schon im März 1930 unwiederbringlich zusammengebrochen sei, also noch bevor die ernsthafte Belastung der Weltwirtschaftskrise eingesetzt hätte und

1. W. Conze: *Die Krise des Parteienstaates in Deutschland. 1929–1930*, in: Historische Zeitschrift, Bd. 178/1954, S. 48.

bevor die Nationalsozialisten irgendeine signifikante parlamentarische Stärke gewonnen hätten. Der Rücktritt des von dem Sozialdemokraten Hermann Müller geführten Kabinetts – das letzte, das sich auf die Große Koalition stützte – erfolgte wegen des lächerlichen Streites, wie ein Defizit von siebzig Millionen Mark in der Arbeitslosenversicherung gedeckt werden sollte. Die Volkspartei (DVP) verlangte eine Senkung der Arbeitslosenunterstützung und lehnte gleichzeitig jede Erhöhung der die Wirtschaft belastenden Steuern ab. Die SPD, die sich dem Druck der Gewerkschaften und einer Rebellion ihres linken Flügels gegen die gemäßigte Politik des Reichskanzlers Müller ausgesetzt sah, wandte sich erbittert gegen jede Kürzung der Unterstützungssätze und befürwortete dagegen neue Steuern für die Wirtschaft. Die Hartnäckigkeit beider Parteien war symptomatisch für ihre tiefeingesessenen Befürchtungen und Hoffnungen. Die DVP und ihre industriellen Gönner fürchteten wirklich, daß die vorhandene Steuerlast sich ruinös auswirken würde, und sie hofften, daß strenge fiskalische Maßnahmen »die Disziplin in der Arbeiterschaft« wieder herstellen würden. Die SPD und ihre Gönner bei den Gewerkschaften befürchteten den ersten Vorstoß in einem Totalangriff auf den Wohlfahrtsstaat und hofften auf eine allmähliche Beschränkung der Macht der Wirtschaft im Sinne einer »Wirtschaftsdemokratie«. Beide Seiten vergaßen, daß die parlamentarische Regierungsweise – besonders dort, wo wie in Deutschland ihre Grundlagen weder sicher noch bewährt sind – den Ausgleich wirtschaftlicher Differenzen zugunsten des Gemeinwohls verlangt.

Entscheidende Voraussetzung der Analyse Conzes, die auch die Grundlage für sein Werturteil abgibt, ist die Überzeugung, daß das parlamentarische System und die es tragenden Parteien 1930 bereits vollkommen gescheitert waren. Der »Parteienstaat« (das heißt: die den Parlamentarismus tragenden Parteien) war nicht imstande gewesen, Deutschland eine wirksame Regierung zu geben, und – während er zum erfolgreichen Funktionieren eine quasi einstimmige Unterstützung braucht – wurde er in Wirklichkeit von einer großen Minderheit des deutschen Volkes, die bald eine beträchtliche Mehrheit werden sollte, abgelehnt. Eine Rückkehr zum Parlamentarismus lag jenseits aller Möglichkeiten des politisch Erreichbaren. Dies ließ in Deutschland nur zwei mögliche Alternativen im Gegensatz zum verrufenen Parteienstaat übrig: der Staat über den Parteien (das heißt, daß ein präsidentielles Kabinett seinen Willen den streitsüchtigen Parteien aufzwingt) oder ein Staat ohne die Parteien (das heißt, daß eine nationalsozialistische Diktatur die Parteien verdrängt). Angesichts des unheilvollen Charakters der zweiten Alternative glaubt Conze, daß die erste Möglichkeit für Deutschland die beste Hoffnungschance in den Schwierigkeiten der Jahre 1930 bis 1933 bot. Diese Überzeugung gibt ihm einen sicheren Maßstab zur Beurteilung von Menschen und Ereignissen in die Hand. So bewundert er Brüning, weil dieser die präsidentielle Diktatur gemäß Art. 48 eingeführt habe. So sympathisiert er mit den verschiedenen Projekten einer autoritären Verfassungsreform, die in der Regel die Stärkung der präsidentiellen Macht neben einer Anzahl anderer Merkmale enthielten. So kritisiert er die SPD, daß sie in ihrer andauernden Sehnsucht nach einer Rückkehr zu dem hoffnungslos diskreditierten Weimarer System es versäumt habe, sich den Bedürfnissen einer neuen Verfassung anzupassen. So hält er die Weigerung der demokratischen Parteien, die nicht aussichtslose Diktatur Schleichers vom Dezember 1932 bis Januar 1933 nicht zu unterstützen, für deren größtes faktisches Versagen, denn dadurch sei das letzte Bollwerk vor einer nationalsozialistischen Machtergreifung unterhöhlt worden.

Conzes Absicht, die Befürworter und Praktiker der Verfassungsreform zu rehabilitieren, scheint dem Rezensenten drei Einwänden gegenüber offen zu sein: die Undurchführbarkeit der Reform, die politische Unzulänglichkeit der Reformer und die unheilvollen Ergebnisse ihrer Politik.

(1) Schon einfach die große Zahl der vorgeschlagenen Reformen mußte lähmend wirken. Zwar gab es eine beträchtliche »negative Übereinstimmung« unter den Reichsreformern (nur ein paar Mitglieder der Staatspartei ausgenommen) mit ihrer gnadenlosen Kritik an der Weimarer Demokratie, ihrer Forderung nach einer Sammlungsbewegung aller echten Patrioten unter ihrem eigenen kostbaren Banner und mit ihrer verleumderischen Brandmarkung der gottlosen »Marxisten«, eine Kategorie, bei der aus Dummheit (oder Böswilligkeit) die Sozialdemokraten mit den Kommunisten in einen Topf geworfen wurden. Aber es herrschte hoffnungslose Uneinigkeit über die positiven Maßnahmen. Einige wünschten die Wiedereinführung der Monarchie, andere die institutionelle Ausweitung der Macht des gewählten Reichspräsidenten; einige wollten das Parlament durch Hinzufügung einer »Zweiten Kammer« der Berufsstände stärken, andere wünschten eine Schwächung des Parlaments durch den Ausbau der plebiszitären Elemente der Weimarer Verfassung; einige propagierten die Personalunion von Preußischer Regierung und Reichsregierung, andere verlangten die Aufteilung Preußens in seine Teilprovinzen; einige vertraten eine plutokratische Reform des Wahlrechts, um die Sache der Reformer voranzubringen, andere plä-

dierten für eine unbegrenzte Aufschiebung der Wahlen, um ohne Sorge um die Zustimmung der Wählerschaft Zeit für die Reformen zu gewinnen. Alle diese Reformer verkannten die praktische Unmöglichkeit, im Deutschland von 1932 eine breite Übereinstimmung für jegliche Art einer Verfassungsreform zu erreichen oder irgendeine Reform auf dem verfassungsmäßigen Wege durchzusetzen.

(2) Es ist nur natürlich, daß das im wesentlichen unpraktikable Programm der Verfassungsreform von Männern vertreten wurde, denen jegliches politisches Format fehlte. Hindenburg war ein seniler Narr, der von einem skrupellosen »Küchenkabinett« kontrolliert wurde. Sein Charakter war für mangelnde Loyalität Kollegen gegenüber und für enge Klassenvorurteile, wenn die eigenen agrarischen Interessen betroffen waren, bekannt. Schleicher, der wichtigste Drahtzieher bei der Einführung der präsidentiellen Regierung, überschätzte seine eigenen Fähigkeiten, die Nationalsozialisten auszumanövrieren, und so gelang es ihm nur, sich zwischen alle Stühle zu setzen. Papen, den Schleicher 1932 in die Kanzlerschaft hob, war ein ehrgeiziger Karrierist, dessen andauernde Propagierung christlichkonservativer Prinzipien seine Ideenarmut nicht verbergen konnte. Obwohl er in moralischer Hinsicht turmhoch über Hindenburg, Schleicher und Papen stand, hatte Brüning doch auch mit diesen die politische Unfähigkeit gemein. Seine Einführung der Präsidialregierung im April 1930 war der erste und, wie sich herausstellen sollte, nicht mehr rückgängig zu machende Schritt auf einer schlüpfrigen und abschüssigen Bahn. Seine starre deflationistische Wirtschaftspolitik setzte die politische Struktur Deutschlands einer unerträglichen Belastung aus, ohne daß sie zu irgendeiner durchgreifenden wirtschaftlichen Gesundung führte. Darüber hinaus täuschte er sich in seiner Beurteilung Hindenburgs, als er sich darauf verließ, daß der Feldmarschall seine Regierung gegen unverantwortliche Intrigen abschirme. Eine entschlossenere Anstrengung von seiten Brünings, 1930 einen parlamentarischen Kompromiß zu erreichen, was die strikte Weigerung eingeschlossen hätte, an irgendeinem autoritären Verfassungsexperiment teilzunehmen (das ohne die Unterstützung des Zentrums schwierig zu starten gewesen wäre), hätte Deutschland mehr gedient, als die präsidentielle Diktatur, auf die sich Brüning so bedenkenlos einließ.

(3) Ich glaube, daß, wenn überhaupt, nichts anderes als der Erfolg die verfassungswidrige Verfassungsreform, wie sie in der Präsidialdiktatur vorgenommen wurde, rechtfertigen konnte – das Scheitern des Experimentes steht aber außer Frage. Dieses Versagen war kein unvorhersehbarer Unfall, sondern konnte bereits 1930 deutlich vor-

hergesehen werden. Erstes Ergebnis des neuen Regimes Brüning waren die katastrophalen Wahlen vom September 1930, die die Vertretung der Nationalsozialisten im Reichstag von 12 auf 107 Sitze emporschnellen ließ.

Mir scheint Conze zu irren, wenn er sich in den Vorstellungen einer Alternative zwischen der präsidentiellen Diktatur (in der die Kräfte der Verfassungsreform vertreten sind) und dem Totalitarismus der Nationalsozialisten bewegt, denn die erstere half dem letzteren zweifach, den Weg zu bahnen. Erstens spielten Agitation und Verhalten der Verfassungsreformer eine wichtige Rolle, als es 1930 den Parteien nicht gelang, einen parlamentarischen Kompromiß zu finden. Die allgemein bekannte Bereitschaft Hindenburgs, Schleichers und Brünings, eine Präsidialdiktatur zu inaugurieren, war einer der Hauptgründe für die Hartnäckigkeit der DVP in der Auseinandersetzung über die Arbeitslosenunterstützung: Die Partei hatte nämlich guten Grund zu der Annahme, daß Brünings Wirtschaftspolitik der Schwerindustrie weitaus mehr entgegenkommen würde als jede andere Politik, die sich aus den Verhandlungen eines Koalitionskabinettes ergeben könnte. Zweitens kam das Aufgeben des parlamentarischen Systems einer Politik gleich, von der es angesichts der Stärke der antiparlamentarischen Kräfte im Lande und besonders in Hindenburgs »Küchenkabinett« und angesichts der Schwäche der parlamentarischen Kräfte keine Umkehr mehr gab. Darüber hinaus stand die präsidentielle Diktatur auf tönernen Füßen: ihr fehlte jegliche Unterstützung in der Bevölkerung, die sonst ein wenig Hoffnung für die Zukunft hätte bieten können. Ihre Befürworter waren außerdem geteilter Meinung, wie man mit den Nationalsozialisten verfahren sollte, und es war höchst wahrscheinlich, daß sich am Ende diejenigen (zuerst Schleicher, dann Papen), die die Nationalsozialisten in die Regierung nehmen wollten, durchsetzen würden. Hitler hatte sein Spiel gewonnen, sobald er nur einmal in ein Kabinett unter seinen Bedingungen eingetreten war, denn dann war er sicher, seine Rivalen auf den anderen Ministersesseln auszumanövrieren. Daß diese Entwicklungen im Widerspruch zu den »subjektiven« Absichten vieler Verfassungsreformer standen, ändert nichts an der »objektiven« Tatsache, daß sie die zwangsläufige Konsequenz deren fehlgeleiteter Handlungen waren.

Abschließend kann man sagen, daß Conzes Urteil über die parlamentarischen Parteien zwar wohl gerechtfertigt ist (in der Tat setzt es den Grundakkord des gesamten Buches), daß aber sein Versuch, die »Verfassungsreformer« zu rehabilitieren, völlig erfolglos bleibt. Ihnen fehlte ein einheitliches Verfassungsprogramm, das eine allgemein akzeptable Alternative zur Weimarer Ordnung geboten hätte. Die prominentesten Befürworter der Reform waren je nachdem von Senilität, Intrigantentum, Karrieredenken und krasser Unfähigkeit gekennzeichnet. Ihre Politik führte zu katastrophalen Ergebnissen. Zunächst halfen sie mit, das parlamentarische System zu unterhöhlen, das sie so bedenkenlos verachteten, und dann ließen sie sich auf eine Politik ein, deren letzter Nutznießer Hitler war. Der wichtigste Aufschluß, den Conzes These bieten kann, liegt eigentlich in der Feststellung, daß sie so getreu widerspiegelt, was von zahlreichen Deutschen zwischen 1930 und 1933 geglaubt wurde. Die Unfähigkeit der demokratischen Parteien ließ unweigerlich viele Deutsche, die Hitler ablehnten, sich nach einem Mittelweg zwischen parlamentarischer Ohnmacht und totalitärer Diktatur sehnen. Sie glaubten, die Verfassungsreform würde einen Wall gegen den Nationalsozialismus aufbauen, eine Ansicht, die bald durch die Ereignisse widerlegt wurde.

Ich bin der Meinung, daß Conze recht einseitig verfährt, wenn er die Führung der demokratischen Parteien verurteilt, ohne zur gleichen Zeit die »Verfassungsreformer« zu kritisieren. Die Parteipolitiker sündigten durch Unterlassungen, die Verfassungsreformer aber durch Taten. Viel wichtiger als jede Verurteilung ist jedoch die Erklärung, warum Bürger und Parteien so handelten. Das hier zu besprechende Buch enthält alles für diese Aufgabe notwendige Material.

III.

Die einzelnen Kapitel in diesem Buch geben den individuellen Standpunkten der verschiedenen Autoren vollen Spielraum. Hier herrscht keine Einförmigkeit der Meinungen: zum Beispiel teilen die meisten der anderen Mitarbeiter keineswegs Conzes Bewunderung für die »Verfassungsreformer«. Es ist jedoch bedauerlich, daß die meisten Untersuchungen ziemlich unvermittelt mit dem Jahr 1930 beginnen, ohne den historischen Hintergrund angemessen darzustellen. Alle Studien bieten verhältnismäßig dürftige Information über die innere Struktur und die rivalisierenden Gruppierungen der jeweiligen Partei, ein Mangel, der fast alle ähnlichen Untersuchungen kennzeichnet. Der Forscher sieht sich stets mit der beharrlichen Beteuerung der Parteifunktionäre konfrontiert, daß innerhalb der Gemeinschaft nur Eintracht herrsche; die Offiziellen haben einen verständlichen Widerwillen dagegen, ihre schmutzige Wäsche vor aller Öffentlichkeit zu waschen. Der Leser des vorliegenden Buches würde auf jeden Fall gerne mehr über die verschiedenartigen Gruppen erfahren, die wegen wirtschaftlicher Interessen, persönlicher Eigenarten, regionaler Unterschiede und pluralistischer Traditionen jede der Parteien innerlich spalteten. Solchen Fragen wie denen nach Struktur des Parteiapparates (auf zentraler und lokaler Ebene), Finanzierung, Methoden der Kandidatenauswahl, Hilfsorganisationen und Beziehungen zur Presse wird nur unzureichende Aufmerksamkeit geschenkt. Keines der Kapitel enthält eine angemessene Porträtstudie der Parteiführer – der Leser bekommt den Eindruck, daß die Farblosigkeit der führenden Politiker (wie Wels und Braun bei der SPD, Brüning und Kaas vom Zentrum und Hugenberg und Oberfohren bei der DNVP, um nur die wichtigsten zu nennen) auch diese Darstellung beeinflußt hat.

Die wertvollsten Kapitel des Buches sind diejenigen, die sich mit den Sozialdemokraten (SPD), dem Zentrum und den konservativen Nationalisten (DNVP) beschäftigen. Erich Matthias hat eine brillante Anklage des kläglichen Verhaltens der SPD angesichts der nationalsozialistischen Herausforderung geschrieben. Den Schlüssel zum Versagen der SPD findet er in der Mangelhaftigkeit der sozialdemokratischen Gedankenwelt, wie sich aus sechs Grundirrtümern beweisen lasse:

(1) Die Hauptsorge galt stets dem Parteiapparat, und man kam von den herkömmlichen Methoden des politischen Kampfes nicht mehr los (Wahlen und Massenversammlungen, aber keine revolutionäre Gewaltanwendung). Als diese gewohnten Methoden offenbar unzulänglich wurden, erwies sich die Partei als hilflos, und ihr stolzer Apparat stellte sich mehr als eine Belastung denn als ein Gewinn heraus. Einer der Gründe, weshalb die Parteileitung sich weigerte, einen Generalstreik gegen Papen oder Hitler auszurufen, lag in ihrer Furcht vor der Außergesetzlichkeit und der dann folgenden Vernichtung aller organisatorischen Anstrengungen von sechs Jahrzehnten. Die Erhaltung des Apparates war aber in Wirklichkeit zu einem alles beherrschenden Zweck geworden, anstatt daß man den Apparat als ein Mittel zur Gewinnung der Macht (oder zur Verhinderung der Machtergreifung der Rivalen) benutzte.

(2) Die Einstellung der SPD zu politischen Institutionen litt unter einer ähnlichen starren Unfähigkeit, sich neuen Gegebenheiten anzupassen. Die SPD sah den Parlamentarismus und den Rechtsstaat als die politische Norm für Deutschland an und konnte sich keine andere Art einer Verfassungsordnung vorstellen, eine vorübergehende Rückkehr zu einem Typ von Obrigkeitsstaat der Vorkriegszeit vielleicht ausgenommen. Deshalb stand die Partei auch dem Verfassungswandel seit 1930 völlig hilflos gegenüber, und sie blieb sogar noch bis

zum Juni 1933 in der Illusion befangen, daß eine Art verfassungsmäßiger Opposition auch im nationalsozialistischen Deutschland noch weiterhin möglich sein werde.

(3) Der zum Fetisch gewordene Glaube an hierarchische Ordnung und Disziplin war ein weiterer Grund. Fürst Bülow erzählte einmal einem englischen Besucher, daß der Schlüssel zum Verständnis der deutschen Sozialdemokratie in der Tatsache läge, daß die preußische Armee und die SPD, die August Bebel (der Sohn eines Unteroffiziers) aufgebaut hatte, nach denselben Prinzipien organisiert seien. Dies galt auch noch für die kritischen Jahre 1930 bis 1933. Die einfachen Parteimitglieder waren am 20. Juli 1932 bereit, gegen Papen vorzugehen, aber von oben erhielten sie nie die richtigen Anweisungen. Der Kult des Gehorsams und der Disziplin, der zwei Generationen lang geherrscht hatte, ließ jede Art spontaner Aktion undenkbar erscheinen.

(4) Die Führung der SPD rechtfertigte ihre Untätigkeit gegenüber der nationalsozialistischen Gefahr, indem sie auf das »unaufhaltsame Kommen des Sozialismus« verwies. In seinem »wissenschaftlichen Sozialismus« hatte Marx entdeckt, daß der Sozialismus nicht nur subjektiv wünschenswert, sondern auch objektiv unvermeidlich sei, in dem Sinne nämlich, daß unaufhaltsame historische Kräfte die Ankunft des Sozialismus vorantrieben. Die SPD-Führer sahen deshalb die Nationalsozialisten im schlimmsten Fall nur als eine vorübergehende Gefahr an. Sie gingen gelegentlich sogar soweit, anzunehmen, daß ein vorübergehender Sieg der Nationalsozialisten das Kommen des Sozialismus positiv beschleunigen müsse, da so alle die Widersprüche akzentuiert würden, die den Kapitalismus zu seinem vorherbestimmten Zusammenbruch führen müßten. Einige Sozialdemokraten konnten deshalb fragen: »Warum sollen wir uns blutige Köpfe im Widerstand gegen die Nazis holen, die sowieso bald verschwinden werden?« Noch nachdem Hitler Reichskanzler geworden war, redete die offizielle Parteiführung sich selbst ein: »Laßt uns auf jeden Fall eine Provokation der Nazis vermeiden, damit sie uns nicht daran hindern, weiterhin unsere Organisation in der kurzen Übergangsphase, in der Hitler in Deutschland herrscht, intakt zu erhalten, denn nachher werden wir sie um so dringender brauchen!«

(5) Diese unrealistischen Vorstellungen verbanden sich mit den Resten einer dem 18. Jahrhundert entlehnten rationalistisch-progressistischen Gedankenwelt. Die SPD klammerte sich an den pathetischen Glauben, daß die »Wahrheit« eine zwangsläufige Überlegenheit gegenüber dem »Irrtum« besitze, da die menschliche Natur – besonders in einer »gebildeten Nation« wie Deutschland – wesent-

lich vernünftig und gut sei. Ohne Zweifel verstanden Hitler und Goebbels die menschliche Natur besser als Wels oder Kautsky, und deren Hilflosigkeit angesichts der nationalsozialistischen Demagogie liefert nur einen weiteren Beweis dafür, daß die wirkliche Welt zu derjenigen, die die SPD durch ihre Brille sah, hoffnungslos im Widerspruch stand.

(6) Die letzte Schwäche der sozialdemokratischen Gedankenwelt lag in der Befangenheit, immer in historischen Analogien zu denken. Die Unfähigkeit, den Nationalsozialismus zu begreifen, zeigte sich auch darin, daß man glaubte, die Unterdrückung durch die Nazis werde ebenso milde wie erfolglos sein. Die dabei am liebsten beschworene Analogie war die zu den Sozialisten-Gesetzen Bismarcks von 1878 bis 1890, denen es nicht gelungen war, die damals noch junge SPD zu zerstören. Wieviel unbesiegbarer mußte sich da erst die SPD von 1933 mit ihrer Million Mitglieder und ihren acht Millionen Wählern erweisen! Was die SPD dabei aber vergaß, war der Umstand, daß Bismarck weder eine Gestapo noch eine durchgreifend gleichgeschaltete monopolistische Propagandamaschinerie kontrollierte.

Die eindrucksvolle Analyse der konservativen Starrheit sozialdemokratischer Vorstellungsmuster, wie Matthias sie geleistet hat, sollte vielleicht durch eine ausführlichere Behandlung des »materiellen Milieus« ergänzt werden, das so vieles in dieser intellektuellen Unzulänglichkeit erklärt: die unvermeidliche Bürokratisierung und der Verlust des revolutionären Elans in jeder Massenpartei, wie sie schon lange vorher durch Robert Michels nachgewiesen worden waren; der pragmatische Optimismus einer jeden politischen Partei, die sich ernsthaft der Arbeit in einem parlamentarischen System widmet; der unvermeidbare Verfall des Radikalismus im Proletariat, insoweit sich Gewerkschaften und sozialer Versorgungsstaat durchsetzen. Diese und andere Faktoren ließen es »unvermeidlich« werden, daß die Führung der SPD aus unbedeutenden, vorsichtigen und vor allem gemäßigten Männern bestand. (Die stürmischen jungen Sozialisten der zwanziger Jahre wie Schumacher oder Leber hatten nie eine Chance.)

Viele der Einzelurteile von Matthias sind aber auch beachtenswert. Zutreffend charakterisiert er die Entscheidung der Sozialdemokratie, Brüning nach den Wahlen vom September 1930 zu »tolerieren«, als das Ergebnis einer Mischung von »Verantwortungsbewußtsein und Opferbereitschaft mit tiefer Ratlosigkeit und mangelnder politischer Initiative« (S. 112). Zwar wünscht er, daß die SPD den Versuch unternommen hätte, damals die Große Koalition wiederherzustellen, aber er muß erkennen, daß die vereinigte Gegnerschaft von

Brüning, Hindenburg, Schleicher und der DVP das unmöglich machten, auch wenn die SPD dazu bereit gewesen wäre, was wegen ihres linken Flügels, der sogar vor der »Tolerierung« zurückschreckte, aber nicht der Fall war. Matthias gibt wichtige neue Informationen[1] über einen Plan, den Otto Braun, der sozialdemokratische Ministerpräsident Preußens, entwickelt hatte, um die deutsche Verfassungskrise durch die Wiedereinführung der Personalunion zwischen dem Reich und der Preußischen Regierung, die das deutsche politische Leben bis 1918 gekennzeichnet hatte, zu beheben. Der Plan bestand darin, Brüning zum Preußischen Ministerpräsidenten zu machen (während er gleichzeitig aber auch Reichskanzler bleiben sollte) und Braun zum Vize-Kanzler zu ernennen (der dann nur stellvertretender Ministerpräsident in Preußen geworden wäre). Matthias urteilt zu Recht, daß dieser Plan die beste Lösung der ausweglosen Verfassungssituation der präsidentiellen Diktatur geboten habe. Dies hätte bedeutet, daß die SPD sich mehr nach rechts bewegt hätte (von einer widerwilligen Duldung zu einer aktiven Beteiligung an der Regierung Brüning) und daß sich Brüning mehr nach links begeben hätte (verbunden mit einer Rückkehr zur parlamentarischen Regierungsweise). Warum wurde das nicht versucht? Teilweise, weil Braun, der immer sehr vorsichtig war und der befürchtete, durch persönlichen Ehrgeiz motiviert zu erscheinen, Brüning seinen Plan niemals offiziell eröffnete; teilweise, weil Brüning völlig von seinem Kampf gegen die Wirtschaftskrise in Anspruch genommen wurde, so daß er sich nicht mit anderen Angelegenheiten befassen konnte; aber zum größten Teil, weil er eine präsidentielle Diktatur den Schwierigkeiten vorzog, die sich aus der Notwendigkeit ergeben hätten, ein zusammenhängendes Programm der Wirtschaftsreform durch einen aufgewühlten Reichstag zu steuern.

Matthias (der in diesem Punkte Bracher folgt) hält das Versagen der Sozialdemokraten, gegen den Staatsstreich von Papens am 20. Juli 1932 keinen Widerstand geleistet zu haben, für den entscheidenden Wendepunkt im Verfall des deutschen Sozialismus. Die Chancen für einen erfolgreichen Generalstreik (wie der, der den Kapp-Putsch im Jahre 1920 gebrochen hatte) waren natürlich höchst ungewiß, aber die Folgen des Scheiterns konnten möglicherweise nicht schlimmer sein als die Folgen der Untätigkeit. Die Aussichten auf einen erfolgreichen Widerstand waren niemals wieder auch nur

1. Diese Information lieferten Herbert Weichmann, Brauns persönlicher Referent, und Hermann Pünder, Staatssekretär in der Reichskanzlei unter Brüning.

halb so gut, wie sie es am 20. Juli zu sein schienen. Papens Verhalten war eine klare Verletzung der Verfassung, während die Gleichschaltung des Staates Preußen Entrüstung bei vielen Föderalisten hervorrief, die gewöhnlich nicht mit der von Sozialdemokraten beherrschten preußischen Regierung sympathisierten (wie zum Beispiel die Bayerische Volkspartei). Die Reichswehr bemühte sich, jede Verwicklung in einem Bürgerkrieg zu vermeiden. Die preußische Polizei, die von dem sozialdemokratischen Innenminister Carl Severing als eine überzeugte republikanische Truppe organisiert worden war, hätte wahrscheinlich den Widerstand gegen Papen unterstützt. Die militanten Republikaner, die im »Reichsbanner« organisiert waren, brannten darauf, in den Kampf zu gehen. Die Kommunistische Partei rief nach einem Generalstreik. Es zeigt das ganze Ausmaß der Untätigkeit der sozialdemokratischen Führung, daß sie nicht einsah, jetzt – auch mit dem Risiko einer Niederlage – losschlagen zu müssen. Otto Braun, der angeblich starke Mann, litt an einer Depression, die sich am Rande eines Nervenzusammenbruchs bewegte. Severing war trotz seiner oratorischen Wehrhaftigkeit immer schon ein Koloß auf tönernen Füßen gewesen.[1] Die Parteiführer und die Gewerkschaftsbosse (Wels und Leipart) weigerten sich, die Zerstörung ihrer Organisationen aufs Spiel zu setzen. Sie sahen jedoch nicht, daß, wenn sie sich einmal unter den relativ günstigen Umständen des 20. Juli geweigert hatten, irgendwelchen Widerstand zu leisten, sie unter den unweigerlich schlechteren Bedingungen der Zukunft ihre Leute nicht ohne Schwierigkeiten zum Widerstand mobilisieren konnten. Sie vergaßen auch die Rolle, die gescheiterte Unternehmen – vorausgesetzt sie werden durch Heroismus aufgewogen – im Denken der Menschen spielen: Zeugnis dafür ist die Bedeutung der Pariser Kommune in der kommunistischen Mythologie. Der SPD nach 1945 wäre es besser gegangen, wenn ihre Vorgängerin mit aktiver Entrüstung statt unter kleinlautem Gewimmer zugrunde gegangen wäre.

Der seltsamste Aspekt der Nachwirkungen des 20. Juli ist darin zu sehen, daß die Führer der SPD sich selbst über das Ausmaß ihrer Niederlage täuschten. Sie unternahmen keine ernsthaften Vorbereitungen für einen Bürgerkrieg, obwohl sie eigentlich hätten merken

1. Eine der mehr komischen Enthüllungen in Matthias' Schilderung ist die Tatsache, daß die berühmte Szene am Abend des 20. Juli, bei der Severing durch überlegene Gewalt aus seinem Amtszimmer vertrieben wurde, vorher in einer »freundlichen Unterhaltung« zwischen Severing und Papens Kommissar Bracht am Nachmittag des selben Tages sorgfältig arrangiert worden war (Bericht Brachts an das Kabinett, S. 225).

müssen, daß die Zeit für eine wirkungsvolle verfassungsmäßige Opposition nun vorbei war. Die Parteibürokraten offenbarten ihren gewohnten Mangel an Vorstellungsvermögen, als sie Leipart, den Führer der Gewerkschaften, von dem Versuch zurückhielten, in letzter Minute Verhandlungen mit Schleicher aufzunehmen, um den General als die einzig mögliche Alternative zu Hitler zu unterstützen. Matthias kritisiert (dieses Mal zu Unrecht, wie ich meine), daß sie auf Hitlers Ernennung zum Reichskanzler nicht mit Straßendemonstrationen und einem Generalstreik geantwortet hätten. Aber war nicht ein Streik gegen eine legal ernannte Regierung, die bisher noch nichts Ungesetzliches getan hatte und die eine breite Unterstützung im Lande genoß, völlig undenkbar für eine Partei, die der parlamentarischen Demokratie sich tief verpflichtet fühlte! Am 30. Januar 1933 (anders als am 20. Juli 1932) waren Gesetz und Verfassung auf der Seite der Regierung.

Die bereits skizzierten sechs Gründe erklären die seltsame Passivität und bequeme Selbstgenügsamkeit der sozialdemokratischen Führung nach dem 30. Januar 1933. Während man einerseits mutig gegen das Ermächtigungsgesetz stimmte, war man jedoch andererseits mit allen Mitteln (würdigen und unwürdigen) bemüht, den nationalsozialistischen Repressalien zu entgehen. Die Parteiführer versuchten, die Kritik der ausländischen Presse am Nationalsozialismus zu dämpfen; Wels trat sogar aus der Sozialistischen Arbeiter-Internationale (SAI) aus, als diese Hitler angriff! Die SPD schaute verärgert auf die Vorbereitungen für die Untergrundarbeit, wie sie von der Sozialistischen Arbeiterjugend (SAJ) begonnen worden waren. In dem vergeblichen Versuch, ihre eigene Existenz zu erhalten, zeigten die Gewerkschaften große Eile, sich von der SPD zu trennen. Die sozialdemokratische Fraktion im Reichstag ging sogar so weit, am 17. Mai 1933 ihre offizielle Unterstützung für das außenpolitische Programm Hitlers zu erklären – das geschah, nachdem der Terror der Nationalsozialisten wochenlang gewütet hatte, nachdem viele Sozialisten verhaftet worden waren, man alle Gelder der Partei konfisziert hatte und nachdem die Gewerkschaften brutal aufgelöst worden waren. Ihren Höhepunkt fand die versuchte Beschwichtigung der Nationalsozialisten im Juni 1933 in dem offenen Konflikt zwischen jenen sozialdemokratischen Führern, die ins Ausland gegangen waren (angeführt von Stampfer, dem ehemaligen Herausgeber des »Vorwärts«), und denen, die in Deutschland geblieben waren (deren Kopf Löbe, der frühere Reichstagspräsident war). Die zuletzt genannte Gruppe klagte die andere an, daß sie es ihr erschwere, eine verantwortungsbewußte Opposition in Hitlers Deutschland zu treiben.

Diese Episode war nur der Gipfelpunkt jener von der sozialdemokratischen Führung in den Jahren seit 1930 bewiesenen Unzulänglichkeit.

IV.

In seinem wertvollen Bericht über das Ende der Zentrumspartei zeigt Rudolf Morsey, daß deren Führer, wenn überhaupt, dann sogar noch weniger vorausschauend waren als die der SPD. Er hat eine enorme Menge gedruckter, ungedruckter und mündlicher Information sorgfältig verarbeitet. Die erhellendsten neuen Dokumente stammen aus den Nachlässen von Carl Bachem, dem Kölner Juristen, der wegen seiner monumentalen Geschichte der Zentrumspartei bekannt ist, und von Franz Graf von Galen, einem westfälischen Adligen, der eine überragende Figur der Zentrumsfraktion im Preußischen Landtag war. Morsey hat viele noch lebende Mitglieder des Zentrums befragt und mit ihnen korrespondiert; es ist zu bedauern, daß Heinrich Brüning, die Schlüsselfigur der ganzen Geschichte, seine Kooperation verweigerte (S. 282). Morsey zögert nicht, die Großen von gestern bloßzustellen, ob sie noch leben oder schon gestorben sind. Er hält zum Beispiel das Zeugnis Brünings für Hugenberg aus dem Jahre 1949, daß dieser nie verfassungswidrige Ziele verfolgt habe, für puren Unsinn (S. 340); er überführt von Papen zumindest einer offensichtlichen Lüge (S. 423). Scharf geht Morsey mit der Zentrumsführung ins Gericht, und Kleriker sind vor seinen kritischen Anklagen nicht sicherer als Laien. Er verurteilt die opportunistischen Hirtenbriefe, die die deutschen Bischöfe nach Hitlers Machtergreifung verfaßten, und kritisiert die Rolle, die der Vatikan 1933 bei der Anpassung des Zentrums an das nationalsozialistische Regime spielte.

Morsey datiert den Anfang vom Niedergang des Zentrums auf die Wahl von Ludwig Kaas zum Parteivorsitzenden auf dem Kölner Parteitag im Oktober 1928. Kaas war der erste Geistliche, der diese Position erlangte, eine bedauerliche Entwicklung für eine Partei, die immer abstritt, daß sie auf einer konfessionellen Basis beruhte. Er verdankte seine Wahl in erster Linie seiner Stellung als unabhängiger Priester, der über den sich bekämpfenden wirtschaftlichen Interessengruppen stand, die die Einheit der Partei in zunehmendem Maße bedrohten. Kaas stand jedoch nicht nur über allen wirtschaftlichen Interessen, sondern er stand auch über allen Staatsformen: Er war nur um die Freiheit der katholischen Kirche besorgt und glaubte, daß diese unter nationalsozialistischer Herrschaft ebenso gut (wenn nicht noch besser) geschützt sei wie unter der Weimarer Republik. Er gehörte zu jener opportunistischen Gruppe innerhalb des Zentrums, die bis 1918 monarchistisch gewesen war und die nach der Abdankung Wilhelms II. aus rein taktischen Gründen republikanisch wurde. Schon 1928 forderte er eine niemals genau definierte »Nationale Sammlung« mit einer autoritären Regierung, die von der Abhängigkeit von schwankenden Reichstagsmehrheiten befreit sein müsse. Enthusiastisch befürwortete er die Einführung der präsidentiellen Diktatur, während er gleichzeitig auch noch die Nationalsozialisten in die Regierungselite bringen wollte. Sein Unvermögen, die Natur des Nationalsozialismus zu begreifen, färbte offensichtlich auch auf seinen engen Freund Eugenio Pacelli, den Kardinalstaatssekretär und späteren Papst Pius XII. ab. Zur Dummheit von Kaas kamen dann noch menschliches Unglück und Versagen. Schwere Magenbeschwerden machten es ihm unmöglich, für den größten Teil des kritischen Sommers 1932 am politischen Geschehen teilzunehmen, er legte den Parteivorsitz jedoch nicht nieder. Am 7. April 1933 verließ er Deutschland mit Rom als Ziel (von wo er nie zurückkehren sollte) und in einer Art und Weise, die ihm viele seiner Parteifreunde als feige Fahnenflucht verübelten. Einige Anzeichen sprechen dafür, daß seine hastige Abreise von der Furcht vor einer Verhaftung ausgelöst wurde, die in Verbindung mit dem Bankrott des Kölner Görreshauses stand (zu dem Kaas einige finanzielle Verbindungen hatte).[1]

Die Zentrumspartei muß zu einem sehr großten Teil für die Einführung der Präsidialdiktatur im Jahre 1930 verantwortlich gemacht werden. Voller Vorsicht läßt Morsey die Frage unentschieden, ob Brüning aktiv den Sturz der Regierung Müller betrieb (S. 293 ff.). Keinesfalls bedauerte aber das Zentrum den Zusammenbruch der parlamentarischen Regierungsform. Man war bemüht, wieder an die Schalthebel der Macht zu gelangen. Die Partei hatte unter Müller eine geringere Rolle als jemals zuvor in einer Weimarer Regierung gespielt. Das Zentrum rief offen nach einem christlich-nationalen und autoritären Führer. Die Presseorgane der Partei feierten bald Heinrich Brüning als eben diesen Mann und sie gaben sich für die nächsten drei Jahre einem Führerkult hin, der doch nur als ein billiger

1. Morsey hat seinen Angriff auf Kaas durch die Veröffentlichung von Teilen des Tagebuches und der Korrespondenz des Zentrumvorsitzenden flankiert, die einer Selbstentlarvung gleichkommen: *Ludwig Kaas. Tagebuch 7. bis 20. April 1933;* und *Briefe zum Reichskonkordat Kaas-Papen,* in: Stimmen der Zeit, 166/Sept. 1960, S. 422–430; und 167/Okt. 1960, S. 11–30.

und erfolgloser Abklatsch der nationalsozialistischen Propaganda für und um Hitler bezeichnet werden kann. Kaas (und der Vatikan) billigten Brünings Kurs, mit Ausnahme von zwei besonderen Punkten: nämlich daß es ihm nicht gelang, die Unterstützung der vehement gegen Weimar eingestellten DNVP im Reich zu gewinnen und daß er sich weigerte, den Bruch der Koalition von Zentrum und SPD in Preußen herbeizuführen (S. 301). Die Beziehungen zwischen Brüning und Kaas kühlten sich aber im Frühjahr 1932 etwas ab, weil ersterer ein wenig unabhängiger vom Zentrum agierte (die Parteikollegen Wirth und Guerard waren im Oktober 1931 aus dem Kabinett entlassen worden), während letzterer fürchtete, daß Brünings allgemeine Unbeliebtheit der Partei als Ganzes angelastet würde. Kaas unterhielt enge Kontakte zu Papen, noch kurz bevor dieser Brüning in der Kanzlerschaft folgte; zweifellos war Kaas jedoch ebenso überrascht wie entrüstet, als Papen die Kanzlerschaft annahm.

Die Politik des Zentrums vom Sturz Brünings (Mai 1932) bis zur Machtergreifung Hitlers (Januar 1933) ist ein einziges Drama der Vergeblichkeit. In den Wahlen vom Juli 1932 kämpfte die Partei mit besonderer Schärfe gegen Papen, weil man ihn für einen Renegaten aus den eigenen Reihen hielt. Aber man rief weiterhin nach einer autoritären Regierung, was den Verdacht nahelegt, daß man eine Papen-Regierung ohne Papen, aber mit Zentrumsbeteiligung wollte. Die Führer der Partei standen in Verhandlungen mit den Nationalsozialisten (August 1932) mit der Absicht, eine Rückkehr zur parlamentarischen Regierung im Reich zu ermöglichen, die sich auf eine Zentrum-NSDAP-Koalition stützen sollte, die über eine zwar ausreichende, aber schmale Mehrheit im Reichstag verfügt hätte. Man behauptete, daß solch ein Arrangement folgende Vorteile brächte: die Ausschaltung Papens aus der Kanzlerschaft, die Rückkehr des Zentrums aus der Opposition (in der man sich nie ganz wohl fühlte) zur Macht (zu deren Ausübung man sich für besonders gut qualifiziert hielt) und vor allem die Zähmung der Nationalsozialisten, da diese durch die schwere Bürde der Regierungsverantwortung »ernüchtert« würden. Die Führer des Zentrums sahen sowohl zu dieser Zeit wie auch später eine Beteiligung der Nationalsozialisten an der Regierung als an sich höchst wünschenswert an, denn Hitler würde dann endlich das Privileg unverantwortlicher Opposition verlieren, das ihm in den Wahlkämpfen immer zum Vorteil gereichte. Eine Koalition mit den Nationalsozialisten hätte auch die Rückkehr zur parlamentarischen Regierungsweise erlaubt, obwohl dieses Argument ziemlich hohl im Munde gerade jener Parteiführer klang, die die präsidentielle Diktatur eingeführt hatten und die das Plädoyer für diese wiederum aufnehmen sollten, sobald ihre Verhandlungen mit den Nationalsozialisten gescheitert waren. Für die Reputation der Zentrumspartei ist es ein Glück, daß sich die Bedingungen der Nationalsozialisten als unannehmbar hart erwiesen und daß deshalb die DNVP statt des Zentrums zum Steigbügelhalter Hitlers auf seinem Weg zur Kanzlerschaft wurde.[1]

In den November-Wahlen 1932 sprach Kaas sowohl gegen Papen wie gegen Hitler, aber offensichtlich glaubte er, daß der erstere das größere von zwei Übeln sei. Er wollte eine Regierung, die die Nationalsozialisten einschloß; sie sollte sich zwar in erster Linie auf das Amt des Reichspräsidenten stützen, aber auch ein gewisses Maß parlamentarischer Unterstützung genießen. Wichtig aber war vor allem, daß Papen ausgeschlossen blieb. Kaas begrüßte Schleichers Übernahme der Kanzlerschaft, verweigerte jedoch eine entschiedenere Unterstützung, die eine Teilnahme des Zentrums an jeder anderen Alternativ-Kombination verhindert hätte. Durch ihren Ausschluß von den Verhandlungen zwischen Hitler, Papen und Hugenberg im Januar 1933 fühlte sich die Partei gedemütigt. Als sie verspätet und unaufrichtig von Hitler angegangen wurde, trumpfte sie zu stark auf und wurde sehr zu ihrem eigenen Bedauern von der Regierung der »Nationalen Revolution« ausgeschlossen. Es lag nicht so sehr an der Zentrumsführung, daß sie in den Wahlkämpfen vom Februar und März 1933 in eine scharfe Opposition gegen das Kabinett Hitler-Hugenberg gezwungen wurden. Sie bewies ihr anhaltendes Mißverständnis des Nationalsozialismus, indem sie ihren Wahlkampf mehr gegen Hugenberg als gegen Hitler richtete. Offensichtlich setzte man seine Hoffnung auf eine echte »Nationale Sammlung«, das heißt: die eigene Zusammenarbeit mit den Nationalsozialisten, wenn man den Wahlen eine neue Regierung gebildet werden mußte. Die Befürwortung des Ermächtigungsgesetzes durch das Zentrum bildete nur die zwangsläufige Konsequenz einer früheren Politik, wobei Kaas auf eine Gegenleistung hoffte, die niemals kommen sollte, und wobei er geradezu lächerliche Illusionen über die zukünftigen politischen Möglichkeiten des Zentrums hegte.

Ohne Führung und klares Programm trieb die Zentrumspartei nach dem Ermächtigungsgesetz ihrer freiwilligen Auflösung am 4. Juli 1933 entgegen. Den Mitgliedern wurden keinerlei Anweisungen gegeben. Kaas reiste am 7. April nach Italien ab, während der

1. Morseys Verurteilung der Verhandlungen zwischen NSDAP und Zentrum (S. 315–324) sollten mit Conzes Verteidigung verglichen werden (S. 25).

neue Parteivorsitzende Brüning (der erst am 7. Mai gewählt wurde) völlige Untätigkeit angesichts einer zugegebenermaßen verzweifelten Situation zeigte. Die Fuldaer Bischofskonferenz zog ihre früheren Warnungen vor dem Nationalsozialismus am 28. März zurück; die meisten Kirchenfürsten riefen die Gläubigen zur aktiven Unterstützung der neuen Regierung Deutschlands auf. Zahllose Opportunisten beeilten sich, die Zentrumspartei zu verlassen, um sich als Mitläufer bei den Nationalsozialisten anzuhängen. Viele Katholiken trösteten sich mit der Tatsache, daß die neue Regierung ihre Notstandsvollmachten zur Erfüllung katholischer Forderungen einsetzen konnte (in solchen Fragen wie der Schulgesetzgebung und einem Reichskonkordat), die niemals die Unterstützung einer demokratischen Reichstagsmehrheit gefunden hätten. Der Vatikan (wo Kaas nun Kardinal Pacelli unmittelbar beriet) bemühte sich äußerst intensiv, mit den Nationalsozialisten ein Konkordat auszuhandeln, und war auch durchaus bereit, das seinem Ende entgegengehende Zentrum zu opfern, wenn das die Verhandlungen mit der deutschen Regierung beschleunigte. Telefonisch drängte Kaas seine Parteifreunde (wahrscheinlich auf Pacellis Aufforderung hin), das Zentrum so schnell wie möglich aufzulösen. Ob dieses Verhalten einem vatikanischen »Dolchstoß«[1] gleichkommt, ist eine Frage, die uns hier nicht zu beschäftigen braucht. Wesentliche Tatsache aber bleibt, daß der Vatikan die weitere Existenz des Zentrums als eine Belastung ansah und daß er auf dessen Auflösung drängte. Durch den Terror der Nationalsozialisten und den Druck des Vatikans getrieben, schickte sich die Parteiführung unter Brüning am 4. Juli 1933 in das Unvermeidliche. Die große Partei Windthorsts, der Bismarck im Kulturkampf geschlagen hatte, und Erzbergers, der das Wilhelminische Reich erzittern ließ, als er die Weimarer Koalition schuf, diese Partei gab es nicht mehr. Niemand kam auf den Gedanken, jetzt in den Untergrund zu gehen oder nach dem Beispiel der SPD den Widerstand gegen die Nationalsozialisten vom Ausland her zu organisieren. Alles, was von dem einstmals so mächtigen politischen Katholizismus übrigblieb, war ein gähnendes Vakuum – die natürliche Folge eines halben Jahrzehnts voller Unfähigkeit, Opportunismus und unzulänglichem Engagement für die demokratische und parlamentarische Regierungsform.

1. Diese provozierende Formulierung gebrauchte K. D. Bracher in seiner hervorragenden Arbeit *Nationalsozialistische Machtergreifung und Reichskonkordat,* Wiesbaden 1956, S. 60, ein bemerkenswertes Gutachten, das erstellt wurde, als die Gültigkeit des Konkordats von 1933 vor deutschen Gerichten geprüft wurde.

V

Hiller von Gaertringens Darstellung des Endes der nationalistisch-konservativen Partei der DNVP ist durch zurückhaltende Kommentare über die unheilvolle Politik des Parteivorsitzenden Alfred Hugenberg gekennzeichnet. Manchmal hat man den Verdacht, daß Hiller sich geradezu angestrengt bemüht, dem Mann gegenüber fair zu sein, der seinen eigenen Großvater (den gemäßigten Graf Westarp) 1928 in der Parteiführung ablöste. Zeugnis dafür mag die folgende Formulierung sein: »Daß die DNVP im Frühjahr 1933 der Übermacht eines Partners erlag, dessen Wesen von den wenigsten erkannt worden war, ehe es sich voll auswirken konnte, wird niemand ihrer Führung und ihren Anhängern zum Vorwurf machen.« (S. 616) Aber die Dokumente, die der Verfasser aus Akten der Reichskanzlei und Kabinettsprotokollen (beide jetzt im Bundesarchiv in Koblenz), aus dem privaten Nachlaß Westarps, zahlreichen mündlichen Interviews und einem sorgfältigen Vergleich der (unzulänglichen) gedruckten Quellen[1] zusammengetragen hat, formulieren faktisch eine durchgehende Anklage Hugenbergs.

Hugenbergs Wahl zum Parteiführer im Oktober 1928 war ein schwarzer Tag in der Geschichte der Weimarer Republik; er bedeutete das Ende des keineswegs aussichtslosen Versuches, die DNVP zu einer verantwortungsbewußten konservativen Partei zu wandeln, die sich innerhalb des verfassungsmäßigen Rahmens von Weimar bewegte. Hugenberg gebrauchte seine Kontrolle über die Parteimaschinerie und die ihr nahestehende Presse, um eine interne Parteidiktatur zu etablieren, die ihn vor allem von der Verpflichtung entband, vor wichtigen Entscheidungen die anderen führenden Parteimitglieder zu konsultieren – sogar bei solch schwerwiegenden Entscheidungen, ob man in die Regierung eintreten solle oder nicht (das Problem, das sich dann am 30. Januar 1933 stellte). Hugenbergs diktatorisches Gehabe und sein skrupelloser politischer Kurs trieben bald ungefähr die Hälfte der Abgeordneten dazu, sich von der Partei zu lösen, aber dies ließ den Rest nur noch gefügiger in der Hand Hugenbergs werden. Er selbst prahlte, daß er nun endlich einem festen Block und nicht einem flüssigen Brei kommandieren könne, und er leistete einem lächerlichen Führerkult Vorschub, der den Anstrengungen des Zentrums für Brüning gleichkam.

Was wollte Hugenberg? Er verlangte, das parlamentarische System

[1]. Was von dem Partei-Archiv übrigblieb, befindet sich in Potsdam und war dem Verfasser nicht zugänglich.

durch eine neue autoritäre Regierung zu ersetzen, die sich auf eine breite »Nationale Bewegung« stützen sollte. (Man beachte die Parallele zu den Ansichten, die Kaas zur selben Zeit propagierte!) Hugenberg zog zwei mögliche Methoden in Betracht, um dieses Ziel zu erreichen: Sein erster Gedanke war, sich mit den Nationalsozialisten zu verbünden, um so eine Mehrheit von 51 Prozent der Wahlstimmen für die »Nationale Opposition« zu sichern, aber (wie sich bald herausstellen sollte) degradierte diese Taktik die DNVP nur zu einem untergeordneten Partner der NSDAP. Fälschlicherweise glaubte Hugenberg, er könne Hitler für seine eigenen Zwecke einsetzen, während in Wirklichkeit die Dinge völlig anders lagen. Sein zweiter Plan lief darauf hinaus, das Amt des Reichspräsidenten zu benutzen, um das parlamentarische System beiseitezudrängen. Aber dieser Plan scheiterte daran, daß Hindenburg (in diesem Fall einmal ein guter Menschenkenner) Hugenberg persönlich nicht sonderlich leiden konnte. Aus verständlichen Gründen billigte Hugenberg Brünings präsidentielle Diktatur nicht, da sie ja ihn und die DNVP ausschloß. Zwar unterstützte er einerseits Papen in der Hoffnung, daß der Mangel an sonstiger Unterstützung den Reichskanzler in die Abhängigkeit von der DNVP treiben würde, aber andererseits kämpfte er gegen Schleicher, als dieser eine Verbindung mit den Sozialdemokraten suchte.

Hillers Schilderung ist besonders aufschlußreich, da sie die Umstände von Hugenbergs Eintritt in das Kabinett Hitler am 30. Januar 1933 rekonstruiert. Viele seiner Parteikollegen waren über diesen Schritt entsetzt. Zum Beispiel lehnte Kleist-Schmenzin,[1] der Vorsitzende des Hauptvereins der Deutsch-Konservativen, die Koalition mit den Nationalsozialisten ab, teilweise, weil er Hitlers wahren Charakter durchschaut hatte, und teilweise, weil er die neue Regierung als eine Rückkehr zum diskreditierten Parteienstaat ansah, denn man wußte, daß Hitler Neuwahlen wünschte, um sich eine parlamentarische Mehrheit für seine Regierung zu sichern. Es ist paradox zu sehen, wie Kleist, der erbitterte Kämpfer gegen die Nationalsozialisten, eine »echte autoritäre Regierung« verlangt, während Hitler als der Befürworter einer (wenn auch nur vorübergehenden) Rückkehr zu einer auf parlamentarische Mehrheit gestützten Regierung posiert. Die historischen Trümpfe lagen in der Tat bei Hitler mit seiner Massengefolgschaft und nicht bei Kleist mit seinen sektiererischen Verfassungsplänen, die nur auf eine kleine Elite abgestellt waren. Verspätet hatte Hindenburg seine Gewissenspflicht gegenüber

1. 1944 von Hitler hingerichtet.

der Verfassung entdeckt und unterstützte nun die Rückkehr zur parlamentarischen Regierungsform. Papen setzte sich für eine Regierung unter Hitler ein. Offensichtlich war auch das Zentrum bereit, einer Koalition mit den Nationalsozialisten beizutreten, wenn gewisse Zusicherungen gegeben würden. Die Reichswehr zog eine von großer Popularität getragene Regierung Hitler der Alternative einer anhaltenden Präsidialdiktatur vor, die letztlich auf der Reichswehr selbst basierte. Auch der Stahlhelm (die rechte Organisation der Kriegsteilnehmer) wünschte ein Bündnis mit Hitler.

Wie war die Stellung Hugenbergs in dieser Situation? Hiller zeichnet ihn mehr als klägliche denn als unheimliche Figur, die in einer Art von Torschlußpanik handelte, weil sie den Ausschluß von einer Hitler-Papen-Regierung befürchtete, die von den gerade genannten politischen Kräften unterstützt wurde. Er klammerte sich offenbar an die Hoffnung, daß es ihm gelingen würde, Hitler in einem Koalitionskabinett zu »zähmen«, obwohl Hiller deutlich macht, daß er andererseits über die Schwäche seiner eigenen Position nur wenige Illusionen hatte. Die häufig vertretene Auffassung, daß Hitler mit einem Kabinett begonnen habe, das mit nationalistischen Politikern (gegenüber nur zwei NSDAP-Mitgliedern) vollgepackt gewesen sei, ist vollkommen irreführend. Zwar stimmt es, daß die sogenannten »Fachminister«, wie Schwerin von Krosigk, von denen die meisten seit der Bildung der Regierung Papen im Juni 1932 im Amt waren, mehr einen nationalistischen als nationalsozialistischen Standpunkt vertraten, aber sie bewiesen eine bemerkenswerte Anpassungsfähigkeit an die nationalsozialistische Politik (Schwerin blieb zum Beispiel bis 1945 Finanzminister), und sie betrachteten niemals Hugenberg als den Führer einer nationalistischen Phalanx gegen Hitler. Hugenberg war der einzige nicht-nationalsozialistische Politiker im Kabinett. Trotz seiner schwachen Stellung war er aber ängstlich bemüht mitzumachen, vor allem, weil er sich für ein wirtschaftliches Genie hielt, dessen Dienste man zur Rettung der von der Wirtschaftskrise heimgesuchten deutschen Wirtschaft benötigte. Geschickt schmeichelte Hitler diesem Ehrgeiz Hugenbergs, indem er ihm die vereinigten Ministerien für Wirtschaft und Landwirtschaft anbot. Um solch eine Gelegenheit nicht zu verpassen, unterließ es Hugenberg, auf zwei Garantien zu bestehen, die seine Parteifreunde verlangt hatten: (1) die Fortsetzung der Präsidialdiktatur im Gegensatz zu Neuwahlen, die einen Erdrutsch für die NSDAP bringen würden; (2) die Berufung von Nichtnationalsozialisten in die entscheidenden Ministerien des Inneren sowohl im Reich wie in Preußen, damit diese Ministerien, die die Polizei kontrollierten, nicht zu Instrumenten des nationalsozialistischen Terrors würden. In Wirklichkeit aber ließ Hitler sofort Neuwahlen ausschreiben, während das Verhalten Görings im Preußischen und Fricks im Reichsinnenministerium die schlimmsten Befürchtungen der Freunde Hugenbergs übertrafen.

In den Wahlen vom Februar und März 1933 bezog die DNVP eine zwar verschleierte, aber unmißverständliche Stellung gegen die Nationalsozialisten. Sie warb um ein hohes Ergebnis für die DNVP, um Hugenbergs Stellung in der Koalition zu stärken (angeblich gegen Hitler), um sozialistische Experimente zu verhindern (die angeblich von den Nationalsozialisten gewünscht wurden) und um die christlich-konservativen Traditionen Deutschlands zu sichern (waren sie durch den Mann bedroht, den Hugenberg seit 1929 als Verbündeten gefeiert hatte?). Diese Appelle gaben der DNVP nur 8 Prozent der Stimmen im Gegensatz zu den 44 Prozent der Nationalsozialisten. Nicht ohne Ironie muß man feststellen, daß die Wahlen vom 5. März 1933 Hugenberg genau das bescherten, was seit langem sein erklärtes Ziel gewesen war: eine reguläre Mehrheit für die »Nationale Opposition«, jedoch eine, in der die Nationalsozialisten eine eindeutige Vormachtstellung besaßen. Das ging teilweise auf Hugenbergs falsche Politik der letzten drei Jahre zurück. In dieser ausweglosen Situation hätte die beste Politik für Hugenberg darin bestanden, die anti-parlamentarischen Tiraden der letzten fünf Jahre zu vergessen und den parlamentarischen (nicht den präsidentiellen) Charakter der neuen Regierung zu betonen, wodurch er den Umstand ausgenutzt hätte, daß Hitler die Unterstützung der Nationalisten brauchte, um die Mehrheit für die Regierung zu behalten. Aber Hugenberg sprang nicht über seinen eigenen Schatten – vielleicht konnte er es auch nicht. Er akzeptierte Hitlers Wunsch nach einem Ermächtigungsgesetz, das den Reichstag praktisch von jeder weiteren politischen Einflußnahme ausschloß. Hugenberg blieb seiner anti-parlamentarischen Vergangenheit treu; er beabsichtigte, seine Wirtschaftspolitik nicht in mühsamen parlamentarischen Verhandlungen, sondern durch rasche Regierungsverordnungen durchzusetzen.

Als die Nationalsozialisten die DNVP zu attackieren begannen, erwies sie sich im Gegensatz zu Hugenbergs Prahlerei der letzten vier Jahre nicht als fester Block, sondern als dünner Brei. Deutsch-nationale Beamte wurden entlassen, deutsch-nationale Politiker mußten unter fadenscheinigen Vorwänden Haussuchungen hinnehmen. Hugenberg selbst war zu sehr damit beschäftigt, wie er glaubte, Wirtschaftswunder zu wirken, um seinen Gefolgsleuten im Lande klare Anweisungen zu geben, und in den Kabinettsdiskussionen erwies er sich als eine Null. Tatsächlich war die Partei in der Frage ihres weiteren Kurses tief gespalten. Eine beträchtliche Gruppe, wahrscheinlich 22 von 52 Mitgliedern, unter dem sprunghaften Kölner Historiker Martin Spahn, wollte die Partei auflösen und sich den Nationalsozialisten entweder einzeln oder en bloc anschließen. Eine kleinere Gruppe unter dem Fraktionsführer Ernst Oberfohren (der am 7. Mai Selbstmord beging, wenn ihn nicht die Schergen Hitlers ermordet haben) wollten in einer nie genauer bestimmten Opposition gegenüber der NSDAP verbleiben. Eine mittlere Gruppe folgte Hugenberg in seiner noch anhaltenden Illusion, daß die DNVP weiterhin als ein unabhängiger Partner mit den Nationalsozialisten zusammenarbeiten könnte. Diese Illusion verflog erst Ende Juni, als Hugenberg sich im Kabinett völlig isoliert sah. Nachdem ein Appell an Hindenburg sich als nutzlos erwiesen hatte, trat er am 27. Juni zurück, und seine Partei löste sich am selben Tage auf, nachdem man Hitlers Zusicherung erhalten hatte, daß es keine offizielle Diskriminierung früherer Mitglieder geben würde. Das war das unrühmliche Ende einer Partei, deren verantwortungslose Politik während des größten Teils der Weimarer Zeit die deutsche Demokratie daran gehindert hatte, sich selbst zu festigen. Ihr Verhalten unter Hugenberg nach 1928 hatte aber den bei ihr schon lange bekannten Mangel an Einsicht und politischer Würde noch weit übertroffen. Hierdurch wird jedoch die tragische Tatsache erhellt, daß Deutschland nie eine wirklich »verantwortungsbewußte« konservative Partei gekannt hat. Einen Robert Peel oder Benjamin Disraeli gab es in der deutschen konservativen Tradition nicht: die Partei war stets nur eine sterile und gewöhnlich auch reaktionäre Kraft. Sie rettete ihren anachronistischen Haß auf die parlamentarische Demokratie hinüber in die Weimarer Zeit, und obwohl sie niemals subjektiv die nationalsozialistische Tyrannei wünschte, trug ihre Politik jedoch objektiv dazu bei. Sie war eines der ersten Opfer jenes Ungeheuers, das sie selbst mitgeschaffen hatte.

VI.

Ich hoffe, daß die ausführlichere Untersuchung der Kapitel über die SPD, das Zentrum und die DNVP einen angemessenen Eindruck von der Bedeutung des vorliegenden Buches vermittelt hat. Die übrigen Kapitel können in einer stärker zusammenfassenden Art und Weise behandelt werden. Die aufschlußreiche Darstellung der Staatspartei (die frühere Deutsche Demokratische Partei), die Matthias und Morsey geben, basiert in erster Linie auf den noch vorhandenen Protokollen von den Sitzungen des Parteivorstandes. Die letzte Agonie dieser Partei verdient besondere Beachtung, da viele ihrer führenden Mitglieder später in der Bonner Republik noch eine hervorragende Rolle spielen sollten: Theodor Heuss (von 1949 bis 1959 Bundespräsident), Reinhold Maier (zeitweise Vorsitzender der FDP) und Ernst Lemmer (seit 1957 Bundesminister für Gesamtdeutsche Fragen). Mit Nachdruck stellen Matthias und Morsey die bemerkenswerte Tatsache heraus, daß die SP, die 1919 stolz von sich behauptet hatte, die Verfassungspartei par excellence zu sein, 1930 auch die weitverbreitete Abneigung gegenüber dem parlamentarischen Verfassungssystem teilte. Sie suchte die Vereinigung mit dem Jungdeutschen Orden, einem anti-parlamentarischen Bund, und stimmte auch meistens in den Ruf nach einer autoritären Verfassungsreform mit ein. Der Vorsitzende der Gesamtpartei, Hermann Dietrich, war in Brünings Regierung Finanzminister; ein anderes prominentes Mitglied, Höpker-Aschoff,[1] verließ 1931 die preußische Regierung, weil seine Reichsreform-Pläne zur Lösung des Dualismus von Reich und Preußen nicht verwirklicht worden waren. Der eingefleischte Unitarismus der Partei mit ihrer Forderung nach dem »Einheitsstaat« ließ sie die Gleichschaltung Preußens (am 20. Juli 1932) und die der übrigen Länder (im März 1933) als eine gute Sache werten, die leider nur von den falschen Leuten gemacht wurde. Diese Befürwortung der Verfassungsreform verhinderte jedoch nicht die Abwanderung ihrer traditionellen Wähler zu den Nationalsozialisten: die Partei konnte 1933 nur 1 Prozent der Wählerschaft für sich gewinnen. Die Rest-Fraktion von fünf Abgeordneten – Heuss, Maier und Lemmer eingeschlossen – stimmte für das Ermächtigungsgesetz, da man glaubte, daß durch eine Beschwichtigungspolitik gegenüber den Nationalsozialisten der Reichstag die sowieso nur kurze Kanzlerschaft Hitlers überdauern würde. Dieser unnötige Kotau vor der Regierungsgewalt bildete den Höhepunkt der seit den Zeiten Bismarcks zu beobachtenden kumulativen Degradierung des deutschen Liberalismus.

Der Rechtsliberalismus der Deutschen Volkspartei (DVP) erwies sich als ebenso schwach wie der Linksliberalismus der Staatspartei. Hans Booms legt seine scharfsinnige Studie über den Verfall dieser Partei als eine Vorarbeit zu einem größeren Werk über denselben Gegenstand vor, weshalb er auch keine so ausführliche Dokumentation liefert. Die Untersuchung basiert auf dem privaten Nachlaß Eduard Dingeldeys, des jungen hessischen Juristen, der als letzter

---

1. Nach 1949 der erste Präsident des Bundesverfassungsgerichtes in Karlsruhe.

Vorsitzender die Partei führte. Die Studie ist deshalb sehr wertvoll, weil sie die internen Spaltungen herausstellt, die seit langem die Einheit der Partei gefährdeten: ein rechter Flügel unter der Führung Otto Hugos (der 1933 zum glühenden Nationalsozialisten wurde) drohte andauernd, aus der Partei auszubrechen und sich der DNVP anzuschließen. Booms Einstellung ist von einer grundsätzlichen Sympathie Dingeldey gegenüber geprägt, dem er genuin liberale Absichten zuschreibt, obwohl die Notwendigkeit, die Einheit der Partei zu erhalten, ihn zu immer neuen Kompromissen mit dem unverantwortlichen Hugo-Flügel gezwungen habe. Im Gegensatz zu seiner eigenen Neigung wurde im Februar 1932 der Parteivorsitzende widerwillig gezwungen, die Regierung Brüning nicht mehr zu unterstützen, nachdem der Kanzler den Rat der DVP, die Nationalsozialisten in die Regierung zu nehmen, zurückgewiesen hatte. Dingeldey hegte die vergebliche Hoffnung, die DVP zum Kern einer »bürgerlich nationalen Sammlung« zu machen, aber als das scheiterte und seine Wähler statt dessen zu den Nationalsozialisten überliefen, konzentrierte er sich auf die engere Aufgabe, den Parteiapparat bis zur baldigen Rückkehr »normaler Zeiten« intakt zu halten. Die DVP, die zu ihrer großen Zeit unter Stresemann über 51 Mandate verfügte, schrumpfte in den Wahlen von 1933 auf zwei Parlamentssitze zusammen. Sie stimmte für das Ermächtigungsgesetz mit einer Stimme (Dingeldey war erkrankt und abwesend), eine symbolische Geste, die um so bezeichnender ist, da sie keine numerische Bedeutung hatte. Zunächst weigerte sich Dingeldey, die Partei aufzulösen, denn er glaubte, daß das nationalsozialistische Regime im Herbst zusammenbrechen würde und daß dann die DVP zur Verfügung stehen müsse, um Deutschland vor dem Linksradikalismus zu retten. Er wurde aber doch gezwungen, dem Verlangen seiner Anhänger nach Auflösung der Partei nachzugeben, nachdem Hitler die Zusicherung der Nicht-Diskriminierung verweigert hatte, solange nicht die Partei aufgelöst wäre. Es mutet seltsam an, daß noch vier Jahre vorher die Partei unter Stresemann eine überragende Stellung in der deutschen Politik besessen hatte.

Schwends Darstellung der Bayerischen Volkspartei (BVP) beruht in erster Linie auf persönlicher Erinnerung, Parteiakten, Dokumenten der Bayerischen Regierung und der Zusammenarbeit mit dem überlebenden Parteivorsitzenden Fritz Schäffer.[1] Hier wird die Par-

1. Der eigenwillige Finanzminister in Adenauers Regierung von 1949 bis 1957. Von 1957 bis 1961 war er Justizminister.

tei nur in einer gewundenen und zurückhaltenden Weise kritisiert. Die von der BVP in den zwanziger Jahren begangenen politischen Sünden, wie der Mißbrauch des föderalistischen Prinzips zur Abschirmung der anti-republikanischen Machenschaften aller rechten Feinde Weimars und die Unterstützung Hindenburgs im Jahre 1925, die dessen Sieg über Marx ermöglichte, werden in wohlwollendes Schweigen gehüllt. Die BVP versuchte, alle ihre Rivalen in der Kritik am Parlamentarismus und in der Forderung nach einer Reichsreform zu übertönen, obwohl die von ihr verlangten föderalistischen Reformen das genaue Gegenteil von den unitaristischen Reformen waren, die von den meisten anderen Reichsreformen (wie Höpker-Aschoff) gefordert wurden. Die Bayern wollten, »daß den Ländern die Rechte wieder werden, die ihnen die Verträge von 1871 gewährleisten sollten« (die Bismarck damals mit den süddeutschen Staaten geschlossen hatte) [S. 472] – ein geradezu lächerlicher Vorschlag, die Uhr der Verfassungsentwicklung wieder zurückzudrehen. Im März 1933 erwog die BVP ernsthaft die Wiedereinsetzung des Wittelsbacher Prinz Rupprecht, wahrlich ein weiterer Fall anachronistischer Vorstellungen. Die Weigerung, eine Koalition mit der »gottlosen und marxistischen« SPD als gemeinsamen Widerstand gegen die Nationalsozialisten zu erwägen, bewies wiederum, daß die Partei nicht über ihren eigenen Schatten springen konnte. Ihre Führer waren von der fast mystischen Unangreifbarkeit der bayerischen Nation so überzeugt, daß sie fast bis zum Schluß in seltsamer Selbstgefälligkeit verharrten. Als mit der Ernennung eines Reichskommissars die Gleichschaltung drohte (so hatte Papen Preußen mediatisiert), prahlte Schäffer unter frenetischem Beifall, daß jeder Reichskommissar im Augenblick, da er die bayerische Grenze überschreite, verhaftet werden würde. Am 9. März 1933 erschien in der Person des Generals von Epp dieser Kommissar. Überflüssig zu sagen, daß er nicht verhaftet wurde und daß er auf nichts Tödlicheres als verbale Proteste traf. Die von der BVP gebildete bayerische Regierung unter Heinrich Held, die immer noch die Landespolizei und eine 30 000 Mann starke private Partei-Armee (die Bayernwacht)[1] kontrollierte, leistete keinen Widerstand (und imitierte so das Beispiel Brauns und Severings von 1932 in Preußen). Ministerpräsident Held zog sich in die Schweiz zurück, um seine Gesundheit wiederherzustellen, während die Parteiführung vergeblich versuchte, durch eine Reihe unwürdiger Aktionen die Nationalsozialisten zu beschwichtigen. Ihre

1. Sie wurde kommandiert von Hans Ritter von Lex, der heute Staatssekretär im Bonner Innenministerium ist.

nationalistischen und anti-marxistischen Äußerungen wurden noch schriller, wenn das überhaupt noch möglich war; ihre Abgeordneten im Reichstag stimmten für das Ermächtigungsgesetz; die Bayernwacht löste sich freiwillig auf; und ein prominentes Mitglied, Graf Eugen von Quandt, erklärte sich sogar bereit, in die neu gebildete und von den Nationalsozialisten beherrschte Regierung einzutreten. Kardinal Faulhaber von München forderte die Gläubigen auf, das neue Regime zu unterstützen, und ging sogar so weit, die Münchener Ortsgruppe der Katholischen Aktion aufzulösen, nachdem ihr leitender Geistlicher von der nationalsozialistischen Presse heftig angegriffen und verleumdet worden war. (Schwend glaubt, daß diese Beschwichtigungsmaßnahme durch die Befürchtungen des Vatikans ausgelöst wurde, daß ein zäher Widerstand die Konkordatsverhandlungen beeinträchtigen könnte.) Aber diese ganze Beschwichtigungstaktik erwies sich als vergeblich. Die Nationalsozialisten wollten, daß die BVP sich auflöste, und starteten gegen deren führende Mitglieder eine Terrorkampagne, was Haussuchungen, angebliche »Entdeckungen belastender Dokumente« und willkürliche Verhaftungen bedeutete. Schließlich gab die BVP am 4. Juli 1933 diesem Druck nach, um die Entlassung vieler ihrer verhafteten Mitglieder zu erreichen. Die Unterdrückung durch das nationalsozialistische Regime war die nicht unverdiente Nemesis für den Mangel an Engagement für Freiheit und Demokratie in all den fünfzehn Jahren vorher.

Die Kommunistische Partei (KPD) hat mit der DNVP (und in gewissem Maße auch mit der BVP) die Eigenschaft gemeinsam, daß sie nie vorgab, sich mit der Weimarer Republik zu identifizieren. Siegfried Bahne hat eine sehr sorgfältige, wenn auch etwas biedere Darstellung ihrer Politik in den Jahren von 1928 (als die ultralinke Taktik eingeschlagen wurde) bis zur Volksfront von 1935 geliefert.[1] Seine wichtigsten Quellen sind die öden offiziellen Verlautbarungen der Partei, einige Memoiren von Renegaten und ein 1935 verfaßter nationalsozialistischer Polizeibericht über den kommunistischen Untergrund. Fast die Hälfte der Darstellung und nahezu die gesamte Dokumentation erfassen die Zeit nach der offiziellen Unter-

---

1. Bahnes Darstellung bildet eine wertvolle Ergänzung zu Ossip K. Flechtheims *Die KPD in der Weimarer Republik*, Offenbach 1948 (Neudruck: Frankfurt/M. 1969), ein Werk, das brillante Interpretationen mit einer etwas kargen Schilderung verbindet, was besonders für die letzte Zeit der Republik gilt. Flechtheims Buch ist deshalb auch beachtenswert, weil es bis auf den heutigen Tag die einzige umfassende wissenschaftliche Darstellung einer Weimarer Partei überhaupt geblieben ist.

drückung der Partei seit dem Februar 1933. Voller Zorn kritisiert Bahne die vielen politischen Torheiten der KPD. Während all dieser Jahre verkündete die offizielle Parteilinie, daß die Sozialdemokraten (die stets als »Sozialfaschisten« gebrandmarkt wurden) mehr als die nationalsozialistischen oder nationalistischen Verteidiger des »Monopolkapitalismus« zu fürchten seien. Die KPD beharrte auf ihrer Meinung, daß Deutschland bereits 1930 mit dem Beginn der Regierung Brüning faschistisch geworden sei – sie verkündete, sie sehe keinen Unterschied zwischen Brüning, Hugenberg, Papen, Schleicher oder Hitler, da sie alle nur Sprecher der Bourgeoisie seien. Manchmal handelte die KPD, als ob sie die Machtergreifung Hitlers positiv begrüße, da das die Konflikte innerhalb des Kapitalismus verschärfen und die sowieso unvermeidliche Ankunft des Kommunismus beschleunigen müsse. Die Stupidität all dieser Behauptungen lag weit über dem bei deutschen Parteipolitikern der damaligen Zeit üblichen Durchschnitt – keine überraschende Tatsache, da die kommunistische Politik in Moskau von Männern bestimmt wurde, die keine Kenntnis der deutschen Situation besaßen. Bahne neigt dazu, die These Ruth Fischers[1] zu akzeptieren, daß Stupidität allein nicht ausreiche, um die Deutschlandpolitik Stalins zu erklären, denn Stalin hätte allen Grund gehabt, eine erfolgreiche deutsche Revolution entschieden zu fürchten, die zu internationalen Komplikationen führen mußte, mit denen er noch nicht fertig zu werden wußte. Jedenfalls wirkte sich das Verhalten der KPD in der späten Phase der Weimarer Republik negativ aus. Ihre wachsende Stärke jagte vielen Angehörigen des Bürgertums Schrecken ein und ließ sie die Nationalsozialisten unterstützen. Ihr linksradikaler Extremismus erwies sich als eine andauernde Störung für die verantwortungsbewußte Politik der SPD-Führung. Der Ruf nach einer »Einheitsfront« mit der SPD in einem Generalstreik nach dem 20. Juli 1932 und nach dem 30. Januar 1933 konnte angesichts der früheren und auch noch fortgesetzten Verleumdung des »Sozialfaschismus« keine Erwiderung finden; er war wahrscheinlich mehr darauf berechnet, die SPD zu »demaskieren«, als eine wirksame antifaschistische Aktion auszulösen. Kurz gefaßt, kann die Verhaltensweise der KPD in ihrer böswilligen und selbstmörderischen Torheit nur mit der der DNVP verglichen werden. Zwar erwies sich die Behauptung, daß auf den Faschismus der Kommunismus folgen würde, wenigstens in einem Teile Deutschlands, als

1. Das ist die Hauptthese in ihrem berühmten Buch: *Stalin and German Communism*, Cambridge (Mass.) 1948 (deutsch: *Stalin und der deutsche Kommunismus. Der Übergang zur Konterrevolution*, Frankfurt 1950).

zutreffend, aber die KPD war offensichtlich nicht im Stande, die Katastrophen vorherzusehen, die in den dazwischenliegenden zwölf Jahren von 1933 bis 1945 über sie selbst und ihre sowjetischen Herren hereinbrechen sollten.

VII.

Das Ende der Parteien 1933 ist, so glaube ich, eines der vier oder fünf wichtigsten historischen Bücher, die in Deutschland seit dem Kriege erschienen sind. Es beweist sowohl die Ergiebigkeit wie die Schwierigkeit einer wissenschaftlichen Erforschung der modernen Parteien in einer kritischen Phase der deutschen Geschichte. Welche generelle Folgerungen können daraus für die Rolle der Parteien beim Zusammenbruch der Weimarer Republik gezogen werden?

Die Unzulänglichkeiten aller Parteien und ihrer Führer sind bisher nicht in solcher Offenheit und aus solch sorgfältiger Bearbeitung aller verfügbaren Quellen beschrieben worden. Wo lagen aber die Gründe für diese allgemeine Mangelhaftigkeit? Als erstes muß man auf die völlige Mittelmäßigkeit der Führung hinweisen, die in allen Parteien zu finden war. Ob man nun an Wels, Braun oder Severing von der SPD denkt, oder an Kaas und Brüning vom Zentrum oder an Held und Schäffer von der BVP, an Dietrich oder Dingeldey von den »liberalen Parteien«, an Hugenberg oder Oberfohren von der DNVP oder an Thälmann und Pieck bei der KPD – keiner dieser Männer war seiner Verantwortung gewachsen oder auch nur entfernt imstande, eine »charismatische« Führerrolle zu spielen, die sich mit der Hitlers hätte messen können. Es ist eines der rätselhaften Phänomene der deutschen politischen Geschichte, daß der vergleichsweise ohnmächtige Reichstag des Kaiserreiches ein Geschlecht parlamentarischer Riesen hervorbrachte – nämlich Bennigsen, Lasker, Richter, Windthorst und Bebel, um nur die hervorragendsten zu nennen –, nur damit auf diese ein Geschlecht von Zwergen folgen sollte, und zwar genau zu der Zeit, als der Reichstag zur beherrschenden politischen Institution in Deutschland geworden war. Der optimistische Glaube vieler Verfechter der politischen Selbst-Bestimmung – daß Verantwortung auch die notwendigen Fähigkeiten sich entwickeln läßt – ist niemals dramatischer widerlegt worden. Der deutlichste Beweis für die Unfähigkeit aller führenden parlamentarischen Politiker ist in ihrem Versagen zu finden, den Charakter der nationalsozialistischen Bewegung zu begreifen. Diesen ex post facto zu erkennen, ist natürlich einfach, und man muß auch einräumen, daß der Aufstieg des Nationalsozialismus etwas vollkommen Neues in der Geschichte bedeutete, und zwar etwas, das man am wenigsten in einer zivilisierten und gebildeten Gesellschaft wie Deutschland erwarten konnte. Aber Hitler hatte sich zu allen seinen Zielen schon 1925 in *Mein Kampf* offen bekannt. Seine beim Mord von Potempa freimütig verkündete Solidarität mit den Rohlingen der SA (August 1932) hätte die Parteipolitiker auffahren lassen müssen. Sie ließen sich jedoch in dem selbstgefälligen Glauben einschläfern, daß die Deutschen jetzt und in Zukunft das seien, was sie gerne ein »Kulturvolk« zu nennen beliebten und daß gewisse Dinge nicht geschehen konnten, weil sie nicht geschehen durften. Die Sozialdemokraten und Kommunisten waren noch selbstsicherer, weil sie noch der marxistischen Geschichtstheorie anhingen. Aber sogar Nichtmarxisten wie Dingeldey waren überzeugt, daß die nationalsozialistische Herrschaft nichts anderes als nur eine kurze, vorübergehende Episode in Deutschland sein konnte. Die DNVP (und in einem weit geringeren Maße auch das Zentrum und die BVP) konnten dem Eindruck nicht widerstehen, daß der Nationalsozialismus einen im wesentlichen gesunden Kern nationalen Bewußtseins enthielt und daß sein Rowdytum durch die Verbindung mit ihren eigenen ehrenwerten Persönlichkeiten gezähmt und in konstruktive Bahnen geleitet werden könnte. Viele Anständige trösteten sich, indem sie eine historische Analogie (eine Denkgewohnheit, die keineswegs nur auf Sozialisten beschränkt bleibt) zur »Zähmung« der SPD der Vorkriegszeit konstruierten: Diese hatte sich ja auch vom atheistischen Revolutionismus des Kaiserreiches, der einem das Blut gerinnen ließ, zu konstruktiver Mäßigung in der Republik gewandelt. Man glaubte zuversichtlich, daß dem nationalsozialistischen Tiger in ähnlicher Weise die Zähne gezogen werden konnten, besonders weil die rücksichtslose Demagogie der Nationalsozialisten, von jeglicher Verantwortung unbelastet, das traditionelle Wählerreservoir aller »bürgerlichen Parteien« anzapfte.[1] Das Schrumpfen der absoluten und relativen Wahlergebnisse, das mit Ausnahme der KPD von 1928 bis 1933 alle

1. Die allgemeine Erscheinung, daß die Nationalsozialisten unterschätzt wurden, findet ihre Parallele – und teilweise auch ihre Ursache – in der Überschätzung von Hugenbergs DNVP. Niemand hatte daran mehr Schuld als Hugenberg selbst, obwohl SPD und Zentrum unmittelbar danach kommen. Die Konzentration des Zentrums auf die Gefahr von seiten der DNVP hatte natürlich teilweise den taktischen Grund, den Weg zu einer künftigen Koalition mit den Nationalsozialisten offenzuhalten.

nicht-nationalsozialistischen Parteien traf, ließ die Schrift an der Wand erkennen, die unmittelbar drohendes Unglück verhieß. Die DNVP verlor fast die Hälfte ihrer traditionellen Stimmen, und DVP und SP verkümmerten zu unbedeutenden Überresten. Nur das Zentrum, die BVP und die SPD behielten die Loyalität ihrer traditionellen Wähler, obwohl auch ihre Prozentzahlen innerhalb der immer größer werdenden Gesamtwählerschaft schrumpften, weil sie für die Gruppen außerhalb ihrer Stammgefolgschaft keine Anziehungskraft besaßen. Die SPD litt etwas unter der Abwanderung zur KPD von seiten derjenigen Wähler, die wegen des gemäßigten und nicht immer leicht zu erklärenden Kurses ungeduldig geworden waren, da man zwar im Sommer 1930 erbittert gegen Brüning gekämpft hatte, danach aber zu einer Politik der Tolerierung umgeschwenkt war. Die Wahlanalysen von Alfred Milatz erklären deutlich, woher Hitler seine Unterstützung erhielt, als seine Anhängerschaft im Reichstag von 12 im Jahre 1928 auf 203 im Jahre 1932 anwuchs. Die Nationalsozialisten gewannen annähernd die Hälfte der alten DNVP-Stimmen (ein passender Kommentar zu Hugenbergs Taktik), die meisten dabei vor allem bei der protestantischen Landbevölkerung und in Schichten der städtischen unteren Mittelklasse. Die NSDAP übernahm praktisch alle Wähler der beiden »liberalen« Parteien, DVP und SP, und der »bürgerlichen« Splitterparteien (Wirtschaftspartei, Christlich-Sozialer Volksdienst und so weiter). Die Nationalsozialisten besaßen eine fast unwiderstehliche Attraktivität für die jungen Wähler, die durch die Not und Erniedrigung der Weltwirtschaftskrise verbittert waren. Der NSDAP gelang es auch, habituelle Nichtwähler an die Wahlurnen zu bringen: viele von ihnen waren hungrige und arbeitslose Proletarier, die eine »totale Veränderung« wünschten, ohne aber klare Vorstellungen über die konkreten Ziele zu haben. Schließlich zogen die Nationalsozialisten auch noch eine gewisse Anzahl ehemaliger kommunistischer Wähler an, die zwar radikal, aber nicht spezifisch marxistisch orientiert waren. Der Transfer der Stimmen zwischen den beiden totalitären Parteien ist eine der auffallendsten Beobachtungen in der Wahlstatistik dieser Zeit. Er erklärt zu einem geringen Teil die Gewinne der Kommunisten bis zu den Wahlen vom November 1932, obwohl die Abwanderung von der SPD und die Mobilisierung von Nichtwählern die hauptsächliche Erklärung für den Anstieg der kommunistischen Stimmen von 10,6 Prozent auf 16,9 Prozent zwischen 1928 und 1933 bildet.

Abgesehen von den alarmierenden nationalsozialistischen Wahlgewinnen (und in geringerem Maße auch denen der Kommunisten), ist der sicherste Index für die Krise des Parteienstaates nach 1930 in der bei allen »bürgerlichen« Parteien weit verbreiteten Abneigung gegen die parlamentarische Verfassung zu sehen. Die Schmähreden Hugenbergs übertrafen bei weitem die schon unverantwortliche Einstellung seiner Vorgänger in der nationalistischen Führung. Die Wahl von Kaas zum Parteivorsitzenden und der Aufstieg Brünings verwandelten das Zentrum von einem loyalen Verteidiger der Republik (das war seine Rolle unter Erzberger und Wirth gewesen) zu einem Trojanischen Pferd. Dingeldey von der DVP und Dietrich von der SP stimmten in das Gezeter nach einer »autoritären Regierung« mit ein, die alle Übel einer Regierung durch parlamentarische Koalition beseitigen würde. Die Tatsache, daß die drei zuletzt genannten Parteien offensichtlich irgendein schwaches parlamentarisches Organ erhalten wollten, minderte aber keineswegs die Heftigkeit ihrer Kritik am bestehenden Reichstag.

Man muß diese weitverbreitete anti-parlamentarische Stimmung in der Öffentlichkeit, der ebenso brillante wie bedenkenlose politische Theoretiker wie Carl Schmitt dann noch die intellektuelle Respektabilität verliehen, berücksichtigen, wenn man ungerechte Urteile über alle diejenigen vermeiden will, die zwar objektiv Hitler zur Macht verhalfen, ohne es aber subjektiv zu beabsichtigen. Die demokratischen Parteien hatten versagt – hierin stimmen zeitgenössische Beobachter und heutige Historiker vollkommen überein. Eine Wiederherstellung des parlamentarischen Systems wurde für undenkbar gehalten – abgesehen von seinem Scheitern wurde es weithin als »fremder Import« angesehen, der in der Stunde der Niederlage eingeführt worden war, um sich in die Gunst der Sieger von 1918 einzuschmeicheln. Jedenfalls konnte das parlamentarische Verfassungssystem nicht funktionieren, solange eine große Mehrheit des deutschen Volkes (64 Prozent im Jahre 1933) ihre Stimme denjenigen Parteien gab, die sich offen gegen den Parlamentarismus wandten. Die dagegen propagierte Alternative einer Einparteien-Diktatur der NSDAP wurde trotz des beginnenden Terrors der Nationalsozialisten noch im März 1933 von 56 Prozent der deutschen Wähler abgelehnt – eine beachtliche Leistung, obwohl sie nicht die beschämende Tatsache aus der Welt schaffen kann, daß 44 Prozent der Wählerschaft doch für Hitler stimmten.

Diese Tatsache kann nur in ihre historische Perspektive gerückt werden, wenn man die tragischen Alternativen in der Situation Deutschlands von 1933 betrachtet. Die parlamentarische Demokratie hatte heillos abgewirtschaftet. Eine »Verfassungsreform« wurde von Dilettanten mit unverhüllt reaktionären Absichten propagiert. Ist es dann überraschend, daß die dritte Möglichkeit einer von den

Nationalsozialisten kontrollierten »Nationalen Bewegung« solch übergroße Erwartungen in einer politisch unreifen Nation erweckte? Ich glaube, daß die Machtergreifung der Nationalsozialisten im Januar 1933 »unvermeidbar« war. Die zu erörternde Frage scheint mir nicht zu sein, *ob* das der Fall gewesen ist, sondern *wann* diese Tatsache gegeben war. Ich glaube, daß der 30. März 1930 und der 20. Juli 1932 die beiden entscheidenden Stationen auf diesem fatalen Wege waren. Die Einführung der präsidentiellen Regierungsweise brachte Deutschland auf einen Kurs, von dem eine Rückkehr zur Weimarer Verfassung praktisch unmöglich war; dies gilt besonders im Hinblick auf die Stärke derjenigen Elemente, die außerhalb und innerhalb der Umgebung des senilen Hindenburg solch eine Rückkehr ablehnten. Diese Folgerung wird erhärtet, wenn man die quantitative und qualitative Schwäche derjenigen Parteien betrachtet, die sich zur parlamentarischen Verfassung bekannten. Die Verantwortung für den neuen Kurs muß zu gleichen Teilen den führenden Parlamentariern – vor allem von SPD und DVP –, deren Hartnäckigkeit zum Bruch der Großen Koalition führte, wie auch den Befürwortern der präsidentiellen Diktatur – hier vor allem Hindenburg, Schleicher und Brüning –, die nur zu bemüht waren, das parlamentarische System durch ihre eigene Spielart national-autoritärer Regierung verdrängt zu sehen, angelastet werden. Es ist jedoch unfair und ungerecht, die ersteren zu tadeln, um die letzteren zu rehabilitieren; beide erwiesen sie Deutschland einen schlechten Dienst.

Welche Aussichten auch immer auf eine glückliche Beendigung des präsidentiellen Experimentes bestanden haben mögen (und sie waren zugegebenermaßen sehr gering), sie alle fielen mit der Entlassung Brünings am 30. Mai 1932 in sich zusammen. Seine Übernahme der Kanzlerschaft war ein nationales Unglück, sein Abgang aber kündete eine nationale Katastrophe an. Die für seinen Sturz verantwortlichen Drahtzieher – am stärksten Schleicher und Papen – übernahmen eine schwere Verantwortung. Die demokratischen Kräfte schauten hilflos zu, wie der deutsche Staat auf einen immer unheilvolleren Kurs geriet. Die letzte und vielleicht einzige Chance, die sich den Weimarer Parteien bot, ihren Irrtum von 1930 wiedergutzumachen, kam am 20. Juli 1932. Zugestanden, die Aussichten eines erfolgreichen Widerstandes gegen Papens Staatsstreich waren nicht sehr gut, aber man kann sie auch nicht als absolut hoffnungslos bezeichnen. Sie waren mit Sicherheit – und das ist das Entscheidende – besser als zu jeder anderen Zeit zwischen 1930 und 1933. Das Versagen, am 20. Juli keinen Widerstand zu leisten, demoralisierte unweigerlich das bißchen Entschlossenheit, das die Weimarer Demokraten nach den Jahren, in denen sie Brüning als »das geringere Übel« toleriert hatten, überhaupt noch besaßen. In praktischer wie moralischer Hinsicht bot der 30. Januar 1933 keine vergleichbare Gelegenheit. Wehrhafter Widerstand zu dem früheren Zeitpunkt – wie wahrscheinlich auch sein Scheitern gewesen sein mag – hätte der Republik zumindest ein heroisches Ende geschenkt und so den Samen für eine spätere demokratische Auferstehung gelegt. Man ist versucht, den 20. Juli 1932 mit dem berühmteren 20. Juli zwölf Jahre später (1944) zu vergleichen. Die Gegner Hitlers sahen sich da einer Situation gegenüber, die weitaus hoffnungsloser war als die der Gegner Papens, und sie wußten, daß die Folgen eines Scheiterns sich unendlich katastrophaler für sie selbst und ihre Familien auswirken würden. Die Gründe, die gegen ein Handeln sprachen – die Wahrscheinlichkeit des Mißerfolgs, die Gewissenszweifel über die Entfesselung eines Bürgerkrieges inmitten einer nationalen Krise, um nur einige zu nennen – türmten sich mindestens ebenso drohend auf wie die Argumente für die Untätigkeit von 1932. Aber Stauffenberg hatte den Mut loszuschlagen, und dieser Versuch – wie tragisch auch sein Scheitern war – hinterließ Deutschland ein kostbares Vermächtnis für die Nachkriegszeit.[1] Es wird immer ein Vorwurf gegen die parlamentarischen Parteien bleiben, daß sie mit ganz wenigen Ausnahmen weder Helden noch Märtyrer, sondern eine zahllose Schar von Mittelmäßigen hervorgebracht haben und daß alle Versuche, das deutsche politische Bewußtsein mit einem positiven Bild von Weimar zu durchsetzen, für immer zum Scheitern verurteilt sind.

1. Der Wert dieses Vermächtnisses liegt, so glaube ich, mehr im moralischen Beispiel als in den spezifischen politischen Plänen des deutschen Widerstandes. Die Verfassungspläne des »Kreisauer Kreises« haben leider eine große Ähnlichkeit mit den Reformprojekten, die zwischen 1930 und 1933 ausgeheckt wurden. Dies ist keineswegs überraschend, weil die Personen dieselben waren – eine Tatsache, die die bereits getroffene Feststellung noch unterstreicht, daß zu den Verfassungsreformern in Hinblick auf Motive und persönliches Format einige der Besten in Deutschland zählten. Die Folgen ihrer Reformpropaganda wirkten sich aber in den Jahren 1930 bis 1932 recht unheilvoll aus, und es ist zumindest zweifelhaft, ob 1944 Männer mit solchen Vorstellungen Deutschland hätten erfolgreich regieren können.

NATIONALSOZIALISMUS UND ZWEITER WELTKRIEG

DER FASCHISMUS IN SEINER EPOCHE

Ernst Nolte: *Der Faschismus in seiner Epoche. Die Action française. Der italienische Faschismus. Der Nationalsozialismus;* 633 S., München 1963 (Auszug: *Der Nationalsozialismus,* Frankfurt/Berlin 1970)

in: World Politics, 16/1963–64, S. 302–321

I.

Ernst Noltes Buch *Der Faschismus in seiner Epoche* ist ein Werk von
außergewöhnlicher intellektueller Spannweite, die Beschreibung, Vergleich und Interpretation in einer bewundernswerten Art und Weise
umfaßt. Drei Hauptaufgaben sollen dabei bewältigt werden, die
Fähigkeiten erfordern, wie sie selten bei einem einzigen Historiker
vereint sind: eine generelle Klassifizierung der faschistischen Systeme,
die auf eine Typologie hinzielt; eine spezielle Analyse der Haupt-
merkmale einer prä-faschistischen (Action Française) und zweier
faschistischer Bewegungen (das Italien Mussolinis und Deutschland
unter Hitler); und eine in historischen und philosophischen Begriffen
entwickelte Gesamtinterpretation des Faschismus als der beherrschenden Kraft der europäischen Geschichte zwischen 1919 und 1945.

Bevor der eigentliche Inhalt erörtert wird, erscheint eine allgemeine
Charakterisierung von Noltes Buch angebracht. Um Enttäuschungen
zu vermeiden, beginnt man am besten mit einer kurzen Aufstellung
dessen, was das Buch nicht leisten will – denn obwohl Nolte sein
Thema sehr weit versteht, wählt er jedoch ausdrücklich und reflektiert einen selektiven Zugang. Der Leser darf keine konventionelle
politische Geschichte der von Maurras, Mussolini und Hitler geführten Bewegung erwarten oder eine Spezialuntersuchung, weshalb und
wie sich der Faschismus in einem bestimmten Land zu einer bestimmten Zeit durchsetzte. Nur beiläufig liefert der Autor eine soziologische
Beschreibung der Gruppen, die den Faschismus unterstützten, und
auch der institutionelle Gesichtspunkt, wie die faschistischen Systeme
wirklich funktionierten, findet nur geringe Beachtung. Nolte steuert
wenig zu den früher untersuchten Problemen der polizeilichen Unterdrückung, der Propagandatechniken oder der Wirtschaftspolitik im
Faschismus bei. Sein Werk basiert ausschließlich auf gedruckten Quellen, und er hat es nicht darauf abgestellt, durch archivalische Forschungen oder durch Interviews mit Überlebenden »neue Fakten«
zu entdecken.

Nolte hat sich etwas viel Wichtigeres als solche Aufgaben der

»konventionellen Geschichtsschreibung« (deren Wert er selbstverständlich nicht leugnet) zum Ziel gesetzt – nämlich: die Stellung des Faschismus in der modernen Geschichte zu bestimmen; seine konstitutiven Elemente durch den Bezug auf einen zwar empirisch abgeleiteten, aber theoretisch ausgearbeiteten »Idealtyp« zu untersuchen; und vor allem die »Phänomenologie« des Faschismus im Sinne seiner eigenen Ideologie und seines Selbst-Verständnisses zu erkunden. Dieses letzte Ziel ließ Nolte vorzügliche intellektuelle Biographien von Charles Maurras, Benito Mussolini und Adolf Hitler schreiben, in denen er überzeugend darlegt, daß deren persönliche Ansichten zu einem großen Teil die von ihnen geführten Bewegungen formten. Nolte ist sich vollkommen der Kritik bewußt, die möglicherweise gegen seinen biographischen Zugang vorgebracht wird, aber seine Hauptthese lautet, daß »große Männer« auch noch in einem Zeitalter von Bedeutung sind, in dem Politik oft als ein Zusammenprall unpersönlicher Mächte interpretiert wird.

Noltes Betonung der Ideologie des Faschismus wurzelt in der (für den Rezensenten überzeugenden) These, daß die faschistischen Ideen eine entscheidende Rolle für die Bestimmung der Motive und die Strukturierung von zumindest einigen faschistischen Bewegungen spielten. Diese These wird a priori für diejenigen unannehmbar sein, die glauben, daß eine Ideologie nie etwas anderes als die »Rationalisierung« materieller Interessen ist; mit größerer Plausibilität könnte man die These aber durch den Hinweis auf die primitive Unreife der faschistischen Ideen in Frage stellen. Darauf antwortet Nolte, daß Unreife Überzeugtheit nicht ausschließe (im Gegenteil: ungeschliffene Menschen hätten eine Vorliebe für ungeschliffene Ideen) und daß das intellektuelle Format zweier Protagonisten – Maurras und Mussolini – zu oft unterschätzt worden sei. Darüber hinaus betont Nolte immer wieder, daß der Faschismus den Höhepunkt der Reaktion gegen die Ideen von 1789 bedeute; er zähle zu seinen Vorläufern die gesamte europäische »konservative Tradition«, die bis auf de Maistre und Bonald zurückreiche. Die französische Strömung in dieser Tradition wird in der Darstellung der Wurzeln der Gedankenwelt von Maurras glänzend beschrieben, wodurch dem Faschismus ein angesehener ideengeschichtlicher Stammbaum verliehen wird, den man in Studien zu diesem Thema gewöhnlich nicht findet. Die Zeichnung dieses Stammbaums ist weitaus subtiler und überzeugender als der einst so beliebte Zeitvertreib, die deutsche Geistesgeschichte nach möglichen Vorläufern des Nazismus zu durchstöbern: ein Verfahren, das gewöhnlich dazu führte, daß man Denker (teilweise oder gänzlich) aus ihrem zeitgenössischen Zusammenhang zerrte und den deutschen Faschismus als das »unausweichliche« Resultat der nationalen deutschen Geschichte interpretierte, wodurch die Aufmerksamkeit von den universellen Wurzeln des modernen Faschismus aber abgelenkt wurde.

Ein besonderes Merkmal dieses Buches ist seine »Objektivität«, eine Eigenschaft, die überhaupt erst möglich wird, wenn der Faschismus zwar immer noch eine machtvolle Erinnerung, aber keine bedeutende politische Kraft mehr ist. Nolte versucht sich dem Faschismus so zu nähern, wie der Historiker es jeder anderen »toten« historischen Epoche gegenüber (zum Beispiel bei der Renaissance oder der Gegenreformation) tun würde, und in einem bemerkenswerten Maße wird er dieser sich selbst gestellten Aufgabe auch gerecht. Er verweigert dem Faschismus nicht jenes Minimum an »Sympathie«, das zum »Verstehen« nötig ist: »Sympathie« in dem Sinne, daß er erkennt, wie die Faschisten (obwohl manche Kriminelle waren) doch ernsthaft mit den vordringlichen Problemen unseres überaus verworrenen Zeitalters rangen. Nolte versucht, sie unter dem doppelten Aspekt zu begreifen, wie sie sich einerseits selbst verstanden und wie sie andererseits sub specie aeternitatis zu verstehen sind; ihre Äußerungen werden ernstgenommen, wenn sie nicht offensichtlich nur ad hoc für einen begrenzten Zweck gemacht wurden; die Chronik ihrer Taten wird ohne politische und persönliche Voreingenommenheit studiert. Man sollte betonen, daß diese Einstellung keineswegs moralische Stumpfheit auf seiten Noltes bedeutet, denn über solch ein Phänomen wie die nationalsozialistische Vernichtung der europäischen Juden ist auch er schmerzlich bestürzt: aber er zeigt seine historische Betrachtungsweise, indem er diese Ausrottung als die objektive logische Konsequenz bestimmter Ideen und nicht bloß als subjektive individuelle Bösartigkeit bestimmter Personen ansieht. Im Gegensatz zu allen Vermutungen, die mancher vielleicht einem deutschen Autor gegenüber hegen mag, vermeidet Nolte jede apologetische Tendenz, die potentiell in einer vergleichenden Untersuchung der verschiedenen Faschismen angelegt ist, indem er wiederholt unterstreicht, daß die abscheulichsten Kennzeichen des Nationalsozialismus, wie zum Beispiel die Vernichtung der Juden, nur diesem eigentümlich sind und keine Entsprechung in den anderen faschistischen Systemen finden.

Die Weite des Themas und die Objektivität seiner Behandlung sind nur zwei Eigenschaften, die Noltes Buch den Anspruch auf das seltene Attribut der Größe verleihen. Man muß darüber hinaus die Kombination von Mut und Klugheit bewundern, mit der er die unerfreulichsten Aspekte seines Gegenstandes angeht. Um nur ein Beispiel zu geben, das bewußt wegen seiner provokativen Wirkung gewählt wird: Nolte zögert nicht, auf gewisse parallele Züge in der national-sozialistischen und (man staune!) der zionistischen Ideologie hinzu-weisen: extremer Radikalismus, Rücksichtslosigkeit gegenüber den historischen Rechten anderer, Drang nach »Lebensraum« und Furcht vor Auslöschung. Aber sofort fügt er der letzten Parallele den Kommentar an: »Doch für das Judentum war all das Realität, was im Nationalsozialismus eine pathologische Angst sich bloß vor-träumte.« (S. 608) In dem 70 Seiten starken Anmerkungsapparat (der leider am Ende des Buches untergebracht wurde) stellt Nolte seine meisterhafte Beherrschung der wissenschaftlichen Techniken un-ter Beweis. Der Leser findet hier einige Glanzstücke kritischer Aus-einandersetzung; zum Beispiel eine überzeugende Verteidigung der wesentlichen Authentizität des berühmten »Hoßbach-Protokolls«, die jüngst von A. J. P. Taylor und David Hoggan angezweifelt wurde (S. 603). Noltes Wissenschaftlichkeit ist zwar bewunderns-wert, sie bleibt aber niemals nur Selbstzweck; er ist zutiefst von der Bedeutung seines Themas betroffen – das nicht nur wichtig in sich selbst ist, sondern das auch Licht auf die kritische Situation des mo-dernen Menschen wirft –, und er versucht zu *erklären* wie auch nur einfach zu *dokumentieren*. Das bedeutet aber nicht, daß Beschrei-bung, manchmal sogar recht plastische Beschreibung, fehlt; man sehe sich zum Beispiel die Darstellung der terroristischen Praktiken der italienischen Faschisten im Jahre 1921 an (S. 256 ff.), oder man lese die Schilderung des NSDAP-Parteitages in Nürnberg 1937 (S. 464 ff.). Noltes eigentliche Begabung liegt jedoch in der *Analyse*, besonders der verschiedener Doktrinen, und in der *Interpretation*, besonders wenn er im letzten Abschnitt des Buches seine metaphysi-sche Interpretation des Faschismus liefert. Alle diese Qualitäten las-sen nach Meinung des Rezensenten Noltes Buch zu einem der wich-tigsten historischen Werke werden, die in Deutschland seit 1945 er-schienen sind.

Dem Leser gegenüber scheint ein Wort der Warnung über einige offensichtliche Schwächen der Studie jedoch notwendig zu sein. Man-che großen Bücher sind schwierig zu lesen, und dies ist mit Sicherheit eines davon. Bei jedem Autor sind Mängel gerade auch in seinen guten Eigenschaften angelegt – in diesem Falle beginnt die Liste mit dem Stil: Obwohl er die Auffassung des Verfassers klar und präzise vermittelt, eignet er sich oft doch mehr für eine philosophische Ab-handlung als für eine historische Arbeit. Die Darlegung der Fakten ist mit technischen Begriffen vollgepfropft, die nicht immer aus-reichend erklärt werden. Die Analyse bewegt sich manchmal auf einer unerträglichen Höhe der Abstraktion; bestimmte Teile (zum Beispiel den wichtigen letzten Abschnitt über den »Faschismus als transpolitisches Phänomen«) muß man mindestens zweimal lesen, bevor die Linie der Argumentation sich abzeichnet. Die historischen Abschnitte werden durch gelegentliche Anspielungen gestört, die entweder schmeichelhaft oder irritierend wirken können; die interpretierenden Abschnitte können leicht einen Minderwertigkeitskomplex bei demjenigen Leser erzeugen, der nicht dieselbe strenge philosophische Schulung wie der Autor genossen hat. Nolte macht (im Gegensatz zu den meisten Historikern) den Fehler, eher zuviel als zuwenig zu *denken:* Man hat zum Beispiel den Verdacht, daß Nolte größtenteils sich selbst auslegt, wenn er angeblich eine bloß systematisierte Formulierung der philosophischen Grundlagen der Lehre von Maurras liefern will (S. 183–190). Der Versuch, eine Typologie des Faschismus zu entwickeln, zeigt die Tendenz, eine a priori gewonnene Konstruktion den empirischen Fakten überzustülpen. Diese Mängel sind keineswegs unbeachtlich. Man sollte jedoch betonen, daß (wenn die Erfahrung des Rezensenten dazu etwas hergibt) Noltes Buch die Anstrengung vollkommen lohnt, die nötig ist, um mit ihm fertig zu werden. Es ist eigentlich nicht obskur, sondern bloß schwierig. Der beharrliche Leser wird mit tiefen Einsichten entschädigt, Einsichten nicht nur in das Wesen des Faschismus an sich, sondern auch in die historische Konfiguration jener tragischen Periode der europäischen Geschichte, von der der Faschismus teilweise Ursache und teilweise Wirkung war.

II.

Noltes einleitendes Kapital »Die Epoche der Weltkriege und der Faschismus« beschreibt die historischen Vorbedingungen des Faschismus, klassifiziert seine zahlreichen Ausprägungen, unterscheidet zwischen dem Faschismus und dem Kommunismus und charakterisiert den Faschismus als einen eigenständigen und wichtigen Problemkomplex historischer Forschung.

Welches waren nun die historischen Vorbedingungen des europäischen Zeitalters des Faschismus, das Nolte von 1919 bis 1945 ansetzt? Erste und wichtigste war die zerstörerische Wirkung des Ersten Weltkriegs für die vorherrschende liberale Gesellschaft im Europa des 19. Jahrhunderts. Der Krieg brachte nicht nur unsagbares Leiden, sondern er erschütterte auch die Grundlagen eines bisher noch größtenteils intakten Traditionenbestandes; beide Auswirkungen verstärkten die Forderungen der breiten Massen nach höherer materieller und psychologischer Interessenbefriedigung innerhalb der Gesellschaft. Diese Forderung rief bei den herrschenden und besitzenden Klassen die nahezu hysterische Angst vor einer sozialen Revolution hervor. Sie waren gleichzeitig erschrocken und erstaunt über den Aufstieg der kommunistischen Weltbewegung mit ihrer ausgefeilten Organisation, ihrer Ideologie und ihrer Massenwirkung; sie begrüßten die faschistischen Bewegungen, die eine erfolgreiche Gegen-Ideologie und Gegen-Organisation mit ähnlicher Attraktivität entwickelten. Der *internationale* Charakter der kommunistischen Herausforderung ließ den Vorteil einer *nationalen* Reaktion betonen, zumal in einem Zeitalter, in dem der Nationalismus (wenn er nur richtig geschürt wurde) noch immer mit explosiver Intensität brannte. Auch konnte die ungebrochene Kraft eines Imperialismus mobilisiert werden, der von der Annahme ausging, daß innergesellschaftliche Probleme durch außenpolitische Eroberungen gelöst werden könnten. Der »wissenschaftliche Rationalismus« des Kommunismus rief den Gegen-Appell an die »irrationalen Strömungen« hervor, die in der europäischen Kultur seit der Jahrhundertwende eine so wichtige Rolle spielten. Man sollte jedoch nicht denken, daß der Faschismus ausschließlich durch seine Feindschaft zum Kommunismus geprägt wurde; mit derselben Feindschaft stand er der demokratisch-parlamentarischen Ordnung gegenüber, die das liberale 19. Jahrhundert als den »normalen« Regierungstyp für eine moderne industrialisierte Gesellschaft angesehen hatte. Dieses System wurde als degeneriert, korrupt und zur Lösung aktueller Probleme unfähig verleumdet – ein Vorwurf, der leider nicht jeglicher Berechtigung entbehrte. Der Faschismus behauptete, daß er eine kraft- und wirkungsvolle Regierungsgewalt schaffen würde, die nötig sei, um mit der kommunistischen Herausforderung und den vielen von der »liberalen Zivilisation« ungelösten Problemen fertig zu werden.

Nolte gelingt es glänzend, nicht nur die allgemeine politische, soziale und geistige Situation zu beschreiben, in der der Faschismus in Europa sich entwickelte, sondern auch die internationale Lage zu bestimmen, die ihn zu einem der wichtigsten Faktoren der Weltpolitik werden ließ. Wir wissen heute, daß das »Europäische Zeitalter« unwiderruflich 1917 mit den fast gleichzeitigen Epochenereignissen der Russischen Revolution und des Kriegseintritts der USA zu Ende ging. Diese Tatsache wurde für die Zeitgenossen jedoch durch zwei ausgeprägte politische Entwicklungen verdunkelt, deren nur vorübergehender Charakter aber nicht begriffen wurde: die Wiederbelebung des amerikanischen Isolationismus in den zwanziger Jahren und die russische Konzentration auf den Aufbau des »Sozialismus in einem

Lande«. Diese Faktoren schufen die letzte Möglichkeit zu einer »autonomen« europäischen Entwicklung, eine Gelegenheit, die von den faschistischen Bewegungen genutzt wurde, um eine europäische Hegemonie zu errichten, die nur durch die Rückwendung der Vereinigten Staaten und der Sowjetunion zu europäischen Angelegenheiten im Jahre 1941 beseitigt werden konnte.

Den aufschlußreichsten Teil in Noltes Einleitungskapitel bildet eine Systematik der verschiedenen Typen des Faschismus. Er definiert vier unterschiedliche Stufen: die »prä-faschistische«, die »früh-faschistische«, die »normal-faschistische« und die »radikal-faschistische«. Auf welche Stufe eine bestimmte Bewegung jeweils gehört, hängt von der Kombination der verschiedenen Antworten auf die folgenden Fragen ab:

(1) In welchem Verhältnis steht die entsprechende Bewegung zur traditionellen Autorität, zur Religion und zur Klassenstruktur? Es gibt sehr traditionalistische »prä-faschistische« Regime (Horthy, Pilsudski, Alexander von Jugoslawien, Salazar), weniger traditionalistische »früh-faschistische« (Franco), nicht-traditionalistische »normal-faschistische« (Mussolini) und ausgesprochen anti-traditionalistische »radikal-faschistische« Regime (Hitler – obwohl diese Eigenschaft bis zum Ausbruch des Zweiten Weltkrieges aus opportunistischen Gründen verborgen blieb). Traditionalistische Systeme sind mehr auf die Verteidigung der Vergangenheit als auf die Konstruktion einer totalitären Zukunft ausgerichtet. Ihnen fehlt jede grundsätzliche Feindschaft gegenüber solch traditionellen Institutionen wie der Monarchie, der Kirche, der Armee oder dem Adel. Die Antwort auf die erste Frage ist entscheidend, um das einzelne Beispiel eines faschistischen Systems jeweils klassifizieren zu können.

(2) In welcher Beziehung stehen die cäsaristischen, elitären und sozialistischen Eigenschaften eines Regimes zueinander? Viel hängt vom persönlichen Stil des Führers ab, was besonders deutlich wird, wenn man sich solch unterschiedliche Persönlichkeiten wie Franco oder Hitler ansieht. Die Formierung einer eigenen faschistischen Elite, die sich von den traditionellen Oberschichten abhebt, liefert ein weiteres Kriterium für die Radikalisierung. Die »sozialistischen« Züge im Faschismus bilden in mancher Hinsicht das interessanteste Problem: die »staatssozialistischen« Ziele der Zeit vor der Machtergreifung werden in der Regel vergessen, wenn man die Macht erlangt hat, nur um in der Periode des »radikalen Faschismus« unter der Einwirkung widriger außenpolitischer Umstände wieder aktiviert zu werden. Mussolinis »Republik von Salò« war stärker »sozialistisch« orientiert als sein Regime vor 1943; Hitler wurde

nur in der Phase der »totalen Mobilmachung« zu einem »Bolsche-wisten der Rechten«, als er sich von der militärischen Niederlage bedroht sah.

(3) Wie sieht das Verhältnis zwischen partikularistischen und uni-versalistischen Elementen in Theorie und Praxis aus? Der Faschismus ist zwar einerseits aggressiv nationalistisch, obwohl sein elitärer Herrschaftsbegriff in völligem Gegensatz zu der traditionellen natio-nalistischen Betonung der Einheit und der Homogenität der Nation steht, aber andererseits entwickelt er auch eine rassistische Doktrin, die über die nationalen Grenzen hinausgreift. Das Verhältnis zu anderen faschistischen Systemen wird besonders im Falle derjenigen Faschisten (zum Beispiel Quisling) problematisch, die erst als Folge der deutschen Besetzung an die Macht kamen. Quisling (angenommen, er war nicht bloß ein Opportunist) glaubte wahrscheinlich, daß das Zugehörigkeitsgefühl zum »Welt-Faschismus« stärker als seine Ver-pflichtung auf die nationale Unabhängigkeit Norwegens sei – ob-wohl die Faschisten in der Regel fanatische Verfechter der nationalen Unabhängigkeit sind.

(4) Wie ist die jeweilige faschistische Bewegung sozial zusammen-gesetzt? In ihr gibt es stets einen harten Kern aus der unteren Mittel-klasse. Die entscheidende Frage ist aber, wie weit die Bewegung auch in die oberen Schichten, die Landbevölkerung und das Proletariat hineinreicht.

(5) Worin besteht der wirkliche Zweck oder die wirkliche Funk-tion eines bestimmten faschistischen Regimes? Seine Führer suchen im allgemeinen Macht und Prestige für sich selbst – und häufig auch Beute. Diese niedrigen Motive sind auch in anderen Herrschafts-systemen nicht unbekannt und können deshalb nicht zum Zweck der Systematik dienen. Nolte meint, daß faschistische Regime vier ver-schiedene Typen der Motivation haben können. Gewöhnlich beginnen sie als Diktaturen, die inmitten einer realen oder angeblichen Anar-chie die Ordnung wiederherstellen (Festigungsdiktatur). Danach rechtfertigen sie sich durch den Anstoß, den sie zur Modernisierung der Gesellschaft geben (Entwicklungsdiktatur). Lange lassen sie sich jedoch nicht mit dem in Friedenszeiten geflochtenen Lorbeer zu-friedenstellen, Ordnung und Wohlstand geschaffen zu haben, sondern sie zeigen nun die Tendenz, auf Eroberung fremder Gebiete auszu-gehen (so werden sie zu Raumeroberungsdespotien). Das letzte Motiv, das nur im Falle Hitlers voll entwickelt war, besteht dann darin, einer leidenden Welt Erlösung zu bringen, indem man sie von einem jüdischen (oder marxistischen oder plutokratischen) Übel be-freit (Nolte nennt das Weltheilungsdespotie).

Eine erbitterte Feindschaft gegenüber der revolutionären Bewegung der Linken (die als die Speerspitze dessen interpretiert wird, was Nietzsche den »Aufstand der Sklaven« gegen die »natürliche« aristokratische Ordnung nannte) ist charakteristisch für alle faschistischen Bewegungen. Dieser Antagonismus hat selten den Charakter einer Feindschaft aus bloßer Verachtung, denn ein schwacher Gegner würde das Regime eines großen Teils seiner raison d'être berauben. Die Ablehnung wird oft von einem mehr als widerwilligen Respekt begleitet, wie Hitlers neidische Bewunderung für Stalin (vor allem nach der Verschwörung vom 20. Juli 1944, die zeigte, daß der sowjetische Diktator mehr Geschick in der Behandlung seiner Generäle bewies als Hitler) und Mussolinis lebenslange Bewunderung Lenins beweisen. Die Feindschaft gegenüber dem Kommunismus teilen auch demokratische und traditionale Systeme mit dem Faschismus, aber sie unterscheiden sich von ihm in der Qualität und der Intensität ihrer Reaktion. Die Faschisten begegnen der Gefahr der kommunistischen Ideologie mit der Entwicklung einer eigenen radikalen Gegen-Ideologie, während die demokratischen Regime weiterhin pluralistisch-freiheitlich bleiben und die traditionalen Systeme ihre überkommenen Werte bloß wiederholen. Die Faschisten antworten auf die Drohung der kommunistischen Organisation mit der Entwicklung einer Gegen-Organisation, während die demokratischen Systeme sich auf die praktische Vernunft ihrer Bürger verlassen[1] und die traditionalen zu verstärkten Polizeimaßnahmen Zuflucht nehmen.

Es ist eine bekannte Tatsache, daß die faschistischen Regime viele Merkmale des von ihnen bekämpften kommunistischen Feindes annahmen: Terror, Konzentrationslager, Einparteien-Diktatur und Zerstörung der menschlichen »Privatsphäre«. Zum Zwecke der Analyse ist es jedoch wichtig, Kommunismus und Faschismus scharf zu trennen. Sie unterscheiden sich in den verkündeten Zielen, im ideologischen Gehalt, in den Umständen der Machtergreifung und in den Gruppen, an die sie sich jeweils wenden. Die Faschisten suchen die Größe der Nation, was einen rassistischen Internationalismus nicht auszuschließen braucht; die Kommunisten streben nach dem weltweiten Sieg der Arbeiterklasse, was einen starken russischen

1. Das ist zumindest der Idealfall. Aber in Wirklichkeit verfallen auch demokratische Systeme häufig auf faschistische Methoden, wenn sie den Kommunismus bekämpfen, wie das in den USA in der Ära McCarthy geschah. Man muß wohl nicht hinzufügen, daß ein himmelweiter Unterschied zwischen faschistischen Methoden innerhalb eines vorwiegend liberalen Systems und dem Faschismus an sich besteht.

Nationalismus nicht auszuschließen braucht. Die Faschisten stehen in der offen verkündeten Revolte gegen die Ideen von 1789; die Kommunisten posieren als die Erben und Vollstrecker dieser Ideen. Der Faschismus hat einen gemischten und verworrenen ideologischen Gehalt; der Kommunismus brüstet sich mit der alles umfassenden Logik seiner Weltanschauung. Der Faschismus sucht seinen Stolz in einer irrationalen Welt des Kampfes; der Kommunismus zielt letztlich auf eine Welt voller Frieden und Harmonie (was einen gewissen Stolz auf die gewaltsamen Methoden nicht ausschließt, die vor der Verwirklichung der Utopie nötig sind). Der Faschismus hat in einigen hochentwickelten Gesellschaften durch den Mißbrauch des politischen Wahlprozesses gesiegt (Deutschland); der Kommunismus kommt typischerweise durch militärische Besetzung oder den Gebrauch von Gewalt in zurückgebliebenen Gesellschaften an die Macht, die durch andauernde militärische Belastung demoralisiert worden sind (Rußland, Jugoslawien, China). Der Faschismus zieht besonders die untere Mittelklasse und Teile der verängstigten Oberklasse an; Der Kommunismus findet im allgemeinen seine größte Resonanz bei Teilen der Arbeiterschaft, den Bauern und der Intelligenz. Schließlich besteht der Faschismus aus einer Reihe nationaler Bewegungen, denen es an einer gemeinsamen zentralisierten Leitung fehlt; während der Kommunismus eine zentristisch organisierte Weltbewegung ist, in der jede Mitgliedspartei die von einer einzigen Zentrale erlassenen Befehle befolgt. (Dies galt zumindest bis zum Bruch zwischen Moskau und Peking.) Alle diese Gründe rechtfertigen Nolte, wenn er den Faschismus als wichtiges und eigenständiges Objekt historischer Forschung wählt, anstatt der gegenwärtigen Modeströmung zu folgen – das gilt für die politische Wissenschaft –, das umfassendere Phänomen des »Totalitarismus« zu erforschen. Nolte umgrenzt seinen Gegenstand durch die folgende Arbeitsdefinition: »Faschismus ist Anti-Marxismus, der den Gegner durch die Ausbildung einer radikal entgegengesetzten und doch benachbarten Ideologie und die Anwendung von nahezu identischen und doch charakteristisch umgeprägten Methoden zu vernichten trachtet, stets aber im undurchbrechbaren Rahmen nationaler Selbstbehauptung und Autonomie.« (S. 51) Diese Definition ist offensichtlich auf die Phase des »normalen Faschismus« innerhalb der bereits erwähnten Vier-Phasen-Klassifizierung zugeschnitten; sie gilt weder für den Präfaschismus (in dem Ideologie und Organisation in einem embryonalen Zustand verharren) noch für den radikalen Faschismus (bei dem der Rahmen des Nationalstaates einfach durchbrochen wird, wie das unter Hitler geschah). Man kann feststellen, daß die vier Typen des Faschismus, wie

Nolte sie entwickelt hat – die nicht notwendigerweise Stufen einer Entwicklungssequenz bilden –, ausreichend gemischt sind, um dem Vorwurf begegnen zu können, er habe seine eigene systematische Definition über verschiedenartige Phänomene gestülpt. Die Grenzlinie zwischen dem Präfaschismus und dem einfachen (nichtfaschistischen) Traditionalismus ist offenbar fließend: Bis heute ist nur ein vollständig entwickeltes Beispiel eines »radikalen Faschismus« bekannt (der Nationalsozialismus) und kann deshalb auch nur durch seine ihm eigentümlichen Qualitäten beschrieben werden. Nolte ist zu sehr Historiker, um zum Gefangenen irgendeiner generellen Definition zu werden (seine eigene eingeschlossen), und dennoch erfüllt seine Definition den nützlichen Zweck, die gemeinsamen Wesenszüge einer großen Anzahl bekannter faschistischer Bewegungen zu identifizieren.

Nolte stützt seine Auffassung vom Faschismus als einem eigenständigen Phänomen (dessen zahlreiche Arten sich einem Gattungsbegriff unterordnen lassen) durch einen Appell an den consensus auctorum. Recht unterschiedliche Autoren, die höchst verschiedenartige Interpretationen angeboten haben, stimmen doch alle darin überein, daß es ein Gesamtphänomen »Faschismus« gibt, das der Erklärung bedarf. Nolte liefert eine bewundernswert ehrliche Übersicht über alle bisher vorgebrachten generellen Interpretationen des Faschismus: die marxistische (Franz Neumann), die liberale (Luigi Salvatorelli), die christliche (Luigi Sturzo), die konservative (Hermann Rauschning), die psychoanalytische (Ignazio Silone) und die soziologische (Talcott Parsons).[1] Der consensus auctorum in bezug auf den »einheitlichen Faschismus« wird noch durch das Gefühl der Solidarität unter den Faschisten selbst verstärkt; die Sympathie für andere Faschisten war häufig für Aktionen verantwortlich, die eindeutig dem eigenen Interesse zuwiderliefen, wie Nolte an Beispielen aus der Entwicklung von Maurras, Mussolini und Hitler zeigt.

1. Nolte hält alle diese Deutungen für sehr nützlich, denen er seine eigene im Schlußteil dann noch zugesellt. Er sieht jedoch keinen Sinn in der »anti-deutschen« Interpretation (zum Beispiel die von William L. Shirer), die den Nationalsozialismus nur als die extreme Manifestation eines durchgängig verderbten deutschen Nationalcharakters versteht. Auch wenn das stimmen würde, so besitzt dieser Zugang jedoch keinen Wert für die Deutung des Faschismus als allgemeines Phänomen – in der Tat schließt sie nämlich eine sinnvolle Generalisierung durch die hypnotische Fixierung auf den spezifischen deutschen Fall aus, der, obwohl er eine besonders berüchtigte Spezies darstellt, nichtsdestoweniger unter den allgemeinen Genus »Faschismus« subsumiert werden kann.

Die Folgerung, die aus der Klassifizierung, der Definition und den methodologischen Bemerkungen[1] des Verfassers gezogen werden kann, lautet, daß der Faschismus ein sinnvolles, eigenständiges Studienobjekt bildet und daß er das beherrschende Phänomen jener Epoche gewesen ist, die der unseren unmittelbar vorherging (mit dem Jahr 1945 als geschichtlicher Wasserscheide). Nolte weiß, daß wenn er den Faschismus erschöpfend behandeln wollte, er nichts weniger als eine Geschichte der gesamten Epoche von 1919 bis 1945 zu schreiben hätte. Nur die verschiedenen faschistischen Bewegungen eingehend zu studieren, würde offensichtlich schon die Kraft und die sprachlichen Kenntnisse eines einzelnen Forschers übersteigen. Nolte hat sich deshalb klugerweise darauf beschränkt, in seinem einleitenden Teil zu skizzieren, was zum Forschungsprogramm eines zukünftigen internationalen Zentrums zum Studium des Faschismus werden könnte. Nachdem er solch ein Gesamtprogramm vorgeschlagen hat, widmet er den größten Teil des Buches einer eingehenden Untersuchung dreier wichtiger Fälle: der Action Française, dem italienischen Faschismus und dem deutschen Nationalsozialismus.

III.

Hier kann nicht der Versuch unternommen werden, die vielen Einzelthemen zu erörtern, die in den drei Fallstudien des Hauptteils von *Der Faschismus in seiner Epoche* entwickelt werden. Jede von ihnen bildet eine gediegene Monographie, die auf der meisterhaften Beherrschung umfangreicher Literatur beruht; jede von ihnen sucht Antworten auf spezifische Probleme und vermeidet die bloße Erzählung allgemein bekannter Tatsachen. Ein gewisser Mangel an chronologischer Proportionierung ergibt sich als unvermeidliche Begleiterscheinung des selektiven Vorgehens Noltes. Um nur ein Beispiel zu nennen: die Geschichte des italienischen Faschismus, bevor er an die Macht kam (drei Jahre, 1919 bis 1922), wird auf 94 Seiten behandelt, während der Faschismus an der Macht (23 Jahre, 1922 bis 1945) auf 43 Seiten zusammengedrängt wird. Diese Dispropor-

1. Diese sind in bewundernswerter Weise im besten Sinne des Wortes selbstbewußt. Siehe dazu seine Bemerkungen über die Schwäche der »typologischen« Methode (S. 52) und die Widerlegung möglicher Einwände gegen seine eigene »phänomenologische« Methode, die dem vom Faschismus entwickelten Selbstverständnis große Bedeutung zumißt (S. 53–55).

tion wird jedoch vollkommen durch die bedeutsame These gerechtfertigt, die Nolte über den jungen Mussolini und sein problematisches Verhältnis zur frühen faschistischen Partei (was beides noch später diskutiert wird) entwickelt. Bemerkenswert ist die ausgezeichnete Gesamtgliederung des Buches. Jeder der drei Abschnitte über die Action Française, den italienischen Faschismus und den deutschen Nationalsozialismus ist in Unterkapitel aufgeteilt, die sich jeweils mit der Geschichte der Bewegung (die Biographie ihrer Führer dabei eingeschlossen), ihren Traditionen (das heißt: der Verwurzelung im kulturellen Erbe des entsprechenden Landes), ihren Praktiken (das heißt: der organisatorischen Struktur vor der Machtergreifung und der institutionellen Entwicklung danach) und ihrer Doktrin beschäftigen. Nolte interessiert sich vor allem für die Wechselwirkung zwischen diesen vier Faktoren, die sich ihm bei seiner vergleichenden Methode in den drei untersuchten Fallstudien sehr unterschiedlich darstellt.

Am besten läßt sich ein Eindruck von der Reichhaltigkeit der Arbeit Noltes vermitteln, wenn einige Ergebnisse seiner vergleichenden Beobachtung dargelegt werden. Die Behandlung der drei Führer – Charles Maurras, Benito Mussolini und Adolf Hitler – ergibt eine glänzende Studie der Ähnlichkeiten und Gegensätze. Jeder wurde in der Provinz als Sproß des katholischen Kleinbürgertums geboren und besaß das Selbstvertrauen des self-made man; jedem gelang es in beachtlichem Maße, seinen persönlichen Stil der von ihm geführten Bewegung aufzuprägen, obwohl dies weniger für Mussolini als für die beiden anderen gilt. Sie unterschieden sich jedoch völlig in ihrer Persönlichkeit, ihrer politischen Fähigkeit und ihrem intellektuellen Zuschnitt. Seit ungefähr seinem dreißigsten Lebensjahr verband sich bei Maurras eine feinsinnige artistische Natur mit einer völligen Unbeweglichkeit seiner wesentlichen Ansichten. Seine Starrheit ließ ihn für diejenigen, die von seinen Auffassungen angezogen wurden, zu einem nur noch überzeugenderen Lehrer werden, aber sie machte ihn nicht zum politischen Führer, da er durch sie weder zu Kompromissen bereit noch zur Anpassung an veränderte Umstände fähig war. Seine mangelnde Flexibilität brachte ihn in jene so tragische und falsche Position der Jahre 1940 bis 1945 und trug ihm nach der Befreiung Frankreichs auch Prozeß und Gefängnis ein. In Wirklichkeit hatte Maurras niemals aus *subjektiver* Absicht mit den Deutschen kollaboriert; er hatte nur einfach nicht begriffen, daß seine antisemitischen Tiraden durch den neuen Umstand, daß die Gestapo jetzt Juden im besetzten Frankreich jagte, eine andere Bedeutung bekommen hatten.

Im Gegensatz dazu war Mussolini ein außerordentlich praktischer Mensch mit großer Flexibilität und Anpassungsfähigkeit. Man kann ihn leicht als einen bloßen Opportunisten brandmarken, aber Nolte zeigt, daß zumindest sein am heftigsten umstrittener Positionswechsel – die Schwenkung vom sozialistischen Internationalismus zum nationalistischen Interventionismus im Jahre 1914 – seinen persönlichen Interessen eigentlich zuwiderlief: Er gab eine einflußreiche Stellung in der Sozialistischen Partei auf und ging Jahren der Unsicherheit und Isolierung entgegen. In einem der brillantesten Abschnitte des Buches gelingt es Nolte, mit beträchtlicher Sympathie die geistige Entwicklung Mussolinis nachzuzeichnen, in der er eine anhaltende sozialistische Note durch alle Phasen hindurch feststellt. Vor 1914 war Mussolini ein glühender Marxist, jedoch einer, der der »Lebensphilosophie«, wie sie von Nietzsche vertreten wurde (der ihn weitaus stärker als etwa Bergson oder Sorel beeinflußte), gegenüber offen blieb. Nolte zeigt, daß Mussolinis Ansichten vor dem Kriege oft hart bis an die Grenzen dessen, was man als orthodoxen Marxismus betrachten könnte, gingen (genau wie in dem vergleichbaren Fall Lenin), daß er aber diese Grenzen nie eindeutig überschritten habe.[1] Die Entscheidung, 1914 Italiens Eintritt in den Krieg zu unterstützen, konnte mit der marxistischen Formel vom erlaubten Befreiungskrieg gedeckt werden; in den Augen Mussolinis war sie ein Teil der notwendigen Aufgabe, den italienischen Marxismus von seiner doktrinären Starre zu befreien. Nach seinen eigenen Worten hatte er das Ziel: »Die sozialistischen Ideale bekräftigen und im Lichte der Kritik unter der gegenwärtigen schrecklichen Lektion der Fakten revidieren.« (S. 225) Er verärgerte viele seiner Anhänger, als er 1921 erklärte, die Erziehung der Sozialisten zu »nationaler Verantwortung« sei eines der vordringlichsten Ziele der faschistischen Partei. Im selben Jahr erwog er eine parlamentarische Koalition mit den Sozialisten und den Popolari, und es gibt einigen Grund zu der Annahme, daß er noch 1925 Turati, den Führer der Sozialisten, in seine Regierung aufnehmen wollte. Seine Diktatur war zumindest bis 1935 vorwiegend eine Entwicklungsdiktatur mit großen Leistungen in der Modernisierung Italiens. Nolte hält abschließend das ausgeprägt sozialistische Programm der »Republik von Salò« der Jahre 1943 bis 1945 fest: Zu der Zeit bereute Mussolini dann

1. Dieses Thema wird ausführlicher in dem aufschlußreichen Artikel behandelt: Ernst Nolte: *Marx und Nietzsche im Sozialismus des jungen Mussolini,* in: Historische Zeitschrift, Bd. 191/1960, S. 249–335.

offen die Zugeständnisse, die er auf der Höhe seiner Macht der Monarchie und Plutokratie gemacht hatte.

Was für eine andere Gestalt war da aber Hitler! Bei dessen Charakterisierung ist Nolte gezwungen, seine bevorzugte Methode einer »intellektuellen Biographie« durch eine psychologische Betrachtungsweise zu ersetzen, die die monomanen, infantilen und von Angst besessenen Züge in Hitlers Persönlichkeit unterstreicht. Seine systematische Doktrin (wenn man seine unfertigen Gedanken solch einer Bezeichnung überhaupt für wert hält) besaß die ganze statische Festigkeit der Vorstellungswelt von Maurras, obwohl sie natürlich auf einem viel niedrigeren intellektuellen Niveau angesiedelt war. Hitlers Grundprämisse war die Angst vor der Zukunft der deutschen Rasse, die er durch eine jüdische Weltverschwörung tödlich bedroht sah. Diese wahnhafte Furcht bildete den unveränderten Grundakkord der Weltanschauung Hitlers von seinen frühesten politischen Äußerungen in Wien bis zu seinem in der zertrümmerten Berliner Reichskanzlei verfaßten Testament.[1] Hitler muß in seinen antisemitischen Überzeugungen als ein »ehrlicher Fanatiker« charakterisiert werden. Was seinen Werdegang aber so entsetzlich macht, ist die Tatsache, daß er diesen Fanatismus mit jenem taktischen Gespür verband, das zur Gewinnung politischer Macht notwendig ist, und daß er diese Macht dazu gebrauchte, seine imaginären Wahnvorstellungen in die physische Vernichtung aller Juden innerhalb seines Machtbereichs zu übersetzen. Solange er konnte, verfolgte er dieses Programm mit fanatischer Zähigkeit und hinterließ es noch kurz vor seinem Selbstmord seinen Nachfolgern als Vermächtnis.

Nebenbei beobachtet: die Art und Weise, in der die drei Führer starben, ist symptomatisch für einen großen Teil ihres Lebens. Maurras behielt seine Starrheit auch im Gefängnis (1945 bis 1952), aber kurz vor seinem Tode kehrte er zum katholischen Glauben zurück, ein Zeichen, daß er noch nicht jegliche Verbindung zum christlichen Konservativismus verloren hatte, der an der Wiege seiner Art von Präfaschismus gestanden hatte. Andererseits zeigte Mussolini eine Flexibilität, die schon fast nicht mehr von Schwäche zu unterscheiden ist und die nur durch seine persönliche Desintegration erklärt werden

---

1. Nolte hat eine wichtige neue Quelle entdeckt, die die zentrale Rolle des Antisemitismus in Hitlers Weltanschauung belegt: Dietrich Eckart: *Der Bolschewismus von Moses bis Lenin. Zwiegespräch zwischen Adolf Hitler und mir,* München 1924. Eine ausgezeichnete Analyse dazu gibt Nolte in seinem Aufsatz: *Eine frühe Quelle zu Hitlers Antisemitismus,* in: Historische Zeitschrift, Bd. 192/1961, S. 584–606.

kann. Er ließ es zu (völlig unnötig, wie es scheint), daß man nach der berühmten Sitzung des Großen Faschistischen Rates am 25. Juli 1943 ihn »legal« seiner Macht beraubte. In der Zeit von Salò ließ er sich zu einer Puppe der Deutschen erniedrigen, die er doch stets gehaßt hatte, obwohl er sich manchmal von deren Macht und Erfolg hypnotisieren ließ. Schließlich ließ er sich in der Verkleidung einer deutschen Uniform gefangennehmen und unter Umständen töten, die in keinerlei Beziehung zu seiner geschichtlichen Rolle standen. Er bewies so, daß, wenn es darauf ankam, er *nicht* ein Mann von fanatischer Überzeugung war, der sich seiner Umwelt aufzwingen konnte. Hitlers Tod unterschied sich davon sehr: Nachdem er die unangefochtene Kontrolle über den deutschen Regierungsapparat bis zum Schluß behalten hatte, beging er Selbstmord; die Art und Weise, in der er starb, schloß einen Mißbrauch seines Leichnams aus, wie man ihn mit dem ermordeten Mussolini getrieben hatte, der wie ein geschlachtetes Schwein in Mailand zur Schau gestellt worden war. Er hinterließ seinen Nachfolgern ein schrilles Testament, von dem er glaubte, daß es noch historische Wirksamkeit erlangen würde. »Hitlers letzte Tage« sahen eine nur noch gesteigerte Übertreibung der pathologischen Züge seiner Persönlichkeit: sie blieben ohne die Erleichterung auch nur der geringsten Spur von Selbstprüfung, geschweige denn Reue.

Die drei analysierten Bewegungen standen in einem sehr unterschiedlichen Verhältnis zu den nationalen Traditionen des jeweiligen Landes. Die Action Française bildete eine keineswegs eindrucklose Synthese aus den Elementen von drei französischen ideologischen Schulen: dem christlichen Konservativismus (de Maistre, Bonald), dem kritischen Liberalismus (Comte, Le Play, Renan, Taine, Fustel de Coulanges) und dem radikalen Konservativismus (de la Tour du Pin, Drumont, Barrès). In einem Teil der nationalen Tradition war sie also fest verwurzelt, während sie aber den anderen größeren Teil, der durch die Ideen von 1789 symbolisiert wird, entschieden ablehnte. Der italienische Faschismus sah sich andererseits nur mit einer einzigen lebendigen nationalen Tradition konfrontiert, dem Risorgimento: er konnte sich nie klar darüber werden, ob er sich als Fortsetzung, Erfüllung oder Ablehnung dieser glorreichen Phase der italienischen Geschichte verstehen sollte. Jedenfalls steht außer Frage, daß der Faschismus nie tief in der italienischen Gedankenwelt verwurzelt war. Die zwar ziemlich gemischten, aber nicht zu unterdrückenden nationalen Traditionen des Katholizismus, des Radikalismus und des Anarchismus machten Italien immun gegenüber einer tiefgreifenden Faschisierung (eine Tatsache, die Nolte nur unzureichend betont). Der Nationalsozialismus wurzelte in einer antisemitischen Tradition, die einen stärker internationalen als einen ausgesprochen deutschen Charakter trug (Gobineau, Vacher de Lapouge, Chamberlain), obwohl sie wahrscheinlich mehr – und vor allem auch begeistertere – Anhänger in Deutschland als in den anderen westeuropäischen Ländern hatte. Der Rezensent ist der Meinung, daß Nolte nur unzulänglich die *indirekten* Wurzeln des Nationalsozialismus in bestimmten Faktoren der deutschen Geschichte (zum Beispiel im anachronistischen Weiterbestehen des autoritären Obrigkeitsstaates) herausstellt. Obwohl die deutsche Geschichte *nicht* protonationalsozialistisch von Natur aus war (wie Shirer und seinesgleichen meinen), verhinderte sie nichtsdestoweniger die reife Entwicklung jener modernen Kräfte – Liberalismus, demokratischer Sozialismus, Linkskatholizismus, verantwortungsbewußter Konservativismus –, die allein dem faschistischen Angriff wirksamen Widerstand hätten entgegensetzen können. (Dieser Punkt wird später noch eingehend erörtert.)

Die interessantesten Vergleiche können jedoch auf dem Gebiet der *Praxis* sowohl vor als auch nach der faschistischen Machtergreifung gemacht werden. Nolte zeigt glänzend, wie die Action Française in einer manchmal teils embryonalen, teils verfeinerten Art bereits viele der institutionellen Merkmale des Faschismus vorweggenommen hat: die »Camelots du Roi« die Sturm-Abteilungen, die »Nouvelle Librairie Nationale« den Eher-Verlag, das »Institut d'Action Française« die nationalsozialistischen Ordensburgen. Für Vergleichszwecke ist der Wert der Action Française jedoch durch den Umstand begrenzt, daß sie niemals an die Macht kam, während der italienische Faschismus und der Nationalsozialismus ein unbegrenztes Feld für historische Vergleiche bieten. Sowohl Mussolini wie Hitler errangen die Kontrolle über den Staat, als die oberen Schichten angesichts der kommunistischen Gefahr von Panik ergriffen wurden und dachten, daß eine faschistische Regierung notwendig sei, um den sozialen status quo zu erhalten; auch vertrauten diese Gruppen darauf, daß der Duce oder der Führer ihren extremistischen Gefolgsleuten Zügel anlegen würden. Ihr Unbehagen über das faschistische Rowdytum beruhigten sie mit dem Glauben, daß die Macht im allgemeinen auch Verantwortungsbewußtsein erzeuge. Beträchtliche Unterschiede gab es jedoch in den Bedingungen, unter denen die Macht erlangt wurde. Das Italien von 1920 bis 1922 befand sich in einer echten Bürgerkriegssituation; Deutschland kannte von 1930 bis 1933 nur sporadische – wenn auch für ein zivilisiertes Land völlig unerträgliche –

Ausbrüche von Gewaltsamkeit. Mehrere Jahre lang mußte Mussolini die Erfahrung einer organisierten Opposition machen, und sogar innerhalb der faschistischen Bewegung blieb er lange eine umstrittene Figur; die frühe deutsche Opposition gegen Hitler wurde durch die Tatsache gelähmt, daß die Mehrheit des deutschen Volkes sich 1933 einer euphorischen Stimmung nationaler Revolution hingab. Die Nationalsozialisten errichteten ihre totalitäre Diktatur innerhalb von Monaten, wobei sie nach Plänen vorgingen, die eindeutig vorher ausgearbeitet worden waren; auf der anderen Seite gab sich Mussolini einige Jahre lang damit zufrieden, eine Mehrparteien-Koalition zu führen, und er wurde in gleichem Maße durch den zähen Widerstand seiner Gegner (die sich weigerten, ihre Kritik nur auf Einzelheiten zu beschränken, sondern die die Fundamente des Systems angriffen) wie auch durch den Extremismus seiner Anhänger zu totalitären Praktiken getrieben. Der Antagonismus zwischen Parteimitgliedern und Sturmabteilungen (der für die frühe Geschichte des Nationalsozialismus so bedeutsam ist) war im frühen italienischen Faschismus fast unbekannt, wo die Mitgliedschaft in der Partei und in den Kampfeinheiten nahezu identisch war. Hitler wollte die Menschen in öffentlichen Versammlungen zu seiner Weltanschauung bekehren, und er benutzte die SA in erster Linie zur Entfernung fremder Elemente, die die emotionale Kommunion zwischen Führer und Gefolgschaft zerbrechen könnten. Als Röhm versuchte, die SA zu einer Hilfsarmee aufzuwerten, erweckte das den Verdacht Hitlers. Mussolini wußte keine zusammenhängende Weltanschauung zu predigen, deshalb spielten öffentliche Versammlungen in seiner Bewegung auch nicht die zentrale Rolle; die squadristi erfüllten nicht die gleichen genau umschriebenen Funktionen wie die SA, sondern sie entwickelten sich während des Bürgerkrieges, der von 1919 bis 1922 in mehreren Teilen Italiens wütete, recht unabhängig von Mussolini.

Ganz besonders deutlich werden die Unterschiede zwischen dem italienischen Faschismus und dem Nationalsozialismus und treten nach der jeweiligen Machtergreifung auffallend zutage. Beide Regime basierten auf einer potenten Kombination von spontaner Zustimmung, Propaganda und Terror; es gab in Italien jedoch nichts, das mit dem offen sanktionierten Terror, der am 30. Juli 1934 in Deutschland hervorbrach, hätte verglichen werden können. Beide Regime zielten auf die Eroberung fremder Gebiete, aber unterschieden sich in kennzeichnender Weise in der Wahrnehmung der Gelegenheiten und in der letzten Absicht. Mussolini führte eine Nation mit nur einem marginalen Potential zur Großmacht; er konnte Abessinien und Albanien nur durch die geschickte Ausnutzung einer internationalen Situation erobern, die er selber nicht geschaffen hatte. Hitler kontrollierte eine Großmacht, die immer noch in der Lage war, einen größeren Krieg zu beginnen und durchzuhalten, wenn auch nicht zu gewinnen. Der 1939 entfesselte Krieg war von Anfang an weit mehr als nur ein konventioneller »Krieg der nationalen Wiederherstellung«, der die noch verbliebenen Fesseln von Versailles sprengen sollte; er war sogar mehr als ein konventioneller »Eroberungskrieg«, der die Dezimierung der slawischen Völker zum Ziele hatte, um Lebensraum im Osten zu gewinnen. In Wirklichkeit war dieser Krieg Ausdruck der besessenen Furcht Hitlers vor dem »jüdischen Übel«, das er durch die völlige Auslöschung der europäischen Judenheit zu heilen suchte. Hitler war nur imstande, seine phantastische Politik, die aus einer persönlichen Wahnvorstellung stammte und die er mit einer in der Geschichte seltenen systematischen Strenge anwandte, durchzusetzen, weil er ein bemerkenswert gefügiges Volk beherrschte. Im italienischen Faschismus gab es nichts Vergleichbares, obwohl man die abscheuliche Mißhandlung der eroberten Abessinier oder die Einführung der antisemitischen Gesetzgebung im Jahre 1938 (anscheinend ohne starken deutschen Druck) nicht verniedlichen darf.

Eine Schwäche dieses Buches, die meiner Meinung nach ihren Grund darin hat, daß der Autor mehr an einer systematischen als an einer historischen Behandlung des Faschismus interessiert ist, liegt darin, daß er keine angemessene Erklärung dafür liefert, warum der Faschismus in Deutschland so eine eigenständige Form annahm. Absurd wäre die Behauptung, daß die überwiegende Mehrheit des deutschen Volkes die in seinem Namen begangenen Grausamkeiten billigte (oder gar davon wußte); aber es muß auch gesagt werden, daß alles, was geschah, insgesamt eine zu große Billigung fand, nur *weil* es von einer rechtmäßig gebildeten Autorität veranlaßt wurde, und daß weithin der Wunsch herrschte, *überhaupt nichts wissen zu wollen.* Nolte urteilt in einer beachtenswerten Passage, daß wenige Deutsche den ganzen Schrecken der nationalsozialistischen Politik wissen *mußten*, daß aber alle einen bedeutsamen Teil der Wahrheit wissen *konnten* (S. 438). Der Grund für ihr Verhalten muß als erstes in der menschlichen Natur im allgemeinen gesucht werden, von der man vernünftigerweise weder große politische Einsicht noch moralischen Mut erwarten kann; außerdem muß man immer in Erinnerung behalten, daß der geringste Protest gegen die nationalsozialistischen Grausamkeiten zerstörende Folgen nicht nur für die eigene Person, sondern auch für die ganze Familie nach sich zog. Diejenigen von uns, die sich niemals in einer vergleichbaren Situation befunden haben, sollten jedes pharisäische Urteil vermeiden. Nichtsdestoweniger stimmt es aber auch, daß die Billigung der Politik einer kriminellen Regierung dem deutschen Charakter entsprach, wie er (selbstverständlich nicht für alle Zeiten, sondern nur für die hier betrachtete Zeitspanne) durch die Gegebenheiten der unseligen neueren Geschichte Deutschlands geprägt worden war. Bismarck, der es wissen mußte, beklagte einmal den Mangel an Zivilcourage bei seinen Landsleuten; dieser Mangel paßte genau in eine Tradition, die die Bedingungen für eine Regierung schuf, die sicherlich die ungeheuerlichste in der ganzen uns überlieferten Geschichte war. Solche Erwägungen gehen eindeutig über das hinaus, was in einer Rezension behandelt werden kann. Hier genügt allein die Feststellung, daß Nolte die einzigartigen Züge des deutschen Faschismus zwar *beschreibt*, daß er aber – im Gegensatz zu seiner sonstigen Gewohnheit – zu wenig versucht, sie auch zu *erklären*.

IV.

Trotz dieser letzten Einschränkung hat Nolte in der vergleichenden Erforschung des Faschismus eindrucksvolle Ergebnisse zutage gefördert, und er ist sich eindeutig der vollentwickelten Individualität jedes der drei untersuchten Systeme deutlich bewußt (in der Tat betont er sie noch). Sein Hauptinteresse liegt aber doch in der Interpretation des Faschismus als einer *allgemeinen* Erscheinung. Das ist der Zweck des Schlußteils über den »Faschismus als transpolitisches Phänomen«: hier liefert er eine umfassende Theorie mit vielen Elementen, die explizit dem Denken von Karl Marx, Friedrich Nietzsche und Max Weber entnommen sind. Diese Theorie kann folgendermaßen umrissen werden: Beherrschende Tatsache der neueren Geschichte ist die evolutionäre Entstehung der »bürgerlichen Gesellschaft«, ein Begriff, den Nolte gebraucht, um im wesentlichen das zu beschreiben, was Marx in dem berühmten Abschnitt des Kommunistischen Manifestes behandelte, in dem er die Errungenschaften des Bürgertums würdigte: die Auflösung der einengenden *partikularen* Bindungen an die Klasse, die Nation, die Religion und so weiter, indem die Gesellschaft durch einen hohen Grad von *Universalität* bestimmt wird. Nolte nennt diese Entwicklung (in der die Industrialisierung das entscheidende Element bildet) »praktische Transzendenz« – das heißt: das *innerweltliche* Überschreiten all jener Partikularitäten, die früher die Freiheit der Menschen eingeschränkt haben. Die Sehnsucht des Menschen nach der Freiheit von partikularen Bindungen ist natürlich viel älter als der moderne

Industrialisierungsprozeß; sie bildet in Wirklichkeit eines der Hauptthemen der okzidentalen Geschichte, seit der philosophische Standpunkt des Idealismus zum erstenmal im klassischen Griechenland von Parmenides formuliert wurde. Nolte bezeichnet die idealistische Position mit ihrer Gegenüberstellung der Welt der Dinge (die durch die Gesetze der Zahl, des Raumes und der Zeit begrenzt ist) zu der Welt des »wahren Seins« (oder dem »Einen«, oder der »Natur« oder »Gott« – die alle ein Einziges, Unendliches und Ewiges ausdrücken) als »theoretische Transzendenz« – das heißt: ein Überschreiten der Begrenztheiten dieser Welt, indem man in die überirdische Welt der Theorie eintritt. Die Trennung zwischen den Dingen und dem »wahren Sein« spiegelt sich in der menschlichen Natur in der Trennung zwischen unserer partikularen konkreten Existenz und unserer Fähigkeit zu universellem abstrakten Denken wider. Letzteres erlaubt uns, die Welt des »wahren Seins« zu betreten und aus ihr allgemeine Ideale zu gewinnen, die dann dazu verwandt werden, die partikulare Welt der Dinge zu kritisieren. Daraus erwächst ein *Verlangen*, daß die Welt geändert werde, und ein *Glaube*, daß diese Änderung möglich sei: dies hat sich als eine der Triebkräfte des modernen »emanzipatorischen Prozesses« erwiesen, und in diesem Sinne ist die theoretische Transzendenz ein Faktor der praktischen Transzendenz. Die Verwirklichung der praktischen Transzendenz ist eines der größten Ereignisse in der Geschichte, denn das bedeutet, daß »Philosophie und Religion nicht mehr mit Selbstverständlichkeit als die einzigen Möglichkeiten der Beziehung zum Ganzen empfunden werden« (S. 519). Nun besteht die Möglichkeit, daß der Mensch von den partikularen Bindungen schon in *dieser* Welt befreit werden kann – das ist zumindest die utopische Vision von Marx, der glaubte, daß die noch verbliebenen partikularen Fesseln, die den Menschen in der bürgerlichen Gesellschaft immer noch gefangenhielten (Ausbeutung, Unterwerfung unter die Arbeitsteilung und politische Herrschaft), mit der Verwirklichung des Sozialismus beseitigt werden könnten. Theoretische Transzendenz wäre dann nicht mehr länger nötig, da das Streben des Menschen nach Freiheit durch den Triumph der praktischen Transzendenz vollkommen befriedigt sein würde.[1]

1. In einem gesonderten Kapitel (S. 535–540) liefert Nolte eine ausgezeichnete Darstellung der Kritik Max Webers an den utopischen Elementen im Marxismus. Er bemerkt – ich glaube in einem Ton des Vorwurfs –, daß Max Weber der bürgerlichen Gesellschaft mit einer Art »zögernden Mutes« begegnete. Seine Meinung über Weber wird ausführlich in dem wichtigen Artikel *Max Weber vor dem Faschismus*

Diese Paraphrase des philosophischen Rahmens bei Nolte bestätigt sicherlich seine mit einem Anflug von Selbstironie getroffene Feststellung: »Damit scheint sich die Erörterung sehr weit vom Faschismus weg in die Unanschaulichkeit philosophischer Terminologie entfernt zu haben.« (S. 521) Es ist zwar kaum wahrscheinlich, daß Nolte Marxens Vision vom vollkommen freien Menschen teilt, der vollständig in eine Welt der praktischen Transzendenz integriert ist (obwohl der Schlußabschnitt des Buches auf den ersten Blick utopische Anklänge hat), aber er behauptet recht eindeutig die Unaufhaltsamkeit des »Fortschritts« zu praktischer Transzendenz. Die Verurteilung des Bolschewismus fällt verhältnismäßig milde aus, weil dieser zumindest – wie groß auch immer seine Vergehen sein mögen – die praktische Transzendenz vorwärts bringe, obwohl die Anwendung von Zwang und die Unterdrückung der Kritik viele unerfreuliche Züge entstehen ließen. Es gereiche der bürgerlichen Gesellschaft zum Ruhm, daß sie den spontanen »Fortschritt« ermutige und mit großer Selbstkritik begleite, nur entstehe so die Gefahr, daß diese Kritik zu unmittelbarer Transzendenzfeindlichkeit degeneriere. Kritik innerhalb der Grenzen grundsätzlicher Anerkennung der Transzendenz sei zu loben; die direkte Ablehnung der Transzendenz findet Nolte zwar verständlich, aber er beteuert beharrlich, daß so die ohnehin schon schwierig zu lösenden Probleme nur noch mehr kompliziert würden.

Der Prozeß der Transzendierung weckt unweigerlich das Gefühl der Angst, weil er nicht nur vieles, das lieb und gewohnt ist, bedroht, sondern auch wirklich verlieren läßt. Es muß daran erinnert werden,

(in: Der Staat, 11/1963, S. 1–24) dargelegt. In einer herausfordernden Art und Weise zeigt er, daß einige der wesentlichen Auffassungen Webers (zum Beispiel seine Freiburger Antrittsrede von 1895) bemerkenswerte Ähnlichkeit zu denen Hitlers besitzen und daß sich Webers Ambivalenz gegenüber dem Prozeß der Modernisierung angesichts des Faschismus als eine Quelle von Schwäche hätte erweisen können. Nolte stellt selbstverständlich nicht in Frage, ob Weber, wenn er bis 1933 gelebt hätte, ein Feind des Nationalsozialismus geworden wäre. Nolte weist ebenfalls nach, daß Webers Soziologie nur eine geringe Antizipation des Faschismus zeigt und daß das Konzept des Charisma mißverstanden wird, wenn man es auf jenen Typus von Führerschaft anwendet, wie ihn Mussolini und Hitler praktizierten – Tatsachen, die anzeigen, daß der Faschismus eine der am wenigsten erwarteten Erscheinungen der politischen Geschichte und deshalb auch eine der am schwierigsten zu erklärenden war.

daß der Mensch sich nicht nur nach der Freiheit sehnt, sondern daß er sich auch an die Partikularitäten klammert, die ihn ebenso einengen wie schützen. Der zerstörerische Prozeß der praktischen Transzendenz stößt so unweigerlich auf Ablehnung: eine Opposition, die sich zuerst im Konservativismus kristallisierte, um dann im Faschismus nur noch verstärkt und vulgarisiert zu werden. Nolte gibt die folgende interpretierende Definition des »radikalen Faschismus«, die seine frühere empirische Bestimmung des »normalen Faschismus« ergänzt: »Der Nationalsozialismus war der Todeskampf der souveränen, kriegerischen, in sich antagonistischen Gruppe. – Er war praktischer und gewalttätiger Widerstand gegen die Transzendenz.« (S. 507) – gegen einen Prozeß, der unaufhaltsam zu einer Welt des Internationalismus, des Pazifismus und der Egalität führt. Aber der Faschismus beschränkte sich nicht nur auf den Kampf gegen die praktische Transzendenz, sondern er lehnte auch die theoretische Transzendenz ab, da die Sehnsucht nach dem Universalen der faschistischen Verherrlichung des Partikularen im Wege stand. Charakteristischster Zug der faschistischen Doktrin war der Glaube, daß der Fortschritt der Transzendenz keineswegs eine unaufhaltsame Entwicklung darstellte, sondern vielmehr das Ergebnis einer jüdischen Verschwörung, die immer noch aufgehalten werden konnte, wenn man nur hinreichend brutale Methoden anwandte. Der nationalsozialistische Widerstand gegen das Unabwendbare war von der ganzen gewaltsamen Vergeblichkeit gezeichnet, die so charakteristisch für jeden Todeskampf ist.

In einem besonders glänzenden Kapitel (S. 529–534) zeigt Nolte, daß das Wesen des Faschismus – der Widerstand gegen die Transzendenz – durch Nietzsche vorgezeichnet worden war. Er ist weit davon entfernt, die einst so populäre Behauptung zu unterstützen, daß Nietzsche den Nationalsozialismus »verursacht« habe, aber *sein* Nietzsche ist dennoch sehr verschieden von dem verwandelten Nietzsche, wie ihn die meisten amerikanischen Gelehrten aus dem bedeutenden Werk von Walter Kaufmann kennen. Der »Aufstand der Sklaven«, über den der deutsche Philosoph sich so entsetzte, vollzog sich im Namen einer Moralität, die in der »theoretischen Transzendenz« wurzelte. Nietzsche kannte kaum das Werk von Marx, aber er selbst entwickelte das genaue Gegenteil zu dessen Überzeugung, daß die Welt geändert werden könne und müsse. Nietzsche lehnte die Notwendigkeit und Wünschbarkeit der Veränderung ab, indem er die bestehende Welt verherrlichte, die vom Übermenschen freudig im Hier und Heute beherrscht werde. Er zögerte nicht, ein Bündnis zwischen der Militärkaste und den Intellektuellen zu fordern, um den status quo zu verteidigen; sein Hauptziel war die »transzendenzlose Selbstbehauptung der souveränen, kriegerischen, in sich antagonistischen Gruppe ...« (S. 535) – also genau das, was Nolte als das Wesen des Faschismus definiert. Dasselbe Ziel hatten Maurras und Hitler, obwohl ihr Standpunkt (besonders der des letzteren) natürlich geistig unendlich viel primitiver war und obwohl beide (besonders Hitler) Methoden anwandten, die Nietzsche hätten erschauern lassen.

Über Noltes Interpretation des Faschismus ein abschließendes Urteil zu fällen, ist recht schwierig, da sie einerseits abstrakt gehalten ist und da sie andererseits eine allgemeine Deutung der Geschichte des modernen Menschen – und in der Tat des menschlichen Schicksals schlechthin – enthält, die in einer Rezension nur skizziert werden kann. Paradoxerweise paßt die von ihm angebotene Interpretation des Faschismus am wenigsten auf den italienischen Faschismus, der der ganzen Gattung doch den Namen verliehen hat. Wenn Mussolini in Wirklichkeit eine Entwicklungsdiktatur führte, die die Industrialisierung vorantrieb (ein entscheidendes Merkmal der praktischen Transzendenz), dann gehört er eindeutig nicht zu den Anti-Transzendentalisten; man kann natürlich behaupten, daß der »wirkliche« faschistische Charakter seines Faschismus nur im abessinischen Eroberungskrieg (1935) und in der antisemitischen Gesetzgebung (1938) durchbrach. Dem Rezensenten scheint, daß Noltes Gesamtinterpretation zwar eindrucksvoll in ihrer Weite, aber nicht sonderlich hilfreich bei der Erforschung des konkreten Phänomens Faschismus ist. Der Beweis dafür läßt sich in der ausgezeichneten Einleitung mit ihrer empirischen Darstellung des Faschismus und in der einzelnen Behandlung der Action Française, des italienischen Faschismus und des deutschen Nationalsozialismus finden, die beide praktisch unbeeinflußt von dem Ausflug ins Transpolitische des Schlußkapitels geblieben sind. Der Wert dieser Teile der Studie wird auch von den vielen Lesern geschätzt werden, die mit Noltes Schlußreflexion nicht übereinstimmen oder (was wahrscheinlicher ist) sie nicht verstehen können.

Was Noltes Buch trotz dieser nicht sonderlich hilfreichen metaphysischen Abstraktion zu einem großen Werk werden läßt, sind der Umfang des behandelten Stoffes, die Pionierleistung einer vergleichenden Untersuchung, die Sorgfalt der wissenschaftlichen Arbeitsweise und der moralische Ernst des Verfassers. Oft bricht bei den abstraktesten Passagen und bei dem recht intensiven (und bemerkenswert erfolgreichen) Bemühen um »Objektivität« eine tiefe Betroffenheit über die prekäre Situation des Menschen im 20. Jahrhundert durch. Die peinlich genaue Wissenschaftlichkeit des Autors stützt viele seiner herausfordernden Thesen sicher ab. Der Wert der vergleichenden Methode wurde bereits aufgezeigt; die Tatsache, daß sie hier zum erstenmal eingehend angewandt wurde, gibt einen bedauerlichen Kommentar zu der immer noch weitverbreiteten Abkapselung der Geschichtsschreibung entlang nationaler Grenzlinien. Der Verfasser hat sein wichtigstes Ziel erreicht, nämlich den *epochalen* Charakter des Faschismus für die Zeit von 1919 bis 1945 nachzuweisen und dessen historische Vorbedingungen zu bestimmen. Sein empirischer Befund über die verschiedenen Ausprägungen des Faschismus und seine theoretische Konstruktion eines faschistischen »Idealtyps« sind wertvolle Prolegomena für alle zukünftigen Forschungen über den Faschismus. Man muß hoffen, darf es aber kaum erwarten, daß zukünftige Werke dasselbe Niveau wissenschaftlicher Genauigkeit, ausführlich entwickelter theoretischer Konzepte und die richtige Mischung von Objektivität und Engagement erlangen werden.

DIE NATIONALSOZIALISTISCHE MACHTERGREIFUNG

Karl Dietrich Bracher, Wolfgang Sauer, Gerhard Schulz: *Die natio-nalsozialistische Machtergreifung. Studien zur Errichtung des tota-litären Herrschaftssystems in Deutschland. 1933–1943;* 1034 S., Köln 1960

in: The Journal of Modern History, 34/1962, S. 74–80

Die Studie über *Die nationalsozialistische Machtergreifung* von Karl Dietrich Bracher, Wolfgang Sauer und Gerhard Schulz ist nach Meinung des Rezensenten das wichtigste Buch über den Nationalsozialismus, das seit der Veröffentlichung von Franz Neumanns *Behemoth (The Structure and Practice of National Socialism 1933–1945)* im Jahre 1942 (New York) erschienen ist. Das Werk ist eine monumentale Untersuchung aller Aspekte – der politischen, verfassungsrechtlichen, sozialen, wirtschaftlichen, diplomatischen, institutionellen und kulturellen –, die für die Konsolidierung der nationalsozialistischen Macht in den entscheidenden beiden ersten Jahren der Reichskanzlerschaft Hitlers relevant sind. Die besondere Stärke der Arbeit liegt darin, daß sie sich mehr auf soziologische Analyse konzentriert, als konventionelle historische Schilderungen zu bieten. Vergebens wird der Leser eine Beschreibung des Reichstagsbrandes oder der blutigen Säuberung vom 30. Juni 1934 suchen. Er wird statt dessen eine anspruchsvolle Erörterung des besonderen deutschen Falles totalitärer Tyrannis im Lichte genereller Totalitarismustheorien finden, die von amerikanischen Wissenschaftlern wie Sigmund Neumann, Carl Friedrich und Hannah Arendt entwickelt worden sind. Die Einstellung der Autoren charakterisiert die beispielhafte Verbindung von einerseits dem Wunsch, die »objektive Wahrheit« aufzuspüren, und andererseits der offen verkündeten »subjektiven« Abscheu vor dem Nationalsozialismus. Auch ist zu loben, daß sie sich dauernd der Tatsache bewußt sind, daß der Nationalsozialismus nicht eine »historische« Erscheinung ist, die sich in einem abgelegenen Lande in weitvergangener Zeit ereignete, sondern daß er vielmehr das entscheidende Phänomen in ihrem eigenen Heimatland Deutschland gewesen ist, das in der Lebenszeit der meisten heute lebenden Deutschen fiel. Die drei Autoren gehören zur jüngeren Generation deutscher Historiker. Bracher, heute Professor in Bonn, ist schon durch seine klassische Studie über *Die Auflösung der Weimarer Republik* bekannt geworden, zu der das vorliegende Buch gleichsam eine Fortsetzung bildet. Sauer ist Fachmann für Militärgeschichte und er hat das Kapitel über die Reichswehr in Brachers früherer Arbeit geschrieben. Schulz, der Leiter der historischen Abteilung des Berliner Instituts für Politische Wissenschaft, hatte zuvor den Beitrag über die CDU in dem wichtigen Buch *Die Parteien in der Bundesrepublik* (Berlin 1955) verfaßt. Alle drei sind zu jung, um weder in ihrer Ausbildung noch in ihren Anschauungen vom Nationalsozialismus verbildet worden zu sein. Ihr Buch ist vollkommen frei von all dem, was man als nationales Laster des Selbstmitleids oder der Selbstrechtfertigung bezeichnen könnte, und die Autoren widersprechen mit Entschiedenheit der Auffassung Mme. de Staëls: »Alles verstehen heißt alles verzeihen!« Ohne Scheu nennen sie Personen beim Namen (von denen viel heute noch leben), und sie akzentuieren, vielleicht sogar etwas zu stark, jene Aspekte des deutschen Erbes, die so viel gebildete und ehrbare Deutsche der oberen Schichten für die nationalsozialistische Seuche empfänglich werden ließen.

Zunächst sollte jedoch ein Wort über einige offensichtliche, aber nicht so wichtige Mängel des Buches gesagt werden. Die Länge ist ohne Zweifel überdehnt. Der Leser wird manchmal von der Masse der Einzelheiten überwältigt, und einige Kapitel sind mehr eine Monographie in sich selbst, als daß sie Teile eines integrierten Ganzen bildeten. (Man hat den Verdacht, daß der Wunsch, die deutschen Beleidigungsparagraphen zu umgehen, teilweise für die Weitschweifigkeit verantwortlich sein mag.) Die Gesamtarchitektur des Buches zeigt einige der Mängel, die gewöhnlich für Gemeinschaftsarbeiten charakteristisch sind: die einzelnen Teile überschneiden sich, und die Querverweise reichen nicht immer aus. Obwohl gelegentlich brillant, erlahmt der Stil doch zu häufig in recht pedantischer Schwunglosigkeit. In einem einleitenden Kapitel untersucht Bracher die Ursachen und Bedingungen, die Hitler an die Macht gelangen ließen. Bracher erklärt die eigenartige Problematik, daß die nationalsozialistische Revolution als »scheinlegal« gekennzeichnet werden kann, wodurch sie sich in Methoden und Ergebnissen sowohl von einem Staatsstreich wie auch von einer sozialen Revolution im üblichen Sinne unterscheidet. Er legt dar, wie das durch vier Hauptfaktoren ermöglicht wurde: (1) Die allgemeine Situation des europäischen Menschen im modernen Zeitalter der Angst, der Wissenschaft und der Zerstörung einer älteren hierarchischen Sozialstruktur durch das Vorrücken des demokratischen Prinzips in Europa (Bracher spielt diesen Faktor ziemlich herunter und äußert sich recht ungehalten, wenn einige deutsche Historiker den Nationalsozialismus mehr den französisch inspirierten »Ideen von 1789« als naheliegenderen Bedingungen anlasten wollen). (2) Die Virulenz romantischer, nationalistischer und allgemein »anti-westlicher« Gedanken im Deutschland des 19. Jahrhunderts (Bracher unterstreicht zwar diesen Punkt, ohne aber in eine Anklage der gesamten deutschen Geschichte zu verfallen). (3) Die außergewöhnlich unheilvolle Ballung von Unglücksfällen, von denen Deutschland nach 1918 heimgesucht wurde und die zu der permanenten Strukturkrise der Weimarer Republik führte, sowie das besonders verantwortungslose Verhalten der deutschen Oberschicht. (4) Das demagogische und organisatorische Talent Hitlers, der äußerst geschickt alle Elemente des Ungenügens in Deutschlands explosiver Situation zu manipulieren wußte. Bracher arbeitet mit der Methode selektiver Kombination, da er alle diese Ansätze für nützlich hält; in kluger Zurückhaltung versucht er nicht, selbst irgendeine neue brillante Interpretation anzubieten. Die Stärke der Abhandlung liegt in dem Detailreichtum, der die vorsichtigen Generalisierungen stützt. Brachers ausgewogene Darstellung vermeidet jegliches einseitige Extrem. So folgt er nicht der von Gerhard Ritter angeführten deutschen apologetischen Schule, die behauptet, der Nationalsozialismus sei eine allgemeine europäische Krankheit gewesen, die von den modernen Kräften der Demokratie und des Industrialismus verursacht worden sei, und diese Krankheit habe dann wegen der ungewöhnlich unglücklichen Umstände der Weimarer Republik Deutschland mit besonderer Heftigkeit befallen (*The Historical Foundations of the Rise of Nationalsocialism*; in: The Third Reich; London 1955). Aber auch zu der von Edmond Vermeil angeführten anti-deutschen Schule bekennt er sich nicht, die die deutsche Geschichte nur als Einbahnstraße sieht, die auf den Nationalsozialismus als ihren natürlichen Zielpunkt hinlaufe (*The Origin, Nature, and Development of German Nationalist Ideology;* in: The Third Reich; London 1955). Auch zur marxistischen Gefolgschaft Franz Neumanns gehört Bracher nicht; sie behauptet, daß der Nationalsozialismus im wesentlichen die letzte Verteidigung des bedrohten Monopolkapitalismus darstelle (*Behemoth*). Die einzige Schwäche der Interpretation Brachers liegt nach Meinung des Rezensenten in der unzulänglichen Behandlung der psychologischen Situation des gegenwärtigen atomistischen »Massenmenschen«, den Erich Fromm so zutreffend beschrieben hat (dessen *Escape from Freedom* [The Fear of Freedom], New York 1941[1] eine der wenigen Unterlassungssünden in Brachers umfassender Bibliographie ist).

1. deutsch: *Furcht vor der Freiheit*, Zürich/Frankfurt/M. 1966 (Anm. d. Hrsg.).

Das Buch ist in drei Teile gegliedert. Teil I »Stufen der Macht-ergreifung«, von Bracher verfaßt, untersucht die frühen politischen, diplomatischen und kulturpolitischen Maßnahmen der National-sozialisten. Die ersten drei Kapitel geben eine gültig klärende Ana-lyse der Schritte, mit denen die Nationalsozialisten aus der Stellung einer Minderheit bei der »Nationalen Revolution« vom 30. Januar 1933 in die Einparteien-Diktatur vorrückten, die mit der Auflösung aller nichtnationalsozialistischen Parteien bis zum 14. Juli 1933 be-siegelt war. Mit minutiöser Genauigkeit zeigt Bracher, wie die Na-tionalsozialisten eine gerissene Mischung von Propaganda, Terror und Verschleierung letzter Absichten anwandten, während sie aber gleichzeitig die Fiktion der »Legalität« aufrechterhielten, die man-chen in Deutschland und im Ausland täuschte und die all jenen Bü-rokraten und Militärs, die sich zur Mitarbeit entschlossen, eine Rechtfertigung lieferte. Scharf wird die Zentrumspartei verurteilt, daß sie am 23. März 1933 das Ermächtigungsgesetz befürwortet habe, nicht weil diese Unterstützung für die Verabschiedung der Gesetzesvorlage ausschlaggebend gewesen sei (die Nationalsoziali-sten waren sowieso bereit, eine entsprechende Anzahl von Abgeord-neten zu verhaften, um die Vorlage auf jeden Fall durchzudrücken), sondern weil die Unterstützung durch das Zentrum den National-sozialisten half, den unschätzbaren Vorteil der »Scheinlegalität« weiter zu behalten. Nebenbei bemerkt setzt der Autor die Bedeu-tung des Ermächtigungsgesetzes im Vergleich zu den Notverordnun-gen, die unmittelbar nach dem Reichstagsbrand am 28. Februar 1933 erlassen wurden, recht gering an. Diese eindeutig illegalen Verord-nungen blieben bis 1945 in Kraft; die in ihnen enthaltene Abschaffung demokratischer Freiheiten beeinflußte die Wahlen vom 5. März 1933 (andernfalls hätten die Regierungsparteien wahrscheinlich nicht ihre Mehrheit von 52 Prozent bekommen). Diese Notverordnungen al-lein ließen jenen Terror zu, der ein wesentlicher Faktor bei der Ver-abschiedung des Ermächtigungsgesetzes war. Die Verordnungen wur-den unter Mißbrauch des Artikels 48 erlassen, wie ihn Heinrich Brüning bereits vorexerziert hatte, wodurch das von vielen konser-vativen deutschen Historikern noch gern verwandte Argument Lü-gen gestraft wird, daß der Artikel 48 mit der Machtergreifung der Nationalsozialisten nichts zu tun habe. Dieser Artikel wurde auch angeführt, um Anfang März die völlig ungesetzliche »Gleichschal-tung« aller Länderregierungen zu rechtfertigen.

Bracher hat sicherlich nicht die Absicht, die große Masse des deut-schen Volkes von der Mitverantwortung für den Nationalsozialismus freizusprechen, aber in seiner Analyse der Wahlen von 1933 zeigt er, daß eine Mehrheit – zwar eine kleine, heterogene und führerlose Mehrheit – den Nationalsozialisten gegenüber ablehnend blieb. Hitler gewann nur 44 Prozent der Stimmen, während 1919 die Sozialdemokraten 45 Prozent bekommen hatten und die CDU 50 Prozent im Jahre 1957 erringen sollte. Mancher von den 8 Prozent der Wählerschaft, die für Hitlers nationalistische Verbündete stimmten, wurde sicherlich von der Absicht geleitet, innerhalb der Regierung ein Gegengewicht zu Hitler zu schaffen. Auf alle Fälle wurde im Gegensatz zu 1919 und 1957 das Ergebnis insgesamt durch jenen Terror verfälscht, der besonders nach den Notverordnungen vom 28. Februar praktiziert wurde. Bracher benutzt die Wahlergebnisse, um die von Ritter und anderen vertretene These zu widerlegen, daß das demokratische System (und nicht Deutschlands kulturelles Erbe, das verantwortungslose Verhalten der deutschen Oberschicht und so weiter) in erster Linie für den Nationalsozialismus verantwortlich gewesen sei. Bracher bestreitet selbstverständlich nicht, daß die demokratischen Parteien sich nach den Wahlen selbst ein klägliches Zeugnis ausstellten und jämmerliche Schwäche zeigten, die manchmal an Masochismus grenzte, als sie sich unter nationalsozialistischem Druck auflösten. Seine Folgerungen zu diesem umstrittenen Problem stimmen fast in allen Einzelheiten mit jenen überein, die in dem bedeutenden von Erich Matthias und Rudolf Morsey herausgegebenen Buch *Das Ende der Parteien* vertreten werden, das zur selben Zeit wie die vorliegende Arbeit erschienen ist.

Brachers Darstellung der nationalsozialistischen Außenpolitik kann nicht denselben Anspruch auf abschließende Klärung erheben wie seine Analyse der innenpolitischen Probleme. Er zeigt, daß Hitlers Politik von einer Mischung gekennzeichnet war, in der sich der atavistische Drang zur Macht um der Macht willen mit der Befangenheit in einer aus verschiedenen primitiven Elementen zusammengesetzten Ideologie (imperialistischer Nationalismus, darwinistischer Rassismus, geopolitische Suche von »Lebensraum«) und einer Fortsetzung früherer Alldeutscher Ambitionen verband. Bracher weist nach, daß Hitlers frühe Gemäßigtheit in der Außenpolitik reine Taktik war, und er gräbt damit der bei vielen Diplomaten und Generälen so beliebten apologetischen Behauptung das Wasser ab, daß Hitler erst gegen 1937 sich vom »Guten« zum »Bösen« gewandelt habe. Der Verfasser zeichnet einen brillanten Vergleich einerseits zwischen dem »inneren Appeasement« gegenüber den Nationalsozialisten auf der deutschen innenpolitischen Bühne von 1930 bis 1933 durch Männer wie Kurt von Schleicher und Alfred Hugenberg und andererseits dem »äußeren Appeasement« gegenüber Hitler durch Männer wie Stanley Baldwin und Neville Chamberlain von 1933 bis 1939 (S. 233); aber leider unternimmt er nicht den Versuch, das zentrale Problem zu erklären, weshalb die westlichen Mächte sich in den ersten Jahren so vollkommen täuschen ließen, als man den Nationalsozialismus leicht von außen her hätte beseitigen können. Nach Meinung des Rezensenten irrt sich Bracher, wenn er den Erfolg unterschätzt, mit dem der von Hitler 1934 geschlossene Nichtangriffspakt mit Polen das gesamte französische Bündnissystem unterhöhlte. Zwar stimmt es, daß dieses Abkommen die russisch-deutschen Beziehungen für einige Zeit störte, aber diese Ablenkung verhinderte nicht die Unterzeichnung des Hitler-Stalin-Paktes von 1939.

Bracher schließt mit einer umfassenden Darstellung, wie den Nationalsozialisten die ideologische »Gleichschaltung« der Informationsmedien, der Literatur, der Künste und der Universitäten gelang. Er stellt eine vollständige »Schand-Liste« von zahlreichen Mitgliedern der »geistigen Elite« zusammen – Gimpel, Schufte oder Opportunisten – die bereitwillig in den Vorständen der Kulturkammern Joseph Goebbels saßen. Bracher bringt die beängstigende Tatsache zu Bewußtsein, daß die Nationalsozialisten nur auf einen geradezu winzigen geistigen Widerstand trafen – und das in einer Nation, die sich lange Zeit lauthals ihrer »Kultur« gerühmt hatte. Nur die Kirchen konnten sich verhältnismäßig frei von nationalsozialistischer Beherrschung halten, obwohl die heroische Sammlungsbewegung der »Bekennenden Kirche« nötig war, um innerhalb des Protestantismus ein Gegengewicht gegen die nazifizierten »Deutschen Christen« zu schaffen, und obwohl auch die katholische Kirche 1933 Hitlers Regierung gegenüber weitaus größere Zugeständnisse machte, als sie heute sich zu erinnern pflegt. Brachers Darstellung enthält einen hervorragenden Abschnitt über den nationalsozialistischen Antisemitismus, in dem die nicht sehr bekannte Tatsache belegt wird, daß die Nürnberger Gesetze des Jahres 1935 von einigen Beamten, die man in einem Nürnberger Restaurant nur 48 Stunden vorher zusammengerufen hatte, improvisiert entworfen wurden. Sie arbeiteten unter chaotischen Bedingungen, und aus Mangel an richtigem Papier benutzten sie die Rückseiten von Speisekarten (S. 286 bis 287). Mit der für ihn charakteristischen Bereitschaft, auch unangenehme Themen anzugehen, verschweigt Bracher nicht die Tatsache, daß mehrere jüdische Organisationen in einer ziemlich unwürdigen Art und Weise die Nationalsozialisten zu beschwichtigen versuchten.

Teil II, den Schulz verfaßt hat, gibt eine eingehende Darstellung, wie die Nationalsozialisten die Kontrolle über die deutsche Bürokratie und Wirtschaft gewannen. Die immanente Trockenheit des Stoffes und die unglückliche Vorliebe des Autors für weitschweifige Formulierungen lassen diesen Teil des Buches zu einer schwierigen Lektüre werden. Die Studie von Schulz ist aber in ihrer systematischen Erforschung der entscheidenden Gebiete nationalsozialistischer Herrschaft bahnbrechend, und seine analytisch-soziologische Methode bedeutet eine wertvolle Abwendung von der bei deutschen Historikern üblichen Überbetonung der politischen Geschichte und der Geistesgeschichte. Schulz beschreibt zunächst die administrativen und wirtschaftlichen Pläne der Nationalsozialisten vor 1933, und er liefert dabei beiläufig die bisher ausgewogenste Zusammenfassung des vieldiskutierten Problems der Beziehungen Hitlers zur deutschen Industrie (S. 392–408). Hitler war an wirtschaftlichen Fragen nie sonderlich interessiert, obwohl Schulz eine zuverlässige Quelle anführen kann, die besagt, daß Hitler bei geheimen Zusammenkünften in oberbayerischen Kurorten private Unterweisungen von dem Wiener »romantischen Nationalökonomen« Othmar Spann erhielt (S. 400). Das nationalsozialistische Wirtschaftsprogramm war ein seltsamer Mischmasch aus zentraler Planung, Ständestaat-Ideologie, Ressentiments des Mittelstandes und bäuerlicher Sentimentalität – alles aber in Wirklichkeit dem höchsten Ziel untergeordnet, den Krieg vorzubereiten.

Schulz beschreibt, wie 1933 die Nationalsozialisten die völlige Kontrolle sowohl über die Reichsregierung, in der das Kabinett zum bloßen Symbol, Hindenburg zum fünften Rad und der Reichstag zur Akklamationsmaschine degradiert wurden, als auch über die preußische Regierung gewannen, in der Hermann Göring mit zynischer Brutalität herrschte, obwohl seine genußfreudige Persönlichkeit (S. 470) im Dschungel der nationalsozialistischen politischen Intrige nur wenig Standfestigkeit bewies. Anschließend liefert Schulz eine hervorragende Untersuchung der Gleichschaltung der verschiedenen Polizei-Truppen (wobei man die Wölfe zu Wachhunden machte, als SA-Häuptlinge zu Polizeipräsidenten ernannt wurden) und aller kommunalen Organe und der einst so stolzen unabhängigen und einflußreichen kommunalen Spitzenverbände (Städtetag, Landkreistag und so weiter). Die Beamtenschaft, deren traditionelle anti-demokratische Komplexe sich noch durch die Weimarer Erfahrung verstärkt hatten, war nur zu bemüht, der »Nationalen Revolution« zu dienen, und sie beruhigte ihre Skrupel über die nationalsozialistischen Ausschreitungen mit dem tröstlichen Gedanken, daß alle Revolutionen durch zwar unerfreuliche, aber wahrscheinlich nur vorübergehende Verletzungen des Rechts gekennzeichnet seien. Man glaubte, daß die Abweichungen vom bestehenden Beamtenrecht (wie bei den antisemitischen Säuberungen) nichts anderes als den Ausgleich für »republikanische Fehlentscheidungen« bedeuteten, und man schloß die Augen vor dem widerwärtigen Schauspiel der Günstlingswirtschaft und Erpressung, das die nationalsozialistische Personalpolitik kennzeichnete. Das Geschäft der Erpressung blühte besonders bei der Jagd nach jüdischen Vorfahren, wobei auch viele Nazi-Größen leicht zu treffen waren, zu denen auch Heinrich Himmler, Reinhard Heydrich, Robert Ley, Hans Frank und Emil Maurice gehörten (S. 503, Anm. 158). Trotz der nationalsozialistischen Infiltration der Beamtenschaft unterstützte Hitler einen anhaltenden Dualismus zwischen der Partei und der Bürokratie, um seine persönliche Macht über beide zu behalten.

Schulz liefert eine besonders aufschlußreiche Analyse der »Instrumente totalitärer Kontrolle«, wie sie die Nationalsozialisten entwickelten. Die Gleichschaltung der Justiz wurde von Hans Franks »Deutscher Rechtsfront« vorgenommen, wobei die Entfernung von Juden einen bisher überfüllten Berufsstand öffnete. (Schulz stellt fest, daß 1933 von 11 814 Rechtsanwälten in Preußen 3378 Juden waren, von 6224 Notaren waren 2045 jüdisch [S. 519].) Nationalsozialistische Theoretiker entwickelten grausame Vorschläge zur Reform des Strafrechts, während dann aber in Wirklichkeit juristische Streitereien die Vollendung eines neuen Strafgesetzbuches verhinderten, wodurch die »Justizbarbarei« nur auf die Praxis der schlimmsten nationalsozialistischen Gerichte (zum Beispiel Roland Freislers »Volksgerichtshof«) beschränkt blieb, der somit nicht die »Würde« einer offiziell verkündeten Theorie zukam. Die Gestapo, die Göring geschaffen hatte, fiel 1934 unter die Verfügungsgewalt Himmlers, obwohl auch Wilhelm Frick, der Innenminister, die Kontrolle über sie bekommen wollte. Frick versuchte, sein Ministerium in ein »Staatsorganisationsministerium« für die zentrale Planung aller Aspekte der Gleichschaltung umzuwandeln, aber die Ambitionen anderer Nazi-Häuptlinge verhinderten das. Seine fähigen Untergebenen Hans Pfundtner und Helmut Nicolai, deren Bedeutung von Schulz hier zum erstenmal herausgestellt wird, waren für die beispiellose administrative Zentralisierung verantwortlich, die durch das »Neuaufbaugesetz« vom 30. Januar 1934 erreicht wurde. Das ewige Problem des Dualismus zwischen dem Reich und Preußen wurde durch die Verschmelzung der meisten preußischen mit den entsprechenden Reichsministerien wenn auch nicht gelöst, so doch abgeschwächt. Zur selben Zeit wurde Preußen praktisch auseinandergebrochen, indem die Oberpräsidenten der Provinzen denselben Anweisungen des

Reichsinnenministeriums unterstellt wurden wie die Statthalter in den verschiedenen Ländern. Eine ähnlich fortschreitende Zentralisierung wurde durch die Schaffung eines neuen Reichsministeriums für Erziehung unter Bernhard Rust vorangetrieben. Am wirkungsvollsten von allen aber arbeitete das neue Propaganda-Ministerium Goebbels', das sich die vollkommene Kontrolle über Presse, Rundfunk und Film wie auch über die »höheren« Sparten des Kulturlebens sicherte. Es ist bedauerlich, daß der Verfasser seine Schilderung nicht durch biographische Porträts von Frank, Himmler, Frick, Rust und Goebbels belebt, von denen jeder einem wichtigen Sektor der nationalsozialistischen Aktivität seinen persönlichen Stempel aufdrückte. Der Rezensent fand die eingehende Beschreibung der nationalsozialistischen Maßnahmen geradezu katalogisch, und er hätte es statt dessen vorgezogen, lieber ein bißchen mehr über die innere Struktur der Ministerien und der gleichgeschalteten Organisationen, die Mechanismen ihrer politischen Entscheidungsprozesse und das Verhältnis zwischen den zentralen Ministerien und ihren Repräsentanten draußen im Lande zu erfahren.

Schulz schließt mit einem wichtigen Kapitel über die nationalsozialistische Kontrolle der Wirtschaft, in dem zwar weitverstreutes Material zusammengetragen wird, dem aber die durchdringende Brillanz der immer noch unersetzbaren Arbeit Gustav Stolpers *The German Economy, 1870–1940* (New York 1940)[1] fehlt. Der Reichsverband der deutschen Industrie unter Krupp erwies sich als so servil, daß es keiner vollen Gleichschaltung mehr bedurfte. Ausdrücklich weist Schulz die Auffassung Franz Neumanns zurück, die Kapitalisten hätten innerhalb einer »bilateralen Machtstruktur« (S. 653, Anm. 116) eine autonome Stellung behalten. Die von den Nationalsozialisten in den einzelnen Bezirken eingesetzten »Treuhänder der Arbeit« schritten selten unmittelbar gegen die Unternehmensführungen ein, aber ihr bloßes Vorhandensein muß schon einen Einfluß auf die unternehmerische »Entscheidungsfindung« gehabt haben. In hervorragender Weise gelingt es dem Verfasser, in seiner Darstellung nachzuweisen, daß alle wirtschaftlichen Maßnahmen der Nationalsozialisten die Wiederaufrüstung zum vordringlichen Ziel hatten und daß die wirtschaftliche Gesundung in erster Linie als ein Mittel zu diesem Zweck gewertet wurde. Die Unterstützung der sich selbstverwaltenden wirtschaftlichen »ständischen Organisationen«, die teilweise dem italienischen Beispiel entlehnt

1. deutsch: *Deutsche Wirtschaft seit 1870*, fortgeführt von Karl Häuser und Knut Borchardt, Tübingen 1964, 2. Aufl. 1966 (Anm. d. Hrsg.).

wurden, und die Theorien vom »Ständestaat« verhinderten aber zu keiner Zeit die wirksame staatliche Kontrolle von oben. Schulz hat großen Respekt vor dem wirtschaftlichen Magiertum Hjalmar Schachts, der ein Maximum an wirksamer Überwachung der Wirtschaft mit einem Minimum an direkter Kontrolle erreichte. Schachts Versuch, nach dem Krieg jede Komplizenschaft mit Hitler bei der Vorbereitung eines Angriffskrieges zu leugnen, kann als Beleidigung seiner eigenen Intelligenz in der Zeit von 1934 bis 1936 abgetan werden, als er praktisch der Diktator der Wirtschaft war.

Teil III, den Sauer verfaßt hat, ist eine außergewöhnlich brillante Untersuchung von zwei Problemen, die auf den ersten Blick nicht eng verbunden zu sein scheinen: die Beziehungen zwischen Hitler und der Armee und die Entwicklung des innenpolitischen Terrors durch die SA. Sauer zeigt, daß Hitlers Kontrolle über die Reichswehr für eine äußere Aggression und die Entfaltung des Terrors in der von Sauer so bezeichneten »inneren Aggression« wesentliche Aspekte der dynamischen Natur des Nationalsozialismus bilden – einer Bewegung, die Stabilität nicht dulden konnte, sondern die die andauernde Mobilisierung des deutschen Volkes gegen äußere und innere Feinde und eine Atmosphäre der permanenten Krise brauchte, um die Anordnung außergewöhnlicher Maßnahmen zu rechtfertigen. (Diese Konzeption über den Nationalsozialismus ist am besten in Sigmund Neumanns *Permanent Revolution,* New York 1942, formuliert.) Sauer hält die »statischen Modelle« der herkömmlichen politischen Wissenschaft als Kategorien zum Verständnis des Nationalsozialismus für unangemessen, und er verwendet statt dessen Max Webers Konzeption der »charismatischen Führerschaft«. Ziel der Nationalsozialisten war die sofortige und vollständige Verwirklichung eines seinem Wesen nach utopischen »Führerstaates«, der auf dem Charisma Hitlers basierte. Auf diesen Ansatz führt Sauer die folgenden Aspekte der nationalsozialistischen Herrschaft zurück: ihr rein destruktiver Charakter (da Utopien in dieser Welt nicht verwirklicht werden können); die unbegrenzten und deshalb irrationalen Ziele des Nationalsozialismus (die zwar das traditionelle Muster der Regierungspraxis in Deutschland ablehnten, die sich aber nicht zu einer neuen rational-legalen Ordnung verfestigten); die Tatsache, daß nur spektakuläre Scheinlösungen von Problemen erreicht wurden (da nie versucht wurde, Probleme unter ihren immanenten Bedingungen zu lösen); und was Sauer optimistisch als die »Unausweichlichkeit« eines schließlichen Zusammenbruchs ansieht. Der Verfasser glaubt, daß dieser vorherbestimmte Sturz zwölf Jahre lang nur aufgeschoben wurde, weil (1) Deutschlands Schwäche sogar Hitler dazu zwang, seine selbstmörderische Entfesselung des Krieges zu verschieben, und weil (2) die destruktiv-nihilistischen Tendenzen des Nationalsozialismus bis zu einem gewissen Grade von den »deutschen Kardinaltugenden der Disziplin, der Ordnungsliebe und des Pflichtbewußtseins« (S. 691) gebändigt wurden.

Es ist kaum möglich, mehr als nur einige Themen der recht zwingenden Argumentation zu erwähnen, die Sauer zu den Problemen der Armee und der SA entwickelt. Er zeichnet brillante Charakterstudien Werner von Blombergs und Walther von Reichenaus (S. 712–715), jenen beiden Generälen, die das Bündnis zwischen Hitler und der Reichswehr am 30. Januar 1933 arrangierten. Diese Allianz beruhte auf dem Versprechen Hitlers, die Armee außerhalb aller politischen Auseinandersetzungen zu halten, sie gegen die Überschwemmung durch die SA abzuschirmen, ihr einen ehrenvollen Platz in der deutschen Gesellschaft zu geben, einige ihrer früheren Privilegien (zum Beispiel eigene Gerichtsbarkeit) wiederherzustellen und die Aufrüstung rasch voranzutreiben. Die Reichswehr ihrerseits versprach, der Gleichschaltung aller anderen Bereiche der deutschen Gesellschaft keinen Widerstand entgegenzusetzen. Sie verharrte in einer Stellung, die man nur als »wohlwollende Neutralität« bezeichnen kann, auch dann noch, als ihre eigene Position durch einige nationalsozialistische Maßnahmen betroffen wurde, wie durch Görings Kontrolle über die neue Luftwaffe und die Einrichtung eines Geheimdienstes der Partei, der mit der »Abwehr« (dem militärischen Geheimdienst) konkurrierte. Blomberg hegte die naive Hoffnung, die Armee könne zur Hauptsäule in der persönlichen Diktatur Hitlers werden, in der dann die Partei (für die er, wie die meisten Generäle, nur Verachtung übrig hatte) dahinwelken würde.

Sauer liefert eine glänzende Analyse der Gründe, weshalb die Reichswehr Hitler gegenüber keinen Widerstand leistete, als sie noch die einzige Kraft in Deutschland war, die das hätte tun können. Der Grund lag nicht darin, daß die Armee eigentlich unfähig gewesen wäre, politisch Stellung zu beziehen – ganz im Gegenteil: sie hatte ihre potentielle politische Macht in der Rolle gezeigt, die sie beim Sturz Groeners (April 1932) spielte, als die Reichswehr das Verbot der SA mißbilligte. Aber die Zeiten hatten sich geändert. 1932 hatte Kurt von Schleicher über den Kopf des Reichskanzlers hinweg sich unmittelbar an Hindenburg gewandt; jetzt war Hindenburg ein Gefangener der Nationalsozialisten. Damals besaß die Reichswehr in der Person Schleichers eine unabhängige Führung; jetzt stand Blomberg, Schleichers Nachfolger, vollkommen unter dem Einfluß Hitlers, während der Chef der Heeresleitung, Kurt von Hammerstein, zwar ein entschiedener Gegner der Nationalsozialisten, aber sonst ein bequemer Grandseigneur war, der bei seinen Offizierskollegen nur wenig Ansehen genoß (S. 733–734). Von noch größerer Bedeutung war die Tatsache, daß es im Offizierskorps viele gab, die entweder offen für die Nationalsozialisten eintraten, oder die zumindest von Hitler (entweder für Deutschland oder sich selbst) große Dinge erwarteten. Diese Gruppe umfaßte »unpolitische Offiziere« wie Werner von Fritsch, »Ingenieure der Zerstörung« wie Heinz Guderian, Karrieristen wie Fedor Bock und eine Anzahl irregeleiteter Idealisten wie Ludwig Beck (der spätere Führer der Verschwörung von 1944). Noch schlimmer lagen die Dinge in der Marine, deren Offiziere unter einem anti-marxistischen Komplex als verspäteter Kompensation für ihre feige Unterwerfung von 1918 litten, und in der Luftwaffe, die allein schon ihre Existenz der nationalsozialistischen Verletzung des Versailler Vertrages verdankte.

Es ist bekannt, daß die Weimarer Republik eine illegale Wiederaufrüstung betrieb. In einem überzeugenden Kapitel (S. 766–784) legt Sauer dar, daß die Verletzungen des Versailler Vertrages vor 1933 keinen militärischen Vorteil brachten, sondern nur Deutschlands diplomatische Stellung gefährdeten. Aber sein entscheidender Einwand lautet, daß die Vertragsbrüche durch solche Begleiterscheinungen wie den Feme-Morden, dem Phoebus-Skandal und der offiziellen Ermunterung fanatischer anti-republikanischer Rechtsgruppen wie der »Schwarzen Reichswehr« dem innenpolitischen Leben irreparablen Schaden zufügten. Das Offizierskorps hörte niemals auf, für eine deutsche Hegemonie in Europa zu arbeiten, die durch einen »Befreiungskrieg« à la 1813 erlangt werden sollte. Man weigerte sich, die simple Lektion des Ersten Weltkrieges zu lernen, daß Deutschland mit seiner nun einmal gegebenen geographischen und wirtschaftlichen Lage jeglicher Hoffnung abschwören mußte, jemals wieder als eine Großmacht handeln zu können (S. 806–812). Statt dessen zog man vor zu glauben, daß Deutschland nur zufällig durch einen böswilligen Dolchstoß in den Rücken besiegt worden sei und daß man beim nächsten Mal mehr Erfolg haben würde, wenn man nur alle Ressourcen geistig und administrativ wirkungsvoller organisierte.

Niemand war von diesem engstirnigen Glauben fanatischer besessen als Hitler selbst. Noch einmal belegt Sauer, was seit langem von allen kompetenten Historikern, mit Ausnahme A. J. P. Taylors, akzeptiert wird, daß nämlich Hitler von der Veröffentlichung von *Mein Kampf* im Jahre 1925 bis zum Jahre 1939 auf Krieg aus war und daß alle dem widersprechende Erscheinungen nur taktisch motivierte, vorübergehende Abweichungen von einem einmal gefaßten Entschluß darstellten. Aber Sauer zeigt darüber hinaus in einer schlüssigeren Art und Weise, als irgend jemand sonst, daß Hitlers gesamte Wirtschaftspolitik auf Krieg ausgerichtet war, daß die so viel gefeierte nationalsozialistische Leistung des wirtschaftlichen Aufbaus allein auf der Wiederaufrüstung basierte und daß die manchmal getroffene Unterscheidung zwischen einer anfänglichen nationalsozialistischen Wirtschaftspolitik zur Arbeitsbeschaffung (bis ungefähr Oktober 1933) und einer zweiten Phase mit dem Ziel der Wiederaufrüstung von den Tatsachen nicht bestätigt wird. Sauer wagt sogar die Behauptung, die der Übertreibung eines guten Argumentes gleichkommt: Hitlers Wirtschaftspolitik sei so ausschließlich auf den Krieg zugeschnitten gewesen und sie habe die Kräfte Deutschlands so sehr überzogen, daß nach 1934 nur die beiden Alternativen bestanden hätten, entweder einen Krieg nach außen zu entfesseln (nicht später als 1939 bis 1943) oder im Innern einen wirtschaftlichen Zusammenbruch zu erleiden.

Die beiden letzten Kapitel Sauers bilden eine unersetzbare Monographie über die Entwicklung der SA unter Ernst Röhm und den unvermeidlichen Entscheidungskampf, dem sich Hitler mit der Drohung einer »zweiten Revolution« am 30. Juni 1934 stellen mußte. Nach der Konsolidierung der nationalsozialistischen Macht hatte die SA mit ihren beiden Aufgaben, Propaganda zu treiben und die Gegner zu terrorisieren, eigentlich ihre raison d'être verloren. Röhm aber weigerte sich, diese Tatsache zu akzeptieren, und versuchte statt dessen, einen Staat im Staate aufzubauen. Die Mitgliederzahl der SA schwoll auf 4,5 Millionen an; sie besaß eine eigene Polizei (SA-Feldpolizei), besondere juristische Privilegien (SA-Gerichtsbarkeit), ein Netz von Agenten, die die preußische Verwaltung auf jeder Stufe überwachten (SA-Sonderbeauftragte), großen Einfluß in den Universitäten (SA-Hochschulämter), eine eigene Zeitschrift (»Der SA Mann«, der Röhm mehr als Hitler pries) und sogar die Ansätze zu einer eigenen Außenpolitik (Röhms Kontakte zum französischen Botschafter André François-Poncet). Die Erklärung, warum sich Hitler für die Reichswehr statt für die SA entscheiden mußte, als Röhm die Herrschaft über die Armee anstrebte, und das schlüssige Argument, daß es in der Gangsterwelt totalitärer Politik keine Alternative zur Ermordung Röhms gegeben habe (S. 934–935), gehören zu den besten Passagen des ganzen Buches.

Keine Rezension kann kaum mehr als nur ausgewählte Hinweise auf die Reichhaltigkeit dieser unersetzbaren Studie von Bracher,

Sauer und Schulz geben. Die Verfasser haben keine Mühe gescheut, sich durch eine riesige Menge von gedrucktem und archivalischem Material hindurchzuarbeiten. Sie haben die mündlichen Quellen, die heute in der Zeitgeschichtsschreibung herangezogen werden, nicht vernachlässigt, obwohl man den Verdacht haben darf, daß mündliche Quellen von verhältnismäßig geringem Wert sind, wenn es sich um solch ein kriminelles Phänomen wie den Nationalsozialismus handelt, dessen prominente Überlebende dazu neigen, ihre eigenen Taten zu vergessen oder zu verdrehen. Der einzige wichtigere kritische Einwand, der, so glaube ich, gegen diese großartige Arbeit erhoben werden kann, geht dahin, daß der Leser zu viel davon hört, was die NSDAP *tat,* aber zu wenig darüber, was sie eigentlich *war.* Man erfährt zwar in eingehender Ausführlichkeit, wie die Nationalsozialisten die Herrschaft über die Bürokratie, die Justiz, die Wirtschaftselite, die Universitätsprofessoren und so weiter gewannen, aber zu wenig darüber, wer nun die Männer waren, die dieses Herrschaftssystem schufen. Das Werk enthält keine Analyse der Struktur und der Zusammensetzung der Partei; Sauers Schilderung der verschiedenen Satrapien Görings, Himmlers und Röhms (S. 924–934) bildet nur die impressionistische Antizipation einer Studie, die noch geschrieben werden muß. Die führenden Persönlichkeiten, mit den bereits erwähnten Ausnahmen von Blomberg und Reichenau und möglicherweise auch Göring, gewinnen kein Leben, und die Autoren sind verständlicherweise nicht das pathologische Phänomen der Persönlichkeit Hitlers angegangen. Ihnen gelingt es nicht, einen Eindruck davon zu vermitteln, was für eine lebendige, bunte und anstekende Erscheinung der Nationalsozialismus in seiner Zeit war. Vielleicht konnten sie mit gutem Grund annehmen, daß ihre Leser nur allzu gut diesen Aspekt der Hitlerzeit kennen, und so konzentrierten sie sich klugerweise darauf, unter die auffallende Oberfläche zu den niedrigen politischen, administrativen, ideologischen und wirtschaftlichen Wirklichkeiten durchzustoßen. Ihnen ist es gelungen, ein Standardwerk zu verfassen, das auf Jahrzehnte wohl kaum übertroffen wird, obwohl es nur fünfzehn Jahre nach dem Zusammenbruch jenes Systems geschrieben wurde, dessen Ursprünge es so durchdringend untersucht.

AUFSTIEG UND FALL DES DRITTEN REICHES

William L. Shirer: *The Rise and the Fall of the Third Reich. A History of Nazi Germany;* 1245 S., New York/London 1960 (deutsch: *Aufstieg und Fall des Dritten Reiches;* 1174 S., Berlin/Köln 1961; München 1963)

in: The Review of Politics, 23/1961, S. 230–245; (deutsch: Vierteljahrshefte für Zeitgeschichte, 10/1962, S. 95–112. Hier wird jedoch eine neue Übersetzung vorgelegt.)

William Shirers *Rise and Fall of the Third Reich: A History of Nazi Germany* ist von vielen als ein großes Geschichtswerk gelobt worden. Harry Schermann, Vorstandsvorsitzender des »Book of the Month Club«, behauptete, daß dieses Werk »fast mit Sicherheit als die endgültige Darstellung eines der entsetzlichsten Kapitel in der Geschichte der Menschheit angesehen werden wird.« Das Buch ist bereits in mehr Exemplaren verkauft worden als irgendeine andere Veröffentlichung zur europäischen Geschichte, die in den letzten Jahren auf den Markt gekommen ist. Wahrscheinlich werden Zehntausende von Amerikanern auf Jahre hinaus ihre Meinung über die jüngste deutsche Geschichte von Shirer beeinflussen lassen. Aus diesem Grunde ist es wichtig, die schwerwiegenden Mängel dieses Werkes nachzuweisen. Meiner Meinung nach lassen sich vier Hauptfehler herausstellen: (1) Die zugrundegelegte Gesamtkonzeption der deutschen Geschichte ist unglaublich grob und oberflächlich und läßt viele der wichtigsten Fragen überhaupt nicht stellen, die im Hinblick auf die nationalsozialistische Zeit beantwortet werden müßten. (2) Dem Buch fehlt jegliche Ausgeglichenheit in der Gesamtanlage; in der Darstellung gerade jener Sektoren des nationalsozialistischen Systems, zu denen neue Forschungen besonders dringend nötig sind, klaffen weite Lükken. (3) Viele der Interpretationen offenbaren Shirers Unfähigkeit, die Natur eines modernen totalitären Regimes zu begreifen. (4) Das Buch hält in keiner Weise mit der gegenwärtigen wissenschaftlichen Forschung über den Nationalsozialismus Schritt. Ziel der vorliegenden Rezension ist es, diese schweren Vorwürfe zu erhärten. Ich werde die ersten drei kritischen Einwände der Reihe nach aufgreifen, während die letzte Behauptung durch den wiederholten Bezug auf mehrere wichtige Studien belegt werden soll, die Shirer nicht benutzt (oder in seiner Bibliographie und den Fußnoten zumindest nicht erwähnt) hat.[1]

1. Shirers Vernachlässigung der neueren deutschen Forschung wird durch

Shirer liefert seine allgemeine Interpretation der deutschen Geschichte
in einem Kapitel, das er »Hitlers Weltanschauung und die Wurzeln
des Dritten Reiches« überschrieben hat. Er ist davon überzeugt, daß
es eine spezifische Logik gibt, die den Lauf der deutschen Entwicklung bestimmt und daß er den Schlüssel zu dieser Logik besitzt. Die
deutsche Geschichte von 1871 bis 1945 verlaufe »in einer ungebro-
chenen Linie und mit äußerster Folgerichtigkeit« (S. 95/93).[1] »Der
Nationalsozialismus ist nichts anderes als eine logische Fortsetzung
der deutschen Geschichte« (S. 90/80). Häufig läßt Shirer sich über
den deutschen Nationalcharakter aus, der seiner Meinung nach von
solch verschiedenartigen Faktoren wie der langen Erfahrung mangelnder politischer Einheit, einer Neigung zu Sadismus (und Masochismus) und der allgemeinen Zurückgebliebenheit Deutschlands geformt worden sein soll. Im Hinblick auf die letzte Behauptung verraten einige seiner Urteile ein großes Maß an Unkenntnis und Vor-
urteilsbefangenheit. Shirer behauptet zum Beispiel, daß Deutschland
nach dem Westfälischen Frieden von 1648 in »moskowitische Barbarei« verfallen sei (S. 92/90). Aber wo bleibt in der nächsten Generation der russische Leibniz? Die Hohenzollern sieht Shirer in folgender Perspektive: »Unter den Herrschern über Brandenburg, den
Hohenzollern, die kaum mehr als kriegerische Abenteurer waren,
wurden die Slawen, größtenteils Polen, am Rande der Ostsee entlang
allmählich zurückgedrängt.« (S. 93/91) Diese Aussage ist aus mehreren Gründen falsch. Jeder, der auch nur ein wenig mit der mittel-

die Tatsache belegt, daß er sich an keiner Stelle auf einen in den »Viertel-
jahrsheften für Zeitgeschichte« veröffentlichten Artikel bezieht, obwohl
dies die führende wissenschaftliche Zeitschrift für Forschungen zur
Weimarer Republik und zum Dritten Reich ist und obwohl nahezu jede
Ausgabe wichtige Arbeiten enthält. Die Existenz dieser Zeitschrift wird
zwar vermerkt, aber nur um festzustellen, daß sie in einer Sondernummer
eine nützliche Bibliographie veröffentlicht habe, von der aber Shirer
selbst, wie noch zu zeigen sein wird, keinen sinnvollen Gebrauch gemacht hat. Alle Hinweise in meinen Fußnoten – von zwei ausdrücklich
vermerkten Fällen abgesehen – beziehen sich auf Werke, die Shirer nicht
herangezogen hat.
1. Die Seitenzahl vor dem Schrägstrich bezieht sich auf die englische
Ausgabe, die Zahl nach dem Strich dagegen auf die deutsche Fassung.
Die hier wiedergegebenen Zitate sind unmittelbare Übersetzungen der
englischen Originaltexte (Anm. d. Übers.).

alterlichen deutschen Geschichte vertraut ist, weiß, daß der »Drang nach Osten«, der die Slawen entlang der Ostsee allmählich zurückdrängte, schon lange vor 1400 nachgelassen hatte, während die Hohenzollern erst 1417 Markgrafen von Brandenburg wurden. Die Hohenzollern »kaum mehr als kriegerische Abenteurer« zu nennen, erhöht keineswegs das Vertrauen in Shirers Kenntnis der preußischen Geschichte. Friedrich I. (1417 bis 1440) war einer der größten deutschen Fürsten des 15. Jahrhunderts. Joachim I. (1499 bis 1535) gründete die Universität Frankfurt/Oder und förderte die Rezeption des Römischen Rechts. Joachim II. (1535 bis 1571) führte die Reformation ein und reorganisierte die gesamte Verwaltungsstruktur seines Staates. Der Große Kurfürst (1640 bis 1688) war einer der vielseitigsten Herrscher seiner Zeit: ein energischer Merkantilist, ein Förderer der kulturellen Entwicklung und ein großer Verwaltungsfachmann – also das völlige Gegenteil zu einem militärischen Abenteurer. Zu Shirers Gunsten kann man annehmen, daß seine Behauptung nur für die frühen Hohenzollern gelten soll – denn sie ist offensichtlich noch absurder, wenn sie auf Friedrich I., Friedrich Wilhelm I., Friedrich den Großen und so weiter bezogen werden sollte. Shirers Unkenntnis Preußens und seiner Geschichte findet ihre Entsprechung in starken Vorurteilen zum selben Thema, die ihn zu generalisierenden Anschuldigungen verleiten, die dann Formulierungen einschließen, wie die, daß »sogar Kant predigte, die Pflicht verlange die Unterdrückung jeden menschlichen Gefühls . . .« (S. 93/91). Hat Sokrates denn je etwas anderes gelehrt?

Shirers Urteil über das von Bismarck geschaffene Deutsche Reich lautet folgendermaßen: »Ein Sorgenkind Europas und der Welt für nahezu ein Jahrhundert, eine Nation begabter und energischer Bürger, der zunächst dieser beachtliche Mann und dann Kaiser Wilhelm und am Ende Hitler mit Hilfe einer Militärkaste und zahlreicher seltsamer Intellektueller Machtgelüste und Herrschsucht, Passion für ungezügelten Militarismus, Verachtung gegenüber Demokratie und individueller Freiheit und Sehnsucht nach Autorität und Autoritarismus einimpfen konnten. In solchen Bann geschlagen, stieg diese Nation zu großer Macht, fiel und erhob sich wieder, bis sie dann mit dem Untergang Hitlers im Frühjahr 1945 scheinbar zerstört wurde – vielleicht ist es aber noch zu früh, sich über all das mit Gewißheit zu äußern.« (S. 94/92)

Soll man das als ein ausgewogenes Urteil gelten lassen? Shirer wirft nicht nur dem deutschen Bürgertum, sondern auch der Arbeiterschaft vor, sie hätten »jedes Streben nach politischer Freiheit, das sie vielleicht einmal besaßen, für materielle Gewinne eingetauscht«

(S. 96/94), denn Bismarcks Sozialgesetzgebung habe einen »tiefgreifenden Einfluß auf die Arbeiterschaft ausgeübt, indem man immer mehr die wirtschaftliche Sicherheit der politischen Freiheit vorzog und den Staat, wie konservativ regiert er auch immer sein mochte, als Wohltäter und Beschützer ansah.« (S. 96, Anm./1051, Anm. 27) Bismarck selbst hätte sich angesichts dieses indirekten Kompliments sehr geschmeichelt fühlen müssen – denn es gilt einer Politik, die man im ganzen als gescheitert betrachten muß. Noch eine andere ebenso unzulässige wie borniere Verallgemeinerung: »Es (das deutsche Bürgertum) akzeptierte die Autokratie der Hohenzollern. *Freudig* kroch es unter die Bürokratie der Junker, und *mit Inbrunst* exerzierte es den preußischen Militarismus. Deutschlands Stern war aufgestiegen, und es war – wie fast das ganze Volk – eifrig bemüht, alles zu tun, was seine Herrscher befahlen, um ihn auch weiterhin hochzuhalten.« (S. 96/94 – Hervorhebung durch K. E.) Man kann nur fragen: Gehörten die Leser der »Frankfurter Zeitung«, Deutschlands großer liberaler Zeitung, zu dieser Art von homogener Mittelklasse? Offensichtlich hat Shirer nicht die leiseste Ahnung von Ausmaß und Intensität jener Kritik, mit der linke Liberale und Sozialisten fortwährend gegen die zivile wie militärische Herrschaftskaste des Wilhelminischen Deutschland angingen. Er hätte – um nur zwei Beispiele zu nennen – mit einigem Gewinn die Reichstagsdebatten über die Daily-Telegraph-Affäre (November 1908) oder über den Zabern-Zwischenfall (Dezember 1913) studieren können, um sein unausgewogenes Bild vom politischen Leben im Deutschland der Vorkriegszeit zu korrigieren.

Aber Shirers einseitige Fehlurteile über die deutsche politische Geschichte erscheinen noch als verhältnismäßig unbedeutend, wenn man sie mit seinem geradezu systematischen Vorurteil über das geistesgeschichtliche Erbe Deutschlands vergleicht. Hitlers Weltanschauung »hatte ihre Wurzeln tief in der deutschen Geschichte und ihrer Geisteswelt« (S. 86/84), genauer gesagt in »jener seltsamen Auslese tiefschürfender, aber unausgeglichener Philosophen, Historiker und Lehrer, die den deutschen Geist vor Hitler in ihren Bann schlugen.« (S. 97/95) Shirer verfolgt den geistesgeschichtlichen Stammbaum des Nationalsozialismus bis zurück auf Fichte, von dem behauptet wird, er habe seine nationalistischen Agitationsreden im Jahre 1807 »von dem Katheder der Universität Berlin«[1] gehalten (S. 98/ nur in der

---

1. Nur so nebenbei sei vermerkt, daß die Universität Berlin, wie jeder Kenner der preußischen Reformzeit weiß, erst im Jahre 1810 gegründet wurde.

englischen Fassung); auf Hegel, der den Staat und die große Heldengestalt glorifiziert habe; auf Treitschke, der Preußentum und Krieg gepredigt habe; auf Nietzsche, der sich in elitärem Dünkel gesonnt und das Christentum verachtet habe; und schließlich auf Wagner, dessen Welt der »barbarischen, heidnischen Nibelungen ... den deutschen Geist stets fasziniert und eine schreckliche Sehnsucht der deutschen Seele befriedigt« habe (S. 102/100). Shirer fügt dieser Liste der Vorläufer des Nationalsozialismus auch noch Gobineau und Houston S. Chamberlain hinzu, wobei er jedoch bedauert, daß »der begrenzte Raum dieses Buches es nicht zuläßt, auch noch den beträchtlichen Einfluß zu erörtern, den eine Anzahl anderer deutscher Intellektueller auf das Dritte Reich ausgeübt haben, deren Schriften in Deutschland verbreitet und maßgebend waren: Schlegel, J. Görres, Novalis, Arndt, Jahn, Lagarde, List, Droysen, Ranke, Mommsen, Constantin Frantz, Stoecker, Bernhardi, Klaus Wagner, Langbehn, Lange und Spengler.« (S. 1147/1057, Anm. 35) Diese Wundertüten-Mischung von Namen vermag dem informierten Leser wohl kaum den Eindruck zu vermitteln, daß Shirer sich in der deutschen Geistesgeschichte einigermaßen auskennt. Shirer stützt seine einseitige Fragestellung noch durch das Verfahren, Passagen aus den Schriften Hitlers, Hegels und Nietzsches nebeneinander zu stellen (S. 109/108 f.). Ein Kommentar zu diesem primitiven Rückfall in die pamphletistische Propaganda der Kriegszeit erübrigt sich. In der Tat verfällt Shirer dann auch jedem einzelnen der bereits mehrmals für die fieberhafte Suche nach einer Ahnenreihe des Nationalsozialismus nachgewiesenen Irrtümer (McGovern, Viereck, Rohan O'Butler und so weiter): 1. Man übertrieb jeweils den spezifischen Einfluß eines jeden der sogenannten Vorläufer. 2. Man destillierte aus dessen Werken jeweils diejenigen Zitate heraus, die irgendwie den Nationalsozialismus antizipierten, auch wenn sie nur ein verhältnismäßig unbedeutendes Teilchen in der Gesamtarchitektur der Gedankenwelt des jeweiligen Autors darstellten. 3. Man setzte die deutsche Geistesgeschichte mit einer einzigen durchgehenden Linie ausgewählter Wegbereiter gleich, ohne aber diejenigen Gestalten zu berücksichtigen, die trotz ihrer Bedeutung für das jeweilige Zeitalter (wie zum Beispiel Goethe) nicht in das Schema des Stammbaums paßten. 4. Man vernachlässigte »protonationalsozialistische Denker« außerhalb Deutschlands (wie zum Beispiel Carlyle oder Danilewsky), deren Existenz doch erhebliche Zweifel gegenüber einer deutschen Einzigartigkeit in dieser Hinsicht anmelden läßt. Resultat dieser Art und Weise von Geschichtsschreibung ist eine verzerrte Darstellung des deutschen geistesgeschichtlichen Erbes, die ad hoc entwickelt wird, nur um ein a priori bereits gebildetes Urteil zu bestätigen. Shirer will nämlich beweisen, daß Hitler »im deutschen Volk ein naturgegebenes Werkzeug fand, das eine unerforschliche Vorsehung und die Erfahrung von Jahrhunderten bis zu diesem Zeitpunkt (1933) geformt hatten und das er sich für seine eigenen bösen Zwecke nur zurechtzubiegen brauchte« (S. 5/6).

Der Fehler dieses Ansatzes ist nicht allein darin zu sehen, daß er die Geschichte verzerrt, sondern er verbaut demjenigen, der ihn wählt, den Zugang zu vielen wesentlichen Fragen über den Nationalsozialismus. Niemals fragt sich Shirer, weshalb es 1933 in der Bevölkerung so geringen Widerstand gegen die Machtergreifung der Nationalsozialisten gegeben hat. Dies ist für ihn einfach kein Problem, da ja seiner Meinung nach die gesamte deutsche Geistesgeschichte es unvermeidlich machte, daß die Deutschen den Nationalsozialismus enthusiastisch begrüßten. Er fragt nicht: Inwiefern versagten die Sozialdemokraten, jene einst so ausgezeichneten und mutigen Vorkämpfer der Freiheit? Oder das Zentrum, das Bismarck so entschlossen widerstanden hatte? Oder die liberalen Kreise des Bürgertums, die sich 1918 um die Republik geschart hatten? Vergebens sucht der Leser in Shirers Buch nach Antwort auf diese Fragen. Die Kapitel, die die Zeit der Weimarer Republik – und besonders ihren Zusammenbruch – behandeln, sind nichts anderes als eine konventionell geschriebene Chronik ohne jegliche Analyse. Häufig wartet Shirer mit Vorurteilen auf, wo Erklärungen erforderlich sind. Man nehme zum Beispiel seine durchaus berechtigte Kritik am Verhalten der deutschen Konservativen in den Jahren 1930 bis 1933: »Mit Verbohrtheit, Vorurteilen und Blindheit, die dem Chronisten unvorstellbar erscheinen, zertrümmerten sie die Grundlagen der Republik.« (S. 186/183) Ist es von einem Historiker des Dritten Reiches zuviel verlangt, diese konservative Borniertheit zu erklären zu versuchen, die einen so wichtigen Faktor in Hitlers Aufstieg zur Macht bildete? Jene hervorragenden neueren deutschen Studien, die mit minutiöser Genauigkeit erklären, wie das »Unvorstellbare« sich wirklich ereignete, werden von Shirer völlig unberücksichtigt gelassen.[1]

1. Siehe zum Beispiel Karl Dietrich Bracher: *Die Auflösung der Weimarer Republik. Eine Studie zum Problem des Machtverfalls in der Demokratie,* Stuttgart 1957 (5. Aufl. Villingen 1971). Werner Conze: *Die Krise des Parteienstaates in Deutschland 1929/30,* in: Historische Zeitschrift, Bd. 178/1954, S. 47–83; und Waldemar Besson: *Württemberg und die deutsche Staatskrise 1928–1933. Eine Studie zur Auflösung der Weimarer Republik,*

Mangel an analytischer Durchdringung ist nicht die einzige Schwäche, mit denen die Kapitel über Weimar behaftet sind. Shirer gelingt es kaum, die allgemeine Stimmung der Verzweiflung zu charakterisieren, die die frühen Jahre der Republik kennzeichnete, oder das spezifisch bayerische Milieu zu schildern, in dem der Nationalsozialismus seine Brutstätte fand.[1] Die maßlosen Angriffe der Nazis gegen den Versailler Vertrag haben in den dreißiger Jahren Shirer verständlicherweise dermaßen in Rage versetzt, daß er sich für immer die Überzeugung zu eigen machte, der Vertrag habe wirklich eine durchaus vernünftige Regelung bedeutet.[2] Über Ursachen und Lösungsmöglichkeiten der großen Inflation von 1921 bis 1923 entwickelt er recht seltsame Ideen. Er glaubt, daß »man sie dadurch hätte anhalten können, indem man einfach den öffentlichen Haushalt ausglich – ein schwieriges, aber nicht unmögliches Kunststück« (S. 62/64) – eine doch recht naive Behauptung, die viele wirtschaftliche Fakten der frühen zwanziger Jahre völlig außer Acht läßt (zum Beispiel die Notwendigkeit des »Dumpings« von Exporten, um Devisen zur Zahlung der Reparationen zu bekommen). Einer der Gründe, weshalb nach Shirer der Haushalt nicht ausgeglichen wurde, ist wirklich köstlich. Der Generalstab des Heeres, der übrigens vorher recht übertrieben als »das wirkliche Zentrum politischer Macht in Deutschland« (S. 60/59) beschrieben wird, »erkannte, daß der Währungsverfall der Mark die Kriegsschulden tilgte und Deutschland somit ohne finanzielle Belastungen einem neuen Krieg

Stuttgart 1959. Zu diesen Arbeiten kommt nun die hervorragende von Erich Matthias und Rudolf Morsey herausgegebene Studie *Das Ende der Parteien 1933*, Düsseldorf 1960, die gleichzeitig mit Shirers Buch erschien.

1. Vgl. Carl Landauer: *The Bavarian Problem in the Weimar Republic. 1918–1923*, in: Journal of Modern History, 16/1944, S. 93–115, 205–223; und Karl Schwend: *Bayern zwischen Monarchie und Diktatur*, München 1954, zwei wichtige Arbeiten, die Shirer nicht herangezogen hat.

2. Hier muß auf Shirers Versuch hingewiesen werden, alle diejenigen Deutschen der Verspottung preiszugeben, die den Friedensvertrag als untragbar ablehnten (S. 58/57). Aber der Versailler Vertrag barg einfach viele untragbare Elemente. Außerdem stellt er einen klaren Bruch des »Vor-Waffenstillstandsabkommens« dar. Die ausgewogenste Darstellung dieses Problems liefert nach Meinung des Rezensenten Erich Eyck in seiner *Geschichte der Weimarer Republik*, Zürich 1954, Bd. I, Kap. IV. Es ist höchst unwahrscheinlich, daß Eyck als entschiedener deutscher Liberaler das Opfer nationalistischer Propaganda geworden ist.

entgegensehen konnte« (S. 62/61). Diese Hinweise, die stellvertretend für viele halbwahre, falsche oder vorurteilsbefangene Urteile stehen, die auch noch hätten angeführt werden können, lassen erkennen, daß Shirers allgemeine Kenntnis der deutschen politischen und geistigen Geschichte ihn keineswegs zu der Behauptung qualifiziert, der Nationalsozialismus sei in der historischen Entwicklung Deutschlands angelegt gewesen.

II.

Die zweite Schwäche des Buches ist sein Mangel an inhaltlicher Ausgewogenheit. Es mag noch angehen, daß Shirer dem erfolglosen und verhältnismäßig unbedeutenden Versuch der Nazis, den Duke of Windsor 1940 in Portugal zu entführen, ganze sieben Seiten widmet, während er aber kaum Raum für die Erörterung vieler Schlüsselprobleme des Deutschland unter Hitler übrig hat. Schwerwiegender ist jedoch die Tatsache, daß Shirer überhaupt nicht den Versuch unternimmt, eine umfassende Geschichte des Dritten Reiches zu schreiben. Er liefert in erster Linie eine ausführliche Chronik diplomatischer und militärischer Ereignisse, also jener beiden Aspekte des Gesamtbildes, für die das Material dem Historiker in reichstem Maße zugänglich ist. Aber sogar innerhalb dieser beiden Bereiche herrschen seltsame Disproportionen. Die Jahre zwischen 1934 und 1937 werden auf dreißig Seiten abgehandelt, über die achtzehn Monate vom »Anschluß« bis zum deutschen Einmarsch in Polen (März 1938 bis September 1939) wird dagegen in einer ausführlichen Chronik von dreihundert Seiten berichtet. Lange Auszüge aus bereits an anderer Stelle veröffentlichten Dokumenten werden häufig ohne jegliche Interpretation wiedergegeben. Shirer weicht der Aufgabe interpretierender Analyse oft mit der Feststellung aus, ihn setze es in Erstaunen, weshalb die Menschen so handelten, wie sie es nun einmal taten; zum Beispiel: weshalb Chamberlain in München nachgab (S. 424ff./380ff.). Aber das ist doch eines der am meisten erkundeten Themen der neuesten Geschichte, so daß man von einem Historiker des Dritten Reiches dazu eine eindeutige Stellungnahme erwarten darf.[1] Nebenbei bemerkt, bleibt Shirers diplomatiegeschichtliche Darstellung ausschließlich auf Europa konzentriert. Nahezu gar

---

1. Shirers Darstellung zu München benutzt, soweit Sekundärliteratur in Frage kommt, J. Wheeler-Bennett: *Munich: Prologue to Tragedy,* New York 1948, ein bei seinem Erscheinen hervorragendes Buch. Shirer übersieht jedoch die neueren Studien von Robert George Dalrymple Laffan:

nichts erfährt man über die von den Nationalsozialisten intensiv betriebenen Beziehungen zu den »Auslandsdeutschen« (zum Beispiel in Südamerika) oder über das angestrebte Bündnis mit dem arabischen Nationalismus, während die Passagen über die deutsch-japanische Allianz zu den oberflächlichsten des ganzen Buches gehören.[1]

Die Schilderung der militärischen Operationen leidet unter einem ähnlichen Mangel an Ausgewogenheit. Shirer gibt ausführliche Berichte über die Unternehmungen bis zum Frühjahr 1942, um dann aber der Aufgabe überdrüssig zu werden, die gleichermaßen wichtigen restlichen Kriegsjahre zu behandeln. Eine allgemeine Darstellung und Würdigung der Rolle Hitlers als Feldherr[2] fehlt ebenso wie eine Analyse der Gesamtorganisation und der organisatorischen Mängel der deutschen Streitkräfte; auch die Ursachen der deutschen Niederlage werden nicht untersucht. Die wirtschaftlichen Aspekte der deutschen Kriegsanstrengung (die Probleme der Rüstungsproduktion dabei eingeschlossen) werden von Shirer praktisch nicht behandelt, wie er überhaupt, abgesehen von der Verschwörung gegen Hitler, die gesamte deutsche Innenpolitik der Kriegszeit vernachlässigt.

Die Darstellung der innenpolitischen Entwicklung bis 1938 ist im großen und ganzen zutreffend, obwohl sie keineswegs die Brillanz der bahnbrechenden Bücher Konrad Heidens erreicht. Der Bericht über die Konsolidierung der nationalsozialistischen Macht in den Jahren 1933 und 1934 (Kap. VII) bietet zwar fesselnde Lektüre, ist aber doch auch wieder aus einer Anzahl von Gründen recht schwach. Zu kategorisch wird hier den Nationalsozialisten die Verantwortung für den Reichstagsbrand zugeschrieben, wenn nämlich der Verfasser behauptet, daß »es genug Beweismaterial gibt, um ohne jeden Zweifel festzustellen, daß um ihrer eigenen politischen Zwecke willen die Nationalsozialisten die Brandstiftung planten

The Crisis over Czechoslovakia. January to September 1938, London 1951; und Boris Celovsky: Das Münchener Abkommen von 1938, Stuttgart 1958, das Wheeler-Bennett teilweise überholt.

1. Es finden sich keine Anhaltspunkte, daß er eins der beiden folgenden Standardwerke benutzt hat: Frank Iklé: German-Japanese Relations. 1936–1940, New York 1956; oder Ernst Presseisen: Germany und Japan. A Study in Totalitarian Diplomacy. 1933–1934, Den Haag 1958.

2. Diesen Versuch unternimmt zum Beispiel Gert Buchheit: Hitler, der Feldherr. Die Zerstörung einer Legende, Rastatt 1958, während Francis Hinsley: Hitler's Strategy: The Naval Evidence, Cambridge 1951 (deutsch: Hitlers Strategie, Stuttgart 1952) sich mehr auf die Seekriegsführung konzentriert.

und auch ausführten« (S. 192/189). Die von Fritz Tobias im SPIEGEL im Frühjahr 1960 veröffentlichte Artikelserie[1] hat zwar nach Meinung des Rezensenten die Nationalsozialisten nicht eindeutig von jedem Verdacht befreit, aber die Frage ist zumindest noch offen geblieben. Es wurde bereits bemerkt, daß es Shirer nicht gelingt, eine spezifische Erklärung zu liefern, weshalb die Nationalsozialisten im Frühjahr 1933 auf so geringen Widerstand stießen. Shirers Darstellung des entscheidenden Ermächtigungsgesetzes vom 23. März 1933 ist einfach töricht: »Abgesehen von der Verhaftung der kommunistischen und einiger sozialdemokratischer Abgeordneter, ging alles *ganz legal zu, wenn auch terroristische Begleitumstände nicht fehlten.*« (S. 199/196 – Hervorhebung durch K. E.) Ihm liegt viel an der nachdrücklichen Behauptung: »Die Deutschen haben niemand anderem als sich selbst Vorwürfe zu machen.« (S. 200/197) Er entwickelt sogar so etwas wie eine historische Theorie von der Eigengesetzlichkeit innenpolitischer Faktoren, um die Ereignisse von 1933 zu erklären: »Das Reich der Hohenzollern war auf den Triumph der preußischen Waffen gegründet, die deutsche Republik ging dagegen aus der Niederlage durch die Alliierten nach einem großen Krieg hervor. Aber das Dritte Reich verdankte seine Existenz weder den Glücksfällen des Krieges noch der Einmischung ausländischer Mächte. In Friedenszeiten wurde es auf friedlichem Wege von den Deutschen mit all ihren Schwächen und Stärken selbst geschaffen.« (S. 187/183 f.) Ist das hohle Deklamation oder Teil einer angeblich endgültigen Geschichte des Dritten Reiches? Kein ernsthafter Historiker kann bestreiten, daß internationale Ereignisse wie der Versailler Vertrag, der Kampf um die Reparationen und der New Yorker Börsenkrach in beträchtlichem Maße die nationalsozialistische Machtergreifung erleichterten.

Shirers Schilderung der innenpolitischen Entwicklung der frühen Jahre des nationalsozialistischen Regimes ist zwar an einigen Punkten fehlerhaft, aber sie ist immerhin in diesem Buch zu finden. Von den Jahren nach 1937 kann man das nicht behaupten, denn abgesehen von der Fritsch-Blomberg-Krise des Jahres 1938 klafft in der Behandlung der deutschen Innenpolitik eine große Lücke.[2] Das ist

1. Auch als Buch veröffentlicht: Fritz Tobias: *Der Reichstagsbrand. Legende und Wirklichkeit*, Rastatt 1962 (Anm. d. Hrg.).

2. Hier versäumt es Shirer, das deutsche Standardwerk von Hermann Foertsch: *Schuld und Verhängnis. Die Fritschkrise im Frühjahr 1938 als Wendepunkt in der Geschichte der nationalsozialistischen Zeit*, Stuttgart 1951, auszuwerten.

angesichts der Tatsache, daß das Kapitel VIII: »Das Leben im Dritten Reich. 1934–1937« wahrscheinlich das beste des ganzen Buches ist, besonders bedauerlich, denn hier kann Shirer seine eigenen Erfahrungen als Journalist im damaligen Deutschland nutzen. Die hier entwickelten Themen zur nationalsozialistischen Rechts-, Kultur- und Wirtschaftspolitik und so weiter werden in der Darstellung der übrigen zwei Drittel des Dritten Reiches (immerhin acht von insgesamt zwölf Jahren) nie wieder aufgegriffen.

Verhältnismäßig schwach ist auch die Behandlung der nationalsozialistischen Wirtschaftspolitik der Jahre vor 1937. Nur sieben der insgesamt 1143 Seiten (S. 256–267/bzw. 9 von 1044 Seiten: 249–258) sind der nationalsozialistischen Wirtschaft gewidmet. Die von Hitler zur Überwindung der Depression angewandten Methoden bleiben größtenteils ohne Analyse – das um das Projekt der Autobahnen zentrierte öffentliche Arbeitsbeschaffungsprogramm wird nicht einmal erwähnt.[1] Diese Lücke fällt besonders ins Auge, da Hitlers Erfolg in der Drosselung der Arbeitslosigkeit, wie sehr er auch in erster Linie der Kriegsvorbereitung zu verdanken war, doch die Zeitgenossen innerhalb und außerhalb Deutschlands ungemein beeindruckte, besonders wenn sie im Gegensatz zu der mühsamen und langsamen wirtschaftlichen Gesundung Englands unter Baldwin und Amerikas unter Roosevelt gesehen wurde. Shirer sagt kaum etwas darüber, wie in der nationalsozialistischen Zeit die deutsche Wirtschaft wirklich funktionierte, obwohl die wichtigsten Fakten eigentlich schon lange bekannt sind.[2] Die Probleme der deutschen Rüstungsproduktion vor und nach 1939 werden von Shirer völlig ignoriert. Die Gestalt Albert Speers, der seit Februar 1942 die gesamte Produktion kontrollierte, tritt in Shirers Schilderung kaum hervor, obwohl das Versagen Deutschlands, sowohl die eigenen wirtschaft-

1. Die Tatsache, daß einige Ewig-Gestrige aus Dummheit die Autobahnen zum Beweis anführen, daß unter Hitler doch nicht alles so schlecht gewesen sei, ist in diesem Zusammenhang irrelevant.

2. Die beste Darstellung findet sich vielleicht immer noch in den letzten Kapiteln von Gustav Stolper: *German Economy. 1870–1914*, New York 1940 (deutsch: *Deutsche Wirtschaft seit 1870*; fortgeführt von Karl Häusler und Knut Borchardt, Tübingen 1964, 2. Auflage 1966), obwohl der II. Teil in Franz Neumanns: *Behemoth. The Structure and Practice of National Socialism. 1933–1945*, New York 1942, 1963, trotz marxistischer Voreingenommenheit auch recht wertvoll ist. C. W. Guillebaud: *The Economic Recovery of Germany*, London 1939, ist eine aufschlußreiche zeitgenössische Darstellung.

lichen Ressourcen als auch die des eroberten Europa zu mobilisieren, eine der Hauptursachen für die Niederlage des Dritten Reiches bildet. Die Ernennung von Goebbels zum »Reichskommissar für totale Mobilisierung« für die letzten Monate des Regimes wird an keiner Stelle erwähnt, obwohl der puritanische Bann jeglicher Unterhaltung und ähnliche Maßnahmen das tägliche Leben des Dritten Reiches tiefgreifend beeinflußten.

Die Darstellung dessen, was man herkömmlicherweise die politische Geschichte der späteren Jahre des Dritten Reiches nennen könnte, ist gleichermaßen unbefriedigend. Man erfährt kaum etwas von den fortwährenden Machtkämpfen am Hofe Hitlers, die in geradezu unvorstellbarer Weise eine geregelte und effiziente Administration erschwerten. Auch die SS unter Himmler wird kaum untersucht, obwohl doch diese Organisation ungefähr seit 1943 zur bestimmenden Gewalt innerhalb des nationalsozialistischen Herrschaftssystems geworden war.[1] Ihre innere Struktur wird an keiner Stelle eingehender untersucht. Auch eine so wichtige Maßnahme wie die Rekrutierung von SS-Einheiten in den einzelnen eroberten Ländern bleibt völlig unerwähnt (vielleicht deshalb, weil sie nicht in Shirers Theorie von dem ausschließlich deutschen Charakter des Nationalsozialismus passen will). Es findet sich nichts über die Zeitschrift der SS »Das Schwarze Korps« – die beste Einführung in das, was man als SS-Ideologie bezeichnen könnte – oder auch nichts über den eigenwilligen Versuch eines ihrer gescheiten jungen Männer, Günther d'Alquen, im Herbst 1944 die anti-stalinistischen Russen zu organisieren.[2] Himmlers Tätigkeit als »Reichskommissar für die Festigung deutschen Volkstums« wird von Shirer praktisch übergangen, obwohl sie von grundlegender Wichtigkeit für den Nachweis ist, welche Rolle die Ideologie im Deutschland unter Hitler im Widerspruch zu jeglicher Vernunft und jeglichem Selbstinteresse dennoch spielte.[3] Der politische Niedergang Görings nach 1941

1. Neben der in seiner Bibliographie erwähnten Arbeit von Reitlinger hätte der Verfasser auch Willi Frischauer: *Himmler,* London 1953, und Edward Crankshaw: *Gestapo: Instrument of Tyranny,* London 1956, benutzen können.

2. Siehe George Fischer: *Soviet Opposition to Stalin. A Case Study in World War II,* Cambridge 1952. Abgesehen von einigen Andeutungen innerhalb bedeutungsloser Zusammenhänge wird die Wlassow-Bewegung von Shirer völlig vernachlässigt.

3. Vgl. die Monographie von Robert L. Koehl: *RKFDV. German Resettlement and Population Policy. 1939–1945,* Cambridge 1945, 1957.

(durch das Versagen der Luftwaffe hatte er an Ansehen verloren) wird ebensowenig beschrieben wie der Aufstieg des düsteren Martin Bormann innerhalb der Parteikanzlei, nachdem Hess seinen Flug nach England unternommen hatte. Die NSDAP verschwindet praktisch aus Shirers Schilderung der Jahre nach 1937. In der Tat hatte sie unter Hess einen Machtverlust erfahren, der aber wieder wettgemacht wurde, als Bormann sie verschiedene staatliche Funktionen (zum Beispiel die Zivilverteidigung) usurpieren ließ. An keiner Stelle erfährt der Leser etwas über den steilen Machtzuwachs solcher Männer wie Bormann, Kaltenbrunner, Goebbels, Keitel und Lammers und den gleichzeitigen Machtverlust von Rosenberg, Frick und Ribbentrop. Shirer versucht ebenfalls nicht, die Rolle zu untersuchen, die die Ministerialbürokratie bei der Planung und Ausführung der deutschen Politik auch weiterhin noch spielte. Der Historiker wird dabei mit zwei Phänomenen konfrontiert: einerseits die Billigung nationalsozialistischer Verbrechen durch zu viele Beamte, aber auch andererseits die beträchtliche Ablehnung und Sabotage nationalsozialistischer Maßnahmen, die in nahezu jedem Ministerium zu finden waren. Um nur ein Beispiel zu nennen: Ernst von Weizsäcker, Staatssekretär im Außenministerium, der ohne Zweifel der Komplizenschaft bei vielen grausamen Maßnahmen schuldig ist (wie Shirer häufig herausstellt), war dennoch unter großem persönlichen Risiko der Anführer einer Widerstandsgruppe. Es ist eigentlich unnötig, noch des längeren dabei zu verweilen, daß Shirer die Gelegenheit verpaßt hat, viele fesselnde Aspekte der inneren, strukturellen und administrativen Geschichte des Dritten Reiches zu erkunden.

Eine der empfindlichsten Lücken in Shirers Buch liegt darin, daß er keine umfassende Schilderung der nationalsozialistischen Herrschaft im besetzten Europa zu geben vermag. Im XXVII. Kapitel wird unter dem Titel »Die neue Ordnung« eine wertvolle Darstellung der nationalsozialistischen Greueltaten geliefert, die von vielen nur allzu leicht vergessen worden sind (besonders auch im heutigen Deutschland). Der Leser erhält eine gut belegte Schilderung der brutalen Einstellung der Nazis gegenüber den slawischen »Untermenschen«, des Einsatzes von Zwangsarbeit, der entsetzlichen Mißhandlung von Kriegsgefangenen, des Terrors in den besetzten Gebieten, der »Endlösung« der jüdischen Frage, der Vernichtungslager, der Zerstörung des Warschauer Ghettos, der bestialischen medizinischen Experimente und der grausamen Auslöschung der Orte Lidice und Oradour-sur-Glane. Aber in diesem Kapitel versäumt es Shirer auch, viele derjenigen Probleme zu behandeln, die zum Verstehen der vier Jahre nationalsozialistischer Tyrannei über den größten Teil von Europa von Bedeutung sind. Die kollaborationistischen Bewegungen, die in vielen Ländern so wichtig wurden, werden zum größten Teil außer acht gelassen wie gleichermaßen auch die Widerstandsbewegungen, die häufig indirekt die Kollaboration stärkten, je mehr sie nämlich unter kommunistische Kontrolle gerieten (zum Beispiel in Jugoslawien). Shirer untersucht auch nicht die chaotische und heterogene Verwaltungsstruktur, die Hitler dem besetzten Europa aufzwang: direkte Annexion an Deutschland (der Warthegau im Osten und Eupen im Westen), Zivilverwaltung als Vorstufe einer zukünftigen Annexion (Elsaß-Lothringen), angegliederte Gebiete mit permanentem Sklavenstatus (das »Protektorat« Böhmen, das »Generalgouvernement« in Polen, die Ukraine und so weiter), besetzte Gebiete unter militärischer (Belgien, Nord-Frankreich) oder ziviler Kontrolle (Norwegen, Holland) und Operationsgebiete (das besetzte Italien, nachdem Badoglio zu den Alliierten umgeschwenkt hatte).[1] Das Schicksal der Bevölkerung in den besetzten Gebieten unterschied sich in beträchtlicher Weise je nach dem Typus der deutschen Regierungsform. Darüber hinaus lassen die unterschiedlichen Formen der Kontrolle auch erkennen, wie die Nationalsozialisten über Europa geherrscht hätten, wenn sie den Krieg gewonnen hätten. Leider untersucht Shirer an keiner Stelle Hitlers Pläne für die Zeit nach dem Kriege: zu ihnen gehörten eine pompöse Siegesfeier auf der Marienburg (dem Ruhmeszeichen des Deutschen Ordens), ein plötzliches und scharfes Eingreifen gegen die christlichen Kirchen und eine systematische Ausbeutung der Zwangsarbeit des Ostens. In den Vorstellungen einiger Nazi-Ideologen gab es jedoch sowohl ein paar »europäische Züge« als auch Pläne zur Arbeitsbeschaffung und zur Spezialisierung der Industrie in kontinentalen Maßstäben – zwar eine entsetzliche Perversion des Traums von der Einheit Europas, aber doch auch ein Thema, das jeder Historiker des Dritten Reiches bewältigen sollte.

1. Zu den Fragen der Verwaltung und zu fast allen Aspekten der nichtmilitärischen Geschichte des Dritten Reiches sei auf die hervorragende Darstellung von Clifton Child: *The Political Structure of Hitler's Europe*; in: A. Toynbee: *Hitler's Europe. 1939–1945*, Oxford 1954, verwiesen, ein Buch, das Shirer zwar in seiner Bibliographie aufführt, ohne es aber offenbar mit Gewinn benutzt zu haben.

III.

Shirers Bild von der deutschen Geschichte und sein Unvermögen, bisher noch nicht erforschte Aspekte der nationalsozialistischen Zeit zu untersuchen, mögen vielleicht bei einem Manne naheliegen, der nicht aus der Wissenschaft, sondern aus dem Journalismus kommt. Um so überraschender ist es dann aber, daß er, obwohl er mehrere Jahre als Auslandskorrespondent in Berlin lebte, sich unfähig zeigt, das Wesen eines modernen totalitären Staates zu beschreiben oder angemessen zu verstehen. Zwar spricht es für ihn, daß er nicht die grobe marxistische Theorie anbieten will, der Nationalsozialismus stelle nur die natürliche Weiterentwicklung des Monopolkapitalismus dar,[1] aber die Vermeidung dieses Irrtums läßt ihn keineswegs die Wurzeln des modernen Totalitarismus begreifen. Der Leser erfährt nichts vom »Aufstand der Massen«, von der Atomisierung der europäischen Gesellschaft seit der Französischen Revolution, von der Wurzellosigkeit der modernen Industriegesellschaft, von der Sehnsucht nach der »Flucht vor der Freiheit« und so weiter.[2] Da er seinen Blick ausschließlich auf das nationalsozialistische Deutschland richtet, unternimmt Shirer nicht den Versuch einer vergleichenden Analyse moderner totalitärer Regime. Seine Lieblingstheorie, daß der Nationalsozialismus nichts anderes als der Gipfelpunkt einer eigenartigen deutschen Geschichtsentwicklung sei, verbietet ihm, aus der Beobachtung anderer »totalitärer Gesellschaften«, wie zum Beispiel der Sowjetunion, eigene Erkenntnisse zu gewinnen.[3] An keiner Stelle versucht Shirer, die »universelle« Bedeutung des National-

1. Obwohl Shirer gelegentlich in den weitverbreiteten Irrtum verfällt, Hitler als einen »Politiker der Rechten« (S. 24/24) oder als einen »konservativen Nationalisten« (S. 161/156 – dort jedoch ohne das Adjektiv »konservativ«) zu bezeichnen.

2. Einige neuere Studien, die den Totalitarismus in historischer Perspektive zu erklären versuchen, sind: Hannah Arendt: *The Origins of Totalitarianism,* New York 1951 (deutsch: *Elemente totaler Herrschaft,* Frankfurt/M. 1955, 1958); Erich Fromm: *Escape from Freedom* (The Fear of Freedom), New York 1941 (deutsch: *Die Furcht vor der Freiheit,* Zürich/Frankfurt/M. 1966); und Yaakov Leib Talmon: *The Rise of Totalitarian Democracy,* Boston 1952.

3. Die noch junge Wissenschaft des vergleichenden Studiums des Totalitarismus hat in C. J. Friedrich/Z. K. Brzezinski: *Totalitarian Dictatorship and Autocracy,* Cambridge/Mass. 1956, einen vielversprechenden Anfang gefunden.

sozialismus zu erkunden – welche Einsichten er uns in die erschrekkenden Abgründe der menschlichen Natur und die prekäre Labilität der modernen Zivilisation zu vermitteln vermag –, in das, was Max Picard »Hitler in uns selbst« genannt hat, ein Phänomen, das leider nicht allein auf Deutschland beschränkt bleibt.

Das mangelnde Erkenntnisvermögen Shirers gegenüber dem modernen Totalitarismus führt ihn unweigerlich zur dogmatischen Behauptung einer Kollektivschuld der Deutschen für die von der nationalsozialistischen Regierung begangenen Greueltaten. Edmund Burke wußte nicht, wie man ein ganzes Volk pauschal verurteilen könne; Shirer kennt solche Bedenken nicht. Seine undifferenzierten Verdammungsurteile zeigen in der Tat eine verdächtige Ähnlichkeit mit den nationalsozialistischen Lehren von Rasse und Volkstum. An keiner Stelle wird der Mechanismus totalitärer Kontrolle in ausreichender Weise berücksichtigt, der den einzelnen Bürger in äußerste Hilflosigkeit zurückwirft. Bei den letzten noch verhältnismäßig freien Wahlen (März 1933) stimmten ungefähr 55 Prozent des deutschen Volkes für nichtnationalsozialistische, größtenteils sogar antinationalsozialistische Parteien. Selbstverständlich trifft es zu, daß viele von diesen (vielleicht sogar die meisten) später das nationalsozialistische Regime »unterstützten«. Der Begriff »Unterstützung« umfaßt hierbei jedoch eine ganze Skala sehr verschiedenartiger Einstellungen gegenüber einem totalitären Regime, die von aktiver Komplizenschaft im Verbrechen über sozial induzierte Begeisterung und wissende Billigung bis zu unpolitischer Apathie reichen. Shirer trifft zwischen diesen verschiedenen Arten der Unterstützung und den aus ihnen sich ergebenden unterschiedlichen Gewichten der Verantwortung niemals eine Unterscheidung. Aber auch der »Widerstand« gegen einen totalitären Staat ist in gleicher Weise ein sehr vielschichtiges Phänomen, das von aktiver Verschwörung bis zur Abstinenz der »inneren Emigration« reicht.

Einer der ganz wenigen Lichtblicke der deutschen Geschichte während des Dritten Reiches ist die Tatsache, daß die Greueltaten der Nazis auf deutliche Ablehnung beim deutschen Volk stießen. Shirer liefert zwar einen verhältnismäßig umfassenden Bericht über die deutsche Widerstandsbewegung, doch seine Schilderung wird durch den Mangel grundsätzlicher Sympathie und das Unvermögen verzerrt, die Motive und Ideale der Führer des Widerstandes zu erforschen. Er ist weitaus schneller bereit, Zögern und Fehler zu brandmarken – an denen es leider nur allzu viele gab –, als die ungeheuren Schwierigkeiten zu erklären, denen sich die Verschwörer in dem von der Gestapo beherrschten Deutschland gegenübersahen. Nur in unzureichender Weise wird seine Schilderung dem Heldenmut jener Männer gerecht, die ihr eigenes Leben und das ihrer Familien aufs Spiel setzten und die ihre Einsicht in den wahren Charakter des Nationalsozialismus dadurch unter Beweis stellten, daß sie alle herkömmlichen Vorstellungen von Patriotismus und politischem Gehorsam aufgaben, als sie mitten im Kriege die Ermordung des Oberbefehlshabers planten (20. Juli 1944).[1] Zu Recht kritisiert Shirer die vielen Deutschen, die ihr eigenes Versagen, Hitler gegenüber keinen Widerstand geleistet zu haben, damit entschuldigen, daß sie den westlichen Alliierten vorwerfen, auch sie hätten den Verschwörern keinerlei Ermutigung angedeihen lassen, sondern statt dessen die Politik des »Unconditional Surrender« und den Morgenthau-Plan verfolgt. (S. 1018/930) Aber er geht mit seiner Behauptung doch zu weit, die meisten Verschwörer hätten den Nationalsozialismus gar nicht aus prinzipiellen Gründen bekämpft, sondern nur zu einigermaßen günstigen Bedingungen aus dem Krieg herauskommen wollen. Die Kerngruppe der Verschwörer bewies am 20. Juli 1944, daß man zum Schlag gegen Hitler entschlossen war, auch wenn man keinerlei Unterstützung von den westlichen Mächten erhielt. Ohne Zweifel wäre ihre Aufgabe einfacher gewesen, wenn der Westen ihnen, öffentlich oder privat, vernünftige Friedensbedingungen (zum Beispiel die Grenzen von 1937) in Aussicht gestellt hätte. Shirer ist der Meinung, daß Goebbels' erfolgreiche Ausnutzung der Parole vom »Unconditional Surrender«, um »das deutsche Volk zu einer Haltung totalen Widerstandswillens aufzupeitschen, von einer überraschend großen Anzahl westlicher Autoren stark übertrieben worden« sei (S. 1033/nur in der englischen Fassung). Für diese seine Meinung bleibt er jedoch den Beweis schuldig. Es trifft zu, daß zahlreiche ins Vertrauen gezogene Generäle ihre Teilnahme an der Verschwörung verweigerten, solange nicht in irgendeiner Weise ein Zeichen der Ermutigung von westlicher Seite vorläge. In vielen Fällen war dies ohne Zweifel nur eine Entschuldigung, um andere Motive der Untätigkeit zu decken. Hier lag jedoch auch eine ernst-

1. Hier kann nicht der Versuch unternommen werden, alle die Lücken in Shirers Behandlung des deutschen Widerstandes zu schließen. Er unterläßt jegliche Erörterung der erfolgreichen Opposition der beiden christlichen Kirchen gegen das Euthanasie-Programm (1939–1941), das die Nationalsozialisten abbrechen mußten. Die Schilderung des Kirchenkampfes hätte aus Hans Buchheim: *Glaubenskrise im Dritten Reich: drei Kapitel nationalsozialistischer Religionspolitik*, Stuttgart 1953, doch einigen Gewinn ziehen können.

hafte Schwierigkeit: angenommen, die Verschwörer hätten Hitler mit Erfolg gestürzt, wären dann aber gezwungen gewesen, sich bedingungslos zu ergeben, wodurch Ostdeutschland sowjetischer Besatzung ausgeliefert und Westdeutschland unter anglo-amerikanische Besatzung geraten wäre, die (wenn auch nur vorübergehend) von einer Psychologie à la Morgenthau-Plan geleitet gewesen wäre – man kann sich eine für die Entwicklung eines gesunden deutschen Staatswesens kaum unvorteilhaftere Situation vorstellen. So wäre wiederum mit Hilfe einer neuen Dolchstoß-Legende der Boden für eine Wiederbelebung des Nationalsozialismus in geradezu perfekter Weise vorbereitet worden. Solchen Überlegungen gegenüber erweist sich Shirer aber als völlig blind.[1]

Einige Einzelurteile Shirers über den deutschen Widerstand müssen noch erwähnt werden. Er zeigt sich von der geistigen Entwicklung Stauffenbergs nur wenig beeindruckt, der sich zugegebenermaßen recht spät zu einer Haltung gegen den Nationalsozialismus durchrang und auch weiterhin Stefan George bewunderte. Der Mann, der später Hitler selber töten wollte, interessierte sich für die von General Wlassow geführte anti-stalinistische Bewegung in der Sowjetunion (Shirer, wie bereits vermerkt wurde, dagegen nicht). »Stauffenberg glaubte, daß diese russischen Truppen zum Sturze Stalins eingesetzt werden könnten, während die Deutschen sich der Tyrannei Hitlers entledigten. Vielleicht war dies ein Beispiel der verworrenen Ideen Stefan Georges.« (S. 1029/nur in der englischen Fassung.) Was war an dem Gedanken so verworren, mit Hilfe russischer Truppen Stalins Gewaltherrschaft stürzen zu wollen? Bedeutete nicht vielmehr Himmlers verbrecherische Alternative, das russische Volk für immer zu versklaven, den Gipfel der Verworrenheit, da so die Russen wider Willen zur Unterstützung Stalins gezwungen wurden? Und was hat überhaupt Stefan George mit Stauf-

---

1. Diese Überlegungen drängen dem Rezensenten die tragische Schlußfolgerung auf, daß alles in allem für die zukünftige politische Entwicklung Deutschlands ein Scheitern der Verschwörung vorzuziehen war, obwohl das weitere neun Monate Krieg und das Hinschlachten der antinationalsozialistischen Elite durch die Henker Hitlers bedeutete. Entscheidend aber war doch, daß die Verschwörung überhaupt gewagt wurde – und zwar aus Gründen, die Treskow, eine der edelsten Gestalten unter den Verschwörern, andeutete, wenn er schrieb, daß Gott Sodom und Gomorra verschont haben würde, wenn er dort auch nur ein paar Gerechte gefunden hätte. Aber solche Überlegungen sprengen den Rahmen dieser Rezension.

fenbergs Vorstellungen zu tun, wie am besten der russische Krieg zu führen sei?

Shirers Darstellung des deutschen Widerstandes wird der Größe des Gegenstandes keineswegs gerecht. Er kann sich für keinen der Akteure so recht erwärmen – nicht einmal für den feurigen Stauffenberg oder den abgeklärten Moltke. Den politischen Ideen des »Kreisauer Kreises« begegnet er mit Verachtung und tut sie allzu einfach als »noble, hoch in den Wolken angesiedelte Gedanken, die von einem Hauch deutschen Mystizismus umgeben waren« (S. 1016/927) ab. Die Bedeutung jener »Gemeinschaft der Herzen«, die über die Trennungsgräben gewöhnlicher politischer Kontroversen reichte – wenn einmal der Strich zwischen moralischen und unmoralischen Menschen gezogen war –, entzieht sich seinem Verständnis. Der deutsche Widerstand führte Militärs und Zivilisten, alte und junge Menschen, Katholiken und Protestanten, Sozialisten, Liberale und Konservative zusammen. Sie alle vereinte der gemeinsame Glaube an grundlegende Prinzipien der Gerechtigkeit, des Rechts, der Anständigkeit und der menschlichen Würde. Sie entdeckten diese gemeinsame Basis, weil sie zusammen im verzweifelten Kampf gegen das im Nazi-Regime verkörperte absolute Böse standen. Es bleibt ein integraler Bestandteil der Geschichte des Dritten Reiches, daß dessen zum äußersten getriebene Gemeinheit eine der edelsten Manifestationen des menschlichen Geistes als Reaktion herausforderte. Nebenbei bemerkt: hier wird evident, daß die deutsche Geschichte noch weitaus andere Möglichkeiten in sich barg, als die, welche Shirers enger Blickwinkel gelten läßt.

Shirer muß eingestehen, daß ihm die Tatsache, wie Hitler sogar während der letzten Monate des Krieges seine Herrschaft über das deutsche Volk halten konnte, ein Rätsel bleibt. »Durch einen Hypnotismus, der jeder Erklärung trotzt – zumindest für einen Nichtdeutschen – konnte sich Hitler bis zuletzt die Ergebenheit und das Vertrauen dieses seltsamen Volkes bewahren.« (S. 1082/987) Die Lösung dieses Problems ist keineswegs so schwierig, wie Shirer annimmt. Zunächst einmal übertreibt er die Loyalität und das Vertrauen, über die Hitler noch im letzten Jahr seiner Herrschaft verfügen konnte – Defaitismus und Fahnenflucht vieler Deutscher, die zu brutaler Vergeltung durch die SS führten, beweisen deutlich das Gegenteil. Es ist einer der schwerwiegenden Mängel des Buches, daß Shirer sich für den Frühling 1945 ausschließlich auf Hitler konzentriert, indem er nur eine Chronik des Wahnsinns im Berliner Bunker schreibt, statt eine breite Schilderung der deutschen Katastrophe zu geben. Wegen der ununterbrochenen Bombardierung deutscher

Städte verbissen sich Millionen von Menschen in zorniger Wut gegenüber den Westmächten; sie hörten entsetzliche Geschichten vom Verhalten der sowjetischen Truppen in Ostdeutschland; von den westlichen Regierungen glaubten sie nur wenig erhoffen zu dürfen, da bei diesen der Geist Morgenthaus vorherrschte. Sie waren durch die von Goebbels gleichgeschaltete Propaganda betäubt – von der sogar Shirer zugeben muß, daß er ihr manchmal, sogar in den noch verhältnismäßig friedlichen Tagen des Jahres 1939, zum Opfer gefallen sei, obwohl er über journalistische Erfahrung verfügte und den regelmäßigen Zugang zu anderen Informationsquellen hatte (S. 582/536). Den Deutschen wurden sogenannte »Wunderwaffen« (Raketen, Düsenjäger, neue Unterseeboote) versprochen, die die ausweglose militärische Lage doch noch wenden könnten. Sie wurden von den SS-Einheiten gedungener Totschläger terrorisiert, die auch nur die kleinste Spur von Kriegsmüdigkeit durch sofortige Hinrichtungen ausmerzen sollten. Ist es da wirklich so verwunderlich, daß viele Deutsche bis zum bitteren Ende weiterkämpften?

Ich hoffe, dieser kritische Aufsatz hat deutlich gemacht, daß eine eingehende und ausgewogene Geschichte des nationalsozialistischen Deutschland noch geschrieben werden muß. Sie darf nicht wie Shirer jenes Märchen der Kriegszeit aufwärmen, daß die deutsche Geschichte eine Einbahnstraße von Luther zu Hitler sei. Sie muß versuchen, den Nationalsozialismus im allgemeinen Kontext des modernen Totalitarismus zu verstehen. Sie muß versuchen, den spezifischen Kausalzusammenhang herauszuschälen, der 1933 zum Sieg des Nationalsozialismus in Deutschland führte – wobei nicht nur Nationalcharakter und historische Erblast, sondern auch die konkreten Bedingungen der nationalen und internationalen Szenerie berücksichtigt werden müssen. Solch eine Darstellung muß die Balance zwischen diplomatischer, politischer, sozialer, wirtschaftlicher, institutionaler und kultureller Geschichtsschreibung finden. Sie muß mit der wissenschaftlichen Diskussion und besonders mit der sehr fruchtbaren Forschung Schritt halten, wie sie heute in Deutschland betrieben wird. Sie muß nach Antworten auf die richtigen Fragen suchen, statt sich mit einer bloßen Chronik der Ereignisse zufriedenzugeben. Vor allem aber sollte sie von einer großmütigen und toleranten Gesinnung geprägt sein, die Vorurteile überwindet und dem Historiker erlaubt, nicht nur die Nazi-Verbrecher und ihre Mitläufer zu verstehen, sondern auch die heldenhaften Kämpfer des Widerstandes zu würdigen, um so ein ebenso umfassendes wie genaues Bild Deutschlands in der nationalsozialistischen Ära zu geben.

PAPST, KIRCHE UND NATIONALSOZIALISMUS

I. Guenter Lewy: *The Catholic Church and Nazi Germany*; 416 S., New York 1964 (deutsch: *Die katholische Kirche und das Dritte Reich*; 450 S., München 1965)
II. Rolf Hochhuth: *The Deputy;* 352 S., New York 1964.
Deutsch: *Der Stellvertreter*. Schauspiel, mit einem Vorwort von Erwin Piscator; 275 S., Hamburg 1963

in: Modern Age, 9/1964-65, S. 83–94

I.

In Guenter Lewys Buch besitzen wir nun endlich eine sorgfältige wissenschaftliche Darstellung zu einem der umstrittensten Themen der neueren Geschichte. Der Verfasser hat mit Erfolg eine geradezu herkulische Forschungsleistung vollbracht, indem er zahllose Diözesan-Archive, Berichte der Gestapo, deutsche diplomatische Akten, zeitgenössische katholische Publikationen, nationalsozialistische Personalakten (im Berlin Document Center) und die zwar schier endlose, aber fragmentarische Sekundärliteratur, die es schon zu diesem Thema gibt, untersucht hat. Der Leser wird in den einzelnen Kapiteln eine erschöpfende Erörterung folgender Probleme finden: das Verhältnis zwischen katholischer Kirche und Nationalsozialismus vor 1933; die große Aussöhnung im Jahre 1933; das Konkordat vom 20. Juli 1933; die Behinderungen der katholischen Organisationen und Presse; die ideologische Auseinandersetzung zwischen Katholizismus und Nationalsozialismus; die Kirche und Hitlers Außenpolitik; die Einstellung der Kirche in Deutschland zum Zweiten Weltkrieg; der Konflikt über die eugenischen Maßnahmen der Nationalsozialisten; die Kirche und die jüdische Frage; und das Problem des katholischen Widerstandes im Dritten Reich. Ein abschließendes Kapitel geht über das engere Thema hinaus und erörtert das Versagen der katholischen politischen Ideologie angesichts der Herausforderung durch den modernen Totalitarismus.

Lewy verbindet in seiner Beschreibung und Analyse zwei Rollen miteinander: er ist einerseits gewissenhafter Historiker und andererseits ein Ankläger, der seiner Sache sehr sicher ist. Sein Buch ist (und soll es auch sein) eine anhaltende Beschuldigung des politischen Verhaltens der katholischen Kirche während der nationalsozialistischen Ära. Der Hauptvorwurf läuft darauf hinaus, daß die Kirche sich Hitler gegenüber nicht nur *anpaßte,* was angesichts des ungeheuerlichen Charakters des nationalsozialistischen Regimes schon schlimm genug gewesen wäre, sondern Lewy hebt mit Nachdruck hervor, daß die katholische Kirche noch viel weiter ging, indem sie aktiv und bewußt viele der nationalsozialistischen Maßnahmen *billigte* (wie die Schaffung des autoritären Staates, die Zerstörung von Liberalismus, Sozialismus, Kommunismus und Freimaurertum, und den Kreuzzug gegen die Sowjetunion). Der Kirche habe nicht nur der Mut zum Märtyrertum gefehlt, sondern sie sei auch innerlich zum Widerstand gegen den Nationalsozialismus kaum fähig gewesen, weil schon vor 1933 viele ihrer Führer und Anhänger vom nationalistischen oder sogar nationalsozialistischen Gift zutiefst verdorben worden seien. Diese scharfe Anklage (die gelegentlich über das Ziel hinausschießt) ist die Antwort des Autors auf die lange Zeit vorherrschende und auch offiziell geförderte katholische »Geschichtslegende«, die da behauptet, daß die Kirche von Anfang an dem Nationalsozialismus Widerstand entgegengesetzt und nur ein paar widerwillige Zugeständnisse angesichts der Barbarei der Nationalsozialisten gemacht habe. Lewy gelingt es außerordentlich wirkungsvoll, sowohl diese »mythologische Geschichtsschreibung« zu zerstören wie auch die Tatsache zu belegen, daß einige katholische Historiker in Deutschland sich nicht gescheut haben, Dokumente falsch zu zitieren, um ihre unhaltbaren Behauptungen zu stützen.

Obwohl Lewys Buch als eine große Leistung gewertet werden muß, ist es dennoch nicht ohne einige Mängel. Als erstes fehlt in gewisser Weise die historische Perspektive: Der Verfasser erkennt nicht die wichtige Rolle, die der Präzedenzfall des Bismarckschen Kulturkampfes der Jahre um 1870 im Denken vieler deutscher Katholiken in den dreißiger Jahren spielte. Im Kulturkampf hatte die Kirche einen Verteidigungssieg gegenüber einer ihr feindlichen Regierung durch die geschickte Kombination von Hartnäckigkeit und Entgegenkommen errungen. Bismarck hatte bald die Torheit seines Angriffs auf die Kirche eingesehen, ihr mit dem Ölzweig gewinkt und die katholische Zentrumspartei zu einer der Säulen im Regierungssystem des kaiserlichen Deutschland gemacht. Viele Katholiken nahmen an, daß Hitler in ähnlicher Weise verfahren würde. Ein zweiter Mangel besteht in Lewys Unfähigkeit, wenigstens diejenigen prominentesten deutschen Bischöfe, die andauernd in dem Buch vorkommen, lebendig zu schildern. Die Arbeit hätte an Überzeugungskraft gewonnen, wenn er Charakterstudien solcher Gestalten wie von den Erzbischöfen Gröber von Freiburg und Berning von Osnabrück (den beiden berüchtigtsten Kollaborateuren), den Kardinälen Bertram von Breslau und Faulhaber von München (den zwei einflußreichsten Kirchenfürsten, denen man beiden ein seltsam uneinheitliches Zeugnis ausstellen muß) und den Bischöfen Galen von Münster und Preysing von Berlin (die am stärksten im Widerstand hervortraten) gezeichnet hätte. Der Leser erfährt nur wenig über ihren individuellen Charakter und nichts über ihr Schicksal nach 1945. So wird eine gute Gelegenheit zu vergleichender Analyse verpaßt, da die unterschiedliche Behandlung, die der französischen und deutschen höheren Geistlichkeit nach dem Zweiten Weltkrieg zuteil wurde, nicht verglichen wird. In Frankreich wurden mehrere Bischöfe, die sich unter dem Vichy-Regime kompromittiert hatten, zum Rücktritt gezwungen, während in Deutschland dagegen sogar die schlimmsten Kollaborateure (wie Gröber, der ein »Förderndes Mitglied« der SS gewesen war, und Berning, der die Berufung in den nazifizierten Preußischen Staatsrat durch Göring im April 1933 akzeptiert hatte) unangefochten in ihrem Bischofsamte starben. Man sollte jedoch hinzufügen, daß diese Mängel historischer Perspektivierung und das Fehlen von Persönlichkeitsanalysen den Wert der Studie Lewys nicht ernsthaft schmälern.

Von dem Hauptfehler des Buches kann das aber nicht gesagt werden: die völlig einseitige Beurteilung des Verhaltens der katholischen Kirche. Bei seiner Anklage vergißt Lewy manchmal, daß die eigentliche Aufgabe des Historikers mehr darin besteht, zu erklären als zu beschuldigen. Vor allem erkennt er nicht, daß die katholischen Kirchenfürsten, die dem Nationalsozialismus entgegenkamen (abgesehen von wenigen Ausnahmen), weder Schurken noch Narren waren, sondern vielmehr ziemlich intelligente Männer guten Willens, die »subjektiv gute Gründe« hatten, sich so zu verhalten. Die Bedeutung, die die Kirche der regelmäßigen Spendung der Sakramente (die als wesentlich zur Erlösung erachtet werden) zumißt, verlangte von ihnen große Anstrengungen, einen offenen Bruch mit der nationalsozialistischen Regierung zu vermeiden, die sich mit Sicherheit nicht gescheut hätte, die Kirchen zu schließen. Die Auffassung, daß die Niederlage Deutschlands zu einer gefährlichen Expansion des Kommunismus in Europa führen müsse, war keineswegs falsch. Die Bischöfe fürchteten, den Kontakt zu ihren Gläubigen zu verlieren, die unter dem ständigen Einfluß der Propaganda Goebbels' standen. Für diese *historisch* relevanten Überlegungen zeigt Lewy zu geringes Verständnis. Nach Meinung des Rezensenten irrt er sich auch, wenn er bei der Beurteilung der Verhaltensweise der Katholiken einen eindeutig *utopischen* Maßstab anlegt. Lewy verlangt nämlich, daß die katholische Kirche ihre traditionelle Neutralität gegenüber den verschiedenen politischen Systemen (mit Ausnahme nur der offen antireligiösen Regime wie des Kommunismus) zugunsten einer ausdrücklichen und ausschließlichen Unterstützung der liberalen Demokratie hätte aufgeben sollen. Er sieht nicht, daß eine *universalistische*

Kirche dies unmöglich in einer Welt tun kann, in der die liberale Demokratie – leider! – dazu verdammt ist, nicht der Regelfall zu sein, und in der die Menschen in totalitären wie demokratischen Ländern immer noch nach den Sakramenten verlangen.

Zu isoliert betrachtet, kann Lewys Anklage der Kirche auch einen falschen und ungerechten Gesamteindruck vermitteln. Die katholische Anpassung an Hitler, die auf dem Versagen beruhte, die wahre Bedeutung des Nationalsozialismus zu begreifen und entsprechend zu handeln, muß in dem allgemeinen Zusammenhang des deutschen, ja des europäischen Versagens gegenüber dem Nationalsozialismus gesehen werden. Ohne Zweifel fällt der Vergleich mit dem Verhalten des deutschen Protestantismus (das leider bisher noch nicht mit ähnlicher wissenschaftlicher Genauigkeit untersucht worden ist) zugunsten der katholischen Kirche aus. Ihr Zeugnis ist sicherlich nicht schlechter als das anderer Gruppen in Deutschlands sogenannter Elite. Man muß auch bedenken, daß die wirkliche Bedeutung des Nationalsozialismus 1933 fast überall mißverstanden wurde. Diese Erwägungen legen, so glaube ich, ein etwas wohlwollenderes oder zumindest ein nicht so selbstgerechtes Urteil über die Verhaltensweise der Kirche nahe, als Lewy zubilligen will, sogar auch wenn man völlig zu Recht das berühmte Wort von Mme de Staël: »Alles verstehen heißt alles verzeihen« nicht unterschreibt.

In Anbetracht der Bedeutung und des kontroversen Charakters des von Lewy behandelten Themas scheint es angebracht zu sein, sein Buch zur Ausgangsbasis einer Erörterung der wichtigsten Fragen zu nehmen, die durch das Verhältnis von Nationalsozialismus und katholischer Kirche aufgeworfen werden. Zwei Fragen scheinen dabei von größter Bedeutung zu sein. Warum paßte sich im Jahre 1933 die Kirche so schnell und so vollständig dem Nationalsozialismus an, den sie vorher doch so entschieden abgelehnt hatte? Warum wurde sie trotz ihrer verzweifelten Anstrengung, jeden Konflikt zu vermeiden, dennoch in die Auseinandersetzung mit den Nationalsozialisten hineingezogen? (Dieses Bemühen zeigte sich am deutlichsten in dem Versagen, gegen Hitlers Ausrottung der Juden zu protestieren – ein Problem, das gegen Ende dieses Artikels im Zusammenhang mit Rolf Hochhuths *Stellvertreter* diskutiert werden muß.)

Die erste Frage: »Warum paßte sich 1933 die katholische Kirche dem Nationalsozialismus so schnell und so vollständig an?« macht eine Untersuchung der generellen Merkmale des deutschen Katholizismus in dieser Zeit notwendig. Vor 1933 hatte die Kirche entschieden und wiederholt das Neuheidentum der Hitler-Bewegung gebrandmarkt, nur um im Frühjahr dieses verhängnisvollen Jahres eine völlige Kehrtwende zu vollziehen. Die katholische Zentrumspartei stimmte für das Ermächtigungsgesetz vom 23. März 1933, das den legalen Rahmen für Hitlers Tyrannei abgab; wenn das Zentrum dieses Gesetz abgelehnt hätte – wie das die Sozialdemokratische Partei tat –, hätte den Nationalsozialisten die zur Verfassungsänderung notwendige Zweidrittel-Mehrheit gefehlt. Auf einer besonderen Sitzung am 28. März 1933 zog der deutsche Episkopat offiziell seinen früheren Bann gegen eine politische Betätigung in der NSDAP zurück; bei einer zweiten Sitzung am 1. Juni 1933 ging man sogar soweit, auf die aktive Unterstützung des Nationalsozialismus zu drängen. Die Zentrumspartei löste sich am 5. Juli 1933 friedlich und ohne jede Geste einer Herausforderung in letzter Minute auf, was der NSDAP einen monopolistischen Status verlieh. Der Vatikan zögerte nicht, der immer noch in einem sehr schlechten Ruf stehenden nationalsozialistischen Regierung internationales Prestige zu verleihen, indem er mit ihr am 20. Juli 1933 ein Konkordat abschloß. Alle diese Schritte bilden Meilensteine auf dem Weg der katholischen Anpassung an das nationalsozialistische Regime, obwohl die nüchterne Chronik nur einen sehr unangemessenen Eindruck von dem unwürdigen und weitreichenden Charakter dieses Entgegenkommens vermittelt. Lewys Buch liefert zahllose peinliche Beispiele für die fast byzantinistische Ergebenheit, die Bischöfe und führende Laien dem »Führer« entgegenbrachten.

Zwei Überlegungen mögen dazu dienen, die Bedeutung der »großen Aussöhnung« von 1933 zu unterstreichen. Es steht außer Frage, daß die katholische Kirche – und die eng mit ihr verbundene Zentrumspartei – Hitler in den frühen Phasen seiner Herrschaft sehr stark hätten zusetzen können. Eine Weigerung des Zentrums, das Ermächtigungsgesetz anzunehmen, hätte die Nationalsozialisten zu einem offen verfassungswidrigen Verhalten gezwungen und sie des unschätzbaren Attributs der »formalen Legalität« beraubt. Eine Weigerung, den Bann von jeder pro-nationalsozialistischen Betätigung zu nehmen, hätte die Nationalsozialisten zu einem Kulturkampf zu einem Zeitpunkt gezwungen, als sich das Regime vielen anderen Problemen auf dem Weg zur Konsolidierung gegenübersah. Eine Weigerung des Vatikans, über ein Konkordat zu verhandeln, hätte Deutschlands diplomatische Isolierung zu einer Zeit aufrechterhalten, als Hitlers internationale Stellung immer noch recht unsicher war. Die Kirche übernahm eine schwere historische Verantwortung, als sie sich auf eine bewußte Beschwichtigungspolitik Hitler gegenüber einließ.

Eine zweite Überlegung, die man anstellen muß, fragt nach den Konsequenzen, die die »große Aussöhnung« von 1933 für die gesamte übrige Zeit der nationalsozialistischen Ära hatte. Durch sie wurde es der Kirche später unmöglich, gegen den Nationalsozialismus ganz *allgemein* als solchen zu kämpfen, im Unterschied zur Ablehnung *einzelner* nationalsozialistischer Maßnahmen. So konnte der Kirche der Vorwurf gemacht werden, daß sie sich gegen den Nationalsozialismus wandte, nur *wenn und insoweit* besondere katholische *Rechte* (zum Beispiel das Weiterbestehen der katholischen Vereinigungen) oder katholische *Dogmen* (zum Beispiel die Unauflöslichkeit der Ehe, auch wenn sie zwischen »Ariern« und Juden geschlossen worden war) verletzt wurden. Zwar vermochte die Kirche nicht alle Zusammenstöße mit der nationalsozialistischen Regierung zu vermeiden, sie unternahm aber doch immer große Anstrengungen, die Reibungsflächen zu *verringern*. Während der ganzen Nazizeit weigerte sie sich entschieden, irgendeinen *prinzipiellen* Widerstand gegen das verbrecherischste Regime zu empfehlen, das die Geschichte je gekannt hat – und alles das trotz der Tatsache, daß der Widerstand mit der alten katholischen Lehre vom Tyrannenmord hätte gerechtfertigt werden können. Diese Attitüde des Zögerns, den Nationalsozialismus unmittelbar zu verurteilen – ganz im Gegensatz zu der häufigen katholischen Verdammung des Kommunismus –, hat viele gute Katholiken zur Verzweiflung getrieben und allen Feinden der katholischen Kirche in der gesamten Welt ein starkes Argument geliefert.

Was waren denn eigentlich die Gründe, die 1933 die Kirche dazu führten, auf diese unselige »große Aussöhnung« einzugehen? Die folgenden Überlegungen können diese Frage vielleicht klären.

1. Die katholische Kirche in Deutschland beklagte keineswegs das Ende der liberalen Demokratie Weimarer Gepräges. Man muß daran denken, daß auf dem europäischen Kontinent Katholizismus und liberale Demokratie sich seit der Französischen Revolution in gegenseitiger Feindschaft gegenüberstanden. Hier ist nicht der Ort, um die Verantwortung für diesen Antagonismus zu untersuchen. Es genügt festzuhalten, daß die meisten liberalen Demokraten vehemente Anti-Klerikale waren, während die meisten katholischen Gläubigen Liberalismus und in geringerem Grade die Demokratie als Todfeinde der Kirche ansahen. In Deutschland hatten sich, nachdem Bismarck einmal den Kulturkampf aufgegeben hatte, die Kirche und die Zentrumspartei im Zweiten Reich recht wohlgefühlt. Sowohl die Kirche wie das Zentrum hatten sich mit kaum unterdrücktem Widerwillen der Revolution von 1918 angepaßt; sehr

viele Bischöfe und Zentrumspolitiker betrachteten die Weimarer Republik als nichts besseres als eine vorübergehende de facto-Regierung. Diese Einstellung blieb praktisch unberührt von der Tatsache, daß die Republik die katholischen Rechte peinlich genau respektierte und jenen Erastianismus völlig aufgab, der so lange für das Verhältnis von Kirche und Staat in Deutschland kennzeichnend gewesen war. Viele Katholiken fühlten sich einer politischen Ordnung entfremdet, die sie – völlig zu Unrecht – als ein anti-klerikales Regime ansahen, und sie stießen sich an der Tatsache, daß für ein Konkordat zwischen der deutschen Regierung und dem Vatikan keine parlamentarische Mehrheit gefunden werden konnte. (Wir werden noch sehen, daß man dem Nationalsozialismus deshalb so freudig entgegenkam, weil er ein Konkordat möglich machte.)

2. Um diesen Punkt noch stärker zu akzentuieren: viele prominente Mitglieder der Kirche begrüßten bedenkenlos die Beseitigung der liberalen Demokratie zugunsten eines autoritären Regimes. Dieser Prozeß hatte in Wirklichkeit schon begonnen, als im Frühjahr 1930 der Zentrumspolitiker Heinrich Brüning, unterstützt und ermutigt vom Zentrumsvorsitzenden Prälat Ludwig Kaas und dem päpstlichen Nuntius Eugenio Pacelli, die parlamentarische Demokratie durch ein »Präsidialsystem« ersetzte. Die meisten Katholiken waren verzweifelt bemüht, sich der großen Volksbewegung der sogenannten »Nationalen Revolution« von 1933 anzuschließen, ein Wunsch, der um so stärker war, weil viele deutsche Protestanten die ebenso überholte wie unfaire Attitüde eingenommen hatten, die Katholiken als eine »undeutsche« Minderheitengruppe innerhalb Deutschlands zu verleumden. (Die katholische Reaktion auf den Nationalsozialismus und die »Nationale Revolution« zeigten oft Züge einer »Überkompensation«, wie es die Psychologen nennen, die darin besteht, daß man die Identifikation mit einer »In-Group« sucht, die aber dennoch jenen, die »dazugehören wollen«, letztlich mit Verdächtigung und Ablehnung begegnet.) Die meisten deutschen Katholiken waren in der Tat während der Weimarer Republik von einem pathologischen Nationalismus befallen und hatten sich der weitverbreiteten Meinung angeschlossen, daß die parlamentarische Demokratie ein von Wilson nach Deutschland importiertes fremdes Element darstellte. Sie waren bereit, jede autoritäre Regierung als die schon lange überfällige Rückkehr Deutschlands zu seinem »wahren Selbst« zu feiern.

3. Um die »große Aussöhnung« voranzutreiben, betonten manche katholischen deutschen Denker – unter ihnen solch ein weltbekannter Theologe wie Karl Adam oder solch ein großer Historiker

wie Josef Lortz – die Ähnlichkeiten, die zwischen Katholizismus und Nationalsozialismus bestünden (oder von denen sie glaubten, daß sie bestünden). Der Prozeß der geistigen Anpassung wurde noch durch eine verschwommene organologisch-autoritäre Tradition in der katholischen sozialen und politischen Theorie erleichtert, die der modernen Welt der Demokratie, des Kapitalismus und des Rationalismus zutiefst feindlich gegenüberstand. Diese Tradition war keineswegs die *einzige* im katholischen Raum, denn kein Geringerer als Papst Leo XIII. hatte eine Anpassung an die moderne Welt befürwortet, aber sie war seit langem die vorherrschende Tradition in Deutschland gewesen, die sich entlang einer Linie herausragender Denker bewegte, die von Adam Müller bis zu Karl von Vogelsang reichte. Um es kurz zu sagen: es gab in der Tat eine enge Affinität zwischen einigen nationalsozialistischen Doktrinen – zum Beispiel dem Bedürfnis nach starker Autorität, der Ideologie der »Volksgemeinschaft« und der Verherrlichung des Bauern – und der vorherrschenden Ausprägung politischer und sozialer Ideen im deutschen Katholizismus. Recht viele katholische Denker waren nur zu eifrig bemüht, diese Affinität herauszustellen.

4. Die Anpassung wurde weiterhin durch den Umstand erleichtert, daß die katholische Kirche und der Nationalsozialismus dieselben Feinde hatten. Katholiken und Nationalsozialisten kämpften beide gegen Sozialdemokraten und Kommunisten, die zu häufig in der jedes Denken blockierenden Kategorie der »gottlosen Marxisten« zusammengekoppelt wurden. Beide verfolgten die Liberalen, die Freimaurer und besonders auch die Juden mit ihrem Haß. Vielleicht ist der Zusatz nicht unnötig, daß zwar ein himmelweiter Unterschied zwischen dem allgemein gehaltenen Antisemitismus vieler deutscher Katholiken und dem spezifischen (aber 1933 noch unbekannten) Plan der Nationalsozialisten bestand, die Juden auszurotten, aber man muß doch auch an die wichtige Tatsache erinnern, daß 1933 eine weitverbreitete antisemitische Stimmung unter den Katholiken in Deutschland herrschte (eine Stimmung, die wiederum der antikatholischen Einstellung der meisten deutschen Juden entsprach). Dieser gemäßigte katholische Antisemitismus hatte zur Folge, daß der bösartige Antisemitismus Hitlers die Katholiken in Deutschland nicht so sehr beunruhigte, wie er es eigentlich hätte tun müssen.

5. Ein weiterer wichtiger Faktor, der berücksichtigt werden muß, ist der, daß die katholische Führung – wie auch die deutschen Protestanten und wie in der Tat fast alle Zeitgenossen, ob nun Deutsche oder nicht – keineswegs imstande waren, 1933 die wahre

Natur des Nationalsozialismus zu begreifen. Aus der sicheren Distanz von heute ist es sehr leicht, über diese falsche Beurteilung ungehalten zu sein. Wir müssen jedoch in Erinnerung behalten, daß die meisten Zeitgenossen im Nationalsozialismus in erster Linie einen großen idealistisch-revolutionären Aufstand gegen den Nihilismus, den Materialismus und die Unmoral der Welt nach dem Ersten Weltkrieg sahen. Man war der Meinung, *alle* revolutionären Bewegungen hätten zwar ihre negativen Seiten, aber diese – wie unangenehm sie auch im Augenblick sein mochten – würden gewöhnlich nicht jene Leistungen verhindern, die auf lange Sicht als segensreich beurteilt werden müßten. Man sollte auch bedenken, daß das Phänomen des Nationalsozialismus zur damaligen Zeit vollkommen ohne jedes Beispiel war und daß die schlimmsten Verbrechen, die später von Hitler begangen wurden – die bewußte Entfesselung des Zweiten Weltkrieges und die systematische Vernichtung von Juden und Polen – wirklich *undenkbar* waren, bevor sie nicht tatsächlich geschahen, am wenigsten in einer zivilisierten europäischen Gesellschaft wie Deutschland. Allgemein wurde angenommen, daß die Regierungsverantwortung Hitler von einem geifernden Demagogen zum nüchternen Staatsmann wandeln würde und daß die phantastischen Traumgebilde aus *Mein Kampf* nicht ernst zu nehmen seien. In bequemer Selbstgefälligkeit glaubte man darüber hinaus, daß, wenn Hitler sich nicht wie ein nüchterner Staatsmann verhielte, seine Regierung sich nicht lange an der Macht halten könnte.

6. Die zuletzt genannte Möglichkeit – daß der Nationalsozialismus sich nur als kurze Episode und sein Sieg sich nur als eine vorübergehende Erscheinung erweisen würden – konfrontierte die katholische Kirche mit dem Problem einer *interimistischen* Anpassung. Angenommen, Hitler wäre in Wirklichkeit doch nicht der lang ersehnte autoritäre Führer der Nation, dann erhob sich die Frage: »Wie kann die Kirche diese sowieso nur verhältnismäßig kurze Periode der Gefahr am besten durchstehen?« Offener Widerstand würde die Verfolgung durch eine machtvolle Regierung auslösen, und die Notwendigkeit dazu würde kaum von Geistlichen und Laien verstanden werden, die nur allzu ängstlich bemüht waren (aus den oben genannten Gründen), sich an der »Nationalen Revolution« zu beteiligen. Anpassung dagegen würde gleichermaßen von Geistlichkeit und Laien begrüßt werden, könnte die sonst angedrohte Massen-Entlassung katholischer Beamter verhindern und würde das Weiterbestehen des riesigen Netzes von katholischen Schulen, Jugendverbänden, Gewerkschaften, Zeitungen und Zeitschriften bis zu der erwarteten nächsten politischen Wende erlauben. So würde

sicherlich die regelmäßige Spendung der Sakramente gewährleistet bleiben, die innerhalb der katholischen Weltordnung so wichtig war. Eine Politik der Anpassung war durch die natürliche Voreingenommenheit der Kirche für ihre eigenen Belange angezeigt. Mit Recht wird die Anklage erhoben, daß die Kirche kaum noch ihre umfassende Verantwortung für die Aufrechterhaltung zivilisierter politischer Bedingungen in Deutschland empfand, wenn nur überhaupt einmal gewährleistet war, daß ihre Organisationen weiterbestehen durften. In der Tat versprach Hitler nicht nur, diese zu schützen, sondern sie sogar zu fördern; er gab die eindeutige Versicherung, daß er ein »positives Christentum« unterstütze, und er eröffnete die Möglichkeit, das lang ersehnte Reichskonkordat abzuschließen. Die Entlassung des Reichstags unter dem Ermächtigungsgesetz versetzte Hitler in die Lage, über das Konkordat in einer Art und Weise zu verhandeln, die bei den ein Konkordat ablehnenden parlamentarischen Mehrheiten der zerfallenen Weimarer Republik unmöglich gewesen wäre. Manche Katholiken glaubten, daß der (wahrscheinlich vorübergehende) Zustand einer nichtparlamentarischen Regierung ausgenutzt werden müsse, um ein fait accompli zu schaffen, das auch Hitlers Nachfolger binden werde.

7. Offensichtlich maßen die meisten deutschen Katholiken den Versprechungen Hitlers einigen Wert bei und sie glaubten, daß er für die katholische Unterstützung bereitwillig eine Gegenleistung zugestehen werde. Es ist keineswegs überraschend, daß ein starker »Wille zu glauben« herrschte, denn die Alternative zur Anpassung erschien in der Tat recht düster. Eine Mehrheit des deutschen Volkes, Katholiken wie Protestanten, begrüßte offensichtlich die »Nationale Revolution«, und welche sinnlosen und barbarischen Taten die Nationalsozialisten auch begehen mochten, es war keine Alternativ-Regierung in Sicht. Die Parteien der alten Weimarer Koalition – das Zentrum, die Sozialdemokraten und die Demokraten – waren von 78 Prozent der Wählerschaft im Jahre 1919 auf ungefähr 35 Prozent im Jahre 1933 zusammengeschrumpft und waren allgemein unbeliebt. Auf der äußersten Linken bewegten sich die Kommunisten in den letzten freien Wahlen zwischen 10 und 20 Prozent, und obwohl sie selbst keine echte Gefahr darstellten, lähmten sie doch die demokratische Alternative gegenüber dem Nationalsozialismus. Warnungen vor den Nationalsozialisten, wie sie die Bischöfe vor 1933 ausgesprochen hatten, hatten die beträchtliche Unterstützung, die Hitler von einem großen Teil der katholischen Bevölkerung in Deutschland erhielt, keineswegs zersetzt. Eindeutig war nun eine Situation gegeben, in der sogar Bischöfe, die dem

Nationalsozialismus feindlich gegenüberstanden, die Haltung einnehmen mußten: »Da wir sie doch nicht schlagen können, müssen wir uns ihnen anschließen«. Wenn er nicht mitmachte, würde sich der Katholizismus selbst in eine unangenehme Isolation begeben, und da die Nationalsozialisten mit ihren Gegnern offensichtlich sehr rauh umgehen konnten, bestand die ernste Gefahr des Märtyrertums – dazu noch unter Bedingungen, in denen die katholischen Laien in Deutschland wenig Verständnis dafür aufgebracht hätten.

8. Darüber hinaus waren die Befürworter des Konkordats (sowohl in Deutschland wie in Rom) der Meinung, dieser Vertrag werde sich als Trumpf für den Fall erweisen, daß die erhoffte Zusammenarbeit von Nationalsozialisten und Katholiken sich auf lange Sicht nicht wie erwartet auswirken würde. Das werde die katholischen Zauderer davon überzeugen, daß die Kirche alles in ihrer Macht Stehende getan habe (und vielleicht mehr, als sie eigentlich hätte tun dürfen), um mit den Nationalsozialisten auszukommen, und daß die Schuld für irgendeinen Konflikt ausschließlich auf seiten Hitlers zu suchen sei. Außerdem werde das Konkordat eine klar umrissene Rechtsposition für die Verteidigung katholischer Rechte gegenüber zukünftigen nationalsozialistischen Angriffen liefern, eine Position, bei der die Kirche auf die Unterstützung durch die Laien rechnen konnte, was sie 1933 nicht wagen zu können glaubte.

Alle diese Gründe ließen die Anpassung an den Nationalsozialismus als wünschenswert erscheinen: mangelndes Engagement für die liberale Demokratie; die lang gehegte Sehnsucht nach einer autoritären Regierung; die Affinität zwischen manchen nationalsozialistischen und katholischen Doktrinen; gemeinsame Feinde; der Wunsch, einen rechtlichen Rückhalt für zukünftige Konflikte zu schaffen; und vor allem das Versagen, die wahre Natur der nationalsozialistischen Herrschaft zu begreifen. (Dies zeigte sich am deutlichsten in der Annahme, Hitler werde sich entweder als ein wohlwollender autoritärer Herrscher erweisen oder sein Regime müßte bald zusammenbrechen.) Ich glaube, daß das kumulative Gewicht all dieser Gründe den Versuch der Anpassung in dem Sinne »unvermeidlich« werden ließ, daß diese Politik nicht auf ein zufälliges Fehlurteil einzelner Kirchenfürsten und vatikanischer Diplomaten zurückzuführen ist, sondern daß sie vielmehr bestimmte Wesensmerkmale des deutschen Katholizismus von 1933 darstellt. Ich glaube, daß die Kirche eine traurige Figur abgeben mußte, als sie mit der außergewöhnlichen und beispiellosen Situation von 1933 konfrontiert wurde. Es ist sicherlich bezeichnend, daß die Politik der Anpassung *damals* nur von einer verschwindend kleinen Minderheit verurteilt wurde, die sich im Chor des Jubels kaum Gehör verschaffen konnte, den die große Mehrheit der Katholiken in Deutschland anstimmte, als ihre Kirche die vor 1933 geäußerten Warnungen vor Hitler zurückzog.

Warum geriet die Kirche nach 1933 trotz ihres fast verzweifelten Wunsches, den Konflikt zu vermeiden, doch mit den Nationalsozialisten in eine Auseinandersetzung? Der Hauptgrund lag darin, daß die nationalsozialistische Regierung sich weigerte, die Existenz der Kirche als einer unabhängigen Institution zu dulden, wie sehr diese auch im Staub kriechen mochte, um alle Reibungen zu verringern. Die Nationalsozialisten akzeptierten die katholische Anpassung weder als aufrichtig noch als ausreichend und sie hatten nicht die Absicht, sich an die Bedingungen des Konkordats vom 20. Juli 1933 zu halten. Nachdem dieses Konkordat einmal seinen eigentlichen Zweck erfüllt hatte, nämlich Hitler das Zeugnis seiner Respektabilität zu verschaffen und eine potentielle katholische Opposition zu entwaffnen, war es für die Nationalsozialisten nicht mehr länger von großem Wert, was jedoch nicht ausschloß, daß sie mit der Drohung seiner Aufhebung die Katholiken geschickt zu »Wohlverhalten« anhielten. Alle katholischen Gegner des Nationalsozialismus wurden von ihren Glaubensgenossen stets mit der Begründung getadelt, ihr Verhalten »gefährde das Konkordat«.

Aber die Kirche konnte nicht andauernd jeden Konflikt mit einer Regierung vermeiden, die prominente und prononcierte Heiden in ihren Reihen hatte und die Maßnahmen anordnete, die mit der katholischen Lehre völlig unvereinbar waren. Die Kirche setzte 1934 das neuheidnische Werk des nationalsozialistischen Ideologen Alfred Rosenberg *Der Mythus des 20. Jahrhunderts* auf den Index, in dem vergeblichen Versuch, einen offenen Bruch zwischen Hitler und Rosenberg herbeizuführen. Sie unternahm einige schwache und erfolglose Versuche, die Unterdrückung der unabhängigen katholischen Jugendgruppen, Gesellenvereine und so weiter durch die Nationalsozialisten zu verhindern, wobei sie sogar so weit ging, gegen diese Unterdrückung mit dem unwürdigen Argument zu protestieren, das sich folgendermaßen paraphrasieren ließe: »Ihr könnt solchen fast nationalsozialistischen Organisationen wie den unsrigen das doch nicht antun!« Das offene Neuheidentum der Nationalsozialisten und ihre ständige Belästigung der katholischen Gruppen wurde in der berühmten päpstlichen Enzyklika »Mit brennender Sorge« vom 21. März 1937 verurteilt – aber das erwies sich als bloße Episode, die an der grundsätzlichen Politik der Anpassung nichts änderte.

Gelegentlich waren Proteste katholischer Massen gegen die Aktionen nationalsozialistischer und anti-klerikaler Eiferer erfolgreich, wie zum Beispiel bei der Entfernung der Kruzifixe aus den Schulen in Oldenburg (1936) und Bayern (1941) und der Entlassung von Nonnen als Lehrerinnen in bayerischen Schulen (1941). In der Tat argumentiert Lewy, daß »kaum ein Zweifel bestehen kann, daß die Bischöfe die Stärke ihrer Position erheblich unterschätzten, vor allem in der Kriegszeit« (S. 313). Es ist richtig, daß Hitler sich kaum einen größeren Konflikt mit seinen katholischen Untertanen hätte leisten können, solange Deutschland noch im Krieg stand. Dieser Umstand erklärt den großen katholischen Erfolg, das »Euthanasie-Programm« der Tötung aller schwachsinnigen und unheilbar kranken Menschen in Deutschland zu stoppen, das Hitler 1939 begonnen hatte, das er aber nach einer mutigen Predigt, die Bischof Galen am 3. August 1941 gehalten hatte, streichen mußte. So erklärt sich auch die erfolgreiche katholische Opposition gegen die zunächst angeordnete Zwangsscheidung der sogenannten »Mischehen« im Jahre 1943. Ohne bestraft zu werden, stellten ein paar mutige Bischöfe die nationalsozialistischen Grausamkeiten während des Krieges bloß. Diese Erfolge sind sicherlich für das häufig debattierte Problem von Belang (das später noch erörtert wird), weshalb die Kirche sich weigerte, gegen Hitlers »Endlösung der Judenfrage« einzuschreiten.

Ein wichtiger Punkt, den man jedoch stets beachten muß, ist der, daß vom begeisterten Anfang bis zum bitteren Ende des Dritten Reiches die Kooperation von Nationalsozialisten und Katholiken die Regel und der katholische Widerstand gegen den Nationalsozialismus die Ausnahme blieb. Die Kirche sprach sich nie offen gegen den Polizei-Terror oder die Konzentrationslager aus; der berüchtigte Bischof Berning ging sogar so weit, im Juni 1936 mehrere Lager zu besichtigen. Lewy schreibt: »Bei einer Ansprache erinnert Berning die (katholischen) Lagerinsassen ... an ihre Pflicht zu Treue und Gehorsam gegenüber Volk und Staat, die von ihrem religiösen Glauben gefordert werde. Man berichtete, der Bischof hätte in einem Gespräch mit den Wachen deren Arbeit im Lager gelobt und mit einem dreifachen ›Sieg Heil‹ für Führer und Vaterland geendet.« (S. 173) Die Kirche fügte sich in die Drosselung ihrer unabhängigen Presse und unterstellte als Preis für das Überleben die Diözesan-Zeitschriften nationalsozialistischer Zensur und Anweisung. So wurde dann ein großer Teil nationalsozialistischer Propaganda unter klerikalem Etikett an den Mann gebracht, sehr zum Vorteil der Regierung und zur Verwirrung der Gläubigen. Schwächlich stand die Kirche abseits, als Hitler 1935 versuchte, in einer sorgfältig in Szene gesetzten Serie von Prozessen, in denen Priester sexueller Perversion und Vergehen gegen die Devisenbestimmungen angeklagt wurden, die Geistlichkeit in einen schlechten Ruf zu bringen. Die Kirche öffnete jener neuen Spezies von »Ahnenforschern« ihre Archive, die sich emsig damit beschäftigten, die arische Abstammung ihrer Klienten oder das jüdische Blut ihrer Feinde nachzuweisen. (Die kirchlichen Archive waren für diese Arbeit sehr wichtig, weil Zivilregister erst seit 1874 eingerichtet worden waren.) Die Kirche ließ es zu, daß katholische Beamte und Ärzte an den berüchtigten Sterilisierungsgesetzen mitarbeiteten, obwohl diese eindeutig gegen das kanonische Recht verstießen. Die Bischöfe beteiligten sich auch an der außergewöhnlichen Lobhudelei, von der am fünfzigsten Geburtstag Hitlers am 20. April 1939 ganz Deutschland nur so überfloß.

Sowohl vor als auch im Zweiten Weltkrieg gaben die katholischen Bischöfe begeisterte, spontane und wichtige Unterstützung für Hitlers aggressive Außenpolitik. In mehreren der Plebiszite, die Hitler veranstalten ließ, um nachträglich seine außenpolitischen Maßnahmen billigen zu lassen, drängten sie die Gläubigen, mit »Ja« zu stimmen, obwohl die Kirche bei anderen Gelegenheiten behauptete, sie würde sich niemals in rein politische Fragen einmischen. Die deutschen Bischöfe, deren Diözesen das Saargebiet umfaßten, waren zum größten Teil für die nahezu einstimmige pro-deutsche Stimmabgabe in der Saar-Abstimmung von 1935 verantwortlich. Leidenschaftlich unterstützte der Episkopat die deutschen Kriegsanstrengungen von 1939 bis 1945 – eine Leidenschaftlichkeit, die offenbar mehr von Aufrichtigkeit als von Einschüchterung zeugte – obwohl man hätte wissen müssen, daß Hitler im Sinne der katholischen Theologie einen »ungerechten Krieg« führte und daß ein deutscher Sieg sich sowohl für den Katholizismus wie auch für die gesamte zivilisierte Welt als unheilvoll erweisen würde. (Siehe zu diesem Thema die ausführlich belegte Studie des amerikanischen Soziologen Gordon Zahn: *German Catholics and Hitler's War*, New York 1962).[1] Der Vatikan ernannte den berüchtigten Franz Josef Rarkowski zum Militärbischof, ein Mann, dessen Hirtenbriefe von den meisten der giftigen Produkte aus der Propagandamaschine Goebbels nicht zu unterscheiden waren. Die deutschen Bischöfe, wie auch der Vatikan, unternahmen keine wirksamen Schritte, um gegen die unaussprechlichen Maßnahmen der Nationalsozialisten gegen-

1. deutsch: *Die deutschen Katholiken und Hitlers Krieg*, Graz/Wien/Köln 1965 (Anm. d. Hrsg.).

über den Juden zu protestieren. Alles das ist eine traurige, sehr traurige Geschichte, für die zwar mildernde Umstände aber keine wirkliche Entschuldigung gefunden werden können.

Zusammenfassend kann man sagen, daß das Versagen der deutschen Katholiken gegenüber dem Nationalsozialismus teilweise eine moralische Verfehlung und teilweise eine geistige Unfähigkeit darstellt. Auch wenn die sehr schwierige und vollkommen beispiellose Situation von 1933 zugestanden wird, so bleibt nach Meinung des Rezensenten dennoch unentschuldbar, daß die Kirche mit vielen nationalsozialistischen und ähnlichen Ansichten zu sehr übereinstimmte und daß sie sich bemühte, diese Übereinstimmung noch zu vergrößern: Statt für die elementare Würde des Menschen aufzustehen, beschäftigte sie sich in erster Linie nur mit der taktischen Frage, wie am besten ihre rein katholischen Interessen gesichert werden konnten; sogar auf diesem engeren Gebiet wurde ihr Urteilsvermögen durch die abgrundtiefe – aber keineswegs einzigartige – Unfähigkeit verdunkelt, den wahren Charakter des Nationalsozialismus zu begreifen. Alle diese Fehler machten die »große Aussöhnung« möglich, die der katholischen Kirche einen Anteil an der Verantwortung für die Konsolidierung der Macht Hitlers auflastet. Diese Beschwichtigungstaktik lieferte die Kirche der fatalen Umarmung durch die Nationalsozialisten aus, der zu entwinden sie sich bis zum Zusammenbruch des Nationalsozialismus im Jahre 1945 unfähig zeigte.

II.

Das Schauspiel *Der Stellvertreter* des Dramatikers Rolf Hochhuth hat in jüngster Zeit die Aufmerksamkeit einer größeren Öffentlichkeit auf das Versagen der katholischen Kirche gegenüber dem Nationalsozialismus gelenkt. Nachdem es eine heftige Kontroverse in Europa ausgelöst hatte, wurde es im Frühjahr 1964 in New York auf die Bühne gebracht, während gleichzeitig eine gute englische Übersetzung erschien. Wir wollen uns hier nicht mit den ästhetischen Qualitäten des Stückes beschäftigen, sondern vielmehr seine zweifache Thematik erörtern: die Komplizenschaft der sogenannten Elite Deutschlands in allen Schreckenstaten des Nationalsozialismus und das Versagen von Papst Pius XII., gegen die schlimmste dieser Greueltaten, die Vernichtung von sechs Millionen Juden, wirksam zu protestieren.

Die Schuld der gesamten deutschen Elite wird in der 2. Szene des

I. Aktes dargestellt, in der der berüchtigte Eichmann als Gastgeber eines Kegelabends auftritt, der im Hotel »Jägerkeller« in Berlin stattfindet. Zu seinen Gästen gehört ein adeliger Rüstungsfabrikant namens Rutta und ein bürgerlicher Jurist, Fritsche mit Namen; ein Offizier vom Oberkommando der Wehrmacht namens Serge und ein Zivilbeamter, der Pryzilla heißt; der groteske Professor Hirt aus Straßburg, der dafür berüchtigt war, jüdische Schädel zu sammeln; und dann noch der dämonische namenlose Doktor aus Auschwitz, der eine außergewöhnliche Mischung von Zynismus, Genießertum, Sadismus und teutonischer Belesenheit verkörpert. Alle diese Charaktere wissen über die Vernichtung der Juden nicht nur vollständig Bescheid, sondern sie profitieren auch in der einen oder anderen Weise davon. (Das wird noch einmal in der letzten Szene des Stückes deutlich, in der sich die meisten dieser Charaktere in Auschwitz wiedertreffen.) Offenbar will Hochhuth behaupten, daß der Nationalsozialismus nicht nur das Werk von ein paar Fanatikern oder ein paar Schurken in der Partei gewesen sei, sondern daß er sich der aktiven Mittäterschaft der Unternehmer, der Justiz, des Offizierskorps und der Professorenschaft erfreut habe. Es steht außer Frage, daß in dieser Beschuldigung viel Wahres liegt, obwohl Hochhuth gewiß recht großzügig von der künstlerischen Freiheit zur Übertreibung Gebrauch macht. Seine einzelnen Gestalten sind eher Karrikaturen als überzeugende Personen von Fleisch und Blut; er will offenbar keine Zeit darauf verschwenden, die Zweifel, das Zögern und die gelegentlichen Akte des Widerstandes zu beschreiben, die im konkreten Verhalten der meisten Angehörigen der deutschen Oberschicht auch aufzuspüren sind. Selbstverständlich liegt in jeder Karikatur eine gewisse Substanz; aber die Feststellung scheint doch angemessen zu sein, daß Hochhuths Stück – wie auch Lewys Studie – besser geeignet ist, anzuklagen als zu erklären, weshalb diese Akteure so und nicht anders handelten. Beide Autoren vergessen leicht, daß man die Deutschen nicht eindeutig in überzeugte und verbrecherische Nazis auf der einen und beständige und heldenhafte Anti-Nazis auf der anderen Seite scheiden kann. Es gab natürlich eine beträchtliche Anzahl dieser beiden Typen, aber wahrscheinlich bildeten sie nur eine kleine Minderheit innerhalb der Bevölkerung. Die große Mehrheit der Deutschen (besonders bei der sogenannten Elite, die uns hier am meisten interessiert) war manchmal für und manchmal gegen den Nationalsozialismus eingestellt, wobei man sich zu verschiedenen Zeiten durch solch wechselvolle Faktoren wie Überzeugung, Gewissen, Angst und Opportunismus beeinflussen ließ. Die meisten waren zu bestimmten Zeiten (wie 1933 die katholischen Bischöfe) weitaus stärker pro-nationalsozialistisch orientiert, als sie später anderen (oder sich selbst gegenüber) zuzugestehen bereit waren; aber die meisten mißbilligten auch zu anderen Zeiten einige Aspekte der nationalsozialistischen Politik und verhielten sich in einer Art und Weise (und sei es nur die »innere Emigration«), die einigen Mut verlangte und die nach 1945 leicht in subjektiver Ehrlichkeit als »Widerstand« ausgegeben werden konnte. All das ist eine recht menschliche Geschichte, die ein wirklich großer Dramatiker vielleicht bewältigen könnte. Ein Gemeinplatz dramatischer Kritik lautet, daß die Überzeugungskraft bösartiger Charaktere (zum Beispiel Shakespeares Lady Macbeth) durch die Aufnahme einiger entlastender Züge erhöht werde; in Hochhuths Schar der Mitläufer finden sich davon aber keine.

Für Hochhuths zweites Thema, das tadelnswerte Versagen von Papst Pius, sich öffentlich gegen die Vernichtung der Juden zu wenden, läßt sich auch viel anführen, obwohl er einer sehr komplexen historischen Situation sicherlich nicht gerecht wird. Ohne Frage ist die berühmte Zentralszene des Stückes (IV. Akt), in der der Papst selbst auf der Bühne erscheint, um seine Untätigkeit zu rechtfertigen, dramatisch höchst wirkungsvoll. Die durch das Stück aufgewühlten bitteren Gefühle hätten natürlich vermieden werden können, wenn der Standpunkt des Papstes nur durch den einflußreichen Kardinal vertreten würde, wie dieser ihn ja auch tatsächlich, lange bevor Pius auf der Bühne erscheint, formuliert (II. Akt). Der Rezensent bedauert einerseits die Taktlosigkeit, einen allgemein verehrten und jüngst verstorbenen Papst zum Schurken eines Bühnenstückes zu machen, aber wahrscheinlich wäre andererseits Hochhuths Drama in Verborgenheit begraben geblieben, wenn er nicht diesen Akt der Taktlosigkeit begangen hätte. Man kann nicht leugnen, daß Hochhuth ein Talent zur Provokation zeigt. Man muß aber auch sofort hinzufügen, daß seine Provokation nicht ohne Anlaß war. Der Papst, der sich selbst als Stellvertreter Christi bezeichnete und von dem die gläubigen Katholiken in der ganzen Welt annahmen, daß ihm diese Stellung zukomme, versagte, als es galt, wirkungsvoll zu protestieren, während Juden in Sichtweite der päpstlichen Gemächer zur Vernichtung zusammengetrieben wurden. Pius war darüber hinaus ein außergewöhnlich artikulierter Papst, der sich in einem langen und ausgezeichneten Pontifikat von neunzehn Jahren zu zahllosen Themen von weit geringerer Wichtigkeit mit Entschiedenheit äußerte. Warum gab er dann nur verschleierte und äußerst allgemein gehaltene Proteste angesichts des größten Verbrechens in der Geschichte ab – angesichts des systematisch organisierten und kaltblütig durchgeführten wissenschaftlichen Massenmordes von sechs Millionen Juden in Auschwitz und anderen Vernichtungsfabriken?

Hochhuth erklärt (wenn er überhaupt erklärt) die Passivität von Pius, indem er zwei Kategorien verwendet: Mängel in der Persönlichkeit und Beharren auf Argumenten, die mehr auf Gründen der Zweckmäßigkeit als denen der Ethik basierten. Er zeichnete die Persönlichkeit des Papstes in einem sehr abstoßenden Licht: Pius sei mehr von den finanziellen Angelegenheiten des Vatikans als von der Linderung menschlichen Leidens in Anspruch genommen gewesen. Sein verkümmertes Gewissen habe er durch scheinheilige und völlig wirkungslose allgemeine Äußerungen beruhigt. Er habe sich vor allem nur darauf konzentriert, günstige diplomatische Konstellationen zu schaffen, in denen er dann als Vermittler zwischen den Antagonisten des Zweiten Weltkrieges auftreten könnte. Es braucht kaum gesagt zu werden, daß dieses Bild von Pius mehr eine Karikatur als ein genaues Porträt darstellt. Bestenfalls könnte man noch von ihm sagen, daß zumindest der manchmal gehörte Vorwurf vermieden wird, persönliche Feigheit (besonders die Angst vor nationalsozialistischer Gewaltsamkeit gegenüber seiner eigenen Person) sei das hauptsächliche Motiv für die Passivität des Papstes gewesen.

Die Argumente, mit denen der Papst seinen Standpunkt rechtfertigt, werden von Hochhuth, obwohl weder fair noch vollständig, in einer Diskussion des II. Aktes dargestellt, in der ein Kardinal, Graf Fontana (ein hoher Amtsträger in der vatikanischen Geschäftsverwaltung) und der Jesuitenpater Riccardo (der Held des Stückes, der später den Märtyrertod sucht und findet) aufeinandertreffen. Kurz zusammengefaßt: der Vatikan wünschte keine totale Niederlage des nationalsozialistischen Deutschland, da solch eine Niederlage einen großen Teil Europas dem atheistischen Kommunismus ausliefern würde, den der Vatikan stets für viel schlimmer als den Faschismus ansah. Einzelne nationalsozialistische Maßnahmen zu verurteilen, würde unweigerlich die deutsche Kriegsanstrengung letztlich nur zugunsten Stalins beeinträchtigen. Das Ende des Krieges, wie Pius es sich wünschte, war ein Verhandlungsfrieden zwischen Deutschland und den westlichen Alliierten, dem eine gemeinsame Front gegen den Kommunismus folgen sollte. Offen kritisierte der Papst die alliierte Politik des »Unconditional Surrender« (bedingungslose Kapitulation), da sie einen Verhandlungsfrieden eindeutig ausschloß; er klammerte sich weiterhin an die Hoffnung, daß diese Strategie doch noch aufgegeben würde. Pius wollte den Vatikan für solch eine Möglichkeit als neutralen Vermittler zur Verfügung halten, die mit größerer Wahrscheinlichkeit eintreten würde, wenn das nationalsozialistische Regime im Innern gestürzt würde. So war ein weiterer wichtiger Grund gegeben, einen scharfen Konflikt mit den Nationalsozialisten über die jüdische oder irgendeine andere Frage zu vermeiden.

Eine weitere »politische Erwägung« wird von Hochhuth auch nicht erwähnt: die Furcht des Papstes vor einem Katholikenhaß nach dem Kriege, wenn der Papst eine offen erkennbare Rolle in der Niederwerfung des nationalsozialistischen Deutschland spielen würde. Man muß sich auch daran erinnern, daß Pacelli während der Weimarer Republik päpstlicher Nuntius in Deutschland gewesen war und die vergiftende Wirkung der »Dolchstoß-Legende« in dieser Zeit beobachtet hatte. Was wäre, wenn sie sich das nächste Mal statt gegen die Juden gegen die Katholiken richten würde? Der Papst war offensichtlich nicht der einzige, der annahm, daß der Neo-Nazismus eine wichtige Rolle im Nachkriegsdeutschland spielen würde. Es ist ein trauriger Kommentar zur begrenzten Kraft menschlicher Voraussicht, daß intelligente Menschen sich fast einmütig sowohl über die Bedeutung des Nationalsozialismus im Jahre 1933 als auch über dessen Bedeutungslosigkeit nach 1945 irrten.

Ohne sie intensiver auszuarbeiten, erwähnt Hochhuth kurz drei weitere Argumente, die den Papst in seiner Untätigkeit bestärkten. Da gab es als erstes die Überlegung, daß sich ein päpstlicher Protest gegen die Ausrottung der Juden wahrscheinlich als erfolglos erweisen würde. Es war höchst unwahrscheinlich, daß ein Fanatiker wie Hitler angesichts der päpstlichen Verurteilung nachgeben und von seiner Politik ablassen würde. Dieser Punkt kann noch stärker akzentuiert werden: Ein zur Wut getriebener Hitler würde wahrscheinlich das Netz seiner Opfer noch größer anlegen. Das zeigte sich, als die holländischen katholischen Bischöfe gegen die Deportation holländischer Juden protestierten. Hitler antwortete damit, daß er die bisher ausgenommenen Halb-Juden ebenfalls deportieren ließ. Der Vatikan hatte Grund zu der Annahme, daß eine Verurteilung Hitlers durch den Papst menschliches Leid eher vermehren als verringern würde.

Eine zweite Überlegung lief darauf hinaus, daß eine Verurteilung von seiten des Papstes sich nicht nur allgemein als vergeblich, sondern auch im besonderen als wirkungslos erweisen würde. Die Nationalsozialisten kontrollierten das gesamte Netzwerk der Kommunikationsmittel in Europa, und es schien recht ungewiß, ob eine päpstliche Verurteilung Hitlers die deutschen Katholiken erreichen würde und sie so vielleicht zur Opposition gegen die nationalsozialistische Ausrottung einer ganzen Rasse hätte aufrufen können.

Radio Vatikan fristete seine Existenz nur aufgrund nationalsozialistischer Duldung, und eine unabhängige Kommunikation zwischen Rom und dem deutschen Episkopat war recht unsicher. Die bisher von den deutschen Bischöfen befolgte Politik, jeden Konflikt mit der nationalsozialistischen Regierung zu vermeiden, ließ einigen Zweifel aufkommen, ob alle Bischöfe sich in die völlig neue Politik der offenen Verurteilung nationalsozialistischer Barbarei eingepaßt hätten.

Angenommen jedoch, eine päpstliche Verurteilung hätte Deutschland erreicht und die volle Unterstützung des Episkopates gefunden, dann hätte sich die Frage erhoben: »Wie werden die deutschen Laien reagieren?« Der Vatikan hatte einigen Grund zu der Annahme, daß es dann einen Massenaustritt aus der Kirche geben würde. Die meisten deutschen Katholiken waren glühende Nationalisten; viele waren seit langem in unterschiedlichem Grade antisemitisch eingestellt; nahezu alle teilten den in Deutschland traditionellen instinktiven Gehorsam gegenüber der etablierten politischen Autorität. Ein offener Konflikt zwischen ihrer Regierung und ihrer Kirche hätte sie in Zweifel, Verzweiflung und vor allem Verwirrung gestoßen. Der Papst in Rom und das Problem letzter Erlösung erschienen recht weit entfernt, die Kugeln und Folterkammern der Gestapo dagegen recht nahe. Widerstand gegen den Nationalsozialismus bedeutete Gefahr nicht nur für die eigene Person, sondern auch für alle Verwandten und Freunde. Es ist natürlich richtig, daß die nationalsozialistische Regierung unmöglich alle deutschen Katholiken strafen konnte, wenn diese sich solidarisch verhielten – aber in Wahrheit gab es keine Aussicht auf Solidarität in solch einem Anliegen. Der Vatikan mußte eine Zersplitterung des deutschen Katholizismus, eine weitverbreitete Mißachtung päpstlicher Anweisungen, opportunistische Fahnenflucht von vielen und das wahrscheinlich wirkungslose Märtyrertum von wenigen befürchten. Diese Gefahren ließen von jeder deutlichen Verurteilung der barabarischen antisemitischen Politik Hitlers durch den Papst Abstand nehmen.

Hochhuth erwähnt auch eine weitere Erwägung nicht, die bereits im Zusammenhang mit den Gründen für die Anpassung der deutschen Katholiken an den Nationalsozialismus im Jahre 1933 erörtert wurde: die große Bedeutung, die die Kirche der regelmäßigen Spendung der Sakramente beimißt. Der Konflikt mit einer Regierung, die imstande war, die regelmäßigen Dienste der Kirche zu stören, mußte deshalb stets vermieden werden, wenn das überhaupt nur möglich war. Natürlich ist es unwahrscheinlich, daß Nichtkatholiken viel Verständnis für diesen Gesichtspunkt aufbringen können, aber er spielte wahrscheinlich im Denken von Pius eine beträchtliche Rolle.

Bei verschiedenen Gelegenheiten erwähnt Hochhuth die folgenden Argumente für die Passivität des Papstes: Voreingenommenheit mit der kommunistischen Gefahr; die Absicht, Neutralität zu wahren, um eine mögliche Vermittlerrolle zwischen Roosevelt und Hitler wahrnehmen zu können; die wahrscheinliche Wirkungslosigkeit jeden Protestes angesichts der Verbohrtheit Hitlers und angesichts der nationalsozialistischen Kontrolle über die Kommunikationsmittel; und schließlich den Wunsch, die Lage der deutschen Katholiken nicht zu erschweren und die wahrscheinliche Zersplitterung der Kirche zu vermeiden. Für Hochhuth sind alle diese Argumente jedoch belanglos, denn er identifiziert sich offensichtlich mit dem Standpunkt Pater Riccardos, dem Helden des Stückes. Riccardo ist über die Tatsache entsetzt, daß die grundlegende Frage – ob man protestieren solle oder nicht – vom Papst und seinen Ratgebern unter dem Gesichtspunkt der Zweckmäßigkeit und nicht mit moralischen Prinzipien erörtert wird. Er glaubt, es sei die simple Pflicht des Stellvertreters Christi, ungeachtet aller Konsequenzen die Barberei zu verdammen. Für diese Einstellung läßt sich viel sagen, und sie wird nur noch überzeugender, wenn Riccardo seine Einstellung dadurch bekräftigt, daß er sich jüdischen Deportierten anschließt und mit ihnen in Auschwitz den Tod erleidet. Er glaubt, daß er das tue, was eigentlich der Papst selbst tun müßte: Er handelt sozusagen als Stellvertreter für den Stellvertreter Christi, da dieser seinen Auftrag verraten habe.

Der Rezensent empfindet große Sympathie für die Einstellung Hochhuths (und Riccardos), aber er möchte eine Einschränkung und eine zusätzliche Erläuterung anfügen. Der Vorbehalt geht dahin, daß der Papst sowohl der Stellvertreter Christi als aber auch der Leiter der Kirche als Institution ist. In der ersten Rolle muß er nach den Prinzipien der Moral handeln, in seiner zweiten Funktion kann er aber nicht alle Zweckmäßigkeitserwägungen außer acht lassen. Die zweckrationalen Überlegungen, die bereits skizziert wurden (in einer Art und Weise, die hoffentlich umfassender und verständnisvoller als die Hochhuths ist), besitzen offenbar eine kumulative Kraft. Sie hätten auch von einem Mann angestellt und praktiziert werden können, der nicht notwendigerweise der kalte, salbungsvolle und nur mit Geld und Diplomatie beschäftigte Aristokrat war, den Hochhuth zeichnet. Es gibt eine Fülle historischer Beweise, daß der wirkliche Pius ein gepeinigter Mensch war, der tief an seiner wahren Aufgabe in einer Zeit außergewöhnlicher Schwierigkeit litt.

Als zusätzliche Erläuterung zu Hochhuth möchte der Rezensent anfügen, daß der Papst einen Fehler begangen haben mag, als er die Zweckmäßigkeit über die Moral stellte; aber mit Sicherheit irrte er sich in seiner besonderen Beurteilung der Notwendigkeiten der Situation von 1943. Hochhuths Argumentation kann, so glaube ich, noch verstärkt werden, indem man einen großen Teil des päpstlichen Verhaltens mit Gründen der *Zweckmäßigkeit* widerlegt, anstatt es einfach aus *prinzipiellen* Gesichtspunkten heraus abzutun. Es besteht Grund zu der Annahme, daß der Papst sich in seiner Beurteilung vieler Faktoren wesentlich irrte, die ihn anscheinend bei seiner Politik des Schweigens beeinflußten.

1. Die Hoffnung auf eine päpstliche Vermittlerrolle zwischen Roosevelt und Hitler (oder sogar einer deutschen Regierung nach Hitler, falls eine solche nach dem internen Sturz des nationalsozialistischen Regimes gebildet werden konnte) war eindeutig illusorisch; die Hoffnung, einen Keil zwischen die Russen und die westlichen Demokratien zu treiben, war praktisch nicht gerechtfertigt. Während sich vieles für die Auffassung anführen läßt – besonders im nachhinein –, daß eine Annäherung zwischen dem Westen und Deutschland (immer eine vorhergehende interne Beseitigung des Nationalsozialismus vorausgesetzt) im Lichte der kommunistischen Gefahr aus der Sowjetunion wünschenswert gewesen wäre, so ist doch sicher, daß solch eine Annäherung damals objektiv unmöglich war, so wie die öffentliche Meinung zu der Zeit in den westlichen Demokratien orientiert war. Man kann es als unvermeidbar ansehen, daß die »Große Koalition« zusammengeleimt blieb, um die vollständige Niederlage Deutschlands zu erreichen, und daß dann der Kommunismus große Fortschritte im Machtvakuum Mitteleuropas machen würde. Anscheinend ging es einfach über die Macht des Papstes, diese Entwicklung zu verhindern, und die Sorge des Vatikans, den deutschen Widerstand gegen die Russen zu unterstützen – wie verständlich auch immer –, war, wenn diese Tatsache einmal begriffen wurde, unrealistisch. Die diplomatische Konzeption des Vatikans brach angesichts der Unmöglichkeit eines Verhandlungsfriedens und angesichts der Unvermeidbarkeit eines totalen Sieges der Alliierten und der Sowjets wie ein Kartenhaus in sich zusammen. Die vatikanische Konzeption – die eigentlich recht diskutabel ist –, daß der Kommunismus ein schlimmeres Übel als der Faschismus darstelle, mag wahr sein oder auch nicht, aber sie ist mit Sicherheit für die Beurteilung der politischen Realitäten des Jahres 1943 irrelevant. Die Feststellung genügt, daß die Sorge um die notwendigerweise kurzlebige Widerstandskraft Deutschlands gegenüber den sowjeti-

schen Armeen und der Wunsch, die »Verfügbarkeit« des Papstes für eine Vermittlung aufrechtzuerhalten, den Papst nicht in seiner Politik gegenüber der nationalsozialistischen Ausrottung der Juden hätten bestimmen dürfen.

2. Die Furcht des Papstes, daß die Deutschen nach dem Kriege wegen der päpstlichen Verurteilung des nationalsozialistischen Antisemitismus verbittert sein würden, da sie zur militärischen Niederlage Deutschlands beigetragen hätte, irrte in der Beurteilung der politischen Entwicklung der Zukunft. Man war nicht imstande, das Ausmaß vorherzusehen, in dem der Nationalsozialismus in Verruf geraten würde, wenn einmal seine Verbrechen der deutschen Bevölkerung enthüllt würden, und wie hoffnungslos er in den Augen seiner Verfechter durch das nach ihrem Wertmaßstab größtmögliche Verbrechen abgewirtschaftet hätte – sein Scheitern. Man mag einwenden, und es muß auch sofort zugestanden werden, daß diese Tatsache im Jahre 1943 noch keineswegs offensichtlich war. Eine einfache Frage sollte jedoch diese Argumentation abschließen: Was soll man von einer päpstlichen Politik halten, die (zumindest teilweise) als Prämisse von dem Wunsch ausging, die neonazistische Stimmung in Deutschland nach dem Kriege zu beschwichtigen?

3. Wahrscheinlich unterschätzte der Papst seine Möglichkeiten, den Nationalsozialisten Ungelegenheiten zu bereiten. (Diese Ansicht vertrat in gewisser Weise Orsenigo, der Päpstliche Nuntius in Berlin, wie Hochhuth in der Eingangsszene des *Stellvertreters* erklärt; in einer bereits zitierten Passage stellt Lewy dieselbe Behauptung auf). Es stimmt, daß der Papst von vornherein über die Kraft zum »Widerstand« bei den deutschen Katholiken nicht sicher sein konnte, *aber Hitler konnte das auch nicht.* Bei mehreren Gelegenheiten während des Krieges zog die nationalsozialistische Regierung Anordnungen zurück, sobald sie vom katholischen Episkopat verurteilt wurden (so zum Beispiel das Euthanasie-Programm, die Zwangsscheidung der rassisch gemischten Ehen und die Entfernung der Kruzifixe aus den bayerischen Schulen); der einzige Grund, weshalb das Regime das tat, war die Furcht, die Katholiken der Kriegsanstrengung zu entfremden. Kann man ernsthaft daran zweifeln, daß die deutschen Katholiken sich weniger wirkungsvoll um ihre Bischöfe geschart hätten, wenn man sie angewiesen hätte, gegen die nationalsozialistische Ausrottung der Juden zu kämpfen? Ohne Zweifel waren die Kommunikationsprobleme zwischen Rom und dem Episkopat recht schwierig, aber eine Verurteilung der barbarischen Maßnahmen Hitlers durch den Papst hätte nicht lange geheimgehalten werden können. Abgesehen von den Rundfunksendungen der Alliierten, gab es

sicherlich Wege und Möglichkeiten, eine gegen die Nationalsozialisten gerichtete Enzyklika nach Deutschland zu schmuggeln, und niemand wendet ernsthaft ein, daß sich die Bischöfe geweigert hätten, sie ihren Gemeinden verlesen zu lassen. Solch eine Enzyklika hätte die Nationalsozialisten mit der unangenehmen Alternative konfrontiert, entweder eine offene Opposition zu dulden oder den gesamten Episkopat zu strafen. Die erste Alternative hätte die Durchführung der antisemitischen Maßnahmen sehr stark erschwert; die zweite Möglichkeit hätte die Unzufriedenheit der Katholiken mitten im Kriege verstärkt. Es scheint evident zu sein, daß Hitler – wie entschlossen und fanatisch er auch sein mochte – angesichts solch eines Hindernisses gezögert hätte. Man muß es dem Papst anlasten, daß er diese Gelegenheit nicht ausnutzte, wobei ein geheimes diplomatisches Ultimatum zunächst vorzuziehen gewesen wäre, dem dann aber, wenn erforderlich, eine offene Verurteilung hätte folgen müssen. Mit Sicherheit lag hier die einzige Chance, die Juden Europas zu retten.

4. Es steht außer Frage, daß eine aktive päpstliche Politik viele deutsche Katholiken persönlich in eine schlimme Lage gebracht und für die deutsche Kirche eine ernsthafte »Verlegenheit« geschaffen hätte. Aber ist es nicht die Pflicht der Kirche, Warnzeichen für sündige Menschen zu setzen (und das Nachgeben beim Mord von sechs Millionen Juden war mit Sicherheit Sünde)? Ist es nicht die Pflicht des Papstes, einen nationalen Zweig der katholischen Kirche in Verlegenheit zu bringen, der das Böse in einem Maße zuließ, wie es die Kirche in Deutschland tat?

5. Auch gilt es zu bedenken, daß man kurzfristige und langfristige Zweckmäßigkeitserwägungen anstellen kann. Die passive Billigung der nationalsozialistischen Verbrechen ersparte dem Papsttum und der deutschen Kirche einen großen Teil vorübergehender Belastung, aber um welchen Preis! Die Kirche und das Papsttum wird es Jahrzehnte kosten, bis sie durch ihre Verhaltensweise die unwiderlegbare Anklage überwunden haben werden, daß sie versagt haben, als sie nicht gegen das größte Verbrechen der Geschichte aufstanden. Das päpstliche Schweigen ist zu einer ernsthaften Belastung für zahlreiche katholische Gläubige geworden und bildet den schlimmsten Einzelposten in dem ohnehin schon recht unseligen Zeugnis der katholischen Antwort auf die Herausforderung des Faschismus.

Man ist versucht, eine aufschlußreiche historische Parallele zwischen dem Verhalten der Päpste Pius VII. und Pius XII. zu ziehen. Der erstere widersetzte sich mehreren Maßnahmen Napoleons und exkommunizierte den Kaiser der Franzosen; daraufhin nahmen französische Truppen ihn fest und schleppten ihn in die fünfjährige Gefangenschaft von Savona und Fontainebleau (1809 bis 1814). So war der Papst nicht imstande, seine Funktionen als Pontifex wahrzunehmen, und er wurde gedemütigt und schlecht behandelt; damals meinten viele, der alte Mann verhalte sich recht exzentrisch, wenn er versuche, rein geistliche Waffen gegen eine überwältigende physische Gewalt einzusetzen. Aber die Standfestigkeit von Pius VII. wurde belohnt, als 1814 Napoleons Macht zusammenbrach; im Triumph kehrte er in das befreite Rom zurück, und das Ansehen der Kirche und besonders das des Papsttums war erheblich gewachsen. Wie anders fällt dagegen der Befund über Pius XII. aus! Er tat alles, was in seiner Macht stand, um einen Konflikt mit Hitler zu vermeiden, obwohl dessen Maßnahmen weitaus barbarischer als die Napoleons waren; niemals exkommunizierte er den deutschen »Führer«, obwohl Hitler dem Taufschein nach Katholik war und obwohl zahlreiche Katholiken für längst nicht so abscheuliche Verbrechen exkommuniziert worden sind. Niemals gab er Hitler einen Grund, ihn ergreifen und in Gefangenschaft und Exil jenseits der Alpen verschleppen zu lassen. Der Zusammenbruch des Nationalsozialismus ließ ihn in der traurigen Situation eines Papstes, der untätig den nationalsozialistischen Verbrechen nachgegeben hatte. Es gab keine triumphale Rückkehr nach Rom, und das Ansehen der Kirche und besonders das des Papsttums war ernsthaft gefährdet. Der Katholizismus hätte sich gewiß in einer glücklicheren Lage befunden, wenn der Papst die nationalsozialistischen Verbrechen, die jedes Vorstellungsvermögen übersteigen, offen verurteilt und alle Konsequenzen erduldet hätte, mit denen ihm Hitler vergolten hätte.

Höchst unwahrscheinlich wird in den großen Fragen, die durch die bedeutenden Werke von Guenter Lewy und Rolf Hochhuth aufgeworfen werden, Übereinstimmung erzielt werden. Beiden kommt das Verdienst zu, grundsätzliche Probleme erörtert zu haben. Hoffentlich haben die hier vorgebrachten zusätzlichen Beobachtungen zu deren Erhellung beigetragen. Ich bin der Auffassung, daß die Ansichten von Lewy und Hochhuth im wesentlichen richtig sind, aber daß sie zu wenig zu einer angemessenen Erklärung des Verhaltens beitragen, das sie tadeln. (Ich nehme an, daß es die Pflicht von Historikern wie Dramatikern ist, sowohl zu erklären wie auch zu verurteilen.) Ich glaube, daß die wirklichen historischen Umstände komplexer waren, als beide Autoren zuzugeben bereit sind, und daß die Verurteilung des Verhaltens des deutschen Episkopates im Jahre 1933 und des Papstes im Jahre 1943 vorsichtiger vorgenommen werden sollte, als das in diesen beiden Werken geschieht. Historische Gerechtigkeit verlangt die Erkenntnis der Tatsache, daß die Bischöfe und der Papst – damals – gute Gründe oder scheinbar gute Gründe hatten, so zu handeln, wie sie es taten, und daß ein hoher Grad von »Unausweichlichkeit« in der Verhaltensweise herrschte, die heute so leicht verurteilt wird. Ich glaube, daß die fortwährende Erinnerung an diese Tatsache der Auseinandersetzung über die Rolle des Papstes und der deutschen Kirche viel Bitterkeit nehmen könnte; das braucht jedoch nicht die ernste Verurteilung des Verhaltens des Papstes wie der Kirche auszuschließen, wie sie hier hoffentlich in einem Geiste versucht worden ist, der sich ein wenig von dem der beiden besprochenen Autoren unterscheidet.

Daß Bitterkeit sich selbst um den beabsichtigten Erfolg bringen kann, wird in den Reaktionen deutlich, die *Der Stellvertreter* sowohl in Deutschland wie auch hier in Amerika hervorgerufen hat. Hochhuth wollte durch einen Schock die Katholiken zu einer Neubewertung der jüngsten Geschichte der katholischen Kirche anregen; sein Stück hat jedoch dazu geführt, eine vielversprechende Bewegung katholischer Selbstkritik zum Schweigen zu bringen, indem sich nun viele katholische Wissenschaftler instinktiv zur Verteidigung des angegriffenen Papst Pius XII. zusammengeschart haben. Außerdem wollte Hochhuth das deutsche Schuldgefühl über die nationalsozialistische Vergangenheit intensivieren; aber in Wirklichkeit hat er eine (glücklicherweise nicht sehr starke) Strömung neo-nazistischer Selbst-Reinigung gestärkt, die unter dem Motto läuft: »Wenn selbst der Papst in seiner Macht und unantastbaren Stellung nicht gegen die Ausrottung der Juden protestierte, wie konnte man dann von uns kleinen Leuten einen Protest erwarten?« Hochhuths Stück hat die Beziehungen zwischen Katholiken, Protestanten und Juden verbittert; es hat vor allem zu viele »liberale« Intellektuelle in ihrem eingefleischten Anti-Katholizismus und zu viele Katholiken in ihrer krankhaften Verdächtigung jeder »Kritik von außen« bestärkt. Alle diese Reaktionen sind bedauerlich und verweisen auf die Notwendigkeit, die brennenden Probleme der Zeitgeschichte mit größerem gegenseitigen Wohlwollen und Verständnis zu erörtern. Der Schlüssel zu solch einer Diskussion sollte darin liegen, die unerläßliche Anklage des Bösen – und des Nachgebens in das Böse – durch den erklärenden Nachweis zu ergänzen, warum fähige und ehrenhafte Männer in Umständen von beispielloser Schwierigkeit so und nicht anders handelten, wie falsch das auch gewesen sein mag.

DIE DEUTSCHE OPPOSITION GEGEN HITLER

Hans Rothfels: *The German Opposition to Hitler;* 166 S., Chicago 1962 (deutsch: *Die deutsche Opposition gegen Hitler. Eine Würdigung,* neue, erw. Aufl.; 234 S., Frankfurt/M. 1969)

in: Modern Age, 7/1962–63, S. 82–95

Hans Rothfels' Studie über den deutschen Widerstand wurde ursprünglich auf Englisch geschrieben und 1948 veröffentlicht. Eine etwas erweiterte deutsche Ausgabe erschien 1949. Sie wurde 1957 vom Verfasser vollständig überarbeitet, um die Ergebnisse eines Jahrzehnts der Forschung zur Geschichte des Widerstandes, die eine große Schar von Wissenschaftlern unternommen hatte, aufzunehmen. Rothfels ist es in bemerkenswerter Weise gelungen, seinen ursprünglichen bahnbrechenden Überblick in eine klassische Studie zu verwandeln, die auf Jahre hinaus kaum übertroffen werden dürfte. Der Wert seines früheren Werkes wird durch die Tatsache bestätigt, daß für die neue Fassung die alte Gliederung beibehalten werden konnte und daß die inzwischen veröffentlichten Forschungen in der Regel mehr Bestätigung als Korrektur der Rothfelsschen Ergebnisse gebracht haben.

Die neue deutsche Ausgabe wird nun in einer hervorragenden englischen Übersetzung (von Lawrence Wilson) zugänglich gemacht, die den ebenso kraftvollen wie präzisen Charakter des deutschen Textes vermittelt. Leider wurde der umfangreiche Anmerkungsapparat der deutschen Ausgabe nicht übersetzt, denn er liefert einen autoritativen Leitfaden für die schon nicht mehr zu bewältigende Fülle der »Widerstandsliteratur«. Dieser Verlust ist jedoch nicht so wichtig, denn die Wissenschaftler werden sich in jedem Falle an das deutsche Original halten, während der Verleger zu Recht ein größeres Publikum im Auge hat. Das Buch ist eines jener seltenen wissenschaftlichen Werke, die man sowohl lesen wie auch studieren kann, und jeder, der die menschliche Natur kennt (die Mentalität amerikanischer College-Studenten dabei eingeschlossen), weiß, daß das Fehlen von Fußnoten sich für die Lektüre eher anregend als abstoßend erweisen kann. Nachdem es mehrere Jahre lang vergriffen gewesen ist, wird nun hoffentlich Rothfels' Buch in vielen »Reading Lists« sowohl zur deutschen wie auch zur allgemeinen europäischen Geschichte erscheinen. Aller Wahrscheinlichkeit nach ist es die beste

Einführung in die Probleme des deutschen Widerstandes und dazu geeignet, Vorurteile und Pharisäertum zu erschüttern, die immer noch die Einstellung vieler Amerikaner zu diesem umstrittenen Thema kennzeichnen.

Rothfels' ursprüngliche Zielsetzung der Ausgabe von 1948 bestand darin, eine ungläubige amerikanische Leserschaft über das bemerkenswerte Ausmaß und den beseelenden Idealismus der deutschen Opposition gegen Hitler zu informieren. Die jüngste Renaissance des Stereotyps vom ewig verderbten Deutschen, wie sie in den Werken von Shirer und Tetens zu finden ist, zeigt, daß dieses Ziel im wesentlichen noch nicht erreicht ist. Seine zweite Aufgabe besteht darin, gegen eine glücklicherweise unbedeutende Schar deutscher neo-nazistischer Autoren zu kämpfen, die heute – gewöhnlich mehr durch versteckte Anspielung als durch offene Anklage – das Andenken an die deutschen Widerstandskämpfer verunglimpfen wollen. Natürlich sind die ungläubigen amerikanischen und die allzu gläubigen deutschen Kritiker des Widerstandes in ihren Zielen und Werten durch einen himmelweiten Unterschied getrennt, aber beide Gruppen treffen sich in der Verleumdung der deutschen Widerstandsbewegung. Wenn man sie einmal so weit gebracht hat, die historische Tatsache einer weitverbreiteten Opposition gegen Hitler anzuerkennen, kritisieren die Amerikaner die Männer des Widerstands, daß sie viel zu nationalistisch und traditionalistisch gewesen seien. Die Deutschen dagegen, die dazu neigen, die unmittelbare Wirkung des Widerstandes zu übertreiben, um eine neue »Dolchstoß-Legende« zu propagieren, beschuldigen die Widerstandskämpfer des »Verrats« an der Nation und der Verletzung solch »wertvoller« deutscher Traditionen wie der einer »unpolitischen Armee« und der »Ehrfurcht vor der legitimen Autorität«. Rothfels zeigt, daß die amerikanischen Kritiker in der Regel die Fakten nicht kennen oder nicht imstande sind, ihre Bedeutung zu ermessen, während die deutschen Kritiker bestenfalls mit anachronistischer Anschauungsweise und, schlimmer noch, mit moralischer Blindheit geschlagen sind. Rothfels sieht die Größe des Widerstandes in der Tatsache begründet, daß seine führenden Männer, obwohl sie ergebene Patrioten waren, die tief in den Traditionen Deutschlands wurzelten, erkannten, daß die herkömmlichen Vorstellungen von Patriotismus und Gehorsam angesichts des dämonischen Phänomens des Nationalsozialismus nicht mehr gelten konnten.

Das Buch von Rothfels ist zunächst einmal ein kompakter und klar geschriebener Tatsachenbericht über den Widerstand, in dem dessen Bedingungen und Möglichkeiten, Pläne und Aktionen und die zwar zahlreichen, aber unabänderlich erfolglosen Versuche beschrieben werden, das Verständnis und die Unterstützung der alliierten Mächte zu gewinnen. Das Buch ist jedoch weit mehr als nur ein Tatsachenbericht, denn der Autor reflektiert mit intensivem Ernst umfassende historische Perspektiven wie auch letzte religiöse und moralische Probleme. Er stellt die deutsche Opposition gegen Hitler in den weiten historischen Rahmen des immer stärker werdenden Aufstandes der Moderne gegen jene Kräfte des 19. Jahrhunderts wie den Nationalismus (der zur internationalen Anarchie führte), den liberalen Kapitalismus (der eine Massengesellschaft ohne Wurzeln und Regeln entstehen ließ) und den Säkularismus (der Gott leugnete, dabei aber unbeabsichtigt auch Moral und menschliche Würde unterhöhlte). Mit Leidenschaft nimmt er Anteil an den zwingenden ethischen Entscheidungen, den inneren Konflikten und der unausweichlichen Verantwortung, die die neue und unbeschreibbar ungeheuerliche Tatsache des Nationalsozialismus allen anständigen und intelligenten Deutschen aufzwang. Ich glaube, daß Rothfels' tiefe persönliche Betroffenheit angesichts dieser Probleme seine Studie zu einem ebenso bewegenden wie großen Buch werden läßt. Er vereint intensives persönliches Engagement mit distanzierter Wissenschaftlichkeit, die auch sein wohlwollendes Verstehen divergierender Ansichten bestimmt. Als junger Professor in Königsberg kannte Rothfels während der Weimarer Republik einige der Persönlichkeiten, die später zum Widerstand gehören sollten; als Flüchtling beobachtete er von England und Amerika aus ihren Lebensweg während der Hitlerzeit; schließlich gelang es ihm, mit den – leider viel zu wenigen! – Überlebenden des Widerstands Kontakt aufzunehmen, nachdem er 1949 eine Professur in Tübingen angenommen hatte. Seine Stellung als »Insider« und »Outsider«, als Teilnehmender und Beobachtender, als Deutscher und Amerikaner, qualifiziert ihn in einzigartiger Weise dazu, an die durch den Widerstand aufgeworfenen peinigenden Probleme heranzuführen – Probleme, die glücklicherweise außerhalb des Erfahrungshorizontes der Amerikaner liegen und die deshalb nur mit großer Anstrengung, Sympathie und Vorstellungskraft verstanden werden können.

Ein kurzer Überblick über die von Rothfels behandelten Hauptthemen soll der Erörterung einiger Probleme vorhergehen, die durch den deutschen Widerstand aufgeworfen werden. Der Verfasser besitzt eine zwar weite, aber doch klar eingegrenzte Vorstellung von dem, was als Widerstand gegen eine totalitäre Tyrannei angesehen werden muß. Vermessen behauptete der nationalsozialistische Staat, über den ganzen Menschen zu verfügen; deshalb war die Aufrechterhaltung jeder Art unabhängigen nichtnationalsozialistischen Denkens und Tuns dem Regime unerwünscht. In bewundernswerter Weise erörtert Rothfels die »Stufen der Nicht-Gleichschaltung«, die in Deutschland von 1933 bis 1945 anzutreffen waren (S. 27-31/30-34).[1] Er betont, wie äußerst fließend die Grenzen verliefen, die Nazi-Gegner von Nicht-Nazis, nominelle Nazis und wirkliche Nazis trennten. Nur eine kleine Gruppe war konsistent pro- oder anti-nationalsozialistisch eingestellt; die meisten Deutschen paßten zu verschiedenen Zeiten unter verschiedenen Umständen und bei verschiedenen Tätigkeiten, die von privaten Begegnungen bis zu öffentlicher Verantwortung reichten, in verschiedene Kategorien. Es ist deshalb pharisäisch und zeugt von mangelndem Vorstellungsvermögen, wenn man von gewöhnlichen Deutschen erwartet, daß sie sich anders hätten verhalten sollen, als sie es in Wirklichkeit taten – in keinem Lande kann man vom Durchschnittsbürger erwarten, daß er heroische oder andere außergewöhnliche Qualitäten aufweist (eine Tatsache, der sich 1945 die Verfasser der Fragebogen zur Entnazifizierung leider nicht bewußt waren).

Man vergißt zu leicht, daß es relativ ehrenhafte (aber auch völlig gemeine) Motive gab, sich der NSDAP anzuschließen oder Ämter unter dem nationalsozialistischen Regime innezuhaben. Viele höhere Beamte (zum Beispiel Weizsäcker, der Staatssekretär im Auswärtigen Amt) blieben widerstrebend im Amt, um von innen her die Vorgänge positiv zu steuern, denn sie wußten, daß sie mit ihrem Rücktritt doch nur absolut nationalsozialistischen Schurken den Weg freimachen würden. Viele traten in die Partei nur ein, um weiterhin den Lebensunterhalt für ihre Familien zu sichern. Manche junge Idealisten schlossen sich der Bewegung in dem aufrichtigen, aber irregeleiteten Glauben an, Hitler könne für Deutschland Beachtliches vollbringen. Viele glaubten, zumindest bis zum Krieg, daß »alles in allem« Hitler mehr Gutes leisten als Schaden anrichten würde; hatte er nicht die politische Stabilität wiederhergestellt, die Arbeitslosigkeit verringert und die kommunistische Gefahr beseitigt? (Nebenbei bemerkt, war dies in den frühen Jahren der nationalsozialistischen Herrschaft auch eine im Ausland recht verbreitete Auffassung. Siehe dazu zum Beispiel Rothfels' bemerkenswertes Zitat aus einer Buchbesprechung von James W. Gerard, Wilsons ehemaligem Botschafter in Deutschland, S. 180/20 bzw. 186,

1. Die Zahlen hinter dem Schrägstrich beziehen sich auf die neue, erweiterte deutsche Ausgabe, Frankfurt/Main 1969 (Anm. d. Übers.).

Anm. 23). Solche Leute konnten die Unterdrückung der Freiheit und die Verfolgung der Juden zwar beklagen, und doch müssen sie in der Regel zu den Befürwortern des Regimes gezählt werden.

Zu Recht beschränkt Rothfels die Kategorie des Widerstandes gegen den Nationalsozialismus in der Weise, daß er bloße Nörgelei, Fahnenflucht im Kriege oder die Verbitterung über das Schiebertum innerhalb der Partei und ähnliche Dinge ausschließt. Zum Widerstand zählt er nur diejenigen, die im Namen religiöser, politischer und moralischer Werte, die sie für unvereinbar mit dem nationalsozialistischen Herrschaftssystem hielten, wichtigere Maßnahmen der Nazis bewußt ablehnten und sabotierten. Zum Beispiel erörtert er die ausreichend belegte Tatsache, daß der nationalsozialistische Antisemitismus eindeutig nur eine beschränkte Massenwirkung besaß und daß allein in Berlin ungefähr fünftausend Juden von ihren nichtjüdischen Mitbürgern oft unter großem persönlichen Risiko den ganzen Krieg über versteckt gehalten wurden. (Wenn man an die fünf Millionen denkt, die in den Vernichtungslagern getötet wurden, ist das natürlich eine kleine Zahl – aber in jedem einzelnen Fall wurde von einem Deutschen beträchtlicher Mut verlangt.) Das Buch enthält eine hervorragende Darstellung des Kampfes der Kirchen um die Aufrechterhaltung christlicher Prinzipien unter einem völlig heidnischen Regime. Der größte Teil des Werkes beschäftigt sich jedoch mit dem politischen Widerstand, der in der berühmten Verschwörung vom 20. Juli 1944 seinen Höhepunkt fand. Ausführlich untersucht Rothfels die Komplotte der militärischen Opposition seit 1938 und die Pläne für ein besseres Deutschland, die von den verschiedenen Oppositionsgruppen geschmiedet wurden. Besondere Mühe verwendet er darauf, die einst so populäre Legende zu widerlegen, daß die Generäle in der Opposition nichts anderes als eine Gruppe reaktionärer Junker gewesen seien, die Hitler zujubelten, solange er gewann, und die sich gegen ihn wandten, sobald er verlor, nur weil sie den Generalstab für einen Dritten Weltkrieg intakt halten wollten. General Ludwig Beck, die »Seele des militärischen Widerstandes«, beteiligte sich 1938 entschieden am Kampf gegen den Krieg, und er trat lieber zurück, als daß er zum Komplizen der verbrecherischen Politik Hitlers wurde. In seiner großen Denkschrift vom 16. Juli 1938 lieferte er eine klassische Formulierung der Pflicht des Soldaten gegenüber der Nation als ganzer und der sich daraus ergebenden Grenzen militärischen Gehorsams: »Es ist ein Mangel an Größe und an Erkenntnis der Aufgabe, wenn ein Soldat in höchster Stellung in solchen Zeiten seine Pflichten und Aufgaben nur in dem begrenzten Rahmen seiner militärischen

Aufträge sieht, ohne sich der höchsten Verantwortung vor dem gesamten Volk bewußt zu werden. Außergewöhnliche Zeiten verlangen außergewöhnliche Handlungen.« (S. 57/62) Diese Auffassung besiegelte Beck am 20. Juli 1944 mit seinem Tode.

Die Zahl der Deutschen, die sich unmittelbar an der Arbeit im Widerstand beteiligten, straft den oft erhobenen Vorwurf Lügen, die Widerstandskämpfer seien nur eine kleine Elite ohne erkennbaren Rückhalt in der Bevölkerung gewesen. Die Tatsache, daß die Gestapo ungefähr 40 000 hauptamtliche Mitarbeiter beschäftigte, um die Opposition auszukundschaften, beweist, daß zumindest Hitler anders dachte. Die Bedingungen im totalitären Staat machen eine genaue Schätzung der organisierten Oppositionskräfte unmöglich. Es gibt jedoch Beweismaterial, daß in Hessen ungefähr 10 000 einfache Bürger (die meisten ehemalige Sozialdemokraten) in Zellen organisiert waren, die sich einer Gegenregierung zu Hitler anzuschließen bereit waren (S. 96–98/101–103). Die Situation in Hessen war wahrscheinlich nicht typisch, weil Wilhelm Leuschner, der »Schatten«-Vizekanzler der Opposition, früher einmal Innenminister von Hessen gewesen war und wahrscheinlich seine Kontakte aufrechterhalten hatte; dies zeigt jedoch, daß es eine gewisse Massenbasis für eine gegen die Nationalsozialisten gerichtete Verschwörung gab.

Die entscheidende Frage scheint dem Rezensenten nicht zu sein, weshalb es nur einen so geringen Widerstand gegen den Nationalsozialismus gegeben hat, sondern vielmehr, wie eine solch große Opposition überhaupt noch möglich war. (Ich beziehe mich selbstverständlich nur auf das Ausmaß des Widerstandes, nachdem die Nationalsozialisten ihre Macht konsolidiert hatten. Die unauslöschbare Schande, daß sie überhaupt an die Macht gelangen konnten, soll nicht geleugnet werden.) Man überlege einmal, welche Hindernisse sich vor dem Widerstand auftürmten: Der Staat Hitlers zerstörte rücksichtslos jede Opposition; die Gestapo hatte überall ihre Fühler; Widerstandskämpfer hatten nicht nur den Tod, sondern auch Folterungen und Vergeltungsmaßnahmen gegenüber Freunden und Familienangehörigen zu fürchten. Seit 1939 befand sich Deutschland im Kriege, so daß jegliche Opposition leicht – und nicht völlig zu Unrecht – als Feindbegünstigung bezeichnet werden konnte. Die Mitglieder des Widerstandes mußten traditionelle Vorstellungen von Patriotismus überwinden. Generäle sahen sich gezwungen, Tätigkeiten zu planen, wie das In-Die-Luft-Jagen ihres Oberbefehlshabers, die nicht zur normalen Ausbildung eines preußischen Generalstabsoffiziers gehörten. Außerdem gab es einen großen Bestand historischer Traditionen, die überwunden werden mußten, bevor man mit Entschlossenheit den aktiven Widerstand wagen konnte. Die politische Theorie des Luthertums – um nur ein Beispiel zu nennen – hatte die Unterwerfung auch unter die tyrannische Obrigkeit betont, im Gegensatz zur Lehre vom Tyrannenmord, wie sie jesuitische Theologen entwickelt hatten. Die vorherrschende autoritäre politische Tradition enthielt, wie Rothfels es ziemlich altmodisch formuliert, einen »Mangel an Erziehung zu individueller Initiative und bürgerlichem Selbstvertrauen« (S. 26/29). Das lähmende kumulative Gewicht dieser und anderer Traditionen verlangt nach Meinung des Rezensenten eine etwas entschiedenere Verurteilung, als Rothfels sie zu formulieren bereit ist. Er ist sich natürlich der »Unsicherheit in den Traditionen und der moralischen Struktur des deutschen gesellschaftlichen Lebens« (ibid.) deutlich bewußt, aber man hat den Verdacht, daß die häufige Konfrontation mit wilden Verdammungsurteilen der deutschen Vergangenheit ihn in dieser Frage ein wenig zu apologetisch hat werden lassen. Sicherlich, der Autor räumt zwar manchmal ein, daß es mit Deutschlands Traditionen nicht zum Besten bestellt gewesen sei, wie zum Beispiel in der bewundernswerten Erörterung des religiösen Hintergrundes des Widerstandes gegen Hitler (S. 39/45 f.), aber gelegentliche Zugeständnisse reichen nicht aus, um ein ausgeglichenes Gesamtbild zu liefern. Rothfels' Darstellung ist weder falsch noch dogmatisch, aber der Rezensent hat das Gefühl, daß die Gewichte nicht immer richtig verteilt werden. Ich glaube, seine zugrundegelegte These von der inspirierenden Größe des Widerstandes wird in Wirklichkeit eher gestärkt als geschwächt, wenn man die deutschen Traditionen kritischer beurteilt, als er es zu tun bereit ist. So würden die hervorstechenden Hindernisse, mit denen die Verschwörer konfrontiert wurden und die sie überwanden, noch stärker herausgestellt.

Von wem konnte man in Deutschland erwarten, daß er im Gegensatz zu den vielen, die die Nationalsozialisten unterstützten oder zumindest mit ihnen kollaborierten, in den Widerstand ging? Rothfels zeigt sich ungehalten – vielleicht zu ungehalten – über jede soziologische Antwort, die auf Klassenzugehörigkeit, Erziehung oder anderen »objektiven Kriterien« gründet. Für ihn ist das individuelle Gewissen der alles überragende Faktor. Die grundsätzliche Trennungslinie verlief in Deutschland zwischen Anständigen und Nichtanständigen, zwischen denen, die noch an Grundwerten wie der Menschenwürde festhielten, und jenen, die das nicht taten. Graf Moltke, einer der führenden Mitglieder des später noch zu beschrei-

benden »Kreisauer Kreises«, schrieb im Jahre 1942 an seinen englischen Freund Lionel Curtis: »Die eigentliche Frage, vor die Europa
nach dem Kriege gestellt sein wird, ist die, wie das Bild des Menschen
im Herzen unserer Mitbürger wiederhergestellt werden kann.«
(S. 112/125) Die grundsätzliche Forderung des Verschwörers war
die »Erneuerung des Geistes und eine Rückkehr zu Überzeugungen
grundsätzlicher Art« (ibid. /124) – nämlich den fundamentalen
Werten der christlichen und humanistischen Tradition. Im Lichte
dieser Überlegungen war es verhältnismäßig unwichtig, wo die
sozialen Ursprünge eines Verschwörers lagen oder wie er sich die
politische Zukunft Deutschlands vorstellte. Aus diesem Grunde verteilt Rothfels seine Sympathien ungewöhnlich weit, wenn er sich mit
den verschiedenen Gruppen innerhalb des Widerstandes beschäftigt.
Er erstreckt seine zustimmende Würdigung sogar auch auf die Kommunisten und deren Sympathisanten in der »Roten Kapelle«, die
andere Historiker, zum Beispiel Gerhard Ritter, aus dem »wahren
Widerstand« exkommuniziert haben. Rothfels besteht darauf, daß
Männer wie Arvid Harnack und Schulze-Boysen glühende Idealisten
und keine intellektuellen Tagelöhner der Parteilinie gewesen seien;
auch sie leisteten aus Gewissensgründen Widerstand.

Rothfels unternimmt beträchtliche Anstrengungen, um die Differenzen, die zweifellos im Widerstand bestanden, zu verringern,
Differenzen, die zu mehreren einseitigen Darstellungen geführt haben, in denen ein Bereich der Opposition auf Kosten anderer bevorzugt wird. Er behauptet, daß die vieldiskutierten Konflikte zwischen
»anachronistischen Älteren« und »jungen Idealisten«, zwischen
Liberalen und Sozialisten, zwischen Befürwortern einer »östlichen«
und einer »westlichen« Außenpolitik verhältnismäßig unbedeutend
gewesen seien. Der Rezensent ist der Meinung, daß hier ein gutes
Argument überdehnt wird, nämlich, daß eine bemerkenswerte Übereinstimmung zwischen sehr verschiedenartigen Elementen über das
unmittelbar notwendige Programm der Ausschaltung Hitlers und
der Bildung einer zivilisierten Regierung erreicht wurde. Wahrscheinlich wäre es für die neue Regierung doch recht schwierig geworden, sich auf eine gemeinsame Wirtschaftspolitik zu einigen.
Goerdeler, der Kanzler des Schattenkabinettes, war ein extremer
Laissez-faire-Liberaler und ein erbitterter Feind der Keynesschen
Theorie. Rothfels verteidigt ihn zwar mit Erfolg gegen den Vorwurf »sozialer Beschränktheit und reaktionärer Klassenbefangen-
heit« (S. 107/118), aber auch er hat ernste Bedenken über die
Durchführbarkeit der Pläne Goerdelers, wieder eine »Besitzbürger-
gesellschaft« wie im 19. Jahrhundert oder eine Mittelstandsgesell-

schaft zu schaffen. Andere Mitglieder der Verschwörung, wie die Sozialisten Leuschner und Leber sowie Graf Stauffenberg, dachten in Begriffen einer echten sozialen Revolution. Auf dem Gebiete der Außenpolitik hätte wahrscheinlich die »Ostorientierung« einiger junger Verschwörer, die auf der »nationalbolschewistischen« Tradition der Weimarer Jahre beruhte, beträchtliche Schwierigkeiten verursacht: Es besteht Grund zu der Annahme, daß Stauffenberg einige recht mystische Ideen über die »Leidensgemeinschaft« zwischen dem deutschen und dem russischen Volke hatte und daß er die Unabhängigkeit übertrieb, die ein zukünftiges Deutschland, das mit einem vielleicht post-kommunistischen Rußland verbündet wäre, sich noch bewahren könnte. Die meisten Führer des Widerstandes waren natürlich in ihrer Einstellung betont pro-westlich orientiert, und das trotz der (noch später zu erörternden) Tatsache, daß sie von den westlichen Demokratien in keiner Weise ermutigt wurden. Wir werden niemals wissen, ob und wie diese Differenzen hätten ausgeglichen werden können, wenn die Verschwörung erfolgreich gewesen wäre.

Obwohl Rothfels allen Widerstandsgruppen Gerechtigkeit widerfahren läßt, bevorzugt er ohne Zweifel den bereits erwähnten »Kreisauer Kreis« – eine Anzahl von Leuten aus verschiedenen Widerstandszentren, die sich mehrmals in Kreisau, dem schlesischen Gut des Grafen Moltke trafen, um Pläne für die Zukunft Deutschlands und Europas zu entwerfen (S. 108–124/120–137). Ihre Diagnose der Ursachen für Deutschlands Not und ihre Rezepte für die Zukunft entsprechen offensichtlich Rothfels' eigenen Überzeugungen. Sie waren zwar konservativ, ohne aber weder reaktionär noch doktrinär noch durch irgendein enges Klasseninteresse motiviert zu sein.

Ihre Anschauung vom Nationalsozialismus lief darauf hinaus, daß er die Kulmination der säkularisierten Massengesellschaft darstelle, die durch die Französische Revolution hervorgebracht worden sei. Sie sahen den Nationalsozialismus nicht so sehr als eine Reaktion gegen die liberale Demokratie, sondern vielmehr als eine weitere Stufe in deren eigener Entwicklung. Diese Theorie ist den meisten Amerikanern noch völlig unbekannt, aber offenbar enthält sie ein gut Teil Wahrheit. Der moderne »Massenmensch«, das Produkt aus 150 Jahren Industrialisierung, Verstädterung, Liberalismus, Volkssouveränität, Säkularismus und Materialismus ist häufig ein entwurzeltes, einsames, unzufriedenes Individuum, das sich nach Sicherheit, starker Führung und dem, was Erich Fromm »die Flucht vor der Freiheit« nennt, sehnt – alles Tendenzen, die der moderne Totalitarismus zu befriedigen sucht. Die moderne demokratische Be-

wegung ist – zumindest in den »alten Gesellschaften« Kontinental-
europas – in erster Linie eine »zersetzende Bewegung« gewesen, die
die alten hierarchischen Ordnungen nivellierte, ohne etwas Positives
an ihre Stelle zu setzen.

Wenn man den Nationalsozialismus in dieser Perspektive sieht,
mißt man natürlich prä-demokratischen Institutionen einen hohen
Wert bei, wenn schon nicht um ihrer selbst willen, dann zumindest
weil sie Schranken vor der demokratischen Flut errichten könnten,
die auf den Totalitarismus zurolle. So erklärt sich auch, welch hohen
Wert viele Kreisauer – und Rothfels – der alten preußischen Tradition beimaßen. So erklärt sich auch das bemerkenswert günstige
Urteil, das Rothfels über die sogenannte »Konservative Revolution«
der zwanziger Jahre fällt und in das auch solch unerträglich wirre
Denker wie Ernst Niekisch (S. 49–51/56) eingeschlossen werden. So
erklärt sich, weshalb er der Weimarer Republik keine Träne nach-
weint und ohne Einschränkung die Ansicht von Gräfin Dönhoff
über die Männer der deutschen Opposition teilt: »Sie waren weit
mehr als nur die Antipoden von Hitler und seinem System; ihr
Kampf ist neben der aktuellen Bedeutung für das Zeitgeschehen unserer Tage auf einer höheren Ebene der Versuch gewesen, das
19. Jahrhundert geistig zu überwinden.« (S. 160/182)

Wie sollte das 19. Jahrhundert überwunden werden? Zuerst und
vordringlich durch eine Wiederbelebung des Christentums und der
bis in die Antike reichenden humanistischen Tradition. Wie sollten
die jungen Menschen gegen das materialistisch-säkularistische Gift
des modernen Zeitalters geimpft werden? Durch die Bewahrung der
klassischen Tradition des deutschen Gymnasiums gegenüber »jedem
bloßen Pragmatismus und aller sogenannten Lebensnähe« (S. 114/
127) und durch die Erhaltung des Charakters der deutschen staatlichen Schulen als »christliche Schulen mit Religionsunterricht bei
der Konfessionen als Pflichtfach . . ., und zwar sollte dieser Unterricht nach Möglichkeit von Vertretern der Kirchen selbst gegeben
werden«. (ibid.) Man muß jedoch die Wirksamkeit dieses Traditionalismus in pädagogischen Fragen bezweifeln, wenn man nämlich
bedenkt, daß weder das klassische Gymnasium noch die christlichen
Schulen sich in den frühen dreißiger Jahren der nationalsozialistischen Flut gegenüber als von Wert erwiesen haben. Man kann noch
ein wenig weitergehen und behaupten, daß sechs Jahre Griechisch-
Unterricht nicht notwendigerweise die beste Vorbereitung für die
moderne Welt sind und daß die gebildete Elite eines Landes wie
Deutschland – dessen berüchtigtes Versagen, erfolgreich mit den
modernen Problemen fertig zu werden, solche unsagbaren Leiden sich

selbst und der Welt gebracht hat – leicht vom Studium der Staatswissenschaften und der Geschichte (besonders der Geschichte der letzten fünfzig Jahre) größeren Gewinn ziehen könnte als von Xenophon und Herodot.

Das politische Programm des Kreisauer Kreises zeichnet sich durch seine Ablehnung eines »durchkonstruierten formal-demokratischen Aufbaus und der französischen Begriffswelt von der ›einen unteilbaren Nation‹ oder dem Dogma von der Volkssouveränität als abstraktem Prinzip« (S. 120/133) aus. Es hatte nicht die Verwirklichung der Demokratie zum Ziel, sondern wollte vielmehr ihr gegenüber eine Reihe von Gegengewichten schaffen, und zwar im einzelnen durch: Dezentralisierung; indirekte Wahlen eines nationalen Parlamentes; ein Wahlrecht, das komplizierte und willkürliche Qualifikationen, wie ein Sonderstimmrecht für Familienväter, kannte; ein Oberhaus, das nicht gewählt wurde, sondern sich aus Amtsträgern und ernannten Mitgliedern zusammensetzte; und einen Reichspräsidenten, der vom Reichstag für eine Amtszeit von zwölf Jahren gewählt wurde. Im besten Falle akzeptierte man widerwillig das parlamentarische Verfassungssystem, und man verschwendete kaum einen Gedanken darauf, wie es dadurch lebensfähig gemacht werden konnte, daß man seine Bürger in diese Ordnung integrierte (was durch ein künstliches System indirekter Wahlen unmöglich gemacht wird) und daß man pragmatisch orientierte und heterogen zusammengesetzte Parteien sich entwickeln ließ, die in der hohen Kunst des Kompromisses geschult waren. Ich glaube, daß die politischen Ideen des Kreisauer Kreises den Deutschen nach dem Kriege kaum etwas zu sagen hatten und daß das demokratisch-parlamentarische System der Bundesrepublik ohne die Beachtung des Kreisauer Vermächtnisses bisher recht gut funktioniert hat.

Die wirtschaftlichen Vorstellungen der Gruppe zeigen eine Offenheit gegenüber höchst unterschiedlichen Ideen, was zwar recht lobenswert ist, aber den erzieherischen Nutzen doch sehr schmälert. Die Kreisauer »traten für ›einen geordneten Leistungswettbewerb‹ ein, verbunden mit einem starken Ausmaß wirtschaftlicher Selbstverwaltung. In diesem Programm war eingeschlossen: eine ›Entflechtung‹ monopolistischer Kartelle und Konzerne nach dem Gesichtspunkt des Gesamtinteresses, eine Landreform, die Überführung der Schlüsselunternehmen des Bergbaus, der eisen- und metallschaffenden Industrie, der Grundchemie und der Energiewirtschaft in das Eigentum der öffentlichen Hand, sowie der Aufbau von Betriebsgemeinschaften mit Teilnahme der Belegschaft an der Betriebsführung wie ›an den Betriebsergebnissen‹, insbesondere dem ›Wertzuwachs‹. Vorgesehen war gleichfalls die Errichtung der einen ›Deutschen Gewerkschaft‹ . . .« (S. 115/128). Dieses Programm kann eindeutig nicht als reaktionär oder als Ausdruck des Interesses der »Oberschicht« kritisiert werden – wie es manchmal geschieht –, aber sein uneinheitlicher Charakter und die fehlende Konzentration auf einige wichtige Punkte bieten doch Angriffsflächen zur Kritik. Die erforderlichen wesentlichen Qualitäten einer erfolgreichen modernen Wirtschaft – leistungsfähige Produktion, Vollbeschäftigung und die wirtschaftliche Sicherheit der Bevölkerung – können ohne Verstaatlichung, ohne die institutionalisierte Kooperation von Arbeitgebern und Arbeitnehmern (die in der Praxis oft zu einem betrügerischen Einverständnis auf Kosten des Verbrauchers führt) und die anderen vom Kreisauer Kreis empfohlenen Maßnahmen erreicht werden. Die Mitglieder dieser Gruppe dachten unter außerordentlich schwierigen Bedingungen eingehend und offen über alle Probleme nach, aber es hieße des Guten zuviel tun, wollte man ihnen Erkenntnisse zuschreiben, die wir heute nur zu unserem Schaden mißachten können.

Zusammenfassend kann man sagen, daß der Geist des Kreisauer Kreises – und in der Tat des gesamten Widerstandes – große Bewunderung hervorrufen muß. Seine Betonung des Vorrangs religiöser und moralischer Werte bildet einen ständigen Vorwurf für unsere säkularistische und materialistische Zivilisation. Die spezifischen Verfassungspläne und Wirtschaftsprogramme, die in Kreisau entwickelt wurden, sind jedoch wegen der persönlichen Vornehmheit ihrer Verfasser häufig überschätzt worden. Die ihnen zugrundegelegte Diagnose der deutschen und europäischen Geschichte, an die ihre Verfasser glaubten – nämlich daß der Nationalsozialismus nur die höchste Ausformung der Massendemokratie sei –, ist bestenfalls nur eine Halbwahrheit. Sie kann leicht zu einer zu positiven Bewertung der Bismarckschen Tradition führen, wobei dann vergessen wird, daß Bismarcks erbitterte Feindschaft gegenüber dem Parlamentarismus die deutsche Verfassungspolitik in eine Sackgasse geführt hatte, die Reibungen und Haßgefühle nur noch vervielfältigte; diese Diagnose kann auch zu einer zu negativen Bewertung der Weimarer Republik führen, deren Leben leicht hätte verlängert werden können, wenn die allzu sehr gelobten Theoretiker der »Konservativen Revolution« zusammen mit den oberen Schichten Deutschlands sie nicht systematisch in Verruf gebracht hätten. Auch wenn die Republik nur eine bloße »Verlängerung des 19. Jahrhunderts« gewesen wäre, so würde sich der Rezensent gerne für solch einen attraktiven Anachronismus entscheiden. Die in Kreisau entwickelten Rezepte,

um die nicht zu leugnenden Übel der Massendemokratie zu überwinden, kann man kaum als sehr hilfreich auffassen. Eine breite
Wiederbelebung des Christentums, wie sehr sie auch zu wünschen sei,
ist in der modernen Welt höchst unwahrscheinlich – das Problem
besteht vielmehr darin, wie trotz des unwiderruflichen Fehlens traditioneller religiöser Fundamente die Würde des Menschen in der
gesellschaftlichen Wirklichkeit gewahrt werden kann. Die parlamentarische Demokratie ist die unausweichliche Form des politischen Lebens in modernen Gesellschaften – zumindest in jenen, die kein tief-
verwurzeltes präsidentielles System besitzen. Das Problem besteht
dann darin, die Funktionsfähigkeit der Demokratie durch die richtige Art von Parteien und die richtige Art sozialer Verhaltensmuster
zu gewährleisten, die beide von den durch die Kreisauer propagierten künstlichen Gegengewichten nicht geschaffen werden. Eine moderne, relativ »freie Wirtschaft« kann am besten funktionieren,
wenn sie nicht durch zuviel Verstaatlichung und künstliche Schemata
der Partnerschaft von Arbeitern und Unternehmern behindert wird.
Man kann hinzufügen, daß unsere konkreten Probleme nicht durch
sterile Polemiken gegen das 19. Jahrhundert gelöst werden, dessen
Vaterschaft wir doch nicht entfliehen können und für dessen Vermächtnis der Vatermord auch keine Lösung ist.

Nun ist es angebracht, sich den außenpolitischen Konzeptionen und
Problemen des deutschen Widerstandes zuzuwenden. Das ist eine
traurige Aufgabe, denn sie führt unweigerlich zu einer Erörterung
der durchgängig irregeleiteten Politik Präsident Roosevelts gegenüber Deutschland und der Sowjetunion während des Zweiten Weltkrieges. Tatsache ist, daß die Vereinigten Staaten der deutschen Opposition keinerlei Ermutigung zu einer Zeit angedeihen ließen, als
deren Führer heldenhaft ihren Kopf riskierten und ein Erfolg ihrer
Anstrengungen den Krieg spürbar verkürzt hätte. Die offizielle Politik der USA behauptete, es gebe keinen deutschen Widerstand.
    Zweimal, 1939 und 1942, versuchten die Führer des Widerstan-
des, unmittelbar Kontakt mit dem Weißen Haus aufzunehmen. Im
Dezember 1939 besuchte Adam Trott zu Solz, ein ehemaliger Rhodes-Stipendiat, Roosevelt. Der Präsident »zeigte sich zuerst an der
Idee einer Unterstützung der deutschen Untergrundbewegung interessiert, bald darauf aber und offenbar unter dem Einfluß von Männern seiner näheren Umgebung erklärte er weitere Fühlungnahme
für untunlich. Von Trott wurde sogar als Nazi-Agent verdächtigt,
eine Tatsache, die im Hinblick auf sein späteres Schicksal nicht der
bitteren Ironie entbehrt« (S. 132/145, nur in der 2. dt. Ausg).

Nach dem Scheitern der Verschwörung wurde er am 20. Juli 1944 gehängt.

Der deutsche Untergrund gab Louis P. Lochner, einem ausgezeichneten Journalisten, der zwanzig Jahre lang Leiter des Berliner Büros der AP war, eine Nachricht für den Präsidenten mit, als Lochner 1942 nach Amerika zurückkehrte. Er rannte in Washington gegen eine Wand von Stein. Der Präsident weigerte sich, ihn zu empfangen, obwohl Roosevelt eigentlich für seine Zugänglichkeit berühmt war. Lochner »wiederholte seine Bitte schriftlich und gab genaue Aufklärung, warum er eine persönliche Rücksprache wünschte. Die Antwort, die er empfing, war negativ und legte ihm nahe, von seiner Bitte abzustehen, die ihrer Natur nach ›größte Verlegenheit‹ verursache« (S. 134/148). Die maßgebenden Männer in der Regierung Roosevelt hielten an der Meinung fest, daß Deutschland und der Nationalsozialismus identisch seien, und wie die meisten vorurteilsbefangenen Menschen wollten sie sich gegen Tatsachen abschirmen, die nicht in ihre vorgefaßten Ansichten paßten. Ihre Unkenntnis der Geschichte ließ sie glauben, daß für alle Übel, von denen Europa befallen war, ob nun vergangen oder gegenwärtig, Deutschland verantwortlich zu machen sei. Aus dieser Prämisse zogen sie den keineswegs unlogischen Schluß, daß schon allein die Beseitigung der deutschen Macht eine störungsfreie Zukunft Europas gewährleisten müsse. Unter diesem Gesichtspunkt war es in der Tat peinlich, daß »gute Deutsche« das böse Nazi-Regime stürzen und sich selbst für Verhandlungen über eine vernünftige Friedensregelung anbieten könnten, die einen deutschen Staat in irgendeiner Weise aufrechterhalten würde. Zwei Dinge mußten unternommen werden, um dieses wahrlich unheilvolle Ergebnis zu verhindern: Als erstes mußte man leugnen, daß es überhaupt »gute Deutsche« gab, und wenn sie dennoch existieren sollten, dann durften sie zumindest nicht ermutigt werden; zweitens mußte man ein Programm des »Unconditional Surrender« verkünden, das alle Hoffnungen auf eine Friedensregelung durch Verhandlungen im Keime ersticken würde.

Ohne Zweifel wirkte sich diese Politik des »Unconditional Surrender« recht unheilvoll aus, obwohl der genaue Schaden für die amerikanischen Interessen schwierig zu berechnen ist, weil zuviele Unwägbarkeiten in die Antwort auf die Frage eingehen: »Wie wäre der Krieg in Europa zu Ende gegangen, wenn Franklin Roosevelt eine andere Politik verfolgt hätte?« Zweifellos erschwerte die Politik der bedingungslosen Kapitulation die Tätigkeit der deutschen Verschwörer. Der harte Kern der Verschwörung, der zutiefst von ethischen Motiven geleitet wurde, war entschlossen, ohne Rücksicht darauf, ob er nun von den Alliierten ermutigt wurde oder nicht, den Schlag gegen Hitler zu führen. Diese ethisch motivierte Gruppe war jedoch gezwungen, Mittäter unter den Generälen zu suchen, die von Erwägungen politischer Zweckmäßigkeit nicht unbeeinflußt waren. Die Verschwörer wurden häufig mit der Frage konfrontiert: »Habt ihr irgendwelche Versicherung, daß die westlichen Alliierten uns einen tragbaren Frieden gewähren, wenn wir Hitler gestürzt haben werden?« – und sie waren stets gezwungen, diese Frage zu verneinen. Es läßt sich nachweisen, daß mehrere Generäle aus diesem Grunde sich weigerten, sich an der Verschwörung zu beteiligen. Bei einigen mag dies ein Vorwand für andere Gründe zur Untätigkeit gewesen sein, aber bei anderen war das zweifellos der ausschlaggebende Grund.

Es ist *möglich* (mehr soll hier nicht behauptet werden), daß die Nichtbeteiligung dieser Generäle die Differenz zwischen Erfolg und Scheitern der Verschwörung ausmachte. Es ist ein qualvolles Unterfangen, sich den Gang der Ereignisse vorzustellen, wenn die Verschwörung vom 20. Juli 1944 erfolgreich verlaufen wäre und Deutschland eine Regierung mit Beck, Goerdeler und Leuschner bekommen hätte. Angenommen, die Alliierten hätten eine vernünftige Politik gegenüber einer solchen »guten« deutschen Regierung eingeschlagen – in der Tat eine sehr gewagte Annahme –, dann hätten sich die folgenden Konsequenzen ergeben: (1) eine sofortige Beendigung des Krieges in Europa etwa auf der Grundlage der Grenzen Deutschlands von 1937 (das heißt: bevor Hitler sein Programm der territorialen Expansion begann): das hätte Millionen von Menschenleben und Milliarden von Dollar erspart; (2) die Möglichkeit, die sowjetische Beherrschung Ostmitteleuropas in der Nachkriegsära zu verhindern, indem jenes »Machtvakuum« vermieden worden wäre, in dem nach 1945 die sowjetischen Bajonette kommunistische Satelliten-Regime errichteten. Kann irgend jemand bestreiten, daß solch ein Ergebnis sich als mehr in Einklang mit amerikanischen Interessen (von den europäischen ganz zu schweigen) erwiesen hätte, als was in Wirklichkeit nach 1945 geschah: das harte Ringen Westeuropas, durch das der Kommunismus nur mit Mühe eingedämmt werden konnte; die fortwährende Teilung Deutschlands; Berlin als permanenter Krisenherd; und die langanhaltende Unterdrückung all der stolzen alten Nationen Osteuropas als sowjetische Satelliten?

Bei den attraktiven Möglichkeiten, wie sie gerade skizziert wurden, länger zu verweilen, ist fruchtlos, und es ist ebenso unmöglich, dogmatische Behauptungen über die zukünftigen Zustände in Europa aufzustellen, wenn Präsident Roosevelt eine flexiblere Politik als die des »Unconditional Surrender« verfolgt hätte. Zur Beurteilung Roosevelts als Staatsmann reicht aber die Feststellung, daß er die Bedingungen der europäischen Situation nicht in dem hier dargelegten allgemeineren Sinne erkannte. Wenn es um deutsche Fragen ging, litt Roosevelt eindeutig an unüberwindbarer Unkenntnis und an unkorrigierbaren Vorurteilen. Aber man muß sofort hinzufügen, daß diese beklagenswerte Einstellung durch die ungeheuerliche Tatsache verständlich wird, daß sich der Nationalsozialismus im Jahre 1933 in einem angeblich zivilisierten Land nur gegen eine ganz kleine Opposition durchgesetzt hatte. Was jedoch nahezu unverständlich bleibt, ist Roosevelts völlige Mißachtung der Gefahr, die der russische Kommunismus für die Nachkriegszeit bildete. Der Präsident war so vollständig von der Führung des Krieges in Anspruch genommen, daß ihm die Zeit fehlte, mit Vernunft und Distanz über die zukünftige Situation nachzudenken, die durch seine eigene Kriegsdiplomatie und seine eigene Planung der militärischen Operationen geschaffen wurde. Wahrscheinlich bestand eine enge Verbindung zwischen Roosevelts Germanophobie und seiner Blindheit vor der kommunistischen Gefahr. Die klare Erkenntnis dieser Gefahr hätte einem wirklichen Staatsmann angezeigt, daß die völlige Beseitigung der deutschen Macht keineswegs im nationalen Interesse Amerikas lag. Selbstverständlich war ein Verhandlungsfriede mit Hitler unmöglich; umso mehr bestand dann aber Grund, die Deutschen zu ermutigen, diese Regierung zu stürzen. Die erfolgreiche Beseitigung des Nationalsozialismus durch den deutschen Widerstand, der ein Verhandlungsfrieden folgte, bevor die Russen bis Mitteleuropa vordrangen, war der deus ex machina, der in der verworrenen Situation der Jahre von 1942 bis 1945 am besten allen amerikanischen Interessen gedient hätte.

Es wäre töricht, mit dogmatischer Strenge zu behaupten, daß solch ein glückliches Ergebnis leicht hätte erreicht werden können; aber es ist jedoch nicht zuviel verlangt, daß Roosevelt zumindest einen Versuch hätte unternehmen sollen. Eine vernünftige amerikanische Politik hätte die folgende zweifache Zielsetzung haben müssen: (1) Beseitigung des Nationalsozialismus und Wiedereinfügung Deutschlands in die Gemeinschaft der westlichen Nationen; (2) Erreichung dieses Ziels, ohne Mitteleuropa dem Kommunismus zu öffnen. Angemessene Mittel wären die folgenden gewesen: (1) entschlossene militärische Operationen gegen Deutschland, aber immer mit einem Blick auf die militärische Nachkriegssituation gegenüber der Sowjetunion. Dies hätte zum Beispiel eine Invasion auf dem Balkan statt in der

Normandie bedeutet, auch wenn eine Balkan-Kampagne größere Opfer gefordert hätte. (2) Ermutigung der deutschen Opposition gegen Hitler in der Hoffnung, daß der Krieg in Europa eher mit politischen als militärischen Mitteln beendet werden könne. Dies bedeutete zum Beispiel, die Prinzipien der Atlantic Charte auch auf Deutschland anzuwenden, die Grenzen von 1937 zu garantieren und Deutschland die Chance zu bieten, wieder in die westliche Gemeinschaft zurückzukehren, wenn einmal die Selbstreinigung vom Nationalsozialismus vollzogen war und wenn die Deutschen ausgiebigen Reparationen an die europäischen Nachbarn, die Sowjetunion dabei eingeschlossen, zustimmten. Es ist natürlich klar, daß solch eine flexible, intelligente und weitsichtige Politik auf beträchtliche Hindernisse in der amerikanischen öffentlichen Meinung gestoßen und von den amerikanischen Linken als gemeiner Verrat an unserem »noblen Verbündeten Rußland« gebrandmarkt worden wäre. Auf dieses Argument – die letzte Zuflucht derer, die Roosevelt auf Biegen und Brechen verteidigen wollen – kann das Folgende geantwortet werden: In seiner brillanten Steuerung der Außenpolitik der Jahre 1940 und 1941 bewies Roosevelt, daß er durchaus imstande war, große Schichten der amerikanischen Öffentlichkeit zu täuschen, zu manipulieren und wenn nötig zu mißachten, wenn er der Ansicht war, daß bei ihnen eine falsche Meinung herrschte. Die pro-russische öffentliche Meinung der Jahre 1941 bis 1945 besaß darüber hinaus weder eine Eigengesetzlichkeit, noch war sie unvermeidlich. In Wirklichkeit wurde sie mit allen Propagandamitteln des Weißen Hauses vorangetrieben. Wer will leugnen, daß eine andere Politik des Weißen Hauses, die auf den tief eingewurzelten Anti-Kommunismus des amerikanischen Volkes abgezielt hätte, ein etwas anderes Meinungsklima geschaffen hätte? Ein weiterer Faktor, der Flexibilität in unserer Europapolitik erlaubte, war die Tatsache, daß viele Amerikaner den Krieg im Fernen Osten als vordringlich und den europäischen Krieg nur als ein unerwünschtes Nebenereignis ansahen. Eine diplomatische Regelung in Europa hätte der öffentlichen Meinung mit dem Argument »verkauft« werden können, daß man nun mit dem Krieg gegen die Japaner »vorankommen« müsse.

Zweck dieser Beobachtung soll eigentlich nur sein darzulegen, daß Roosevelts Deutschland- und Rußlandpolitik nicht so »unvermeidbar« war, wie häufig behauptet wird. Sie wurde zum größten Teil durch Roosevelts mangelnde emotionale und intellektuelle Fähigkeiten geprägt, besonders durch seinen undifferenzierten Deutschenhaß und sein unerschütterliches Vertrauen in die lauteren Absichten Stalins. Die Politik des »Unconditional Surrender« bildete den natürlichen Kulminationspunkt dieser beiden keineswegs staatsmännischen Attitüden.

Es kann recht nützlich sein, kurz die Argumente zu prüfen, die zur Verteidigung dieser Politik vorgebracht worden sind. Zugegebenerweise diente sie zur Hebung der Moral im eigenen Lande, aber diese Wirkung war im Winter 1942/43 kaum noch von größerer Bedeutung. Soweit ich sehen kann, gibt es drei Argumente, die ernsthaft vorgebracht werden können.

(1) Die Forderung nach bedingungsloser Kapitulation half, die Einheit der Anti-Nazi-Koalition zu festigen, indem man Moskau versicherte, daß die westlichen Alliierten nicht mit Deutschland separat verhandeln würden. Der Kreml warf den westlichen Demokratien andauernd vor (wie wir gesehen haben, leider ohne die geringste Rechtfertigung), sie würden einen Separatfrieden mit den Deutschen anstreben und sie würden die Errichtung der Zweiten Front solange verschieben, bis die Russen ausgeblutet seien und so weiter. Es wird gesagt, Moskau sei durch die Politik des »Unconditional Surrender« beruhigt worden, eine Behauptung, die wahrscheinlich das Ausmaß des sowjetischen Mißtrauens unterschätzt. Weiter wird argumentiert, daß diese Politik Moskau von dem abgehalten habe, dessen es die westlichen Verbündeten dauernd beschuldigte, nämlich die Absicht, mit Deutschland über einen Separatfrieden zu verhandeln. Kurzes Nachdenken zeigt jedoch, daß die so häufig verkündete Möglichkeit eines sowjetisch-deutschen Separatfriedens nichts anderes als ein geschickt ausgenutztes sowjetisches Phantom war. Noch im Jahre 1944 standen die deutschen Armeen weit in sowjetischem Gebiet. Der Kreml konnte unmöglich für mehr als den status quo ante von 1941 verhandeln. Konnten aber die Deutschen Moskau hinreichend genug trauen, um ihre Truppen auf diese Linie zurückzuziehen? Würde Moskau dieses durch Verhandlungen gewonnene Gebiet nicht einfach als Sprungbrett zu einer wirkungsvolleren Fortsetzung des Krieges benutzen? Kurz gesagt: weder die objektiven Umstände noch das äußerst geringe Vertrauen zwischen Stalin und Hitler ließen eine Übereinkunft zu. Die Politik des »Unconditional Surrender« war keineswegs notwendig, um solch ein Übereinkommen zu verhindern.

(2) Die alliierten Mächte hatten mit dem »Vor-Waffenstillstandsabkommen« schlechte Erfahrungen gemacht, der die Feindseligkeiten mit Deutschland im Ersten Weltkrieg beendet hatte. Der deutsche Vorwurf, daß dieses Abkommen im Versailler Vertrag durch die Alliierten gebrochen worden sei, war ein Faktor in Hitlers Macht-

ergreifung gewesen. Deshalb, so lautete das Argument, müssen wir einen zweiten Hitler dadurch verhindern, daß wir ein zweites »Vor-Waffenstillstandsabkommen« vermeiden, indem wir auf bedingungs-loser Kapitulation bestehen. Dieses Argument ist ein klassisches Bei-spiel für die gefährlichen Konsequenzen, die leicht aus irreführenden historischen Analogien erwachsen können; denn die Menschen lernen aus der Geschichte nur das, was sie lernen wollen. Das Vor-Waffen-stillstandsabkommen von 1918 bildete den Höhepunkt in Präsident Wilsons äußerst erfolgreichen Bemühungen, einen Keil zwischen das deutsche Volk und seine »autokratischen und militärischen Beherr-scher« zu treiben, ein Bemühen, das wahrscheinlich den Krieg we-sentlich verkürzte. Die Tatsache, daß das Vor-Waffenstillstands-abkommen unehrenhaft gebrochen wurde – Keynes verglich diesen Bruch in einiger Übertreibung mit der Verletzung der belgischen Neutralität durch Deutschland –, und auch die Tatsache, daß dieser Bruch später von deutschen Politikern ausgenutzt wurde, beweisen nicht, daß es ein Fehler war, diese Übereinkunft überhaupt auszu-handeln, sondern sie zeigen vielmehr, daß der Bruch des Abkom-mens der eigentliche Fehler war, der nächstes Mal vermieden werden mußte. Das Problem, einen zweiten Hitler zu verhindern, lag so-wieso weit ab; die Notwendigkeit, einen deutschen Staat – selbst-verständlich einen vom Nationalsozialismus gesäuberten – gegen die sowjetische Gefahr aufrechtzuerhalten, hätte klar und gegenwärtig sein müssen. Die Bedeutung, die dem Verhandlungscharakter des Waffenstillstandes von 1918 zugeschrieben wurde, war der allgemei-nen Sachlage völlig unangemessen und zeigt, daß sie nur die Ratio-nalisierung für tiefverwurzelte Auffassungen irrationaler Art bil-dete.

(3) Eine dieser Ansichten kam aus der Überzeugung von dem un-verbesserlich bösen Charakter des deutschen Volkes. Man hielt die Deutschen für einen Fremdkörper innerhalb der europäischen Zivili-sation; ihre Geschichte wurde als eine Einbahnstraße von Luther zu Hitler interpretiert. Solch ein Volk mußte vollkommen unterdrückt werden; es mußte auf seinem eigenen Boden erfahren, daß sich Krieg nicht auszahlt – was es im Ersten Weltkrieg, der außerhalb der deutschen Grenzen ausgetragen wurde, nicht begriffen hatte. Ein Verhandlungsfrieden würde Deutschlands Fähigkeit ungebro-chen lassen, weiterhin als Störenfried aufzutreten. Nur die be-dingungslose Kapitulation konnte die vollständige Zerstörung der deutschen Macht gewährleisten. Diese Argumente wurden noch durch das tiefe Mißtrauen verstärkt, das man den sozialen Typen gegenüber empfand, die im deutschen Widerstand bestimmend wa-

ren und die an die Alliierten mit dem Gedanken eines Verhandlungsfriedens herantraten. Natürlich fielen die Generäle im Widerstand
besonders auf, Generäle, die die Namen alter Junkerfamilien trugen
und die in den Traditionen des preußischen Generalstabs erzogen
worden waren. Der Deutschenhaß der Kriegszeit war undifferen-
ziert: Nazis, Junker, Generalstabsoffiziere, Monopolkapitalisten,
Bürokraten und so weiter wurden alle unterschiedslos in den einen
Topf völliger Verderbtheit geworfen. Die Politik des »Unconditional Surrender«, das heißt: die Weigerung, einen Verhandlungsfrieden überhaupt in Erwägung zu ziehen, bildete die logische Folge dieser unterschwelligen Vorstellung über Deutschland. Wir haben aber
bereits gesehen, wie wenig diese Vorstellung dem Ausmaß, dem Wesen und der Zielsetzung der deutschen Opposition gerecht wurde.

Diese Haltung der Alliierten gibt Anlaß zu einer weiteren Überlegung von wahrhaft tragischer Bedeutung. Angenommen, die Verschwörung vom 20. Juli 1944 wäre erfolgreich gewesen und eine Regierung Beck-Goerdeler-Leuschner wäre gebildet worden, und diese
Regierung hätte die Konzentrationslager sofort aufgelöst, die Nazi-
Verbrechen gesühnt, die deutschen Truppen auf die Grenzen von
1937 zurückgezogen und um einen Verhandlungsfrieden mit vernünftigen Bedingungen nachgesucht, so kann kaum ein Zweifel bestehen, daß sich Präsident Roosevelt kategorisch geweigert hätte, mit
solch einer Regierung nach irgendwelchen anderen Bedingungen als
der bedingungslosen Kapitulation gegenüber den drei alliierten
Mächten zu verfahren. Dann wäre eines von zwei Dingen geschehen:
entweder hätte die deutsche Regierung kapituliert, oder sie hätte eine
hoffnungslose nationale Sammlung proklamiert, um – zeitweise –
eine bedingungslose Kapitulation zu verhindern. Als Endresultat
hätte sich genau das ergeben, was 1945 geschah: die Besetzung Ost-
deutschlands durch sowjetische Truppen, die dort den Kommunismus etablierten, und die Besetzung Westdeutschlands durch anglo-
amerikanische Truppen, die (zumindest vorübergehend) von jenem
Vergeltungsdenken erfüllt waren, das in der Politik des »Unconditional Surrender« und dem Morgenthau-Plan symbolisiert wurde.
Kann man sich eine Situation vorstellen, die der zukünftigen Entwicklung Deutschlands abträglicher und mehr dazu angetan gewesen wäre, die auf eine neue Dolchstoß-Legende gestützte Wiederbelebung des Nationalsozialismus zu fördern? In Deutschland war
der Mann auf der Straße im Juli 1944 noch längst nicht davon überzeugt, daß der Krieg unwiderruflich verloren war; die Gefahr, daß
Hitler als Märtyrer und nicht als Verbrecher in die volkstümliche

Legende eingehen würde, wäre in der Tat sehr groß gewesen. Die erfolgreichen Verschwörer hätten als die Opfer der Illusion dagestanden, daß die alliierten Mächte gegen den Nationalsozialismus statt gegen Deutschland kämpften. Die offensichtliche Tatsache, daß die wahren Interessen Deutschlands eine Niederlage statt eines Sieges im Zweiten Weltkrieg verlangten – was heute innerhalb der politischen Elite der Bundesrepublik ein Gemeinplatz ist, obwohl man das natürlich nicht öffentlich betonen kann –, diese Tatsache wäre durch die gerechtfertigte Verbitterung darüber verdunkelt worden, daß die westlichen Alliierten sich geweigert hatten, den Krieg unter vernünftigen Bedingungen zu beenden. Diese Überlegungen führen zu dem tragischen Schluß, daß unter dem Gesichtspunkt der nachfolgenden politischen Entwicklung Deutschland es wahrscheinlich wünschenswert war, daß die Verschwörung vom 20. Juli 1944 scheiterte. Die Ungeheuerlichkeit dieser Folgerung kann nur dadurch ermessen werden, daß man die Konsequenzen bedenkt, die diesem Scheitern folgten: die Verlängerung des Krieges um neun Monate und das Massaker der anti-nationalsozialistischen Elite Deutschlands zu einer Zeit, als der Nationalsozialismus sich schon in der Agonie befand. Kann es überhaupt einen vernichtenderen Kommentar zur falschen Konzeption – um keinen stärkeren Ausdruck zu gebrauchen – der Deutschlandpolitik Roosevelts geben?

Zu sagen, daß mit Rücksicht auf den unheilvollen Charakter der amerikanischen Politik das Scheitern der Verschwörung wahrscheinlich das Beste war, heißt nicht, daß sie nicht hätte versucht werden sollen. Im Gegenteil: es war absolut notwendig, daß die Deutschen den Versuch unternahmen, ihr eigenes Haus selbst zu säubern, statt daß sie untätig auf eine militärische Besatzungsregierung warteten, die das für sie erledigte. Es war notwendig, und das sahen die Führer des Widerstandes klar ein, ohne Rücksicht auf die Erfolgschancen und ungeachtet der politischen Konsequenzen den Schlag zu führen – denn die Beseitigung des Nationalsozialismus war ein moralisches Gebot, dem die Deutschen selbst folgen mußten, um den guten Namen Deutschlands unter den Nationen wiederherzustellen. Nur der deutsche Widerstand gegen den Nationalsozialismus, ob nun erfolgreich oder nicht – wahrscheinlich tragischerweise am ehesten durch sein Scheitern – konnte den heroischen Hintergrund schaffen, der nötig war, um lebensfähige demokratische Gebilde auf den Trümmern des Nationalsozialismus aufzubauen. Das unrühmliche Ende der Weimarer Republik im Jahre 1933, als die demokratischen Parteien noch nicht einmal den Versuch unternahmen, dem Nationalsozialismus gegenüber echten Widerstand zu leisten, war eine schreckliche Belastung für jede künftige Wiederbelebung der Demokratie. Eine lebensfähige Demokratie kann, wie die christliche Kirche, nur im Blute der Märtyrer und unter Beschwörung heroischer Legenden errichtet werden – die tragischen Ereignisse vom 20. Juli bieten für beides reiche Ernte. (Die bereits erwähnte Tatsache, daß viele der Verschwörer keine Demokraten waren, ist in diesem Zusammenhang glücklicherweise irrelevant. Die Bundesrepublik leitet ihre Genealogie stolz vom Widerstand ab, und wir haben es hier mit der konstruktiven Kraft von Legenden zu tun, nicht mit ihrer historischen Genauigkeit.)

Über und jenseits dieses positiven politischen Ergebnisses des Widerstandes steht jedoch das vorbildhafte Beispiel der Männer und Frauen im Widerstand selbst. Sie beweisen, daß Deutschland, obwohl es die gemeinsten Schufte hervorgebracht hat, die die Geschichte je gekannt hat, gleichzeitig eine seltene Schar vornehmer und opferbereiter Menschen hervorbringen konnte, die unter außergewöhnlich schwierigen Umständen unbeirrt an hohen ethischen Prinzipien festhielten. Sie riskierten nicht nur den Tod, sondern auch Folterungen durch die Gestapo, und – im Gegensatz zum Widerstand in anderen Ländern – konnten sie keinen Trost in der Tatsache finden, daß ihre heldenhaften Anstrengungen von den meisten ihrer Landsleute und der zivilisierten Weltmeinung geteilt und unterstützt wurden. Sie wurden auf jenen letzten Rückhalt der menschlichen Seele zurückgeworfen, bei dem sich der Mensch auf seine inneren Überzeugungen statt auf die Billigung durch seine Umwelt verlassen muß und wo er Schmähung und Mißverstehen in Kauf nehmen muß, wenn er dem engen – und leider oft auch gewundenen – Pfad der Pflicht folgt.

Es bleibt eine unauslöschliche Tatsache der deutschen Geschichte – eine Tatsache, die gegen die gleichermaßen unauslöschliche Tatsache von Auschwitz nicht aufgerechnet werden kann, sondern danebengestellt werden muß –, daß Tausende von Deutschen ungeachtet der Konsequenzen dem ethischen Gebot folgten. Generalmajor Henning von Treskow, einer der gewinnendsten Verschwörer unter den Militärs, formulierte den Geist und die Bedeutung ihres Verhaltens, kurz bevor er sich nach dem Scheitern vom 20. Juli das Leben nahm: »Jetzt wird die ganze Welt über uns herfallen und uns beschimpfen. Aber ich bin nach wie vor der felsenfesten Überzeugung, daß wir recht gehandelt haben. Ich halte Hitler nicht nur für den Erzfeind Deutschlands, sondern auch für den Erzfeind der Welt. Wenn ich in wenigen Stunden vor den Richterstuhl Gottes treten werde, um Rechenschaft abzulegen über mein Tun und Unterlassen, so glaube ich, im guten Gewissen das vertreten zu können, was ich im Kampf gegen Hitler getan habe. Wenn einst Gott Abraham verheißen hat, er werde Sodom nicht verderben, wenn auch nur zehn Gerechte darin seien, so hoffe ich, daß Gott auch Deutschland um unseretwillen nicht vernichten wird.« (S. 80/89) Dem Geiste solcher Männer wie Treskow, die für »das andere Deutschland« sprechen, das in den Vereinigten Staaten noch viel zu wenig bekannt ist, hat Hans Rothfels sein Buch gewidmet, das beispielhaft persönliche Anteilnahme, von Herzen kommende Würdigung und kritische Wissenschaftlichkeit verbindet. Der Wert der Studie wird in keiner Weise durch die Tatsache geschmälert, daß andere – der Rezensent dabei eingeschlossen – mit vielen Urteilen über Deutschlands Traditionen, die Ideen des Kreisauer Kreises und darüber, wie wünschenswert ein Erfolg der Verschwörung gegen Hitler gewesen sei, nicht übereinstimmen.

DER NATIONALSOZIALISMUS IN AMERIKANISCHER UND ENGLISCHER SICHT

I. Franz Neumann: *Behemoth. The Structure and Practice of National Socialism. 1933–1945;* 532 S., New York 1942 (2nd ed. with new app., repr.; 649 S., New York 1963)

II. William L. Shirer: *Aufstieg und Fall des Dritten Reiches;* 1174 S., Köln 1961

III. David Hoggan: *Der erzwungene Krieg;* 893 S., Tübingen 1961

IV. A. J. P. Taylor: *Die Ursprünge des Zweiten Weltkrieges;* 383 S., Gütersloh 1962

V. John W. Wheeler-Bennett: *Die Nemesis der Macht. Die deutsche Armee in der Politik. 1918–1945;* 831 S., Düsseldorf 1954

VI. Alan Bullock: *Hitler. Eine Studie über Tyrannei;* 838 S., Düsseldorf 1953 (2. erw. und rev. Aufl; 886 S., Düsseldorf 1967)

in: Aus Politik und Zeitgeschichte. Beilage zur Wochenzeitung »Das Parlament«, 1963, B 5/63, S. 32–40. Nachdruck in: Hitlers Machtergreifung in der Sicht deutscher und ausländischer Historiker. Rückschau nach 30 Jahren, Schriften der Bundeszentrale für politische Bildung, Bonn 1963, S. 32–40

Das amerikanische Interesse an deutscher Geschichte

Die wissenschaftliche Durchdringung der deutschen Geschichte, vornehmlich der letzten hundert Jahre, ist eine bezeichnende Leistung der amerikanischen historischen Wissenschaft. Bis vor wenigen Jahren konnte man direkt von einem Übergewicht der amerikanischen Publikationen gegenüber den deutschen auf diesem Gebiete sprechen, ein unnatürlicher Zustand, der sich jetzt endlich durch die Erholung der deutschen Geschichtswissenschaft von der Nazi- und Nachkriegsmisere revidiert hat. Die ungewöhnliche Intensität der amerikanischen Beschäftigung mit deutscher Geschichte bleibt trotzdem ein interessantes Phänomen und ist wohl auf verschiedene Faktoren zurückzuführen. Erwähnenswert an erster Stelle ist die Befruchtung der amerikanischen Geschichtswissenschaft durch emigrierte deutsche Gelehrte der dreißiger Jahre. Bei der großartigen Flexibilität des amerikanischen Berufungswesens konnten Spitzenkräfte wie Franz Neumann, Sigmund Neumann, Hajo Holborn und Felix Gilbert rasch in Schlüsselpositionen aufsteigen, in denen sie das Interesse an deutscher Geschichte belebten. Die ungewöhnliche Bedeutung Deutschlands in der Weltpolitik der damaligen Zeit führte viele fähige Nachwuchskräfte zur Spezialisierung in deutscher Geschichte. Heute stehen diese Leute im Alter zwischen 45 und 55, also auf der Höhe ihrer Wirksamkeit. Viele Emigrantenkinder, bevorzugt durch Beherrschung von zwei Sprachen und zwei Kulturen, haben die damals geschaffene Tradition fortgesetzt. Ferner wird die intensive Beschäftigung mit deutscher – wie überhaupt ausländischer – Geschichte durch die Struktur des amerikanischen Universitätsbetriebes in jeder denkbaren Weise gefördert. Die Größe der Fakultäten – an bedeutenden Universitäten lehren allein zehn bis fünfzehn Professoren neuere Geschichte – führt zur Spezialisierung und ermöglicht ohne Schwierigkeiten alle paar Jahre eine Beurlaubung. Das großzügige Forschungsstipendienwesen erlaubt längere Aufenthalte im Ausland und erklärt, daß alljährlich amerikanische Gelehrte in großer Zahl nach Europa kommen.

Das besondere Interesse an deutscher Geschichte darf aber nicht nur nach den Gesetzen des Angebots analysiert werden; die Nachfrage spielt auch eine wichtige Rolle. Viele ernste Amerikaner sind von gewissen Parallelen zwischen der neuen amerikanischen und deutschen Geschichte fasziniert. Sie denken an die Problematik der Einigungsbestrebungen, die zu den »Bürgerkriegen« von 1861 bis 1865 und 1866 führte. In beiden Fällen waren die inneren Hemmnisse auf dem Wege zur Einheit größer als bei den westeuropäischen Nationen. Sie denken an den Aufstieg zur Weltmacht ohne zielbewußte Planung. Das Wilhelminische Deutschland – wie das Amerika Franklin Roosevelts – ist durch das Schwergewicht seiner dynamischen wirtschaftlichen und militärischen Kraft in eine hegemoniale Stellung in der Weltpolitik »hineingeschlittert«. Beide Länder wurden klassische Beispiele des Monopolkapitalismus mit seinen Spannungen und Verzerrungen. In beiden hatte – oder hat – die Verquickung von militärischer Planung mit Wirtschaftsinteressen ihre besondere Problematik. Diese – keineswegs ausgeschöpften und nicht immer stichhaltigen – Parallelen haben zum Interesse an deutscher Geschichte beigetragen, obwohl die Haupttriebfeder des Interesses natürlich in der spannenden Pathologie der deutschen Entwicklung selber zu suchen ist.

Tatsächlich ist die historische Fragestellung amerikanischer Autoren wie Leser bestechend einfach: Wie konnte es in einem zivilisierten Lande wie Deutschland überhaupt zur Herrschaft des Nationalsozialismus kommen? Wie war es möglich, daß das deutsche Volk eine Regierung duldete, die den Zweiten Weltkrieg entfesselte, die Ostvölker versklavte und fünf Millionen Juden vergaste? Die Fragestellung führt notwendigerweise zur Beschäftigung mit den Ursachen und Vorläufern des Nationalsozialismus in der deutschen Geschichte vor 1933. Es braucht kaum erwähnt zu werden, daß die Gefahr einseitiger Verzerrung des Gesamtbildes durch diesen Blickwinkel besteht und daß manche Historiker ihr erlegen sind. Andererseits wird aber die entgegengesetzte Gefahr vermieden, die Machtergreifung der Nazis als »Betriebsunfall« zu bagatellisieren oder den Nationalsozialismus als Fremdkörper innerhalb der deutschen Gesamtentwicklung darzustellen.

Ein paar Büchertitel mögen den Reichtum der amerikanischen Forschung über den Nationalsozialismus und seine Vorgeschichte veranschaulichen (bei ins Deutsche übertragenen Büchern werden nur die deutschen Titel angegeben). Die geistige Strömung der sogenannten »Konservativen Revolution«, die für den Nationalsozialismus entscheidende Vorarbeit – sicher wider Willen – leistete, wird von Klemens von Klemperer in *Konservative Bewegungen zwischen Kaiserreich und Nationalsozialismus* (München 1961) und Fritz Stern in *The Politics of Cultural Despair* (Berkeley 1961)[1] untersucht. Robert Waite analysiert die Freikorps der frühen zwanziger Jahre unter dem nicht ganz zutreffenden Titel *Vanguard of Nazism. The Free Corps Movement in Post War Germany 1918–1932* (Cambridge/Mass. 1952). Hans Gatzke ist der Hauptverfechter der Auffassung, die Stresemann als machiavellistischen Nationalisten interpretiert. Seine Völkerbunds- und Versöhnungspolitik wird vorwiegend taktisch gewertet: *Stresemann and the Rearmament of Germany* (Baltimore 1954), übrigens ein wichtiger Beitrag zu der unten besprochenen These der Kontinuität der deutschen Außenpolitik. Gordon Craigs *Die preußische Armee 1640–1945: Staat im Staate* (Düsseldorf 1960), dessen Schwerpunkt in der Darstellung der Jahre nach 1918 liegt, kann an Bedeutung nur mit dem unten angezeigten Werk von Wheeler-Bennett verglichen werden. Telford Taylors *Sword and Swastika* (New York 1952) ist eine weitere wichtige Behandlung der Beziehungen zwischen Hitler und seinen Generälen.

Verschiedene Probleme des Dritten Reiches werden in wertvollen Monographien behandelt. Gordon Zahn analysiert die Haltung der katholischen Kirche in *German Catholics and Hitler's Wars* (New York 1962).[2] Alexander Dallin bringt eine Gesamtdarstellung der nationalsozialistischen Ostpolitik in *Deutsche Herrschaft in Rußland 1941–45* (Düsseldorf 1960). Teilaspekte dieses erschreckenden Themas werden von Robert Koehl, *RKFDV. German Resettlement and Population Policy 1939–45* und George Fischer, *Soviet Opposition to Stalin* (Cambridge/Mass. 1952) analysiert. Zwei Sonderstudien behandeln die deutsch-japanischen Beziehungen: Frank Iklé, *German-Japanese Relations 1936–40* (New York 1956) und Ernst Presseisen, *Germany and Japan. A Study in Totalitarian Diplomacy* (Den Haag 1958). Das Auswärtige Amt der Nazizeit ist das Thema von Paul Seabury, *Die Wilhelmstraße. Die Geschichte der deutschen Diplomatie 1930–1945* (Frankfurt/M. 1956).

Doch genug der Büchertitel! Es kann nicht die Aufgabe dieses Aufsatzes sein, die hier erwähnten Werke nach ihren einzelnen For-

1. deutsch: *Kulturpessimismus als politische Gefahr,* Bern/Stuttgart/Wien 1963 (Anm. d. Hrsg.).
2. deutsch: *Die deutschen Katholiken und Hitlers Krieg,* Graz/Wien/Köln 1965 (Anm. d. Hrsg.).

schungsergebnissen anzuzeigen. Es wird statt dessen der Versuch gemacht, das Wesentliche über einige Bücher zu sagen, die einen Einfluß auf das Deutschlandbild größerer Kreise ausgeübt haben und
deswegen das Interesse auch nicht-fachmännischer Leser in Amerika
wie in Deutschland beanspruchen. Dies gilt bei wissenschaftlichen
Büchern von Franz Neumanns *Behemoth. The Structure and Practice of National Socialism 1933–1945* (New York 1942;), bei
pseudo-wissenschaftlichen von William Shirers *Aufstieg und Fall
des Dritten Reiches* (Köln 1961). Außerdem wird der Sonderfall von
David Hoggans *Der erzwungene Krieg* (Tübingen 1961) kurz besprochen werden.

Die Bücher von Neumann, Shirer und Hoggan

Franz Neumann war (bis zu seinem tragischen Tode 1955 bei einem
Autounfall) Professor an der Columbia Universität. Während des
Zweiten Weltkrieges spielte er eine wichtige Rolle in der wissenschaftlichen Abteilung des Office of Strategic Services, dem Vorläufer der heutigen Central Intelligence Agency. Sein Buch *Behemoth.
The Structure and Practice of National Socialism* ist 1942 unmittelbar vor seinem Eintritt in den Regierungsdienst geschrieben worden;
es ist leider nie ins Deutsche übersetzt worden und (da heute wissenschaftlich veraltet) das wird wohl auch nie geschehen, obwohl es
ein Buch von historischer Bedeutung gewesen ist. Es hat die amerikanische Planung für die Besatzungspolitik im besiegten Deutschland
beeinflußt und prägt das Deutschlandbild vieler einflußreicher Amerikaner, hauptsächlich im akademischen Leben, noch heute. Das Office
of Strategic Services der Jahre 1942 bis 1946 kann fast als »amerikanischer Historikertag in Permanenz« bezeichnet werden, in der
die bedeutende Persönlichkeit Neumanns eine ganze Generation
kommender Historiker beeinflußte.

Neumann war lebenslang Linkssozialist, seine Weltanschauung
war eine durchaus marxistische (natürlich unter streng demokratischen Vorzeichen). Er erklärte den Nationalsozialismus als notwendige Folge eines Monopolkapitalismus, der mit seinen wirtschaftlichen Spannungen nicht fertig wurde und deswegen die Flucht in
den kriegerischen Imperialismus antrat, weil er die einzige Alternative, den Vorstoß zum Sozialismus, aus Klassenegoismus verständlicherweise scheute. Neumann sah hinter dem Nationalsozialismus
vorwiegend als Drahtzieher die Kapitalisten und ihre Alliierten in
Junkertum, Bürokratie und Offizierskorps. Sein Buch versucht die

Erhärtung der These, daß hinter den Maßnahmen der Nazis in fast jedem Falle ein kapitalistisches Interesse stand. Aus dieser Grundhaltung plädierte er folgerichtig für eine soziale Revolution in Deutschland, die nicht nur die Nazis stürzen, sondern auch die Bürokratie säubern, die Industrie dekartellisieren und die Junker durch eine Bodenreform entmachten sollte, ein Programm, das ohne Zweifel die ersten Jahre der amerikanischen Besatzungspolitik beeinflußt hat. Übrigens hatte Neumann einen fast als pathetisch zu bezeichnenden Glauben an die deutsche Arbeiterklasse. Er hielt sie noch 1942 für vom Nationalsozialismus praktisch unberührt und glaubte an die Möglichkeiten eines von der Linken ausgelösten inneren Umsturzes in Deutschland. Er verkannte die Tatsache, daß es im totalitären Staate nur Staatsstreiche, keine Revolutionen geben kann und daß in der deutschen Situation der Hitlerzeit ein Staatsstreich nur von rechts, nämlich von den von ihm verabscheuten Gruppen der Generäle und Bürokraten, kommen konnte.

Die Schwächen des Neumannschen Buches liegen in der Weltanschauung des Autors. Die marxistische Theorie des Staates verbaute ihm das Verständnis für die autonomen – und weitgehend antikapitalistischen Kräfte der Nazibewegung und führte ihn zur falschen These der kapitalistischen Manipulation. Seine im Fortschrittsgedanken und im Proletariermythos befangene Analyse verkannte die destruktive Seite des von Burckhardt und Ortega beschriebenen »Aufstandes der Massen« und besonders die Tatsache, daß der Nationalsozialismus auch eine durchaus »demokratische« Seite hatte und zeitweilig von großen Schichten des deutschen Volkes, auch der Arbeiter, begeistert begrüßt worden war. Neumanns »Entweder-Oder«-These von Nazismus (= kriegerischer Imperialismus des Monopolkapitalismus) oder Sozialismus verkannte die Möglichkeit eines unbedingt friedfertigen »Wohlstandskapitalismus«, der tatsächlich die vorherrschende Gesellschaftsform der Nachkriegswelt werden sollte. Es muß aber trotz dieser vielen Schwächen betont werden, daß Neumanns *Behemoth* seinerzeit eine hervorragende wissenschaftliche Leistung war und noch heute, zwanzig Jahre danach, lesenswert ist. Neumanns souveräne Beherrschung des damals zugänglichen Materials und die Ordnung dieses Materials nach dem Blickpunkt einer geschlossenen und noch heute wichtigen Weltanschauung sind imponierend. Dazu kommt der »historische« Einfluß des Buches: Kein Deutscher, der die geistige Genesis der amerikanischen Besatzungspolitik von 1945 oder das Deutschlandbild vieler prominenter Amerikaner des Jahres 1963 verstehen will, sollte sich seiner Lektüre entziehen.

Das Buch von William Shirer, *Aufstieg und Fall des Dritten Reiches*, hat keine wissenschaftliche Bedeutung für die Erforschung des Nationalsozialismus. Seine Behandlung des Gegenstandes ist mehr journalistisch als historisch, und die Sachkenntnis des Autors läßt viel zu wünschen übrig; trotzdem – oder vielleicht deswegen – hat das Buch mit seinen 1200 Seiten eine erstaunliche Breitenwirkung in der amerikanischen Öffentlichkeit erzielt. Mehr als eine Million Exemplare sind – schon vor der kürzlich erschienenen Paperback-Ausgabe – verkauft worden. In vielen Kreisen Amerikas ist es geradezu unstandesgemäß, das Buch nicht zu besitzen oder wenigstens überflogen zu haben. Es ist deswegen kaum zu bezweifeln, daß das Deutschlandbild vieler Amerikaner für Jahrzehnte entscheidend durch diesen Wälzer mitgeprägt wird.

Übrigens verdient William Shirer persönlich keineswegs die Verteufelung, die er seit dem Erscheinen seines Buches in Deutschland erfahren hat. Er gehört, zusammen mit Journalisten wie Dorothy Thompson, Louis Fischer und H. Knickerbocker, zu der Generation der »großen« amerikanischen Auslandsreporter der zwanziger und dreißiger Jahre, einer Zeit, wo Amerika sozusagen die »fremde Welt« in ihrer ganzen »Bösartigkeit« zuerst entdeckte und ein persönlicher, nicht durch Routinevorschriften eingeengter Stil der Reportage üblich war. Shirer hat sich bei der Berichterstattung aus dem Deutschland Hitlers große Verdienste erworben. Sein Tagebuch aus dieser Zeit, das 1942 veröffentlichte *Berlin Diary*, ist noch heute lesenswert. Seine scharfen anti-deutschen Vorurteile stammen vermutlich – und verständlicherweise! – aus dieser Zeit. Shirer hat dann für fast fünfzehn Jahre nach dem Kriege ein schweres Schicksal durchgemacht. Er sank von der Rolle einer nationalen Berühmtheit in die eines fast Vergessenen. Seine betonte Linkseinstellung paßte nicht in die neue politische Landschaft. Seine ständigen Warnungen vor einem neuen Aufflackern des Nazismus wurden als lächerlich empfunden. Die Verfolgungssucht des McCarthy-Geistes kostete ihn seine Stellung beim Rundfunk. Er ist menschlich bewunderungswürdig, wie er sich in dieser Misere, auch durch verschiedene literarische Fehlschläge nicht entmutigt, an ein großes Werk über Hitler-Deutschland heranwagte. Sein alter Verleger ließ ihn im Stich mit der Begründung, an alten Nazigeschichten sei niemand in Amerika mehr interessiert. Shirer arbeitete weiter mit eisernem Fleiß, und das Werk wurde 1960 fertig.

Es ist bedauernswert, daß das Buch wenig mehr als eine chaotische Aufhäufung von allgemein bekannten Tatsachen geworden ist. Von einer geistigen Durchdringung des Stoffes kann nicht die Rede sein.

Shirer fehlte das Rüstzeug des Historikers, ob es sich nun um die Beherrschung oder um die Interpretation des Stoffes handelt. Seine Kenntnis der Sekundärliteratur ist kaum die eines einigermaßen fleißigen Studenten jüngeren Semesters. Von einer Bemühung, das sehr fruchtbare deutsche Schrifttum der letzten Jahre zu verarbeiten, ist wenig zu bemerken. Man hat den Eindruck, daß Shirer dem heutigen deutschen Geistesleben und der deutschen Geschichtsschreibung vollständig fremd gegenübersteht. Auf dem Gebiet der Interpretationen strotzt seine Gesamtansicht vom Lauf der deutschen Geschichte von Unkenntnis und Primitivität. Sie verbaut ihm das Verständnis für das Wesen des modernen totalitären Staates. Shirer sieht im Nationalsozialismus einfach die natürliche Endstation der deutschen Entwicklung der letzten Jahrhunderte. Er hat kaum eine Ahnung von der Kulturkrise des modernen Europa, gekennzeichnet durch Entchristlichung, Schwund der Autorität, Aufstand der Massen, Entwurzelung und Industrialisierung, Phänomene, die auch in anderen Ländern zu totalitären Diktaturen oder diktaturähnlichen Gebilden geführt haben und eine vergleichende Analyse erfordern. Das Problem, warum der Faschismus in Deutschland zur Macht kam, in anderen Ländern nicht, das weitere Problem, warum der Faschismus gerade in Deutschland so besonders pathologische Züge (Ermordung von fünf Millionen Juden, Himmlers SS-Staat und so weiter) zeigte, wird von Shirer gar nicht als problematisch empfunden, da – grob gesprochen – Deutsche eben nun mal von Natur aus immer Nazis waren, heute noch sind und vermutlich auch weiter bleiben werden.

Übrigens ist Shirer als individuelle Erscheinung kaum interessant. Er ist ein engstirniger, gutgläubiger, aber seiner Aufgabe einfach nicht gewachsener Pseudohistoriker. Das Interessante an seinem Buch ist der phänomenale Erfolg bei dem amerikanischen Publikum, denn dieser wirft ein Streiflicht auf die sogenannte »anti-deutsche« Stimmungswelle in der amerikanischen öffentlichen Meinung.

Der Aufstieg des Dritten Reiches erschien kurz nach den Kölner Hakenkreuzschmierereien der Weihnachtstage 1959. Seine führende Position auf der Bestseller-Liste lief monatelang zeitlich mit dem Eichmann-Prozeß in Israel gleich. Shirers Buch kam im Moment des Aufflackerns der Berlin-Krise, eines Stückes unbewältigter Vergangenheit aus der Erbschaft des Dritten Reiches. Die Sorge um den Ausbruch des Dritten Weltkrieges führte bei manchen zu dem Kurzschluß, die Deutschen von früher – nicht die Russen von heute – seien verantwortlich für die Gefährdung des Weltfriedens, ein Eindruck, der sich durch die angeblich zu starre Haltung der Bundesregierung in der Berlinfrage zu bestätigen schien. Aus allen diesen

Gründen bekam die sogenannte »anti-deutsche Welle« Auftrieb, die sich auf Filme, Taschenbücher, Inserate und so weiter erstreckte. Das Shirer-Buch wurde von ihr in ungeahnte Höhen getragen und gab ihm eine gewisse pseudo-wissenschaftliche Untermauerung. Es wirft ein trauriges Licht auf das amerikanische Rezensionswesen, daß die Unzulänglichkeit Shirers vorwiegend nur in Zeitschriften ohne Massenleserschaft (zum Beispiel American Historical Review, Christian Century, Review of Politics) angeprangert wurde, die Massenorgane dagegen vollständig versagt haben. Es ist ferner erstaunlich, daß die Verlagsanstalt Simon und Schuster, in der das Buch erschien, es offensichtlich nicht für nötig gehalten hatte, vor der Veröffentlichung ein Gutachten von einem kompetenten Historiker anzufordern. Ferner hat der »Book of the Month Club«, durch dessen Vermittlung etwa eine halbe Million Exemplare verkauft wurden, niemanden mit gründlicher historischer Bildung in seinem Auswahlausschuß.

Es gehört zu den pikantesten Seiten der »antideutschen Stimmungswelle« in den USA, daß sie als Gegenschlag zu einer Intensivierung betont pro-deutscher Haltungen bei einer kleinen Gruppe geführt hat. (Die große Masse des amerikanischen Volkes bleibt von beiden Stimmungen wenig berührt. Bei dem vielen Gerede über die »anti-deutsche Welle« wird oft vergessen, daß die große Mehrheit des amerikanischen Volkes der Bundesrepublik als treuem Bündnispartner in der Freien Welt sicher wohlwollend – obwohl natürlich passiv – gegenübersteht. Von dieser existierenden, aber nicht intensiven pro-deutschen Stimmung ist hier nicht die Rede, sondern von einer Sekte von betont emotionalen Germanophilen). Diese Sekte ist soziologisch kaum greifbar, ihr Einfluß konzentriert sich auf kleine Schichten vorwiegend im Mittleren Westen. Harry Elmer Barnes, von früher bekannt als fanatischer Gegner der anti-deutschen Kriegsschuldthese von Versailles, ist ihr noch heute lebender Kirchenvater. Die Gruppe ist weitgehend identisch mit den scharfen Kritikern der Person und Außenpolitik Franklin Roosevelts, von denen der Washingtoner Historiker Charles Tansill wohl die bedeutendste Erscheinung ist.

Eine jüngere Kraft in diesem Kreis ist David Hoggan, dessen Buch *Der erzwungene Krieg. Die Ursachen und Urheber des Zweiten Weltkrieges* heute in Deutschland so viel Aufsehen erregt. Von Hoggan persönlich wäre zu sagen, daß er im akademischen Betrieb eine »gescheiterte Existenz« ist. Obwohl er seinen Doktor an einer bedeutenden Universität (Harvard) unter einem großen und einflußreichen Professor (William Langer) gemacht hat, hat er es nie zu einer festen Position an einem angesehenen College gebracht. Sein Buch zeigt die krampfhaften Züge eines urteilsunfähigen, weltfremden Fanatikers. Es lohnt sich nicht, sich mit seinen verrückten Thesen, wie der Hauptverantwortung des englischen Außenministers Halifax für den Ausbruch des Zweiten Weltkrieges und der engelhaften Unschuld Adolf Hitlers, wissenschaftlich auseinanderzusetzen. Solche Thesen, von vermeintlichen Freunden Deutschlands hervorgebracht, können dem deutschen Ansehen in Amerika durch ihre Lächerlichkeit nur schaden. Sie haben es bis heute nicht getan, und zwar aus dem einfachen Grunde, weil Hoggan drüben noch vollständig unbekannt ist. Sein Buch existiert bis jetzt nur in einer deutschen Übersetzung, die von dem neonazistischen Tübinger Institut für deutsche Nachkriegsgeschichte des Herrn Grabert besorgt worden ist. Die Aufnahme des Buches in gewissen deutschen Kreisen gehört zur residualen Pathologie des heutigen Deutschland und darf nicht auf das Schuldkonto der amerikanischen Historiker gebucht werden (die Hoggan einmütig ablehnen, vorwiegend durch wohlverdiente Ignorierung). Es muß auch betont werden, daß die Hochspielung Hoggans in Deutschland durch die »ewig Gestrigen« von Amerikanern der Shirerschen Richtung als Bestätigung ihrer Sicht der deutschen Probleme fast mit Genugtuung vermerkt wird.

Die englische Perspektive

Es ist oft bemerkt worden, daß anti-deutsche Ressentiments in England heute stärker sind als in Ländern wie Frankreich und Belgien, die an sich in beiden Weltkriegen weit mehr unter deutscher Kriegführung und Besatzung gelitten haben. Woran liegt das? Die berühmte Zähigkeit des englischen Volkscharakters darf bei der Erklärung nicht vergessen werden, andere Gründe stehen aber im Vordergrund. Die Insularität der Engländer hat nie viel Freude an Ausländern gefunden, besonders wenn sie sich – wie die Deutschen in beiden Weltkriegen – unangenehm bemerkbar machten. Für viele konservative Engländer (zum Beispiel die Leser der Beaverbrook-Presse) ist Deutschland die Macht, die die Weltstellung des Britischen Reiches in den letzten fünfzig Jahren zerstört hat. Für viele linksstehende Engländer ist die Bundesrepublik ein klerikal-konservativer Staat, dessen angeblich revanchistische Außenpolitik den Weltfrieden heute gefährdet. Diese parallel laufenden, übrigens keineswegs unvereinbaren Haltungen spiegeln sich öfter in historischen

Werken, die konservative Germanophobie zum Beispiel in A. L. Rowse *The Churchill Family* (2 Bände, London 1956 und 1958), die Linkstendenz in A. J. P. Taylors *Die Ursprünge des Zweiten Weltkrieges* (s. unten). Es soll aber hervorgehoben werden, daß bei vielen bedeutenden englischen Werken (zum Beispiel den unten besprochenen von Wheeler-Bennett und Alan Bullock) von einer anti-deutschen Tendenz nicht die Rede sein kann. Bei der folgenden Diskussion soll ausschließlich auf ein paar Spitzenleistungen eingegangen sein. Dies ist besonders im Falle der englischen Geschichtsschreibung berechtigt, bei der die wissenschaftliche Monographie fast vollständig fehlt, wohl weil der Doktorgrad im amerikanisch-deutschen Sinne im englischen akademischen Leben keine wesentliche Rolle spielt. Außerdem hat England eine beneidenswerte Tradition der Darbietung wissenschaftlicher Bücher, die flüssig für ein gebildetes, aber nicht fachmännisches Publikum geschrieben werden. Die Werke von Taylor, Wheeler-Bennet und Bullock sind Glanzbeispiele dieser Tradition. Alle drei besitzen internationale Bedeutung und haben schnell deutsche Übersetzer gefunden.

Die Bücher von Taylor, Wheeler-Bennett und Bullock

Taylors *Die Ursprünge des Zweiten Weltkrieges* ist in seiner Grundhaltung oft mißverstanden worden. Der Autor macht den an sich begrüßenswerten Versuch, die Politik Hitlers zu entdämonisieren, das heißt, ihre rationalen und zweckbedingten Züge herauszuarbeiten. Er kommt dabei zu dem sicher richtigen Forschungsergebnis, daß Hitler den Zweiten Weltkrieg *qua* Weltkrieg 1939 nicht gewollt hat, ferner zu der fragwürdigen These, daß eine etwas geschicktere Diplomatie von seiten Hitlers, Chamberlains und Becks den Kriegsausbruch hätte verhindern können, und zwar durch eine deutsch-polnische Verständigung, erreicht durch englischen Druck und polnische Konzessionen. Die unverbesserlichen Elemente unter seinen deutschen Lesern haben diese Thesen Taylors als angebliche Widerlegung der deutschen Kriegsschuld von 1939 begeistert begrüßt.

Sie sind dabei aber in eine Falle gelaufen, denn nichts liegt Taylor ferner als eine Entlastung des deutschen Volkes von seiner historischen Mitverantwortung für den Nationalsozialismus. Die Entteufelung Hitlers hat bei Taylor nämlich den Zweck, das deutsche Volk als Ganzes zu verteufeln. Taylor wendet sich sehr konkret gegen die in Deutschland oft ausgesprochene apologetische Tendenz, der Teufel Hitler habe sein unschuldiges und ahnungsloses Volk im Grunde gegen dessen Willen geführt. Taylor behauptet im Gegenteil, Hitler sei in seinen Zielen, natürlich nicht in seinen Methoden, ein typisch deutscher Staatsmann mit typisch deutschen Zielen gewesen, so wie Stresemann vor ihm und – nach einer vorsichtigen Andeutung in dem Nachwort zur deutschen Ausgabe – Adenauer wegen seiner Nichtanerkennung der Oder-Neiße-Linie nach ihm. Das Ziel der deutschen Außenpolitik der Weimarer wie Nazizeit war nach Taylor die Sprengung der Ketten von Versailles und die konsequente Errichtung einer deutschen Hegemonie in Europa. Dieses zweite Ziel wurde natürlich nicht immer als solches bewußt gewünscht oder ausgesprochen. Es wurde von allen deutschen Parteien – mit möglicher Ausnahme der Kommunisten – und von der gesamten deutschen öffentlichen Meinung – mit Ausnahme von ein paar ehrenwerten Pazifisten wie Ossietzky – gebilligt. Der Unterschied zwischen Hitler und Stresemann war wesentlich der, daß Hitler erreichte, was Stresemann nur erstrebte. Beide müssen aber als Vollstrecker des Willens des deutschen Volkes angesehen werden.

Taylors These der Kontinuität der deutschen außenpolitischen Ziele erinnert an die letzten Seiten von Fritz Fischers bedeutendem Werk *Griff nach der Weltmacht* (Düsseldorf 1961). Sie ist trotz der entrüsteten Ablehnung durch maßgebliche deutsche Historiker einer Diskussion wert. Sicher ist, daß von einem *bewußten* Streben nach europäischer Hegemonie durch die deutsche Außenpolitik vor Hitler kaum die Rede sein kann. Sicher ist aber ferner, daß die dynamische Kraft Deutschlands – seine Bevölkerungsvermehrung, sein wirtschaftlicher Aufstieg, seine militärische Tüchtigkeit, alles auf dem Hintergrund seiner zentralen geographischen Lage – es objektiv schon vor 1914 in eine *de facto*-Hegemonieposition gebracht hat. Der Erste Weltkrieg war trotz seines kläglichen Ausgangs die Probe aufs Exempel. Ein Deutschland, das einer Welt von Feinden vier Jahre lang die Stirn geboten hatte, konnte als politischer Faktor nicht ausgeschaltet werden, trotz Demilitarisierung, Reparationen und großer Gebietsverluste. Die Ziele des Weimarer Revisionismus, militärische Gleichstellung, Ende der Reparationen, Revision der Ostgrenze, Anschluß Österreichs und so weiter, mußten im Falle des Erfolges Deutschland die verlorene Hegemonieposition zurückgeben, eine für Europa nur schwer tragbare Entwicklung. Dazu kam, daß sich große Teile der deutschen Öffentlichkeit selbst mit den »gerechten« Bestimmungen des Versailler Vertrages, wie zum Beispiel der Schaffung eines lebensfähigen Polen nach Wilsons 13. Punkt, einfach nicht abfinden wollten; ferner, daß »ungerechte« Bestimmungen des Vertrages, wie zum Beispiel die Existenz von drei Millionen Sudetendeutschen innerhalb der Tschechoslowakei, letztlich ein *sine qua non* für die Existenz eines unabhängigen tschechischen Staates waren. Es ist nicht Aufgabe dieser Abhandlung, das Selbstbestimmungsrecht der Sudetendeutschen gegen die politischen, wirtschaftlichen, militärischen und historischen Lebensbedingungen des tschechischen Volkes abzuwägen. Tatsache ist sicher, daß sich die deutschen Staatsmänner der zwanziger und dreißiger Jahre kaum den Kopf über letzteres zerbrochen haben, was unter anderem natürlich auch in der von Polen und Tschechen begünstigten Drangsalierung des Weimarer Deutschlands seine Erklärung hat. Deutschland und Europa standen nach 1919 meines Erachtens in einer tragischen Lage: Deutschlands Revisionismus war damals subjektiv unvermeidbar und objektiv bis zu einem gewissen Grade berechtigt, doch die Ziele dieses Revisionismus – die deutsche Hegemonie – waren für Europa kaum tragbar. Dies gilt für Stresemanns Ziele ebenso wie für die Frühziele der Hitler'schen Außenpolitik.

Soweit darf man Taylors Kontinuitätsthese also zustimmen; leider verbindet er sie aber mit einer völligen Verkennung des Wesens Hitlers. Wenn zwei dasselbe tun, ist es, nach dem französischen Sprichwort, nicht unbedingt dasselbe. Taylor erkennt natürlich den Unterschied zwischen Hitlers und Stresemanns Methoden, wozu noch zu bemerken ist, daß Ziele und Methoden in der Politik nie scharf unterschieden werden können, da sie sich gegenseitig bedingen. Zu Hitlers Zielen ist ferner zu bemerken, daß – trotz Taylor – kaum bezweifelt werden kann, daß Hitlers betonter Anti-Versailles-Revisionismus nur erste Station und Deckmantel für weitgehende Eroberungsabsichten waren, für deren Erreichung er von Anfang an kriegerische Methoden in Aussicht nahm. Die »Träumereien« in *Mein Kampf,* von denen Taylor spricht, waren mehr als Träumereien. Die durch das Hoßbach-Protokoll bekannt gewordene Konferenz vom 5. November 1937 mit der Darlegung von Hitlers kriegerischen Absichten war mehr als eine innenpolitische Intrige zur Verschleierung der Ausschaltung Schachts. Taylor verharmlost meines Erachtens außerdem die gut bezeugte Tatsache, daß Hitler zur Zeit der Münchener Krise nur unter großen Schwierigkeiten vom – ganz unnötigen! – militärischen Losschlagen abgehalten wurde.

Die Darstellung der Augustkrise 1939 – also die letzten Verhandlungen vor Ausbruch des Zweiten Weltkrieges – ist ebenso unbefriedigend. Man mag Taylor zustimmen, daß viele deutsche Forderungen, zum Beispiel in der Danzig-Frage, berechtigt waren, daß die Polen durch ihre hartnäckige Intransigenz die Krise verschärft haben und daß die englische Politik eine wenig glückliche Rolle gespielt hat. Trotzdem ist es grotesk zu behaupten, daß Hitler »in einen Krieg verwickelt wurde, weil er erst am 29. August ein diplomatisches Manöver lancierte, das er schon am 28. hatte lancieren sollen« (S. 354), nämlich den Versuch, einen Keil zwischen Polen und England zu treiben und die noch existierenden Appeasement-Kräfte in der englischen Regierung zu stärken. Taylor verkennt, daß es im August 1939 gar nicht mehr um Danzig oder Polen ging, sondern um die Vertrauenswürdigkeit Hitlers und des von ihm repräsentierten Deutschlands. Chamberlain und die öffentliche Meinung Englands hatten sich nur langsam widerstrebend davon überzeugt, daß ein Zusammenleben mit Hitler in Europa einfach unmöglich war. Das entscheidende Ereignis war die – von Taylor verharmloste – Verletzung des Münchener Abkommens durch die Zerstörung der Reste der tschechischen Unabhängigkeit im März 1939. Danach *mußte* England neuen deutschen Forderungen widersprechen, und die Intransigenz Polens war durch das Mißtrauen wegen Hitlers letzten Absichten berechtigt und unvermeidbar.

Übrigens gibt Taylor zu, daß Hitler im September 1939 seine Forderungen gegen Polen unbedingt durchsetzen wollte, daß er einen *lokalen* Krieg zu diesem Zwecke keineswegs scheute und daß er das Risiko eines großen Krieges trotz der unmißverständlichen Warnungen Londons bewußt auf sich nahm. Bei Anerkennung dieser Tatsachen ist es im Grunde unwesentlich, ob Hitler einen Weltkrieg tatsächlich »wollte«. Er unternahm auf jeden Fall die Schritte, die ihn unvermeidbar machten. Ferner ist trotz Taylor klar, daß diese Schritte nur im Rahmen einer Weltanschauung verständlich sind, die weit mehr als nur die Revision des Versailler Vertrages wünschte. Der Angriff auf die Sowjetunion im Juni 1941, von der Dummheit der Kriegserklärung an Amerika im Dezember 1941 ganz zu schweigen, zwingt Taylor zu einer wenig überzeugenden Unterscheidung zwischen einem maßvollen Hitler der Jahre vor 1941, der 1939 nur durch eine diplomatische Panne in einen ungewollten Krieg verwickelt wurde, und einem maßlosen Hitler der Zeit nach 1941, der sich mit Welteroberungsplänen befaßte und die ganze Welt gegen sich mobil machte.

Das Taylorsche Buch verdient meines Erachtens einige Anerkennung trotz seiner vielen unhaltbaren Thesen. Es ist glänzend geschrieben und befruchtet durch seine polemischen Paradoxe. Außerdem fehlt Taylor der tierische Ernst eines Hoggan in der Beschäftigung mit seinem Gegenstand. Man tut Taylor kaum Unrecht mit der Annahme, daß er mit seinem Thema spielt und im Grunde nur seinen Lesern glaubhaft machen wollte, daß man die Dinge auch anders sehen kann, als es in der orthodoxen Betrachtung seit 1939 der Fall gewesen ist. Er spricht selber einmal von einer »akademischen Übung« (S. 278) und freut sich sicher über das Aufsehen, das sein Buch nicht nur in der englischen Öffentlichkeit erregt hat. Man darf ihm auch kaum zur Last legen, daß gewisse deutsche Kreise ihn in selbstcharakterisierender Weise einseitig als Entlastungszeugen für das deutsche Volk mißverstanden haben.

Das Werk Wheeler-Bennetts über *Die Nemesis der Macht. Die deutsche Armee in der Politik 1918–1945* (Düsseldorf 1954) ist sofort nach Erscheinen international als ein Standardwerk anerkannt worden. Wheeler-Bennett hat in einer Reihe früherer Werke besonders über *Wooden Titan. Hindenburg in Twenty Years of German History. 1914–1934* (Hamden/London 1934, 1936, 1963)[1] und *Brest-Litovsk. The Forgotten Peace. March 1918* (London 1938, 1956) wichtige Beiträge zur Erforschung der neuen deutschen Geschichte geliefert. Als Meister der Zeitgeschichte ist er souverän in der Beherrschung mündlicher wie schriftlicher Quellen. Er hat während der zwanzige Jahre und frühen dreißiger Jahre als Journalist in Berlin gelebt und hatte damals engen Kontakt mit führenden Militärs. Seine erstaunlich positive Einschätzung Schleichers, den er übrigens einmal zu einer Konferenz mit Hitler begleitete, verbindet persönliche Erinnerungen mit historischer Analyse. Die Enttäuschung über den Fehlschlag des liberal-demokratischen Weimarer Experiments, das er von Anfang an mit vielen Hoffnungen begleitet hatte, hat er nur schwer verwunden. Eine gewisse Distanzierung gegenüber deutschen Dingen ist seitdem in seinen Büchern zu bemerken.

Das Buch gibt eine eindrucksvolle Schilderung der politischen Rolle der Armee von 1918 bis 1945. Ein gutes Drittel behandelt den militärischen Widerstand gegen Hitler, wobei Wheeler-Bennett sich des öfteren auf ein für ihn geschriebenes Memorandum von Otto John als Quelle bezieht. Die Darstellung ist meines Erachtens in den Grundlinien in zweifacher Weise anfechtbar. Erstens sind Wheeler-Bennetts Werturteile vielfach »unhistorisch« und werden der Situation – und den Möglichkeiten – der deutschen Generalität kaum gerecht. Er verlangt im Grunde von jedem deutschen General, daß er ein zuverlässiger Weimarer Demokrat und überzeugungstreuer Pazifist gewesen sein müsse. Wenn er es nicht gewesen ist, bekommt er in etwas pharisäerhafter Weise schlechte Betragensnoten. Aus die-

1. deutsch: *Der hölzerne Titan. Paul von Hindenburg,* Tübingen 1969 (Anm. d. Hrsg.).

ser Grundanschauung erwartet Wheeler-Bennett direkt, um mit Max Weber zu sprechen, eine »Gesinnungsethik« von den deutschen Soldaten, eine Verantwortungsethik genügt ihm nicht. Nur ein Beispiel: Der Generalstabschef Ludwig Beck hat 1938 in eindrucksvollen Denkschriften Hitler vor dem Krieg gewarnt, vorwiegend mit militärtechnischen Argumenten. Diese Denkschriften sind mit dem *ad hoc*-Zweck geschrieben, Hitler zu überzeugen. Aus diesem Grunde ist Wheeler-Bennetts Kritik, Beck hätte sich gleichzeitig gegen die Judenpolitik, Christenverfolgung, Konzentrationslager und so weiter aussprechen sollen, einfach weltfremd.

Eine zweite Schwäche des Buches liegt in der Tatsache, daß Wheeler-Bennett in der militärpolitischen Geschichte Deutschlands vor 1918 zu wenig beschlagen ist – ein ernster Mangel in der Behandlung einer so traditionsbewußten Gruppe wie des deutschen Offizierskorps. Wheeler-Bennett hat sich nie in die Probleme des preußischen Soldatentums der napoleonischen Zeit versenkt, obwohl Persönlichkeiten wie Scharnhorst einem Manne wie Beck immer als verpflichtendes Erbe galten. Das Problem Gehorsam gegen politisch-sittliche Überzeugung (also das Grundproblem des militärischen Widerstandes gegen Hitler) hat bei den preußischen Offizieren gerade im Jahre 1812 eine große Rolle gespielt. Ein Mann wie Clausewitz nahm seinen Abschied und kämpfte als russischer Offizier gegen sein mit Frankreich verbündetes preußisches Vaterland. Es ist befremdend, Clausewitz als *preußischen* Unterhändler der Konvention von Tauroggen auftauchen zu sehen (S. 29). Ein zweites Beispiel mag noch erwähnt werden. Wheeler-Bennett spricht vom Offizierskorps des wilhelminischen Kaiserreichs als einer »Prätorianergarde«. Sicher hat das Offizierskorps damals eine ungesund hervorstechende Rolle gespielt; von einem Prätorianertum kann aber nicht die Rede sein. Die Charakterisierung verkennt das sittliche Verantwortungsbewußtsein, das Traditionsgefühl und die tief monarchistische Grundhaltung der preußisch-deutschen Offiziere. Es braucht kaum hervorgehoben zu werden, daß die hier skizzierten Schwächen Wheeler-Bennetts den Wert seines Standardwerkes kaum beeinträchtigen. Es wird wohl noch lange das wichtigste Buch über die politische Rolle der Armee während der Weimarer Republik und Nazizeit bleiben.

Die Hitler-Biographie Alan Bullocks, *Hitler. Eine Studie über Tyrannei* (Düsseldorf 1953) ist eine einzigartige Leistung, mit der sich meines Erachtens keine deutsche Behandlung des Gegenstandes messen kann. Sie ist glänzend und allgemeinverständlich geschrieben und hat genau die richtige Distanz zum Gegenstand. Bullock ist von allgemeinen Theorien über den Gang der deutschen Geschichte im Stil Shirers und Taylors unbelastet. Sein konkretes biographisches Interesse und sein betont angelsächsischer Pragmatismus machen ihm alle solche Theorien verdächtig. Hitler steht im Mittelpunkt seiner Darstellung. Er erkennt im Gegensatz zu Taylor die Bedeutung der individuellen Persönlichkeit Hitlers in der Geschichte des Dritten Reiches. Bullock gibt ein anschauliches psychologisches Porträt, ohne sich auf ein unfruchtbares Durchstöbern von Hitlers Unterbewußtsein im Freudschen Sinne einzulassen.

Bullocks Buch ist nüchtern im besten Sinne des Wortes, sauber in der Behandlung der Quellen und zuverlässig in der Darbietung der Tatsachen. Ihm fehlen der doktrinäre Zug Neumanns, die Vorurteile Shirers, Taylors Hang zu paradoxen Formulierungen und Wheeler-Bennetts utopisch-unhistorische Erwartungen von den Deutschen. Bullock hat nur den beschränkten Ehrgeiz, eine Zusammenfassung des heute über den Nationalsozialismus Bekannten für ein breites Publikum zu unternehmen. Dies ist ihm in vorbildlicher Weise gelungen, und es ist zu hoffen, daß sein Buch auch in Deutschland – wie schon in England und Amerika an fast allen Universitäten – als Einführungslektüre zum Verständnis des Nationalsozialismus benutzt wird. Daß bei einem solchen Werk der »Popularisierung« die Erforschung neuer Tatsachen zu kurz kommt, kann ruhig in Kauf genommen werden. Die monographische Durcharbeitung der nationalsozialistischen Zeit ist schließlich vorwiegend die Aufgabe deutscher Historiker, während ein Ausländer gerade für die abgewogene Gesamtdarstellung gewisse Vorteile besitzt.

Wissenschaft und Leben

Es ist in diesem kurzen Aufsatz nicht möglich gewesen, die Gesamtleistung der anglo-amerikanischen Historiker in allen ihren Einzelerscheinungen zu würdigen; es schien wichtiger, gewisse Tendenzen der einflußreichsten Werke anzudeuten. Die Verbindung von Wissenschaft und Leben ist bei fast allen der hier besprochenen Bücher unverkennbar. Neumanns *Behemoth* ist undenkbar ohne den Hintergrund der marxistisch beeinflußten Linksstimmung der dreißiger Jahre. Shirers *Aufstieg und Fall* muß als Bucherfolg in Verbindung mit der anti-deutschen Tendenz gewisser amerikanischer Kreise gesehen werden. Taylors Buch hat seine Berühmtheit durch seine paradoxen und ketzerischen Thesen erreicht. Es ist außerdem wahrscheinlich, daß Taylors bekannte Sympathien für eine Appeasement-Politik gegenüber der heutigen Sowjetunion auf sein Chamberlain-Bild abgefärbt haben. Wheeler-Bennett bekennt sich im Vorwort seines Buches zur Wiederaufrüstung der Bundesrepublik. Der Leser hat aber den Eindruck einer Diskrepanz des Tones zwischen Vorwort und Darstellung und kann die Vermutung kaum unterdrücken, daß ein originäres Motiv der Arbeit die Warnung vor einer neuen deutschen Rüstung gewesen sein mag. Bei Bullock ist von einem spezifischen zeitgeschichtlichen Hintergrund nur wenig zu spüren; man versteht ihn am besten als einen Repräsentanten der rühmlichen Tendenz der meisten angelsächsischen Historiker, ihre Forschungsthemen *sine ira et studio* zu bewältigen. Sie brauchen sich dabei nicht auf die berühmte Ranke'sche Objektivität oder die tolerant-relativierende Weltanschauung des Historismus zu berufen. Es genügen die Bejahung der pluralistischen Struktur des Lebens und das Gefühl der Toleranz, die beide zu den Idealen – nicht immer zur Praxis! – des englischen und amerikanischen Lebens gehören. Diese – ihm sicher kaum bewußte – Weltanschauung hat Bullock befähigt, dem Phänomen des Nationalsozialismus gerecht zu werden. Er erklärt, wie das scheinbar Unmögliche, die Machtergreifung der Nazis bei einem zivilisierten Volke, tatsächlich möglich wurde; er verharmlost aber keineswegs die Monstrosität dieses Vorganges. Er weiß um die Verstrickung von Schuld und Schicksal, deren Verkennung der angelsächsischen Geschichtsschreibung – oft mit Berechtigung: siehe Shirer – vorgeworfen wird. Es ist zu hoffen, daß die weitere Bearbeitung der deutschen Geschichte in England und Amerika in diesem Geiste betrieben werden wird und daß die Restbestände anti-deutscher Ressentiments – die nicht leichtfertig mit Kritik an deutschen Dingen verwechselt werden dürfen! – verschwinden oder wenigstens die historische Forschung nicht weiter belasten werden.

DIE DEUTSCHE FRAGE 1945–1949

VOM REICH ZUR BUNDESREPUBLIK

Hans Peter Schwarz: *Vom Reich zur Bundesrepublik Deutschland im Widerstreit der außenpolitischen Konzeptionen in den Jahren der Besatzungsherrschaft 1945–1949*, Politica Bd. 38; 883 S., Berlin/Neuwied 1966

in: World Politics, 20/1967–68, S. 279–300

Problembereich und Methode

Die unter dem Titel *Vom Reich zur Bundesrepublik* von Hans Peter
Schwarz vorgelegte Studie ist nach Meinung des Rezensenten das
wichtigste Buch über die Besatzungszeit in Deutschland, das bisher
erschienen ist. Dieses Werk ist nicht ein beschreibendes Geschichtswerk im üblichen Sinne – in Wirklichkeit wird eine Fülle von
Vorkenntnissen vorausgesetzt –, sondern es bietet mehr eine thematische Untersuchung folgender Probleme: die unterschiedliche Deutschlandpolitik der vier Siegermächte Sowjetunion, Frankreich, Großbritannien und Amerika; die Entwicklung deutscher Vorstellungen
zur zukünftigen politischen Ausrichtung von einem oder zwei deutschen Staaten; und schließlich die Faktoren, die zur freiwilligen Billigung der Westintegration durch die meisten Westdeutschen führten,
obwohl diese Integration die Teilung Deutschlands bedeutete.

Mehrere Gründe lassen Schwarzens Studie so wichtig werden:
Der Autor kann sich auf neues Material stützen; er hat eine Fülle bekannter Dinge zu einem erhellenden Muster konfiguriert, das neue
Einsichten erschließt; er wendet eine Methode an, die darauf angelegt ist, die kennzeichnendsten Faktoren in der Situation nach 1945
herauszustellen, und außerdem verfügt er über die Gabe, auf die
richtigen Fragen die richtigen Antworten zu finden. Eine Menge
neuen Materials hat Schwarz in den Archiven der Christlich Demokratischen Union (CDU) und der Sozialdemokratischen Partei
(SPD) gefunden, das ihn in die Lage versetzt, zum ersten Mal eingehend die Genese der außenpolitischen Vorstellungen Adenauers
und Schumachers zu erklären. Darüber hinaus hat er neues Material
über die Sitzungen der Ministerpräsidenten der verschiedenen Länder und über die Konferenzen zwischen deutschen und alliierten Behörden zu Tage gefördert. Dieses Material durfte er zwar einsehen,
aber nicht zitieren, da »offizielle« deutsche Akten für die Zeit nach
1945 unter die herkömmliche 50-Jahre-Regel fallen. Schwarzens
Verwendung des bekannten Materials zeichnet sich durch die wunder-
volle Synthese deutscher, amerikanischer, britischer und französi-

scher Dokumente aus (wichtige sowjetische Zeugnisse stehen leider praktisch nicht zur Verfügung), wobei er offizielle Schriftstücke, Memoiren, journalistische Quellen und Sekundärliteratur heranzieht.

Die Methode des Verfassers besteht darin, Schlüsselfiguren für jede Richtung im Hinblick auf die zukünftige deutsche Politik auszuwählen, ihre Auffassung eingehend zu analysieren und ihre Motive zu erkunden zu suchen. Seine Prüfung der »subjektiven Motive« wird stets von einer sorgfältigen Analyse der »objektiven Elemente« der deutschen Situation begleitet. Schwarz befaßt sich in erster Linie mit dem Wechselspiel zwischen verschiedenen Gruppen und Konzeptionen und er richtet sein Augenmerk besonders auf vier typische Konfliktsituationen: zwischen den vier Großmächten; zwischen verschiedenen am politischen Entscheidungsprozeß beteiligten Gruppen innerhalb dieser Mächte; zwischen den vier Siegermächten, einzeln und gemeinsam, und den besiegten Deutschen, die unter deren Besatzungsregime lebten; und zwischen den Deutschen selbst mit ihren verschiedenartigen Richtungen, die von solchen Faktoren wie politischem Standort, Ideologie, Parteizugehörigkeit und Besatzungszone, in der man jeweils lebte, abhingen. Schwarzens Interesse für Konfliktsituationen und ihre Alternativen verleiht seiner Darstellung Farbe und Dramatik, die für ein analytisches Werk ungewöhnlich sind, und es befreit ihn auch von jeglicher Art historischen Determinismus'. Beharrlich vertritt er die Auffassung, daß im Jahre 1945 die Situation völlig »offen« gewesen sei und daß die Möglichkeit bestanden hätte, die deutsche Frage auf andere Weise zu lösen als durch die Teilung, wie sie sich dann in Wirklichkeit zwischen 1945 und 1949 herausbildet. Sein Hauptinteresse gilt solchen Fragen wie: Zu welcher Zeit wurde unter dem Einfluß welcher Kräfte die Teilung unvermeidlich? und: Warum und wie optierte die überwiegende Mehrheit der westdeutschen Bevölkerung freiwillig für die Westintegration, obwohl dies die Teilung ihres Landes bedeutete?

Schwarz wird von dem methodischen Problem gefesselt, eine Studie über Konzeptionen zur deutschen Außenpolitik zu schreiben, die zu einer Zeit entwickelt wurden, als ein souveränes Deutschland zu bestehen aufgehört hatte, als es kein Auswärtiges Amt oder irgendein anderes Organ mehr gab, das die Unterhaltung auswärtiger Beziehungen zur Aufgabe hatte, und als den Deutschen überhaupt keine andere Außenpolitik zugestanden wurde als die, ihren Eroberern zu gehorchen. Diese Situation schuf einen außergewöhnlich hohen Grad an Interaktion zwischen Bereichen, die herkömmlicherweise unter den Etiketten »Außen-« und »Innen-Politik« voneinander geschieden werden, denn jede Tätigkeit sowohl der

Sieger wie der Deutschen in Bereichen, die jenseits des Horizonts konventioneller Diplomatie lagen – das Entwerfen von Provinzgrenzen, die Regelung der Nahrungsbeschaffung, die Lizenzierung von Parteien und Zeitungen –, mußten weitreichende Konsequenzen für die zukünftige Außenpolitik haben. Weil eine deutsche Regierung und ein diplomatischer Dienst fehlten, wurden die außenpolitischen Funktionen von den Ministerpräsidenten der einzelnen Länder (Bayern, Württemberg und so fort), von deutschen Beamten, die in den beratenden Organen der einzelnen Zonen saßen (der »Länderrat« der amerikanischen und der »Zonenbeirat« der britischen Zone) und von dem Vorsitzenden des Frankfurter »Wirtschafsrates« wahrgenommen. Der Anspruch all dieser Männer, für Deutschland zu sprechen, wurde von den Führern der sich bildenden politischen Parteien (Adenauer bei der CDU und Schumacher bei der SPD) in Zweifel gezogen, die ihrerseits wiederum beanspruchten, daß sie alleine für eine breite nationale Wählerschaft sprächen und daß sie vom Druck der Militärregierungen völlig unabhängig seien. In der speziellen deutschen Situation muß der Stimme der deutschen Presse besondere Bedeutung zugemessen werden, und das trotz der Tatsache, daß ihre Organe in unterschiedlichem Grade von den verschiedenen Militärbehörden lizenziert und zensiert wurden. Schwarz bewältigt die schwierige Aufgabe, die zahlreichen Meinungsorgane zu untersuchen, ohne daß seine Prüfung zu endlosen Paraphrasen auswuchert; außerdem vermeidet er klugerweise jeden Versuch, Meinungen zu »quantifizieren«, die in einer Situation geäußert wurden, als öffentliche Meinungsumfragen praktisch sinnlos waren.

Obwohl das Buch einen Stoff behandelt, der mit explosivem emotionalen Potential geladen ist und dem noch immer eine große Bedeutung für die Gegenwart zukommt, verfährt Schwarz im allgemeinen doch sine ira et studio. Er will mehr die Wahrheit über wichtige und verworrene Fragen enträtseln als Helden preisen oder Schurken aufspüren. Wissenschaftliche Distanz bedeutet bei ihm jedoch nicht, daß er keinen Standpunkt einnimmt oder daß er sich weigert, dezidierte Urteile über Personen und Ideen zu fällen. Er vertritt die Meinung, daß vom Sommer 1949 ab die Integration Deutschlands in den Westen unvermeidlich geworden und daß sie im großen und ganzen für Deutschland und die Welt von Nutzen gewesen sei. Mit Entschiedenheit verurteilt er das sowjetische Maximalziel, ganz Deutschland kommunistisch zu machen, wie auch die sowjetische Minimalforderung, nur die Ostzone ins kommunistische Lager zu zwingen und eine scharfe Trennungslinie gegenüber Westdeutschland zu ziehen, aber er hält sich von jeder schrillen Rhetorik des Kalten Krieges fern. Er beklagt die Schaffung und die Verewigung der Teilung Deutschlands, aber er sieht sie mehr als das unbeabsichtigte Ergebnis »verständlicher« alliierter Aktionen (sowohl sowjetischer wie amerikanischer) in den Jahren 1945 bis 1949 denn als das Resultat irgendeiner bewußten Planung – und niemals vergißt er, daß der Mann, der in erster Linie für die Teilung Deutschlands verantwortlich ist, Adolf Hitler hieß. Die von Schwarz häufig über einzelne Persönlichkeiten gefällten Urteile richten sich gewöhnlich nicht gegen deren moralische Wertvorstellungen, sondern vielmehr gegen deren unzulängliches Verständnis der »objektiven« Gegebenheiten. Zum Beispiel greift er diejenigen Deutschen an, die im Kalten Krieg zwischen dem sowjetischen und amerikanischen »Riesen« dadurch zu vermitteln suchten, daß sie den Einfluß des schwachen, besiegten und verrufenen Deutschland übertrieben – ohne Rücksicht auf die »Wünschbarkeit« solch einer Vermittlung. So macht er sich, um ein zweites Beispiel zu nennen, über jene Deutschen lustig, die einen dezentralisierten Staat vertraten, der nur auf Landwirtschaft und handwerklicher Produktion beruhen sollte, da sie die Unvermeidbarkeit einer modernen städtischen Industrialisierung verkannten, was für Probleme und unerwünschte Nebenfolgen das auch immer mit sich bringen würde.

Man sollte noch hinzufügen, daß der Wert des Schwarzschen Buches völlig unabhängig davon besteht, ob nun der Leser mit allen Urteilen des Verfassers übereinstimmt oder nicht. Es kann keine Meinungsverschiedenheit darüber geben, daß er eine anregende Untersuchung geliefert hat, die auf der gewissenhaften Prüfung aller verfügbaren Quellen beruht. In Anbetracht der Länge, der Detailfülle und der Schwierigkeit des Buches kann es sich vielleicht als hilfreich erweisen, seine Hauptthemen in einem vereinfachten Muster zu umreißen – mehr in der Absicht, den Appetit anzuregen als den Brei kalt werden zu lassen.

Alternativlösung für Deutschland

Im Grunde genommen gab es im Jahre 1945 fünf theoretisch mögliche Lösungen der deutschen Frage: eine Übereinkunft der vier Mächte über einen »Karthago-Frieden«; ein Vier-Mächte-Abkommen über ein »neutralisiertes« Deutschland, das außerhalb der existierenden Machtblöcke bestehen sollte; die sowjetische Beherrschung ganz Deutschlands; die Beherrschung ganz Deutschlands durch die Westmächte, was am Ende zu einem freien und vereinten

Deutschland führen könnte, das mit dem Westen verbündet wäre; und eine Teilung Deutschlands in einen westlich orientierten westdeutschen und einen vom Osten beherrschten ostdeutschen Staat. Jede dieser Lösungen wurde von mehreren Faktoren und Einstellungen sowohl bei den Alliierten wie bei den Deutschen gefördert und behindert.

1. Ein »Karthago-Frieden« wurde von starken Strömungen innerhalb der öffentlichen Meinung aller Siegesmächte gefordert, ein ganz verständliches Phänomen zu einer Zeit, als die nationalsozialistischen Greuel noch bei jedermann frisch im Bewußtsein waren. Solch ein Friede hätte im wesentlichen die folgenden Regelungen bedeutet: die Annexion großer deutscher Gebiete durch die Alliierten (zum Beispiel die Aneignung des Landes bis zur Oder-Neiße-Linie durch die Sowjetunion und Polen und die Angliederung des Rheinlandes an Frankreich); die Internationalisierung des Ruhrgebiets; eine drastische Wirtschaftspolitik mit Demontage, Reparationen und der Beschränkung der industriellen Produktionskapazitäten im Geiste des Morgenthau-Planes; und die permanente alliierte Kontrolle über Deutschland, um solch eine harte Politik einer hungrigen, verstockten und rebellischen »eingeborenen« Bevölkerung aufzuzwingen. Aus zwei Gründen war solch eine Politik – zumindest auf lange Sicht – »objektiv« unmöglich: Sie hätte nie die Unterstützung des deutschen Volkes gewinnen können und wäre deshalb für Regierungen, die einer »zivilisierten« öffentlichen Meinung gegenüber nicht unempfindsam sind, unannehmbar gewesen. Sie setzte außerdem die permanente Übereinstimmung zwischen der Sowjetunion und den Vereinigten Staaten voraus, deutsche Ressourcen nicht gegeneinander zu mobilisieren. Wenn man gelten läßt, daß der Kalte Krieg zwischen der Sowjetunion und den USA »unvermeidbar« war (sogar unabhängig vom Konflikt um Deutschland), dann ist klar, daß ein »Karthago-Frieden« auf der utopischen Prämisse fortdauernder alliierter Harmonie basierte.

2. Ein Vier-Mächte-Abkommen über ein neutralisiertes, vereinigtes Deutschland, das sich eines immer größer werdenden Maßes an Souveränität und Selbstverwaltung erfreute – kurz: die im Jahre 1955 für die österreichische Frage verwandte Lösung – bedeutete auch, daß Deutschland einer strafenden und diskriminierenden Behandlung ausgesetzt sein würde, obwohl die Chancen, die deutsche Unterstützung dafür zu gewinnen, offensichtlich in umgekehrtem Verhältnis zur Härte der Strafe und der Diskriminierung standen. Wie die erste, so wurde auch diese Lösung durch die gegenseitige Feindschaft zwischen der Sowjetunion und Amerika im Kalten

Krieg wie auch durch die Unvereinbarkeit der jeweiligen Ziele, dem entscheidenden Faktor des Kalten Krieges, praktisch unmöglich gemacht. Im Jahre 1947 traten diese verschiedenen Zielsetzungen offen in Erscheinung, als die Russen ihre Zone »sowjetisierten« und ungeheure Reparationsforderungen stellten, während die Amerikaner Demokratie und freie Wirtschaft förderten, ihre Zone finanziell unterstützten und den Einschluß Westdeutschlands in das (westliche) Europäische Wiederaufbau-Programm (ERP) betrieben.

3. Die sowjetische Herrschaft über ganz Deutschland – und wahrscheinlich auch ganz Europa – bildete eine echte Möglichkeit, wenn die USA wieder in einen Isolationismus zurückfallen sollten, ihre Truppen aus Europa abzögen und wenn es ihnen nicht gelingen würde, die erschlaffende europäische Wirtschaft zu stützen. In der Tat wurden diese Möglichkeiten von vielen einflußreichen Leuten bis zum Marshall-Plan von 1947 und bis zu den Verhandlungen über die NATO im Jahre 1949 sehr ernst genommen. Danach konnte die sowjetische Herrschaft aber nur das Ergebnis eines für Moskau siegreichen Krieges sein.

4. Die Beherrschung ganz Deutschlands durch die Westmächte – und vielleicht auch eines großen Teils von Osteuropa – hätte seitens der Westmächte nur durch eine rücksichtslose Ausnutzung ihrer militärischen Überlegenheit im Jahre 1945 erreicht werden können, um so dem Kreml ungünstige (obwohl möglicherweise »gerechte«) Bedingungen aufzuerlegen. Solch eine Politik wurde im Juni 1945 von Winston Churchill vertreten, aber von Präsident Truman wurde sie nie ernsthaft in Erwägung gezogen. Sie wäre zur damaligen Zeit von der öffentlichen Meinung auch nicht unterstützt worden.

5. Die letzte theoretische Möglichkeit bestand in der Teilung Deutschlands entlang der Zonengrenze von 1945, die ein demokratisches Westdeutschland von einem kommunistischen Ostdeutschland trennte. Das eine konnte nur durch sowjetischen Druck geschaffen und erhalten werden; das andere, obwohl es vielleicht ursprünglich auch auf amerikanischen Druck hin begonnen wurde, konnte nur durch die freiwillige Zustimmung der Mehrheit der westdeutschen Bevölkerung erhalten werden, weil das amerikanische Programm eines in das westliche Europa und die atlantische Gemeinschaft integrierten westdeutschen Staates den Bürgern dieses Staates große Vorteile brachte: die psychologische »Rehabilitierung« aus dem Paria-Status, den der Nationalsozialismus gebracht hatte; eine demokratische freiheitliche Verfassungsstruktur; ein mit Mitteln des Marshall-Plans geförderter wirtschaftlicher Wiederaufbau; Sicherheit gegenüber den kommunistischen Absichten, wie sie in der Berli-

ner Luftbrücke und in der permanenten Stationierung alliierter Truppen unter Beweis gestellt wurde; die Abwehr des französischen Wunsches nach einer Zerstückelung Deutschlands; und die Weigerung der westlichen Alliierten, die Annexion der Ostgebiete durch Polen anzuerkennen. Die amerikanischen Vorstellungen zur spezifischen inneren Struktur Westdeutschlands – Föderalismus im Gegensatz zur Zentralisierung, freier Unternehmer-Kapitalismus im Gegensatz zum Sozialismus – waren natürlich der CDU willkommener als der SPD, aber deren Führer waren zur Mitarbeit bereit, da sie hofften, Veränderungen vornehmen zu können, sobald ein erwartungsgemäß früher Wahlsieg ihnen die Kontrolle über den westdeutschen Staat gebracht haben würde.

Einige der Nachteile einer eindeutigen Option für den Westen wirkten sich nur vorübergehend aus; auch von anderen nahm man das an. Es würde einige Verzögerungen geben, bis Westdeutschland die »Statusgleichheit« innerhalb des westlichen Bündnisses erlangen würde. Die USA waren zu beträchtlichen Zugeständnissen an die Briten in der Frage der Industrie-Demontage bereit, wie unvereinbar diese auch mit dem Marshall-Plan sein mochte; den Franzosen gaben sie in der Frage der Internationalen Ruhrbehörde (die erst 1952 durch den Schuman-Plan ersetzt wurde) und in der wirtschaftlichen Annexion des Saargebietes nach (die erst 1956 durch ein französisch-deutsches Abkommen beendet wurde). Der größte Nachteil eines westdeutschen Staates, die Teilung Deutschlands, wurde von nahezu allen führenden westdeutschen Politikern für nur vorübergehend gehalten; sowohl Adenauer wie Schumacher glaubten an die sogenannte »Magnet-Theorie«, in der angenommen wurde, daß ein freies, wirtschaftlich erfolgreiches und starkes Deutschland eine unwiderstehliche Anziehungskraft auf die Ostdeutschen ausüben müßte. Für die ostdeutsche Bevölkerung erwies sich das in der Tat als richtig, aber Moskau konnte verhindern, daß diese Unwiderstehlichkeit in die Einigung des ganzen Landes umgesetzt wurde.

Die Politik der vier Mächte

Schwarz gelingt es in hervorragender Weise, in seiner Analyse der Deutschlandpolitik jeder der vier Besatzungsmächte zwei miteinander verknüpfte Fakten nachzuweisen: daß Gruppierungen mit sehr unterschiedlichen politischen Konzeptionen um die Vorherrschaft innerhalb jeder der Zivilregierungen und ihrer militärischen Behörden rangen und daß sich in den Jahren 1945 bis 1947 beträchtliche Wandlungen in der Politik eines jeden Landes vollzogen. Das Jahr 1947 bildete dabei eine allgemeine Wasserscheide zwischen einerseits einer »Politik der Ambivalenz« (oder des »Aufschiebens«), die verschiedene Optionen offen ließ, und andererseits einer »Politik der Entscheidung«, die mit scheinbarer Unvermeidbarkeit zur Teilung Deutschlands führte.

Die amerikanische Deutschlandpolitik wurde von der fortwährenden Auseinandersetzung zwischen einer »rachsüchtigen« Linken, die in Zusammenarbeit mit der Sowjetunion nach einem »Karthago-Frieden« strebte, und einer »realistischen« Rechten, die die westdeutschen Ressourcen im Kalten Krieg gegen den Kommunismus einsetzen wollte, gekennzeichnet. Die Linke glaubte, daß sie das Vermächtnis Präsident Roosevelts verwirkliche; ihr Programm fand im Morgenthau-Plan einen extremen Ausdruck und etwas gemäßigter in der grundlegenden Anweisung für die Besatzungspolitik JCS 1067 vom 26. April 1945. Man wollte mit »unserem heldenhaften sowjetischen Verbündeten« zusammenarbeiten, um das dreifache Übel des Militarismus, des Junkertums und des Großkapitals durch eine gemeinsame Politik des Alliierten Kontrollrates zu beseitigen (jener Vier-Mächte-Behörde, die aus den vier alliierten Militärbefehlshabern bestand und die am 30. Juli 1945 in Berlin gebildet wurde). Außenminister James Byrnes und der Stellvertretende Militärbefehlshaber (seit 1947 dann Befehlshaber) Lucius Clay befürworteten anfänglich diese Politik, bis sie im Spätsommer 1946 erkannten, daß das den wirtschaftlichen Ruin für die amerikanische Zone bedeutet hätte, wodurch die Einfuhr von Nahrungsmitteln nötig geworden wäre, die der amerikanische Steuerzahler finanzieren mußte, und daß das auch den wirtschaftlichen Ruin Westeuropas bedeutet hätte (mit der Gefahr einer kommunistischen Machtübernahme), weil die deutsche und westeuropäische Kohle- und Stahlindustrie in gegenseitiger enger Abhängigkeit standen. Auch waren sie über die Greuel entsetzt, die die Russen in ihrer Zone verübten, über die von den Russen unterstützte Vertreibung von zwölf Millionen deutscher Flüchtlinge aus Osteuropa und über die astronomischen sowjetischen Reparationsforderungen, die Deutschlands Zahlungsfähigkeit bei weitem überschritten und die, wenn sie gezahlt worden wären, indirekt von der amerikanischen Regierung geleistet worden wären, die ihre Zone finanziell unterstützte.

In der Tat begannen dann im Sommer 1946 General Clay und andere amerikanische Offiziere, die mit den deutschen Gegebenheiten in Berührung waren, die Direktive JCS 1067 still zu sabotieren. Ihre vernünftige Einstellung wurde bald bestätigt, als der Ausbruch des Kalten Kriegs zwischen den Vereinigten Staaten und Rußland ein lebensfähiges Westdeutschland als wünschenswert erscheinen ließ. Der »Realismus« Clays wurde noch durch den sinkenden Einfluß der »Karthago«-Schule in Washington bekräftigt (der auf das Ausscheiden von Henry Wallace aus dem Kabinett folgte), außerdem durch die Entwicklung der »Eindämmungspolitik« mit George Kennan als ihrem artikulierten Befürworter, durch die Ersetzung Byrnes durch Marshall als Außenminister und durch den Sieg der Republikaner bei den Kongreßwahlen von 1946. Prominente Republikaner wie Herbert Hoover und sein wichtigster Berater in der Deutschlandpolitik, der emigrierte Volkswirtschaftler Gustav Stolper, waren in ideologischer Hinsicht dem durch die Demontage bedrohten deutschen Großkapital wohlgesonnen, und sie stellten vor allem »wirtschaftlichen common sense« über jede rachsüchtige Leidenschaft. Der Sieg dieser neuen Ideen innerhalb der amerikanischen politischen Entscheidungsprozesse brachte als Ergebnis den Beschluß vom Herbst 1947, die Schaffung eines westdeutschen Staates zu betreiben, der mit Westeuropa eng verbunden sein sollte – eine Politik, die Moskau ablehnen mußte und die die Briten und Franzosen nur auf beträchtlichen amerikanischen Druck hin unterstützten.

Die Briten bildeten dabei das geringste Hindernis. Obwohl der Labour-Außenminister Ernest Bevin persönlich sehr anti-deutsch eingestellt war (er hatte der SPD nie ihren »Chauvinismus« des Jahres 1914 vergessen), vertrat er eigentlich recht pragmatische Auffassungen. Er lag mit dem linken Labour-Flügel in andauernder Fehde, weil dieser eine erkennbare »sozialistische« Außenpolitik verlangte, zu deren wesentlichen Elementen die Zusammenarbeit mit der Sowjetunion auf Kosten Deutschlands gehörte. Bevin konnte auf die Unterstützung des größten Teils der Labour Party und der Opposition der Konservativen zählen, besonders bei Winston Churchill, dessen Befürwortung einer Aussöhnung mit Deutschland ohne Zweifel durch seinen Anti-Kommunismus gefördert wurde. (Zum größten Teil liefen die britischen Ansichten mit denen der »realistischen« amerikanischen Rechten parallel.) In der deutschen Innenpolitik bevorzugte die britische Labour-Regierung natürlicherweise die SPD mit ihrem Programm des Sozialismus, aber sie tat dies ohne große Energie, und ihre Politik wurde manchmal noch durch vorwiegend anti-sozialistische Tories unter den Offizieren der Besatzungsbehörden sabotiert. Wie dem auch sei, im Herbst 1946 besaß Großbritannien keine eigenständige Deutschlandpolitik mehr; zu dieser Zeit wurde nämlich England dadurch, daß es nicht imstande war, seine eigene Zone zu ernähren (mit dem riesigen Industriekomplex des Ruhrgebietes, das aber über kein angemessenes landwirtschaftliches Hinterland verfügte), gezwungen, im Bizonen-Abkommen der wirtschaftlichen Verschmelzung mit der amerikanischen Zone zuzustimmen. (Dieses Abkommen wurde am 4. September 1946 geschlossen und trat am 1. Januar 1947 in Kraft.) Von nun an gaben in einer gemeinsamen anglo-amerikanischen Politik die Vereinigten Staaten den Ton an, da sie ja auch die Kosten trugen.

Frankreichs Deutschlandpolitik in den ersten Jahren nach 1945, wie sie von General de Gaulle formuliert und von Außenminister Georges Bidault betrieben wurde, zielte offen darauf ab, der »deutschen Gefahr« ein für allemal ein Ende zu bereiten. In ihr wurde die permanente Zerstückelung Deutschlands verlangt. Man legte ein Veto gegen die »zentralen Verwaltungsbehörden« ein, die auf der Potsdamer Konferenz in Betracht gezogen wurden. Außerdem wurde die Internationalisierung des Ruhrgebietes mit einem überragenden Stimmrecht für Frankreich, die Demontage der deutschen Industrie, hohe Reparationen und die langfristige Kontrolle dessen, was von Deutschland noch übrigblieb, durch die Besatzungstruppen gefordert. Diese Politik konnte natürlich keinerlei Unterstützung durch die deutsche Bevölkerung erlangen; ihre Durchsetzung überschritt angesichts der amerikanischen Ablehnung bei weitem die Kraft Frankreichs. Man übersah dabei auch die französische Abhängigkeit von der Marshall-Plan-Hilfe, bei deren Gewährung die Zusammenarbeit Frankreichs in einer wirtschaftlich »vernünftigen« Deutschlandpolitik implizit zur Bedingung gemacht worden war. Zum Glück für die Zukunft der deutsch-französischen Beziehungen verlagerte sich (nicht zuletzt auf amerikanischen Druck hin) im Jahre 1948 die französische Politik von der Zerstückelung in der Tradition Richelieus zur Versöhnung im Geiste eines »Neuen Europas« (eine Verlagerung, die mit der Ersetzung Georges Bidaults durch Robert Schuman als Außenminister zusammenhing). Die Reibungen zwischen ziviler Regierung und militärischen Besatzungsbehörden (die schon im Falle Englands und der USA festgestellt wurden) sprangen in der französischen Politik besonders auffallend ins Auge. Die französische Zonenverwaltung unter General Koenig verfolgte hartnäckig den »Gaullistischen« Kurs der Deutschlandpolitik und tat ihr Bestes (aber ohne Erfolg), die Schaffung eines westdeutschen Staates in den Jahren 1948 und 1949 zu sabotieren.

Die sowjetische Deutschlandpolitik nach 1945 ist besonders schwierig zu analysieren, weil aufschlußreiche Quellen nicht zur Verfügung stehen. Es ist jedoch klar, daß Moskau unter beinah fatalen Schwierigkeiten operieren mußte, wenn es eine Politik betreiben wollte, die in irgendeiner Weise der Unterstützung durch die deutsche Bevölkerung bedurfte. Ihnen stand der traditionelle Russenhaß der meisten Deutschen entgegen; die Erinnerung an Goebbels Propaganda wirkte weiter fort; die Grausamkeiten der sowjetischen Truppen im Jahre 1945, der zwar verständliche, aber unkluge Wunsch nach schnellen und hohen Reparationen, die Abtrennung der Oder-Neiße-Gebiete an Polen und die brutale Vertreibung von zwölf Millionen Deutschen, die in Osteuropa lebten, waren weitere Belastungen. Zusätzliche Erschwernisse lagen in dem Haß auf den Kommunismus, den nahezu alle Deutschen verspürten – die Rechte, weil sie noch etwas zu verlieren hatte, die sozialdemokratische Linke, weil sie die »Zwangsehe« zwischen der ostzonalen SPD und der winzigen Kommunistischen Partei im April 1946 erbittert ablehnte. Die willkürliche und terroristische Art und Weise, in der soziale Reformen in der Ostzone durchgedrückt wurden, verursachte einen allgemeinen Widerwillen sogar bei denjenigen Deutschen, die der Meinung waren, daß einige dieser Reformen, zum Beispiel die Enteignung der Junker, schon überfällig seien.

Diese Schwierigkeiten (einige unvermeidbar, einige neu geschaffen) machen deutlich, daß die Sowjetunion niemals irgendeine reelle Chance hatte, eine Politik zu verwirklichen, die auf einen Machteinfluß jenseits der Grenzen ihrer eigenen Zone abzielte. Dies scheint die Ansicht von Oberst Tjulpanow, dem wichtigsten Polit-Offizier in der sowjetischen Militärregierung, und einer »radikalen« Gruppierung des Moskauer Politbüros, die angeblich von Shdanow geführt wurde, gewesen zu sein. Aber eine andere Gruppe der Russen, zu der Botschafter Semjonow (der Vertreter des Moskauer Außenministeriums in Berlin) gehörte und die eine »gemäßigte« Moskauer Gruppierung darstellte, die angeblich von Berija geführt wurde, setzte einige Hoffnung auf die Schaffung zentraler deutscher Organe, die sie entweder zu beherrschen hoffte oder die sie zumindest dazu verwenden konnte, um die sonst unvermeidliche Integration Westdeutschlands in den anti-sowjetischen Block, wie sie die amerikanische Politik förderte, zu verhindern. Die Schaffung »gesamtdeutscher Einrichtungen« wurde in auffälliger Weise von Außenminister Molotow auf den Vier-Mächte-Konferenzen der Außenminister in Paris (Juli 1946) und Moskau (April 1947) vertreten. Diese Vorschläge wurden von den Amerikanern zurückgewiesen, teilweise, weil sie von unannehmbaren Reparationsforderungen begleitet wurden, teilweise, weil sie mit den föderalistischen Vorstellungen der Amerikaner unvereinbar waren und zum größten Teil weil sie (im Jahre 1947) die schon damals sehr entschieden angestrebte Integration Westdeutschlands in das westliche Staatensystem verhindern würden. Man muß hinzufügen, daß sich die Sowjetunion in Detailfragen als recht ausweichend erwies, vielleicht deshalb, weil ihre Vorschläge mehr Propaganda als Politik darstellten. (Mußten die Russen nicht mit der Wahrscheinlichkeit rechnen, daß deutsche Zentralorgane von Anti-Kommunisten beherrscht sein würden?) Es kann jedoch nicht bestritten werden, daß die sowjetischen Vorschläge als Propaganda sehr erfolgreich waren, zwar nicht so sehr zur damaligen Zeit (da objektive Bedürfnisse die meisten Westdeutschen dazu brachten, einen westdeutschen Staat auch um den Preis einer Festfrierung der Teilung zu befürworten), aber in der Zukunft: sie nämlich schufen den Grund für die weitverbreitete Ansicht, daß die USA zumindest in gleichem Maße für Deutschlands Teilung verantwortlich seien wie die Sowjetunion. Moskau meinte wahrscheinlich, daß es mit seinen Vorschlägen nichts zu verlieren hatte: Wenn sie zurückgewiesen wurden, so lieferte das gute propagandistische Argumente; wenn sie dagegen angenommen werden sollten, so würden sie die Westintegration Westdeutschlands zumindest zeitweise blockieren. Außerdem konnte die Sowjetunion die geschaffenen Zentralorgane entweder beeinflussen oder sabotieren und als letzte Zuflucht konnte man sich stets auf die unangefochtene Kontrolle über die eigene Ostzone zurückziehen.

Die Einstellung der Deutschen

Deutsche Politiker, die den Ehrgeiz hatten, eine profilierte Rolle bei der Entstehung eines zukünftigen Deutschland zu spielen, befanden sich im Jahre 1945 in einer keineswegs beneidenswerten Lage. Sie standen im Kreuzfeuer höchst divergierender Konzeptionen der Alliierten, und es erforderte schon prophetische Gaben, um die künftige Kräftekonstellation richtig einzuschätzen. Die politischen Strategien der beiden wichtigsten Mächte, Amerika und Sowjetunion, waren höchst ambivalent; niemand konnte vorhersehen, ob und wann deren von Vergeltungsdrang geprägte Maßnahmen (die Direktive JCS 1067, brutale Ausbeutung der Ostzone) durch konstruktivere ersetzt würden. Entscheidende Fragen lagen hinter einem Schleier der Ungewißheit verborgen. Würden die Vereinigten Staaten ihre Truppen in Deutschland lassen oder würden sie wieder in den Isolationismus zurückfallen? Würde die Sowjetunion einen glaubwürdigen Versuch unternehmen, ein neutralisiertes Deutschland zu schaffen, das von deutschen Verwaltungsorganen regiert würde, oder würde sich Moskau darauf konzentrieren, in der Ostzone den Kommunismus durchzusetzen? Die politische Karriere eines Mannes, vielleicht sogar sein Leben, konnten davon abhängen, ob er die richtige Antwort auf diese Fragen erriet. Sich auf die Seite Amerikas zu schlagen, konnte sich als fatal erweisen, wenn auf den amerikanischen Rückzug die sowjetische Vorherrschaft folgte; sich einer von Moskau geförderten Neutralität zu verschreiben, konnte eine erfolgreiche Laufbahn in Westdeutschland blockieren, wenn die Amerikaner blieben und das Land geteilt wurde. Es läßt sich leicht sagen, daß »Männer mit Prinzipien« nicht von »opportunistischen« Überlegungen hätten beeinflußt werden dürfen, aber diese mußten unweigerlich im Denken der Menschen eine Rolle spielen. Bei tatkräftigen Politikern liegen Ehrgeiz und Prinzip selten weit auseinander, obwohl festgestellt werden muß, daß die drei Politiker, deren Weg Schwarz eingehender verfolgt – Jakob Kaiser, Konrad Adenauer und Kurt Schumacher –, niemals einem risikoreichen Wagnis auswichen, lange bevor die künftige Konstellation in Deutschland offenbar wurde. Zwei von ihnen – Kaiser und Schumacher – sollten scheitern, weil gerade ihre Prinzipien sie letztlich wider den Strom schwimmen ließen.

Die drei Männer vertraten drei sehr unterschiedliche Idealvorstellungen über Deutschlands zukünftige Politik: ein »blockfreies« und vereintes Deutschland, das neutral zwischen den beiden Rivalen des Kalten Krieges stand; ein auf freier Unternehmer-Wirtschaft basierendes Westdeutschland, das eindeutig mit dem Westen zusammenging; und ein sozialistisches Deutschland, das eine grundsätzliche Westorientierung mit der gelegentlichen Hoffnung verband, daß ein *politisch* neutrales und vereintes Deutschland noch möglich war, vielleicht als Teil einer »sozialistischen dritten Kraft« zwischen dem kapitalistischen Amerika und der kommunistischen Sowjetunion.

Jakob Kaiser, ein ehemaliger christlicher Gewerkschaftler und Überlebender der Verschwörung gegen Hitler, war das Haupt der ostzonalen CDU, einer Partei, die von Moskau zwar behindert, aber doch auch geduldet wurde. Er wollte ein neutralisiertes und vereinigtes Deutschland, in dem auf die Schaffung zentraler Verwaltungsbehörden am Ende eine demokratische Regierung folgen sollte. Solch eine Regierung (die mit dem Konsultativrat einer »Nationalen Repräsentation« beginnen sollte, der sich aus den Führern aller Parteien zusammensetzte) wurde von Kaiser im Frühjahr 1947 vorgeschlagen. Er glaubte, daß sie im Namen der nationalen Einheit dem Partikularismus der einzelnen Zonen entgegenwirken könne. Sie könne eine schöpferische Synthese zwischen westlicher Demokratie (ohne Kapitalismus) und östlichem Sozialismus (ohne Totalitarismus) in der Gestalt eines »christlichen Sozialismus« versuchen. In allgemeiner Hinsicht sollte sie als eine Brücke zwischen Ost und West dienen. Es steht außer Frage, daß eine Zentralregierung in Berlin anscheinend nicht nur im nationalen Interesse Deutschlands, sondern auch im persönlichen Interesse Kaisers lag. Wer wäre wohl geeigneter gewesen, solch eine Regierung zu führen, als Kaiser, der Vorsitzende der stärksten nichtkommunistischen Partei in der Ostzone mit ihrem Hauptsitz in Berlin, der noch ungeteilten alten deutschen Hauptstadt? Auch wenn er nicht diesen Gipfel des Ehrgeizes erreichte, so bedeutete ein zentralisiertes und vereintes Deutschland die einzige Hoffnung, die vollständige Sowjetisierung der Ostzone und die darauf folgende Unterhöhlung der Unabhängigkeit der Ost-CDU Kaisers zu vereiteln.

Kaisers Politik war wegen zahlreicher Faktoren, die außerhalb seiner persönlichen Kontrolle lagen, letztlich zum Scheitern verurteilt: Sie konnte weder auf eine entschiedene Unterstützung von seiten der Alliierten noch auf eine deutsche Zustimmung zählen, und sie führte ihn in eine tragische Isolierung von allen anderen Parteien. Seine Pläne setzten ein Vier-Mächte-Abkommen über Deutschland voraus, das der Kalte Krieg unmöglich machte, als Moskau seine eigene Zone sowjetisierte und als Amerika sich bemühte, einen westdeutschen Staat zu organisieren. Sein Vorschlag einer »Nationalen Repräsentation« wurde von den alliierten Mächten als unverschämt und voreilig abgelehnt; Adenauer empfand ihn als Bedrohung seiner eigenen Führung in der entstehenden westdeutschen CDU; und Schumacher hielt diesen Vorschlag für unerträglich, weil so die unabhängige westdeutsche SPD aufgefordert gewesen wäre, sich der zum sowjetischen Satelliten degradierten Sozialistischen Einheitspartei (SED), die die Genossen der ostzonalen SPD geschluckt hatte, an einen Tisch setzen. Kaiser selbst sah sich zu dem schwierigen Balanceakt gezwungen, sowohl für die Russen (mit ihrem Einfluß auf die ostzonale CDU) wie auch für die anti-kommunistischen Politiker Westdeutschlands akzeptabel zu bleiben, deren Zusammenarbeit bei einer neutralistischen »gesamtdeutschen« Regelung benötigt wurde. Aber das erwies sich im Herbst 1947 als unmöglich, weil die Westdeutschen ihn in zunehmendem Maße als »Handlanger der Russen« ansahen. Adenauer hielt seinen christlichen Sozialismus für verschwommenen und gefährlichen Unsinn; bayerische Förderalisten lehnten seine Betonung der Zentralisierung, seine Identifika-

tion mit Berlin und seine gelegentliche Beschwörung alter preußischer Traditionen ab; Schumacher hielt seine Überzeugung, daß
Deutschland als eine Brücke zwischen Ost und West dienen müsse,
für größenwahnsinnige Illusion; und die Vertreter der »europäischen Bewegung« kritisierten die eindeutige Priorität, die er den
nationalen im Gegensatz zu den europäischen Zielen einräumte. Die
Vereinigten Staaten betrachteten Kaisers Ideal eines zentralisierten,
sozialistischen und neutralen Deutschland als das genaue Gegenteil
zu ihrer eigenen Absicht, ein föderalistisches und kapitalistisches
Westdeutschland, das mit dem Westen verbündet sein sollte, zu
schaffen. Zur gleichen Zeit betrachtete ihn Moskau als Feind, weil
er das willkürliche politische Verhalten der Russen kritisierte, weil
er Deutschlands Teilhabe am Marshall-Plan befürwortete und weil
er sich weigerte, an dem im Dezember 1947 inszenierten »Volks-
kongreß« teilzunehmen, auf dem die Politik der USA verurteilt
werden sollte. (Hier wird Kaisers Dilemma ganz besonders deutlich, denn eine Teilnahme hätte den letzten Rest seiner Glaubwürdigkeit in Westdeutschland zerstört.) Die Dinge spitzten sich zu, als
die Russen seine Unabhängigkeit dadurch bestraften, daß sie als
Drahtzieher einer Intrige innerhalb seiner eigenen Partei agierten,
durch die er aus der Führung der Ost-CDU gedrängt wurde.

Schwarz hält das Scheitern Kaisers in einem scharfsinnigen Re-
sümee fest: »Für die deutsche Nachkriegspolitik war Kaisers Scheitern ein Testfall und eine Art Alibi. Wenn es nicht einmal ihm,
dem relativ schmiegsamen, kompromißbereiten, Rußland mit Sympathie begegnenden Propagandisten einer Blockfreiheit Deutschlands gelang, die Sowjetunion von dem Vorhaben abzubringen,
ganz Deutschland oder zumindest ihre Besatzungszone zu sowjeti-
sieren, so war den Möglichkeiten dieser Politik damit das Urteil gesprochen.« (S. 343)

Der Erfolg Konrad Adenauers liefert einen aufschlußreichen Kontrast zu Jakob Kaisers Scheitern. Obwohl Schwarz den pikanten
Fall einer »neutralistischen Verirrung« in einem Silvester-Interview
im »Rheinischen Merkur« vom 30. Dezember 1946 hervorgeholt
hat, muß Adenauer doch als der unnachgiebige Vorkämpfer eines
mit dem Westen verbündeten westdeutschen Staates angesehen
werden. Sein Erfolg lag in dem Umstand begründet, daß er mit der
Mehrheit der westdeutschen öffentlichen Meinung das von den
Amerikanern nach 1947 verfolgte Programm zu akzeptieren bereit
war, in dem ein entschiedener Anti-Kommunismus, ein in das westliche Europa integrierter westdeutscher Staat, dessen innere Struktur durch Demokratie, Föderalismus und freies Unternehmertum

gekennzeichnet war, als Ziele gesetzt wurden. Die Vereinigten Staaten waren stark genug, dieses Programm gegenüber Großbritannien und Frankreich durchzusetzen und einen großen Teil westdeutschen Widerwillens zu überwinden, der aus der Furcht stammte, dadurch zur Teilung Deutschlands beizutragen.

Adenauers Erfolg beruhte jedoch nicht nur ausschließlich auf seiner geschickten Identifikation mit »unaufhaltsamen Entwicklungen«; er kam auch zu einem großen Teil aus rein persönlichen Qualitäten. Sein Festhalten an klar umrissenen politischen Leitlinien, wie unpopulär diese auch sein mochten – zum Beispiel seine beharrliche Ablehnung der Sozialisierung sogar zu einer Zeit, als diese von vielen in seiner eigenen CDU in den Jahren von 1946 bis 1948 befürwortet wurde – schuf das Vertrauen in seine Beständigkeit und Ernsthaftigkeit. Seine begeisterte Unterstützung der europäischen Bewegung, sein beweglicher Widerstand gegen die Ruhr- und Saarpolitik Frankreichs (wo Schumacher trotzige nationalistische Gesten vorzog) machten Adenauer zu einem idealen Architekten der deutsch-französischen Aussöhnung. Seine stets guten Beziehungen zu den westlichen Alliierten, sogar als er beharrlich auf Zugeständnisse auf dem Wege zur Souveränität drängte, beruhten auf einer Politik des Vertrauens – des Vertrauens in die Zukunft und des Vertrauens, daß alliierte und deutsche Interessen letztlich parallel verliefen –, die ihn ohne Skrupel beträchtliche Konzessionen machen ließ (wie die Teilnahme Deutschlands an der diskriminierenden Internationalen Ruhrbehörde, die 1949 gebildet wurde), die Schumacher dagegen für eine gefährliche Hypothek auf Deutschlands Zukunft hielt. Adenauer stand mit Erfolg einen Balanceakt durch, der fast so schwierig war wie derjenige, bei dem Kaiser scheiterte: Die Alliierten sahen ihn stets als einen guten Europäer und als einen treuen Verfechter der Westintegration an, während gleichzeitig die Westdeutschen ihn für einen harten und unabhängigen Verhandlungskünstler hielten, der niemals seinen Druck auf die Alliierten lockerte. Adenauer zeigte darüber hinaus einen taktisch klugen Respekt gegenüber nationalen Gefühlen, die er selbst wahrscheinlich gar nicht teilte: In seiner Ablehnung des von Kaiser im Jahre 1947 gemachten und recht populären Vorschlages einer »Nationalen Repräsentation« war er sehr vorsichtig, und er erklärte in den Jahren 1948 und 1949 wiederholt seine Zweifel, ob man an der Schaffung eines westdeutschen Staates sich beteiligen solle (was ihn aber nicht hinderte, Vorsitzender des die Verfassung ausarbeitenden Parlamentarischen Rates zu werden, ein Amt, das dann die Grundlage für seine spätere Leitung des westdeutschen Staates abgab). Adenauer war dazu bestimmt, in den vierzehn Jahren seiner Kanzlerschaft von 1949 bis 1963 diesem Staat sein persönliches Siegel aufzuprägen, Jahre, die von großen Erfolgen in der Außenpolitik gekennzeichnet waren, solange die Konstellation des Kalten Krieges der beherrschende Faktor im Weltgeschehen war. Schwarz geht in seiner Analyse der Genese der Adenauerschen Vorstellungen zur Außenpolitik weit über die Biographien von Paul Weymar (1955), Arnold Heidenheimer (1960) und Charles Wighton (1963) hinaus.

Kurt Schumacher, bis zu seinem frühen Tode im Jahre 1952 Adenauers großer Gegenspieler, hatte ein vereinigtes sozialistisches Deutschland zum Ziel, das in ein sozialistisches Westeuropa integriert werden sollte. Daß sich alle drei Elemente dieses Ziels als utopisch erweisen sollten, macht die Tragödie dieses Mannes aus. Moskaus Feindschaft machte es unmöglich, die deutsche Einheit unter Bedingungen zu verwirklichen, die für Schumacher akzeptabel waren – die sowjetische Förderung der Sozialistischen Einheitspartei vernichtete den demokratischen Sozialismus in der östlichen Zone. Der Sieg des Sozialismus in Westdeutschland wurde durch die Ablehnung des kapitalistischen Amerika, die Schwäche des von der Labour Party regierten England (dem natürlichen Förderer eines sozialistischen Deutschland) und durch die Stärke der kapitalistischen Kräfte in Deutschland selbst unmöglich gemacht – die zuletzt genannten wurden nach 1948 noch durch die Hilfe aus dem Marshall-Plan und durch den sichtbaren Erfolg der Laissez-faire-Politik Ludwig Erhards verstärkt. Die Verwirklichung der europäischen Vision Schumachers wurde durch die klägliche Schwäche des französischen Sozialismus und die insulare Gleichgültigkeit der britischen Labour Party vereitelt. Schumacher konnte niemals auf politische Verbündete in anderen europäischen Ländern zählen, die sich mit dem Einfluß Robert Schumans und Alcide de Gasperis als Freunde Adenauers hätten messen können.

Schumachers politische Wirkungslosigkeit – die zum wesentlichen auf seinem falschen Verständnis der Kräftekonstellationen und seiner sich daraus ergebenden Verfolgung utopischer Ziele beruhte – wurde noch durch bedauerliche Züge seiner Persönlichkeit verstärkt. Sein bissiger Ton gegenüber den Alliierten bildete eine Belastung zu einer Zeit, als die meisten Deutschen die Unerläßlichkeit der alliierten Freundschaft erkannten; seine Ablehnung der flexiblen Methoden der Adenauerschen Politik der Westintegration – Schumacher beharrte generell auf einer unmittelbaren Ranggleichheit, die einfach nicht zu erreichen war – ließ ihn in den Ruf geraten, die populäre Politik der Westintegration prinzipiell abzulehnen. (Dieser

Ruf war teilweise verdient, weil Schumacher sich verbittert über Europa ausließ, als er die Entwicklung eines »katholischen, konservativen, kapitalistischen und von Kartellen beherrschten« Europa sich abzeichnen sah.) Das Schrille seines unzeitgemäßen Nationalismus – den Schwarz seltsamerweise nicht erörtert – erwies sich auch als eine weitere Belastung.

Zwar hatte Schumacher in seinem Streben nach einem sozialistischen deutschen Staat keinen Erfolg; aber man darf deswegen nicht denken, daß er in seinem politischen Lebenswerk völlig gescheitert sei. Wie sehr sich die SPD auch gelegentlich nach einer neutralistischen Politik sehnen mochte, er brachte sie auf einen entschlossen anti-kommunistischen und pro-westlichen Kurs. Er hinderte die SED daran, auf irgendeiner Weise in einer der drei westlichen Zonen Fuß zu fassen. Durch seine Drohung, die Mitarbeit aufzukündigen, zwang er die westlichen Alliierten zu dem Zugeständnis, in der westdeutschen Verfassung eine größere Zentralisierung (die dann auch für künftige sozialistische Experimente geeigneter war) zu erlauben, als die Vereinigten Staaten und Frankreich ursprünglich beabsichtigt hatten (das berühmte Ultimatum von Hannover vom 20. April 1949). Nachdem die Bundesrepublik im Jahre 1949 gegründet worden war, stärkte seine anti-westliche Hartnäckigkeit ohne Zweifel Adenauers Position bei den Verhandlungen mit den Alliierten.

Es ist in der Tat bemerkenswert, wie sehr trotz persönlicher Gegensätze, trotz verschiedener Auffassung über die innere Struktur Deutschlands und trotz der Unterschiede in der Taktik des außenpolitischen Verhaltens Adenauer und Schumacher in vielen grundsätzlichen Fragen übereinstimmten. Beide waren von einem leidenschaftlichen Haß auf den barbarischen »asiatischen Kommunismus« erfüllt; beide machten sie eine eindeutige und mutige Option für den Westen, lange bevor überhaupt klar war, ob die Anwesenheit der Vereinigten Staaten in Europa aufrechterhalten würde. Beide waren sie zur Zusammenarbeit mit dem Westen bereit, obwohl sie über die Fortsetzung der von Vergeltungsdrang getragenen alliierten Maßnahmen (zum Beispiel das Demontage-Programm) verbittert waren und obwohl sie das Risiko eingingen, vom Osten als »Spalter« verleumdet zu werden. Beide betrachteten jede neue Regelung mit den westlichen Alliierten (den Frankfurter Wirtschaftsrat, das Besatzungsstatut, das Petersberg Abkommen) nur als provisorische Regelung, die als Plattform benutzt werden konnte, um sich weitere Zugeständnisse zu verschaffen, bis am Ende die völlige »Statusgleichheit« erreicht wäre. Am stärksten fällt auf, daß sie beide praktisch identische Ansichten über die Wiedervereinigung hatten. Im Stile einer allgemeinen »Politik der Stärke« glaubten sie an die magnetische Anziehungskraft Westdeutschlands, und sie sahen die Wiedervereinigung als eine durch freie Wahlen zuwege gebrachte Eingliederung der Ostzone in den westdeutschen Staat. Mit Entschlossenheit lehnten sie jede Form offizieller Kontakte zwischen der Bundesrepublik (und ihren demokratischen Parteien) und der Deutschen Demokratischen Republik (mit ihrer beherrschenden Sozialistischen Einheitspartei) und jede Art gemeinsamer deutscher Ost-West-Organe ab – eine Politik, die sich bereits 1947 in ihrer gemeinsamen Opposition zu Kaisers Plan einer »Nationalen Repräsentation« kristallisierte.

Neben der Charakterisierung der drei Hauptvertreter der drei wichtigsten Optionen, die Deutschland offenstanden, stellt Schwarz auch den Befürworter einer vierten möglichen Option vor – die freiwillige Zusammenarbeit mit der Sowjetunion. Rudolf Nadolny, der ehemalige Botschafter in der Sowjetunion (1928 bis 1933), den einige für den sowjetischen Kandidaten für die Kanzlerschaft in einer neuen deutschen Regierung hielten, war zeit seines Lebens ein Verfechter der deutsch-sowjetischen Freundschaft. Er glaubte, daß ein vereinigtes, freundschaftlich verbundenes, aber nichtkommunistisches Deutschland den wirklichen Interessen der Sowjetunion besser diente als eine kommunistisch gewordene Ostzone, der ein westdeutscher Staat mit erbitterter anti-sowjetischer Stimmung gegenüberstand. In gleichem Maße würde die erste Lösung den Interessen Deutschlands dienen, indem so nämlich die Teilung verhindert würde. Nadolnys Vorschläge an Moskau, die er 1946 in persönlicher Unterredung mit dem verständnisvollen Botschafter Semjonov in Karlshorst (dem Sitz der sowjetischen Militärregierung) und in einem langen Memorandum an Molotow vom 30. April 1947 entwickelte, zeigen, daß er bei weitem kein Handlanger Moskaus war (wie Schumacher und andere westdeutsche Politiker glaubten). Nadolny drängte die Sowjetunion, die Vorbedingungen für eine deutsch-sowjetische Freundschaft dadurch zu schaffen, daß sie einige der Ostgebiete unter polnischer Verwaltung zurückgaben, daß sie einer gemeinsamen Wirtschaftsverwaltung für alle vier Zonen zustimmten, daß sie die immer noch in der Sowjetunion festgehaltenen deutschen Kriegsgefangenen freiließen, daß sie die harte wirtschaftliche Ausbeutung und willkürliche Verwaltung der Ostzone beenden sollten und daß sie schließlich allen Parteien gleiche Chancen einräumen sollten, indem sie die Begünstigung der SED aufhoben. Es überrascht keineswegs, daß Moskau sich weigerte, dieses

Programm zu akzeptieren, in dem es ja aufgefordert wurde, recht konkrete Aktivposten für die ferne Hoffnung eines freundlich gesonnenen Deutschland aufzugeben, in dem solch unrepräsentative Männer wie Nadolny den Ton angeben wollten. Das Scheitern der Anstrengungen Nadolnys beweist, daß eine freiwillige Option für die Sowjetunion nur für überzeugte Kommunisten und diejenigen einen Sinn hatte, die kommunistische Satelliten zu werden bereit waren (was genau auf Grotewohl, den Führer der SPD vor der Fusion, und diejenigen Politiker der Ost-CDU zutrifft, die zusammen mit Moskau Kaiser vom Parteivorsitz entthronten).

Schwarzens Buch enthält auch eine Untersuchung über mehrere andere Politiker und Publizisten sowie Veröffentlichungen, deren Ansichten eigentlich nur Variationen zu den Grundpositionen von Kaiser, Adenauer und Schumacher bildeten. Bei seiner Darstellung der Verfechter des Neutralismus liefert er eine von Verachtung durchsetzte Charakterisierung der Auffassungen, wie sie in der linken Zeitschrift »Der Ruf« propagiert wurden. Sie wurde von Hans Werner Richter herausgegeben, und als dem ursprünglichen Sprachrohr vieler Gestalten der literarischen Szene, die später sich in der »Gruppe 47« lose organisierten, kommt ihr doch einige historische Bedeutung zu. Die meisten ihrer Mitarbeiter folgten größtenteils den Illusionen Jakob Kaisers; aber während Kaiser sich zum Minister für Gesamtdeutsche Fragen in Adenauers Regierung machen ließ – weil er erkannte, daß die Ereignisse seine Hoffnungen überrollt hatten und daß durch Hocken im Schmollwinkel nichts erreicht werden könnte –, wurden in den fünfziger Jahren viele Autoren des »Ruf« herausragende Mitglieder der Opposition gegen die Wiederbewaffnung, die unter dem Motto »Ohne mich« sich jeder Verantwortung entzog.

Über den einst so berühmten Publizisten und Würzburger Historiker Ulrich Noack, den führenden Kopf des neutralistischen »Nauheim Kreises« äußert sich Schwarz mehr mitleidig als zornig. Er hält dessen Denkstil für hoffnungslos verschwommen und romantisch, Eigenschaften, die 1946 in dem lächerlichen Vorschlag deutlich zutage traten, die neue Hauptstadt solle auf dem Hohen Meißner errichtet werden, auf jenem Berge in der Nähe Kassels, auf dem die Jugendbewegung im Jahre 1913 ihr berühmtes Treffen abgehalten hatte. Noack glaubte ernsthaft, daß ein unbewaffnetes und neutrales Deutschland zwischen den beiden rivalisierenden Machtblöcken bestehen könnte. Er erkannte nicht, wie unerläßlich die Hilfe aus dem Marshall-Plan für den wirtschaftlichen Wiederaufbau war, und er wollte, daß Deutschland eine »Weltschweiz« werde, die Teil einer kontinentalen Föderation unter dem Ehrenvorsitz Frankreichs werden sollte. (Schwarzens Verurteilung hätte noch durch den Hinweis auf Noacks frühere politische Torheiten bekräftigt werden können, zum Beispiel seine in den zwanziger Jahren aufgestellte Behauptung, Bismarck sei im Alter ein Feigling geworden, wie sich in dessen mangelnder Bereitschaft gezeigt habe, einen »Präventivkrieg« gegen Rußland zu führen.)

In seiner Beschreibung der Verfechter einer Westintegration Deutschlands gibt Schwarz eine recht respektvolle Darstellung des emigrierten Wirtschaftswissenschaftlers Wilhelm Röpke und von F. A. Kramer, dem Herausgeber der einflußreichen konservativen katholischen Wochenzeitung »Rheinischer Merkur«. Mit unheimlicher Genauigkeit sah Röpke, ein in Genf lebender deutscher Professor, bereits 1945 den späteren Lauf der Entwicklung voraus – und billigte ihn: ein föderalistisches, vom Gedanken des Laissez-faire geprägtes Deutschland, das in die Atlantische Gemeinschaft eingegliedert werden würde. Der »Rheinische Merkur« ließ sich zwar ein etwas pharisäisches anti-preußisches Ressentiment und eine etwas romantische Feindschaft zur städtischen Industriewelt zu Schulden kommen, aber er vertrat beharrlich den Gedanken der Schaffung eines förderalistischen und anti-kommunistischen westdeutschen Staates, dessen Gravitationszentrum im Rheinland liegen sollte und der in Westeuropa integriert werden müsse. Viele seiner Autoren verachteten das unentschlossene Zögern, das viele deutsche Politiker bei der Schaffung der Bundesrepublik und bei der sich daraus ergebenden Verfestigung der Teilung an den Tag legten – und sie beruhigten (wie fast alle anderen auch) ihr Gewissen, indem sie auf die »Magnet-Theorie« setzten.

Zwei hervorragende Verfechter eines »sozialistischen Deutschland als Teil einer sozialistischen dritten Kraft« waren Richard Löwenthal und Carlo Schmid. Löwenthal, ein aus Deutschland emigrierter Journalist in London, veröffentlichte 1948 ein Buch mit dem Titel *Jenseits des Kapitalismus* (Nürnberg 1948). Hier wurde das von der Labour Party regierte Großbritannien aufgefordert, die Führung in einem »Block der Dritten Kraft« zu übernehmen, der Kontinentaleuropa (diesseits des Eisernen Vorhanges) und das Britische Commonwealth und Empire umfassen sollte – in Wirklichkeit wollte er also ein riesiges Gebiet, das sich vom Nordkap bis Südafrika und von Gibraltar bis Singapur erstreckte, zum Pufferstaat zwischen der kapitalistischen und der kommunistischen Großmacht formieren. Er glaubte, daß ein sozialistisches Deutschland natürlicher Bestandteil solch einer politischen Struktur sein würde. Der völlig utopische Charakter dieses Vorschlages stellte sich angesichts des Kalten Krieges, der Schwäche des kontinentalen europäischen Sozialismus und der insularen Abgeschlossenheit Englands bald heraus. Carlo Schmid, ein überragend intelligenter und feinsinniger sozialdemokratischer Politiker, der dem für den Verfassungsentwurf verantwortlichen Hauptausschuß des Parlamentarischen Rates 1948 bis 1949 vorstand, glaubte auch an die neutralistische Lösung in Form der dritten Kraft. Von allen führenden Sozialisten war er am intensivsten bemüht, keine Hindernisse für die deutsche Einheit zu schaffen. Obwohl auch er eine westeuropäische Föderation vorzog, drängte er auf den zeitweisen Ausschluß Westdeutschlands von ihr, damit die Wiedervereinigung nicht gefährdet werde. Obwohl er im Jahre 1948 die Schaffung einer westdeutschen »Verwaltungseinheit« befürwortete, bestand er darauf, daß ihr mehrere Attribute staatlichen Charakters versagt bleiben sollten und daß die Alliierten die letzte Verantwortung behalten müßten. Schmid feierte einen Triumph, als sich seine Auffassungen auf einer Konferenz der westdeutschen Ministerpräsidenten vom 8. bis 10. Juli 1948 in Koblenz durchsetzten. Die Ministerpräsidenten folgten Schmid mit ihrer Weigerung, sich dem Vorschlag der Westmächte anzuschließen, einen westdeutschen Staat zu bilden, obwohl sie die Tür nicht vollständig zuschlugen. Aber noch nicht einmal zwei Wochen später erlitt Schmid eine Niederlage, als auf einer zweiten Konferenz in Rüdesheim die Ministerpräsidenten aus Gründen, die noch untersucht werden müssen, ihre Entscheidung umkehrten. Leider sollte sich herausstellen, daß er mit seinen Befürchtungen, ein westdeutscher Staat würde zur Teilung Deutschlands beitragen, vollkommen recht hatte. Aber man kann auch nicht behaupten, daß er jemals eine konstruktive Alternative anzubieten hatte.

Die Regelung der deutschen Frage

Nun scheint es angebracht zu sein, von der Analyse der Theorien zu einigen spezifischen Punkten im konkreten Lauf der Ereignisse überzugehen. Es war kaum zu vermeiden, daß am Anfang dem Beitrag der Deutschen zur Lösung ihrer politischen Problematik nur eine vernachlässigenswerte Bedeutung zukam, da sie ein besiegtes Volk in einem besetzten Lande ohne politische Rechte und ohne autorisierte Sprecher waren. Davon abgesehen bestand die vordringliche Sorge des einzelnen Deutschen darin, in einem verzweifelten Kampf gegen Hunger, Kälte und Arbeitslosigkeit am Leben zu bleiben – Dinge, die dringlicher als die außenpolitische Orientierung eines künftigen deutschen Staates waren. Als sich im Winter 1945/46 politische Stimmen wieder zu Wort meldeten, da war deren Botschaft häufig durch provinzielle Engstirnigkeit beschränkt. Der Zusammenbruch der Zentralregierung und die bequeme Angewohnheit, »Berlin« für die deutsche Katastrophe zu tadeln, hatte manche partikularistische Regung wieder aktiviert (zum Beispiel in Hannover und in Schleswig-Holstein), die früher in dem »prussifizierten Deutschland«, das Bismarck 1866 geschaffen hatte, zum Scheitern verurteilt gewesen war. In Westdeutschland wurde der Partikularismus auch durch die Schaffung von Organen der Kommunen und der Länder gefördert, lange bevor zonale, geschweige denn interzonale Einrichtungen in Betracht gezogen wurden. Darüber hinaus erwartete jede Militärregierung von »ihren Deutschen« ein gewisses Maß an Zonen-Loyalität; die westlichen Militärregierungen begegneten natürlicherweise dem Anspruch auf gesamtdeutschen Einfluß, den die in Berlin gelegenen Hauptquartiere der Parteien mit sowjetischer Unterstützung erhoben, mit einigem Mißtrauen. Die Reibungen zwischen den ostdeutschen Parteiführern (Kaiser bei der CDU und Grotewohl bei der SPD) und ihren westlichen Kollegen beruhte teilweise auf persönlichen Ambitionen (zum Beispiel konnte sich weder Adenauer Kaiser, noch Schumacher Grotewohl unterordnen), teilweise auf der weitverbreiteten und gegen Berlin gerichteten Preußenfeindschaft der Föderalisten in West- und Süddeutschland und teilweise auf unterschiedlichen Auffassungen zur Außenpolitik. (Wir haben bereits gesehen, wie Kaiser ein Neutralist war, der bei den Russen persona grata bleiben mußte, während Adenauer ein Anti-Kommunist war, der an die Schaffung eines westdeutschen Staates glaubte.)

Die unvermeidlichen Reibungen zwischen führenden westdeutschen und ostdeutschen Politikern (sogar auch denen, die keine sowjetischen Handlanger waren) waren tatsächlich nur ein Aspekt des größeren Kalten Krieges, der im Jahre 1947 zur beherrschenden Wirklichkeit der Weltpolitik wurde. Er ließ – so scheint es zumindest heute – die Teilung Deutschlands unvermeidlich werden: Moskau würde die Kontrolle über seine Zone nicht abgeben und von der 1945 begonnenen Sowjetisierung nicht ablassen; seit 1947 glaubte Amerika, daß es die deutschen Ressourcen benötigte, um den wirtschaftlichen Wiederaufbau Westeuropas als Teil der neuen Politik der Eindämmung des Kommunismus voranzutreiben. Viele Westdeutsche, Konrad Adenauer eingeschlossen, waren bereit, sich dem amerikanischen Wunsch nach einem westdeutschen Staat anzuschließen. Aber es gab auch einigen Widerwillen, wie in der Zurückweisung des amerikanischen Programms durch die Ministerpräsidenten in Koblenz am 10. Juli 1948 offenbar wurde. Schwarz liefert fesselndes Beweismaterial, daß die Umkehrung dieser Ablehnung innerhalb von zwei Wochen das Ergebnis eines ziemlich massiven amerikanischen Druckes gewesen ist. Der meisterhafte General Clay, den zum Gegner zu haben sich die Deutschen kaum leisten konnten, drückte auf einer Konferenz mit den Ministerpräsidenten am 20. Juli seine tiefe Enttäuschung über ihr Verhalten aus. Seine Untergebenen zögerten nicht, einige recht gezielte Drohungen auszusprechen. Sie erzählten einigen Deutschen – zum Beispiel Willy Brandt, dem Berliner Vertreter des SPD-Vorstandes –, die Verweigerung der Zusammenarbeit könnte bedeuten, daß die USA Berlin aufgeben würden (das damals gerade unter sowjetischer Blockade stand, während die Luftbrücke erst seit knapp zwei Wochen existierte) und daß die Mittel aus dem Marshall-Plan gekürzt würden, von denen der deutsche wirtschaftliche Wiederaufbau völlig abhing. Sie fügten hinzu, daß die Franzosen, die dem amerikanischen Plan eines westdeutschen Staates nur unter Druck nachgegeben hatten, in Zukunft wahrscheinlich jeden ähnlich vorteilhaften Plan zurückweisen würden; dabei wurde impliziert, daß die Alternative zu einem westdeutschen Staat die Verlängerung eines Besatzungsregimes bildete, in dem Frankreich, die am stärksten Vergeltung fordernde westliche Macht, eine Hauptstimme besäße.

Diese Argumente erhielten noch zusätzliches Gewicht, als sie von dem Führer der Berliner Sozialdemokraten, Ernst Reuter, auf der Konferenz der Ministerpräsidenten in Rüdesheim vom 21. und 22. Juli unterstützt wurden. In Koblenz hatte Luise Schröder, die Bürgermeisterin des (formell) noch ungeteilten Berlin, die Ministerpräsidenten aufgefordert, ihre Mitarbeit bei der Schaffung eines westdeutschen Staates zu verweigern, damit die ohnehin schon verworrene Berliner Situation nicht noch weiter kompliziert werde. In Rüdesheim dagegen bezog Ernst Reuter, der bald Bürgermeister von West-Berlin werden sollte, als der Kalte Krieg die Stadt teilte, den genau entgegengesetzten Standpunkt. Er beharrte auf seiner Meinung, daß die Schaffung eines starken und freien westdeutschen Staates im wahren Interesse Berlins läge, weil so die amerikanische Unterstützung der belagerten Stadt verstärkt werde. Aber auch im Lichte der »Magnet-Theorie« (an die er intensiv glaubte) läge diese Lösung im wahren Interesse der Ostzone. Es gibt beträchtliches Beweismaterial, daß Ernst Reuters Standpunkt die Wandlung in den Auffassungen der bisher widerstrebenden westdeutschen Ministerpräsidenten entscheidend beeinflußte.

Es kann überhaupt keine Frage sein, daß die Befürwortung eines westdeutschen Staates durch Westdeutschland nicht nur das Resultat der Liebe zur Demokratie bei den Deutschen, ihrer guten europäischen Gesinnung und des psychologischen Wunsches gewesen ist, als Partner der freien Welt akzeptiert zu werden. Diese Entscheidung wurde auch durch handfeste wirtschaftliche Überlegungen (die Anreize des Marshall-Plans und seine angedrohte Aufhebung) und durch die Tatsache gefördert, daß die Amerikaner es verstanden, die deutsche Furcht vor dem Kommunismus auszuspielen, denn jedermann wußte, daß das Aufgeben Berlins leicht eine Kettenreaktion bewirken konnte, die in der Umwandlung Westdeutschlands zu einem kommunistischen Staat enden würde. Die Schaffung eines westdeutschen Staates erwies sich unter den folgenden Gesichtspunkten als gerechtfertigt: Sie förderte die Demokratie; sie unterstützte den wirtschaftlichen Aufbau; sie ermöglichte es Westdeutschland, sich wieder der westlichen Welt anzuschließen; und sie trug schließlich zur Einheit und militärischen Sicherheit Westeuropas bei. Aber alle diese Gewinne wurden zu dem Preis erkauft, daß die Teilung des Landes stabilisiert und somit eine Quelle anhaltender internationaler Spannungen offengehalten wurde.

Die Verantwortung für die Teilung

Wer, so mag abschließend gefragt werden, war letztlich für die deutsche Teilung verantwortlich? Wie bereits dargelegt, müßte die erste und eindeutige Antwort lauten: Adolf Hitler, der einen unnötigen Krieg begann, der Deutschland ruinierte und sowohl amerikanische wie sowjetische Truppen an die Grenze von Elbe und Werra brachte, die dann die westlichen Zonen von der sowjetischen trennte. Weshalb aber fror eine administrative Demarkationslinie zu einer permanenten Staatsgrenze fest? Es scheint, daß die Verantwortung zwar kaum zu gleichen Teilen, aber doch zwischen Moskau und den Westalliierten aufgeteilt werden muß – obwohl es vielleicht falsch ist, von »Verantwortlichkeit« (mit den unvermeidlichen moralischen Anklängen) zu sprechen, wenn ein Phänomen beschrieben wird, das unter den Bedingungen des Kalten Krieges nahezu »unvermeidlich« geworden war und das von keiner Seite »bewußt« geplant worden ist. Angesichts der gegensätzlichen Ideologien, Sozialsysteme und Machtinteressen scheint nach 1945 der Kalte Krieg zwischen den USA und der Sowjetunion unumgänglich gewesen zu sein. Die beiden Nationen standen sich im Herzen Europas gegenüber; trotz des anfänglichen Übergewichts reiner Vergeltungsmaßnahmen waren beide bemüht, ihr gesellschaftliches System und ihre Ideologie wenn möglich in ganz Deutschland oder, wenn das nicht ginge, in ihrer eigenen Zone als Minimum durchzusetzen. Es gab jedoch einen großen Unterschied zwischen der sowjetischen und der amerikanischen Politik: Angesichts der in Deutschland endemischen Feindschaft gegenüber dem Kommunismus mußte die UdSSR auf unmittelbaren Zwang zurückgreifen, während sich die Vereinigten Staaten auf eine breite Basis freiwilliger Zustimmung verlassen konnten, da Demokratie und Kapitalismus dem Wunsch der meisten Deutschen entsprachen. Der Einsatz drastischen wirtschaftlichen Druckes im Jahre 1948, um anfänglich die deutsche Mitarbeit herbeizuführen, entwertet diese Verallgemeinerung keineswegs.

Bei allen, die an die freie Selbstbestimmung des Menschen glauben, gab und gibt dieser Unterschied dem amerikanischen Programm eine überlegenere moralische und politische Bedeutung. Indem sie Ostdeutschland das Selbstbestimmungsrecht verweigert, ein Prinzip, das wahrscheinlich in Mitteleuropa ebenso gelten sollte wie in den Ländern Asiens und Afrikas, ist die Sowjetunion in erster Linie für die Entstehung und Verfestigung der Teilung Deutschlands verantwortlich. Um das imperialistische Verhalten Moskaus zu rechtfertigen, ist man zu der Behauptung gezwungen, daß das Selbstbestimmungsrecht, das zwar gewöhnlich ein gutes Prinzip darstelle, in diesem besonderen Falle durch andere Argumente und Überlegungen aufgehoben werde, als da sind: die angeblichen Sicherheitsbedürfnisse der Sowjetunion; die chronische Unglaubwürdigkeit (und politische Unmündigkeit) des deutschen Volkes; die Notwendigkeit, die Deutschen (zu ihrem eigenen und der Welt Nutzen) zu einer sozialen Revolution zu zwingen, die sie selbst nicht verwirklichen konnten; die Aufrechterhaltung eines europäischen Gleichgewichts, das wahrscheinlich durch die Vereinigung Deutschlands gefährdet werde; und »die allgemeine Weltmeinung«, die, ob nun zu Recht oder Unrecht, die deutsche Teilung keineswegs als ein größeres Übel ansähe, das dringend der Heilung bedürfe.

Wenn man sich die Entwicklung der Teilung in den Jahren von 1945 bis 1949 anschaut, so scheint es bezeichnend zu sein, daß die Westmächte die Vermeidung der Teilung nicht als vordringliches Ziel ihrer Deutschlandpolitik erachteten. Im Gegenteil: häufig lehnten sie sowjetische Pläne (ob nun aufrichtig gemeint oder nicht) zur Aufrechterhaltung oder Wiederherstellung der verwaltungsmäßigen Einheit ab und förderten Maßnahmen, die mit Sicherheit zur Teilung führen mußten. Die Franzosen legten 1945 bis 1946 ihr Veto gegen alle Pläne zur Schaffung »zentraler Verwaltungsorgane« ein, die auf der Potsdamer Konferenz in Erwägung gezogen worden waren und ins Abschlußkommuniqué Eingang gefunden hatten. Marshall zeigte als amerikanischer Außenminister auf der Moskauer Konferenz im April 1947 keinerlei Interesse, über Molotows eingehende Pläne für zentrale Verwaltungseinrichtungen zu verhandeln, auf die eine provisorische Regierung, gesamtdeutsche Wahlen und der Entwurf einer Verfassung folgen sollten. Der Druck der alliierten Militärbefehlshaber hinderte die westdeutschen Ministerpräsidenten daran, die Frage der deutschen Einheit auf die Tagesordnung ihrer Münchener Konferenz im Juni 1947 zu setzen, obwohl die Ministerpräsidenten der sowjetischen Zone das zu einer Bedingung ihrer Teilnahme gemacht hatten und, ob nun zu Recht oder nicht, die Konferenz verließen, als man ihren Wünschen nicht entgegenkam. Die Schaffung der Bizone (1. Januar 1947) und des Frankfurter Wirtschaftsrates (25. Juni 1947) waren zwei Schritte auf dem Weg zur schließlichen Teilung, und der anglo-amerikanischen Industrieplan mit seiner Festsetzung der Produktionskapazitäten (29. August 1947), obwohl vernünftig und notwendig, stellte zweifellos eine klare Verletzung des Alliierten Kontrollrats-Beschlusses vom 26. Mai 1946 dar (ein Beschluß, der noch vom Geist des Morgenthau-Plans geprägt gewesen war). Die Schaffung des westdeutschen Staates, die zwar auf der Londoner Sechs-Mächte-Konferenz vom März 1948 in die Wege geleitet, aber erst im September 1949 vollendet worden war, ging in den meisten ihrer Phasen der Schaffung der Deutschen Demokratischen Republik voraus.

Diese bedauerlichen Tatsachen, denen die übereilte Zurückweisung der sowjetischen Wiedervereinigungsvorschläge von 1952 und 1953, ohne auch nur über deren Einzelheiten zu verhandeln, hinzugefügt werden könnte, werden hier nicht aufgeführt, um die Hauptschuld der Alliierten an der Teilung Deutschlands zu »beweisen«. Aber sie zeigen doch, daß die westlichen Alliierten, damals und wahrscheinlich auch noch heute, der deutschen Wiedervereinigung andere Ziele überordnen – einem Ziel, bei dem man das Gefühl hat, daß es andere erstrebenswerte Zwecke (zum Beispiel die westeuropäische Einheit und eine Entspannung gegenüber der Sowjetunion) erschwert. So wird aber außerdem deutlich, daß, obwohl in der Substanz bemerkenswert erfolgreich, es den Westmächten nicht gelungen ist, ihre Deutschlandpolitik der Öffentlichkeit gegenüber in einem günstigen Lichte darzustellen. Die Westmächte (und die von ihr geschaffene westdeutsche Regierung) waren oft nicht imstande, ihre grundlegende Position der Stärke, die Schwarz die »Konvergenz zwischen deutscher öffentlicher Meinung und westalliierten Interessen« nennt, auszunutzen, und sei es auch nur aus propagandistischen Gründen, eine Position der Stärke, die häufige und einfallsreiche Initiative als wünschenswert erscheinen läßt, um Modelle zur Wiedervereinigung vorzuschlagen. Es ist zwar unwahrscheinlich, daß irgendein Verfahren die Wiedervereinigung in überschaubarer Zukunft verwirklichen lassen wird, da Moskau und seine ostdeutschen Marionetten nicht ein Ziel anstreben können, das notwendigerweise ihren gegenwärtigen Würgegriff um Ostdeutschland gefährdet, aber es ist doch auch sicher, daß eine sowjetische oder ostdeutsche Zurückweisung die Schuld an der Verewigung der Teilung denjenigen aufbürden würde, auf deren Schultern sie wirklich gehört, eine Tatsache, die sich in der Vorstellung vieler Ausländer und einiger Deutscher immer noch nicht durchgesetzt hat. Schwarzens Buch enthält umfangreiches historisches Material, das geeignet ist, die beweglichere westdeutsche Politik gegenüber der DDR zu unterstützen, wie sie durch die Regierung der »Großen Koalition« unter Bundeskanzler Kiesinger im Frühjahr 1967 begonnen worden ist.

PERSONENREGISTER

Karl Marx

Das Kapital

Kritik der
politischen Ökonomie

Band I:
Der Produktionsprozeß
des Kapitals
Mit einem Geleitwort
von Karl Korsch
Ullstein Buch 2806

Band II:
Der Zirkulationsprozeß
des Kapitals
Mit einer Leseanleitung
von Rudolf Hickel
Ullstein Buch 2805

Band III:
Der Gesamtprozeß der
kapitalistischen Produktion
Mit einem Nachwort
von Harald Gerfin und
Rudolf Hickel
Ullstein Buch 2807

ein Ullstein Buch

Georg Wilhelm Friedrich Hegel

Phänomenologie des Geistes

Mit einem Nachwort
von Georg Lukács

Ullstein Buch 2762

Aus dem Inhalt:
Text der Erstausgabe (1870)
mit den Varianten der
»Werke« (1832/1841) und
der Ausgabe von Johannes
Hoffmeister (1952,
6. Auflage). Nachwort von
Georg Lukács. Hegels
Selbstanzeige. Rezensionen
von Karl Joseph Windisch-
mann und Karl Friedrich
Bachmann. Texte von Karl
Marx und Rudolf Haym.
Bibliographie. Vergleichendes
Inhaltsverzeichnis der
wichtigsten Ausgaben.

ein Ullstein Buch

Heinrich Heine

Beiträge zur deutschen Ideologie

Mit einer Einleitung
von Hans Mayer

Ullstein Buch 2822

Aus dem Inhalt:
Zur Geschichte der Religion
und Philosophie
in Deutschland (1834)
Die romantische Schule
(1832 bis 1835)
Der Schwabenspiegel (1838)
Ludwig Börne:
Eine Denkschrift (1839)
Einleitung zu »Kahldorf
über den Adel in Briefen
an den Grafen M. von Moltke«
(1831)
Zeitgenössische
Rezensionen und Stellung-
nahmen.

ein Ullstein Buch

Franz Mehring

Die Lessing-Legende

Ullstein Buch 2854

Inhalt: Rainer Gruenter: Einleitung. Franz Mehring: Die Lessing-Legende (Text nach der 2. Auflage mit den Varianten des Erstdruckes in der »Neuen Zeit« und der Erstausgabe. Anhang: Über den historischen Materialismus. Texte zur Wirkungsgeschichte von Franz Mehring, Friedrich Engels, August Sauer, Paul Ernst, Ferdinand Lassalle, Paul Rilla und Georg Lukács. Bibliographie. Erklärung der Fremdwörter und fremdsprachigen Ausdrücke. Personenregister. Editorischer Hinweis.

ein Ullstein Buch